정신분석 강의

정신분석 강의

지크문트 프로이트 임홍빈·홍혜경 옮김

일러두기

1. 열린책들의 『프로이트 전집』 2020년 신판은 기존의 『프로이트 전집』(전15권, 제2판, 2003)을 다시 한 번 교열 대조하여 펴낸 것이다. 일부 작품은 전체를 재번역했다. 권별 구성은 제2판과 동일하다.

2. 번역 대본은 독일 피셔 출판사S. Fischer Verlag 간행의 『지크문트 프로이트 전집Sigmund Freud Gesammelte Werke』과 현재까지 발간된 프로이트 전집 가운데 가장 충실하고 권위 있는 전집으로 알려진 제임스 스트레이치James Strachey 편집의 『표준판 프로이트 전집The Standard Edition of the Complete Psychological Works of Sigmund Freud』을 사용했다. 그러나 각 권별 수록 내용은 프로이트 저술의 발간 연대기순을 따른 피셔판 『전집』이나 주제별 편집과 연대기적 편집을 절충한 『표준판 전집』보다는, 『표준판 전집』을 토대로 주제별로 다시 엮어 발간된 『펭귄판』을 참고했다.

3. 본 전집에는 프로이트의 주요 저술들이 모두 수록되어 있다. 다만, (1) 〈정신분석〉이란 용어가 채 구상되기 이전의 신경학에 관한 글과 초기의 저술, (2) 정신분석 치료 전문가들을 위한 치료 기법에 관한 글, (3) 개인 서신, (4) 서평이나 다른 저작물에 실린 서문 등은 제외했다. (이들 미수록 저작 중 일부는 열린책들에서 2005년 두 권의 별권으로 발행되었다.)

4. 논문이나 저서에 이어 ( ) 속에 표시한 연도는 각 저술의 최초 발간 시기를 나타내며, 집필 연도와 발간 연도가 다를 경우에는 [ ] 속에 집필 연도를 병기했다.

5. 주석의 경우, 프로이트 자신이 붙인 원주는 각주 뒤에 〈 ─ 원주〉라고 표시했으며, 옮긴이주는 별도 표시 없이 각주 처리했다.

6. 본문 중에 용어의 원어가 필요할 때는 독일어를 병기했다.

서문

    내가 여기서 『정신분석 강의』를 세상에 공개함으로써 이 학문 분야에 대해 이미 총체적으로 서술하고 있는 기존의 학술서들(히치만E. Hitschmann의 『프로이트의 신경증 이론*Freuds Neurosenlehre*』[1913], 피스터O. Pfister의 『정신분석적 방법*Die psychoanalytische Methode*』[1913], 캐플런Leo Kaplan의 『정신분석의 원리들*Grundzüge der Psychoanalyse*』[1914], 레지E. Régis와 에나르A. Hesnard의 『신경증과 정신병의 정신분석*La psychoanalyse des névroses et des psychoses*』[1914], 마이예르Adolf F. Meijer의 『신경증의 정신분석적 치료 *De Behandeling van Zenuwzieken door PsychoAnalyse*』[1915] 등)과 경쟁할 생각은 추호도 없습니다. 이 책은 내가 1915~1916년과 1916~1917년의 두 번에 걸친 겨울 학기에 의사들과 일반인들을 대상으로 했던 강의를 그대로 옮겨 놓은 것입니다.

    독자들의 눈에 띄게 될 이 책의 모든 특징들은 책이 나오게 된 조건들을 통해서 설명할 수 있습니다. 서술하는 과정에서 학술적인 저서가 요구하는 냉정한 침착을 유지하기는 불가능했습니다. 강단에 선 연사로서 나는, 거의 두 시간에 걸친 강의 도중에 청중의 주의력이 산만해지지 않도록 신경을 써야만 했습니다. 강의하는 순간의 직접적인 효과를 고려한 결과, 같은 대상을 계속 되풀

이해서 다룰 수밖에 없었는데, 예를 들어 한 가지 대상이 한번은 꿈-해석 *Traumdeutung* 에서 그리고 뒤에 가서는 신경증 *Neurose*의 문제들에서 다시 다루어졌습니다. 강의의 소재들을 정돈하는 과정에서 많은 중요한 주제들, 가령 무의식 *das Unbewußte*과 같은 주제는 유일하게 한 장소에서만 서술할 경우 충분하게 검토될 수 없었습니다. 따라서 그런 주제들은 계속 반복해서 검토되었는데, 그에 관한 지식을 첨가할 만한 새로운 기회가 주어지기 전에는 그 주제에 대한 논의를 다시 유보할 수밖에 없었습니다.

정신분석학 문헌들에 친숙한 사람은, 기존의 저서들을 통해서 본인이 이미 알고 있는 내용과는 다른 새로운 내용들을 이 『정신분석 강의』에서 거의 발견할 수 없을 것입니다. 그럼에도 불구하고 필자는 정신분석의 소재를 가다듬고 정리해야 할 필요가 있다는 생각에서 지금까지 발표하지 않았던 자료들(〈불안의 병인론(病因論)〉, 〈히스테리성 상상들〉)을 해당 부분에서 함께 소개했습니다.

1917년 봄, 빈에서

프로이트

차례

제3부 신경증에 관한 일반 이론

정신분석 강의

Vorlesungen zur Einführung in die Psychoanalyse(1916~1917
[1915~1917])

이 책은 1915년 10월에서 1916년 3월, 1916년 10월에서
1917년 3월에 걸쳐 빈 대학에서 강의한 내용을 집대성한 것으로,
제1차 세계 대전 당시 정신분석이 차지하고 있던 위치와 프로이
트의 정신분석학에 대한 관점 변화의 실태 조사로서의 성격을 가
진다. 프로이트는 이 책에서 불안, 원초적 환상, 꿈-형성, 도착 등
의 문제를 다루며, 일상생활에서 익숙해져 있는 실수 행위들과
꿈의 메커니즘에 대해 광범위하게 설명하고 있다.
　프로이트는 『정신분석 강의』에서 『일상생활의 정신 병리학』,
『꿈의 해석』 등에서 다룬 내용을 다시 한번 정리하고 있으며, 이
후 그의 생각의 변화는 『새로운 정신분석 강의』에 나타나 있다.

　이 책은 1916년에서 1917년에 걸쳐 첫 번째 독일어판이 출간
되었으며, 1940년 『전집Gesammelte Werke』 제11권에 실렸다. 영어
번역본은 A General Introduction to Psychoanalysis라는 제목으로
1920년에 출간되었으며, 1963년에는 『표준판 전집The Standard

Edition of the Complete Works of Sigmund Freud』제15권과 16권에 실렸다.

제1부 실수 행위들

(1916 [1915])

첫 번째 강의

서론

　신사 숙녀 여러분, 여러분 각자가 강의를 듣거나 책에서 읽은 것 등을 통해서 정신분석학에 대해 어느 정도의 지식을 갖고 계시는지는 잘 모르겠습니다. 그러나 나는 내 강의의 제목을 〈정신분석학 입문〉이라고 정함으로써 여러분을 정신분석학에 대해서는 아무런 지식이 없는, 그러므로 가장 기초적인 강의부터 필요로 하는 사람들로 대하고자 합니다.

　그러나 적어도 여러분이 정신분석이라는 것은 신경증이 있는 환자들을 의학적으로 다루는 하나의 치료법이라는 것쯤은 알고 있으리라 전제하고, 이 분야에서는 많은 것들이 의학 분야에서의 치료법과는 몹시 다르게, 심지어는 거꾸로 진행되기도 한다는 것을 여러분에게 예를 들어 보여 드리고자 합니다. 환자에게 어떤 새로운 기법을 적용해 보려고 할 때, 다른 때 같으면 그 사람의 고통을 대폭 경감시키고 치료의 성공과 관련해서 매우 희망적인 약속들을 하곤 했던 것이 일반적입니다. 그것은 퍽 좋은 방법이라고 나는 생각합니다. 왜냐하면 그러한 방법을 통해서 성공의 확률을 높일 수 있기 때문입니다. 그러나 우리가 신경증 환자에게 정신분석적인 치료 방법을 도입할 때는 그와는 다른 방법을 취합니다. 우리는 이 치료 방법의 여러 난점과 장기간의 치료 시간, 그에 따른 노력들과 희생들에 관해서 이야기해 줍니다. 확실하게 성공을 보장할 수는 없으며 그것은 오히려 환자 자신의 태도와 이해력, 치료 방식에 대한 그의 유연성과 적응력, 지구력 등에 달려 있는 것이라고 설명하곤 합니다. 이처럼 완전히 거꾸로인 것처럼 보이는 행동을 해야 하는 이유는 물론 충분합니다. 여러분도 나중에 언젠가는 그 이유를 알 수 있게 될 것입니다.

일단 내가 여러분을 이와 같은 신경증 환자들처럼 취급한다고 해도 화를 내지 마십시오. 그리고 내 강의를 더 듣겠다고 이곳에 다시 나타나는 따위의 일은 하지 마십시오. 이와 같은 의도에서 나는 정신분석 강의라는 것이 얼마나 불완전할 수밖에 없는 것인지, 그리고 자신만의 판단을 얻기까지 얼마나 많은 난제들이 가로놓여 있는지를 강조하고자 합니다. 여러분이 이제까지 받아 온 교육의 모든 경향이나 여러분의 모든 사고방식은 불가피하게 여러분을 정신분석학에 대한 반대자로 만들어 갈 것이며, 이러한 본능적인 적대감을 극복하기 위해서는 여러분 마음속에서 얼마나 많은 것을 이겨 내야만 하는지 여러분에게 주지시켜 드리지 않을 수 없습니다. 내 강의를 듣고 여러분이 정신분석학에 대해서 얼마나 이해할 수 있게 될지 나는 물론 확실하게 단언할 수 없습니다. 그러나 내가 여기서 확실하게 말할 수 있는 것은, 이와 같은 정신분석학 강의를 듣는 것만으로는 정신분석 연구에 착수하거나 그러한 정신분석적 치료를 직접 수행할 수는 없으리라는 것입니다. 그러나 여러분 중에 누군가가 정신분석학에 대한 이와 같은 피상적인 지식에 만족하지 못하고 정신분석과 지속적인 관계를 맺고자 원하는 사람이 있을 때, 나는 그에게 그렇게 하지 말라고 충고하고 싶을 뿐만 아니라 적극적으로 말리고 싶은 심정입니다. 현재의 상태로 보아 그는 그러한 직업 선택을 통해 대학에 자리를 얻게 될 가능성도 없고, 숙련된 의사로서 살아가고자 할 때는 그의 노력을 이해하지 못하고 불신과 적의로 가득 찬 눈초리를 보내면서 자기들 속에 웅크리고 앉아 기회를 엿보고 있던 모든 악령(惡靈)들을 그에게 쏟아부을 사람들 속에 자신이 서 있다는 것을 깨닫게 될 것입니다. 오늘날 유럽을 뒤흔들고 있는 전쟁의 여러 가지 상황에서 여러분은 그런 사람들의 수가 얼마나 많을지 가히 짐작하실 수 있을 것입니다.

그러나 그러한 여러 가지 난관에도 불구하고 여러분 중에는 새로운 것을 지식으로 받아들이고, 그에 대한 흥미를 지속시킬 수 있는 사람들이 꽤 있을 것입니다. 여러분 중에도 그러한 사람들이 있어서 나의 경고를 무시하고 다음번에도 이 강의에 들어온다면 그 사람들은 환영합니다. 그러나 여러분은 지금까지 내가 언급했던 정신분석의 어려움들이란 도대체 어떤 것인가를 알아볼 권리가 있습니다.

무엇보다도 정신분석을 가르치고 배우는 데 어려움이 따릅니다. 여러분은 의학 강의에서 〈보는〉 데만 익숙해져 있습니다. 여러분은 해부학 표본을 보거나 화학 반응에서 나타나는 침전물, 신경을 자극했을 때 일어나는 근육 수축 등을 관찰해 왔습니다. 또 조금 지나게 되면 여러분에게 환자들을 보여 주기도 하며 그의 고통의 증상들이나 병적 과정의 산물들, 또는 고립된 상태에 있는 병원균들을 보여 주는 경우도 수없이 많습니다. 또 외과학 분야에서는 수술의 참관인이 되기도 하며, 그 수술을 직접 시도해 보는 경우도 있을 것입니다. 정신 의학 분야에서도 실연(實演) 수업이 행해져서 환자의 변화된 표정의 움직임이나 말하는 태도와 행동을 관찰할 수 있게 되는데, 그것들은 여러분에게 깊은 인상을 남겨 줄 것입니다. 이와 같이 의학 분야에서 의사가 하는 역할이란, 주로 박물관에 동행해서 여러분이 사물들과 직접적인 관계를 맺으면서 여러분 자신의 감각을 통해서 새로운 사실들의 존재를 확인하는 동안 안내를 맡고 있는 안내자나 해설자의 역할과 같은 것입니다.

그러나 이 모든 사정이 정신분석학에서는 전혀 다릅니다. 정신분석적인 치료에서는 피분석자와 의사가 서로 대화를 나누는 것 이외에는 다른 아무 일도 일어나지 않습니다. 환자는 지나간 경험이나 현재의 인상들에 대해 의사에게 이야기하고, 자신의 고통을 호소하기도 하며, 자신의 소망이나 감정 충동*Gefühlsregung*들을 고백합니다. 의사는 그 말을 경청하고 환자의 사고 과정을 유도하거나 어떤 일을 회상하게 하고, 그의 주의력을 특정한 방향으로 이끌려고 노력합니다. 그에게 설명을 해주거나 또 의사로서 환자에게 불러일으켰던 이해나 거부와 같은 반응들을 관찰합니다. 우리 환자의 가족들 중 교육을 많이 받지 못한 사람들은 ─ 그들에게는 눈에 보이는 것, 손에 잡히는 것만이 깊은 인상을 주며, 그들을 감동시키는 최상의 방법은 극장에서 볼 수 있는 것과 같이 직접적인 행동을 보여 주는 것입니다 ─ 〈말하는 것만을 가지고 어떻게 병을 치료할 수 있다는 것입니까?〉라고 의혹을 표시하는 것을 잊지 않습니다. 그것은 말할 것도 없이 근시안적이고 일관성 없는 생각에 불과합니다. 그들이야말로 환자들이 자신들의 증세를 〈그저 상상해 내고 있을 뿐이다〉라고 굳게 믿고 있는 사람들이기 때문입니다. 언어란 원래 마술이었으며, 오늘날까지도 이러한 마술의 오래된 힘을 그대로 간직하고 있습니다. 언어를 통해서 어떤 사람이 다른 사람을 행복하게 만들 수도 있고 저주로 내몰 수도 있으며, 언어를 통해서 선생은 자신의 지식을 학생들에게 전수할 수도 있으며, 강연자는 모여든 청중들의 마음을 사로잡을 수도 있고 그들의 판단과 결정을 좌우할 수도 있는 것입니다. 언어는 감정을 불러일으키며 사람들 사이에 영향을 줄 수 있는 가장 일반적인 수단이기도 합니다. 그러므로 우리는 심리 치료에 이용하는 언어를 평가 절하해서는 안 되고, 분석가와 환자가 주고받는 말들을 들을 수 있는 청취자가 될 수 있는 것에 만족해야만 합니다.

그러나 우리는 그것도 할 수 없습니다. 정신분석적인 치료 과정에 존재하는 대화들은 단 한 사람의 방청자도 허용하지 않습니다. 그것은 여러 사람에게 공개할 수 있는 대상이 될 수 없습니다. 물론 정신 의학 강의에서 학생들에게 신경 쇠약증Neurasthenie 환자나 히스테리Hysterie 환자를 직접 소개할 수도 있습니다. 그는 자기의 고통과 증상들에 관해 호소하기는 하지만 그 이상의 것은 말하지 않습니다. 분석 치료에 필요한 이야기를 하는 것은 오로지 그가 의사와 특별한 감정적 유대를 맺고 난 이후에나 가능합니다. 환자가 어떤 다른 사람, 그와는 전혀 무관한 다른 사람을 발견하게 되는 즉시 그는 말을 멈추고 맙니다. 왜냐하면 이러한 이야기들은 환자의 정신생활에서 가장 내밀한 부분과 관련되어 있기 때문이며, 그가 사회적으로 독립적인 개인으로 살아가기 위해서는 남들 앞에 감추어야만 하는 모든 것을 포함하고 있고, 나아가서는 통일적이고 조화로운 인격체로서 자기 자신에게조차 고백하고 싶지 않은 내용들과 관련을 맺고 있기 때문입니다.

그러므로 여러분은 정신분석 치료에서 행해지는 이야기들을 함께 들을 수가 없습니다. 여러분은 그저 그러한 사례들에 관해 들을 수 있을 뿐이며, 가장 엄격한 의미에서 정신분석학은 남의 말을 들음으로써만 배울 수 있습니다. 이차적인 중개에 의해 진행되는 이러한 수업을 통해서 여러분은 자신만의 판단을 내리기에 별로 익숙하지 않은 조건 속에 놓이게 되는 것입니다. 그때 문제의 관건은 상당 부분 여러분에게 이야기를 해주고 있는 그 증인을 여러분이 얼마만큼 신뢰하는지의 여부에 좌우됩니다.

여러분이 정신 의학 강의를 듣기 위해 온 것이 아니라 역사학 강의를 들으러 왔다고 한번 가정해 보십시오. 교수가 여러분에게 알렉산드로스 대왕의 생애와 전쟁 중의 위대한 행동들에 관하여 이야기하고 있다고 상상해 보십시오. 여러분은 대체 어떠한 동기로 그가 이야기하는 내용의 진실성을 믿을 수 있다고 생각하십니까? 처음 보기에는 그런 일을 설명해서 이해시킨다는 것은 정신분석학의 경우보다 더 힘든 일처럼 보입니다. 왜냐하면 그 역사학 교수라는 사람도 여러분처럼 알렉산드로스 대왕의 전쟁에 참가해 보지 않았기 때문입니다. 반면에 정신분석가는 적어도 그 스스로가 참가해서 하나의 역할을 했던 그런 사태에 대해서 여러분에게 보고하고 있습니다. 그러나 곧 역사가의 말을 증명해 주는 것은 도대체 무엇인가 하는 의문이 고개를 쳐듭니다. 그는 여러분에게 옛날 저술가들의 보고를 환기시킬 것입니다. 그 저술가들 스스로가 알렉산드로스 대왕과 동시대인일 수도 있고, 아니면 그 문제되는 사건에 시간적으로 아주 가까운 시대에 살았던 사람일 수도 있습니다. 예를 들면 디오도루스[1]나 플루타르코스, 아리아노스[2] 같은 이들이 바로 그들입니다. 역사학 교수는 또 발굴되어 현재까지 보존되어 내려오는 동전이나 대왕의 조각상 따위의 복사품을 제시해 보일 수도 있고, 이수스 전투를 묘사하고 있는 폼페이 모자이크 사진을 여러분에게 회람시킬 수도 있습니다. 엄

---

1 그리스의 역사가로 『세계사 Bibliotheca historica』(40권)를 저술했다.
2 로마의 정치가, 역사가로 『알렉산드로스 대왕의 출정기』 등의 저서가 있다.

밀하게 말해서 이러한 모든 기록들은 옛 시대의 사람들이 알렉산드로스 대왕의 실재와 그의 행동의 사실성 등을 믿어 왔다는 것만을 증명할 뿐입니다. 그러므로 여러분의 비판은 여기에서 새로이 전개될 수도 있습니다. 여러분은 알렉산드로스 대왕에 관한 모든 보고가 반드시 믿을 만한 것은 아니며, 그 세세한 사실들 하나하나는 확인할 수 없다는 점을 깨닫게 될 것입니다. 그럼에도 불구하고 여러분이 알렉산드로스 대왕의 실재(實在) 자체를 의심하면서 그 강의실을 떠나게 될 것이라고는 믿지 않습니다. 여러분의 판단은 주로 다음의 두 가지 사실을 고려하고 나서 내려질 것입니다. 첫 번째로 역사학을 강의하는 그 교수가 그 자신도 사실로 믿지 않는 것을 실제로 있었던 일처럼 여러분을 속일 이유가 거의 없으리라는 것이고, 두 번째로 구해 볼 수 있는 모든 역사학 문헌들이 그 사건을 대략 비슷하게 묘사하고 있다는 사실입니다. 여러분이 또 오래된 문헌들을 검증해 보려고 할 때도, 그렇게 증언하고 있는 사람들이 가질 수 있을 만한 그럴듯한 동기와 그 증거들이 서로 일치하는가, 라는 두 가지 요소를 고려해 볼 것입니다. 알렉산드로스 대왕의 경우에는 그 검증의 결과가 아마도 믿을 만한 것이 되겠지만, 모세나 니므롯[3] 같은 인물일 경우에는 매우 다른 결과가 나올 것입니다. 정신분석을 강의하는 사람의 신뢰성에 대해 여러분이 어떤 의심을 품게 될 것인가는 나중에 적당한 계기에 이르면 분명하게 인식할 수 있게 될 것입니다.

여러분은 이에 대해서 다음과 같은 질문을 할 권리가 있습니다. 〈정신분석학에 대한 객관적인 확인이라는 것도 없고 그것을 증명해 보일 수 있는 가능성도 없는 것이라면, 정신분석학을 도대체 어떻게 배울 수 있으며 그 주장의 진실성을 어떻게 납득할

3 바빌로니아의 군신(軍神). 아시리아 최초의 왕으로 알려져 있다.

수 있습니까?〉 그것을 배운다는 것은 실제로도 쉬운 일이 아닙니다. 또한 정신분석학을 제대로 배운 사람도 많지 않습니다. 그러나 그럼에도 그리로 갈 수 있는 통로는 존재합니다. 처음에는 자기 자신, 즉 자신의 인격에 관한 연구를 통해서 정신분석을 배울 수 있습니다. 그것은 사람들이 보통 자기 관찰*Selbstbeobachtung*이라고 부르는 것과 완전히 똑같은 것은 아닙니다. 그러나 적당한 표현이 없으므로 어쩔 수 없이 그렇게 부른다 해도 상관없습니다. 정신적인 현상 중에는 매우 평범하고 일반적으로 잘 알려진 현상들이 매우 많습니다. 자기 자신에 대한 기술을 몇 가지 습득하고 나면 그 현상들을 분석의 대상으로 만들 수 있습니다. 그때 여러분은 정신분석이 묘사하고 있는 그 과정의 실재성과 그것이 표방하고 있는 견해가 옳다는 것을 인정하는 데 필요한 확신을 얻게 됩니다. 그러나 무엇보다도 이러한 방법으로 달성하는 발전에는 한계가 있습니다. 숙련된 전문가로 하여금 자기 자신을 분석하게 하면 훨씬 더 많은 것을 성취할 수 있습니다. 자기 자신에 대한 분석의 효과를 스스로 체험하고 다른 사람이 정신분석 요법의 정교한 기술을 사용하여 다루는 것을 보면서 많은 것을 배울 수가 있는 것입니다. 물론 이렇게 하는 것이 훌륭한 방법이긴 하지만, 이 방법은 한 개인을 상대로 할 때만 가능한 것이지 결코 수강생 전체를 대상으로 수행될 수는 없습니다.

여러분이 정신분석학과 맺고 있는 관계에서 생기는 두 번째 어려움은, 더 이상 정신분석이 아니라 여러분 자신에게 그 책임이 있습니다. 적어도 여러분이 지금까지 의학 공부를 해왔다는 점에서 말입니다. 여러분이 이제까지 받아 온 교육은 여러분의 사고 활동을 정신분석과는 거리가 먼 방향으로 돌려놓았습니다. 여러분은 신체 기관의 기능과 장애들을 해부학적으로 철저하게 규명하고 화학적, 물리학적으로 설명하고 생물학적으로 파악하는 교육을 받아 왔습니다. 그러나 여러분의 관심 중에서 어느 한 부분도 이처럼 놀랍도록 복잡한 신체 기능 발달의 정점에 놓여 있는 인간의 심리 활동으로 향한 적이 없습니다. 그러므로 여러분에게는 심리학적 사고법이 낯설기만 하고, 여러분은 그런 것을 불신의 눈초리로 바라보는 데 익숙해져 있습니다. 그리고 그러한 사고방식에 학문적 성격을 부여하는 것을 거부하며 그것들을 문외한들이나 시인들, 자연 철학자들,[4] 신비주의자들에게 내맡겨 버린 것입니다. 이와 같은 한계는 여러분의 의료적 활동의 관점에서 볼 때 확실히 좋지 못한 결과를 가져옵니다. 왜냐하면 모든 인간관계가 다 그러하듯이, 환자는 여러분에게 처음에는 자신의 정신 과정의 표면만을 내보이게 되며, 여러분은 그 한계의 대가로 여러분이 이룩하고자 노력하는 치료적 영향의 일부를 그렇게도 경멸해 마지않는 엉터리 의사나 자연 요법가, 또는 신비주의자들에게 내맡겨 버리는 어리석음을 범하게 될 수도 있기 때문입니다.

여러분이 받아 왔던 교육의 이러한 결함에 대해서 어떤 변명의 여지가 있다는 것을 모르는 바가 아닙니다. 여러분에게는 여러분의 의학적 목적에 사용될 수 있는 철학적 보조 학문이 결여되어 있습니다. 사변 철학도 기술 심리학도, 또 감각 생리학과 연결된 이른바 실험 심리학이라는 것도, 학교에서 교수(敎授)되는 형태 그대로는 여러분에게 육체적인 것과 정신적인 것 사이의 관계에 대해 유용한 어떤 지식을 제공하거나 심리적 기능에서 일어날 수 있는 장애들을 이해하기 위한 열쇠를 주지 못합니다. 의학 분야

4 19세기 초반에는 셸링의 범신론적 〈자연 철학〉의 추종자들이 널리 퍼져 있었다.

내에서도 정신 의학은 관찰된 정신 장애들을 기술하고 임상적인 질병 증상으로 종합하는 일을 하고 있지만, 정신 의학자 자신도 기술적인 나열 그 자체만을 가지고 과학이라는 이름을 가질 자격이 있는지 의심하기도 합니다. 질병 증상들을 이루고 있는 징후들의 유래나 메커니즘, 상호 관계 등에 관해서 아무것도 알려진 것이 없습니다. 징후들에 부합하는 해부학적 정신 기관의 논증 가능한 변화도 없고, 설사 어떤 변화가 있더라도 징후를 설명하는 데 아무런 도움이 되지 못합니다. 이러한 정신적 장애들이 치료의 대상이 되는 경우는 그 밖의 어떤 신체적인 질환의 부작용으로 인식될 때뿐입니다.

이것이 바로 정신분석학이 메우려고 노력하고 있는 공백입니다. 정신분석은 정신 의학이 결여하고 있는 심리학적 토대를 제공하려고 하며, 육체적인 장애가 정신적인 장애와 함께 나타나는 이유를 밝힐 수 있는 공통의 근거를 발견하고자 노력하고 있습니다. 이러한 목적으로 정신분석은 정신분석과는 친숙하지 않은 모든 해부학적, 화학적, 생리학적 성격을 띠고 있는 전제들에서 해방되어 순수한 심리학적인 보조 개념만을 가지고 작업을 진행하지 않을 수 없습니다. 그러나 바로 이 때문에 여러분에게 정신분석이 처음에는 생소하게 느껴질 수밖에 없을 것입니다.

다음에 설명할 어려움과 관련해서는 여러분이나 여러분이 지금까지 받은 교육 또는 여러분의 태도에 책임이 있다고 하지는 않겠습니다. 정신분석은 그것이 표방하고 있는 두 가지 원칙 때문에 세상의 모든 사람들에게 모욕감을 주었고, 그로 인해 그들의 반감을 사게 되었습니다. 그중 하나는 세상 사람들의 지적인 편견과 충돌하고, 또 다른 하나는 심미적, 도덕적 편견과 어긋나는 것입니다. 이러한 편견들을 아무것도 아닌 것으로 치부해서는 안 됩니다. 그것들은 위력적인 것들로서 인간에게 유익하고도 필연적인 인류 발전의 산물이기 때문입니다. 이러한 편견들은 정서적인 힘들에 의해서 고착된 것이기 때문에 이들과 싸우는 것은 아주 힘겨울 수밖에 없습니다.

정신분석이 내세우고 있는 이러한 반갑지 않은 주장 중에서 가장 첫 번째로 제기되는 것은, 정신적 과정들은 그 자체가 무의식적이며 의식*Bewußtsein*적인 것은 정신 활동 전체 중에서 단지 일부분에 지나지 않는다는 것입니다. 여러분은 이와는 달리 심리적인 것과 의식적인 것을 하나로 생각하는 데 익숙해져 있다는 것을 상기하시기 바랍니다. 우리는 의식을 바로 그 심리적인 것을 결정하는 특성으로, 심리학을 의식의 내용에 관한 학문으로 여겨 왔던 것입니다. 그렇습니다. 두 개를 동일한 것으로 여겼던 이와 같은 입장은 너무도 자명한 것으로 보였고, 그 때문에 그것에 반대한다는 것은 명명백백한 망상으로 생각될 수밖에 없었습니다. 그럼에도 불구하고 정신분석은 이에 대해 반론을 제기하지 않을 수가 없습니다. 정신분석은 의식과 정신의 동일성을 인정할 수 없습니다.[5] 정신분석은 정신을 감정, 사고, 의지와 같은 과정으로 정의하며, 무의식적인 사고나 무의식적인 의지가 있다는 입장입니다. 이러한 입장 때문에 냉정한 과학성을 추구하는 모든 사람들의 호감을 잃어버리게 되었고, 정신분석은 어둠 속에서 집을 짓고 흐린 물속에서 낚시를 하려는 공상적인 신비론일 뿐이라는 의심을 사게 되었습니다. 여러분은 내가 무슨 권리를 갖고 〈정신적인 것은 의식적인 것이다〉라는 추상적인 성격을 가진 명제를

5 「무의식에 관하여」(프로이트 전집 11, 열린책들)에서 프로이트는 이 문제에 관하여 길게 논의하고 있다.

편견으로 단정하는지 아직 이해할 수 없을 것입니다. 또한 무의식이라는 것이 실제로 존재한다면 어떤 발달 과정을 통해서 이러한 무의식이 인정받지 못하게 되었는지, 또 이렇게 무의식을 부정함으로써 어떠한 이익이 발생하게 되었는지에 대해서 여러분은 아무런 추측도 하지 못할 것입니다. 정신적인 것을 의식과 동일시할 것인가, 아니면 의식 너머까지 확장시킬 것인가 하는 문제를 둘러싸고 논란을 벌이는 것은 어쩌면 공허한 말장난처럼 들릴 것입니다. 그러나 무의식적인 정신 과정을 설정함으로써, 이 세상과 학문의 세계에 결정적으로 새로운 방향이 확립되었다는 것을 나는 여러분에게 확실하게 말씀드릴 수 있습니다.

정신분석의 이러한 첫 번째 주장의 대담성이 지금 언급하려고 하는 두 번째 주장과 얼마나 밀접하게 관련되어 있는지 여러분은 역시 짐작할 수 없을 것입니다. 정신분석이 그 연구 결과의 하나로 공표하고 있는 또 하나의 명제는, 좁은 의미에서나 넓은 의미에서 성적(性的)인 것으로 지칭할 수 있는 본능 충동*Triebregung*이 신경증이나 정신 질환을 불러일으키는 데 상상할 수 없을 만큼 커다란 역할을 하고 있다는 주장입니다. 아니, 그 이상입니다. 이와 같은 성적인 충동은 또 인간 정신 가운데 최고의 문화·예술·사회적 창작 활동에도 결코 무시할 수 없는 지대한 공헌을 해왔습니다.[6]

나의 경험에 의하면, 정신분석 연구의 이러한 결과에 대한 혐오감이야말로 정신분석이 부딪치고 있는 저항감의 가장 중요한 원천이라고 할 수 있습니다. 우리가 그것을 어떻게 설명하고 있는지 알고 싶으십니까? 우리는 문화란 생존을 위한 역경이라는 추진력 밑에서 본능 충동을 희생함으로써 창조된 것이라고 믿습

6 성적 충동에 대해서는 스무 번째 강의에서 구체적으로 논의된다.

니다. 그리고 문화는 인간 사회 속에 새로이 등장하게 되는 개개 인들이 사회 전체의 이익을 위해 본능 충족*Triebbefriedigung*의 희생을 되풀이함으로써 항상 새롭게 다시 창조되곤 합니다. 이렇게 문화의 창달을 위해 사용된 본능적 힘들 중에서 성 충동*Sexualtrieb*은 매우 중요한 역할을 하고 있습니다. 성적 욕망들은 그 과정 속에서 승화됩니다. 다시 말하면 본래의 성적인 목표에서 다른 방향으로 돌려져서 더 이상 성적인 특성을 갖고 있지 않은, 사회적으로 더욱 고상한 측면으로 향하게 됩니다. 그러나 이러한 구조는 너무나도 불안정하고 성 충동은 그저 약하게 통제될 뿐이어서, 문화적인 활동에 참가하려고 하는 모든 개개인들에게는 본능 충동을 이렇게 사용하기를 거부하려는 위험이 항상 존재하고 있습니다. 사회는 성적 충동이 해방되어 원래의 목표로 회귀하려는 경향성이 강화될 때 빚어지는 위험을 자신의 문화에 대한 가장 무서운 위협으로 간주합니다.[7] 그러므로 사회는 그 근거를 이루고 있는 이러한 가장 예민한 부분이 건드려지는 것을 원치 않습니다. 사회는 또 이러한 성 충동이 얼마나 강한 것인지를 인정하거나 성생활*Sexualleben*이 개개인에게 가지는 중요성을 설명하는 데 조금도 관심을 갖고 있지 않습니다. 그보다는 오히려 교육적인 목적에서 이 부분에 대한 주의를 딴 곳으로 돌려 버리는 방법을 택하는 것입니다. 그러므로 사회는 정신분석학의 연구 결과를 받아들이지 못하고 그것을 심미적(審美的) 관점에서는 혐오스러운 것으로, 도덕적 관점에서는 비난받아 마땅한 것으로, 더 나아가 위험한 것으로 낙인찍어 버리고 싶어 합니다. 그러나 이 같은 반론은 학문적 작업의 객관적인 결과를 결코 부정할 수 없습니다.

7 문명과 본능적 힘의 대립에 관해서는 프로이트의 「문명 속의 불만」(프로이트 전집 12, 열린책들)을 참조하라.

정신분석학에 대한 반론이 더 확대되려면 지적인 용어로 번역되어야만 합니다. 어떤 것에 반감을 가질 때는 그것을 옳지 않은 것으로 간주해 버리려 하는 것이 인간의 본성인 듯합니다. 또 그것에 반대하는 논거는 곧 찾을 수 있기 마련입니다. 그러므로 사회는 자기가 좋아하지 않는 것을 옳지 않은 것으로 공표하고, 정신분석의 진실을 논리적이고 구체적인 논점으로 반박합니다. 그러나 이러한 반박은 정서적인 근원에서 출발하는 것으로, 그것을 논박하려는 모든 시도에 맞서 편견에 불과한 이러한 이의를 고수하게 됩니다.

신사 숙녀 여러분, 그러나 우리는 세상의 편견에 대항하는 이러한 명제들을 주장함에 있어서 어떠한 경향성도 좇지 않았다고 주장할 수 있습니다. 우리는 단지 수고스러운 작업을 거쳐서 확인했다고 믿고 있는 사실을 이 세상에 공표하려는 것뿐입니다. 우리는 우리에게 현실적인 측면을 고려하도록 요구하는 그와 같은 경계심이 옳은 것인지 아닌지를 직접 조사해 볼 필요를 느끼지 않으며, 학문적으로 작업하는 과정에서 그러한 현실적인 문제에 대해 배려하려는 모든 시도를 단호하게 거부할 수 있는 권리를 주장하려고 합니다.

이것들이 아마도 여러분이 정신분석을 연구할 때 마주치게 되는 어려움들 중 하나일 것입니다. 그것은 어쩌면 시작으로서는 너무 과한 것인지도 모릅니다. 그러나 만일 여러분이 그러한 인상을 극복할 수만 있다면 강의를 계속해 나가겠습니다.

두 번째 강의
실수 행위들

신사 숙녀 여러분, 이제는 전제들에서 출발할 것이 아니라 실제적인 연구를 해봄으로써 시작하겠습니다. 우리 연구의 대상으로, 매우 흔히 일어나며 잘 알려져 있기는 하지만 대부분 간과되어 왔고, 건강한 모든 사람에게서도 관찰될 수 있기 때문에 질병과는 아무런 상관이 없는 그러한 현상을 택하기로 합시다. 그것은 사람들에게서 흔히 발견되는 이른바 〈실수 행위*Fehlleistung*〉[1]라고 일컬어지는 것들로서, 어떤 사람이 무엇인가를 말하려고 했는데 그 대신에 다른 말이 튀어나오는 잘못 말하기*Versprechen* 같은 것이라든가, 그가 그것을 눈치챘든 그러지 못했든 간에 그러한 똑같은 일이 글을 쓰는 과정에서 일어나는 것, 혹은 어떤 사람이 인쇄물로 된 것이나 문서에 씌어 있는 것을 읽을 때 거기에 쓰인 것과는 다르게 읽으면서 일어나는 잘못 읽기*Verlesen* 같은 것, 또는 그의 청각 기관에 어떤 기능적인 장애가 없음에도 불구하고 다른 사람이 말한 것을 틀리게 들을 때, 즉 잘못 듣기*Verhören* 같은 행위들을 말합니다. 그러한 현상들의 또 다른 종류에는 망각*Vergessenheit*

---

1 〈잘못된 행위〉, 〈잘못된 기능〉 등을 말한다. 프로이트 이전에는 일반적인 개념이 없었다. 프로이트는 『일상생활의 정신 병리학』(프로이트 전집 5, 열린책들)에서 이러한 실수 행위를 광범위하게 다루고 있다.

이 그 근저에 놓여 있습니다. 그러나 이는 지속적인 것이 아니라 일시적인 현상일 뿐입니다. 예를 들어 그가 확실히 알고 있고 언제나 기억하고 있던 어떤 이름을 생각해 낼 수 없을 때나, 나중에는 기억해 낼 수 있었으나 어떤 계획을 실행했다가 잊어버릴 때, 즉 일정 시간 동안만 잊어버리는 것과 같은 경우입니다. 세 번째 현상에서는 〈일시적으로만〉이라는 조건이 빠져 버립니다. 예를 들어 어떤 사람이 어떤 물건을 어딘가에 놓아두었다가 찾지 못하는 경우인 잘못 놓기Verlegen와, 그와 유사한 경우인 잃어버리기Verlieren가 여기에 속하는 사례들입니다. 이러한 행위의 근저에는 망각이 가로놓여 있는데, 이 경우에 사람들은 다른 망각의 경우에서처럼 그것을 이해할 수 있는 행위로 간주하지 않고 놀라거나 분개하는 등 다른 반응을 보입니다. 그 밖에도 〈일시성〉이라는 요인이 전면(全面)에 나타나는 일련의 다른 착각들Irrtümer이 있는데, 그 경우에 사람들은 그 전이나 그 후에 달리 이해하고 있던 어떤 것을 잠시 동안 사실로 믿어 버리는 따위의 행동을 합니다. 이 밖에도 다른 여러 가지 이름을 가진 비슷한 경우가 수없이 많습니다.

이와 같은 것들은 모두 〈Ver-〉²라는 전철(前綴)이 앞에 놓이면서 그들 사이의 내적인 유사성이 표현되는 경우들입니다. 그것들은 거의 모두 별로 중요하지 않은 것들로, 대부분은 매우 피상적인 성격을 띠며 인간들의 생활에서 그다지 큰 의미를 갖고 있지 않습니다. 어쩌다 매우 드문 경우, 어떤 물건을 잃어버린다든지 하는 몇 가지 경우에만 실제적인 중요성을 갖게 될 뿐입니다. 그러므로 여러분도 그다지 큰 관심을 느끼지 못하고 있고 아주 미약한 감정적 동요를 느끼게 될 것입니다.

2 우리말에서는 〈잘못〉이라는 뜻으로 옮길 수 있다.

그러나 나는 이제 이러한 현상에 대해 여러분의 주의를 끌고자 합니다. 그러나 여러분은 나에게 다음과 같이 불만스럽게 항의할지도 모릅니다. 〈정신생활의 좁은 영역에 수많은 수수께끼들이 숨어 있는 것처럼 이 세상에는 대단히 엄청난 불가사의들이 수없이 많습니다. 정신 장애의 영역에도 해명을 요구하고 있고, 또 그렇게 할 가치가 있는 수없이 많은 경이(驚異)들이 존재합니다. 그러므로 그렇게 사소한 것들에다 우리의 정력과 관심을 바친다는 것은 정말 어이없는 일처럼 생각됩니다. 건강한 눈과 귀를 가진 사람이 어찌해서 실제로 있지도 않은 것들을 대낮에 보거나 듣게 되는 것인지, 또 왜 어떤 사람은 이제까지 가장 사랑하던 사람에게서 갑자기 박해를 받고 있다고 믿게 되는 것인지, 어떻게 해서 어린아이들에게조차 말도 안 되는 일로 생각되는 망상이 가장 예리하고도 논리적인 이유로 무장한 채 주장되는 것인지를 선생님께서 우리에게 납득할 수 있게 해주신다면, 우리도 정신분석을 높이 평가하게 될 것입니다. 그러나 정신분석이, 축하 파티를 하는 자리에서 축사를 하는 사람이 왜 자기가 의도하지 않았던 말을 잘못 말하는 것인지, 가정주부는 왜 자신의 열쇠를 잘못 놓아두고 찾지 못하는지 등의 하찮은 것들만을 다루는 것 이외에 아무것도 할 수 없다면, 우리도 우리의 시간과 관심을 더욱 중요한 다른 것에 바치고자 합니다.〉

나는 여러분에게 〈신사 숙녀 여러분, 기다리십시오〉라고 대답할 수밖에 없습니다. 나는 여러분의 비판이 요점에서 빗나갔다고 생각합니다. 정신분석은 이와 같이 사소한 문제들에 집착해 본 적이 없노라고 자신 있게 자랑할 수 없다는 것은 사실입니다. 반대로, 정신분석의 관찰 재료는 일반적으로 눈에 띄지 않는 사건들, 다른 학문들에서 너무 사소한 문제로 치부되어 무시되는 것들, 이른바 현상(現象) 세계의 쓰레기 같은 것들입니다. 그러나 여러분은 이와 같은 비판을 하면서 문제의 크기와 징후의 현저함 사이에서 혼동을 일으키고 있는 것은 아닙니까? 어떤 조건과 상황에서는 아주 미약한 징조만으로도 드러나게 되는 중요한 것들이 있는데도 여러분은 그러한 가능성을 전혀 배제하고 있는 것은 아닙니까? 나는 여러분에게 그 같은 상황들을 줄줄이 제시할 수 있습니다. 여러분 중에서 젊은 청년들을 대상으로 생각해 보더라도, 여러분은 대단히 작은 징조(徵兆)만을 가지고도 자신이 한 숙녀의 호감을 사고 있다고 믿어 버리곤 할 것입니다. 여러분은 그런 사실을 확인하는 데 질풍과도 같은 포옹처럼 분명한 어떤 표현이 나타날 때까지 기다리십니까? 다른 사람은 눈치채지도 못할 시선 하나, 스쳐 지나가는 듯한 몸짓 하나, 혹은 단 1초 정도 더 긴 듯한 악수만으로도 충분하지 않습니까? 또 여러분이 범죄 수사관이 되어 어떤 살인 사건의 조사에 관여하고 있는 중이라고 가정할 때, 여러분은 그 범인이 자기의 사진과 함께 주소 같은 것을 모두 그 현장에 남겨 놓기를 기대하고 있지는 않으시겠지요? 아니면 어쩔 수 없이, 그 범인에 관한 아주 미약하고 분명치 않은 흔적만으로도 만족하시는지요? 그러므로 아주 작은 징조라고 하더라도 그것을 무시하지는 마십시오. 어쩌면 그것에서 더 큰 단서가 나올 수도 있는 것이니까요. 나도 여러분처럼 이 세상과 학문의 세계가 가지고 있는 중대한 문제들이 우리의 일차적 관심을 끌 권리가 있다고 생각하고 있습니다. 그러나 대개의 경우, 대단히 중요하게 보이는 이러저러한 문제를 연구하겠다고 거창하게 계획을 세운다고 해도 별로 도움은 되지 않습니다. 도대체 어디서부터 시작해야 할지 전혀 알지 못하는 경우가 태반입니다. 학문적인 작업에서는 이미 연구할 어떤 방법이 마련되어 있는 자신의 바로 앞에 놓인 문제부터 붙잡고 보는 것이 훨씬 전망이 밝습니다. 아무런 기대도 가지지 않은 채, 아무런 전제도 없이 어떤 문제를 근본부터 철저히 연구할 때, 다행스럽게도 운이 따라 준다면 작은 것들이나 큰 것들이나 모든 것들은 서로 연관되어 있기 때문에, 전혀 전망이 없을 것처럼 보였던 연구에서도 더 큰 문제를 연구할 수 있는 접근로(接近路)가 생겨나게 될 것입니다. 그러므로 나는, 여러분에게는 얼핏 아무것도 아닌 것처럼 보이는 건강한 사람들의 실수 행위를 연구하는 일에 여러분의 관심을 고정시켜 버리라고 권유하고 싶습니다.

우리는 이제 정신분석이 뭔지도 모르는 어떤 사람을 붙들고 그러한 실수 행위를 어떻게 설명할 수 있는 것인지 물어보고자 합니다. 그 사람은 틀림없이 처음에는 다음과 같이 대답할 것입니다. 〈아, 그런 것은 대답할 가치도 없는 것입니다. 그것은 단순히 작은 실수에 불과한 것입니다〉라고. 무슨 생각에서 이 사람은 그런 말을 했을까요? 그는, 이 세상에서 일어나는 서로 연결된 일련의 사건들에서 떨어져 나와 그것들과는 아무 관련이 없는 사소한 일들이 존재하며, 이런 사소한 사건들은 현재 존재하는 것과 마찬가지로 존재하지 않을 수도 있다고 주장하는 것입니까? 그런 방식으로 어떤 사람이 자연의 어느 한 부분에서만이라도 인과율을 무의미하게 만들어 버릴 수 있다면, 그는 모든 과학적 세계관을 팽개쳐 버린 것과 다름없을 것입니다. 우리는 그에게, 신의 특별한 의지가 작용하지 않는 한 한 마리의 참새도 지붕에서 떨어질 수 없다며 확신에 차서 주장하는 종교적 세계관*Weltanschauung*이 훨씬 더 일관성 있는 것이 아니냐고 따져 볼 수 있을 것입니다. 나는 그가, 자신이 제시한 첫 번째 답변에서 그 어떤 수미일관한 결론을 이끌어 내려고 하지는 않을 것이라고 생각합니다. 그는 생각을 바꾸어서, 만약 자신이 이 사안을 자세히 연구해 보면 이를 설명할 수 있는 길을 발견할 수 있다고 말할 것입니다. 즉 여기서 문제가 되는 것은 기능상의 일탈적 현상들이나 심리적 능력상의 부정확성들, 그리고 이런 현상의 조건들을 제시하는 것이라는 주장입니다. 평소에는 정확하게 말할 수 있는 사람도 다음과 같은 경우에는 실수할 수 있습니다. (1) 다소 기분이 언짢거나 피로한 경우, (2) 흥분 상태에 놓여 있는 경우, (3) 주의력이 다른 일들에 지나치게 쏠려 있는 경우 등입니다. 여기서 제시한 내용들을 입증하는 것은 용이합니다. 실제로 사람이 몹시 피곤할 때나 두통에 시달리거나 편두통이 시작되려고 할 때는 특히 말이 자주 헛나옵니다. 그와 같은 상황에서는 또한 사람들의 이름을 쉽게 잊어버리는 일이 발생합니다. 그래서 어떤 사람들은 고유 명사 같은 것을 잊어버릴 때 편두통이 다가오고 있음을 인지하기도 합니다.[3]

사람들이 흥분하고 있을 때는 무슨 말을 해야 할지 모르거나, 사물들에 대한 분별력도 없어집니다. 사람들은 〈엉뚱한 물건을 집거나〉, 자신이 무슨 일을 하려고 했는지도 잊어버립니다. 또 주의가 산만해져 있을 때, 즉 원래 다른 것에 주의를 집중하고 있을 때도 일련의 의도하지 않았던 다른 행동을 하는 것이 눈에 띕니다. 주의가 산만한 경우의 전형적 사례로는 『플리겐데 블래테*Fliegende Blätte*』라는 (풍자 만화) 잡지에 나오는 한 교수를 들 수 있습니다. 그는 자신이 다음에 쓸 책에서 다룰 문제들에 골몰했기 때문에 우산을 잊어버리거나 자기 모자를 바꾸어 쓰기도 합니다. 무슨 일을 하려고 계획을 세우거나 약속을 했을 때도, 매우 신경을 써야 하는 다른 일이 그 사이에 끼어들게 되면 곧잘 이전의 계획이

3 이것은 프로이트의 개인적인 경험이다.

나 약속을 잊어버리는 경우는 우리 모두가 직접 체험해서 알고 있습니다.

위에 언급한 내용들은 너무나도 합리적이어서 어떤 반론을 들이댄다 해도 끄떡없을 것처럼 보입니다. 그러나 그것은 우리가 기대했던 것만큼 재미있는 것 같지는 않습니다. 실수 행위에 대한 이러한 설명 방식을 조금 더 자세히 살펴보기로 합시다. 이러한 현상이 일어나게 되는 원인으로 지적되는 조건들은 그 종류에 있어서 다 같은 것들이 아닙니다. 불쾌감이나 순환기 계통 장애들은 정상적인 기능이 작용하지 못하도록 하는 생리적인 근거를 제공합니다. 반면 흥분, 피로, 방심은 또 다른 종류의 계기들로서 정신 생리적인 것으로 부를 수 있습니다. 여기서 후자의 것들은 이론으로 쉽게 번역될 수 있습니다. 피로와 방심, 그리고 일반적인 흥분 상태는 주의력의 분산을 가져옵니다. 그 결과 마땅히 해야 할 일을 하는 과정에서 정작 주의를 집중하기 어려워지는 것입니다. 이 기능은 그런 경우에 특히 쉽게 방해를 받게 되며 매우 부정확하게 수행될 뿐입니다. 경미한 병, 중앙 신경 중추의 혈류량(血流量) 변화 등도 가장 결정적인 계기인 주의력의 분산에 비슷한 영향을 미침으로써 같은 작용을 일으킬 수 있습니다. 그러므로 모든 경우에 문제되는 것은 신체적인 원인에 의한 것이든 심리적인 원인에 의한 것이든 주의력 장애의 영향이라고 할 수 있습니다.

그러나 이런 것들은 정신분석학의 관심을 끌기에는 모자란 것 같습니다. 이런 주제라면 그냥 내동댕이쳐 버리고 싶다는 유혹까지 느낄 정도입니다. 그러나 우리가 조금 더 깊이 연구해 들어가게 되면 실수 행위가 모두 주의력 이론으로 설명되지는 않는다는 것, 또 적어도 그것에서 자연스럽게 이끌어 낼 수는 없다는 것 등을 알게 됩니다. 그러한 실수 행위들이나 망각 등은 또한 피로하지도 않고 방심한 상태도 아니며 흥분되어 있지도 않은 사람들에게서도 일어나며, 오히려 어느 면으로 보더라도 지극히 정상적인 상태에 있는 사람에게서도 일어난다는 것을 우리는 경험을 통해 알고 있습니다. 그렇다면 그것은 그런 실수를 한 사람에게 나중에 가서 억지로 흥분 상태였다는 사실을 갖다 붙이려고 하는 것밖에는 되지 않습니다. 더욱이 그 사람은 자신이 흥분된 상태였다고 인정하지도 않는데 말입니다. 주의력을 높이면 어떤 능력이 확실히 보장되고, 주의력을 낮추면 그 능력이 저하되는 것이라고 간단히 말할 수는 없습니다. 순전히 기계적으로 별로 주의를 기울이지 않고도 처리할 수 있고, 그러면서도 매우 확실하게 수행할 수 있는 일들이 얼마나 많습니까? 자기 자신이 지금 어디로 가고 있는지 잘 알고 있지 못한 채 산책하고 있는 사람이라도 옳은 길로 찾아들고, 자신의 목적지를 지나치지 않고 제대로 멈추어 섭니다. 적어도 이런 일들은 늘상 그렇게 이루어지곤 하는 일들입니다. 숙련된 피아니스트는 굳이 생각하지 않고도 정확하게 건반을 두드립니다. 물론 그가 실수하는 경우도 있습니다. 그러나 자동적인 연주가 잘못 칠 수 있는 위험을 증가시키는 것이라면, 엄청난 연습을 통해서 연주하는 것이 거의 자동화되다시피 한 거장들은 이러한 위험에 가장 많이 노출되어 있다고 말할 수 있을 것입니다. 그러나 이와는 반대로, 특별히 높은 주의력을 필요로 하는 대상이 아니었다면 많은 일들이 매우 확실하게 수행되는 반면에, 정확하게 일을 하기 위해서 특별히 많은 관심을 기울여야만 하는 경우에 오히려 필요한 주의력을 집중하지 못하며, 그럴 때에 실수가 더 잘 일어난다는 것을 우리는 알고 있습니다. 그것은 〈흥분*Aufregung*〉의 영향이라고 사람들은 말할 것입니다. 그러나 우리가 이해할 수 없는 것은, 왜 흥분 상태가 특별한 관심을 갖고 목표로 하고 있는 것에 대한 주의력을 높여 주지 못하는 것일까 하는 것입니다. 어떤 사람이 중요한 연설이나 토의에서 말이 헛나와 자신이 의도했던 것과 정반대의 말을 하게 된다고 해도, 이것은 정신 생리학*Psycho-Physiologie* 이론이나 주의력 이론으로는 설명되지 않습니다.

실수에는 또 여러 가지 작은 부수적 현상이 있는데, 그것은 잘 이해되지도 않거니와 이제까지의 많은 이론으로도 설명되지 않는 것들입니다. 예를 들어 누군가가 어떤 이름을 순간적으로 잊어버리게 되면, 그에 대해서 몹시 짜증을 느끼게 되며 그것을 어떻게든 기억해 내려 애쓰고, 그 때문에 그 일에서 놓여나지 못하게 되곤 합니다. 화가 난 사람에게는 그가 원하는 바대로 자신의 주의를 그 어휘에 쏠리게끔 하는 것이 왜 그렇게도 힘든 일일까요? 그가 표현하듯이 그것은 마치 〈입안에 맴돌고 있는 것〉 같아서, 누군가에 의해 그것이 살짝 언급되기만 하면 그 즉시 기억해 낼 수 있는 것인데 말입니다. 또 어떤 때는 실수들이 복합적이 되고 서로 얽혀 들고 서로를 대신하는 경우들도 있습니다. 처음에는 약속 자체를 잊어버리기도 하고, 그다음에는 잊어버리지 않으려고 단단히 마음먹었는데도 실수로 다른 시간으로 잘못 알고 있었다는 사실이 밝혀지기도 합니다. 잊어버린 것을 생각해 내기 위해 우회하는 경우도 있는데, 이번에는 또 첫 번째 이름을 떠올리게 하는 데 도움이 될 그 두 번째 이름마저도 생각이 나지 않을 때가 있습니다. 그래서 또 그 두 번째 이름을 기억해 내려 하지만 그때에는 세 번째 이름도 떠오르지 않습니다. 이와 똑같은 현상이 식자공의 실수로 간주되는 인쇄상의 실수에도 곧잘 발생합니다. 그와 같은 지독한 인쇄 실수가 한번은 사회 민주당 기관지에서 발생했다고 합니다. 어떤 축제 행사에 관한 기사 중에 〈참석자 중에는 *Kornprinz*[4]께서도 계셨습니다〉라는 내용이 실렸던 것입니다. 다음 날짜의 신문에는 그에 대한 정정문이 실렸습니다. 신문은 정중하게 사과하면서 다음과 같이 쓰고 있었습니다. 〈당연하게도 그것은 *Knorprinz*로 읽혀져야 합니다.〉(그러나 여기서도 다시 오식(誤植)이 발생함.)[5] 이럴 때 사람들은 흔히 오식 마귀에 씌었다거나 활자 상자의 요괴, 혹은 그와 비슷한 것의 장난이라고 말하는데, 어쨌거나 그것은 인쇄 실수에 대한 정신 생리학적인 이론의 범위를 넘어서는 것임에는 틀림없습니다.

잘못 말하기*Versprechen*를 이끌어 낼 수 있다는, 이른바 어떤 암시*Suggestion*를 줌으로써 그것을 이끌어 낼 수 있다는 사실을 여러분도 알고 계시는지 모르겠습니다. 이에 대한 일화로 다음과 같은 것이 있습니다. 언젠가 신출내기 연기자가 「오를레앙의 처녀」라는 연극에서 중요한 역할을 맡게 되었는데, 왕에게 〈*Connétable*[6]이 그의 검을 도로 보내왔습니다〉라고 말하게 되어 있었습니다. 그런데 주연 배우는 리허설 도중에 대본에 있는 대사 대신에 되풀이해서 〈*Komfortabel*[7]이 자기의 말을 도로 보내왔습니다〉라고 말하면서 장난을 쳤고, 그는 자기의 의도한 바를 그대로 이루어 냈습니다.[8] 실제 공연에서 이 불쌍한 연기자는 그에 대해 수없이 주의를 들었음에도, 혹은 바로 그 때문에 정말로 이렇게 바뀐 대사를 말하는 실수를 저지르면서 첫 연극에 데뷔했던 것입니다.

---

4 이것은 *Kronprinz*(황태자 전하)의 오기(誤記)이다.
5 〈*Korn*〉은 옥수수, 〈*Knorr*〉은 〈돌출〉이라는 뜻이다.
6 코네타블. 프랑스군의 원수를 지칭한다.
7 콩포르타블. 마차의 마부.
8 약간의 혼동이 있었던 것 같다. 여기에서 프랑스군 원수의 변절을 알리는 것은 왕 자신이다.

실수의 이러한 모든 작은 특징들은 주의력 박탈이라는 이론을 가지고는 설명되지 않습니다. 그러나 그것만을 가지고 이 이론이 틀렸다고 말하기는 아직 이릅니다. 거기에는 무언가가 결여되어 있는 듯합니다. 그 이론을 아주 조금만 보완해 주면 충분히 만족할 만한 것이 되리라고 봅니다. 그러나 실수들 중 많은 것들은 그 자체로서 또 다른 측면에서 관찰될 수도 있습니다.

우리의 의도에 가장 적당한 것으로, 여러 가지 실수 중 〈잘못 말하기〉의 경우를 추적해 봅시다. 그러나 잘못 쓰기 또는 잘못 읽기를 선택하더라도 상관없습니다.[9] 우리는 지금까지 언제, 어떤 조건에서 사람들이 잘못 말하게 되는가에 대한 문제에만 집착해 왔고, 오직 그에 대한 해답만을 얻는 데 그쳤다는 것을 인정해야만 하겠습니다. 그러나 이제는 다른 방향으로도 관심을 기울이고, 사람들이 다른 식으로 잘못 말할 수 있었을 텐데도 왜 꼭 그런 식으로만 잘못 말하게 되는 것인지에 대해 관심을 가지고, 잘못 말할 때 어떠한 일이 일어나는지를 관찰해 볼 수도 있을 것입니다. 이 문제에 대답하지 못하고 잘못 말하기의 작용을 설명하지 못하는 한, 설사 그 생리학적인 측면에서 해석 방법을 찾았다고 하더라도 심리학적인 측면에서 그 현상은 여전히 단지 하나의 우연적 현상으로만 남아 있게 된다는 것을 여러분은 아실 것입니다. 가령 내가 어떤 말실수를 했을 때, 나는 수도 없이 다른 여러 가지 방법으로 잘못 말할 수도 있었을 것입니다. 단 하나의 바른 단어에 대해서 수천 가지 다른 것들 중 하나를 잘못 말하는 것이고, 하나의 옳은 단어에 대해 셀 수 없이 많은 왜곡*Entstellung* 현상이 일어날

---

9   이 부분에 대해서는 브릴A. A. Brill의 『정신분석: 그 이론과 실제적 적용*Psycho-analysis: its Theories and Practical Application*』(1921)과 존스E. Jones의 「일상생활의 정신병리학The Psychopathology of Everyday Life」(1911)을 참조할 것.

수 있다는 것입니다. 어떤 특정한 경우에 나에게 여러 가지 잘못 말할 수 있는 모든 가능한 방법 가운데서 어떤 하나의 형태로만 그 현상이 일어난다고 할 때, 거기에는 무엇이 있는 것일까요? 아니면 그것은 단순한 우연이며 임의적인 현상에 불과한 것으로서, 이 문제에는 어떠한 이성적인 해명도 불가능한 것일까요?

1895년에 메링어R. Meringer와 마이어C. Mayer(한 사람은 언어학자이고 또 한 사람은 정신 의학자)라는 두 명의 학자가 잘못 말하기의 문제를 바로 이러한 측면에서 다루어 보려는 시도를 한 바 있습니다.[10] 그들은 여러 가지 사례를 수집해서 처음에는 순전히 기술적인 관점에서 그것들을 기록했습니다. 그것으로서 아직 어떤 해명에 도달했다고 할 수는 없지만, 적어도 하나의 해명으로 통하는 길을 찾게 하는 데에는 도움이 될 수 있습니다. 그들은 의도했던 말이 잘못 나오게 되어 빚어지는 왜곡 현상의 종류를 혼동*Vertauschungen*, 선발음*Vorklänge*, 후발음*Nachklänge*, 혼합 *Vermengungen*(*Kontaminationen*), 대치*Ersetzungen*(*Substitution*) 등으로 구분했습니다. 이제 이 두 학자들이 분류한 이러한 주요 요목들에 대해 사례들을 들어 설명해 보겠습니다. 〈혼동〉은 다음 경우에 발생합니다. 어떤 사람이 밀로의 비너스라고 말하는 대신에 〈비너스〉의 〈밀로〉(단어 배열의 혼동)라고 하는 경우입니다. 선발음(先發音)의 예는 〈*Es war mir auf der Brust so schwer*(나에게는 대단히 힘든 일이었습니다)〉라고 말할 것을 〈*Es war mir《auf der Schwest》*〉라고 말하는 경우입니다.[11] 후발음(後發音)의 경우는 저

---

10 메링어와 마이어의 『잘못 말하기와 잘못 읽기, 심리학적-언어학적 연구 *Versprechen und Verlesen, eine psychologisch-linguistische Studie*』(1895) 참조.

11 원래 〈*Brust*〉라고 발음해야 함에도 뒤에 따라올 말인 〈*schwer*〉의 영향을 받아 〈*schwe*〉가 〈*Brust*〉의 〈*Bru*〉대신에 미리 발음됨. 이 경우 〈*schwer*(무거운, 힘든)〉라는 감정이 앞섰기 때문으로 풀이된다.

유명한, 빗나간 축배사(祝杯辭)의 예가 있습니다. 〈*Ich fordere Sie 《auf, auf》das Wohl unseres Chefs《aufzustoßen》.*〉[12] 여기에서 잘 못 말하기의 예로 든 세 가지 형태의 잘못 말하기는 그렇게 흔하지 않습니다. 축약이나 혼합의 형태로 나타나는 잘못 말하기가 훨씬 더 빈번하다는 것을 여러분은 알게 될 것입니다. 예를 들어서 거리에서 어떤 신사가 한 숙녀에게 다음과 같이 말을 걸 때입니다. 〈괜찮으시다면 제가 동행해도 될까요?〉라고 말하려는 것을 〈*Wenn Sie gestatten, mein Fräulein, möchte ich Sie gerne 《begleit-digen》?*〉이라고 발음하는 경우입니다. 이렇게 혼합된 말[13] 속에는 *Begleiten*(동행하다)이라는 단어 외에도 *Beleidigen*(모욕하다)이라는 단어가 숨어 있다는 사실은 부인할 수 없을 것입니다(이때, 젊은 남자는 그 여자에게 결코 성공적으로 접근할 수 없었을 것입니다). 또 대치의 경우, 메링어와 마이어는 다음과 같은 예를 들고 있습니다. 어떤 사람이 〈부화 상자에 표본을 넣어 두겠습니다 *Ich gebe die Präparate in den 《Brüt》kasten*〉라고 말하는 대신에 〈우편함에*in den 《Brief》kasten*〉라고 말하는 경우입니다.

이 두 명의 학자가 이와 같은 사례 수집에 근거해서 시도하고 있는 설명 방식은 매우 불충분한 것입니다. 그들은 한 단어의 소리와 음절이 여러 가지 다른 가치를 갖고 있으며, 더욱 높은 가치를 지닌 요소의 신경 자극이 그보다 낮은 가치를 지닌 요소의 신경 자극을 교란시킬 수 있다고 생각했습니다. 그런데 분명히 그들의 주장은 그다지 흔하게 일어나지 않는 현상인 선발음이나 후

---

12 〈여러분, 우리 선생님의 행복을 위해 축배를 듭시다*anzustoßen*〉라고 할 것을 〈트림을 합시다*aufzustoßen*〉라고 잘못 발음한 것이다. 이때 *aufzustoßen*이라고 발음하게 된 것은 그전에 〈*auf*〉라는 발음이 두 번 나왔기 때문에 이 발음이 뒤의 단어에 영향을 미쳤다는 것을 알 수 있다.

13 〈*begleit-digen*〉에는 아무런 의미도 없다.

발음의 경우에 근거하고 있습니다. 하지만 설사 이러한 발음 선호 현상이 존재한다고 치더라도 잘못 말하기의 다른 현상들과는 아무런 관련이 없습니다. 제일 흔한 현상은 사람들이 어떤 말 대신에 그것과 아주 흡사한 다른 말을 하게 되는 말실수를 저지르는 것이며, 이러한 유사성이야말로 많은 사람들이 잘못 말하기의 현상에 대한 설명으로서 충분하다고 인정하고 있는 것입니다. 예를 들어 어떤 교수가 자신의 취임 인사에서 〈본인은 존경해 마지 않는 전임자의 공적을 치하하는 데 적당한 자격이 있다고는 생각하지 않습니다 *nicht geeignet*〉라고 말할 것을 〈공적을 치하하는 것을 좋아하지 않습니다 *nicht 《geneigt》*〉라고 말하는 경우입니다. 혹은 또 다른 교수가 〈여성의 성기에는 수많은 유혹*Versuchungen*에도 불구하고……, 죄송합니다. 실험*Versuche*에도 불구하고〉라고 말했을 경우입니다.

잘못 말하기의 형태 중에서 가장 일반적이면서 가장 주목할 만한 것은 자신이 말하려고 의도했던 것과 정반대의 말을 하는 것입니다. 이럴 때는 물론 음운 관계나 유사성 효과가 전혀 힘을 발휘하지 못하는 대신에, 그 반대 어구가 훨씬 강한 개념적 유사성을 띠면서 심리적인 연상 작용 속에서 서로 특별히 가깝게 놓여 있기 때문이라는 이유가 등장합니다. 이런 종류로서는 다음과 같은 역사적 사례가 있습니다. 우리 나라의 국회 의장이 언젠가 개회사를 하면서 다음과 같이 서두를 꺼냈습니다. 〈여러분, 나는 의원 여러분의 출석을 확인하면서…… 이 회의가《폐회*geschlossen*》되었음을 선언합니다.〉

이러한 반대 관계만큼이나 똑같이 함정에 빠지기 쉽게 만드는 경우는 자연스러운 어떤 다른 연상이 떠오를 때입니다. 그러나 이는 경우에 따라서 매우 부적절하게 작용할 수도 있습니다. 이런 이야기가 전해지고 있습니다. 헬름홀츠H. Helmholtz 집안과 유명한 발명가이며 산업 재벌인 지멘스W. Simens 집안의 자녀가 결혼하는 자리에서 축사를 하게 된 유명한 생리학자인 뒤 부아 레몽Du Bois-Reymond은, 말할 나위 없이 훌륭한 자신의 축사를 다음과 같은 말로 끝맺었습니다. 〈자, 이 새로운 회사의 탄생을 축하하며 건배합시다.《지멘스-할스케》[14] 만세!〉 할스케란 말할 것도 없이 역사가 오래된 유명한 회사의 이름이었습니다. 빈 사람들에게 〈리델-보이텔〉[15] 회사의 이름이 같이 떠오르는 것과 마찬가지로 베를린 사람들에게는 이 두 개의 이름을 같이 부르는 것이 매우 자연스러운 현상이었을 것입니다.

그러므로 우리는 음운 관계와 언어 유사성에 언어 연상 Wortassoziation이라는 또 하나의 작용을 첨가해야만 하겠습니다. 그러나 그것만으로는 충분치 않습니다. 바로 전에 무슨 말을 했는지 혹은 무슨 생각을 했는지를 함께 고려하기 전에는 지금까지 관찰된 잘못 말하기 현상을 제대로 해명할 수 없을 것 같은 여러 가지 경우가 있습니다. 비록 매우 밀접한 관계라고는 볼 수 없지만 그것은 메링어가 그처럼 강조한 후발음의 경우라고 볼 수 있습니다. 고백하자면 우리는 잘못 말하기라는 실수를 전보다 더 이해할 수 없게 된 것 같은 인상을 받게 됩니다.

어쨌든 우리 모두는 방금 행한 연구 도중에 잘못 말하기의 사례들에 대한 하나의 새로운 인상을 받게 되었다고 말한다 해도 그다지 틀린 말은 아니라고 생각합니다. 여기에 조금 더 머물러

---

14 〈지멘스-헬름홀츠〉라고 말했어야 했다. 지멘스와 할스케는 1847년 독일 최초로 설립된 전기 공업 회사이다.
15 〈리델-보이텔〉은 빈의 유명한 여행용품 회사이다.

보는 것 또한 가치 있는 일일 것입니다. 우리는 지금까지 잘못 말하기가 일어나게 되는 일반적인 조건을 연구하고, 잘못 말하기에서 이러한 왜곡 형태를 결정해 주는 영향력들을 조사했습니다. 그러나 그 발생과는 관계없이 잘못 말하기의 영향 그 자체에 대해서는 아직 주의해 보지 않았습니다. 이제 그렇게 하고자 결심을 한다면 드디어 다음과 같이 말할 수 있는 용기를 가져야만 하겠습니다. 즉 몇 가지 사례에서는 잘못 말하기의 형태로 불쑥 튀어나오게 된 현상 자체에 의미가 있다는 것입니다. 그런데 의미가 있다는 것은 도대체 무슨 뜻입니까? 그것은 잘못 말하기의 작용도 어쩌면 자기 자신의 고유한 목표를 추구하는, 그 자체로서 완전히 유효한 심리적 행위로서 내용과 의미를 지닌 행동 표현으로 파악되어야 한다고 주장하는 것인지도 모릅니다. 우리는 이제까지 계속 실수들에 관하여 논의해 왔는데, 이제는 그 실수들도 때로는 완전히 〈정상적인〉 행위인 것같이 생각됩니다. 그 행위들은 기대되거나 의도했던 행위들을 대신해서 그 자리에 들어섰을 뿐입니다.

실수 행위에 그 자체의 의미가 있다는 사실은 어떤 경우 오인의 여지 없이 명백할 때도 있습니다. 국회 의장이 국회를 개회한다고 선언하는 대신 폐회한다고 선언했을 때, 우리는 이러한 잘못이 일어나게 된 그 상황을 알고 있으므로 이 실수를 의미 있는 것으로 받아들이게 됩니다. 그는 그 회의에서 그 어떤 좋은 결과도 예상하고 있지 않았으므로 회의를 즉시 그만둘 수 있었으면 하고 바랐던 것입니다. 이러한 의미의 해명, 즉 이렇게 말실수를 해석하는 것은 우리에게 아무 문제도 안 됩니다. 어떤 여인이 상대방을 매우 높이 평가하는 듯한 어조로 〈*Diesen reizenden neuen Hut haben Sie sich wohl selbst 《aufgepatzt》*〉(이 멋있는 새 모자는 당신이 직접 뒤집어쓴 것입니까)?〉[16]라고 물을 때, 이러한 말실수에서 〈*Dieser Hut ist eine 《Patzerei》*(이 모자는 아주 어울리지 않는군요)〉라는 의미를 끄집어낸다고 해도 이 세상의 어떤 과학도 반박하지 못할 것입니다. 또 하나의 예는 활동적인 여성으로 유명해진 어떤 부인이 다음과 같이 얘기할 때입니다. 〈우리 남편이 의사에게 자기가 어떤 식이 요법을 해야 하는지 물어보았는데, 아무런 식이 요법도 할 필요가 없고 남편이 《내》가 원하는 것은 무엇이든지 먹고 마셔도 좋다고 하더라지 뭐예요.〉 그러므로 이 말실수는 다른 한편으로는 일관된 자기 생각의 명백한 표현인 것입니다.

신사 숙녀 여러분, 잘못 말하기나 실수들 중 단지 몇몇 경우만이 어떤 의미를 갖는 것이 아니라 대다수의 많은 경우 역시 그러하다면, 이제까지 다루어 오지 않았던 실수의 이러한 의미는 불가피하게 우리의 가장 큰 관심사가 될 것이며 다른 모든 관점들은 당연히 뒤편으로 사라지게 됩니다. 그렇게 되면 우리는 모든 생리학적인, 혹은 정신 생리학적인 요소들을 제거할 수 있게 되고 실수의 의미에 대한, 다시 말해 실수의 뜻, 즉 실수의 의도에 대한 순전히 심리학적인 연구에 몰두할 수 있게 됩니다. 따라서 이러한 기대에 맞춰서 대단히 많은 관찰 자료에 대한 검토를 게을리하지 않게 될 것입니다.

그러나 우리가 이러한 계획을 수행하기 전에 나와 함께 다른 단서를 추적해 나가지 않으시겠습니까? 시인들이 시적 표현의 방법으로 잘못 말하기나 그 밖의 실수들을 사용해 온 것은 매우 흔한 일입니다. 이러한 사실은 그 자체만으로도 그들이 그 실수들

16 사실은 이때 〈직접 선택해서 쓴 것입니까 *selbst aufgeputzt*〉라고 말하려 했다.

과 잘못 말하기를 무언가 의미심장한 것으로 간주한다는 사실을 우리에게 증명해 주는 것이라고 볼 수 있습니다. 왜냐하면 그들은 그것을 의도적으로 만들어 내고 있기 때문입니다. 시인이 어쩌다가 잘못 쓴 것을 작품 속의 인물이 그대로 잘못 말하게 놔두었을 리는 없습니다. 잘못 말하기를 통해서 작가는 우리로 하여금 무언가를 알게 하려 한 것이며 우리는 그것이 무엇인지, 그가 혹시 우리에게 그 관련 인물이 정신이 없거나 피로한 상태이거나 혹은 그에게 편두통이 일어나려 한다는 것을 암시하려고 했던 것은 아닌지 후에 가서 확인할 수 있게 됩니다. 그러한 잘못 말하기가 작가에 의해서 의미심장한 것으로 사용됐다고 하더라도 우리는 물론 그것을 과대평가할 생각은 없습니다. 그것은 실제로는 의미 없는 것일 수도 있으며, 심리적 우연에 지나지 않거나 아니면 아주 드문 경우에만 함축적인 것일 수도 있습니다. 그리고 자신의 목적에 사용하기 위해 그것에 의미를 부여할 것인가 말 것인가 하는 권리는 시인이 가지는 것입니다. 그러므로 잘못 말하기에 대해서는 언어학자나 정신 의학자들에게서보다는 시인들에게서 배울 것이 더 많다고 해도 놀랄 일이 못 되는 것입니다.

잘못 말하기의 그러한 예는 『발렌슈타인Wallenstein』[17] 속에서 찾아볼 수 있습니다(「피콜로미니」제1막 제5장). 막스 피콜로미니는 앞선 장면에서 열성적으로 공작 편을 들었고, 그러면서 그가 발렌슈타인 공작의 딸을 진지로 데리고 가는 여행 중에 이루어진 평화의 은총에 대해 열광했습니다. 그는 자기 아버지와 조정의 사신인 쿠베스텐베르크 공을 몹시 놀라게 해놓고 떠났습니다. 그리고 제5장은 이렇게 계속됩니다.

---

17 실러F. Schiller의 3부작 비극.「피콜로미니」는 제2부.

쿠베스텐베르크 어쩌면 좋으냐! 어떻게 이렇게 되어 버렸지? 친구여, 우리는 그를 광기에 사로잡힌 채 가버리도록 내버려 두었구려. 그를 다시 불러와야 할 텐데, 당장에 그의 눈을 뜨게 해주어야 하는데.

옥타비오 (깊은 생각에서 깨어나며) 그가 이제 내 눈을 뜨게 해주었소. 그래서 나는 나를 기쁘게 하는 것보다 더 많은 것을 볼 수 있게 되었소.

쿠베스텐베르크 무엇이라고, 친구?

옥타비오 이 여행은 정말 지긋지긋해!

쿠베스텐베르크 왜? 무슨 일이야?

옥타비오 보시오 — 나는 즉시 그 불행한 징조를 추적하지 않으면 안 되겠어. 내 눈으로 똑똑히 보아야겠어 — 이리 오시오.(그를 데려가려고 한다)

쿠베스텐베르크 뭔데? 어디로 가는 거야?

옥타비오 (밀면서) 그녀에게로!

쿠베스텐베르크 누구에게로?

옥타비오 (말을 고치면서) 공작한테로. 자, 갑시다.

옥타비오는 쿠베스텐베르크에게 〈그에게〉라고 말하려고 했으나 〈그녀에게〉라고 말실수하는 바람에, 적어도 우리에게 그 젊은 전쟁 영웅이 무엇 때문에 평화에 대해서 그렇게도 열광하는지 스스로 매우 정확하게 통찰하고 있음을 엿보게 해주었습니다.

오토 랑크Otto Rank는 셰익스피어의 작품에서 이보다 더 인상 깊은 예를 발견했습니다. 그것은 『베니스의 상인』에 나오는, 행운의 연인이 세 개의 상자 중 하나를 선택해야만 하는 그 유명한 장면을 말하는 것으로, 차라리 여러분에게 랑크의 짧은 설명을 읽어 주는 편이 가장 적절할 듯합니다.

프로이트가 『발렌슈타인』에서 주목했던 말실수처럼, 셰익스피어의 『베니스의 상인』(제3막 2장)에서의 〈잘못 말하기〉는 시적으로 가장 섬세하게 의도되고 기술적으로도 훌륭하게 이용되고 있으며, 작가가 이러한 잘못의 메커니즘과 의미를 잘 알고 있다는 것과 청중들도 그것을 이해하리라는 것을 전제하고 있다는 것을 잘 보여 주고 있다. 아버지의 뜻에 따라 자신의 신랑을 제비뽑기로 결정할 수밖에 없었던 포샤는, 지금까지는 우연이 가져다주는 행운 덕분에 맘에 안 드는 모든 구혼자들에게서 벗어날 수 있었다. 그런데 그녀가 진정으로 마음에 두고 있던 바사니오가 드디어 구혼자 중 하나라는 것을 알게 된 그녀는, 그도 다른 사람들과 마찬가지로 뽑기를 잘못하게 될까 봐 걱정하지 않을 수 없었다. 그녀는 그에게 만약 그렇게 되더라도 그에 대한 그녀의 사랑에 대해서는 안심해도 된다는 말을 하고 싶었지만 맹세 때문에 그렇게 할 수 없었다. 이러한 내면의 갈등을 안고 있는 그녀로 하여금 작가는 사랑하는 구혼자에게 다음과 같이 말하게 하고 있다.

〈제발, 당신이 그것을 감행하기 전에
하루 이틀만 더 기다려 보세요. 당신이 뽑기를 잘못하는 날엔
당신을 잃어버릴 수밖에 없잖아요. 그러니까 용서하세요.
무엇인가 내게 말하고 있어요(《그렇지만 그것은 사랑은 아니에요》).
나는 당신을 잃고 싶지 않아요 —
— 당신이 바르게 뽑을 수 있도록 제가 가르쳐 드릴 수도 있지만
그렇게 되면 나는 나의 맹세를 저버리는 것이 되지요.

그렇게는 하고 싶지 않아요. 그러나 가만 있으면
당신은 나를 얻지 못하실 테지요.

만일 그렇게 되면 차라리 내가 죄를 범할 것을 하고 바라게 될
거예요.

맹세쯤 깨뜨릴 것을 하고 말이에요. 오, 그 눈.

나를 내려다보고, 나를 반으로 갈라놓는!

《반은 당신의 것, 다른 반쪽도 당신의 것 —

내 것이라고 말하려 했는데,》 내 것이라면 그것은 또 당신의 것
이니까,

그러므로 모두 당신의 것이랍니다.》

그녀가 그저 작은 소리로 그에게 암시하려고 했던 것, 그러나
그에게는 결코 말해서는 안 되었던 것, 말하자면 뽑기를 하기 전에
이미 자신은 그의 것이라는 것, 또 그를 사랑하고 있다는 것, 바로
그것을 작가는 놀랄 만한 심리적 미묘함으로 잘못 말하기라는 형
식을 통해서 밖으로 튀어나오게 하면서, 이러한 기교로 선택의 결
과에 대한 사랑하는 사람들의 참을 수 없는 불안감과 그에 따른 청
중들의 거의 비슷한 긴장감을 가라앉힐 방법을 알고 있는 것이다.

포샤가 잘못 말하기에 들어 있었던 그 두 개의 문장을 마지막
에 얼마나 교묘하게 연결시키는지를, 그들 사이에 가로놓여 있는
모순점을 어떻게 제거하고 결국에 가서 잘못 말한 그 내용을 정
당화시키는지를 주목해 주십시오.

내 것이라면 그것은 또 당신의 것이니까,

그러므로 모두 당신의 것이랍니다.

의학 분야와는 거리가 먼 사상가 한 사람이 때때로 잘못에 담겨진 의미를 발견해 내고 그것을 밝혀내려는 우리의 노력을 선취한 적이 있습니다. 여러분은 모두 기지가 넘치는 풍자 작가인 리히텐베르크G. C. Lichtenberg(1742~1799)를 잘 알고 계실 것입니다. 그에 대해서 괴테J. W. von Goethe는 이렇게 말한 적이 있습니다. 〈그가 농담을 할 때는 그 속에 문제가 항상 감추어져 있습니다.〉 실제로 농담을 통해서 문제의 해결이 이루어질 때가 종종 있는 것입니다. 리히텐베르크는 『유머러스하고도 풍자적인 메모 *Witzige und satirische Einfälle*』속에 다음과 같이 적고 있습니다. 〈그는 언제나 *angenommen*(만일)이라고 읽는 대신에 Agamemnon (아가멤논)이라고 읽곤 했다. 그만큼 그는 호메로스의 책을 많이 읽고 있었던 것이다.〉 이것이야말로 정말로 잘못 읽기의 이론인 것입니다.[18] 다음번에는 잘못에 대한 시인들의 이러한 견해와 우리의 견해가 정말 일치하는지 검토해 보기로 합시다.

[18]   프로이트는 『농담과 무의식의 관계』(프로이트 전집 6, 열린책들)에서 리히텐베르크의 풍자시들을 다룬다.

세 번째 강의

실수 행위들(계속)

신사 숙녀 여러분, 지난번의 강의에서 우리는 실수 행위를 그것이 방해한 의도된 기능과 관련지어 볼 것이 아니라 그 자체로서 바라보아야 한다는 통찰에 도달했습니다. 또 실수 행위는 개개의 사례들에서 그 자체의 고유한 의미를 지니고 있는 것 같다는 인상도 받게 되었습니다. 그러므로 실수 행위가 어떤 의미를 지닌다는 사실이 좀 더 넓은 범주에서 확인된다면, 실수 행위가 발생하게 되는 상황에 대한 연구보다는 이러한 의미 자체가 더욱 흥미진진한 것이 되리라고 말한 바 있습니다.

〈의미*Sinn*〉라는 개념을 우리가 어떠한 심리적 과정으로 이해하고 있는지를 다시 한번 정의할 필요가 있겠습니다. 그것은 그것이 쓰여지는 의도와 함께, 심리적인 맥락 속에서 차지하는 위상 이외의 다른 뜻을 지니지 않습니다. 우리 연구의 많은 부분에서 〈의미〉라는 단어를 〈의도*Absicht*〉나 〈경향*Tendenz*〉으로 바꾸어 써도 상관이 없을 것 같습니다. 우리가 〈실수〉 속에서 어떤 의도를 발견해 냈다고 믿는다면, 그것은 단지 그렇게 보일 뿐이거나 실수를 시적으로 미화하는 것에 지나지 않는 것일까요?

〈잘못 말하기〉라는 현상에만 충실하게 머물면서 그러한 종류의 매우 많은 관찰 사례를 조망해 보도록 합시다. 그러면 그 의도,

즉 잘못 말하기의 의미가 명확하게 드러나 있는 경우들의 전체 범주를 발견할 수 있습니다. 무엇보다도 정반대의 말이 의도한 말의 자리를 대신하는 경우가 있습니다. 국회 의장이 개회사를 하면서 〈국회가 폐회되었음을 선언합니다〉라고 하는 것이 그것입니다. 그 의미는 너무도 또렷합니다. 그의 말실수의 의미나 그가 그렇게 잘못 말하게 된 의도는, 그가 그 회의를 폐회시켜 버리고 싶었다는 데 있습니다. 이 경우 〈그는 스스로에게만 그렇게 말했을 뿐이다 Er sagt es ja selbst〉라고 사람들은 말할지도 모릅니다. 그러나 우리는 그가 한 말 그 자체로만 판단할 뿐입니다. 이런 일은 가능하지 않다, 그가 회의를 개회하려 했지 폐회하려 한 것이 아님을 우리는 모두 알고 있지 않느냐, 그가 회의를 열려고 했다는 사실은 자기 자신의 의도를 가장 잘 판단할 수 있는 그 자신이 증명해 줄 수도 있을 것이다, 라는 이의로 나를 곤란하게 만들지 말아 주십시오. 그렇게 하는 것은 우리가 실수를 우선 그 자체로서만 판단하기로 동의했던 사실을 망각하는 행위입니다. 실수 행위 때문에 방해받은 의도와 실수 행위의 관계는 추후에 다시 연구하게 될 것입니다. 그렇지 않으면 여러분은 논리적인 오류를 범하게 되며, 그것은 영어에서 〈begging the question〉[1]이라고 일컫는 것처럼 논의되고 있는 문제를 요술처럼 사라져 버리게 만들 것입니다.

바로 정확하게 정반대의 말이 잘못 튀어나오지 않은 경우에도 그러한 말실수로 말미암아 반대되는 의미가 표출되는 경우가 있습니다. 〈나는 전임자의 공적을 치하하고 싶지 않습니다 nicht geneigt〉에서 〈……하고 싶다 geneigt〉라는 말은 〈……하는 데 적당하

---

1 논점을 처음부터 옳은 것으로 가정해 놓고 교묘히 그 자체를 입증하지 않고 회피하는 행위.

다*geeignet*〉라는 단어의 반대어가 아닙니다. 그러나 그것은 그 연설자가 연설해야만 하는 상황에 첨예하게 반대되는 무언가를 공공연하게 드러내고 있습니다.

또 다른 경우들에서는 잘못 말하기가 그 의도하는 의미에 단순히 두 번째 의미를 덧붙이기도 합니다. 그럴 때 그 문장은 마치 여러 개의 문장의 연결이나 축약, 함축처럼 들립니다. 그러므로 그 활동적인 여인의 경우에서 〈내 남편은《내》가 원하는 것은 무엇이든지 먹거나 마실 수 있대요〉라는 말은, 마치 〈그는 그가 원하는 것은 무엇이든지 먹고 마실 수 있지요. 그런데 그가 도대체 무엇을 원하겠어요? 그 대신에 내가 그렇게 하면 되지요〉라는 뜻으로 들립니다. 잘못 말하기는 이와 같이 축약의 인상을 줍니다. 예를 들어 어떤 해부학 교수가 자신의 강의가 끝난 후 학생들에게 자신이 강의한 콧구멍에 대해 제대로 이해했는지 물어보았을 때 대체로 긍정적인 대답을 듣고 나서, 〈좀처럼 믿기 어려운 일이군요. 왜냐하면 콧구멍에 대해 알고 있는 사람은 수백만의 사람들이 살고 있는 이 도시에서도 겨우 한 손가락…… 미안합니다. 다섯 손가락 안에 꼽힐 정도니까요〉라고 말했을 때, 이와 같은 응축된 말은 그 자체로 또 하나의 의미를 지니고 있습니다. 그것은 〈그것을 이해하는 사람은 단 한 사람이 있을 뿐이다〉라는 것입니다.

실수가 그 의미를 스스로 드러내는 이와 같은 경우들과는 반대로 잘못 말하기가 그 자체로서는 아무런 의미도 제공하지 않는, 즉 우리의 기대와는 모순되는 경우들도 있습니다. 누군가가 말을 잘못하여 어떤 고유 명사를 뒤바꾸어 버리거나 사용되지 않는 음절 연결을 만들어 냈을 때, 모든 실수들이 어떤 함축적인 의미를 지니는가 하는 질문은 방금 언급한 이와 같은 매우 빈번한 현상들로 말미암아 이미 부정되는 쪽으로 결판이 난 듯이 보입니다.

그러나 이런 경우들을 좀 더 자세히 연구해 보면 왜곡 현상이 일어난 까닭을 쉽게 이해할 수 있습니다. 다시 말해 이렇게 모호한 경우들과 앞서 얘기했던 명확한 경우들과의 차이가 그리 크지 않다는 것입니다.

자기가 가지고 있는 말의 건강 상태에 대해 질문을 받은 어떤 신사가 〈*Ja, das draut······ Das dauert vielleicht noch einen Monat*(네, 그것은《계슬······》아니 아직 한 달 정도는 더 계속될 것 같은데요)〉라고 대답했습니다. 그가 원래 하려고 했던 말이 무엇이었느냐는 질문을 받은 그는 〈*das sei eine《traurige》Geschichte*(그것은 정말 슬픈 일)〉이라고 생각했는데, 〈*dauert*(계속되다)〉와 〈*traurig*(슬픈)〉라는 두 단어가 결합되어 그와 같은 〈*draut*〉라는 이상한 단어를 만들어 냈다고 해명했다고 합니다.[2]

어떤 사람이 자기가 불평하고 있었던 어떤 사건에 대해 얘기하면서 〈*dann aber sind Tatsachen zum《Vorschwein》gekommen*(그러자 그 일은《전잡한 일》로 드러나고 말았지요)〉라고 말했습니다. 무슨 말을 하려고 했느냐는 질문에 그는 그 일을 추잡한 일(글자 그대로는 돼지 같은 짓)로 규정하려 했다고 대답했습니다. 〈*Vorschein*(전조)〉과 〈*Schweinerei*(추잡한 일)〉라는 말들이 합쳐져서 그렇게도 이상스러운 〈*Vorschwein*〉이라는 말이 생겨났던 것입니다.[3]

잘 모르는 여자를 *begleitdigen*하려고 했던 젊은 청년의 경우를 다시 기억해 봅시다. 우리는 우리 마음대로 이 단어 합성을 *begleiten*과 *beleidigen*으로 쪼개었고, 그에 대한 확인을 요구한 적

---

2 메링어와 마이어의 『잘못 말하기와 잘못 읽기, 심리학적-언어학적 연구』 참조 — 원주.

3 메링어와 마이어의 앞의 책 참조 — 원주.

도 없이 이러한 해석을 당연한 것으로 확신한 바 있습니다. 여러분은 이 경우들을 통해 잘못 말하기의 이러한 불명확한 경우들도 충돌Zusammentreffen, 즉 두 개의 다른 의도의 간섭Interferenz으로 설명할 수 있음을 알게 되셨을 것입니다. 거기에는 잘못 말할 때 정반대의 말을 하는 경우와 같이, 한 번은 어느 하나의 의도가 다른 의도를 완전히 대리(대치)하지만 또 다른 한 번은 이를 단지 왜곡시키거나 수정하는 데 그쳐, 그 자체로서 다소 의미 있게 보이는 뒤섞임 현상이 일어난다는 것 외에는 차이가 없습니다.

우리는 이제 잘못 말하기의 비밀을 대단히 많이 파악하게 됐다고 생각합니다. 우리가 이러한 인식을 굳건히 지켜 나갈 경우 이제까지 수수께끼처럼 보였던 다른 사례들도 이해할 수 있게 될 것입니다. 예를 들어 이름의 왜곡 현상이 일어날 때, 거기에는 항상 두 개의 서로 비슷하긴 하지만 상이한 이름의 경합이 문제되는 것이라고 상정할 수는 없습니다. 그러나 이 경우에도 그 두 번째 의도를 알아내기는 어렵지 않습니다. 이름의 왜곡은 잘못 말하기라는 범주 밖에서도 매우 자주 일어나는 현상입니다. 어떤 이름이 좋지 않게 들리도록 하거나 어떤 하찮은 것을 연상시키도록 만들어 버리는 것 등은 매우 잘 알려진 경멸의 표현입니다. 교육받은 사람들은 곧 그렇게 하는 것을 포기하는 법을 배우기는 하지만, 그것은 그래도 어쨌거나 쉽게 포기되지는 않는 법입니다. 그들은 그것을 〈농담〉으로 말했다고는 하지만 고상하지 못한 것은 분명합니다. 이러한 이름 왜곡Namensentstellung의 매우 거칠고 역겨운 경우를 하나 들어 보자면, 공화국 시대 프랑스 대통령이었던 〈푸앵카레Poincaré〉를 〈슈바인카레Schweinskarré〉[4]로 바꾸어 불렀던 사례를 언급할 수 있겠습니다. 이와 같이 잘못 말하기의

4 〈돼지 갈비〉라는 뜻이다.

경우에서도 이름 왜곡을 통해서 느낄 수 있는 어떤 욕설의 의도를 상정해 볼 수 있습니다. 우스꽝스럽거나 괴상망측한 효과를 가져오는 잘못 말하기의 경우에 대한 우리의 견해를 피력하는 데도 비슷한 해명이 떠오르는 것입니다. 〈우리 선생님의 행복을 위하여 트림할 것을 제안합니다.〉 여기서 식욕을 망가뜨리는 어떤 표상 *Vorstellung*을 떠오르게 하는 한마디 말이 불쑥 튀어나옴으로써 그 축제 분위기가 예기치 않게 엉망진창이 되었으리라는 것은 말할 것도 없습니다. 무례하고 공격적인 언사(言辭)의 전형으로, 추측하건대 이 말에는 표면적인 존경심을 격렬하게 거부하고 〈이것이 나의 진심이 아니라는 것쯤은 여러분도 잘 아시겠죠. 저자는 정말 웃기는 작자가 아니겠소?〉 같은 말을 하려는 의도가 있었다고밖에는 달리 어떻게 말할 수가 없는 것입니다. *Apropos*(첨언)라고 말하려다가 *Apopos*[5]라고 발음할 때, 또는 *Eiweißscheibchen*(달걀 흰자 조각)을 *Eischeißweibchen*[6]으로 잘못 말할 때와 같이, 어떤 죄 없는 단어를 점잖지 못하거나 외설스러운 단어로 만들어 버리는 경우에도 이와 똑같은 의도를 짐작해 볼 수 있습니다.[7]

농담을 하기 위하여 평범한 단어를 의도적으로 외설스러운 것으로 왜곡시켜 보려는 경향이 많은 사람들에게 있음을 우리는 잘 알고 있습니다. 그것은 재미있게 들립니다. 그러나 실제에 있어서 우리는 그러한 말을 한 그 사람에게 〈농담〉을 하기 위해 의도적으로 한 말인지, 아니면 말이 잘못 나와 그렇게 되어 버렸을 뿐인지를 물어보아야만 비로소 사실을 알 수 있습니다.

---

5 *A*와 〈*Popos*(엉덩이)〉가 합성된 말이라고 볼 수 있다.
6 *Ei*(달걀)+*Scheiß*(똥)+*Weibchen*(여자)으로 이루어진 단어.
7 메링어와 마이어의 앞의 책 참조 ― 원주.

자, 이제 우리는 비교적 별로 힘들이지 않고 실수 행위의 수수께끼를 풀었다고 말할 수 있겠습니다. 그것은 우연적인 현상이 아니고 진지한 정신적 행위라는 것을 알았습니다. 그것은 자신만의 의미를 갖고 있고 두 개의 서로 다른 의도의 합동 작용 — 또는 다소간의 상호 길항 작용 — 을 통해 생겨나는 것입니다. 우리 작업의 이러한 첫 번째 결과에 기뻐하기 전에 여러분은 대답하고 해결해야 할 수많은 질문과 의문점을 나에게 들이밀고 있고, 나 또한 그러한 여러분의 기대를 이해할 수 있습니다. 나는 여러분을 너무 이른 결론으로 몰아가지는 않겠습니다. 차근차근, 하나씩 하나씩 천천히 냉정하게 생각해 봅시다.

여러분은 내게 무엇을 묻고 싶습니까? 내 주장은 이러한 설명이 잘못 말하기의 모든 경우에 들어맞는다는 것일까요? 아니면 그것은 그저 어떤 일부 사례들에만 적용될 뿐이라고 말한 것일까요? 이러한 견해를 다른 모든 종류의 실수들, 이를테면 잘못 읽기, 잘못 쓰기, 잊어버리기, 잘못 잡기, 혹은 잘못 놓기 등에도 확대시킬 수 있을까요? 그렇다면 피로나 흥분, 방심, 주의력 분산과 같은 요소들은 실수 행위의 심리적 성격과 관련하여 무슨 의미를 지니는 것입니까? 더 나아가서 두 개의 경합하는 실수 행위의 경향 중, 어떤 하나는 언제나 잘 알 수 있는데 다른 하나는 항상 그렇지는 못하다는 것을 알게 되었습니다. 그렇다면 이 후자를 알아내기 위해 무엇을 해야 할까요? 또 그것을 알아냈다고 믿는다면, 그것이 그저 개연성이 있는 것이 아니라 단 하나의 유일하게 옳은 것이라는 것을 어떻게 증명할 수 있을까요? 그 밖에 또 더 물어볼 것이 있습니까? 없다면, 제가 다시 계속하겠습니다. 우리가 원래 실수 행위에 그렇게 많은 의미를 두고 있는 것은 아니라고 말씀드린 것을 기억해 주시기 바랍니다. 우리는 다만 실수 행위에 대한 연구를 통해 정신분석학에 유용한 어떤 것을 배울 수 있기를 기대했을 따름입니다. 그러므로 나는 이러한 질문을 해봅니다. 그런 식으로 다른 것을 방해할 수 있는 의도나 경향은 도대체 무엇이며, 방해하는 경향과 방해받는 경향 사이에는 어떠한 관계가 존재합니까? 그러므로 그 문제에 대한 해답이 나오고 나서야 비로소 우리의 작업은 또다시 새로이 시작됩니다.

자, 이것이 모든 종류의 말실수에 대한 해명이라고 할 수 있습니까? 나는 그렇다고 믿고 싶습니다. 왜냐하면 잘못 말하기의 어떤 경우를 연구하더라도 이런 식으로 설명될 수 있기 때문입니다. 그러나 그러한 메커니즘을 갖지 않는 잘못 말하기는 일어날 수 없다는 사실은 증명되지 않고 있습니다. 그것은 어쩌면 우리에게는 이론적으로는 상관없는 일일지도 모릅니다. 정신분석에 입문하는 범위 정도에서 필요한 해명은, 잘못 말하기의 극히 적은 사례들에만 우리의 견해가 적용되는 경우에라도 — 절대로 그럴 리는 없지만 — 여전히 유효하기 때문입니다. 다음의 질문, 즉 잘못 말하기에서 얻은 결과를 다른 종류의 실수 행위들에도 확대 적용시킬 수 있는가 하는 질문에 나는 미리 그렇다고 대답하고 싶습니다. 이러한 사실은 여러분이 잘못 쓰기나 잘못 잡기 등과 같은 사례들을 조사해 보면 곧 확신할 수 있게 됩니다. 그러나 나는 기술적인 이유에서 잘못 말하기라는 현상 그 자체를 더욱 철저하게 연구한 이후로 이 작업을 연기하라고 권하고 싶습니다.

우리가 지금까지 서술된 잘못 말하기의 심적 메커니즘을 인정한다 하더라도, 순환기적 장애나 피로, 흥분, 방심 상태처럼 학자들에 의해서 전면에 강조된 요소들과 주의력 장애 이론이 우리에게 무엇을 의미하는가 하는 물음은 좀 더 자세한 대답을 필요로 합니다. 우리가 이러한 요소들을 부정하지 않는다는 사실은 여러분도 잘 인지하고 계실 것입니다. 정신분석학이 다른 쪽에서 주장하고 있는 이론들을 반박하는 일은 좀처럼 발생하지 않습니다. 그것은 일반적으로 단지 새로운 무언가를 추가할 뿐입니다. 그러나 지금까지는 간과되었지만 이제 새로이 추가된 것이 문제의 핵심인 경우가 간혹 있습니다. 가벼운 불쾌감이나 순환기적 장애, 기력 탈진 상태 같은 것으로 나타나는 생리적 소인(素因)의 영향은 잘못 말하기의 발생과 직접적인 관계가 있다고 인정됩니다. 매일매일의 개인적인 경험을 통해 여러분은 이와 같은 사실을 충분히 알고 있습니다. 그렇지만 이에 대해서 설명된 바는 거의 없습니다! 무엇보다도 그것은 실수 행위의 필수적인 조건은 아닙니다. 완전히 건강한 상태나 정상적인 상태에서도 말이 잘못 나올 수 있습니다. 이러한 육체적인 요소는 원래 정신적 메커니즘인 잘못 말하기를 완화시키거나 조장하는 역할만을 담당할 뿐입니다. 나는 이러한 관계를 설명하기 위해 예전에 한 비유를 사용했는데, 이제 그것을 다시 반복해 보려고 합니다. 왜냐하면 그 비유를 대체할 수 있는 더 좋은 비유를 알지 못하기 때문입니다. 다음과 같은 경우를 가정해 보십시오. 나는 어두운 한밤중에 어느 외딴 곳을 가고 있습니다. 거기서 어떤 부랑자의 습격을 받아서 시계와 지갑을 강탈당하고, 그 강도의 얼굴을 자세히 보지 못했기 때문에 가까운 경찰서에서 〈외로움Einsamkeit과 어두움Dunkelheit이 바로 전에 나의 귀중품을 빼앗아 갔습니다〉라고 진술합니다. 그러면 경찰서의 형사는 내게 이렇게 말할 것입니다. 〈당신은 부당하게도 지극히 기계적인 생각을 신봉하고 있는 것 같습니다. 그 사건을 차라리 이렇게 표현해 보는 게 어떨까요?《어둠Dunkelheit의 보호 아래에서 아무도 없는 상황Einsamkeit을 틈타 어떤 낯선 강도가 귀중품을 강탈했다》라고 말이죠. 이와 같은 경우에서 가장 본질적인 일은 우리가 그 강도를 잡는 것입니다. 어쩌면 우리는 빼앗긴 물건을 그 강도로부터 다시 찾을 수도 있을 테니까요.〉

흥분이나 방심, 주의력 장애와 같은 정신 생리학적인 요소들은 확실히 설명의 목적에 그다지 도움이 되지 않습니다. 그것은 그저 상투어일 뿐이며 이상한 칸막이 같은 것으로서, 우리는 그 이면을 바라보는 것을 단념할 수가 없는 것입니다. 그런데 여기서 오히려 문제되는 것은, 무엇이 그와 같은 흥분과 특별한 주의력 분산을 일으켰느냐 하는 물음입니다. 소리의 영향과 어휘의 유사성, 또 어떤 단어에서 생겨나는 관습적인 연상들 또한 의미 있는 것으로 인정해야 합니다. 이러한 요소들은 의미의 변화가 가능한 길을 가르쳐 줌으로써 잘못 말하기를 부추기는 작용을 합니다. 그러나 어떤 길이 내 앞에 놓여 있다고 해서 내가 그 길로 가리라는 것이 자명하게 결정됩니까? 내가 그 길을 가도록 결정하는 데는 어떤 동기가 필요합니다. 이외에도 그 길을 갈 수 있도록 만드는 힘이 필요합니다. 이와 같이 소리와 어휘 관계도 육체적인 소인들과 마찬가지로 잘못 말하기가 쉽게 이루어지도록 도와줄 수는 있지만 그것을 근본적으로 설명하지는 못합니다. 셀 수 없이 많은 대다수의 다른 경우에 나의 말은 내가 사용하고 있는 말이 소리의 유사성으로 인해 다른 것을 기억나게 한다든가, 그것의 반대말과 내적으로 긴밀하게 연관되어 있다든가, 또는 습관적인 연상이 그로부터 생겨나기 쉽다든가 하는 상황으로 인해 방해받지 않는다는 것을 생각해 보시기 바랍니다. 철학자 분트W. Wundt의 설명처럼, 육체적인 피로의 결과로 연상 작용을 일으키는 경향이 그 밖의 다른 정상적인 언어 의도에 대해 우위를 점할 때 잘못 말하기가 생겨난다고 한 것을 참고할 수 있겠습니다. 많은 경우에 육체적인 요인이, 또 다른 경우에서는 잘못 말하기를 조장하는 연상 작용이란 요인이 존재하지 않는다는 경험적 증거를 통해 모순이 드러나지 않는다면, 이 이론의 설명은 매우 그럴듯하게 들릴 것입니다.

그러나 나에게 특별히 재미있는 것은 여러분의 다음 질문으로, 서로 함께 간섭 작용을 불러일으키며 나타나는 두 개의 경향을 어떻게 확인할 수 있느냐 하는 것입니다. 여러분은 이러한 질문이 얼마나 중요한 것인지 아마 짐작조차 못 하실 것입니다. 그 두 개의 경향 중에서 하나의 경향, 즉 방해받는 것은 언제나 의심의 여지가 없이 확실합니다. 그렇지 않습니까? 실수를 범하는 사람은 그것을 알고 있고 그것을 인정합니다. 의심과 궁금증을 불러일으키는 것은 다른 경향, 즉 원래의 의도를 방해하는 경향뿐입니다. 여러분은, 어떤 경우들에서는 이 다른 경향도 방해받는 경향만큼이나 분명하다는 이야기를 이미 들은 바 있고 그 사실을 아직 잊지 않으셨을 줄 압니다. 그것은 잘못 말하기의 〈효과〉를 통해 암시되는데, 우리가 이러한 효과를 인정할 용기를 가지기만 하면 됩니다. 원래 의도했던 말과 정반대되는 말을 하는 실수를 저지른 국회 의장의 예를 들어 봅시다. 그가 그 회의를 개회하려고 했던 것은 확실합니다만, 또한 그에 못지않게 회의를 끝내 버리고 싶었던 것도 확실합니다. 그것은 너무도 확실해서 의심할 만한 것은 아무것도 남아 있지 않습니다. 그렇지만 방해하려는 경향이 원래의 것을 그저 왜곡시키기만 했을 뿐이고, 자기 자신을 표출시키지 않는 다른 경우에는 그러한 왜곡 현상에서 방해하는 경향을 어떻게 알아낼 수 있습니까?

첫 번째의 경우들에서 그것은 매우 간단하고 확실한 방법으로, 말하자면 방해받은 경향을 확인하는 앞의 경우와 같은 방법으로 그렇게 할 수 있습니다. 그것은 말한 사람에게서 직접 확인됩니다. 실수한 후 그는 원래 의도했던 발음을 즉시 그대로 발음할 수 있습니다. 〈*Das 《draut》……, nein, das dauert vielleicht noch einen Monat.*〉 왜곡하려는 경향은 곧바로 말한 사람에 의해 발음될 수 있습니다. 사람들이 그에게 물어볼 수 있는 것입니다. 〈그런데 당신은 왜 처음에 《*draut*》라고 발음했습니까?〉라고 말입니다. 그러면 그는 〈나는 《그것은 참 슬픈 *traurige* 일이에요》라고 말할 참이었지요〉라고 대답할 것입니다. 또 〈*Vorschwein*〉이라고 잘못 말한 경우에도 그는 여러분에게 〈그것은 추잡한 일 *Schweinerei*이지요〉라고 말하려고 했으나 곧 누그러뜨리고는 다른 말로 바꾸어 버렸노라고 확인해 줄 것입니다. 왜곡하려고 하는 경향을 확인하는 것은 이때 왜곡된 경향만큼이나 확실하게 성공적으로 이루어집니다. 나 혹은 나의 다른 추종자들이 제시하고 해명하지 않은 그러한 사례들만을 내가 여기서 선택하고 있는 것은 아무런 의도 없이 그렇게 한 것은 아닙니다. 그러나 여기서 이 두 가지 경우에 대한 해답을 얻어 내기 위해서는 모두 어떤 개입이 필요합니다. 말한 사람에게 왜 그가 그렇게 잘못 말하게 되었는지, 잘못 말한 그것에 대해서 무엇을 말해 줄 수 있는지 등을 물어보아야 하는 것입니다. 그렇게 하지 않으면 그는 그것을 해명해 주려고도 하지 않고 잘못을 그냥 지나쳐 갈 것입니다. 질문을 받은 그는 자기에게 맨 처음 떠오르는 생각을 가지고 설명을 해줄 것입니다. 자, 이제 이러한 작은 개입과 그 성공을 보십시오. 그것은 이미 정신분석입니다. 그것은 우리가 계속해서 다루려고 하는 모든 정신분석적인 연구의 전형이라고 할 수 있습니다.

정신분석이 여러분 앞에 이렇게 처음 떠오른 바로 그 순간에, 그에 대한 저항감이 여러분에게서 머리를 쳐들고 있다고 추측한다면 내가 너무 의심이 지나친 것이라고 할 수 있을까요? 여러분은 나에게, 잘못 말한 그 사람에게서 나온 그 정보라는 것이 완전한 증거 능력이 있는 것은 아니라고 항의를 할 생각은 없습니까? 그는 물론 그 요구를 들어주고 잘못 말한 것을 설명하려는 노력을 했을 것이라고 여러분은 생각합니다. 그래서 그는 자기에게 맨 처음 떠오른 생각이 그러한 해명으로서 쓸모 있다고 생각했을 때 그 생각을 말해 주는 것이지만, 잘못 말하기가 정말로 그렇게 해서 생겨났다고 증명해 주는 것은 아니지 않느냐, 그리고 물론 그 생각이 옳은 것일 수도 있지만 마찬가지로 그렇지 않을 수도 있는 것이며, 그 사람에게는 맨 처음에 떠오른 것만큼이나 그럴듯하게 생각되고 어쩌면 더 잘 들어맞을 수도 있는 다른 생각이 떠오를 수도 있는 것이 아니냐고 생각하실 것입니다.

여러분이 근본적으로 심리적 사실에 대하여 이처럼 보잘것없는 존경심을 가지고 있다는 것은 정말 놀라운 일입니다. 누군가가 어떤 물질을 화학적으로 분석해서 그것의 어떤 성분이 몇 밀리그램이 나가는지 확인했다고 생각해 봅시다. 사람들은 이러한 중량을 통해서 어떤 특별한 결론을 이끌어 낼 수 있을 것입니다. 그런데 어떤 화학자가 이렇게 분리된 물질은 처음과 다른 중량을 가지고 있을지도 모른다는 이의를 제기하면서 이 결론을 부정하려는 시도를 할 수 있으리라고 생각합니까? 모든 사람이 그것은 바로 이만큼의 중량이 나가며 다른 어떤 결과도 나올 수 없으리라는 사실 앞에 굴복하면서, 그 토대 위에 확신을 갖고 자신들의 다른 결론을 구축해 나갈 것입니다. 사람들은 유독 모종의 질문을 받은 사람에게 어떠한 생각이 떠올랐다는 심리적 사실이 문제가 될 때는, 그러한 사실을 부정하면서 그에게 또 다른 생각이 떠올랐을 수도 있다고 말합니다. 여러분은 아마도 심리적 자유라는 환상에 매달려 있으면서 그것을 포기하고 싶어 하지 않는 것인지도 모릅니다. 이러한 문제에서 내가 여러분과 첨예하게 대립하고 있다는 사실이 유감입니다.

여러분은 여기서 항의를 멈추겠지만, 그것은 또 다른 곳에서 다른 이의를 제기하기 위한 것에 불과합니다. 여러분은 또 다음과 같이 계속 반론을 제기할 것입니다. 〈분석받는 그 사람으로 하여금 문제의 해답을 스스로 이끌어 내게 하는 것이 정신분석만의 특별한 치료법이라는 것은 이해합니다. 다른 예를 한번 선택해 봅시다. 은사(恩師)의 안녕을 위해서 《트림을 하자 aufstoßen》고 모인 사람들에게 제안했던 그 축사자의 경우, 선생님께서는 그 사람의 방해하려는 의도를 존경심의 표현에 반대되는 조롱하고자 하는 의도로 해석할 수 있다고 말씀하셨습니다. 그러나 그것은 선생님의 입장에서 본 단순한 해석에 지나지 않으며 잘못 말하기의 범위 밖에 있는 순전히 관찰에 의한 것입니다. 만일 선생님께서 잘못 말한 그 사람에게 직접 물어보신다면, 그는 자기에게 모욕의 의도가 있었다는 것을 확인해 주지 않을 것입니다. 오히려 그는 그것을 격렬하게 부정할지도 모릅니다. 선생님께서는 어째서 이러한 분명한 이의에 대하여 선생님의 해석을 철회하지 않으시는 것입니까?〉

네, 이번에 여러분은 아주 강력한 문제를 제기했습니다. 나는 내가 알지 못하는 그 축사자를 이렇게 상상해 봅니다. 그는 아마도 축하를 받는 그 선생님의 조수일지도 모릅니다. 어쩌면 벌써 전임 강사로서 앞길이 매우 창창한 젊은 사람일 것입니다. 선생님에 대한 존경심을 드러내는 것에 반하는 어떤 감정을 정말 느끼지 못했느냐고 내가 그에게 압박하듯 물어보았다고 합시다. 나는 매우 집요하게 물어봅니다. 그러면 그는 참지 못하고 나에게

화를 버럭 낼 것입니다. 〈제발 그 끈덕지게 물어보는 짓 좀 그만 둘 수 없습니까? 매우 기분 나쁜데요. 당신이 그렇게 의심을 하면 내 전체 경력이 망가져 버릴지도 모릅니다. 나는 단순히 그 말이 나온 문장에서 그전에 벌써 두 번이나 *auf*라는 발음을 했기 때문에 *anstoßen*이라고 말할 것을 *aufstoßen*이라고 말했을 뿐입니다. 그것은 메링어가 지적한 후발음 현상 이외에 아무것도 아니고 더 이상 달리 해석할 여지가 없습니다. 제 말 이해하시겠어요? 이제 그만하세요.〉 네, 이것은 정말 놀라운 반응이 아닐 수 없습니다. 대단히 격렬한 부정(否定)입니다. 그 젊은이에게 어떻게 달리 해 볼 방법이 없군요. 그러나 나는 자신의 실수에는 어떤 뜻도 담겨 있지 않다고 하는 것에 그가 매우 강한 개인적 관심을 갖고 있다는 것을 알 수 있습니다. 순수한 이론적인 연구에 그가 그토록 거칠게 반응하는 것은 여러분도 이상하다고 생각하시겠지요. 그래도 여러분은 그 자신이 무엇을 말하려고 했는지, 또 무엇을 말하려고 하지 않았는지 확실히 알고 있었으리라고 짐작할 것입니다. 정말 그럴까요? 그것은 여전히 의문입니다.

이제 여러분은 나를 손안에 넣었다고 생각하시겠지요. 〈그것이 선생님의 기술이로군요.〉 여러분이 이렇게 말하는 것 같습니다. 〈잘못 말한 그 사람이 선생님의 생각에 들어맞는 것을 말하면, 선생님은 그것을 마지막의 궁극적인 권위로 인정해 버리십니다. 《그가 직접 그렇게 말하지 않았느냐》고 하면서 말입니다. 그러나 그가 말한 것이 선생님의 구도(構圖)에 들어맞지 않으면 선생님은 갑자기 그것은 틀렸다, 그것은 믿을 필요가 없다고 말씀하시는 겁니다.〉

여러분이 하는 말은 어쨌든 맞는 말이긴 합니다. 그러나 나는 여러분에게 그처럼 터무니없는 비슷한 경우를 또 하나 설명해 드리겠습니다. 만일 어떤 피의자가 판사 앞에서 자신의 범죄 행위를 인정하면 판사는 그의 고백을 믿습니다. 그러나 그가 그것을 부정하면 판사는 그의 말을 믿지 않습니다. 만약 상황이 달리 전개된다면, 사법 제도는 존속될 수 없습니다. 때때로 사법 제도는 과실을 범하기도 하지만, 그럼에도 불구하고 여러분은 이 제도가 그대로 존속되어야 할 정당성이 있다고 인정할 것입니다.

〈아니, 그렇다면 선생님이 재판관이십니까? 그리고 잘못 말한 그 사람은 선생님 앞에 선 피의자입니까? 잘못 말하기가 무슨 죄라도 된다는 것입니까?〉

그러나 우리는 이 비교를 애써 부정할 필요도 없습니다. 겉보기에는 별로 문제도 되지 않는 이러한 사소한 실수의 문제를, 조금만 깊이 파고들어 가면 이렇게 심각한 차이점에 도달하게 될 수도 있다는 것을 여러분은 알았을 것입니다. 처음에는 이 차이점들을 어떻게 비교해야 좋을지 가늠할 수도 없습니다. 나는 저 판사와 피의자의 비교를 근거로 잠정적인 타협책을 권하고 싶습니다. 피분석자가 스스로 그렇게 인정했을 경우, 실수의 의미에 대하여 어떠한 의심도 필요하지 않다는 것을 여러분은 인정해야 합니다. 그와 더불어 내가 여러분에게 고백하고 싶은 점은, 피분석자가 그것을 거부할 경우 추측되는 의미에 대한 직접적인 증거는 어디에서도 찾을 수가 없다는 것입니다. 그것은 또한 피분석자가 우리에게 어떠한 정보도 제공해 줄 수 없을 때도 마찬가지입니다. 그럴 때에 우리는 사법 제도의 경우에서와 같이 간접 증거에 의존하게 되는데, 그 간접 증거는 어떤 때는 그 결정이 거의 맞는 듯이 보이기도 하고 또 어떤 때는 잘 들어맞지 않는 듯이 보이기도 합니다. 법정에서는 현실적인 이유에서 간접 증거에 의거해 유죄라고 판결할 수밖에 없을 때도 있습니다. 우리에게는 강제로 그렇게 해야 할 이유가 없습니다. 그러나 그러한 간접 증거를 사용하지 말아야 할 이유 또한 없습니다. 학문이란 엄정하게 입증된 명제들로만 구성되어 있다고 믿는다면, 그것은 오류이며 또 그렇게 요구하는 것도 잘못입니다. 이러한 요구는 자신의 종교적인 교리를 다른 것으로 보충하려는 — 그것이 과학적인 것이라 해도 — 욕구를 가진 권위 편집증적인 사람만이 할 수 있는 것입니다. 과학은 그 자체의 교의 속에 단지 아주 적은 양의 명징한 정리들을 가지고 있습니다. 다른 것들은 그저 일정한 정도까지의 확률로 뒷받침된 주장들일 뿐입니다. 확실성에 대한 이러한 근사치만으로도 만족하고 마지막 확증의 결여에도 불구하고 건설적인 작업을 계속해 나간다면, 그것이야말로 과학적 사고방식의 징표라고 할 수 있습니다.

그렇다면 피분석자의 언명(言明)이 실수 행위의 의미를 스스로 밝혀내지 못할 경우, 우리는 우리 해석의 근거, 즉 우리 논증의 간접 증거를 어디서 찾아내야 합니까? 여러 가지 측면에서 그렇게 할 수 있습니다. 예를 들어 실수로 이름을 왜곡해서 부르는 경우는 고의적으로 이름을 곡해하는 것과 마찬가지로 욕설적인 의미를 갖고 있다고 주장할 때, 실수 행위를 제외한 현상들과의 유추에 의해서 그 증거를 찾아내는 것이 가능합니다. 또 그 밖의 다른 단서들은 실수가 일어나는 심리적 상황에서 얻어지거나, 실수를 저지르는 사람의 성격과 실수를 하기 전에 당사자가 받은 인상에 대해서 우리가 알고 있는 것들에서 얻어지는데, 아마도 그는 자신이 받은 인상에 대하여 다음과 같은 방법으로 반응했을 것입니다. 진행되는 방법은 대체로 다음과 같습니다. 우리는 일반적인 기본 원칙에 따라서 실수에 대한 해석을 시도합니다. 그것은 처음에는 단순한 추측이며 해석을 위한 하나의 제안일 따름인데, 그러고 나서는 심리적 상황을 조사해서 그에 대해 확인을 하게 되는 것입니다. 때때로 우리는 다가올 사건을 기다려야만 할 때도 있는데, 그것은 실수를 통해서 방금 예고된 것으로서 우리의 추측을 유효한 것으로 만들어 주게 됩니다.

여기에도 몇몇 좋은 예가 있긴 하지만, 내가 잘못 말하기의 영역으로만 문제를 국한시킬 경우 나는 여러분에게 이에 대한 증거들을 쉽게 보여 드릴 수가 없습니다. 숙녀를 *begleitdigen*하려고 했던 그 젊은 청년은 틀림없이 수줍은 성격의 사람이었을 것입니다. 또 자신의 남편이 〈그녀〉가 원하는 것은 무엇이든지 먹거나 마셔도 된다는 그 여인은, 내가 보기에는 집안에서 모든 것을 자기 마음대로 이끌어 가는 괄괄한 부인들 중 한 사람이었을 것입니다. 아니면 다음과 같은 경우를 한번 생각해 봅시다. 〈콘코르디아〉[8]의 한 총회에서 어떤 젊은 회원이 매우 격렬한 반대 의견을 내세우고 있었는데, 그는 연설 도중에 협회의 지휘부를 《*Vorschuß*》 *mitglieder*〉[9]라고 지칭했습니다. 그 단어는 ‘*Vor’stand*(의장)라는 단어와 *Aus‘schuß’*(위원회)라는 단어가 합쳐진 말인 것 같았습니다. 우리는 반대 의견을 말하는 그의 마음속에 그것을 방해하는 어떤 경향이 작용한 것이라고 추측해 볼 수 있는데, 그것은 *Vorschuß*(선불금)와 관계있는 것으로 생각되었습니다. 실제로 우리는 우리의 증인에게서 그가 항상 돈 문제로 쪼들리고 있었으며, 바로 그 시점에 대출 신청서를 제출해 놓고 있었다는 사실을 알게 되었습니다. 그러므로 그렇게 방해하는 의도를 실제로 다음과 같은 생각으로 대체할 수 있습니다. 〈반대 의견을 말하는 것도 좀 적당히 하는 게 좋겠어. 저 사람들은 내가 바라는 선불금의 지불

---

8   빈의 언론인 협회.
9   *Ausschußmitglieder*라고 했어야 한다. 여기서는 〈위원 여러분〉이라는 뜻.

을 승인하게 될 바로 그 사람들이야.〉

다른 형태의 실수들을 포괄하는 광대한 영역으로까지 논의의 범위를 넓히면 이러한 간접 증거가 드러나는 수많은 사례를 여러분에게 제시해 보일 수 있습니다.

어떤 사람이 원래는 자기에게 매우 친숙한 고유 명사를 잊어버릴 때, 혹은 아무리 애를 써도 그것을 아주 힘들게만 기억할 수 있을 때, 우리는 그가 이 이름을 알고 있는 것에 대해서 어떤 거부감을 느끼고 있어서 그것을 기꺼이 기억하고 싶어 하지 않는 것이라고 가정을 하게 됩니다. 이러한 실수가 드러나 있는 다음의 심리 상황을 관찰해 보십시오.

어떤 Y라는 남자가 어느 여자에게 정신없이 반해 있었는데 결국 그 여자와 관계를 맺는 데 성공하지 못하고 말았다. 바로 그 후에 그 여자는 X라는 남자와 결혼하게 되었다. Y는 X를 오랫동안 알고 있었고 심지어 그와 사업상으로 거래해 왔음에도 불구하고, 그는 언제나 그의 이름을 잊어버리고는 X와 연락을 취해야 할 때는 몇 번이고 그의 이름을 다른 사람에게 물어보곤 했다.[10]

Y는 틀림없이 자신보다 행복한 경쟁자에 대해서 아무것도 알고 싶어 하지 않았던 것입니다. 〈그에 대해서는 아무것도 생각해서는 안 돼.〉

또 하나의 예를 들겠습니다.

10 융C.G.Jung의 저술에서 인용한 것이다 ── 원주. 융의 『조발성 치매의 심리학에 대하여 *Über die Psychologie der Dementia praecox*』(1907) 참조.

어떤 여자가 의사에게 서로가 잘 알고 있는 어떤 사람의 이름을 물어보면서 그녀의 결혼하기 전의 성을 대는 것이었습니다. 그녀가 결혼하면서 갖게 된 성(姓)을 잊어버렸다는 것입니다. 그러고 나서 그녀가 고백하기를, 자기는 이 결혼을 매우 반대했으며 이 여자 친구의 남편을 참을 수 없을 정도로 싫어했다는 것이었습니다.[11]

이러한 이름 망각에 관해서는 다른 관점에서 더 많은 것을 얘기할 수 있지만, 지금 우리가 관심을 두고 있는 것은 주로 그러한 망각이 일어나게 되는 심리 상황입니다.

어떤 일을 하기로 했던 계획을 잊어버리는 것은, 일반적으로 그 계획을 실행하지 못하게 하려는 그와 반대되는 어떤 생각의 흐름에 그 원인을 돌릴 수 있습니다. 이것은 정신분석을 하고 있는 우리들만의 생각이 아니라, 일상생활 속에서는 모두 그것을 지지하고 있으면서도 이론적으로는 그것을 거부하는 많은 사람들의 일반적인 견해이기도 합니다. 피후견인의 부탁을 잊고 나서 자신의 피후견인에게 사과하는 후견인의 말은 통하지 않습니다. 피후견인은 즉시 이렇게 생각할 것입니다. 〈그는 그런 부탁 따위는 아예 안중에도 없었어. 그가 그렇게 약속하기는 했지만 그는 처음부터 그것을 들어주려고 하지 않았던 거야.〉 어떤 관계에서는 이처럼 약속을 잊어버리는 행위는 일상생활 속에서 금지된 것입니다. 이러한 실수 행위에 대해서 일반인들이 지니고 있는 생각과 정신분석학 쪽 견해와의 차이는 없는 것처럼 보입니다. 다음과 같은 말을 하면서 손님을 맞는 한 주부를 상상해 보십시오.

11 브릴의 글에서 인용 — 원주. 브릴의 『정신분석: 그 이론과 실제적 적용』 참조.

〈어머나, 오늘 오기로 하셨던가요? 오늘 오시라고 초대한 사실을 그만 깜박 잊었군요.〉 아니면 지난번에 했던 약속을 완전히 잊었다고 애인에게 고백하기보다는, 그 당시에 약속 장소에 가지 못하게 하고 그에 대해 기별을 하는 것조차 불가능하게 만든 가장 있을 법한 사건을 머릿속에서 즉흥적으로 생각해 낼 것입니다. 군사적인 직무에서는 무언가를 잊어버렸다는 변명은 아무 도움도 되지 않고 처벌을 피할 수 있도록 막아 주지도 못한다는 것을 우리 모두는 알고 있으며 그것을 지극히 당연하게 생각합니다. 어떤 실수 행위는 매우 깊은 의미를 갖고 있으며, 그것이 무슨 의미를 갖고 있는지에 대해서 우리 모두는 처음으로 여기에서 의견이 일치했습니다. 이러한 통찰을 다른 종류의 실수 행위에도 확대 적용시키고, 그것에 완전히 동조하는 데 대해서 사람들은 왜 끝까지 일관적이지 못한 것일까요? 여기에 대해서는 물론 하나의 대답이 있습니다.

어떤 계획을 잊어버리는 것의 의미가 이렇게 일반인들에게도 자명하다면, 작가들이 이러한 실수를 같은 의미로 사용한다고 해서 여러분이 놀랄 일은 별로 없을 것이라고 생각됩니다. 여러분 중에서 버나드 쇼B. Shaw의 『시저와 클레오파트라』라는 희곡을 보거나 읽은 사람은, 마지막 장면에서 이집트를 떠날 때 카이사르가 무언가를 하려고 했는데 잊어버렸다는 생각에 줄기차게 괴롭힘을 당하는 모습을 기억하실 것입니다. 그것이 무엇이었는지는 결국 밝혀지는데, 그것은 다름 아니라 클레오파트라와 작별 인사를 하는 것이었습니다. 작가가 말하고자 하는 이 작은 사건의 의미는, 위대한 카이사르가 갖고 있지 않았고 또 그것을 가지려고 노력하지도 않았던 어떤 우월감을 그에게 부여하려고 했던 것이었습니다. 여러분은 역사적인 문헌들에서 카이사르가 클레오파트라를 자기를 따라 로마로 오게 했으며, 카이사르가 암살당했을 때 그녀는 어린 세자리온과 함께 거기에 살고 있었다는 것, 또 카이사르가 암살당한 후 그녀는 도망치듯 그 도시를 빠져나갔다는 것 등을 알게 되실 것입니다.

계획을 잊어버리는 경우는 일반적으로 이처럼 자명해서, 실수의 의미를 찾아내기 위해 심리적 상황에서 간접 증거를 이끌어 내려는 우리의 의도에 별다른 도움이 되지 못한다고 생각합니다. 그러므로 특별히 애매하고 불투명한 실수 행위라고 볼 수 있는 잃어버리기와 잘못 놓기의 경우에 관심을 돌려 봅시다. 당사자에게 매우 자주 고통스럽게 느껴지는 사건인 잃어버리기에, 우리 자신이 어떤 의도를 가지고 그것에 관여되어 있다는 사실을 여러분은 틀림없이 믿을 수 없는 일로 받아들일 것입니다. 그러나 이와 같은 해석이 가능한 관찰 사례들이 엄청나게 많이 있습니다. 어떤 젊은 청년이 자기에게 매우 소중했던 크레용을 잃어버렸습니다. 그런데 그는 그 일이 있기 바로 며칠 전에 자신의 처남에게서 한 통의 편지를 받았는데, 그 편지는 다음과 같은 말로 끝을 맺고 있었습니다. 〈나는 얼마 동안 너의 경박함과 게으름을 도와줄 기분도 나지 않고 또 그럴 시간도 없다.〉[12] 그 크레용은 사실 바로 이 처남의 선물이었습니다. 이러한 관련성이 없다면 물론 우리도 이 분실 행위에는 그 물건을 없애 버리고 싶은 의도가 작용했다고 주장할 수 없을 것입니다. 이와 비슷한 수없이 많은 경우가 있습니다. 그 물건을 준 사람과 적대적이 되어서 그를 더 이상 기억하고 싶지 않을 때, 혹은 단순히 그 물건이 더 이상 마음에 안 들 때, 다른 더 좋은 것으로 대체하기 위한 어떤 구실을 만들고 싶을 때, 우리는 그 물건을 잃어버리곤 하는 것입니다. 어떤 대상에 대

12 다트너B. Dattner의 글에서 인용 ─ 원주.

한 그와 같은 의도가 떨어뜨리기, 깨뜨리기, 부수기 등의 행위에 작용합니다. 어떤 초등학교 아동이 바로 자기의 생일 전날에 자기가 쓰던 물건, 예를 들어 자기의 책가방이나 시계를 잃어버리거나 망가뜨리거나 깨뜨릴 때 이를 단순히 우연으로 돌릴 수 있겠습니까?

자기 스스로 물건을 어디에 놔두고는 그것을 찾을 수 없었던 고통을 자주 느꼈던 사람들은 잘못 놓기의 의도에 대해서 믿지 않으려 할 것입니다. 어떤 물건을 잘못 놓게 된 주변 상황을 보면 그 물건을 잠시 동안이나마, 혹은 오랫동안 없애 버리고 싶어 하는 마음이 있었음을 암시하는 경우가 드물지 않게 있습니다. 이러한 종류의 가장 적절한 예로는 다음과 같은 것이 있습니다.

어떤 젊은 사람이 나에게 이렇게 말했습니다. 〈내가 결혼 생활을 하던 중 몇 년 전에 어떤 오해가 있었습니다. 나는 아내의 탁월한 품성을 인정하고 있었지만 그럼에도 나의 아내가 너무 냉정하다고 느꼈습니다. 우리는 부드러운 애정 표현이 없이 그렇게 살아가고 있었습니다. 어느 날 아내는 산책에서 돌아오면서 내게 틀림없이 흥미로운 책이 될 것이라면서 그녀가 산 책 하나를 내밀었습니다. 나는 그녀의 이러한 관심의 표시에 고마워하면서 그것을 꼭 읽겠노라 약속을 하고 어딘가에 잘 두었는데, 나중에 그것을 도저히 찾을 수가 없었습니다. 나는 때때로 그렇게 사라져 버린 책을 기억해 내고는 그것을 찾아보려고 애를 썼지만 번번이 허사로 끝났고, 그러는 사이에 몇 달이 흘렀습니다. 약 반년 후에 우리와 떨어져서 살고 계시던 내 어머니께서 병환이 나셨습니다. 나의 아내는 시어머니를 보살펴 드리기 위하여 그리로 갔습니다. 환자의 상태는 매우 심각해져 갔고, 그것은 나의 아내에게는 그녀의 가장 좋은 면을 보여 줄 수 있는 기회가 되었습니다. 어느 날 저녁

나는 그녀가 한 일에 대하여 감동을 받고 그녀에게 고마운 마음을 느끼면서 집으로 돌아왔습니다. 나는 책상에 다가가서 특별한 의도도 없이 마치 무슨 몽유병자처럼 확신을 가지고 그중의 어느 서랍을 열었는데, 거기 바로 맨 위에 그렇게도 오랫동안 찾아내려고 했던 그 잃어버렸던 책이 놓여 있는 것이 아니겠습니까?〉

어떤 대상에 대한 동기가 사라져 버림과 동시에 그 대상의 잘못 놓여진 상태도 끝나게 된 것입니다.

신사 숙녀 여러분, 이와 비슷한 예들을 들라면 나는 끝도 없이 그렇게 할 수 있을 것입니다. 그러나 나는 여기서 그렇게 하지 않겠습니다. 나의 『일상생활의 정신 병리학』에 실수의 연구에 관한 대단히 많은 해설적 예증이 나와 있습니다.[13] 이 모든 예증은 한결같이 다음과 같은 사실로 결론을 맺고 있습니다. 즉 이 책은 여러분으로 하여금 실수들은 모두 의미를 갖고 있다는 것을 개연성 있는 사실로 받아들이도록 하고, 그 주변 상황들에서 실수의 의미를 어떻게 알아내고 확인할 수 있을 것인가를 가르쳐 주고 있습니다. 오늘은 짧게 간추려서 말하려고 하는데, 그 이유는 이러한 현상의 연구에서 정신분석을 준비하는 데 유익한 내용을 끌어내는 것으로 우리의 목표를 한정시키기로 했기 때문입니다. 나는 여기서 단지 두 가지 종류의 문제, 즉 반복적이고 결합된 실수 행위와 나중에 나타나는 사건을 통해서 우리 해석의 타당성을 검증할 수 있는 문제만을 자세하게 다룰 예정입니다.

13 그 외에 메더(프랑스), 브릴(영국), 존스(영국), 슈테르케(네덜란드) 등이 수집한 예들도 참조하라 ─ 원주. 메더 A. Maeder의 「일상생활의 정신 병리학에 대한 기고 Contributions à la psychopathologie de la vie quotidienne」(1906), 「일상생활의 정신 병리학에 대한 새로운 기고 Nouvelles contributions à la psychopathologie de la vie quotidienne」(1908), 브릴의 『정신분석: 그 이론과 실제적 적용』, 존스의 「일상생활의 정신 병리학」, 슈테르케 J. Stärcke의 「일상생활에 대하여 Aus dem Alltagsleben」(1916) 참조.

반복적이고 복합적인 실수 행위는 확실히 실수의 종류들 중에서 가장 찬란한 꽃이라고 할 수 있습니다. 실수 행위들이 어떤 의미를 지닐 수 있다는 것을 증명하는 것만이 문제였다고 한다면, 우리는 처음부터 여기에만 우리의 노력을 한정시켰을 것입니다. 왜냐하면 그러한 실수에서는 아무리 둔한 사람일지라도 그 의미를 곧 알아차리게 되며, 가장 비판적인 판단을 하는 사람도 그 의미를 인정하지 않을 수 없기 때문입니다. 실수 행위의 반복은 어떤 집요함을 드러내 주는 것으로서, 그 집요함이란 우연적인 일에는 결코 수반되는 법이 없으나 의도에는 잘 어울리는 것입니다. 개별적인 여러 번의 실수가 차례차례 이어지고 나서야 드디어 실수에서 무엇이 중요한 것이고 본질적인 것인가를 알게 됩니다. 실수에 이용되는 형식이나 수단이 문제가 되는 것이 아니고 그것 스스로가 이용하는, 또 여러 가지 방법으로 도달되어야만 하는 의도가 문제인 것입니다. 그래서 나는 여러분에게 반복된 망각의 한 예를 설명해 보려 합니다. 존스가 보고하기를, 그는 언젠가 자신도 알 수 없는 어떤 동기에서 편지 한 통을 며칠 동안이나 책상 위에 놓아두었다고 합니다. 드디어 그는 그 편지를 부치기로 작정했는데 얼마 후 〈수취인 불명〉으로 되돌아왔습니다. 왜냐하면 그가 주소 쓰는 것을 잊어버렸기 때문입니다. 그는 겉봉에 주소를 쓰고 나서 우체국으로 가져갔으나 이번에는 우표를 붙이지 않았습니다. 그러자 그는 그 편지를 보내는 데 대한 거부감을 스스로에게 인정하지 않을 수 없었다는 것입니다.

또 다른 경우에서는 착각이라는 실수가 잘못 놓기라는 실수와 결합됩니다. 어느 부인이 매우 유명한 예술가인 제부(弟夫)와 로마로 여행을 떠났습니다. 그 방문객들은 로마에 살고 있는 독일인들로부터 열렬한 환영을 받았고 고대의 오래된 금메달을 선물로 받았습니다. 그 부인은 제부가 그 아름다운 물건을 그리 높게 평가하지 않는 것을 알고 몹시 마음이 언짢았습니다. 여동생이 도착했으므로 그들과 헤어져서 자신의 집에 도착해 짐을 풀었을 때 그녀는 그 메달을 ― 어떻게 그리 되었는지는 모르지만 ― 함께 가져온 것을 발견했습니다. 그녀는 그 즉시 편지를 써서 바로 그다음 날에 그 메달을 로마로 다시 부쳐 주겠노라고 통지했습니다. 그러나 다음 날이 되자 그 메달은 감쪽같이 사라져서 도저히 찾을 수가 없었고 결국 부치지 못하게 되었습니다. 그러자 그 부인은 자신의 〈부주의〉가 무엇을 뜻하는지 어렴풋이 알게 되었습니다. 그녀는 말하자면 그것을 자신이 소유하고자 했던 것입니다.[14]

나는 이전에도 한 번 망각과 착오가 결합된 예를 여러분께 보고드린 바 있습니다. 즉 어떤 사람이 처음에는 약속 그 자체를 잊어버리고, 그다음에는 결단코 잊지 않겠다는 결심을 했음에도 약속한 시간과는 다른 시간에 약속 장소에 나타나게 된 것입니다. 내 친구 중 한 사람이 자기가 겪은 이와 아주 유사한 경우를 직접 얘기해 주었습니다. 그 친구는 과학뿐만 아니라 문학에도 조예가 깊었습니다. 그는 말했습니다. 〈나는 몇 년 전에 어떤 문학 단체 위원회의 위원으로 위촉된 적이 있었네. 나는 그 학회가 언젠가는 나의 희곡을 공연하는 문제에 어느 정도 도움이 되어 줄 수 있으리라는 생각에서, 그다지 큰 관심은 없었지만 매주 금요일마다 열리는 그 위원회의 회의에 꼬박꼬박 참석을 했네. 그런데 바로 몇 달 전에 나는 F시의 극장에서 그 희곡을 공연하게 되리라는 확답을 받게 되었지. 그 뒤부터 나는 그 위원회의 회의를 매번 《잊어버리고》 말았다네. 그런데 내가 이러한 문제에 대한 자네의 글을 읽고 나니 나의 망각에 대해서 수치심을 느끼지 않을 수 없었

14   라이틀러R. Reitler가 보고한 내용이다 ― 원주.

다네. 내가 이 사람들을 더 이상 필요로 하지 않게 되자 이제 그 회의에 참석하지 않는다는 것은 너무도 뻔뻔스러운 일이라고 심한 자책을 하면서, 나는 다음 금요일에는 기필코 잊지 않겠노라고 다짐을 했지. 나는 이 계획을 계속적으로 기억해 내고 드디어는 실행에 옮겨서 그 회의실 문 앞에 섰지. 그런데 이게 어떻게 된 일인가. 문이 굳게 잠겨 있었네. 회의는 이미 지나가 버린 것이었다네. 나는 말하자면 날짜를 잘못 알고 있었는데, 그날은 토요일이었다네!〉

이와 비슷한 예들을 계속 수집해 본다면 아주 재미있을 것입니다. 그러나 나는 계속해서 설명하겠습니다. 우리 해석의 타당성을 확인받기 위해서는 다가올 미래를 기다려야만 하는 그러한 경우들이 있음을 여러분이 주목해 주기 바랍니다.

이러한 경우들의 주요 조건들은 잘 아시다시피 현재의 심리적 상황이 우리에게는 미지의 것이거나, 우리의 조사가 미칠 수 없는 것들입니다. 그때 우리의 해석은 단지 추측으로서의 가치만을 지니게 되므로 우리 자신도 거기에 그다지 큰 의미를 부여하지 않을 것입니다. 그러나 그 후에 그 당시의 우리 해석이 이미 얼마나 정당한 것이었는지를 보여 주는 어떤 일이 일어나게 됩니다. 나는 언젠가 갓 결혼한 신혼부부의 집에 손님으로 초대된 적이 있었는데, 그 젊은 부인이 웃으면서 자신의 최근 체험을 이야기하는 것을 들었습니다. 그녀는 신혼여행에서 돌아온 그다음 날 남편이 일하러 간 사이에, 이전에 늘 그러곤 했던 것처럼 쇼핑을 가기 위해 결혼하지 않은 자신의 여동생을 불러냈습니다. 길을 걷던 중 갑자기 맞은편 길을 걸어가는 어떤 신사의 모습이 그녀의 눈에 띄었고, 그녀는 여동생을 쿡 찌르면서 〈저기 봐, 저기 그 L 씨가 가고 있어〉라고 큰 소리로 말했습니다. 그녀는 이 신사가 몇 주 전부터 자신의 남편이 되었다는 사실을 깜박 잊었던 것이었습니다. 나는 이 이야기를 들으면서 전율을 느꼈지만 감히 거기에 대해 추론해 볼 용기는 나지 않았습니다. 몇 년 후에 이 결혼이 불행하게 끝났다는 사실을 듣고서야 비로소 그때 들었던 이 작은 이야기가 다시 머릿속에 떠올랐습니다.

메더는 결혼식 바로 전날에 신부 드레스를 가봉하는 것을 깜박 잊어서 늦은 밤이 되어서야 재봉사에게 가는 바람에 재봉사를 당황케 했던 어떤 부인의 이야기를 보고하고 있습니다. 그는 이 부인이 바로 얼마 후에 그녀의 남편과 이혼했다는 사실과 이 망각 행위를 하나의 연관성 속에서 바라보고 있는 것입니다. 나는 또 실제로 이혼에 이르기 몇 년 전부터 자신의 재산을 관리하는 서류에 빈번하게 결혼하기 전의 처녀 때 성으로 서명을 했던, 지금은 자기 남편과 이혼을 한 상태인 어떤 부인의 이야기를 알고 있습니다. 또 신혼여행 도중에 결혼반지를 잃어버린 한 부인을 알고 있는데, 그 결혼이 후에 전개된 모습은 이 우연적인 사건에 의미를 부여하기에 충분한 것이었습니다. 좀 더 좋은 결과로 끝난 또 하나의 극명한 예도 있습니다. 결혼식 시간을 잊어버리고 교회로 가는 대신에 실험실로 가버림으로써 자신의 결혼을 성사시키지 못한 어떤 유명한 독일의 화학자에 대한 이야기가 그것입니다. 그는 매우 영리했기 때문에 결혼을 다만 시도로서 그치게 하였고, 그렇게 해서 고령의 나이로 죽을 때까지 결혼하지 않은 상태로 살았던 것입니다.

이러한 경우들에서 여러분은 어쩌면 실수 행위가 옛날 사람들이 말하는 어떤 전조나 징조 대신에 나타난 것일지도 모른다는 생각을 떠올리게 될 것입니다. 실제로 전조의 어떤 부분들은 실수 이외에 아무것도 아니라고 말할 수 있습니다. 예를 들어 어떤 사람이 발이 걸려 뒤뚱거리거나 넘어지는 따위가 그것입니다. 그 외의 전조의 다른 부분들은 어쨌거나 주관적인 행위의 성격이 아닌 객관적인 사건의 성격을 띠고 있습니다. 그러나 어떤 한 사건의 경우에 그것이 이쪽에 속하는지 아니면 다른 쪽에 속하는지를 결정한다는 것이 때때로 얼마나 어려운 일인가를 여러분은 상상할 수 없을 것입니다. 행위는 종종 수동적인 체험의 형태로 변장하고 나타나는 법을 알고 있기 때문입니다.

　우리들 중 지나온 긴 인생 경험을 돌이켜 볼 수 있는 사람이라면 누구나, 사람들과의 관계에서 나타나는 작은 실수들을 전조로 해석하고 그 속에 숨겨져 있는 의도의 징조로 실수들을 평가할 수 있는 용기와 결단력만 갖고 있었더라면, 많은 실망들과 고통스러운 경악들을 피할 수 있었을 것이라고 스스로에게 말할 것입니다. 그러나 사람들은 대개 차마 그렇게 하지 못합니다. 그런 태도는 과학을 옆으로 우회해서 미신적인 생각을 품는 것과 같다는 생각을 하기 때문입니다. 물론 모든 전조들이 다 들어맞는 것은 아닙니다. 그러나 여러분이 우리의 이론을 통해 이해해야 할 것은, 모든 내용들이 그렇게 다 들어맞을 필요는 없다는 것입니다.

네 번째 강의

실수 행위들(결론)

신사 숙녀 여러분, 이제 실수 행위들이 나름대로 의미를 갖는다는 사실을 우리가 지금까지 연구한 결과로 평가하고, 또 우리가 다음에 연구할 작업의 토대로 받아들여도 좋을 것 같습니다. 다시 한번 강조하고 싶은 것은 ─ 사실 우리의 목표를 달성하기 위해 주장 같은 것을 내세울 필요는 없지만 ─ 모든 개개의 실수 행위들에 의미가 있다고 주장할 생각은 없습니다. 나 자신은 비록 그럴 가능성이 농후하다고 생각하고 있지만 말입니다. 우리가 그러한 의미를 실수 행위의 여러 가지 형태에서 비교적 빈번하게 증명할 수 있다면 그것으로 충분합니다. 의미의 관점에서 볼 때 이러한 여러 가지 형태의 실수 행위들은 무엇보다도 아주 다양한 관계를 보여 줍니다. 잘못 말하기나 잘못 쓰기 등에서는 순전히 생리적인 이유를 갖는 실수 행위들도 자주 나타날 수 있습니다. 그러나 망각에 근거를 두고 있는 종류들(이름이나 계획을 잊어버리기, 잘못 놓아두기 같은 것들)은 그러한 원인에 의한 것이라고 생각할 수가 없습니다. 전혀 의도가 없는 듯이 보이는 그러한 분실도 있을 수 있습니다. 우리의 일상 속에서 일어나는 〈오류〉들은 극히 일부분만이 우리의 관찰 대상에 포함됩니다. 우리가 계속해서 실수 행위란 심리적인 행위이며, 두 개의 다른 의도들 사이의 간섭을 통해서 발생한다는 사실에서 출발하기 위해서는 이러한 한계를 분명히 인식하고 있어야 합니다.

이것이 정신분석학 최초의 결과입니다. 그러한 간섭이 일어날 수 있다는 것과 그에 따라 실수와 같은 현상들이 결과로 나타날 수 있다는 가능성에 대해서 심리학은 이제까지 아무것도 알지 못했습니다. 우리는 심리적 현상계(現象界)의 영역을 현저히 넓게 확장시켰고, 이전에는 심리학에 포함되지 않았던 현상들까지도 심리학에 끌어들인 것입니다.

실수 행위들이란 〈심리적 행위들psychische Akte〉이라고 하는 주장에 잠시만 더 머물러 봅시다. 그것은 실수 행위가 의미를 갖는다고 하는 우리의 그전 언명보다 더 많은 것을 시사하고 있습니까? 나는 그렇다고 생각하지 않습니다. 그것은 오히려 더욱 불확실하고 모호해졌을 뿐입니다. 인간의 정신 활동에서 관찰할 수 있는 모든 것은 때때로 정신적 현상으로 지칭되기도 합니다. 여기서 곧바로 문제되는 것은 개개의 정신적 현상이 직접적으로 육체적이고 유기체적이며, 또 물질적인 작용에서 출발하는가 하는 점이고, 어떤 경우에 그 연구가 심리학에 해당되지 않는가입니다. 혹은 그것이 일단은 다른 정신적 과정들에서 비롯하지만, 사실 그 배후에 있는 모종의 장소에서 일련의 유기체적인 작용들이 촉발되는 것이 아닌가의 여부입니다. 마지막의 사태와 관련해서 우리가 잘 알고 있는 어떤 현상을 정신적인 과정으로 지칭한다면, 우리의 언명을 다음과 같은 형태로 표현하는 것이 더욱 유익할 듯합니다. 즉 〈그 현상은 의미를 갖고 있다〉라고 말하는 것입니다. 〈의미〉라고 하는 단어를 우리는 뜻Bedeutung, 의도Absicht, 경향Tendenz, 그리고 심적인 관련성 속에서 그 현상이 차지하는 어떤 위치 등으로 이해하고 있습니다.

실수 행위와 매우 비슷하게 보이지만 그러나 실수 행위라는 이름에는 전혀 들어맞지 않는 다른 현상들도 많이 있습니다. 우리는 그것들을 〈우연 행위Zufallshandlung〉 또는 〈증상 행위Symptomhandlung〉라고 부르고 있습니다. 실수 행위와 똑같이 그것들은 〈무(無)동기〉, 〈무의미〉, 〈중요치 않음〉의 특성들을 갖고 있지만, 그 외에도 〈불필요〉라는 특성을 한결 분명하게 보여 주고 있습니다. 이러한 행위들이 실수 행위와 구별되는 것은, 그 행위와 충돌을 일으키고 그로 인해서 방해를 받는 제2의 의도가 없다는 점입니다. 그것들은 또 다른 한편으로 우리가 정서적 운동의 표현으로 분류하는 몸짓들과 운동들에 아무런 장애 없이 몰입합니다. 이러한 우연 행위들에는 언뜻 보기에 아무런 목표도 없어 보이는 행동들, 마치 놀면서 하는 듯한 행동이나 옷을 입을 때의 행위들, 우리 몸의 부분들이 서로 닿거나 우리 손에 미치는 물건들을 만지작거리는 행동들, 또는 그러한 행동을 중단하는 행위, 더 나아가 우리가 흥얼거리는 멜로디 등 그 모든 것들이 속합니다. 나는 여러분 앞에서 이러한 모든 현상들이 의미 있는 것이며 실수 행위들과 마찬가지 방법으로 연구해 보면 해석이 가능한 것이고, 더욱 중요한 다른 정신적 과정들의 아주 작은 징조이며 또한 완전히 유효한 심리적 행위라는 주장을 하려 합니다. 그러나 나는 정신적 현상들의 영역에서 이렇게 새로이 확장되고 있는 문제에 오래 머무르고 싶은 생각은 없으며 실수 행위의 문제로 다시 되돌아가려 하는데, 바로 그것에서부터 정신분석에 훨씬 더 중요한 문제를 매우 분명하게 풀어낼 수 있을 것입니다.[1]

실수에 관해서 우리가 제기만 해놓고 아직까지도 대답하지 않은 가장 흥미로운 문제는 아마도 다음과 같은 사실일 것입니다.

[1] 우연 행위와 증상 행위에 대해서는 『일상생활의 정신 병리학』 참조.

우리는 실수 행위란 두 개의 의도, 그중 하나는 방해받는 의도이고 다른 하나는 방해하는 의도로 불릴 수 있는 서로 다른 의도들의 간섭의 결과라고 말한 바 있습니다. 방해받는 의도는 계속되는 질문에 어떠한 단초도 제공하지 않습니다. 그러나 그와 다른 또 하나의 의도에 대해서, 우리는 우선 다른 것에 대한 방해물로 나타나는 이러한 의도란 도대체 어떠한 것인가에 대해 연구하려고 하며, 두 번째로 이렇게 방해하는 의도는 방해받는 의도와 어떤 관계에 있는가를 알아내려고 합니다.

잘못 말하기를 다시금 이러한 종류의 모든 실수의 대표격으로 취급하는 것과, 첫 번째 문제보다는 두 번째 문제에 대해서 먼저 대답하는 것을 허용해 주시기 바랍니다.

잘못 말하기에 있어서 방해하려는 의도는 방해받는 의도와 내용적인 관계에 놓여 있을 수 있습니다. 그럴 때 방해하려는 의도는 방해받는 의도와 모순되며 방해받는 의도를 교정하거나 보완하려고 합니다. 혹은 더욱 모호하고 흥미로운 경우는, 방해하는 의도가 방해받는 의도와 내용적으로 아무런 관계가 없을 때입니다.

이러한 두 가지 관계 중에서 첫 번째 것에 대한 증거는 우리에게 이미 잘 알려져 있는 비슷한 경우들에서 쉽게 찾아볼 수 있습니다. 정반대의 말이 튀어나오는 잘못 말하기의 거의 모든 경우에 방해하는 의도는 방해받는 의도의 반대 의향을 표출시키며, 실수는 두 개의 서로 양립할 수 없는 의도들 사이의 갈등의 표현이라고 할 수 있습니다. 〈나는 이로써 회의의 개회를 선포하지만 차라리 회의가 끝나 버렸으면 하고 바란다〉라는 것이 의장이 발언한 잘못 말하기의 의미인 것입니다. 뇌물 사건으로 고발된 한 정치적 신문은 〈우리가 항상 최대한 공정하게 *in uneigennützigster Weise* 일반 대중의 안녕을 대변해 왔다는 것을 우리의 독자들이 증명해 줄 것입니다〉라고 쓴 기사를 내보냄으로써 스스로를 변호하고자 했습니다. 그러나 이러한 변론을 작성할 것을 위임받은 편집장은 〈매우 이기적으로 *in eigennützigster Weise*〉라고 쓰고 말았습니다. 그것은 그가, 〈비록 그렇게 써야 하기는 하겠지만 내가 알고 있는 것은 그것과 달라〉라고 생각했다는 것을 의미합니다. 황제에게 무조건 *rückhaltlos* 진실을 말할 것을 요구하려던 국회 의원은, 자신의 용감성이 해가 될지도 모른다는 자기 내부의 목소리를 듣고는 *rückhaltlos*(주저하지 않고)를 *rückgratlos*(줏대 없이)로 잘못 말하고 말았습니다.[2]

결합과 축약의 인상을 주며 여러분에게도 잘 알려진 경우들에서는 그것으로 제2의 경향이 첫 번째 경향과 함께 부각되는 정당화와 보충적 언급, 그리고 앞의 얘기를 계속하려는 동기들이 작용하고 있습니다. 〈그러자 모든 것이 드러나고 말았다. 그렇지만 내친김에 차라리 그것은 《추잡한 일》이었다고 말해 버리지 뭐.〉 그럼으로 해서 〈모든 것이 *Vorschwein*으로 밝혀졌습니다〉라는 말이 나오게 된 것입니다. 〈그것을 이해하는 사람들은 《다섯 손가락》안에 셀 수 있을 정도입니다. 아니지, 그것을 이해하는 사람은 오로지 《한 사람》밖에 없어. 그러니까 《한 손가락》으로 셀 수 있습니다.〉 혹은 〈내 남편은 그가 원하는 것은 무엇이든지 먹고 마실 수 있어요. 그렇지만 당신도 아시다시피 그가 무언가를 원하는 것을 《내》가 도대체 어떻게 참아 줄 수 있겠어요? 그러니까 그는 《내》가 원하는 것은 무엇이든지 먹고 마실 수 있지요.〉

그러므로 이러한 모든 경우에서 잘못 말하기는 방해받는 의도의 내용에서 발생하는 것이거나 그것에 연계되는 것입니다.

또 다른 종류의 두 개의 간섭적인 의도 간의 관계는 조금 낯설

2 1908년 독일 제국 의회에서 있었던 일이다 — 원주.

게 느껴집니다. 방해하는 의도가 방해받는 의도의 내용과 아무런 관계가 없다면, 그것은 도대체 어디서 오는 것이며 바로 그 자리에 방해물로 나타나게 만드는 그것은 어디에서 연유하는 것일까요? 이러한 현상을 해명할 수 있는 유일한 방법인 관찰 결과에 따르면, 방해 작용은 해당되는 사람이 바로 그전에 몰두했던 사고 과정에서 연유하며, 이는 그의 발언 중에 이미 표현되었든지 아니었든지에 상관없이 후속 결과가 일어난다는 것을 알 수 있습니다. 그러므로 그것에는 실제로 후발음*Nachklang*이라는 명칭을 붙여 줄 수 있겠습니다. 그러나 그것이 꼭 튀어나온 말의 후발음이라는 뜻은 아닙니다. 여기에도 방해받는 것과 방해하는 것 사이의 연상적 관련성이 없는 것은 아니지만, 그것이 내용에서 주어지는 것은 아니고 오히려 인위적으로 때때로 몹시 강요된 연결 방법에서 연유하는 것입니다.

이에 대해 내가 실제로 관찰한 바 있는 아주 간단한 예를 들어 보겠습니다. 나는 언젠가 이탈리아의 아름다운 돌로미텐 지방을 여행하다가 관광객의 옷차림을 한 빈에서 온 두 명의 부인을 만난 적이 있습니다. 우리는 얼마간 동행하면서 여행자로서 생활하는 데 있어서의 즐거움에 대해서 이야기했으며, 또한 여행 중의 불편함에 대해서도 대화를 나누었습니다. 그중 한 부인은 하루를 보내는 이러한 방식에 여러 가지로 안락하지 못한 점이 꽤 있음을 인정했습니다. 〈사실이에요. 햇볕 속에서 온종일 걷는다는 것은 정말 유쾌하지 못해요. 블라우스와 속옷이 땀에 흠뻑 젖는다니까요〉라고 말했습니다. 이 말을 하면서 그녀는 잠시 동안 말이 막혀 버린 듯 뜸을 들였습니다. 그러고 나서 〈그렇지만 속바지*Hose*[3]에 돌아가서 옷을 갈아입을 수 있게 되면……〉이라고 이어

---

3 이때 *Haus*라고 말하려던 것이 잘못 발음된 것이다. 즉 〈집에 돌아가서〉라고 말

말했습니다. 우리는 이러한 말실수를 분석해 보지는 않겠습니다. 그러나 내가 생각하기에 여러분은 그것을 쉽게 이해할 수 있을 것입니다. 그 부인은 옷가지를 계속해서 열거하려고 했던 것이며 〈블라우스, 속옷, 그리고 속바지〉라고 말하려던 참이었습니다. 그러나 그렇게 하면 점잖지 못하다는 인상을 줄까 봐 속바지라는 말을 빼버린 것입니다. 그러나 내용적으로는 전혀 관련이 없는 다음 문장에서 밖으로 나오지 못한 그 단어가 〈집에*nach Hause*〉라는 단어와의 연관성 속에서 비슷한 발음의 변형으로 튀어나와 버린 것입니다.

이제는 지금까지 오랫동안 아껴 두었던 중요한 질문을 할 차례입니다. 그렇듯 이상한 방법으로 다른 것을 방해하면서 표출되어 나오는 이러한 의도란 도대체 어떠한 의도입니까? 말할 것도 없이 거기에는 매우 여러 가지 의도가 있을 수 있습니다. 그러나 우리는 그중에서 공통점을 찾아보려고 합니다. 잘못 말하기에 대한 수많은 경우를 연구해 보면, 그것들은 곧 세 개의 군(群)으로 분류될 수 있습니다. 제1군에 속하는 경우들은 말하는 사람에게 방해하려는 경향이 인지될 뿐만 아니라, 그 밖에도 잘못 말하기에 앞서서 그 의도가 본인에게 인지되는 경우입니다. 그러므로 〈*Vorschwein*〉이라는 잘못 말하기의 경우에, 말하는 사람은 그 해당 사건에 대해 〈추잡한 일〉이라는 판단을 스스로 내렸을 뿐 아니라, 그가 후에 철회하기는 했지만 그 사건에 대해 분명히 언어적인 표현을 하려는 의도가 있었음을 인정하고 있는 것입니다. 제2군의 경우, 말하는 사람은 방해하려는 경향이 자신에 의해서 비롯되었다는 사실을 인정합니다. 하지만 그것이 잘못 말하기에 바

하려고 한 것이다.

로 앞서서 그에게 영향을 미쳤다는 사실에 대해서는 그 자신이 아무것도 모릅니다. 그는 그의 잘못에 대한 우리의 해석을 받아들이지만 그럼에도 어느 정도는 그에 대해서 자기 자신도 놀라워하고 있는 것입니다. 이러한 행동의 경우들은 잘못 말하기의 예에서보다는 다른 실수들 중에서 훨씬 더 쉽게 발견할 수 있습니다. 제3군은 방해하려는 의도에 대한 해석이 화자에 의해서 격렬하게 부정되는 경우들이 해당됩니다. 그는 그런 의도가 잘못 말하기에 앞서서 자신의 내부에서 움직였다는 사실을 반박할 뿐만 아니라, 그러한 의도는 자신에게 완전히 낯선 것이라고 주장할 것입니다. 앞에 예로 들었던 〈트림을 하자*aufstoßen*〉의 경우를 상기해 보십시오. 내가 방해하려는 의도를 밝혀내었을 때 그 사람으로부터 받았던 불손한 항의를 여러분은 기억하고 계실 것입니다. 우리가 이러한 경우들에 대해 의견의 일치에 도달하지 못했다는 것을 여러분은 또한 알고 계실 것입니다. 나는 그 축사한 사람의 반론에 개의치 않으면서 흔들리지 않고 굳게 나의 해석을 고수할 것이지만, 여러분은 아마도 그의 거친 항의에서 강한 인상을 받은 나머지 차라리 그러한 해석을 포기하고 그것을 분석적 방법에 선행하는 순전히 생리적인 행위로 놔두는 편이 더 낫지 않을까라고 생각하실지도 모릅니다. 나는 무엇이 여러분을 움츠러들게 했는지 알 수 없습니다. 나의 해석은, 화자 자신은 전혀 알고 있지 못하지만 간접 증거를 통해 추론해 낼 수 있는 어떤 의도가 화자에게서 표현되어 나올 수 있다는 가정까지도 포함하고 있습니다. 이렇게 생경스럽기 그지없고 중대한 결과를 가져올지도 모를 가정 앞에서 여러분은 멈칫하고 있는 것입니다. 나는 그것을 이해할 수 있으며 또 어느 정도까지는 여러분의 생각에 동의합니다. 그러나 한 가지만은 확실하게 해둡시다. 그렇듯 여러 가지 경우에서 확인된 실수에 대한 견해를 일관되게 유지하려면, 앞서 거론된 좀 생소한 듯한 가정에 대해서도 여러분은 결단을 내려야만 합니다. 여러분이 그렇게 하지 못한다면, 좀처럼 얻기 힘들었던 실수 행위에 대한 이해에 도달하려는 생각을 다시금 포기해야만 합니다.

이러한 세 개의 군을 하나로 통합시키는 것, 즉 잘못 말하기의 세 가지 메커니즘에서 공통적인 것은 무엇인가를 조금 더 살펴보기로 합시다. 그것은 다행스럽게도 오인의 여지가 없는 것입니다. 제1, 제2군에서는 화자에 의해서 그 방해하려는 경향이 인정됩니다. 이러한 경향이 인지되는 것 이외에도 맨 첫 번째에서는 그것이 잘못 말하기 바로 전의 시점에서 의식된다는 것입니다. 그러나 이 두 개의 경우에서 〈이 방해하는 경향은 억압됩니다. 화자는 그것을 말로 나타내지 않겠다는 결심을 합니다. 그때 그에게 잘못 말하기라는 현상이 일어납니다. 억압된 그 경향은 화자의 의지에 반하여 말로 표현되는데, 그것은 화자에 의해 허용된 의도의 표현을 수정하거나 혼합해 나타나기도 하고, 바로 그 자리를 대신하면서 나타나기도 합니다.〉 이것이 바로 잘못 말하기의 메커니즘입니다.

내 입장에서는, 실수의 제3군의 과정도 바로 지금 묘사된 메커니즘에 잘 들어맞게 표현할 수 있습니다. 이 세 개의 유형들은 하나의 의도가 여러 가지 다른 편차를 보이면서 얼마나 깊숙이 억압되었느냐에 따라 구별된다고 가정하기만 하면 됩니다. 첫 번째에서는 그 의도가 분명히 존재하고 있고 화자가 발언하기 전에 그에게 의식됩니다. 그러고 나서 의도는 억압되지만 대신에 잘못 말하기란 방식을 통해서 보상을 받습니다. 제2군에서는 그 거부는 더 멀리까지 도달합니다. 그 의도는 말하기 전에 이미 더 이상

의식되지 않게 되는 것입니다. 그러나 그것이 그렇게 해도 결코 퇴치되지 못하고 잘못 말하기의 발생에 관여한다는 것은 정말 놀라운 일이 아닐 수 없습니다. 그러나 이 행위로 인해서 제3군의 과정을 해명하는 것은 조금 더 쉬워졌습니다. 실수 행위에서는 오래전에, 어쩌면 매우 오래전부터 억압되어서 더 이상 의식되지 않는, 그 때문에 화자에 의해 즉각적으로 거부될 가능성이 있는 어떤 경향이 표출될 수 있다는 것을 나는 용감하게 가정해 보려고 합니다. 그렇지만 여러분은 제3군의 문제를 아예 제쳐 놓으십시오. 여러분은 다른 경우들을 관찰한 것만을 가지고도 그것을 토대로, 〈무언가를 말하고 싶어 하는, 분명히 존재하는 의도를 억압하는 과정이 잘못 말하기를 촉발시키는 필수 불가결의 조건〉이라는 결론을 이끌어 낼 수 있을 것입니다.

이제는, 실수 행위의 이해와 관련해서 많은 진전이 이루어졌다고 주장해도 좋을 것입니다. 우리는 그것이 의미와 의도를 가진 정신적인 행위라는 것과 두 개의 서로 다른 의도들의 간섭을 통해서 발생된다는 사실뿐만 아니라, 이 중 하나의 의도는 다른 의도를 방해함으로써 자신을 표현하기 위하여 어느 정도 억압된다는 것을 알게 되었습니다. 다른 말로 한다면, 그것은 자신이 방해하는 의도가 되기 전에 그보다 먼저 방해받아야만 한다는 것입니다. 우리가 실수 행위라고 부르는 그러한 현상을 이로써 완전하게 설명한 것은 아닙니다. 우리는 계속되는 질문들이 떠오르고 있는 것을 봅니다. 또, 더욱 깊은 이해에 도달하면 할수록 새로운 질문의 단초들이 그만큼 더 많이 생겨나리라는 것도 예감하고 있습니다. 예를 들어 우리는, 왜 사태가 좀 더 단순하게 진행될 수는 없는지 반문할 수도 있습니다. 어떤 경향을 표출시켜 주는 대신에 그것을 억압해야 하는 어떤 의도가 있다고 한다면, 이 억압이 완전히 성공해서 그것의 어떤 흔적도 찾아볼 수 없게 해야 할 것입니다. 또 그것은 실패할 수도 있는데, 그렇게 되면 억압된 경향이 완전히 표출되는 경우도 있을 것입니다. 그러나 실수 행위는 타협의 산물입니다. 그것은 그 두 개의 의도에 있어서 모두 절반의 성공과 절반의 실패를 의미합니다. 위험스러운 의도는 완전히 억압된 것도 아니고 또 ― 개별적인 경우는 예외로 하고 ― 온전히 자신을 관철시키지도 못합니다. 우리는 그러한 간섭 혹은 타협적 결과가 이루어지기 위해서는 대단히 특별한 조건들이 존재할 것이라고 생각해 볼 수 있습니다. 그러나 그것이 도대체 어떤 종류의 것인지를 우리는 예감해 볼 수조차 없습니다. 나는 또 우리가 실수에 관한 더욱 깊은 연구를 통해서 이러한 잘 알려지지 않은 관계를 밝혀낼 수 있을 것이라고도 생각하지 않습니다. 어쩌면 그전에 인간의 정신 활동의 더욱 어두운 다른 영역을 깊이 연구하는 것이 더 필요할지도 모릅니다. 우리가 거기에서 만나게 되는 유추 관계들이야말로 비로소 실수들을 더욱 확실하게 밝혀내기 위하여 요청되는 가정들을 세우는 데 필요한 용기를 우리에게 줄 수 있을 것입니다. 우리가 이러한 영역에서 끊임없이 씨름하게 되는 아주 작은 징조들을 이해하는 작업도 그 자체의 위험을 항상 갖고 있습니다. 정신 질환에는 그러한 작은 징조들의 평가가 무제한적으로 추구되고 있는 복합적 편집증die kombinatorische Paranoia이라는 것이 있습니다. 나는 물론 이러한 토대 위에서 구축된 결론들이 대체로 옳다고 주장하지는 않겠습니다. 그러한 위험에서 우리를 지켜 줄 수 있는 것은 오로지 우리의 관찰을 더욱 넓은 부분까지 확대해 나가는 것입니다. 정신 활동의 여러 다양한 영역에서 비슷한 인상들을 계속적으로 확보해 나가는 것, 그것이 관건이라고 말할 수 있겠습니다.

실수 행위에 대한 분석은 이쯤에서 그만두기로 합시다. 한 가지 점만은 여러분에게 확실하게 강조해 두고 싶은데, 그것은 우리가 지금까지 이러한 현상들을 다루어 왔던 그 방법을 모범적인 것으로 머릿속에 간직해 두시라는 것입니다. 우리 심리학의 의도가 무엇인지를 여러분은 이러한 예에서 간파할 수 있었을 것입니다. 현상들을 단순히 묘사하거나 분류하는 데 그치지 않고 그것들을 영혼 속에서 힘이 상호 작용하는 징조로 해석하고, 함께 혹은 서로 대립하는 방향으로 움직이면서 목표를 향해 나아가는 경향들의 표현으로 이해하려는 것입니다. 우리는 정신적 현상들의 〈역동적인 해석〉을 위해 노력하고 있습니다. 우리의 견해에 의하면, 이러한 경향성은 단지 우리가 가정하고 있을 뿐이기는 하지만 인지되는 현상들에 비해 더욱 중요한 것이라고 말할 수 있다는 것입니다.

실수 행위의 문제들에 더욱 깊이 들어가고 싶은 생각은 없습니다. 그러나 이러한 영역의 넓은 부분들을 잠시 한번 일별하고, 거기에서 잘 알려진 것들을 재발견하며 몇몇 새로운 것을 추적하는 것이 좋겠습니다. 그러면서 이미 처음에 작성했던 잘못 말하기의 세 개의 군으로의 분류에 따라[4] 잘못 쓰기와 잘못 읽기, 잘못 듣기, 또 잊어버린 대상에 따른 소분류(고유 명사, 외래어, 계획, 인상들)가 포함된 잊기, 착각, 잘못 놓기, 분실 등을 다루어 보겠습니다. 우리의 관찰 영역에 들어오는 오류들은 부분적으로 잊어버리기와, 부분적으로는 착각과 연관이 있습니다.

---

4 두 번째 강의 도입부 참조. 이 세 개의 군을 pp. 86~87에서 논의된 세 개의 군과 혼동해서는 안 된다. 거기서는 잘못 말하기의 태도에 관한 전혀 다른 문제가 논의되고 있다.

잘못 말하기에 대해서는 이미 매우 상세하게 다루어 왔지만 몇 가지 사항을 덧붙여야 하겠습니다. 전혀 흥미를 끌지 못한다고는 단정할 수 없는 작은 감정적 현상들이 잘못 말하기와 연관되어 있습니다. 자청해서 기꺼이 잘못 말하려고 하는 사람은 없습니다. 사람들은 종종 자기 자신이 잘못 말한 것을 흘려듣지만 다른 사람이 잘못 말한 것은 절대로 그렇게 하지 않습니다. 잘못 말하기도 어떤 의미에 있어서는 전염성이 있습니다. 다른 사람이 잘못 말한 것을 들었을 때, 그것을 넘어서서 스스로도 잘못 말하기라는 현상에 빠지지 않고 말을 계속 이어 나간다는 것은 절대로 쉬운 일이 아닙니다. 잘못 말하기의 아주 사소한 경우들, 즉 그 속에 숨겨진 정신적 과정에 대해서 별다른 특별한 해명을 제공할 수 없는 것들과 관련해서 그 동기를 들여다보는 것은 그다지 어렵지 않습니다. 예를 들어 어떤 이유에서인가 그 단어에 생겨난 방해로 인해서 어떤 사람이 장모음을 짧게 발음했을 때, 그는 그 뒤에 따라오는 단모음을 길게 늘여 발음하는 경우가 생기는데, 그렇게 함으로써 그 이전의 것을 보상하려 하면서 새로운 잘못을 범하는 것입니다. 같은 예로, 그가 어떤 복합 모음을 이상하게 분명치 않게 발음했을 경우, 즉 예를 들어 *eu*(오이), 혹은 *oi*(오이)를 *ei*(아이)로 발음했을 때 그는 뒤따라오는 *ei*(아이)를 *eu*(오이)나 *oi*(오이)로 변환시킴으로써 처음의 잘못을 복구하려고 시도할 것입니다. 그때에 결정적으로 중요한 것은, 그 연사가 자신의 모국어를 제멋대로 취급하고도 아무렇지도 않게 여기고 있다고는 생각하지 않을 청중에 대한 고려인 것 같습니다. 두 번째의 보상적인 의미의 왜곡 현상은 청중들에게 첫 번째 왜곡 현상에 주의를 돌리게 하고, 그 자신에게도 또한 그러한 자신의 잘못이 간과되지 않았다는 것을 그들에게 확인시키고자 하는 의도를 갖고 있는 것입니다. 잘못 말하기의 가장 흔하고 단순하며 사소한 경우들은 별로 눈에 띄지 않는 내용에 나타나는 단축과 선발음(先發音)들입니다. 예를 들어 사람들은 좀 긴 듯한 문장에서, 의도하고 있는 말의 마지막 단어를 미리 발음함으로써 말실수를 하고는 합니다. 그것은 그 말을 성급히 마치고자 하는 듯한, 어느 정도 인내심이 결여된 듯한 인상을 주는데, 일반적으로 그 문장이 담고 있는 뜻에 반대하는 어느 정도의 거부감이나 그 말 전체에 대한 거부감이 있음을 확인시켜 줍니다. 이렇게 해서 우리는 잘못 말하기에 대한 정신분석학의 견해와 천박한 생리학의 견해 사이의 차이점들이 뒤섞여 버리는 경계상에 서 있는 경우에 다다르게 되었습니다. 우리는 이 경우들에서 말의 의도를 방해하는 경향이 존재한다고 가정합니다. 그러나 여기서는 그 존재만이 암시될 뿐, 그 스스로 무엇을 지향하고 있는가를 가르쳐 주지 못합니다. 그것이 일으키는 방해는 그 어떤 음운 현상이나 연상 작용에 뒤따른 것이며, 무엇을 말하려는 의도에서 주의력이 약간 빗나간 것으로 파악될 수 있겠습니다. 그렇지만 주의력 장애도, 연상 경향도 그 과정의 본질을 정확히 설명해 주고 있지는 못합니다. 이것은 다시 말하려는 의도를 방해하는 어떤 의도의 존재에 대한 암시가 될 수 있을 뿐입니다. 좀 더 특징적인 다른 모든 잘못 말하기의 예에서는 그 본질을 추측해 내는 것이 가능했지만, 이번에는 그 작용에서 그 본질을 추측해 내는 것이 쉽지 않습니다.

이제 내가 다루려고 하는 잘못 쓰기*Verschreiben*는 잘못 말하기와 너무도 일치하기 때문에 어떠한 새로운 관점도 기대할 수가 없습니다. 그저 하나의 작은 후기(後記) 정도로만 파악하는 것이 좋겠습니다. 매우 흔하게 나타나는 현상으로서, 뒤에 오는 단어, 특히 마지막 단어 쓰기에서의 작은 잘못, 단축, 생략 등은 다시금 글쓰기를 싫어하는 일반적인 경향성이나 그 일을 어서 끝내 버리고 싶은 인내심의 부족 등을 나타낸다고 하겠습니다. 그러나 잘못 쓰기의 더 특징적인 효과들을 살펴보면 방해하려는 경향성의 본질과 의도를 간파할 수 있습니다. 일반적으로 어떤 편지글에서 잘못 쓴 것이 발견되었을 때는, 그것을 쓴 사람의 상태가 완전히 정상은 아니었다고 짐작됩니다. 하지만 그렇게 그를 움직인 것이 무엇이었는지 항상 확인되지는 않습니다. 잘못 쓰기는 잘못 말하기와 마찬가지로 그것을 쓴 그 사람에게는 잘 인식되지 못합니다. 그런데 다음의 관찰은 매우 눈에 띄는 것이라고 할 수 있습니다. 자신이 쓴 모든 편지를 발송하기 전에 한 번 더 죽 읽어 보는 습관을 가진 사람들이 있습니다. 반면에 전혀 그렇게 하지 않는 사람들도 있습니다. 그러나 그들도 예외적으로 어쩌다 한 번 그렇게 하게 되면, 그때마다 항상 눈에 띄는 잘못을 발견하고 고치게 되는 일이 빈번합니다. 이것은 어떻게 설명할 수 있겠습니까? 그것은 마치 이 사람들이 편지를 작성할 때 자기가 잘못 쓴 부분이 있다는 것을 알고 있었던 것처럼 보입니다. 우리는 정말 그렇다고 믿어도 될까요?

잘못 쓰기의 실제적인 의미에는 매우 흥미로운 문제점이 있습니다. 여러분은 아마도 H라는 살인자의 예를 기억하고 계실 것입니다. 그는 박테리아 연구가로 자처했는데, 과학 실험실에서 매우 위험한 병원균을 배양하는 데 성공했습니다. 그러나 그는 그렇게 해서 만들어진 배양균을 자기와 가까운 사람들을 그와 같은 최신식 방법으로 제거해 버리는 데 사용했습니다. 이 사람은 언젠가 한번 그 연구소의 소장에게 자기가 얻은 그 배양액이 별로 효과가 없다고 불평한 적이 있었는데, 그때 그 문장을 〈생쥐와 마르모트에 대한 나의 실험에 의하면 *bei meinen Versuchen an Mäusen oder Meerschweinchen*〉이라고 써야 할 것을 〈사람들에 대한 나의 실험에 의하면 *bei meinen Versuchen an Menschen*〉이라고 분명하게 잘못 썼던 것입니다. 이러한 잘못 쓰기는 그 연구소 의사들의 눈에도 띄었지만, 내가 알기로 그들은 그것에 대해 아무런 조치도 취하지 않았습니다. 자, 여러분은 이에 대해 어떻게 생각하십니까? 그 의사들이 그 잘못 쓰기를 차라리 자백으로 받아들이고 수사를 하도록 조처를 취해서 그 살인자의 행위를 때맞추어 저지하도록 해야 하지 않았을까요? 이 경우에는 실수 행위에 대한 우리의 학설을 몰랐던 것이 결국 실제적으로 중요한 실책의 원인이 된 것은 아닐까요? 그러한 잘못 쓰기가 나의 눈에 띄었다면 나는 그것을 틀림없이 매우 수상쩍은 일로 생각했을 것입니다. 그러나 이를 자백으로 받아들이고 이용하는 것에는 매우 중대한 문제가 가로놓여 있습니다. 잘못 쓰기는 틀림없이 하나의 간접 증거입니다. 그러나 그것 자체로서는 수사를 하게 하는 데 충분치가 않습니다. 그 사람이 사람들에게 그 약을 주사하겠다는 생각에 몰두했다는 것을 그 잘못 쓰기는 분명히 보여 주고 있습니다. 그러나 그 생각이 명확하게 남을 해치려는 의도로서의 의미를 가진 것인지, 아니면 실제적으로는 아무런 의미를 지니지 않은 몽상에 불과한 것인지는 판단하기가 어렵습니다. 그렇게 잘못 쓴 사람이 최상의 주관적인 정당성을 가지고 이러한 몽상을 부정하면서, 그것을 자기와는 전혀 생소한 어떤 것으로 간주하고 부인해 버리는 것도 얼마든지 가능합니다. 우리가 추후에 심리적인 실재(實在)와 물리적인 실재의 차이점을 파악하게 되면 여러분은 이 가능성을 훨씬 잘 이해할 수 있게 될 것입니다. 이것은 다시 한번, 어떤 실수에 생각지도 못했던 의미가 그 후에 첨가되는 또 하나의 예가 되는 것입니다.

잘못 읽기에서는 잘못 말하기나 잘못 쓰기의 심리적 상황과는 뚜렷이 구별되는 다른 상황과 만나게 됩니다. 두 개의 서로 경쟁하고 있는 경향성 중의 하나가 여기서는 감각적인 자극으로 대체되고, 아마도 그래서 덜 저항적이 되는 것 같습니다. 사람이 무엇인가를 읽어야만 한다는 것은, 무언가를 쓰려고 계획했던 것과 같은 자기 자신의 정신 활동의 산물은 아닙니다. 그러므로 대다수의 경우에서 잘못 읽기는 완전히 대체 작용*Substitution*만으로 끝나 버릴 때가 많습니다. 사람들은 읽어야 할 단어를 다른 것으로 대체시키는데, 이때 원래의 문장과 잘못 읽기로 인해서 생겨난 효과와는 내용적으로 아무런 관계가 없는 경우가 대부분이고, 일반적으로 발음 유사성 때문에 그런 일이 발생합니다. 리히텐베르크의 경우처럼, *angenommen*(가정하면) 대신에 Agamemnon으로 읽는 것이 이 잘못 읽기의 가장 대표적인 예라고 할 수 있습니다. 잘못 읽기를 생성케 한 경향성, 그 방해하는 의도를 알아내기 위해서는 잘못 읽혀진 텍스트를 완전히 무시하고 다음 두 개의 질문을 통해서 분석적 연구를 도출하는 것이 바람직합니다. 즉 잘못 읽기의 효과로 바로 그때 어떤 연상이 떠오르느냐 하는 것과, 어떠한 상황에서 그러한 잘못 읽기가 생겨났느냐 하는 질문입니다. 후자에 대한 지식 자체만으로도 잘못 읽기를 충분히 규명할 수 있습니다. 예를 들어 용변을 보고 싶다고 느낀 어떤 사람이 낯선 도시를 헤매다가 1층에 붙어 있는 커다란 간판에서 〈*Klosetthaus*(화장실)〉라는 단어를 읽었다고 가정해 봅시다. 그는 그 간판이 왜 그렇게 높이 걸려 있는지 잠시 동안 의아해하다가, 문득 거기에는 엄밀하게 말해서 〈*Korsetthaus*(코르셋 전문점)〉라는 간판이 달려 있는 것을 발견하게 됩니다. 원문과 상관없는 내용을 잘못 읽게 되는 다른 경우들에서는 매우 상세한 분석이 요구되는데,

그것은 정신분석적인 기술의 훈련이나 그것에 대한 신뢰감이 없이는 실행하기 어려운 것입니다. 잘못 읽기를 해명하는 것은 그러나 대개의 경우보다 쉽습니다. 〈Agamemnon〉의 경우에 그렇게 대체된 단어는 그 방해가 어떠한 사고 속에서 연유된 것인지를 즉각적으로 드러내 주고 있습니다. 지금과 같은 전쟁 시에는, 예를 들어 도시의 이름이나 장군들의 이름, 사람들 주위에서 끊임없이 떠도는 군사적인 용어들을 도처에서 읽게 되는 일이 매우 흔해서 그와 비슷한 단어 영상이 마음속에 떠오르게 됩니다. 낯설거나 조금 흥미 없는 것 대신에 어떤 사람이 관심을 두고 있고 관여하고 있는 내용이 자리를 차지하는 것입니다. 사고의 잔영(殘影)들이 새로운 지각을 흐려 놓는 것입니다.

잘못 읽기에서는 이와 다른 경우들도 있습니다. 그것은 방금 읽은 원문 자체가 방해하려는 경향을 일으켜 내용 자체를 반대로 해석하도록 만드는 것입니다. 사람들은 때때로 원치 않는 것을 읽어야 할 때가 있는데, 분석을 해보면 그렇게 읽어야 할 것을 거부하는 강렬한 소원이 그것을 변형시키는 데 한몫했다는 것을 알게 됩니다.

맨 처음에 언급됐던 가장 흔한 잘못 읽기의 경우에는, 실수의 메커니즘에서 중요한 역할을 하는 것으로 우리가 지목했던 두 가지 요소, 즉 두 개의 경향성들이 서로 갈등하고 그중 하나가 억압 — 그것은 다음에 실수의 효과를 통해 이렇게 억압당한 것을 보상받는데 — 되는 현상이 제대로 부각되지 못했습니다. 잘못 읽기에서는 이와 반대되는 어떤 것을 찾을 수 있다는 의미가 아니고, 이러한 잘못을 초래하는 사고 내용의 긴급성이 그 사고 내용이 이미 경험했을 억압보다 훨씬 눈에 띈다는 뜻입니다.

그러나 바로 이 두 가지 요소는 망각에 의한 실수의 여러 가지 상황에서 가장 알기 쉽게 나타납니다. 계획했던 것을 잊어버리는 것은 (우리가 들은 바에 의하면) 문외한들에 의해서도 논란거리가 되지 않을 정도로 그 해석이 명백합니다. 계획을 방해하는 경향성은 매번 그에 반대되는 의도로서 그렇게 하지 않고 싶어 하는 의지이며, 그에 대해서 우리가 알고 싶은 것은 단지, 그것이 왜 꼭 그렇게 은폐된 채로 표출되어야 하는 것인가 하는 점입니다. 어쨌든 이러한 반대 의지*Gegenwille*의 존재는 의심의 여지가 없습니다. 때때로 이렇게 자신을 은폐해야 할 필요성이 있는 반대 의지의 동기를 알아내는 데 성공할 때가 있습니다. 그리고 그때마다 그것은 실수를 통해서 숨겨진 자신의 의도를 달성하는데, 만일 그것이 공개적인 반박으로 나타났을 경우 부인되었을 것은 뻔한 이치입니다. 어떤 계획과 그 실행 사이에 중요한 심적 상황의 변화가 발생했을 경우에는 자연적으로 계획의 실행은 문제조차 되지 않으며, 그럴 때 그 계획을 망각한다 하더라도 그것은 실수라고 할 수 없습니다. 사람들은 그것에 대해서 더 이상 의아해하지 않으며 그 계획을 기억해 내는 것은 불필요했을 것이라는 사실을 직관적으로 깨닫습니다. 그렇게 되면 그 계획은 계속적으로 혹은 잠정적으로 소멸되어 버립니다. 계획의 망각은 그 같은 단절이 있었으리라고 믿을 수 없는 경우에만 실수 행위로 불릴 수 있습니다.

계획을 잊어버리는 따위의 이 같은 경우들은, 일반적으로 너무도 단순하고 투명하기 때문에 우리의 연구를 자극할 만한 것이 별로 없습니다. 그러나 이러한 실수의 연구를 통해서 두 가지 점에서는 새로운 것을 배울 수가 있습니다. 망각, 그러니까 어떤 계획을 실행에 옮기지 않는 것은 그에 적대적인 어떤 반대 의지를 시사하는 것이라고 우리는 언명한 바 있습니다. 그것은 틀림없는 사실입니다. 그러나 그 반대 의지는 우리의 연구 결과에 의하면 두 가지 종류로 구별할 수 있습니다. 하나는 직접적인 반대 의지이고 다른 하나는 간접적인 반대 의지입니다. 후자, 즉 간접적 반대 의지가 무엇을 의미하는지는 한두 개의 예를 통해서도 간단하게 설명할 수 있습니다. 후원자가 자기의 피후원자를 위한 추천서를 제3자에게 전달하는 것을 잊었다면, 이것은 그가 피후원자에 대해서 원래 아무런 흥미를 못 느끼고 있었고, 그러므로 그를 추천하는 일에 대해 별다른 의욕이 없었기 때문에 발생한 일일 것입니다. 피후원자는 어쨌든 후원자의 망각을 그러한 의미로 해석할 것입니다. 그러나 그것은 더 복잡한 문제일지도 모릅니다. 계획을 수행하는 데 대한 반대 의지가 다른 쪽 방향에서 올 수도 있고 또 다른 지점에서 그 일이 시작되었을 수도 있습니다. 그것은 피후원자와 아무런 관련이 없이 추천서를 건네받아야 할 제3자를 향한 것인지도 모릅니다. 그러므로 여기서 우리의 해석을 실제적인 용도에 사용하는 데 어떠한 문제가 수반될 수 있는지 여러분은 깨달았을 것입니다. 피후원자는 망각의 의미를 제대로 해석했음에도 불구하고 지나치게 미심쩍어한 나머지 자신의 후원자에게 무례하게 굴 수도 있습니다. 다른 경우에, 어떤 사람이 자기가 지키겠다고 약속하고 또 사실 지키려고 굳게 마음먹었던 만남을 잊어버렸다면, 가장 개연성이 큰 이유는 그 사람과의 만남을 싫어하는 감정일 것입니다. 그런데 그에 대한 분석을 한 결과, 방해하려는 경향은 그 사람에 대한 것이 아니라 만나기로 한 장소를 향한 것이고, 그 장소와 관련되어 있는 고통스러운 기억으로 인해 그 장소를 피하려 했음이 입증될 수도 있습니다. 그리고 또 다른 경우에 어떤 사람이 편지를 부치는 것을 잊었다면 그에 대한 반대 경향은 편지의 내용에서 연유한 것일지도 모릅니다.

그러나 또 다음과 같은 경우도 절대로 배제할 수 없습니다. 즉 그 편지 자체는 전혀 해롭지 않으나 그 편지의 내용 중 어떤 것이 그 전에 언젠가 쓴 다른 편지를 상기시켰고, 바로 그것이 그 반대 의지에 직접적인 원인을 제공했을 가능성 말입니다. 그럴 경우 사람들은, 반대 의지는 예전의 편지에 의한 것이고 원래는 아무것도 이상할 것이 없던 지금의 편지로 전이*Übertragung*된 것이라고 말할 것입니다. 그러므로 여러분은 우리의 정당한 해석을 평가함에 있어서 조심스럽고 신중한 태도가 요구된다는 것을 통찰할 수 있을 것입니다. 심리학적으로는 동등한 가치를 지닌 것도 실제적 현실에서는 매우 다양한 의미를 가질 수 있습니다.

이와 같은 현상들이 여러분에게는 매우 이상하게 생각될 것입니다. 여러분은 어쩌면 〈간접적〉 반대 의지가 그 과정을 이미 어떤 병리적인 것으로 특징짓는다고 가정하고 싶으실지도 모르겠습니다. 내가 여러분에게 확실하게 말씀드리고 싶은 것은, 그러한 반대 의지가 규범적이고 건강한 현상 속에서도 나타난다는 것입니다. 나의 말을 어쨌든 오해하지는 말아 주십시오. 우리의 분석적인 해석이 믿을 수 없는 것이라고 스스로 고백하려는 것이 절대로 아닙니다. 계획의 망각이라는 문제에서 논의된 모호성은, 그 경우를 분석적으로 연구해 보지 않고 단지 우리의 일반적인 전제들에 근거해서 해석했을 때만 발생합니다. 그 당사자를 분석해 보면 그때마다 언제나 그것이 직접적인 반대 의지인지, 아니면 어딘가 다른 곳에서 연유하는 것인지 충분한 확신을 갖고 알아낼 수 있었던 것입니다.

두 번째 문제는 다음과 같은 것입니다. 어떤 계획을 잊어버리는 것은 반대 의지 때문이라는 사실을 대다수의 경우에서 확인할 수 있다면, 우리가 추론해 낸 반대 의지를 피분석자가 인정하지 않고 부인해 버리는 그러한 경우들에까지 이러한 해석을 적용시켜 보겠다는 용기를 얻을 수 있을 것입니다. 이에 대한 예로서는 빌린 책을 돌려주는 것을 잊는 일이라든가, 청구서나 빌린 돈을 갚는 것을 잊어버리는 일 따위 등과 같은 아주 빈번하게 발생하는 사례들이 있습니다. 우리는 그 당사자가 책을 아주 자신의 소유물로 만들고자 했다거나 돈을 갚지 않으려고 했다는 의심을 하며 그를 용감하게 비난할 수 있을 것입니다. 당사자는 그러한 의도를 부정하기는 하지만 자신의 행동에 대해 어떤 다른 해명을 내놓을 수 없는 상태입니다. 이로써 우리는, 〈그가 그러한 의도를 갖고 있었지만 단지 그 사실을 자각하지 못했을 뿐이고, 그 의도가 망각이라는 효과를 통해 나타났으므로 그것으로 충분하다〉라고 말할 것입니다. 그러나 그는 계속해서, 자신은 단지 잊어버렸을 뿐이라고 항의할 것입니다. 여러분은 여기서, 우리가 이미 그전에 한 번 겪은 적이 있었던 그 상황이 다시 나타났음을 알게 될 것입니다. 그렇게도 여러 상황에 걸쳐 정당한 것으로 증명됐던 실수에 대한 우리의 해석을 일관되게 밀고 나가기 위해서는 어쩔 수 없이, 사람들에게는 자기도 모르는 사이에 자신에게 작용되는 어떤 경향이 있다는 것을 가정할 수밖에 없습니다. 그러나 그렇게 함으로써 우리는 삶과 심리학을 지배하는 모든 견해에 대하여 모순된 위치에 서게 되는 것입니다.

외국어 단어 망각뿐 아니라 〈고유 명사나 외래 명사의 망각〉은 마찬가지로 그에 대한 반대 의지에 기인한다고 할 수 있는데, 그런 경향은 직접 혹은 간접적으로 해당되는 이름에 대한 반감 때문입니다. 그러한 직접적인 거부감의 감정에 대해서는 전에 이미 여러분에게 여러 가지 예를 들어 설명한 바 있습니다. 그러나 이 경우에는 망각 현상이 간접적인 원인에 의해 특히 더 빈번하게 발생하고, 그것을 확인하기 위해서는 대개 매우 조심스러운 분석이 요구됩니다. 예를 들어 현재와 같은 전쟁 시에는, 우리가 이전에 즐기던 기호들을 포기해야만 하는 강요된 상황이 전개되고 있고, 고유 명사를 기억하는 능력도 기묘한 현상으로 인해 몹시 손상을 받고 있습니다. 얼마 전에 나는 모라비아 지방의 도시 빈센츠의 이름을 아무리 해도 기억해 낼 수 없었는데, 분석해 본 결과 그 까닭은 그에 대한 어떠한 직접적인 적개심 탓이 아니라, 단지 그 이름이 내가 그전에 몇 번이나 기분좋게 지냈던 적이 있는 오르비에토Orvieto의 비센지Bisenzi 궁전과 발음이 비슷했기 때문이었습니다. 이렇게 이름을 기억하지 못하게 만드는 경향의 동기로서 여기에서 처음으로 하나의 원칙을 만나게 되는데, 그것은 후에 신경증적인 증후의 원인으로서 매우 중대한 의미가 있는 것으로 밝혀질 것입니다. 그것은 어떤 것을 떠올리는 기억에 대한 거부감으로서, 그 기억은 유쾌하지 못한 느낌과 관련되어 있어서 그것을 재생할 경우 이러한 불쾌감이 다시 되살아날 우려가 있습니다. 기억 혹은 다른 심리적 행위에서 발생하는 불쾌감을 피하려는 이러한 의도는, 불쾌감에서의 심리적 도피로 이름 망각뿐 아니라 다른 많은 실수 행위, 즉 하던 일의 중단, 오류, 그 밖의 다른 것들에 작용하는 결정적인 동기로 인정해도 좋을 것입니다.

　이름 망각은 정신 생리적으로 특별히 마음을 가볍게 해주는 것 같습니다. 그래서 불쾌한 동기가 작용한 것으로 확인되지 않는 경우들까지 나타납니다. 어떤 사람이 한번 이름 망각의 경향성을 보일 때 그를 분석적으로 연구해 보면, 그가 그 이름을 좋아하지 않기 때문에, 혹은 그것이 그에게 어떤 좋지 않은 것을 생각나게 하기 때문이라는 이유 말고도, 그와 같은 이름이 그와 어떤 내적인 관계를 갖고 있는 다른 연상들의 집단에 속하기 때문에 그 이름이 그에게 기억되지 않는다는 것을 확인하게 됩니다. 그 이름은 거기에 꼼짝없이 묶여 그 순간에 활동하고 있는 다른 연상에 막혀서 거부되는 것입니다. 여러분이 기억법[5]이라는 기교를 생각해 보시면, 다른 때에는 사람들이 망각에서 보호하기 위하여 의도적으로 만들어 내는 똑같은 연관들에 의해서 망각 현상이 이루어진다는 사실을 놀라움과 함께 확인할 수 있습니다. 이에 대한 가장 극명한 예는 사람의 이름을 잊어버리는 경우에서 나타나는데, 한 사람의 이름이 여러 다른 사람들에게 전혀 다른 여러 가지의 심리적 가치를 갖고 있으리라는 것은 자명한 사실일 것입니다. 예를 들어 테오도어라는 이름의 경우를 생각해 봅시다. 여러분 중 어떤 사람에게 이 이름은 특별한 그 무엇도 의미하지 않을 것입니다. 그러나 또 다른 사람들에게 그 이름은 자기 아버지나 남자 형제나, 남자 친구 혹은 자신의 이름이 될 수가 있습니다. 어떤 낯선 사람이 이 이름을 갖고 있다 하더라도 전자의 사람들에게는 그 이름이 잊혀질 위험이 별로 없지만, 후자에 해당하는 사람들은 자신과 내밀한 관계를 맺고 있는 이름을 낯선 사람 앞에서 밝히지 않으려는 경향을 끊임없이 보인다는 사실을 분석적인 경험을 통해 알 수 있을 것입니다. 이처럼 연상에 의해서 기억하기를 꺼려하는 경향들이 불쾌 원칙*Unlustprinzip*[6]의 작용이나 그 외에 간접적인 메커니즘과 일치할 수도 있다는 것을 염두에 두면, 비로소 일시적으로 이름을 망각하는 원인의 복합적인 요인에 대해서 적절하게 이해할 수 있을 것입니다. 사안에 따른 치밀한 분석은 여러분에게 이 모든 복합성을 남김없이 밝혀 줄 것입니다.

5 기억력을 향상시키는 기술적인 방법의 하나.
6 『꿈의 해석』(프로이트 전집 4, 열린책들) 참조. 이후에 쾌락 원칙*Lustprinzip*으로 일컬어진다.

〈인상이나 체험의 망각〉은 불편한 것을 기억에서 멀리하려는 경향이 어떻게 작용하는가를 이름 망각보다 더욱 극명하고도 온전하게 보여 줍니다. 인상이나 체험한 내용을 이처럼 망각하는 현상은, 물론 그 모두가 다 실수라고 할 수는 없는 것이고 우리의 습관적인 경험의 척도에 비추어서 매우 이상하고 부당하게 보일 때만 실수 행위의 범주에 넣을 수 있습니다. 예를 들어 너무나도 선명하고 중요한 인상과 관련되어 있거나, 그렇지 않으면 전체적인 연관성 속에서 무리 없이 기억되는 것들 사이에서 그것이 빠짐으로 해서 기억상의 괴리(乖離)가 발생할 때, 이를 실수라고 말할 수 있습니다. 우리에게 매우 확실하게 깊은 인상을 남긴 체험들, 이를테면 우리의 첫 유년 시절의 사건들을 왜, 그리고 어떤 방식으로 잊어버릴 수 있느냐 하는 것은 완전히 또 다른 문제로서, 그때에도 불쾌감을 자극하는 것에 대한 방어가 어떤 역할을 했으리라고는 짐작되나 그것으로 모든 것이 해명되지는 않습니다.[7] 불쾌한 인상들이 쉽게 잊혀진다고 하는 것은 의심할 수 없는 사실입니다. 여러 심리학자는 그 사실에 주목했고 저 위대한 다윈C. Darwin도 이 사실에서 커다란 인상을 받은 나머지, 자신의 이론과 배치되는 듯한 관찰 사례들을 아주 세심하게 기록해 놓는 것을 〈황금률〉로 삼기까지 했습니다.[8] 왜냐하면 바로 이러한 관찰 결과들이야말로 그의 기억 속에 머물러 있지 않으려 한다는 것을 확신했기 때문입니다.

망각을 수단으로 기억하고 싶지 않은 것을 방어한다는 원칙에 대해서 처음 듣게 되는 사람은 거의 예외 없이, 자신은 오히려 고

---

7 유년기의 기억 상실에 대해서는 이후에 논의된다.

8 다윈의 자서전을 참조하라. 『찰스 다윈의 자서전1809~1882 *The Autobiography of Charles Darwin 1809~1882*』(1958).

통스러운 기억이야말로 얼마나 잊기 어려운 것인지 절실하게 체험한 적이 있노라고 말하면서 이의를 제기할 것입니다. 예를 들어 상처를 받은 기억이나 굴욕을 느꼈던 기억은 자신을 괴롭히기 위해서 자신의 의지와는 별개로 끊임없이 회상된다는 것입니다. 이러한 사실도 맞기는 합니다. 그러나 이 같은 반론을 제기하는 것은 적절치 않습니다. 정신 활동은 서로 적대하는 경향들이 서로 갈등하고 어우러지는 장소라는 것이며 — 역동적인 표현을 쓰지 않는다면 — 그것은 모순들과 서로 적대적인 쌍들로 이루어져 있다는 사실을 적시에 고려하기 시작했다는 점이 중요합니다. 어떤 특정한 경향의 존재를 증명한다는 것이 곧 그것과는 적대적인 다른 것을 배제시킬 수 있음을 뜻하지는 않습니다. 그 두 가지 경향성들은 공존할 수 있는 여지가 있습니다. 문제되는 것은 단지, 이러한 대립들이 어떤 관계에 놓여 있는가 하는 것과 어떤 작용이 어느 관계에서 촉발되며, 또 다른 작용은 또 어떤 다른 관계에서 나오는 것이냐 하는 점입니다.

〈분실과 잘못 놓기〉는 그것의 다의성, 다시 말해서 이러한 실수들을 일으키는 경향들의 복잡성으로 인해 우리에게 특히 흥미롭습니다. 이 모든 경우들에 공통적인 것은 무언가를 잃어버리고 싶어 한다는 의지인데, 무슨 이유와 목적으로 그러한 것인지는 각각 다릅니다. 어떤 물건이 못 쓰게 되었을 때나 그것을 좀 더 나은 다른 것으로 바꾸고 싶을 때 사람들은 물건을 잃어버립니다. 또 그것이 더 이상 마음에 들지 않게 되어 버렸거나 지금은 관계가 나빠져 버린 어떤 사람에게서 받은 것일 때, 또 더 이상 생각하고 싶지 않은 상황에서 갖게 된 물건일 때도 그것을 잃어버리게 됩니다. 물건을 떨어뜨린다거나 못 쓰게 만들기, 깨뜨리기 등도 같은 목적에서 비롯된 것입니다. 억지로 낳게 된 아이나 사생아들은 정상적으로 부모에게 받아들여진 아이들보다 훨씬 허약하다는 사실을 사회생활의 경험으로 알 수 있습니다. 이와 같은 결과를 얻기 위해서는, 양육을 떠맡은 보모가 그들을 충분히 제대로 돌보지 않았다는 사실조차도 필요치 않습니다. 양육하는 데 조심성이 약간만 부족해도 얼마든지 그런 결과가 나옵니다. 물건을 간수하는 것도 아이들을 다루는 것과 같아서 조금만 관심을 덜 쏟아도 그렇게 되는 것입니다.

어떤 물건이 그 가치에는 손상을 입지 않았음에도 두려움의 대상이 되는 다른 손상을 막기 위해 어떤 희생을 치를 의도가 있을 때, 그 물건은 분실될 수밖에 없는 운명을 맞게 됩니다. 운명에 마법을 거는 것과 같은 그런 행위는, 분석 작업의 결과에 따르면 우리들 가운데 매우 빈번하게 나타나며, 우리가 물건을 분실하게 되는 것과 같은 그러한 행위는 결국 자발적인 희생이라고 할 수 있습니다. 이와 마찬가지로 분실 역시 반항과 자기 징벌 *Selbstbestrafung* 의 목적에 쓰일 수도 있습니다. 간단히 말해서, 분실을 통해서 어떤 물건을 자기에게서 없애 버리는 것이 좀 더 멀리서 작용하는 동기임은 간과될 수 없습니다.

〈착각〉도 다른 잘못들과 마찬가지로 거부당한 소원을 충족시키기 위해 종종 쓰입니다. 그 의도는 그때 행복한 우연이라는 가면을 쓰고 나타납니다. 내 친구들 중 한 사람이 경험했던 일로서, 예를 들어 어떤 사람이 하기 싫은 기분을 명확하게 느끼면서 도시 근교로 기차를 타고 가서 누군가를 방문해야 했을 때 기차를 잘못 바꿔 타게 되어 다시금 그 도시로 되돌아왔던 경우라든지, 또는 어떤 사람이 여행 도중에 중간 정거장에서 좀 오랫동안 머물고 싶었음에도 불구하고 해야 할 어떤 일 때문에 그렇게 할 수 없었으나 자신이 타야 할 기차를 잘못 보거나 놓친 나머지 할 수 없이 자기가 원했던 체류를 하게 된 경우, 그것은 모두 행복한 우연이라고 할 수 있습니다. 또 내 환자 중의 한 사람은 내가 그에게 애인과 전화 통화하는 것을 금지했음에도 〈실수로〉 또는 〈다른 것을 생각하다가〉 틀린 번호를 말했기 때문에, 실은 나에게 전화를 하려 한 것이었지만 갑자기 자기 애인과 연결되었던 일도 있었습니다. 직접적 실수의 매우 재미있고 실질적인 의미가 있는 사례는 어떤 엔지니어의 경험이 제공해 주고 있는데, 그것은 물건의 파손에 관한 이야기입니다.

얼마 전에 나는 몇 명의 동료들과 대학의 실험실에서 복잡한 탄성 실험을 하고 있었는데, 그 연구는 우리가 자발적으로 떠맡은 것이었지만 기대했던 것보다 더 많은 시간을 끌기 시작했습니다. 어느 날 내가 나의 동료인 F와 다시 실험실에 갔을 때, 그는 이렇게 많은 시간을 낭비한다는 것이 오늘따라 어찌나 성가시게 생각되는지 모르겠다는 심정을 털어놓았습니다. 그는 집에서 해야 할 다른 일들이 많다는 것이었습니다. 나는 그의 말에 동의하는 것 이외에 달리 할말이 없었고, 지난주에 일어났던 사건을 빗대어서 반은 농담조로 〈기계가 다시 고장나서 작업을 중단하고 집에 일찍 갈 수 있었으면 좋겠어〉라고 말했습니다.

작업 분류에 따라 F는 압축기의 밸브를 조정하는 일을 떠맡았습니다. 그것은 집적기(集積機)에서 밸브를 조심스럽게 열고는 압축기의 실린더에 천천히 압축 용액을 흘려 넣는 일이었습니다. 실험 지도인은 압력계 옆에 서서 지켜보고 있다가 일정한 압력에 도달하게 되자 큰 소리로 〈그만〉 하고 외쳤습니다. 이 명령에 따라 F는 밸브를 붙잡고 있는 힘을 다해 그것을 왼쪽으로 돌렸습니다 (그러나 모든 밸브는 예외 없이 오른쪽으로 돌려야 잠겨지게 되어 있는 것입니다). 그러자 갑자기 집적기의 전 압력이 압축기에 작용하게 되었고, 연결 장치는 그만한 압력에 견딜 수 있을 만큼 만들어지지 않았으므로 그 즉시 파이프가 폭발하고 말았습니다. 그것은 아주 사소한 기계 고장에 지나지 않았지만, 어쨌든 우리는 그날 일을 중단하고 집으로 돌아갈 수밖에 없었습니다.

여기에서 무엇보다 특이한 일은, 얼마 후에 우리가 이 일에 대해서 서로 얘기할 기회가 있었는데, 나는 그 일을 그렇게도 뚜렷하게 기억하고 있었음에도 F는 그때 내가 한 말을 전혀 기억하지 못하고 있다는 것이었습니다.

여기서 여러분이 추측할 수 있는 것은, 여러분의 집에서 하인들이 집주인인 여러분이 가장 아끼는 물건들을 손상시키는 경우, 그런 일들이 항상 그렇게 악의 없는 우연만은 아닐 것이라는 사실입니다. 사람들이 자기 자신을 스스로 다치게 하거나 자기 자신의 모든 존재를 위험에 빠뜨리는 것이 매번 우연일 수 있는가 하는 물음을 여기서 제기할 수 있습니다. 그것은 여러분이 때때로 관찰한 것을 분석하는 일을 통해서 그 가치를 검증해 볼 수 있는 좋은 자극을 제공해 줍니다.

나의 친애하는 청중 여러분, 이것들이 실수 행위에 관하여 말할 수 있는 전부라고 할 수는 없습니다. 탐구하고 논의해야 할 것들이 아직도 많습니다. 우리가 지금까지 탐구한 성과를 통해서 여태까지 여러분이 취하고 있던 입장에서 어느만큼의 충격을 경험하게 되었거나 새로운 것에 대한 가설을 받아들일 준비를 갖추게 되었다면 그것만으로도 충분합니다. 그 외에는 아직도 명확하지 않은 것들이 너무도 많습니다. 실수 행위에 대한 연구만을 가지고 우리의 모든 명제들을 증명해 보일 수도 없으며, 이 자료에 대한 증명에만 의존할 수도 없습니다. 우리의 연구 목적에 따른 실수 행위의 가장 큰 가치는, 그것이 매우 흔한 것으로서 우리 자신에게서도 쉽게 발견될 수 있는 현상이며, 그것이 발생하는 데 어떠한 신체적인 질병이 꼭 전제되지 않는다는 사실에 근거하고 있습니다. 끝으로 아직까지 대답되지 않은, 여러분이 제기해 올 단 하나의 질문에 대해서만 한마디 덧붙이겠습니다. 우리가 수많은 사례에서 보아 왔듯이 사람들이 실수를 좀 더 자세히 이해하게 되고 그 의미를 꿰뚫어 볼 수 있는 것처럼 행동하면서도, 그들이 같은 현상을 놓고 우연이다, 의미가 있다 혹은 의미가 없다라고 판단하면서 실수 행위에 대한 정신분석학적인 해명에 대해서 어떻게 그다지도 격렬하게 반대할 수 있는지요?

여러분 말이 맞습니다. 그것은 정말 신기한 일이고 꼭 해명되기를 요구하고 있습니다. 나는 여러분에게 그 해명을 직접 손에 쥐어 주지는 않겠습니다. 그 대신에 여러분이 천천히 전체적인 관련성을 파악할 수 있게 하고, 그러한 관련성을 통해서 내가 개입하지 않아도 여러분이 그에 관한 해명을 할 수 있도록 하겠습니다.

제2부 꿈

(1916 [1915~1916])

다섯 번째 강의
여러 가지 어려움과 첫 번째 접근

신사 숙녀 여러분, 어느 날 사람들은 일정한 유형의 신경증 환자에게 나타나는 병리학적 증상에는 의미가 담겨져 있음을 발견했습니다.[1] 정신분석적인 치료 방법은 이러한 의미 발견에 근거해서 만들어졌습니다. 환자를 정신분석적으로 치료하던 도중, 환자들이 그들의 증상을 설명하는 대신에 꿈 이야기를 하는 경우가 종종 발생했습니다. 그리하여 이러한 꿈 또한 의미를 가진 것이 아닐까 하는 추측이 생겨난 것입니다.[2] 그러나 우리는 이처럼 역사적으로 발전되어 나온 길을 그대로 따라가지는 않고 거꾸로 되짚어 나가려고 합니다. 신경증 연구를 위한 준비 단계로서 나는 우선 꿈의 의미를 증명하려고 합니다. 꿈의 연구가 신경증 연구를 위한 가장 최선의 준비 단계일 뿐만 아니라, 꿈 그 자체가 신경증적 징후로서 모든 건강한 사람들에게도 나타남으로써 우리에게는 셀 수 없는 이점을 제공해 주기 때문에, 이렇게 거슬러 올라가는 것은 매우 적절하다고 할 수 있습니다. 그렇습니다. 모든 사람들이 건강하고 꿈

---

1 1880~1882년 브로이어 J. Breuer에 의하여 발견됨. 1909년 미국에서 내가 강의한 〈정신분석학에 대한 다섯 번의 강의〉와 「정신분석 운동의 역사」(프로이트 전집 15, 열린책들) 참조 — 원주. 프로이트의 〈다섯 번의 강의〉는 1910년 『정신분석에 대하여 Über Psychoanalyse』라는 책으로 발간되었다.
2 꿈에 대해서는 『꿈의 해석』에서 자세히 다루고 있다.

만 꾸는 것이라고 한다면, 그들의 꿈에서 우리는 신경증 연구로 얻은 거의 모든 점에 대해 통찰할 수 있을 것입니다.

이렇게 해서 꿈은 정신분석적인 연구의 대상이 되었습니다. 꿈은 실수 행위처럼 또 하나의 아주 평범하고 사소한 현상입니다. 그래서 실수 행위와 마찬가지로 꿈은 건강한 사람들에게도 나타나며, 그 어떤 실제적인 가치도 갖고 있지 않은 듯합니다. 그 외에 이 현상을 둘러싼 조건들은 우리가 작업하기에는 오히려 더욱 불리한 것들입니다. 실수 행위란 단지 학문적인 영역에서만 소홀히 다루어졌던 것으로, 사람들은 그에 대해서 별다른 신경을 쓰지 않았습니다. 그러나 궁극적으로 그것을 연구한다고 해서 부끄러워할 필요는 없습니다. 그보다 훨씬 중요한 문제가 많기는 하지만, 어쩌면 그것에서도 무언가가 나올 수도 있으리라고 사람들은 생각했습니다. 그러나 꿈을 다룬다고 하는 것은 비실용적이고 불필요한 것일 뿐만 아니라 직접적으로 비난받아 마땅하다는 것입니다. 그것은 비과학적이라는 오명을 자초할 뿐만 아니라 개인적으로 신비주의에 경도되어 있다는 의심을 받을 만하다는 것입니다. 〈정신생활의 기관을 압박하는 사과만한 종양이나, 조직의 변화를 현미경으로 관찰할 수 있는 출혈, 만성적 염증 등과 같은 신경 병리학이나 심리 치료 분야에 훨씬 더 심각한 문제가 널려 있는 판인데 의학자가 꿈과 같은 따위의 문제에 골몰하다니요! 안 됩니다. 꿈은 너무도 사소한 것으로서 연구해 들어가기에는 너무 하찮은 대상일 뿐입니다〉라고 비난할 것입니다.

그 외에도 또 하나가 있습니다. 꿈의 본질 자체가 정확한 연구의 모든 요구 조건들을 충족시키지 못한다는 것입니다. 그 연구에서는 무엇을 대상으로 하는 것인지의 여부조차 확실하지 않다는 것입니다. 예를 들어 어떤 사람에게 일어나는 망상은 매우 뚜렷하고 확실한 형태를 가진 것일 경우가 많습니다. 어떤 환자가 〈나는 중국의 황제다〉라고 큰 소리로 외칠 때 그것은 명확한 형태를 가집니다. 그런데 꿈은 어떻습니까? 그것은 대개는 설명하기 힘든 것입니다. 누군가가 자기의 꿈을 설명한다고 할 때, 그가 그것을 제대로 설명하고 있는지, 또는 얘기 도중에 꿈의 내용을 변화시키거나 자신의 기억의 불확실성으로 인해서 어쩔 수 없이 어떤 것들은 새로 생각해 낸 것이 아닌지에 대한 보장이 확실히 있습니까? 대부분의 꿈들은 거의 기억되지 않습니다. 작은 한 조각조차도 기억되지 않고 잊혀지고 맙니다. 그런데 이러한 자료들을 토대로 한 해석 위에 과학적인 심리학이나 환자 치료의 방법이 구축되어야 한다는 것입니까?

지나친 비판은 우리를 의심에 빠져들게 만들 것입니다. 연구 대상으로서의 꿈에 대한 이러한 반론들은 너무 극단적인 것이 사실입니다. 이런 현상은 중요하지 않다는 반론과 관련해서 우리는 이미 실수 행위의 문제에서 충분히 다루었습니다. 커다란 일의 의미도 아주 사소한 징조에서 드러날 수 있다고 이미 말한 바 있습니다. 꿈의 애매모호함에 대해서 말해 보면, 그것은 다른 특성과 같은 하나의 특성이라고 말할 수 있습니다. 어떤 물건에 대해 그것의 특성을 미리 규정해 놓을 수는 없습니다. 어쨌든 간에 명확하고 확실한 꿈도 있는 반면, 심리 치료 연구에서는 그와 같은 애매모호함의 특성으로 인해서 이해하기 곤란한 대상들도 있습니다. 예를 들어 존경할 만한 고명한 심리 치료사들이 다루고 있는 많은 강박 관념Zwangsvorstellung들이 그러합니다.[3] 내가 의사로서 진료를 하던 중에 만났던 최근의 사례를 생각해 보도록 합시

---

3   불확실하고 막연한 강박 신경증Zwangsneurose의 경향에 대해서 프로이트는 「쥐 인간 — 강박 신경증에 관하여」(프로이트 전집 9, 열린책들)에서 자세히 논하고 있다.

다. 한 여자 환자가 다음과 같은 말로 이야기를 시작했습니다. 〈내가 어떤 살아 있는 존재를 ─ 아기였던가? ─ 아니, 그럴 리는 없고, 개였던 것 같기도 한데 ─ 다치게 했거나 다치게 하려고 했던 것 같은 느낌이 들어요. 아마도 어떤 다리 위에서 밀쳐 버린 것 같기도 하고 ─ 어쩌면 또 다를 수도 있지만 ─ 아무튼 그런 느낌이 듭니다.〉 꿈을 불확실하게 기억함으로써 발생할 수 있는 이론적 손상은, 그가 무엇을 잊어버렸는지, 혹은 기억 속에서 무엇을 변경시켰는지에 대해서 상관하지 않고 꿈꾼 이가 말하는 바로 그 꿈을 그의 꿈으로 그냥 인정해 줌으로써 제거할 수 있습니다. 드디어 사람들은 〈꿈은 중요한 것이 아니다〉라고 그렇게 간단히 주장할 수 없게 된 것입니다. 우리 자신의 경험에서 알 수 있는 것처럼 어떤 꿈에서 깨어날 때에 느꼈던 기분이 하루 종일 계속되는 경우가 있습니다. 어떤 정신병은 꿈에서부터 시작되고, 이렇게 꿈에서 비롯된 망상에 집착하기도 하는 경우가 있다는 사실이 의사들에 의해서 보고되기도 했습니다. 꿈에서 영감을 받아 중요한 일을 감행했다는 역사적인 인물들에 관한 이야기도 전해지고 있습니다. 그러므로 우리는, 꿈에 관한 학계의 멸시가 도대체 어디에서부터 비롯된 것인지를 묻지 않을 수 없습니다.

그것은 이전 시대의 과대평가에 대한 반발이라고 생각할 수 있습니다. 과거를 다시 재구성하는 것은 잘 알다시피 쉬운 일이 아닙니다. 그러나 이것만은 확실하게 가정해 볼 수 있는데 ─ 농담처럼 말하는 것을 허락해 주시기 바랍니다 ─ 3천 년 전 혹은 그전부터, 이미 우리의 선조들도 지금의 우리가 꾸는 꿈과 비슷한 꿈을 꾸어 왔다는 사실입니다. 우리가 아는 한, 옛날 사람들은 모두 꿈에 커다란 의미를 부여했고 그것을 실제적으로 사용 가능한 것으로 간주해 왔습니다. 그들은 꿈속에서 미래를 위한 징조를 끄집어내었고 그 속에 있는 전조(前兆)를 찾았습니다. 그리스 사람들이나 동양 사람들에게는 꿈 해몽가를 동반하지 않는 출정은, 오늘날 공군 정찰병이 없는 경우만큼이나 상상할 수도 없는 것이었습니다. 알렉산드로스 대왕이 정복 전쟁을 감행했을 때 그의 수행원들 중에는 유명한 꿈 해몽가들도 있었습니다. 그 당시에는 아직 섬이었던 티루스라는 도시는 알렉산드로스 대왕에게 대단히 격렬하게 저항하여, 대왕은 섬을 정복하려던 생각을 포기하려고까지 했습니다. 그러던 어느 날 밤에 그는 마치 개선 행군 속에서 춤추는 듯한 사티로스의 꿈을 꾸었습니다. 그리고 그가 이 꿈을 꿈 해몽가에게 들려주었을 때, 그것은 그 도시에 대한 승리를 예고하는 것이라는 해몽을 듣게 되었습니다. 그는 공격을 명령했고 티루스를 점령했습니다.[4] 에트루리아인들과 로마인들에게는 미래를 알아보기 위해 다른 방법이 사용되었습니다. 그러나 꿈-해석Traumdeutung은 헬레니즘-로마의 전 시대에 걸쳐 사용되었고 높이 평가되었습니다. 그런 것을 다루고 있는 문헌으로는 적어도 달디스의 아르테미도로스의 책이 중요 문헌으로 남아 있는데, 그것은 아드리안 황제의 시대로 거슬러 올라가는 것입니다.[5] 그로부터 어떻게 해서 꿈-해석의 기술이 쇠퇴하고 꿈이 불신의 늪으로 빠져들었는지에 대해서는 잘 알지 못합니다. 계몽주의도 그에 대해서는 어떻게 할 도리가 없었던 듯합니다. 왜냐하면 암흑의 중세 시기는 고대의 꿈-해석보다 훨씬 더 불합리한 것들을 아주 충실하게 간직하고 있기 때문입니다. 꿈에 대한 관심은 점차 미신으로 내려앉았고, 교육받지 않은 사람들에게서나 유지될 수 있었다는 것이 그에 대한 진실입니다. 우리 시대에 있어서 꿈-해석

---

4 이 꿈에 대한 설명은 열다섯 번째 강의에서 다루게 될 것이다.
5 『꿈의 해석』을 참조할 것.

의 마지막 남용으로 볼 수 있는 것은 복권 뽑기에서 나오게 될 당
첨 숫자를 꿈속에서 찾아보려 하는 행위일 것입니다. 그에 반해
오늘날의 정밀과학은 반복해서 꿈을 다루고는 있지만, 언제나 자
신의 생리학적인 이론을 꿈에 적용시키기 위한 의도에서만 그렇
게 하고 있습니다. 꿈은 의사들에게 있어서 당연히 심리적 행위
가 아닌 것으로서, 정신생활 중의 신체적 자극의 발현으로 간주
되고 있습니다. 1878년에 빈츠C. Binz는 꿈을 설명하면서, 〈꿈은
육체적인 과정이며 어떤 경우에도 유익하지 않은, 또 많은 경우
에 있어서는 병적이기까지 한 과정이다. 마치 잡초들만 무성한
모래 벌판 위에 푸른빛의 정령(精靈)들이 낮게 드리워 있는 것처
럼, 꿈 위에는 우주의 영혼과 불멸성이 초연히 높이 떠 있다〉고
말했습니다.[6] 모리L. F. A. Maury는 그것을 정상인의 정연한 운동
과는 대조적으로 불규칙하게 제멋대로 움직이는 무도병에 걸린
사람들의 경련으로 비유한 바 있습니다.[7] 또 다른 오래된 비유는
꿈-내용*Trauminhalt*을, 음악에 대해서 전혀 알지 못하는 사람의
열 손가락이 악기의 건반 위를 아무렇게나 두드릴 때 내는 소리
로 묘사하고 있습니다.[8]

　해석한다는 것은 숨겨진 의미를 찾아내는 것을 의미합니다. 그
런데 꿈의 작용을 이러한 식으로 평가한다면 물론 언급할 내용이
없어질 것입니다. 분트[9]나 요틀F. Jodl,[10] 또 그 밖의 최근에 등장
한 철학자들의 꿈에 대한 서술을 참고해 보십시오. 그것들은 한결

6　빈츠의 『꿈에 대하여 *Über den Traum*』(1878) 참조 — 원주.

7　모리의 『수면과 꿈*Le sommeil et les rêves*』(1878) 참조.

8　슈트륌펠L. Strümpell의 『꿈의 본성과 기원 *Die Natur und Entstehung der Träume*』
(1877) 참조.

9　분트의 『생리학적 심리학의 본질 *Grundzüge der physiologischen Psychologie*』(1874)
참조.

10　요틀의 『심리학 편람 *Lehrbuch der Psychologie*』(1896) 참조.

같이 깨어 있는 상태에서의 사고 활동과 꿈-생활*Traumleben*의 다른 점들을, 꿈을·과소평가하기 위한 의도에서 열거하는 데 만족하고 있습니다. 꿈-내용에서 나타나는 연상의 붕괴라든가 비판 능력의 차단, 모든 지식이 배제된다는 사실, 또 그 밖의 감소된 능력의 다른 특징들을 전면에 내세우는 데 열심인 것입니다. 꿈에 대한 지식 중 유일하게 가치 있는 것으로서 우리가 정밀과학에 감사해야 할 것은, 수면 도중 작용하는 육체적인 자극이 꿈-내용에 미치는 영향과의 관계에 대한 것입니다. 최근에 작고한 노르웨이의 작가 모울리 볼드J. Mourly Vold는, 꿈에 관한 실험적 연구를 기술하고 있는 두 권의 방대한 저서(1910년과 1912년에 독일어로 번역됨)[11]에서 팔다리의 위치를 변경했을 때 나타나는 결과만을 다루고 있습니다. 이러한 연구는 정밀한 꿈 연구의 모범으로서 찬양받을 만합니다. 우리가 꿈의 〈의미〉를 찾아내기 위해 실험을 하려고 한다는 것을 들었을 때, 정밀과학이 그에 대해 뭐라고 할지 상상해 볼 수 있겠습니까? 어쩌면 그들은 이미 그것을 말했는지도 모릅니다. 그러나 우리는 그 때문에 놀라지는 않습니다. 실수 행위들이 의미를 가질 수 있는 것이라면 꿈 역시 의미를 가질 수 있을 것입니다. 실수 행위는 매우 많은 경우들에서 정밀과학이 놓칠 수밖에 없는 의미를 갖고 있습니다. 옛날 사람들과 여러 민족의 선입견을 조금만 인정해 봅시다. 그러면 고대 꿈 해몽가들의 발자국을 어느 정도 따라갈 수 있을 것입니다.

　무엇보다도 먼저, 꿈의 영역을 개관할 수 있도록 우리의 과제를 설정해 봅시다. 꿈이란 도대체 무엇입니까? 이것을 한마디로 정의한다는 것은 어려운 문제입니다. 우리는 그에 대해 어떤 정

11　볼드의 『꿈에 대하여 *Über den Traum*』(1910~1912) 참조.

의를 시도하는 것은 아닙니다. 모든 사람들이 알고 있는 것이라고 말하는 것으로 충분합니다. 그러나 꿈의 본질을 확실하게 짚어 보아야만 하겠습니다. 그것은 어디에서 찾을 수 있습니까? 우리의 영역을 둘러싸고 있는 테두리 안에는 엄청나게 많은 다양성이 있습니다. 여러 방향으로 전개될 수 있는 다양성 말입니다. 아마도 본질적인 것이란, 우리가 〈모든 꿈들에 공통적인 성질〉이라고 자신 있게 말할 수 있는 것일 겁니다.

모든 꿈들에 공통적인 것으로서 제일 먼저 들 수 있는 것은 우리가 그때 잠을 자고 있다는 것입니다. 꿈을 꾼다는 것은 분명히 수면 도중의 정신생활로서, 깨어 있을 때의 정신 활동과 어느 정도의 유사점을 갖고는 있지만 또한 대단히 커다란 차이가 있으며 깨어 있을 때의 정신 활동과 구별되는 것입니다. 이것은 이미 아리스토텔레스가 내린 정의이기도 합니다.[12] 꿈과 수면 사이에는 어쩌면 더욱 깊은 관계가 성립되어 있을지도 모릅니다. 사람들은 꿈 때문에 깨어날 수도 있고, 자발적으로 깨어났을 때에나 예기치 않게 잠을 방해받았을 때에도 매우 빈번하게 꿈을 꾸었다는 기억을 갖고 있습니다. 그러므로 꿈은 수면 상태와 깨어 있는 상태의 중간 상태인 것처럼 생각됩니다. 이렇게 해서 우리는 잠에 대한 암시를 얻었습니다. 그렇다면 수면은 무엇입니까?

그것은 아직도 많은 것이 논란의 대상이 되고 있는 생리학적이고도 생물학적인 문제입니다. 우리는 이 문제에 대하여 아직 결론을 내릴 수 없습니다. 그러나 나는 우리가 잠의 심리학적 특성들을 밝혀내기 위한 시도를 해볼 수는 있다고 생각합니다. 잠이란, 그 속에 있을 때는 자아가 외부 세계에 대해서는 아무것도 알

12   아리스토텔레스의 『꿈에 대하여 De somniis』, 『꿈의 예언 De divinatione per somnum』 참조.

려고 하지 않는, 외부에 대한 자아의 관심을 온전히 거두어들인 상태라고 할 수 있습니다. 자아는 외부 세계에서 나 자신을 거두어들이고 외부 세계의 자극들을 나에게서 떼어 내며 잠 속으로 빠져듭니다. 자아는 또 외부 세계에 의해서 피곤해졌을 때 잠이 들기도 합니다. 잠이 들면서 자아는 외부 세계에 대해서 이렇게 말합니다. 〈나를 조용히 내버려 둬. 나는 잠을 자고 싶어.〉 아이들은 거꾸로 이렇게 말합니다. 〈나는 아직 자러 가지 않을 거야. 나는 피곤하지 않아. 조금 더 뭔가를 하고 싶어.〉 잠의 생물학적 목적은 그러므로 휴식인 것 같습니다. 또 그것의 심리학적 특성은 세상에 대한 관심을 꺼버리는 것입니다. 우리의 의사와는 관계없이 어쩔 수 없이 태어나게 된 이 세상과 우리의 관계는, 중간중간 끊어 내지 않고는 도저히 견뎌 낼 수 없을 것 같은 그런 관계인지도 모릅니다. 그러므로 우리는 때때로 이 세상에 태어나기 이전의 상태로, 즉 어머니 자궁 속의 존재로 돌아가는 것입니다. 우리는 자궁 속에서 지냈던 것과 아주 비슷한 관계를 만들어 냅니다. 그것은 따뜻하고, 어둡고, 자극이 없는 상태입니다. 우리들 중 어떤 사람들은 잠잘 때 꼭 어머니 배 속에 들어 있었을 때와 같은 자세로 돌아가서, 아주 작은 덩어리로 몸을 웅크리고 새우잠을 자는 모습을 취하기도 합니다. 그것은 마치 이 세계가 우리 같은 성인들의 2/3가량만을 소유하는 것과도 같습니다. 우리들 시간의 1/3만큼의 시간 동안 우리는 아직 태어나지 않은 것입니다. 매일 아침마다의 모든 깨어남은 그러므로 매일매일의 새로운 탄생과도 같습니다. 우리는 잠에서 깨어난 상태에 대해서 〈마치 새로 태어난 기분이야〉라고 말하기도 합니다. 그러나 이때 우리는 새로운 탄생의 일반적 느낌에 대해서 매우 틀린 전제를 하고 있는 것입니다. 이 새로 태어난 아기는 오히려 매우 불편하게 느끼고 있을지도 모르는 것입니다. 우리는 또 세상에 태어나는 것을 〈세상의 빛을 보게 되었다〉고 말하기도 합니다.

이러한 것이 잠의 상태라면, 꿈은 대체로 그것의 계획 속에는 들어 있지 않는 것이나 마찬가지입니다. 오히려 환영할 수 없는 부속물 같은 것처럼 보입니다. 꿈 없는 잠이 최고의 잠이며 유일하게 제대로 된 잠이라는 말도 있습니다. 잠을 잘 때는 어떠한 정신 활동도 있어서는 안 되며 이것이 흔들릴 경우, 〈우리에게 태내(胎內)와 같은 평온 상태의 성립은 이루어지지 않았다. 정신적 활동의 찌꺼기들이 완전히 없어진 것은 아니다〉라고 말할 수 있다는 것입니다. 이러한 정신 활동의 잔류물들, 그것이 바로 꿈일 것입니다. 그렇다면 정말로 꿈은 어떠한 의미도 가질 필요가 없는 것처럼 보입니다. 실수 행위는 꿈의 경우와 달랐습니다. 그것은 깨어 있을 때의 활동임에 틀림없는 것입니다. 그러나 내가 잠자고 있고 정신적 활동을 완전히 그쳤으며 단지 그 일부분만을 완전히 억누르지 못했을 뿐이라면, 이러한 남은 부분이 어떤 의미를 지닐 필요는 전혀 없는 것입니다. 나에게는 이 의미가 필요하지 않습니다. 왜냐하면 내 정신 활동의 다른 부분은 잠자고 있기 때문입니다. 그때 그것은 직접적인 신체적 자극에 수반되는 경련과도 같은 반응, 그저 그런 정도의 정신적 현상일 뿐인지도 모릅니다. 그러므로 꿈은 깨어 있는 상태의 정신 활동 중에서 잠을 방해하는 찌꺼기들일 것이며, 정신분석에는 부적당한 주제인지도 모릅니다. 그러니까 이런 주제에서 되도록 빨리 벗어나야겠다는 마음을 먹어도 무방할 것입니다.

꿈이 그처럼 잉여적인 것이라 해도, 그것이 존재하고 있는 것이 분명한 이상 이러한 존재에 대하여 설명을 해보려는 시도는 가능할 것입니다. 정신 활동은 왜 잠들지 않는 것입니까? 어쩌면 무엇인가가 영혼에게 안식을 주려 하지 않기 때문인지도 모릅니다. 어떤 자극이 영혼에 작용한다면, 그에 대해서 영혼은 반응할 수밖에 없습니다. 그러므로 꿈은 수면 상태에서 영혼에 작용되는 자극에 대해서 영혼이 반응하는 현상일 것입니다. 우리는 여기서 꿈의 이해에 도달하기 위한 하나의 통로를 발견하게 됩니다. 잠을 방해하려는 자극이 있으며, 그 자극에 대하여 우리는 꿈으로 반응하게 되는데, 이에 대해서는 이제 여러 가지 꿈을 통해서 밝혀낼 수 있을 것입니다. 이것으로 우리는 모든 꿈들의 제일 첫 번째 공통점을 추론해 낸 것입니다.

이외에 또 다른 공통점이 있습니까? 분명히 그렇습니다. 그러나 이 문제는 파악하고 설명하기가 훨씬 더 어렵습니다. 잠들어 있을 때의 정신 과정은 깨어 있을 때와는 전혀 다른 특성을 갖고 있습니다. 사람들은 꿈속에서 많은 것들을 체험하고 또 체험했다고 믿습니다. 그러나 사실상 아무것도 체험하지 못하고 단지 잠을 방해하는 어떤 자극만을 체험했을 뿐입니다. 꿈은 주로 시각적인 그림으로 체험됩니다. 그러나 감정도 같이 느껴질 수 있으며 어떤 생각이 그 사이에 끼어들 수도 있습니다. 또한 시각 이외의 다른 감각 체험도 있습니다. 그러나 주된 것은 역시 그림입니다. 그러므로 꿈을 설명하는 데 어려운 점들 중의 하나는, 우리가 이러한 그림들을 언어로 번역해야 한다는 데서 기인합니다. 꿈꾼 이는 종종 〈그림으로 그리라면 그릴 수 있을 것 같은데, 그것을 어떻게 말해야 할지는 잘 모르겠어요〉라고 말하곤 합니다. 본질적으로 그것을, 〈천재와 비교했을 때 지능이 떨어진 사람의 정신 활동과 같은 것, 그러므로 열등한 정신 활동이다〉라고 할 수는 없습니다. 꿈은 질적으로 그와는 전혀 다른 것입니다. 그러나 그 차이가 어디에 있는지 설명하기는 어렵습니다. 페히너 G. Th. Fechner 는 언젠가, 꿈이 (정신 속에서) 활동하는 무대는 깨어 있는 표상 활동*Vorstellungsleben*의 무대와는 다른 어떤 것이리라는 추측을 제 시한 바 있습니다.[13] 우리는 그것을 이해하지는 못합니다. 우리가 그것에 대하여 어떻게 생각해야 할지도 알지 못합니다. 그러나 대부분의 꿈들이 만들어 내는 것과 같이 생경하다는 느낌은 확실 히 존재합니다. 꿈의 활동을 음악적 문외한의 손의 움직임과 비 교하는 작업은 여기서 다시 벽에 부딪칩니다. 피아노는 어쨌든 멜로디는 아닐지라도, 우연히 그것의 키를 두드리는 대로 정해진 소리들로 대답할 것입니다. 우리가 이러한 모든 꿈들의 두 번째 공통점을 제대로 이해하지는 못했다 하더라도, 그것에 대해 조심 스럽게 주목할 필요는 있습니다.

이외에도 또 다른 공통점이 있습니까? 나는 그 어떤 것도 찾아 낼 수 없습니다. 사방에서 차이점만을 볼 수 있을 뿐이며 그것도 모든 점에서 그렇습니다. 추측되는 지속 시간과 그것의 명확성, 감정적 관여, 지속성 등 모든 점에서 그렇습니다. 이 모든 것들은 어떤 자극에 대하여 궁지에 몰린 상태에서 어쩔 수 없이 경련성 (痙攣性)으로 반응하는 경우에서 우리가 기대할 수 있는 것들과 근본적으로 다릅니다. 꿈의 차원들에 주목해 보더라도 한 개 혹 은 몇 개의 그림에 불과한 아주 짧은 꿈도 있을 수 있고, 하나의 단어만을 포함하고 있는, 한 가지 생각으로만 된 것도 있을 수 있 습니다. 다른 것들은 그 내용이 너무나도 풍부해서 하나의 소설 을 이룰 수 있을 만큼 방대한 것도 있고, 매우 길게 계속되는 듯이

---

13 페히너의 『정신 물리학의 여러 요소들*Elemente der Psychophysik*』(1889) 참조. 심리 치료사 페히너는 프로이트 이론에 큰 영향을 미쳤다. 「나의 이력서」(프로이트 전 집 15, 열린책들) 참조.

보이는 것도 있습니다. 어떤 꿈들은 직접 겪은 경험처럼 너무도 생생해 잠에서 깨어난 후에도 한참 동안이나 그것을 꿈으로 인식하기 힘든 경우도 있습니다. 또 다른 것들은 말할 수 없이 희미하고 그림자처럼 어른거리고 몽롱한 것도 있습니다. 그렇습니다. 하나의 똑같은 꿈속에서도 몹시 강한 인상을 줄 수 있는 부분과 거의 알아보지 못할 정도로 흐릿한 부분들이 서로 섞여서 나타날 수도 있습니다. 꿈은 매우 의미심장한 것일 수도 있고, 적어도 꽤 일관성이 있거나 심지어는 관념적으로도 풍부하고 환상적일 만큼 아름다울 수도 있습니다. 그에 반해 어떤 꿈들은 모호하고 엉터리 같고 불합리하며 종종 몹시 당황스러울 수도 있습니다. 우리를 매우 냉정하게 유지시켜 주는 꿈도 있고 모든 감정들이 매우 고조되는 꿈들도 있습니다. 고통스러운 나머지 울게 만들기도 하고, 두려움 때문에 놀라며 꿈에서 깨어나고 충격을 받게 하는 꿈들도 있습니다. 잠에서 깨어나면 꿈은 대개 재빨리 잊혀지지만, 어떤 것들은 하루 종일 머릿속을 떠나지 않다가 저녁이 되어 계속 희미해지면서 군데군데 연결이 안 된 상태에서 기억되기도 합니다. 또 어떤 것들은 아주 잘 보존되기도 해서, 예를 들어 어린 시절의 꿈들 중 어떤 것들은 30년이 지나서까지도 생생한 체험처럼 기억 속에 남아 있기도 합니다. 꿈이란 개개의 사람들처럼 단 한 번 나타나서 다시는 결코 등장하지 않기도 하지만, 같은 사람에게 모습을 바꾸지 않고 똑같이 반복되거나 아니면 약간씩 변화하면서 계속되는 경우도 있습니다. 간략하게 말해서, 이와 같은 밤 동안의 정신 활동은 매우 많은 레퍼토리를 가지고 있으면서 본질적으로는 우리의 정신이 낮 동안에 수행하는 모든 일을 할 수 있습니다. 그러나 그것은 전혀 다른 어떤 것입니다.

사람들은 꿈의 이러한 다양성에 관하여 그것들을 수면 상태와 깨어 있는 상태의 사이에 있는 여러 가지 중간 단계, 즉 불완전한 수면의 여러 가지 단계로 가정하면서 그 본질을 설명해 보고자 시도할 수도 있을 것입니다. 그렇습니다. 그러나 꿈-활동 *Traumleistung*의 가치나 내용, 명료성과 함께 〈이것은 꿈이다〉라고 하는 분명함이 점점 증가하는데, 그 까닭은 그렇게 꿈을 꾸고 있을 때의 정신이 깨어 있는 상태에 점점 더 가까워지기 때문입니다. 또 매우 이성적인 꿈의 한 단편이 전개된 직후에 무의미하고 불명확한 꿈이 이어진다거나, 그다음에 다시 아주 본격적인 꿈-작업 *Traumarbeit*이 활성화된다거나 하는 일은 일어나지 않습니다. 정신이란 스스로 수면에 빠져드는 수준을 그렇게 빨리 마구 바꿀 수가 없기 때문입니다. 그러나 이러한 설명은 아무것도 해결해 주지 못합니다. 절대로 손쉬운 문제가 아닙니다.

여기서 잠정적으로 꿈의 〈의미〉를 밝히는 일을 접어 두고, 그것을 좀 더 잘 이해하기 위한 길을 열기 위해 노력해 보기로 합시다. 꿈의 수면 상태에 대한 관계에서, 우리는 꿈을 수면에 가해지는, 수면을 방해하는 자극에 대한 반응이라는 결론을 내렸습니다. 우리가 들은 대로 이것이야말로 정밀 실험 심리학이 우리를 도와줄 수 있는 단 하나의 논점입니다. 실험 심리학은 수면 동안에 가해진 자극이 꿈속에 나타난다는 것을 증명한 바 있습니다. 이미 언급한 볼드[14]의 연구를 포함해서 그러한 수많은 실험 심리학 연구가 이루어졌습니다. 우리 모두는 자기 자신의 개인적인 경험을 통해서 이러한 결과를 확인할 수 있는 기회가 있었을 것입니다. 나는 그것을 설명하기 위해서 다소 오래된 몇 개의 실험을 선택해 보겠습니다. 모리는 자기 자신에게 그러한 실험을 해보았습니

14 볼드의 『꿈에 대하여』 참조.

다.[15] 사람들은 그가 잠자는 동안 향수 종류 중 하나인 오드콜로뉴의 냄새를 맡게 했습니다. 그는 자신이 카이로에 있는 요한 마리아 파리나 가게 앞에 서 있는 꿈을 꾸었습니다. 그 꿈에 연달아서 계속 황홀한 모험들이 이어졌습니다. 또 잠자는 동안 다른 사람으로 하여금 목덜미를 꼬집게 해보았습니다. 그러자 그는 연고가 발라져 있는 반창고를 붙인 꿈을 꾸었으며, 그의 유년 시절 동안 그를 진찰하곤 했던 한 의사의 꿈을 꾸었습니다. 또 그의 이마 위에 물을 한 방울 떨어뜨리게 했습니다. 그는 이번에는 이탈리아에서 땀을 뻘뻘 흘리면서 오르비에토 백포도주를 마시는 꿈을 꾸었습니다.

이와 같이 실험적으로 만들어 낸 꿈들에서 눈에 띄는 특징들을 우리는 자극에서 기인하는 다른 꿈들에서 더욱 분명하게 발견할 수 있습니다. 기지가 매우 풍부한 관찰자 힐데브란트F. W. Hildebrandt에 의해 보고된 3개의 꿈이 있는데, 그것은 모두 자명종 시계의 소음에 대한 반응으로 유발된 꿈들이었습니다.[16]

나는 어느 봄날 아침에 산책을 하고 있었습니다. 푸른 초원 위를 어슬렁거리면서 걷다가 이웃 마을에 이르게 되었지요. 나는 그 마을 사람들이 성장(盛裝)을 하고 찬송가 책을 옆구리에 끼고 교회를 향하여 걸어가는 것을 보았습니다. 그래, 오늘이 일요일이지! 아침 예배가 막 시작되려 하고 있군! 나는 이 예배에 함께 참석하기로 마음먹었습니다. 그러나 그전에 얼굴이 조금 달아오른 듯이 느껴졌으므로 교회 주변을 둘러싸고 있는 묘지에서 가라앉

15 모리의 『수면과 꿈』참조.
16 힐데브란트의 『꿈과 삶을 위한 그 활용 Der Traum und seine Verwertung für's Leben』(1875) 참조.

혀야겠다고 생각했습니다. 거기서 수많은 묘비명(墓碑銘)을 읽고 있는 동안, 나는 종지기가 탑을 올라가고 있는 것과 그 마지막 꼭대기 칸에 예배의 시작을 알려 줄 작은 종이 매달려 있는 것을 보았어요. 잠시 동안 그것은 꼼짝도 않고 거기에 매달려 있었지요. 다음 순간 그것은 흔들리기 시작했습니다. 그리고 갑자기 그 소리가 맑고 커다랗게 울려 퍼졌어요. 그 소리가 얼마나 크고 우렁찼던지 나의 잠은 그만 달아나 버리고 말았지요. 그런데 그 종소리는 바로 자명종의 소리였던 것입니다.

두 번째 경우는 이렇습니다. 그것은 아주 맑은 겨울날이었어요. 길거리는 온통 두꺼운 눈으로 덮여 있었지요. 나는 썰매를 타러 가기로 약속을 해놓고 썰매가 문 앞에 도착했다는 소식이 올 때까지 오랫동안 기다려야만 했지요. 그리고는 썰매 탈 준비를 한 다음 — 따뜻한 털 담요를 깔고 발 덮개를 가져오고 — 드디어 나는 썰매에 올라탔습니다. 그러고도 잠시 기다리고 있는 말들에게 고삐를 당겨 출발 신호를 줄 때까지 출발이 지연되고 있었어요. 이제 고삐를 죄었어요. 그러자 힘차게 흔들리는 종들에서 낯익은 터키 행진곡이 울려 퍼졌는데, 그 소리가 어찌나 컸던지 순식간에 꿈의 거미줄이 끊어지고 말았지요. 그런데 그것은 또다시 자명종의 째지는 듯한 소리였어요.

세 번째 예를 또 들어 보세요. 나는 하녀가 팔에 한아름의 접시를 안고는 식당으로 통하는 긴 복도를 따라서 걷고 있는 것을 보았어요. 그녀의 팔에 높이 쌓여 있는 그 접시들은 금방이라도 중심을 잃어버릴 듯이 위험하게 보였어요. 〈조심하거라. 접시들이 바닥에 몽땅 떨어지겠다.〉 나는 그녀에게 주의를 주었어요. 그러자 판에 박힌 듯한 대꾸가 뒤따랐지요. 〈이런 일엔 아주 익숙해졌거든요.〉 그동안에도 나는 계속해서 그렇게 걸어가는 하녀를 걱정스러운 시선으로 지켜보았어요. 내 걱정이 들어맞았어요. 하녀는 문지방 턱에 걸리고 말았어요. 접시들이 떨어져 쨍그랑거리는 소리를 냄과 동시에 산산조각으로 깨지면서 마룻바닥에 나뒹굴었어요. 그런데 멈추지 않을 듯이 울리는 그 소리는, 그 후에 곧 알아낸 바에 의하면 접시가 깨지는 소리가 아니었고 종소리였어요. 이 종소리는 잠에서 깨어난 후에 보니 자명종의 소리였던 것이지요.

이 꿈들은 아주 아름답고 내용이 풍부한 꿈들로서, 일반적인 다른 꿈들처럼 전혀 앞뒤가 맞지 않는 그런 종류의 꿈은 아니었습니다. 그러므로 우리는 그것을 어떻게든 비판할 생각은 없습니다. 그 꿈들이 갖고 있는 공통점은, 모든 상황들이 한결같이 하나의 소음에서 시작되었고 깨어나서 보면 자명종의 소리라는 것을 확인하게 되었다는 점입니다. 우리는 여기서 하나의 꿈이 어떻게 하여 만들어지는지를 알게 되며 그 밖에도 다른 것을 알게 됩니다. 꿈은 자명종을 인식하지 못합니다. 자명종은 꿈속에 나타나지도 않습니다. 대신에 꿈은 그 자명종 소리를 다른 것으로 대체시켜 놓습니다. 그것은 꿈을 방해하는 자극을 암시하고 있지만 그 자극을 매번 다른 방법으로 암시해 줍니다. 왜 그렇습니까? 그에 대해서는 어떠한 명쾌한 대답도 있을 수 없습니다. 그것은 자의적인 것 같습니다. 꿈을 이해한다는 것은 이런 경우, 다른 소리가 아니고 왜 꼭 그 소리가 자명종 소리 자극을 암시하는 것으로서 선택되었는가를 설명할 수 있어야 한다는 것을 의미할 것입니다. 그와 똑같은 방법으로 모리의 실험에 대해서도 이의를 제기할 수 있을 것입니다.[17] 즉 꿈꾸는 사람에게 가해진 자극이 꿈속에 나타난다는 것은 알 수 있는데 왜 꼭 그러한 형태로 나타나는

17 모리의 『수면과 꿈』 참조.

지 알아낼 수 없으며, 그것은 잠을 방해하는 자극의 성질에서도 유추될 수 없다는 것입니다. 또 모리의 실험의 경우에서도 오드 콜로뉴의 꿈에서 멋진 모험들이 뒤따라왔던 것처럼 수많은 다른 꿈-내용이 연결되는데, 그것들에 대해서도 어떤 설명이 불가능하다는 것입니다.

이제 여러분은 잠을 깨우는 꿈들이 수면을 방해하는 외부 자극의 영향을 확인할 수 있게 해주는 최상의 기회를 제공한다는 사실에 대해서 의심을 품을지도 모릅니다. 그러나 대다수의 다른 경우들에서는 그러한 영향을 확인하기가 더 어렵습니다. 사람들이 꿈을 꾸던 도중 모든 꿈들에서 항상 깨어나는 것은 아닙니다. 또 아침에 일어나서 밤 동안에 꾸었던 꿈을 기억해 낸다고 하여도, 밤사이에 혹시 작용했을지도 모르는 꿈을 방해했던 자극을 어떻게 확인할 수 있겠습니까? 나도 옛날에 한번 그러한 소리의 자극을 나중에 확인할 수 있었던 기회가 있었는데, 그것은 물론 특별한 상황이 있었기 때문에 가능했던 것입니다. 나는 티롤 지방의 산꼭대기 휴양지에서 어느 날 아침, 교황이 죽은 꿈을 꾸었다고 생각하면서 잠에서 깨어났습니다. 나는 그 꿈을 이해할 수 없었습니다. 그런데 그때 나의 아내가 내게 물었습니다. 〈당신, 오늘 아침에 모든 교회와 성당들에서 사정없이 울려 댔던 그 요란스러운 종소리를 들으셨어요?〉 〈아니, 난 못 들었어. 깊이 잠들었나 봐.〉 그런데 아내의 이 이야기로 말미암아 나는 비로소 내 꿈을 이해할 수 있었습니다. 잠자는 사람들에게 꿈을 꾸도록 작용했으면서도, 그것에 대해서 추후에라도 아무런 정보를 얻지 못하는 채로 남게 되는 그러한 자극들이 얼마나 많을까요? 어쩌면 매우 빈번할 수도 있고 아니면 전혀 없을 수도 있습니다. 꿈에 영향을 미친 자극을 더 이상 확인할 수 없게 된다면, 그 자극에 의해 꿈이 생겨났다고 하는 어떠한 확신도 있을 수 없습니다. 수면을 방해하는 외부 자극은 우리에게 꿈의 한 단면만을 설명해 줄 수 있을 뿐이고 꿈의 전부를 설명해 주지는 못한다는 것을 알게 되면서, 우리는 수면을 방해하는 그러한 자극을 지나치게 중시할 필요가 없을 것 같습니다.

그렇다고는 해도 우리가 이 이론을 완전히 포기할 필요는 없습니다. 그 이론은 아직도 발전시켜 나갈 수 있는 여지가 남아 있습니다. 무엇 때문에 우리의 꿈이 방해를 받는 것인가, 또 무엇이 우리의 영혼으로 하여금 꿈을 꾸게 만드는가 하는 것은 사실 중요치 않습니다. 문제되는 것이 언제나 항상 외부에서 오는 감각 자극이 아니라면, 내부적인 신체 기관에서 기인하는, 말하자면 신체 자극이 그 자리를 대신할 수도 있습니다. 이러한 추측은 꿈-생성Traumproduktion에 관한 통속적인 생각에 매우 가깝고 그와 비슷한 것입니다. 〈꿈은 오장(五臟)에서부터 온다〉고 말하는 소리를 종종 들을 수 있습니다. 그러나 여기서 유감스러운 것은, 밤 동안에 영향을 미친 그 신체 자극은 잠에서 깨고 나면 더 이상 증명될 수 없고, 그렇기 때문에 확인 불가능한 것이 되어 버리는 경우가 매우 흔하리라고 짐작할 수 있다는 것입니다. 그러나 신체 자극의 꿈-생성 이론을 뒷받침하는 대단히 많은 사례가 있다는 사실 또한 간과될 수 없습니다. 내부적 신체 기관 상태가 꿈에 영향을 미친다는 것은 일반적으로 확실합니다. 방광(膀胱)이 가득 찬 상태나 성기의 자극 상태가 많은 꿈-내용에 미치는 관계는 너무도 분명해서 더 이상 이론의 여지가 없습니다. 이러한 투명한 경우들에서부터 시작하여 주어진 꿈-내용 속에서 적어도 이러한 자극이 가공되거나, 설명 혹은 암시된 것을 찾아냄으로써 그러한 신체 자극이 영향을 미쳤다는 정당한 추측을 가능하게 하는 다른 경우들로 우리의 연구 대상을 확장시킬 수 있습니다. 꿈 연구가인 셰르너K. A. Scherner는 신체 자극에서 꿈이 도출된다는 사실을 특히 강조하면서, 그에 대한 몇 개의 좋은 예를 제시했습니다.[18] 예를 들어 꿈속에서 그가, 〈금발에 뽀얀 얼굴을 한 귀여운 소년들이 두 줄로 늘어서서 싸울 듯한 태세로 마주보다가 서로에게 달려들어 부둥켜 잡았다가는 다시 떨어져 나가서 그전의 위치로 돌아갔다가 다시금 새로이 전과 똑같은 과정을 되풀이하는〉 장면을 보게 되었을 때, 소년들이라는 암시는 치아에 해당되는 것이며 이러한 꿈 장면을 본 후에 실제로 〈입안에서 치아를 뽑게〉 되면 그 해석은 확실한 것처럼 보인다고 주장했습니다. 또한 꿈속에서의 〈좁고 구불구불한 길〉을 내장(內臟) 기관 자극으로 해석하는 것은 매우 정당한 것으로 보이며, 〈꿈은 무엇보다도 자극을 보내는 신체 기관을 그것과 비슷한 대상을 통해서 묘사하려고 한다〉는 셰르너의 이론을 증명해 주고 있는 듯합니다.

그러므로 우리는 꿈속에서 내부적인 자극도 외부 자극과 똑같은 역할을 수행한다는 사실을 받아들일 준비가 되어 있어야만 합니다. 그러나 유감스럽게도 이러한 입장은 외부 자극과 똑같은 반론에 부딪치게 됩니다. 대단히 많은 경우에 있어서 신체 자극의 암시는 불확실하거나 증명하기 힘든 때가 많습니다. 모든 꿈들이 다 그러한 것은 아니고, 단지 아주 적은 예의 꿈들만이 꿈-생성에 내적 신체 자극이 관여했을 것이라는 추측을 불러일으킵니다. 그리하여 결국 외부적인 감각 자극과 마찬가지로 내부적 신체 자극 역시, 꿈에 대하여 그 자극에 대한 직접적 반응이 무엇인지를 밝혀내는 것 외에 더 많은 것을 설명할 수 있는 위치에 있지 않습니다. 꿈의 그 밖의 다른 부분들은 어디에서 오는 것이냐

18 셰르너의 『꿈의 생활Das Leben des Traumes』(1861) 참조 — 원주.

하는 물음은 그러므로 여전히 어둠 속에 묻혀 있습니다.

이러한 자극의 영향을 연구했을 때 나타나게 되는 꿈-생활의 고유성을 유념해 보도록 합시다. 꿈은 자극을 단순히 재생시키는 것이 아니라 그것을 가공하고 넌지시 암시해 주며, 어떤 관련성 속에 배치시키고 또 그것을 다른 것으로 대치시키기도 합니다. 이것이 꿈-작업[19]의 한 단면이라고 할 수 있는데, 우리가 그것에 관심을 가질 수밖에 없는 이유는 어쩌면 그것이 꿈의 본질에 더욱 가까이 다가갈 수 있게 해줄지도 모르기 때문입니다. 누군가가 어떤 자극에 의하여 무언가를 시도한다고 할 때, 그 자극은 그렇다고 해서 그것이 가진 모든 본질을 소진시켜 버릴 필요는 없는 것입니다. 셰익스피어의 『맥베스』는 최초로 세 개의 왕국을 합병하고는 그 삼국의 왕관을 자신의 머리 하나에 합쳐서 쓰게 된 왕의 즉위를 기념하여 쓰인 특별한 작품입니다. 그렇지만 이러한 역사적인 계기가 그 희곡의 내용과 전부 정확하게 일치하고 있고, 그것이 우리에게 그 극의 위대성과 수수께끼를 다 설명해 줄 수 있습니까? 잠자는 이에게 영향을 주는 외적·내적 자극은 어쩌면 단지 꿈의 자극제에 그칠 뿐이고, 꿈의 본질은 그것으로는 설명되지 않습니다.

꿈의 다른 공통점인 심리적 특성은 한편으론 파악하기 어려운 것이고, 또 한편으론 그것을 계속적으로 추구할 수 있을 만한 어떠한 근거도 제공해 주지 않습니다. 꿈속에서 대개 우리는 무언가를 시각적 형태로 체험하게 됩니다. 이러한 시각적 체험에 대해서 우리에게 가해진 자극들이 어떤 해명의 열쇠를 줄 수 있습니까? 그것이 우리가 체험하는 바로 그 자극인 것이 확실합니까?

---

19 꿈 이면의 잠재적인 사고를 외현적인 형태로 전환하는 과정. 이것은 열한 번째 강의의 주제이다.

시각 자극이 꿈을 자극하는 것은 극히 예외적인 경우일 뿐인데도 어째서 그 체험은 시각적으로 나타납니까? 우리가 말을 하는 꿈을 꿀 때, 수면 도중에 어떤 대화나 혹은 그와 비슷한 어떤 소리가 우리의 귓속으로 침입해 들어왔다는 것이 증명될 수 있습니까? 나는 이러한 가능성을 단호하게 거부합니다.

꿈의 공통성에 관한 연구를 더 이상 계속해 나갈 수 없다면, 혹시 그것들의 상반된 차이점을 가지고 연구를 계속해 나갈 수는 없을까요? 꿈이란 대개는 무의미하고 몽롱하고 불합리합니다. 그러나 또한 매우 함축적이고 냉철하고 이성적인 꿈들도 있습니다. 후자의 의미심장한 꿈들이 무의미한 꿈들에 대해서 어떤 열쇠를 제공할 수 있을지 한번 살펴봅시다. 이성적인 꿈에 대한 한 예로서, 내가 최근에 들은 바 있는 어느 젊은 남자의 꿈을 여러분에게 설명해 보겠습니다. 〈나는 케른트너가(街)[20]로 산책을 나갔습니다. 산책 도중에 거기서 X 씨를 만났습니다. 그와 나는 한동안 얘기를 나누다가 한 레스토랑으로 들어갔습니다. 두 명의 여자와 한 남자가 내가 앉은 식탁으로 와서 자리를 잡고 앉았습니다. 나는 처음에는 그 사실에 화가 나서 그들을 쳐다보지도 않았지요. 그러고 나서 얼마 후에 그들을 쳐다보았는데, 그들이 사실은 매우 예의 바른 사람들이란 것을 알게 되었어요.〉 꿈꾼 이는 꿈을 꾸기 바로 전날 저녁에 실제로 그가 항상 다니던 길인 케른트너가로 산책을 갔고, 바로 거기서 X 씨를 만났다는 사실을 후에 깨닫게 되었습니다. 그 꿈의 다른 부분들은 직접적인 회상은 아닙니다. 단지 오래전의 어떤 체험과 약간의 유사점만을 갖고 있었습니다. 어떤 부인의 또 하나의 생생한 꿈 이야기를 들어 봅시다. 〈남편이《피아노를 조율해야 하지 않을까?》라고 묻자 나는《소용

20 빈의 중요 상점가.

없어요. 새로 광을 내야 해요》라고 대답했어요.〉 이 꿈은 그 꿈을 꾸기 전날에 그녀의 남편과 그녀 사이에 있었던 대화를 거의 그대로 반복하고 있습니다. 이러한 두 개의 꿈에서 우리는 무엇을 배울 수 있겠습니까? 꿈속에서 일상의 반복이나 그것과 연관된 내용들을 찾을 수 있다는 것 외엔 아무것도 없습니다. 이것들만을 가지고 꿈에 관한 일반적인 것을 정의할 수 있다면 꽤 괜찮은 수확이 될 것입니다. 그러나 절대로 그렇게 될 수는 없는 것이고 그것은 극소수의 예에만 해당될 뿐입니다. 대다수의 많은 꿈에서는 그 전날과의 연결점들을 찾아볼 수 없습니다. 그것에서 무의미하고 엉터리 같은 꿈들에 대한 열쇠를 찾아낸다는 것은 불가능합니다. 우리가 알 수 있는 것은 단지 우리가 새로운 과제에 직면하게 되었다는 것입니다. 우리는 꿈이 우리에게 무엇을 말하고 있는 것인지에 관한 것뿐만 아니라, 조금 전의 예에서처럼 만일 그 꿈이 무언가를 분명하게 암시하고 있는 것이라면 왜, 그리고 무엇 때문에, 잘 알고 있으며 바로 전에 체험한 것이 꿈속에서 반복되고 있는 것인가를 알고자 합니다.

지금까지 우리가 행해 왔던 것과 같은 실험을 계속하는 것에 대해서 여러분도 나와 마찬가지로 피곤하고 지루해하실 것으로 생각됩니다. 우리는 이제, 해결에 다다르는 통로를 열어 줄 길을 알지 못한다면 어떤 문제에 대한 단순한 관심만으로는 부족하다는 것을 알게 되었습니다. 우리는 아직까지는 이 길을 찾지 못하고 있습니다. 실험 심리학은 꿈에 영향을 미치는 자극제로서의 자극의 의미에 대한 몇 가지 평가할 만한 자료를 제공해 준 것 말고는 다른 아무것도 제시하지 못했습니다. 철학에서도 아무것도 기대할 수 없다는 것은 자명합니다. 그들은 또다시 오만스럽게 우리가 씨름하고 있는 대상의 열등함에 대해 비난할 것입니다. 신비학(神秘學)에서는 어떠한 것도 빌려 올 생각이 없습니다. 역사와 통속적인 민중의 견해들은 〈꿈이란 의미가 풍부하고 함축적인 것이다. 꿈은 미래를 내다볼 줄 안다〉라고 말하고 있지만, 그것 역시 긍정하기가 힘들고 증명 불가능한 이야기입니다. 이렇게 해서 우리의 첫 번째 노력은 완전히 미로 속에서 어찌할 줄 모르는 상태에 빠져들었습니다.

그런데 전혀 뜻밖에도 우리가 이제까지 한 번도 주목하지 않았던 곳에서 하나의 암시가 다가옵니다. 우연히 생겨난 것이 아니라 오래된 지식의 침전물이라고 할 수 있는 관용어가 그것입니다. 그런데 그것은 조심성 없이 아무렇게나 사용해서는 안 됩니다. 우리의 언어는 특이하게도 〈백일몽Tagtraum〉이 무엇을 뜻하는 것인지를 확실히 알고 있는 듯합니다. 백일몽이란 공상(공상의 산물)으로서 매우 일반적인 현상이며, 병든 사람에게서나 건강한 사람들에게서나 다 같이 발견됩니다. 그것은 또 자기 자신에 대하여서도 쉽게 연구해 볼 수 있습니다. 이러한 공상적 산물에서 가장 눈에 띄는 점은, 그것이 꿈의 두 가지 공통점을 하나도 갖고 있지 않음에도 〈백일몽〉이란 이름을 얻게 되었다는 사실입니다. 수면 상태와 연계되었다는 사실을 감안한다면 그 이름부터가 벌써 모순됩니다. 또 두 번째의 공통점에 관하여 보더라도, 사람들은 그러한 백일몽 상태에 있을 때 단지 무언가를 상상할 뿐이지 무언가를 체험하거나 환각을 느끼거나 하지는 않습니다. 공상하며 생각하는 것일 뿐 무언가를 보거나 하는 것이 아니라는 것을 그 자신도 알고 있습니다. 이러한 백일몽은 사춘기 이전에 나타나는데 종종 유년기 후기에 나타나는 경우도 있으며, 성년기까지 계속되지만 그 이후에는 사라져 버리든지 아니면 인생의 후반기까지도 지속될 수 있습니다. 이러한 공상의 내용은 매우 투명하게 들여다보이는 동기에 의해 지배됩니다. 그것들은 개개인의 이기적인 공명심이나 권력욕, 혹은 성애 욕구들이 충족되는 장면들이나 사건들로 구성되어 있습니다. 젊은 남성들에게서는 공명심에 가득 찬 공상들이 주류를 이루고, 사랑의 성공에 많은 것을 걸고 있는 여성들에게서는 성애적인 것들이 주된 내용입니다. 그러나 남성들에게도 성애적 요구들이 그 배후에 있음을 자주 발견하게 되는데, 모든 영웅적 행위나 성공이라 할지라도 결국에는 여성들의 찬탄이나 호의를 얻기 위한 것이기 때문입니다. 이 백일몽들은 그 밖에도 매우 다양하며, 여러 가지 운명을 맞습니다. 그것들은 모두 짧은 시간이 지나면 사라져 버리고, 또 다른 새로운 것으로 대체되거나 지속되어 기나긴 이야기로 발전되기도 하며 생활 형편의 변화에 따라 바뀌기도 합니다. 그것은 말하자면 시간과 함께 변화하며 시간이 흘러감에 따라 그것으로부터 새로운 상황의 영향을 말해 주는 〈시간의 징표〉를 받습니다. 그것들은 시적인 작업의 가공되지 않은 원료 그 자체입니다. 시인은 그의 백일몽을 적당히 변형하거나 변장시키고 혹은 삭제하여 자신의 단편 소설이나 장편 소설, 희곡에서 그리고 있는 상황들을 만들어 내기 때문입니다. 그러나 백일몽의 주인공은 항상 자기 자신으로서 직접 등장하거나, 아니면 다른 사람과 명백하게 동일해 보이지만 실제로는 자기 자신인 경우도 있습니다.[21]

백일몽이 그와 같은 이름을 얻게 된 것은 꿈과 현실의 관계 때문인지도 모릅니다. 그 내용이 꿈의 경우와 마찬가지로 현실적이

21 프로이트의 환상과 예술적 창조의 관계에 대한 논의는 두 편의 프로이트 초기 논문에서 찾아볼 수 있다. 「작가와 몽상」(프로이트 전집 14, 열린책들)과 「히스테리성 환상과 양성 소질의 관계」(프로이트 전집 10, 열린책들) 참조.

지 않다는 사실을 암시하기 위해서 말입니다. 이러한 이름의 공통점은 또 어쩌면 우리에게는 아직까지 알려지지 않은, 우리가 찾고 있는 것 중 하나라고 할 수 있는 꿈의 심리적 특성에 기인하는지도 모릅니다. 그러나 우리가 이러한 관계의 동일성을 대단히 의미 있는 것으로 받아들이는 행위가 매우 부당한 것일지도 모른다는 사실 또한 가능합니다. 그러나 이 점은 어쨌든 나중에야 비로소 밝혀지게 될 것입니다.

꿈-해석의 전제들과 해석의 기술

　신사 숙녀 여러분! 꿈에 대한 연구에서 조금 더 발전해 나가기 위해서 우리는 새로운 길, 새로운 방법을 필요로 하고 있습니다. 나는 여러분에게 가장 손쉬운 방법을 제안해 보려 합니다. 앞으로의 모든 연구를 위한 전제로서 〈꿈은 신체적인 현상이 아니라 심리 현상〉이라는 것을 인정하기로 합시다. 그것이 무엇을 의미하는지는 여러분도 알고 계실 것입니다. 그러나 무엇이 우리로 하여금 이러한 가설을 세우도록 해주고 있습니까? 아무것도 없습니다. 그러나 그렇게 함에 있어서 방해받을 이유도 없습니다. 상황은 이렇습니다. 〈꿈이 만일 신체적인 현상이라고 한다면 우리와는 아무 상관이 없습니다. 그것이 심리 현상이라는 전제에서만 우리는 꿈에 관심을 갖습니다.〉 그러므로 그것이 실제로 심적인 현상이라는 전제하에 작업하면서, 그럴 때 어떤 결과가 나오는지를 알아보기로 합시다. 우리 작업의 결과는 우리가 그 가정을 확고히 지켜도 좋은지, 또 그것을 우리의 연구 결과로 확실하게 내세워도 되는지를 결정지어 줄 것입니다. 그런데 도대체 우리가 도달하려고 하는 목표는 무엇입니까? 우리는 무엇 때문에 이러한 작업을 하고 있는 것입니까? 우리는 사람들이 학문의 세계에서 노력해 얻고자 하는 것, 즉 현상(現象)에 대한 이해, 현상들 간의 관련성을 도출해 내는 것, 그런 것들을 목표로 하고 있습니다. 더 나아가서 궁극적으로는 가능한 한 이 현상들에 대한 우리의 지배력을 확장시켜 나가는 것입니다.

그러므로 우리는 〈꿈은 심리 현상이다〉라는 가정에서 우리의 작업을 계속해 나가려고 합니다. 그때에야 비로소 꿈은 꿈을 꾸는 이의 작품과 표현이 됩니다. 그러나 그것은 우리에게는 아무것도 말하지 않고 우리가 이해할 수 없는 작품과 표현인 것입니다. 여러분에게 이해할 수 없는 말을 내가 하고 있을 때 여러분은 어떻게 하시겠습니까? 나에게 물어보시겠지요. 그렇지 않습니까? 우리가 이와 똑같은 일, 즉 꿈꾼 이에게 〈당신의 꿈이 무엇을 의미하는 것인지〉 물어보아서는 안 된다는 것입니까?

우리가 이전에도 이미 이와 비슷한 상황에 처했던 적이 있다는 것을 여러분은 기억할 것입니다. 그것은 실수 행위의 연구 중에 있었던 잘못 말하기의 경우에서였습니다. 누군가가 이렇게 말했습니다. 〈그러자 그 일은 *Vorschwein*[1]이 되고 말았어요.〉 그러자 우리가 묻습니다. 아니, 다행스럽게도 우리가 아닌 다른 사람, 정신분석학과는 관계없는 사람이 그에게, 도대체 이렇게 이해할 수 없는 말로 하려고 했던 말이 무엇이었느냐는 질문을 하게 됩니다. 그는 즉시, 〈그것은 추잡한 일이었다〉라고 말하려던 참이었는데 다른 온건한 표현, 즉 〈그 일은 이렇게 밝혀졌습니다〉라는 말로 바꾸어 버린 것이라고 대답합니다. 나는 그전에도 이미 이러한 물음이야말로 정신분석적 탐구의 본보기라고 말한 적이 있습니다. 여러분은 이제, 정신분석은 될 수 있는 한 수수께끼의 해답을 피험자(被驗者) 자신이 스스로 말하게 하는 기법을 추구한다는 것을 이

---

1 *Vorschein*(전조)과 *Schweinerei*(추잡한 일)의 일부 철자가 합성된 엉뚱한 표현이다.

해하셨으리라 생각합니다. 그러므로 꿈을 꾼 사람도 자신의 꿈이 무엇을 의미하고 있는 것인지를 우리에게 말해 주어야만 합니다.

그러나 잘 아시는 바와 같이 꿈의 경우는 그렇게 간단하지 않습니다. 실수 행위에서는 간단하게 해결되는 경우가 꽤 있었습니다. 질문을 받은 사람이 아무것도 말하려 하지 않을 때 우리는 또 다른 경우와 마주치게 되는데, 심지어는 우리가 그에게 제시한 해석마저도 질문받은 사람에 의해서 격렬하게 부정되고 맙니다. 꿈에서는 첫 번째 경우와 같은 것은 완전히 배제됩니다. 꿈꾼 이는 항상 자기는 아무것도 모른다고 말합니다. 그는 우리의 해석을 부정할 수가 없는데, 그것은 우리가 그에게 어떤 해석도 제시할 필요가 없기 때문입니다. 그러므로 우리는 다시 우리의 시도를 포기해야만 하는 것일까요? 그 자신이 아무것도 알지 못하고 있고, 우리도 알 수 없고, 제삼자가 알 수 없는 것은 지극히 당연하고, 그러니 그것을 알 수 있는 어떠한 전망도 없어 보입니다. 네, 여러분이 원하신다면 지금 이 시도를 포기해 버리십시오. 그러나 여러분이 그것과는 다른 것을 원하신다면, 나와 함께 걸어온 이 길을 계속 전진해 나갑시다. 내가 여러분에게 말하고 싶은 것은, 꿈꾼 이가 자신의 꿈이 무엇을 의미하는지에 관해서 아마도 잘 알고 있으리라는 것인데, 그것은 전적으로 가능한 일입니다. 그는 다만, 자신이 그것을 알고 있다는 것을 모를 뿐이고 자기가 그것을 모르고 있다고 믿고 있는 것입니다.

여러분은 내가 지금 다시 또 하나의 가설을 세우려 하고 있다는 것에 대해서 주의를 환기시키려 하실 것입니다. 얼마 되지 않는 짧은 연관성 속에 두 번째 가설을 세우면서, 나의 방법론에 대한 신뢰성의 기대치를 엄청나게 낮추려 하고 있다는 것이겠지요.

〈꿈은 하나의 정신 현상이다〉라는 전제에서 또 하나의 다른 전제, 즉 인간들의 마음속에는 자신이 그것을 알고 있다는 것을 모르면서도 실제로는 알고 있는 정신적인 것이 있다는 전제를 세우려 하고 있다는 것입니다. 그렇다면 우리는 그저, 그러한 전제들에서 도출될 수 있는 결론들에는 관심을 두지 말고 이러한 두 개의 전제들의 내적인 불확실성에만 주목하면 됩니다.

그렇습니다. 신사 숙녀 여러분, 내가 여러분에게 무엇인가를 위장하고 은폐하기 위해서 여기까지 여러분을 인도해 온 것은 아닙니다. 〈정신분석 입문을 위한 기초적 강의〉라는 강의 제목을 내세운 것은 사실이지만, 내가 그것으로 (초보자를 위해) 〈적당히 서술함으로써 usum delphini〉[2] 난감한 모든 문제들을 조심스럽게 감추거나 틈새를 메우고, 또 의심스러운 부분은 덧칠을 하는 등으로 매끄러운 상호 관련성 속에서 내용들을 제시하고, 이로써 여러분이 〈이제 나는 새로운 무언가를 배웠다〉라고 편안한 기분으로 믿게 만들 생각은 애초부터 없었다는 것을 밝힙니다. 아닙니다. 바로 여러분이 초보자들이기 때문에 나는 여러분에게 있는 그대로의 우리 학문의 모습을, 그 매끄럽지 못함과 어려움, 여러 가지 전제 조건과 의문점을 그대로 보여 드리려 했던 것입니다. 그것은 다른 어떠한 학문도 마찬가지라는 것, 또 특히나 어떤 학문의 초기 단계에서는 그럴 수밖에 없다는 것을 나는 알고 있기 때문입니다. 다른 강의들에서는 배우는 이들에게 이러한 어려운 문제들과 불완전성을 처음에는 어떻게든 숨기려 한다는 사실도 나는 알고 있습니다. 그러나 이 방법은 정신분석학에서는 통하지 않습

2 *in usum delphini* 혹은 *ad usum delphini*는 프랑스의 루이 14세 시절 황태자였던 도팽 Dauphin을 교육하는 과정에서, 보쉬에 Bossuet, 위에 Huet 등이 고대 그리스의 고전들에 실린 내용들 중에서 도덕적이며 정치적인 견지에서 민감한 부분을 삭제하고 적당히 서술했던 관행을 가리킨다.

니다. 나는 실제로 두 개의 가설을 세웠는데, 하나의 전제는 다른 하나의 전제에 포함되어 있습니다. 이 모든 것이 너무도 힘들게 생각되거나 너무 불확실하게 느껴지는 사람, 또는 더 높은 정도의 확실성과 우아한 연역(演繹) 과정에 익숙해져 있는 사람들은 계속해서 나와 함께 이 길을 걸어갈 필요가 없습니다. 그러나 그들은 심리학적 문제에 관해서는 전적으로 관여하지 말아야 합니다. 왜냐하면 그들은 자기에게 익숙해져 있는 그 정확하고 안전한 길이 여기서는 전혀 걸을 수 없는 길이라는 것을 발견할 수밖에 없기 때문입니다. 또한 무언가 사람들에게 제시할 수 있는 내용을 가지고 있는 학문이라면, 청중들과 추종자들을 얻기 위해 노력한다는 것은 전혀 불필요한 일이기 때문입니다. 그 학문의 성과가 승인을 받을 수 있도록 성과를 내놓아야만 하는 것이며, 그 것이 세상의 이목을 집중시킬 수 있을 때까지 기다릴 뿐입니다.

여러분 중에서 이 문제에 계속 관심을 가지고 연구하려 하는 사람들에게 나는 이러한 두 개의 가설이 절대로 동등한 것이 아니라는 사실을 강조하고 싶습니다. 〈꿈은 심리 현상이다〉라고 하는 첫 번째 가정은 우리 연구의 성공적 작업을 통하여 우리가 증명하고자 하는 전제입니다. 다른 하나는 이미 다른 분야에서 증명이 되었으며, 나는 다만 그곳에서부터 우리의 문제로 전용하려고 그 전제를 끌어들이려고 할 뿐입니다.

우리가 여기에서 꿈꾼 이에 대해 가정하려고 하는, 그 자신은 자기가 알고 있음을 전혀 모르고 있다는 이러한 증명을 도대체 어디에서, 어떤 학문의 분야에서 끌어다 댈 수 있습니까? 그것은 특이하고도 경탄할 만한, 정신생활에 대한 우리의 견해를 변화시키는 사실로서 숨길 필요가 없는 것입니다. 더더구나 그것은 그 이름을 부르게 되면 이상하게 들리지만 현실적인 어떤 것이 존재함에 틀림이 없는, 자기모순적인 표현*contradictio in adjecto*인 것입니다. 자, 그것은 숨길 필요가 없는 사실입니다. 사람들이 그것에 대하여 알지 못하거나 충분히 제대로 고려하지 못한다고 하더라도 그것 자체의 문제는 아닌 것입니다. 이러한 모든 심리적 문제가 이 분야의 결정적인 관찰 사실들과 경험들을 멀리했던 사람들에 의해 단죄된다고 하더라도, 그것은 우리의 탓도 아니고 그 문제 자체의 탓도 아닙니다.

그에 대한 증명은 최면 현상의 분야에서 마련되었습니다. 1889년에 낭시에서 있었던 리에보A. A. Liébeault와 베르넴 H. Bernheim의 매우 인상 깊은 공개 실습 시간에 함께 참석했을 때, 나는 다음과 같은 실험을 아주 생생하게 보게 되었습니다. 어떤 사람을 몽유병자와 같은 상태에 빠지게 만든 후에, 그와 같은 상황에서 가능한 모든 체험을 하게 한 뒤 그를 깨웠습니다. 그는 처음에는 자신이 최면 상태에 빠져 있던 동안에 일어난 일들에 대해 아무것도 모르는 것처럼 보였습니다. 그래서 베르넴은 최면 상태 동안에 그에게 무슨 일이 일어났는지를 보고하도록 요구했습니다. 자신은 아무것도 기억할 수가 없노라고 그는 주장했습니다. 그러나 베르넴은 그렇게 할 것을 계속 요구해 댔고, 그가 그것을 틀림없이 알고 있으며 기억할 수 있을 것이라고 확신시켰습니다. 그러자 그는 망설이더니 깊은 생각에 잠기기 시작했습니다. 그리고 처음에는 그림자처럼 몽롱하게 그에게 암시된 체험들 중 하나를 기억해 냈습니다. 이어서 다른 부분들도 생각해 내는가 싶더니 그 기억들은 더욱 또렷해지기 시작했고, 점점 완전해지면서 드디어는 하나도 빠짐없이 다 기억해 냈던 것입니다. 그가 최면 상태 이후에 그것들을 생각해 내게 되었고, 그사이에는 다른 어떤 곳에서 아무것도 경험할 수가 없었기 때문에, 그가 그 이전에 이미 그 기억을 갖고 있었던 것이라는 결론은 매우 정당한 것입니다. 그 기억들은 단지 그에게 접근 불가능한 상태에 있었을 뿐이고, 그는 자신이 그것들을 알고 있음을 몰랐을 뿐이며, 자신은 그것들을 알지 못한다고 믿었던 것뿐입니다. 우리가 꿈꾼 이들에게 가정하려고 하는 사실들도 바로 이런 경우와 같은 것입니다.

여러분은 이러한 사실을 확인하게 되면서 매우 놀라워하고 이렇게 묻게 될지도 모르겠습니다. 〈당신은 이 증거를 왜 좀 더 일찍 실수 행위의 경우에서 제시하지 않았습니까? 어떤 남자가 말실수를 했을 때, 그 자신이 전혀 모르고 있고 또 부정했던 어떤 의도가 거기 담겨져 있다는 사실을 다루었던 시점에 왜 그 증거를 제시하지 않았습니까? 누군가가 어떤 체험에 대한 기억을 가지고 있음에도 불구하고 그 체험에 대하여 전혀 알지 못한다고 믿고 있을 때는, 자신의 내부에 있는 자신의 다른 정신적 과정에 대해서도 전혀 알지 못할 수 있는 것입니다. 이러한 논거는 우리에게 매우 강한 인상을 주었을 것이고, 우리가 실수 행위를 이해하는 데 많은 도움을 주었을 텐데요.〉 사실 나는 그때 이미 그 증거를 제시할 수도 있었을 것입니다. 그러나 나는 더욱더 적절하게 필요한 다른 경우를 위해서 그것을 아껴 두었습니다. 실수 행위들은 한편으론 그 자체로서도 설명될 수 있었던 것이며, 다른 한편으론 현상들의 관련성을 설명하기 위해서는 본인이 아무것도 모르고 있는 그러한 정신적 과정의 존재를 가정하는 것이 필요하다는 사실을 강력히 요구받고 있기 때문입니다. 꿈을 연구하는 문제와 관련해서 우리는 다른 분야에서의 설명들을 끌어들일 수밖에 없습니다. 그 밖에도 나는 여러분이 최면 *Hypnose* 분야에서의 전이를 훨씬 더 쉽게 용인하리라는 것을 계산하고 있었던 것입니다. 우리가 실수를 하게 되는 상황은, 여러분에게는 정상적인 것으로 생각될 것이며 최면적 상황과는 아무런 유사점이 없습니다. 그와는 반대로 꿈꾸는 행위의 조건이라고 할 수면 상태는 최면 상태와 아주 분명한 근친성(近親性)을 갖고 있습니다. 최면은 인위적인 잠으로 불리고 있는 것입니다. 우리는 우리가 최면을 걸려고 하는 사람에게 〈잠드시오〉라고 말합니다. 그리고 또 우리가 그에게 부여하는 암시라고 하는 것도 자연적인 수면 상태의 꿈들과 비교됩니다. 이 두 가지 경우에서의 심적 상황은 실제로 매우 비슷합니다. 자연적인 수면 상태에서 우리는 외부 세계에 대한 우리의 관심을 완전히 거두어들입니다. 최면 상태에서도 마찬가지로 외부 세계 전체에 대한 관심을 꺼버립니다. 단 하나의 예외가 있다면, 그것은 그때 우리와 관계 Rapport[3]를 맺고 있는, 즉 우리를 최면에 빠져들게 한 사람뿐입니다. 가령 아기와 관계를 맺고 있고 오직 아이에 의해서만 잠에서 깨어날 수 있는 유모의 잠은 최면 상태와 유사한 정상적인 잠이라고 볼 수 있습니다. 그러므로 최면 상태의 어떤 관계를 자연적인 수면에 적용하는 것은 그다지 대단한 모험이라고 할 수 없습니다. 꿈을 꾼 사람 또한 자신의 꿈에 관하여 뭔가 알고 있으리라는 가정은, 비록 그가 그러한 지식에 접근하지 못하여 그것을 믿지 않을지라도 전적으로 근거가 없는 것은 아닙니다. 어쨌든, 바로 여기에서 꿈 연구를 위한 제3의 길이 열리게 되었다는 사실만은 유념해야 하겠습니다. 잠을 방해하는 자극을 통해 꿈을 연구하는 것이 그 하나이고, 백일몽이 두 번째 방법이며, 이제 여기에 또 최면 상태에서 암시된 꿈을 통해 꿈을 연구하는 방법이 추가됩니다.

자, 이제는 더욱 큰 확신을 갖고 우리의 과제로 돌아가 봅시다.

---

3 정신분석가와 환자 사이의 심리적 교감.

꿈을 꾼 사람이 자신의 꿈에 대해서 알고 있으리라는 것은 이제 거의 확실해졌습니다. 관건은 오직 그가 자신이 알고 있는 바를 찾아낼 수 있게 해주고, 그 내용을 우리에게 설명할 수 있게 만드는 것입니다. 우리는 그에게 자신이 꾸었던 꿈의 의미를 우리에게 즉각 말해 줄 것을 요구하지는 않습니다. 그러나 그러한 꿈을 꿀 수 있게 한 유래나 사고와 관심의 틀은 그가 스스로 찾아낼 수 있을 것입니다. 여러분이 기억하고 계시다시피, 실수 행위의 경우에서는 그가 어떻게 하여 〈Vorschwein〉이라는 실수를 하게 되었는지를 본인에게 물어볼 수 있었고, 그가 그에게 바로 떠오른 연상 내용을 말해 주자 우리는 해답을 찾을 수 있었습니다. 꿈의 경우에 우리의 기술은 매우 단순한 것으로서 이러한 예에서 모방한 것입니다. 우리는 다시금 그에게 그가 어떻게 하여 이러한 꿈을 꾸게 되었는지를 물어보게 될 것이며, 그의 머릿속에 첫 번째로 떠오른 연상은 다시금 이 물음에 대한 해답으로 인정받게 될 것입니다. 그가 무언가를 알고 있다고 믿든 안 믿든 개의치 말고, 우리는 이 두 가지 경우를 모두 동일한 것으로 취급해야 합니다.

이러한 기술은 확실히 매우 간단한 것입니다. 그러나 그것은 여러분의 강력한 반대를 불러일으킬 것입니다. 〈다시 또 새로운 가정, 세 번째 가정을 해야 한다는 것이로군요! 그것도 그중에서 가장 가능성이 없는 가정을요! 꿈을 꾼 사람에게 자신이 꾼 꿈에 대해서 떠오르는 것이 무엇이냐, 라고 물었을 때 맨 먼저 떠오르는 연상이 우리가 찾고 있는 해명이라니요? 그렇지만 아무런 연상도 떠오르지 않을 수도 있고 또 전혀 엉뚱한 것이 떠오를 수도 있지 않습니까? 그러한 기대가 도대체 무엇을 근거로 한 것인지 도무지 이해할 수가 없습니다. 더욱 철저한 비판이 필요한 곳에서 한꺼번에 너무나 많은 믿음을 표시하는 것이 아닐까요? 그 외에도 꿈은 단 하나의 실언에 불과한 것이 아니라 여러 개의 요소로 구성되어 있지 않습니까? 그렇다면 도대체 어떤 연상을 붙들어야 하는 것입니까?〉

부차적인 면에 있어서는 여러분의 말이 맞습니다. 꿈은 많은 요소들로 구성되어 있다는 점에 있어서도 잘못 말하기와 구별됩니다. 이 기술은 그런 점에 대한 것까지도 고려에 넣어야 합니다. 그렇기 때문에 나는 여러분에게, 꿈을 여러 개의 요소로 나누고 각각의 요소에 대한 연구를 별도로 진행시킬 것을 제안하는 바입니다. 그렇게 되면 잘못 말하기와의 유추 관계가 다시 성립됩니다. 그때 각각의 꿈-요소*Traumelement*에 대하여 질문을 받은 사람이 아무런 연상도 떠오르지 않는다고 대답할 가능성이 있다는 점에서도, 역시 여러분의 생각은 타당합니다. 이러한 대답을 유효한 것으로 인정해야 하는 경우도 많이 있었고, 어떤 경우가 그에 해당되는지에 대해서 여러분은 나중에 알게 될 것입니다. 그것은 놀랍게도 우리 자신에게 어떤 특정한 연상이 떠오르게 되는 경우를 말합니다. 그러나 대다수의 경우에서 우리는, 꿈꾼 이가 자신은 아무것도 생각해 낼 수 없다고 주장할 때 그의 말에 이의를 제기하고 〈틀림없이 무언가 있을 것이다. 당신은 그것을 생각해 낼 수 있을 것이다〉라는 확신을 심어 주면서, 그에게 어떤 대답을 강요하여 받아 내는 것이 일반적입니다. 그는 하나의 연상을 떠올릴 것입니다. 어떤 것이 됐든지 그것은 우리에게는 상관없습니다. 어떤 특별한 정보들, 역사적인 것이라고 말할 수 있는 것들을 그는 특히 쉽게 내놓을 수 있을 것입니다. 그는 이렇게 말할 것입니다. 〈그건 어쩐지 어저께 일어난 일 같은데요.〉(우리가 잘 알고 있는 그 두 개의 〈생생한〉 꿈에서처럼) 혹은 〈그것은 얼마 전에 일어났던 그 일을 생각나게 하는군요.〉 이런 예들에서 볼 수 있는 것처럼, 꿈이 바로 며칠 전의 인상들과 결부되어 있는 경우는 우리가 처음에 생각했던 것보다 훨씬 흔한 일이라는 것에 대해 주목하게 됩니다. 마침내 그는 그 꿈에서 시작하여 조금 더 거슬러 올라가서 그전에 있었던 일들, 결국에 가서는 아주 오랜 과거에 있었던 사건들까지도 기억해 내게 됩니다.

그러나 본질적인 점에 있어서 여러분의 생각은 맞지 않습니다. 〈꿈꾼 이의 맨 첫 번째 연상이 바로 우리가 찾고 있던 해답을 가져다줄 것이라거나, 그리로 연결하는 실마리를 제공할 것이라고 가정하는 것은 너무도 자의적인 일이 아닌지요? 그때의 연상은 오히려 매우 임의적인 것일 수도 있고 찾고 있는 해답과 전혀 동떨어진 것일 수도 있지 않습니까? 그렇게 기대하는 것은 다만 선생님의 과신에 지나지 않는 것이 아닐까요?〉라고 말한다면, 여러분은 완전히 틀린 생각을 하고 있는 것입니다. 나는 전에도 한 번, 여러분의 입장에 대해 비판한 적이 있습니다. 여러분의 마음속에는 심리적 자유라든가 자의성에 대한 뿌리 깊은 신앙이 있습니다. 그러나 그것은 매우 비과학적인 것이며, 정신생활을 지배하는 결정론의 요구들 앞에서는 모든 것이 포기될 수밖에 없는 것입니다. 질문을 받은 사람에게 다른 것이 아닌 바로 이런 연상이 떠올랐다고 한다면, 그것을 그대로의 사실로 존중해 주십시오. 그러나 내가 여기에서 하나의 신념을 밀어내고 다른 신념만을 주장하려는 것은 아닙니다. 질문을 받은 사람이 생각해 낸 그 연상이 자의적인 것이 아니고 불확실한 것도 아니며, 우리가 찾고 있는 것과 아무런 관련성이 없는 것이 아니라는 사실은 증명될 수 있습니다. 그렇습니다. 내가 최근에 들은 바로는 — 내가 그것에 대단한 가치를 두고 있는 것은 아니지만 — 실험 심리학 쪽에서도 그러한 증명이 제시되었다고 합니다.

우리가 연구하고 있는 이 문제의 의미에 각별히 주의를 기울여 주시기 바랍니다. 내가 어떤 사람에게 자신의 꿈의 어떤 요소에 대하여 어떤 연상이 떠오르는지를 말해 달라고 할 때는, 그 사람으로 하여금 〈꿈의 단초가 되는 표상을 확고하게 견지한 채로〉 자유로운 연상에 마음을 내맡기라고 요구하곤 합니다. 이것은 주의력에 대한 매우 특별한 처지를 요구하는 것으로서 심사숙고할 때와는 전혀 다른 상태이며, 또한 심사숙고 그 자체를 철저히 배제하는 것이기도 합니다. 많은 사람들은 이러한 상태에 쉽게 도달하는 경우도 있으나 믿을 수 없을 정도로 제대로 되지 않는 사람들도 있습니다. 그렇지만 내가 이러한 출발점이 되는 표상을 배제하고 연상의 유형들만을 확정하려고 시도한다면, 이를테면 어떤 고유 명사라든가 숫자 등을 자유로이 연상해도 좋다고 말할 때는, 연상이 자유롭게 전개될 수 있는 운신의 폭이 상당히 넓어집니다. 이런 경우에 연상은 조금 전과 같은 방법을 사용했을 때와는 달리 훨씬 더 자의적이 되고 예측 불가능한 것이 되어 버릴 것입니다. 그러나 이러한 연상은 우리가 모르는, 그 순간 작동하는 정신의 중요한 내적 태도들에 의해 항상 엄격하게 통제되고 있다는 것을 알 수 있습니다. 그때 작용되는 그의 내면적인 경향에 대해서 우리가 모르고 있는 것은, 실수 행위에서 방해하는 경향성이나 우발적 행위를 일으키는 의향에 대해 우리가 알 수 없는 것과 매한가지입니다.

나와 내 뒤의 후학들은 아무런 실마리도 주어지지 않은 상태에서 이름이나 숫자를 자유로이 연상하게 하는 실험을 수없이 반복했고, 그것들 중 몇몇은 출판되기도 했습니다.[4] 그때의 방식은 다음과 같습니다. 한번 떠오른 이름에 대하여 일련의 연상을 끊임

4 이런 주제에 대한 몇 가지 예가 『일상생활의 정신 병리학』에 실려 있다.

없이 불러일으키는 것입니다. 따라서 그것도 더 이상 완전히 자유로운 연상이라고 할 수는 없고, 어떤 꿈-요소에 대한 연상과 마찬가지로 일단 어딘가에 속박되어 그에 대한 추진력이 소진될 때까지 계속하게 하는 것입니다. 그러고 나서 이와 같은 자유로운 이름 연상Nameneinfall의 동기와 의미에 대하여 설명을 해주는 것입니다. 이 실험은 항상 동일한 결과를 나타내는데, 피험자의 보고는 종종 매우 풍부한 자료들에 이르기까지 계속되어 광범위한 연구를 필요로 합니다. 임의로 떠올려진 숫자에 대한 연상 작용에 아마도 가장 강력한 증거 능력이 있는 것 같습니다. 그것은 매우 빠르게 진행되는데, 숨겨진 어떤 목표를 향해 믿을 수 없을 정도의 획일성을 가지고 돌진해 나가기 때문에 정말 어처구니없어 보일 지경입니다. 그러한 이름 분석Namenanalyse의 한 가지 예를 이제 여러분에게 보고해 드리겠습니다. 그것은 다행스럽게도 아주 적은 재료만으로도 가능하기 때문입니다.

어떤 젊은 남자를 치료하던 도중에 나는 어쩌다가 이 주제에 이르게 되었고, 외관상의 자의성과는 달리 그 피험자의 특성이나 순간적인 상황, 주변 상황과 밀접한 연관성이 없는 이름을 연상하는 일은 거의 불가능하다고 그에게 말했습니다. 그가 미심쩍어 했으므로 나는 그에게 즉시 그러한 실험을 해보지 않겠느냐는 제안을 했습니다. 나는 그가 여자들이나 소녀들과 어떤 종류든지 셀 수 없을 만큼 많은 관계를 가지고 있다는 것을 알고 있었으므로, 만일 그가 어떤 여자 이름을 떠올리게 된다면 특히 선택의 여지가 많을 것이라는 말을 해주었습니다. 그는 그 말에 동의했습니다. 그러나 나는 말할 것도 없고 그 자신도 틀림없이 매우 놀랄 수밖에 없는 일이 발생했습니다. 그가 나에게 자신이 사귀던 여자들의 이름을 수도 없이 나열하는 일은 일어나지 않았고, 그는 잠시 동안 말없이 가만 있더니 오직 하나의 이름, 알비네Albine만이 떠오를 뿐이라고 고백하는 것이었습니다. 〈매우 이상한 일이로군요. 이 이름에 대해서 당신에게 떠오르는 것은 무엇입니까? 당신은 알비네라는 이름을 가진 여성을 얼마나 많이 알고 있습니까?〉 하고 나는 물었습니다. 이상한 일은, 그가 알고 있는 사람 중에는 알비네라는 이름을 가진 여자는 없었다는 것이었고, 이 이름에 대해서 그 외에는 더 이상 아무것도 연상해 내지 못했다는 것입니다. 이렇게 되면 이 분석은 실패한 것이라고 단정할 수도 있었을 것입니다. 그러나 그렇지 않습니다. 그것은 이미 끝난 것이었습니다. 더 이상의 연상은 필요하지 않았습니다. 그 젊은이는 이상하리만큼 흰 피부를 가지고 있었는데, 나는 치료 중의 대화 가운데 종종 그를 농담조로 알비노Albino[5]라고 부르곤 했습니다. 우리는 그때 그의 성격 구성 요소 중 여성적인 부분에 대해서 확인하려 애쓰고 있었습니다. 그는 따라서 그 스스로가 이미 알비네였던 것이고, 그것은 그 당시의 그에게 가장 관심을 끄는 대상이었던 것입니다.

이와 마찬가지로 사람에게 문득 떠오르는 멜로디도, 자기 스스로는 깨닫고 있지 못하지만 그 사람이 몰두할 만한 이유가 있는 어떤 사고의 흐름과 연관을 갖고 있으며, 그에 속하는 것이라는 사실이 증명되고 있습니다. 그 가사라든가 그것이 생겨난 유래와 멜로디와의 연관성은 곧 쉽게 찾아낼 수 있는 것입니다. 그러나 이러한 주장을 실제로 음악적인 사람들에게까지 적용하기 위해서는 신중한 태도를 취해야 합니다. 나는 우연하게도 이와 같은 사람들에 대한 경험이 전혀 없기 때문입니다. 그러한 사람들에게 있어서는 그 멜로디의 음악적인 내용이나 형식이 이러한 연상을

5　스페인 말로 흰둥이라는 뜻.

떠올리게 하는 데 결정적인 역할을 할 것입니다. 그러나 좀 더 빈도(頻度)가 높은 것은 첫 번째의 경우입니다. 한 청년이 오펜바흐의 「아름다운 헬레나」에 나오는 〈파리스의 노래〉의 매우 매혹적인 멜로디에서 한참 동안이나 벗어날 수 없었던 경우가 있었는데, 분석 결과 그의 관심 속에서 〈이다〉와 〈헬레나〉라는 두 여인이 끊임없이 비교되면서 경쟁 관계에 있었던 것이 그 이유였다는 것이 밝혀졌습니다.[6]

그러므로 자유로이 떠오른 듯이 보이는 연상이라 할지라도 이와 같이 조건 지어져 있거나 어떠한 관련성 속에 집어넣을 수 있는 것이라고 한다면, 연상들이 어떤 단 한 개의 구속, 즉 출발점을 구성하는 표상에 의하여 반드시 규정되어 있을 것이라는 결론을 내려도 좋을 것입니다. 실제로 연구해 본 결과, 우리가 출발점이 되는 표상으로 제시한 그 제약 말고도 감정이 수반된 사고의 범위나 관심권, 즉 콤플렉스*Komplex*라는 제2의 의존성이 발견되고 있습니다. 그때 이런 요인들의 작용에 대해서는 그 스스로도 깨닫지 못하고 있는데, 이는 말하자면 무의식적인 것입니다.

이와 같은 제약을 받고 있는 연상은 정신분석의 역사상 주목할 만한 역할을 한, 교육적으로 유익한 실험적 연구의 대상이었습니다. 분트 학파가 바로 이러한 연상 실험을 주도했습니다. 그 실험에서 피험자는, 그에게 주어지는 자극어*Reizwort*에 대해서 가능한 한 빨리 임의로 떠오르는 반응어*Reaktion*로 대답하라는 지시를 받습니다. 그때 자극과 반응 사이에 놓여 있는 시간차나 반응으로 주어진 대답의 성질, 똑같거나 비슷한 실험을 반복했을 때 생겨나는 어떤 오차 등이 연구의 대상이 됩니다. 블로일러E. Bleuler와

6 한때 이다산의 양치기였다가 헬레나와 도망을 간 파리스는 경쟁하는 세 여신 사이의 심판자 역할을 하기도 했다.

융C. G. Jung을 대표로 한 취리히 학파는 연상 실험에서 나타나는 반응에 대한 해명을 제시했는데, 피험자가 내놓은 반응에서 무언가 눈에 띄는 점이 있을 때 다음의 연상으로 그것을 스스로 해명하라는 것이었습니다. 그렇게 해서 밝혀진 것은, 이렇게 눈에 띄는 반응은 피험자의 콤플렉스에 의해서 예리하게 규정되어 있다는 것입니다. 블로일러와 융은 이렇게 해서 실험 심리학과 정신 분석학 사이에 맨 처음으로 다리를 놓은 것입니다.

지금까지의 설명을 들은 여러분은 이제는 이렇게 말할 것입니다. 〈이제는 자유로운 연상이라 할지라도 우리가 믿어 왔던 것과 같이 자의적인 것이 아니고 미리 규정되어 있다는 것을 인정하겠습니다. 꿈-요소들에 대하여 떠오르는 연상도 그러하다는 것을 인정할 수 있습니다. 그러나 우리에게 문제되는 것은 이것이 아닙니다. 꿈-요소에 대하여 떠오르는 연상은 우리에게는 알려져 있지 않은, 바로 그 요소의 어떤 심적 배경에 의해 규정된다고 당신은 주장하셨습니다. 그런데 이 점은 증명되지 않은 듯이 보입니다. 우리는 이미 꿈-요소에 대한 연상은 꿈꾼 이의 콤플렉스들 중 하나에 의해 규정되어 있음을 예상할 수 있었습니다. 그런데 그것이 무슨 소용이 있습니까? 그렇다고 해서 우리가 꿈을 이해할 수 있게 된 것은 아닙니다. 단지 연상 실험과 마찬가지로 이른바 콤플렉스에 관한 지식을 우리에게 주었을 뿐입니다. 그렇지만 그것이 꿈과 무슨 상관이 있다는 것입니까?〉

여러분의 말이 맞습니다. 그러나 여러분은 한 가지 요소를 간과하고 있습니다. 그것도, 바로 그 때문에 내가 이러한 설명을 위한 출발점으로 연상 실험을 선택하지 않았던 그 요소를 말입니다. 이 실험에서는 반응의 결정 요소, 이른바 자극어가 우리에 의해서 자의적으로 선택됩니다. 반응은 그때 자극어와 바로 그로 인해 일깨워진 피험자의 콤플렉스 간의 매개자가 됩니다. 꿈에 있어서는 그 자극어가 그 자신은 모르는, 꿈을 꾸는 사람의 정신생활에서 유래하는 그 무엇인가로 대체됩니다. 그러므로 그것은 아주 간단히 〈콤플렉스의 후예 *Komplexabkömmling*〉가 될 수 있는 것입니다. 그리하여 꿈-요소들에 연결된 계속적인 연상들도 다른 그 어떤 콤플렉스에 의해서가 아니라 바로 그 요소 자체의 콤플렉스에 의해 규명되며, 이렇게 해서 그것을 밝혀내는 열쇠가 되어 주리라고 기대하는 것은 결코 헛된 공상이 아닌 것입니다.

우리가 기대했던 것처럼 실제로도 바로 그러한 경우를 또 하나 제시해 보겠습니다. 고유 명사의 망각은 원래 꿈-분석 *Traum-analyse*에도 이용할 수 있는 매우 훌륭한 본보기라고 할 수 있습니다. 꿈을 해석하는 경우에서는 두 사람에게 나뉜 관계가, 이 망각의 경우에서는 단지 한 사람에게 모여 있다는 것이 다를 뿐입니다. 내가 일시적으로 어떤 이름을 잊어버릴 경우, 나에게는 내가 그 이름을 알고 있다는 확신이 있습니다. 그러나 그러한 확신이 꿈-분석에서는 베르넴의 실험과 같은 우회로를 통해서만 획득될 수 있었습니다. 잊어버렸지만 그 이름은 지금 접근 불가능합니다. 아무리 노력해도 그것을 생각해 내는 것이 불가능하다는 것을 경험을 통해 알 수 있습니다. 그러나 나는 항상 잊혀진 이름 대신에 하나 혹은 몇 개의 이름을 생각해 낼 수 있습니다. 그러한 이름이 자동적으로 생각날 때, 그때에야 비로소 이 상황은 꿈-분석의 상황과 유사하다는 것이 분명해집니다. 대체 이름의 경우처럼 꿈-요소는, 내가 모르고 있기 때문에 꿈-분석을 통해서 찾아내려고 하는 원래 것의 대체물에 지나지 않습니다. 두 가지 경우의 차이점은, 이름 망각 *Namenverggessen*의 경우에는 내가 그 대체물을 의심할 필요도 없이 원래의 것이 아니라고 인식할 수 있음에 반하여, 꿈-요소의 경우에는 이러한 인식에 도달하기 위해 매우 힘든 과정을 거쳐야만 한다는 것입니다. 이름 망각의 경우에서는 대체물로부터 잊어버린 원래의 것에 다다르기 위한 길이 하나 있습니다. 내가 이 대체물로 나타난 이름에 주의를 집중시키면서 계속적으로 다른 이름들을 연달아 떠올리게 되면, 짧거나 긴 우회로를 지나 잊혀진 이름에 다다르게 됩니다. 그때 깨닫게 되는 것은, 자동적으로 떠오른 이름이나 억지로 환기시킨 이름이나 모두 잊혀진 이름과 어떤 관계에 놓여 있다는 것입니다. 그것들은 잊혀진 이름에 의해 규정되어 있는 것입니다.

이런 종류의 분석의 예를 하나 들어 보겠습니다. 어느 날 나는 리비에라 연안에 위치한 몬테카를로가 수도인 한 작은 나라의 이름이 도무지 생각나지 않았습니다. 그것은 몹시 화가 나는 일이었지만 어쩔 수가 없었습니다. 나는 이 나라를 둘러싼 나의 모든 지식을 동원하여 생각에 빠져들었습니다. 루시앙가(家) 출신인 알버트 공과 그의 결혼, 심해(深海) 연구에 대한 그의 열정과 그 밖에도 내가 끄집어낼 수 있는 모든 것을 생각해 보았지만 아무 소용이 없었습니다. 할 수 없이 숙고하기를 포기한 나는 그 대신에 어떤 대체 이름Ersatznamen을 떠올리려고 했습니다. 곧 여러 개의 이름이 생각났습니다. 몬테카를로, 피에몬테, 알바니아, 몬테비데오, 콜리코 등등이었습니다. 알바니아라는 이름이 그중에서 제일 먼저 눈에 띄었으나 그것은 다시 몬테네그로라는 이름으로 대체되었는데, 아마도 흑과 백의 대립 때문이었을 것입니다.[7] 그러자 이러한 네 개의 이름들이 모두 〈몬mon〉이라는 동일한 음절

7 〈albus〉는 〈흰색〉이라는 뜻의 라틴어이고 〈negro〉는 스페인어, 포르투갈어로 〈검은색〉이라는 뜻이다.

을 포함하고 있다는 것을 알게 되었습니다. 나는 그 순간 그 잊어버린 이름을 생각해 냈고 그 이름을 큰 소리로 외쳤습니다. 〈모나코Monaco!〉 그 대체 이름들은 실제로 잊혀진 이름에서 출발한 것들로서 처음 4개의 것은 첫 음절인 〈몬〉에서 왔고, 마지막의 것은 음절 순서와 최종 철자인 〈오o〉에서 온 것이었습니다. 곁들여서 나는 내가 왜 그 이름을 생각해 내지 못했는지도 알게 되었습니다. 모나코는 뮌헨München의 이탈리아식 이름으로, 뮌헨이라는 그 이름이 방해 작용을 했던 것입니다.

이 예는 매우 아름다운 것이기는 하지만 너무 단순한 것이 흠입니다. 다른 경우들에는 첫 번째의 대체 이름에 대하여 대단히 많은 연상을 떠올려야 하므로 꿈-분석과의 유추 관계가 더욱 분명해지는 것입니다. 나 역시 그러한 경험을 한 적이 있습니다. 어떤 외국인이 자기와 함께 이탈리아 포도주를 마시자고 나를 초대했습니다. 레스토랑에서 그는 자신이 잘 마셨다고 기억하고 있었던 어떤 포도주를 주문하려고 했으나 그 이름을 떠올릴 수가 없었습니다. 잊어버린 그 이름 대신 여러 개의 다른 이름을 연상하게 한 결과, 나는 헤트비히Hedwig라는 이름의 여성에 대한 생각이 그에게서 그 포도주의 이름을 빼앗아 간 것이라는 결론을 내릴 수 있었습니다. 그가 그 포도주를 처음 맛본 것도 그 헤트비히라는 여성과 교제하던 중 있었던 일이라는 사실이 그에 의해서 확인되었고, 이러한 해명에 따라 잊어버렸던 그 와인의 이름도 생각해 낼 수 있었습니다. 그는 그 당시에 행복한 결혼 생활을 하고 있었고, 그 헤트비히라는 이름의 여성은 그가 별로 기억하고 싶지 않은 과거에 속해 있었던 것입니다.

이름 망각의 경우에서 가능한 것은 꿈-해석에 있어서도 성공할 수 있을 것입니다. 말하자면 대체물에서부터 시작하여 그에 따르는 연상을 통해 감추어진 본래의 것에 도달하게 만드는 것입니다. 이름 망각의 경우에 따라 꿈-요소의 연상들에 관하여 가정할 수 있는 것은, 그러한 연상이 꿈-요소들에 의해서뿐만 아니라 무의식적으로 작용하는 그 요소의 본래 내용에 의해서도 규정된다는 것입니다. 이렇게 하여 우리는 우리 기법의 정당성을 뒷받침해 주는 몇 가지 사실을 제시했다고 볼 수 있습니다.

외현적 꿈-내용과 잠재적 꿈-사고

신사 숙녀 여러분, 여러분이 보셨다시피 실수 행위에 대한 연구는 쓸모없는 일이 아니었습니다. 이러한 노력의 덕분으로 우리는 — 여러분이 알고 계시는 그 가정하에 — 두 가지 수확을 얻게 되었는데, 그 하나는 꿈-요소에 대한 견해이고 다른 하나는 꿈-해석의 기술입니다. 꿈-요소에 대한 견해는 그것이 본래적인 것이 아니고, 실수 행위의 경우에서 실수를 하게 만드는 경향성처럼 꿈꾸는 이에게는 알려져 있지 않은 어떤 다른 것의 대체물, 꿈꾸는 이도 그에 대한 지식을 가지고는 있지만 그로서는 알 수 없는 그 어떤 다른 것의 대체물이라는 것입니다. 우리는 이러한 견해를 그러한 요소들로 이루어져 있는 모든 꿈 전체에 적용시킬 수 있을 것이라고 기대해 봅니다. 우리의 기술은 이러한 요소들에 대한 자유 연상을 통해서 다른 대체물들이 형성되어 떠오르게 하는 것인데, 그것을 통해서 우리는 숨겨진 것을 추정해 낼 수 있을 것입니다.

우리의 활동성을 높이기 위해서 우리의 전문 용어 체계를 수정할 것을 제안하고 싶습니다. 〈숨겨진 *verborgen*〉, 〈접근 불가능한 *unzugänglich*〉, 〈비본래적인 *uneigentlich*〉이라고 말하기보다는, 좀 더 정확한 표현이라고 할 수 있는 〈꿈꾸는 이의 의식에 도달되지 않는*dem Bewußtsein des Träumers unzugänglich*〉이라거나 〈무의식적인 *unbewußt*〉이라고 말하기로 합시다. 그렇게 함으로써 실수 행위에서 잊혀진 말이나 방해하는 경향성에 대한 관계를 암시하려고 하는 것인데, 즉 〈그때에는 무의식적이었던〉이라고 표현하자는 것입니다. 물론 그렇게 함으로써 이와는 반대로, 꿈-요소 그 자체나 연상을 통해 새로이 생겨난 대체 표상*Ersatzvorstellung*들을 〈의식적인*bewußt*〉이라고 표현할 수 있습니다. 이렇게 이름을 붙인다고 해서 그 어떤 이론적인 구조가 형성되는 것은 아닙니다. 〈무의식적인〉이라는 단어는 적절하고 쉽게 이해할 수 있는 표현으로, 아무런 결점이 없습니다.

개개의 꿈-요소에 대한 우리의 견해를 꿈 전체에 확대시켜 보면, 꿈이 그 전체에 있어서 무언가 다른 것, 즉 무의식적인 것의 왜곡된 대체물이라는 사실이 드러납니다. 그리하여 꿈-해석의 과제는 이러한 무의식적인 것을 찾아내는 일이 되는 것입니다. 그것을 통해 우리가 꿈-해석의 작업에 임하는 동안 내내 지켜야 할 세 가지 중요한 규칙이 도출됩니다.

(1) 꿈이 이해하기 쉬운 것이거나, 부조리한 것이거나, 선명한 것이거나, 모호한 것이거나 간에 외관상 갖고 있는 듯이 보이는 꿈의 의미에 대해 신경을 쓸 필요는 없다. 왜냐하면 그 어떤 경우에도 그것은 우리가 찾고 있는 무의식적인 것이 아니기 때문이다 (이 규칙에 대한 명백한 제한이 곧 필요하게 된다).

(2) 각각의 모든 요소에 대하여 대체 표상이 떠올려지도록 하는 데에만 작업을 한정시킨다. 그것이 적합한 것인지 아닌지에 대해서 검사할 필요도 없고 곰곰이 따져 볼 필요도 없다. 그것이 얼마나 꿈-요소로부터 멀리 떨어져 있는지에 대해서 신경을 쓸

필요가 없다.

(3) 이미 기술한 실험에서 모나코라는 잊혀진 단어를 찾아낼 때처럼, 찾아내려고 하는 숨겨진 무의식이 그 스스로 모습을 드러낼 때까지 기다려야만 한다.

우리는 이제 기억해 낼 수 있는 꿈의 양이 많든 적든 간에, 그리고 특히 그 꿈이 정확하든 그렇지 않든 간에 아무 상관이 없다는 것을 이해하게 되었습니다. 기억해 낸 꿈은 결코 본래적인 꿈이 아니며, 다른 대체 표상들을 환기하게 됨으로써 본래적인 것에 다가갈 수 있게 해주고 꿈의 무의식에 대해 알 수 있게 해주는, 본래적인 것의 왜곡된 대체물이기 때문입니다. 그러므로 우리의 기억이 충실하지 못한 것일 때, 그것은 단순히 이 대체물에 잇따른 왜곡을 가한 것에 불과합니다. 그러나 그때의 왜곡은 어떤 동기와도 무관한 것이라고 볼 수는 없습니다.

사람들은 자기 자신의 꿈에 대해서나 다른 사람의 꿈에 대해서 이러한 해석 작업을 해볼 수 있습니다. 자기 자신의 꿈을 해석하면 더 많은 것을 배울 수 있으며, 그 과정은 더욱 강력한 논거를 제공한다는 결과가 나와 있습니다. 이렇게 자기 자신에 대해 실험을 해보면 무언가가 그 작업에 저항하고 있다는 것을 느끼게 됩니다. 많은 연상이 떠오르는 것은 사실이지만 그 모든 것을 유효한 것으로 받아들이지는 못합니다. 그 연상들을 검토해 보고 선택하고자 하는 영향력이 발휘됩니다. 어떤 하나의 연상에 대해 이렇게 말합니다. 〈아니야, 그건 여기에 맞지 않아. 여기에 속하는 것이 아니야.〉 또 다른 것에 대해서는 〈정말 어처구니없군〉, 제3의 연상에 대해서는 〈이건 너무 부차적인 문제야〉라고 말하면서 제쳐 놓기 일쑤입니다. 그렇게 해서 그 연상들이 분명해지기도 전에 이러한 이의들을 추가함으로써 그것들을 질식하게 만들고, 결국에는 멀리 추방해 버리는 것을 알 수 있습니다. 그 결과 우리는 한편으로는 출발의 표상, 즉 꿈-요소 그 자체에 너무 심하게 의존하고, 또 한편으로는 선택적 작업을 통하여 자유 연상의 결과를 방해하는 것입니다. 꿈을 해석할 때 혼자가 아닌 경우, 다른 사람으로 하여금 자신의 꿈을 해석하게 해보면, 이렇게 허락되지 않은 선택 작업을 하기 위해 사용하는 다른 동기가 무엇인지 선명하게 드러나게 됩니다. 사람들은 흔히 스스로에게 이렇게 말하곤 합니다. 〈아니야, 이 연상은 너무 불쾌해. 나는 그것을 입 밖에 내서 말하고 싶지도 않고 그렇게 할 수도 없어.〉

이러한 반론적 이의들은 분명히 우리 작업의 성공을 위협하고 있습니다. 사람들은 이러한 것들을 경계해야 합니다. 자신의 꿈을 해석할 때는 그것들에 굴복하지 않겠다는 굳은 결심을 함으로써 그렇게 할 수 있습니다. 다른 사람의 꿈의 경우에는 떠오르는 연상이 앞서 말한 네 가지의 이의, 즉 그것은 너무나 중요치 않다거나, 터무니없다거나, 여기에 속하는 것이 아니라거나, 혹은 애기하기에는 너무 창피하다는 등의 거부에 부닥치게 되더라도, 그에게 떠오른 어떤 연상도 보고에서 제외시켜서는 안 된다는 것을 깨뜨릴 수 없는 원칙으로 정해 놓아야만 합니다. 그래야만 이러한 이의들을 피할 수 있습니다.[1] 그는 이 규칙을 지키겠노라고 약속을 합니다. 그러나 유사시에는 그가 얼마나 엉터리로 이 규칙을 지키는가를 보면서 사람들은 때때로 몹시 분개하기도 합니다. 그리고는, 권위를 지니고 확신시켰음에도 불구하고 그가 이러한 자유 연상의 정당성을 제대로 이해하지 못했던 것이라고 설명할

---

1 프로이트는 열아홉 번째 강의에서 이러한 〈분석의 기본적인 기술적 규칙〉에 대해 다루고 있다.

것입니다. 어쩌면 우선 그에게 책을 읽게 함으로써 이론적으로 납득하게 하거나 강의에 참석하도록 해서, 그가 자유 연상에 대한 우리의 견해를 지지하게 하는 것이 좋겠다고 생각하게 될지도 모릅니다. 그러나 이러한 사실을 확실하게 납득하고 있을 그 자신이 자기의 꿈을 해석할 때에 있어서조차 어떤 연상에 대해서 소위 비판적인 이의가 떠오르기도 하면서 나중에 가서야, 다시 말해 두 번째 검토에 이르러서야 이러한 이의를 배제시키곤 한다는 것을 유의해 보면, 그러한 계획은 전혀 쓸데없는 일이라는 것을 알게 됩니다.

꿈을 꾸는 사람의 이러한 불복종에 대해서 분노하고 있기보다는 그로부터 어떤 새로운 것을 배우기 위해 이러한 경험을 사용할 수도 있을 것입니다. 그것은 그에 대해 준비가 덜 되어 있으면 있을수록 더욱 중요할 수도 있는 것입니다. 꿈-해석 작업은 그것에 대항하는 어떤 〈저항Widerstand〉에 직면해서 수행된다는 것을 알 수 있습니다. 그때 그 저항의 표현이란 다름 아닌 저 비판적인 반론들인 것입니다.[2] 이러한 저항은 꿈꾸는 이의 이론적인 확신과는 상관이 없습니다. 네, 우리는 그 이상의 것을 배우게 됩니다. 그러한 비판적 반론들은 결코 옳은 것이 아니라는 것을 경험하게 되는 것입니다. 그 반대로 그렇게도 억누르고 싶어 했던 이 연상은 예외 없이 가장 중요한 것이며, 무의식의 발견에 가장 결정적인 것이라는 사실이 판명됩니다. 어떤 연상이 그러한 반론들과 같이 동반하여 나타날 때는, 그것이야말로 대단히 중대한 경우라는 것을 알 수 있습니다.

이러한 저항은 아주 새로운 어떤 것으로서 그 전제에 포함되어 있지는 않지만, 우리가 우리의 전제를 근거로 하여 찾아낸 현상

2 〈저항〉에 관해서는 열아홉 번째 강의에서 세부적으로 다루어지고 있다.

입니다. 이 새로운 요인이 우리의 연구에 함께 고려되어야 한다는 점은 그리 기분 좋은 일은 아닙니다. 우리는 벌써 그것이 우리의 연구를 더욱 어렵게 만들어 주리라는 것을 예감할 수 있습니다. 그것은 꿈을 둘러싼 우리의 모든 노력을 그대로 멈춰 서게 할지도 모르는 것입니다. 꿈처럼 그렇게 중요하지 않은 문제에다, 거기에 덧붙여서 매끄러운 기술 대신 그런 어려움이라니! 그러나 또 한편으로는 이러한 어려움이야말로 우리를 자극하고, 그만한 값어치가 있는 것일지도 모른다는 추측을 하게 만듭니다. 꿈-요소를 의미하는 대체물에서 숨겨진 무의식으로 다가가려고 할 때마다 우리는 저항에 부딪치곤 합니다. 그러므로 우리는, 그 대체물 뒤에는 무언가 중요한 것이 숨겨져 있음에 틀림없다고 생각하게 되는 것입니다. 그렇게 무언가를 은폐하려고 노력하고 있는 이 어려움이란 것이, 만약 그렇지 않다면 도대체 무슨 소용이 있단 말입니까? 어떤 아이가 자기 손에 쥐고 있는 것을 보여 주지 않으려고 꼭 움켜쥔 손을 펴려 하지 않는다면, 그것은 틀림없이 그 아이가 무언가 옳지 않은 것, 그가 가지고 있어서는 안 될 것을 갖고 있기 때문일 것입니다.

우리가 저항이라는 역동적인 개념을 우리의 과제 속에 끌어넣으려 하고 있는 이 순간, 우리는 이 계기가 양적 인자일지도 모른다는 생각을 하지 않을 수 없습니다. 그러므로 더 큰, 혹은 더 작은 저항이 존재할 수 있으며, 작업을 하는 도중 이러한 차이가 나타날지도 모르는 사태에 우리는 대비하고 있어야 합니다. 어쩌면 우리는 그렇게 해서 꿈을 해석하는 작업 중에 겪게 될 또 다른 경험과 이 저항의 개념을 일치시킬 수 있게 됩니다. 다른 때 같으면 수없이 많은 연상의 고리가 필요하고 비판적 이의들의 여러 고비를 넘겨야만 하는 것과는 달리, 때로는 단 한 개나 몇몇 개의 연상만을 가지고도 이러한 꿈-요소에서 그의 무의식에 도달하게 되는 경우가 있기도 합니다. 이러한 차이는 바로 저항의 여러 가지 크기와 관련이 있는 것이라고 생각할 수 있겠는데, 아마도 이 견해는 맞는 얘기일 것입니다. 저항이 작을 때는 무의식에서 생겨난 대체물도 그곳에서 그다지 멀리 떨어진 곳에 있지 않을 것이고, 반면에 꽤 커다란 저항이 가로놓여 있을 경우 무의식의 왜곡도 더 커질 것이며, 그리하여 대체물에서 무의식으로 이르기까지의 거리도 길어집니다.

이제는 어떤 꿈이든지 하나를 선택해서 우리의 기법을 적용해 보고, 우리가 그것에 걸었던 기대가 충족되는지 아닌지 시험해 볼 때인 것 같습니다. 네, 그런데 그렇게 하기 위하여 어떤 꿈을 선택하는 것이 좋겠습니까? 이러한 결정을 내리는 것이 얼마나 어려운 일인지를 여러분은 짐작도 할 수 없을 것이고, 나는 또 여러분에게 어려움이 어디에 놓여 있는 것인가를 이해시킬 수도 없는 형편입니다. 전체적으로 보아서 왜곡이 많지 않은 꿈도 분명히 있을 것입니다. 그러한 꿈을 가지고 시작하는 것이 가장 좋을 것입니다. 여러분에게 이미 보고해 드린 바와 같은 두 개의 이해하기 쉽고 혼란스럽지 않은 꿈이 그것일까요? 그렇게 생각한다면 그것은 커다란 오산입니다. 연구 결과에 의하면, 이 꿈들은 대단히 많이 왜곡된 꿈이라는 것이 밝혀졌습니다. 내가 이러한 특별한 조건들을 무시하고 임의로 아무 꿈이나 고른다면 여러분은 아마도 매우 실망하게 되실 것입니다. 각각의 꿈-요소에 대하여 떠오른 그 수많은 연상을 일일이 관찰하고 기록해야 한다면, 꿈-해석 작업은 어떻게 전개될지 전혀 알 수 없는 것이 되어 버릴 것이기 때문입니다. 꿈을 기록해 놓고 또 그 꿈에 대해 생겨난 연상들의 기록과 비교해 보면, 원래 꿈-내용의 몇 배나 되는 분량이 나올 것입니다. 그러므로 가장 합리적인 방법은 우리에게 적어도 무엇인가를 말해 주고 있거나 확인해 줄 수 있는 몇 개의 짧은 꿈을 분석용으로 선택하는 것이 좋을 듯합니다. 별로 많이 왜곡되어 있지 않은 꿈을 어디에서 찾아내어야 할 것인지에 대해 우리의 경험으로도 알 수 없다면, 어쩔 수 없이 이 방법을 선택하는 수밖에 없습니다.

그러나 나는 우리의 앞길에 놓여 있는, 또 하나의 다른 쉬운 방법을 알고 있습니다. 꿈 전체의 해석을 시도하는 대신에, 각각의 꿈-요소들에 한정하여 여러 개의 예를 비교하면서 우리의 기법을 적용시켜 어떠한 해명이 나오게 되는지를 추적해 보는 것입니다.

(a) 어떤 여인은 자신이 어렸을 적에 〈하느님이 종이로 된 고깔 모자를 머리에 쓰고 있는〉 꿈을 자주 꾸었노라고 말했습니다. 여러분은 이 꿈을 그 여자의 도움 없이도 이해할 수 있겠습니까? 그것은 정말로 어처구니없어 보이는 꿈입니다. 그러나 그 여자의 설명을 듣고 나면 그것은 더 이상 터무니없는 꿈이 아니라는 사실을 알게 됩니다. 어린 시절에 그 여자가 식탁에 앉을 때면 어른들은 그 여자의 머리 위에 항상 그러한 모양의 모자를 씌워 주곤 했는데, 왜냐하면 그녀는 다른 형제자매의 접시 위에 혹시나 더 많은 양의 음식이 있는 것이나 아닌지 흘끗흘끗 훔쳐보는 것을 억제하지 못했기 때문이라고 합니다. 그러니까 그 모자는 눈가리개의 역할을 했던 것입니다. 어쨌든 하나의 역사적인 정보가 큰 어려움 없이 주어진 것입니다. 이 요소와 아울러 그 짧은 꿈 전체를 해석하는 것은 그 여인의 다른 연상의 도움으로 쉽게 해결될 수 있었습니다. 그녀는 계속해서 〈하느님은 전지전능하셔서 모든 것을 아시고 모든 것을 보신다고 들었기 때문〉이라고 말했습니

다. 그녀는 또 〈그 꿈은 당연히 내가 하느님처럼 모든 것을 알고 있고 모든 것을 볼 수 있다는 것을 의미할 뿐이겠지요. 사람들이 아무리 그것을 방해한다고 하더라도 말이죠〉라고 말했습니다. 이는 어쩌면 너무 간단한 것인지도 모릅니다.

(b) 회의적인 성향의 어떤 여자 환자가 긴 꿈을 꾸었는데, 그 꿈속에서 그녀에게 어떤 사람들이 〈농담〉에 관해 쓴 나의 책을 얘기해 주면서 그것을 매우 칭찬했다고 합니다.[3] 그러고 나서 어떤 〈운하(運河)〉에 관한 언급이 있었습니다. 〈어쩌면 운하에 관한 이야기가 나오는 다른 책인지도 모르겠군요. 아니면 또 운하에 관계된 것일지도 모르고요……. 어쨌든 잘 모르겠어요……. 온통 흐릿할 뿐이에요.〉

이제 여러분은 틀림없이 〈운하Kanal〉라는 꿈-요소가 너무 불분명해서 해석할 수 없다고 믿고 싶어 할 것입니다. 어려울 것이라는 추측과 관련해서 여러분은 제대로 짚은 것이지만, 그러나 그것이 불분명하기 때문에 어려운 것이 아니라 해석하는 것을 어렵게 만드는 다른 이유 때문에 그것이 불분명한 것입니다. 그렇게 꿈을 꾼 환자는 운하라는 말에 대해서 아무것도 연상해 낼 수 없었습니다. 나도 물론 뭐라고 말해야 할지 알지 못하고 있었습니다. 잠시 후에 — 정확히 말해서 다음 날 — 〈어쩌면〉 운하와 관계되는 것인지는 모르겠지만 어떤 연상이 떠올랐다고 말했습니다. 그녀가 들은 적이 있다는 일종의 〈농담〉이었습니다. 도버 해협에서 칼레로 가는 배 위에서 어떤 유명한 저술가가 한 영국인과 이야기를 하고 있었는데, 그 영국인이 무슨 말을 하던 도중 다음과 같은 말을 인용했다는 것입니다. 즉 〈숭고함과 우스꽝스러움 사이에

3 『농담과 무의식의 관계』 참조.

는 한 발자국 정도의 차이밖에 없다*Du sublime au ridicule il n'y a qu'un pas*〉라고 말입니다. 그에 대해 저술가는 이렇게 대답했습니다. 〈그래요. 칼레에서부터 겨우 한 발자국이지요*Oui, le Pas de Calais.*〉 그는 이와 같은 말로 프랑스는 장엄하고 영국은 보잘것없다는 생각을 말하고자 했던 것이었습니다. 그러나 〈*Pas de Calais*〉는 실제로도 해협을 뜻하는 것으로서, 말하자면 영불(英佛) 해협 Ärmelkanal을 의미하고 프랑스어로는 〈*Canal la manche*〉의 뜻이 됩니다. 이러한 연상이 그 꿈과 무슨 상관이 있다는 것이냐고 여러분은 의아해하시겠지요. 확실히 그렇습니다. 그것은 정말로 수수께끼 같은 그 꿈-요소에 대한 해답을 주고 있다고 생각합니다. 혹 여러분은 이러한 농담이 꿈을 꾸기 이전에 이미 〈해협〉이라는 요소에 무의식으로 존재하고 있었다는 사실을 의심하려고 하는 것입니까? 여러분은 그것이 나중에 합류되었을 것이라고 가정할 수 있다는 것입니까? 이 연상은 그녀가 어쩔 수 없이 감탄하는 듯하지만, 실은 그 배후에 숨기고 있는 회의를 확인시켜 주고 있습니다. 그리고 그때의 저항은 아마도 다음 두 가지에 대한 원인으로 작용하고 있는 것 같습니다. 그 하나는 연상이 그녀에게 그처럼 주저하면서 떠올랐다는 것이고, 또 하나는 이에 해당하는 꿈-요소가 그렇게 불확실한 모습으로 나타났다는 것입니다. 여기서 여러분은 꿈-요소와 그 무의식의 관계에 대해 주목해 보십시오. 꿈-요소는 이러한 무의식의 한 조각과 같은 것입니다. 마치 그것의 암시와도 같습니다. 그것을 따로 분리해서 보았을 때는 완전히 이해할 수 없는 것으로 변해 버립니다.

(c) 어떤 환자가 꽤 길다고 할 수 있는 관련성 속에서 다음과 같은 꿈을 꾸었습니다. 〈특별한 모양을 한 식탁*Tisch*을 둘러싸고

우리 식구 중 몇 사람이 함께 앉아 있었어요.〉이 식탁에 대해서 그가 떠올린 연상은, 언젠가 어떤 가정을 방문했을 때 이와 똑같은 가구를 본 적이 있다는 것이었습니다. 그는 자신의 연상을 이어 나갔습니다. 〈그런데 그 집에는 아버지와 아들 사이에 어떤 특별한 관계가 형성되어 있었지요.〉잠시 후 그는 또 덧붙였습니다. 〈실은 나와 나의 아버지 사이에도 그러한 관계가 있었습니다.〉그 식탁이 그 꿈속에 등장하게 된 것은, 그러니까 이러한 평행 관계를 나타내기 위해서였던 것입니다.

이 꿈을 꾼 사람은 꿈-해석의 여러 가지 필요 사항에 대해서 오래전부터 친숙해져 있었습니다. 그렇지 않은 사람이었다면 식탁의 형태와 같은 그렇게 사소한 문제를 가지고 연구 대상으로 삼는 일에 대해서 불쾌하게 생각했을지도 모릅니다. 우리는 꿈에 나타난 어떤 것도 우연적인 것이나 아무 상관 없는 것으로 보지 않으며, 이렇게 하찮은 것, 별다른 동기도 없어 보이는 그렇게 작은 일에 대한 것까지도 설명할 수 있는 열쇠를 기대하고 있습니다. 〈우리 사이도 그들의 사이와 같다〉라는 생각을 식탁이라는 물건을 선택함으로써 표현하고 있는 그러한 꿈-작업에 대해서도 여러분은 매우 놀라워하고 계실 것입니다. 그러나 그가 방문했던 그 가족의 성이 티슐러Tischler⁴였다는 사실을 듣게 되면 그 이유를 이해할 수 있게 됩니다. 꿈꾼 사람은 자기의 가족을 바로 이 식탁의 주위에 앉게 함으로써, 그들도 역시 티슐러 가족과 같은 사람들이라는 것을 말하려 했던 것입니다. 그렇게 꿈-해석을 보고하는 과정에서 어쩔 수 없이 비밀이 밝혀진다는 사실도 주의해야 합니다. 어떤 사례를 선택할 것인가 하는 문제가 왜 그렇게 어려운 문제인지를 여러분은 비로소 깨닫게 되셨을 것입니다. 나는

4 *Tischler*는 원래 책상*Tisch*을 만드는 사람을 뜻한다.

이 사례를 다른 것으로 바꿀 수도 있었을 것입니다. 그러나 그렇게 해서 지켜지는 하나의 비밀은, 그 대신에 다른 것을 희생함으로써만 가능한 것입니다.

이제는 이미 오래전에 사용할 수도 있었던 두 개의 용어를 도입해야 할 시기인 것 같습니다. 꿈이 이야기하고 있는 것을 외현적 꿈-내용der manifeste Trauminhalt이라고 부르고, 떠오른 연상을 추적하여 도달하게 되는 그 안에 숨겨져 있는 것을 잠재적 꿈-사고der latente Traumgedanke로 부르기로 합시다. 외현적 꿈-내용과 잠재적 꿈-사고 사이의 관계에 주목해서, 그것들이 이러한 사례에서 어떠한 모습으로 나타나는가 하는 것을 살피려고 합니다. 매우 다양한 여러 가지 관계가 있을 것입니다. (a)와 (b)의 사례에서 외현적 요소는 잠재적 사고의 구성 요소이기도 합니다. 그러나 그것은 극히 작은 조각에 불과합니다. 무의식적인 꿈-사고 속에 있는 커다란 정신의 합성물에서 작은 조각 하나, 그것들의 한 단편, 또 어떤 경우에는 그것에 대한 암시, 암호 같은 것, 전보문에 쓰인 것과 같은 축약된 언어들이 외현적 꿈에 이르게 된 것입니다. (b)의 사례에서 훌륭하게 성공하고 있는 것처럼, 해석 작업은 이러한 조각이나 암시들을 전체적인 형태로 완성시켜 나가는 것입니다. 그러므로 왜곡의 한 가지 방법은 — 이렇게 하는 것이 바로 꿈-작업이라고 할 수 있는데 — 어떤 조각이나 암시를 통해 그것을 다른 것으로 대체하는 것입니다. (c)의 예에서는 그 외에도 또 다른 관계가 눈에 띄는데, 그것은 다음의 사례들에서 더 깨끗하고 명료하게 표현되어 있습니다.

(d) 한 남자가 꿈속에서 〈어떤(자신이 잘 아는) 여자를 침대 위에서 끌어내는hervorziehen〉 꿈을 꾸었습니다. 그는 처음에 떠오른

연상으로 이 꿈-요소의 의미를 알아챌 수 있었습니다. 그것은 자기가 이 여자를 선호한다*er gibt dieser Dame Vorzug*는 의미였습니다.[5]

(e) 다른 한 남자는 〈자신의 형이 상자 속에 들어 있는*sein Bruder stecke in einem Kasten*〉 꿈을 꾸었습니다. 첫 번째 연상은 이 상자를 장롱Schrank과 대치했습니다. 두 번째 연상은 곧 그 의미를 알게 해주었습니다. 형은 〈긴축 생활*schränkt sich ein*〉을 하고 있다는 의미였습니다.[6]

(f) 또 어떤 사람은 〈산에 올랐는데 그곳에서 상당히 먼 곳까지의 경치*Aussicht*를 바라볼 수 있게 된〉 꿈을 꾸었습니다. 여러분은 그것은 아주 합리적인 꿈으로 보이므로 해석이고 뭐고가 필요한 것 같지 않고, 그저 그 꿈이 어떤 추억과 관련되어 있으며 어떤 동기에서 회상되었는가를 알아보면 될 것이라고 생각하실지도 모릅니다. 그러나 그것은 착각입니다. 이 꿈은 다른 혼란스러운 꿈과 마찬가지로 해석 작업이 꼭 필요한 꿈이라는 사실을 알 수 있습니다. 그 사람은 등산에 관한 연상을 하나도 떠올릴 수 없었습니다. 단지 자신의 지인 한 명이 지구 곳곳의 소식을 알리는 신문 『룬트샤우*Rundschau*』를 발행하고 있음을 생각해 냈습니다. 그러니까 잠재적 꿈-사고는 여기서 꿈꾼 이와 〈전망자*Rundschauer*〉를 동일시하고 있었던 것입니다.

여러분은 여기서 외현적인 꿈-요소와 잠재적인 꿈-요소 사이

5 〈*hervorziehen*(끌어당기다)〉에서 〈*Vorzug geben*(좋아하다)〉으로 의미가 발전되어 나간 것이다.
6 *Kasten*(상자)-*Schrank*(장롱)-*sich ein schränken*(긴축 생활하다) 등으로 의미가 발전되어 나간다.

의 새로운 관계 유형을 보게 됩니다. 전자는 후자의 왜곡이라기보다는 후자의 표현인 것이며, 어원 관계에서 유래하여 발전되어 가는 조형적이고 구체적인 형상화라고 할 수 있습니다. 그러나 바로 그 때문에 또 다른 왜곡이 발생하는데, 왜냐하면 우리는 그 단어를 보면서 그것이 어떤 구체적인 그림에서 유래된 것인지를 까마득히 잊고, 그것이 다시 그림으로 대체되었을 때 알아보지 못하기 때문입니다. 외현적 꿈이 주로 시각적인 그림으로 구성되며 생각이나 말로 구성되는 경우는 매우 드물다는 사실을 생각하면, 이러한 종류의 관계가 꿈의 형성에 특별한 의미를 가진다는 것을 알게 됩니다. 그 밖에도 또 알 수 있는 사실은, 이러한 방식으로 수많은 추상적 생각이 외현적 꿈속에서 은폐의 목적으로 사용될 대체 형상을 갖게 될 수 있다는 것입니다. 이것이 그림 수수께끼를 만들어 내는 방식입니다. 그런데 그것이 왜 특정한 형태로 나타나는 농담의 모습을 취하게 되는 것인가 하는 문제는 여기서 다룰 필요가 없는 것으로서 또 다른 문제입니다.

외현적 요소와 잠재적 요소 사이에서 형성되는 관계의 네 번째 형태는, 여러분이 그 기술에 대해 어느 정도 이해하게 될 때까지 아직은 언급하지 않겠습니다. 그렇게 되면 이러한 관계의 여러 형태를 모두 열거하지 않은 것이 될 테지만, 우리의 목적에는 이것만으로 충분합니다.

이제 여러분은 꿈 전체의 해석을 감행해 볼 만한 용기를 갖게 되었습니까? 우리가 그 과제를 충분히 감당해 낼 준비가 되어 있는지 한번 시험해 봅시다. 물론 매우 해석하기 힘든 경우는 제외하겠지만, 그래도 꿈의 여러 가지 특성을 잘 보여 주고 있는 것을 골라 봅시다.

젊지만 결혼한 지는 꽤 오래된 한 부인이 꿈을 꾸었습니다.

　나는 남편과 함께 극장에 앉아 있었어요. 관람석의 한편은 완전히 비어 있었어요. 남편이 내게 말하기를, 엘리제 L과 그녀의 약혼자도 함께 오고 싶어 했지만 1플로린 50크로이체로는 나쁜 좌석표 3장만을 살 수 있을 뿐이어서, 그들은 그 좌석표를 살 수 없었다는 것이었지요. 나는 그건 그리 불행한 일은 아니라고 대답했어요.

　이 부인이 우리에게 들려준 첫 번째 이야기는 외현적 꿈-내용 속에 있는, 이 꿈을 꾸게 만든 동기가 바로 그와 똑같은 사건에서 출발되고 있다는 것이었습니다. 그녀의 남편은 실제로 그녀와 비슷한 동갑내기인 엘리제 L이 약혼했다는 말을 한 적이 있었습니다. 이 꿈은 그러한 보고에 대한 반응이었습니다. 우리는 이미 전날의 어떤 사건이 그 꿈을 꾸게 만든 요인임을 증명할 수 있는 꿈들이 많다는 것과, 또 그러한 사실을 꿈을 꾼 사람에게서 이끌어 내는 것도 그리 어렵지 않은 일이라는 것을 알고 있습니다. 그녀는 잠재적 꿈의 다른 요소들에 대한 그러한 종류의 정보들을 그밖에도 여러 개 이야기해 주었습니다. 관람석의 다른 한편이 비어 있었다는 식의 사소한 이야기는 어디서 나왔을까요? 그것은 한 주 전의 실제 사건에 대한 암시였습니다. 그녀는 어떤 연극 공연을 보러 가기로 마음먹고 〈미리〉 예매를 하러 갔는데, 너무 일찍 갔기 때문에 예매 수수료를 물어야 했습니다. 그녀가 극장에 가서 보니 그녀의 조바심이 얼마나 불필요한 것인가를 알려 주듯이 〈한쪽 편의 좌석이 거의 비어 있다시피 했습니다〉. 그녀가 공연 당일에 직접 표를 샀더라도 충분했던 것이었습니다. 그녀의 남편은 그녀의 이러한 조바심을 마음껏 비웃어 댔습니다. 1플로린 50크로이체는 어디에서 연유한 것일까요? 그것은 그 일과는 아무 상관이 없는 전혀 다른 연관성 속에서 생긴 것이지만, 어쨌든 그 전날의 사건을 암시하는 것이었습니다. 그녀의 시누이가 그녀의 남편에게서 선물로 150플로린을 받고는, 그 즉시 보석상으로 달려가서 어떤 보석 하나를 사는 데 몽땅 써버렸던 것입니다. 또 3이라는 숫자는? 그에 대해서 그녀는 아무것도 생각해 낼 수 없었습니다. 다만 그 신부인 엘리제 L이 결혼한 지 10년이나 된 그녀보다 겨우 석 달 어리다는 사실을 유효한 연상으로 받아들일 수밖에 없었습니다. 아니면 두 사람이 가기 위해서 3장의 표를 사려고 했다는 사실을 고려해야 할까요? 그녀는 이에 대해서 아무 말도 하지 않았습니다. 다른 모든 연상과 정보를 거부해 버렸던 것입니다.

그녀는 얼마 되지 않는 연상 속에서도 많은 재료를 제공했는데, 그것만을 가지고도 잠재적 꿈-사고를 추론해 낼 수 있었습니다. 꿈에 대한 그녀의 연상 가운데 많은 곳에서 시간적 규정이 나타나는 것이 눈에 띄었는데, 그것이 그녀가 준 재료 중 여러 부분에서 공통점을 형성하고 있습니다. 그녀는 극장에 들어갈 표를 〈너무 일찍〉 조달하고 〈성급하게〉 샀기 때문에 그것에 대한 대가를 지불해야 했습니다. 시누이도 그와 비슷하게 마치 〈늦으면 큰일이라도 난다는 듯이〉 보석 하나를 손에 넣기 위해 보석상에게 돈을 건네주는 데 〈서둘렀습니다〉. 〈너무 일찍〉이라든가 〈성급하게〉라고 강조된 말들에다가 꿈을 꾸게 만든 요인인 소식, 즉 자기보다 겨우 석 달 정도 어린 자기 친구가 이제 아주 괜찮은 남자와 결혼하게 되리라는 것, 또 시누이에게 〈그렇게 서두를 이유가 어디 있어〉라고 비난하는 듯한 태도가 겹치면서 저절로 잠재적인 꿈-사고가 다음과 같은 형태로 나타나는 것을 볼 수 있는데, 그때 외현적 꿈은 몹시 왜곡된 대체물로 표현됩니다.

〈그렇게 결혼을 서둘렀던 것은 아무래도 바보 같은 짓이었어요. 엘리제를 보니까 좀 더 늦게 결혼을 해도 괜찮았을 것이라는 생각이 드는군요.〉(성급함은 표를 살 때의 그녀의 행동과 보석을 살 때의 그녀 시누이의 경우에서 잘 표현되고 있고, 결혼은 그 대체물로서 극장에 가는 행위로 묘사되어 있음.) 이것이 바로 그 꿈 속에 나타난 주요 생각일 것입니다. 이 생각을 계속적으로 진행시켜 나갈 수는 있겠지만 그렇게 확실하지는 않을지도 모릅니다. 왜냐하면 이 부분에서는 그 부인의 진술을 무시해서는 안 되기 때문입니다. 〈그만한 돈이라면 그것보다 백 배나 더 좋은 것을 살 수 있을 텐데〉(150플로린은 1플로린 50크로이체의 백 배이다)라는 말은, 만일 그 돈을 지참금으로 삼는다면 그 지참금으로 남편을 살 수도 있었다는 뜻이 됩니다. 여기서 그 보석과 나쁜 좌석표는 남편의 대체물입니다. 〈3장의 표〉라는 요소를 남편과 관계있는 것으로 해석할 수 있다면 더 좋겠지만, 거기까지는 우리의 이해가 미치지 못합니다. 우리가 추측할 수 있는 것은, 그 꿈이 그녀가 자신의 남편을 〈별 볼일 없게 평가하고 있다〉는 것과 〈그렇게 빨리 결혼해 버린 것〉에 대한 후회를 표현하고 있으리라는 것입니다.

여러분은 이 최초의 꿈-해석의 성과에 대해 만족스러워하기보다는 오히려 놀라움과 혼란스러움을 느끼고 계실 것입니다. 우리가 현재 통제하기에는 한꺼번에 너무 많은 것들이 우리에게 밀어닥친 것이 사실입니다. 이러한 꿈-해석에서 배울 수 있는 것은 결코 끝이 없다는 것을 여러분은 느끼셨을 것입니다. 확실히 새로운 통찰이라고 부를 수 있는 것을 그 가운데서 골라 봅시다.

첫째로, 잠재적 꿈-사고에서 주요 강조점이 성급함이라는 요소에 내려지고 있는 반면, 외현적 꿈에서는 그에 대한 어떤 것도 눈에 띄지 않는다는 것이 이상한 점입니다. 분석을 해보지 않았다면 이 요소가 어떤 역할을 하고 있다는 것을 예감하지 못했을 것입니다. 그러므로 핵심 사항, 즉 무의식적인 생각의 중심 내용이 외현적 꿈에서는 나타나지 않는 경우도 있습니다. 그것 때문에 전체적인 꿈의 인상이 근본적으로 바뀌게 됩니다. 둘째로, 꿈 속에서는 1플로린 50크로이체에 3장의 표와 같은 무의미해 보이는 결합이 나타납니다. 우리는 꿈-사고에서 〈그것은 말도 안 되는 일(그렇게 빨리 결혼하는 것은)〉이라는 문장을 이끌어 냅니다. 〈그것은 어리석은 일이었다〉는 생각이 외현적 꿈에서는 불합리한 요소를 끌어넣음으로써 표현된다는 점을 부정할 수 있을까요? 셋째로, 그 둘을 비교해 봄으로써 알게 되는 사실은, 잠재적인 요소와 외현적인 요소 간의 관계는 그렇게 단순한 것이 결코 아니며, 외현적 요소가 항상 잠재적 요소를 대체하는 것은 아니라는 것입니다. 그것은 양 진영 사이의 집단적 관계라고 할 수 있습니다. 그 속에서 하나의 외현적 요소는 몇 개의 잠재적 요소에 의해 대체되거나, 하나의 잠재적 요소는 몇 개의 외현적 요소에 의해 대체되는 것입니다.

그 꿈의 의미와 꿈을 꾼 부인의 꿈에 대한 관계를 생각해 보면 마찬가지로 매우 놀라운 사실을 말할 수 있습니다. 그녀는 우리가 내린 해석에 동의했지만 자신도 그 해석에 대해서 놀라워했습니다. 그녀는 자신이 남편을 그렇게 별 볼일 없게 평가하고 있다는 사실을 알지 못했으며, 왜 그렇게 보고 있는 것인지 자신도 그 이유를 알 수 없어 했습니다. 그 점에 있어서는 아직도 이해할 수 없는 것들이 많습니다. 우리는 아직 꿈을 해석할 수 있는 충분한 준비가 되어 있지 않습니다. 더욱 많은 지도를 받고 많은 준비를 해나가야 하는 것입니다.

여덟 번째 강의
어린이-꿈

신사 숙녀 여러분, 우리는 지금 그동안 너무 빨리 달려온 것이 아닌가 하는 인상을 받게 됩니다. 조금만 뒤로 물러나 봅시다. 꿈-해석의 어려움들을 우리가 개발해 낸 정신분석적인 기술로 제어하기 위한 마지막 실험을 시도하기 전에, 가능하다면 우리는 왜곡이 일어나지 않은 꿈, 혹은 왜곡이 일어났다 하더라도 아주 조금밖에는 일어나지 않은 꿈을 대상으로 우회하는 것이 가장 좋은 방법이 되리라고 말한 적이 있습니다. 그렇게 할 경우 다시금 우리는 우리 인식의 발달사적(發達史的) 순서에서 벗어나게 됩니다. 왜냐하면 꿈-해석의 기술을 철저하게 적용하고 왜곡된 꿈-분석을 완전히 마친 후라야만 그러한 왜곡되지 않은 꿈의 존재를 알게 되기 때문입니다.

우리가 찾고 있는 꿈은 어린이-꿈*Kindertraum*에서 발견됩니다.[1] 그것들은 짧고 명료하며 일관성이 있을 뿐 아니라 이해하기 쉬우며 애매모호하지 않습니다. 그럼에도 그것이 꿈이라는 사실은 분명합니다. 그러나 어린이-꿈들이 모두 이와 같은 것이라고 생각해서는 안 됩니다. 꿈-왜곡*Traumentstellung*은 매우 이른 유년기에서부터 시작되며, 다섯 살부터 여덟 살까지의 어린이-꿈이

---

1 『꿈의 해석』에서 이러한 예를 찾아볼 수 있을 것이다.

이미 훗날의 꿈의 특징을 모두 가지고 있다는 사실이 보고되고 있습니다. 정신적 활동이 두드러지게 나타나는 시기를 4, 5세까지로 한정시키면 유아적이라고 이름 붙일 수 있는 특징을 보여 주는 그러한 일련의 꿈들을 발견할 수 있는데, 조금 더 나이를 먹은 어린이의 경우에서는 그러한 꿈들이 아주 드문드문 나타납니다. 네, 성인들에게도 어떤 조건에서는 전형적으로 유아적인 꿈이라고 할 만한 꿈들이 나타나는 경우가 있습니다.

이러한 어린이-꿈들에서 우리는 매우 쉽고 확실하게 꿈의 본질에 대한 열쇠를 얻어 낼 수 있는데, 그것들이 결정적인 것이며 일반적으로도 유효한 것으로 밝혀지게 되기를 기대합니다.

(1) 이러한 꿈들을 이해하기 위해서는 어떠한 분석이나 어떠한 기술의 적용도 필요하지 않습니다. 자기의 꿈을 이야기하는 아이에 대하여 이것저것 물어볼 필요조차 없습니다. 그러나 아이의 생활을 알 수 있는 어느 정도의 이야기는 주어져야 합니다. 거기에는 언제나 우리에게 그 꿈을 설명해 주는 하루 전의 체험이 포함되어 있습니다. 꿈은 낮 동안의 체험에 대한 수면 중의 정신생활의 반응입니다.

몇 가지 예를 들어 보면서 더 발전된 결론을 이끌어 내보도록 합시다.

(a) 22개월 된 사내아이가 생일을 맞은 어떤 사람에게 버찌가 가득 든 바구니를 건네주라는 말을 들었습니다. 어른들이 그에게 그중에서 얼마만큼을 주겠노라는 약속을 해주었음에도 불구하고 그 아이는 그 일을 아주 마지못해 했습니다. 다음 날 아침 아이는 〈헤르만이 그 버찌를 다 먹어 버렸어〉[2]라며 꿈 이야기를 했습니다.

---

2 Hermann은 헤르만이라는 이름 이외에도 그 사람이라는 뜻이 있다.

(b) 세 살 3개월 된 여자아이가 난생 처음으로 호수 위에서 배를 타게 되었습니다. 내릴 때가 되자 아이는 그 보트를 떠나지 않으려고 하면서 엉엉 울었습니다. 아이의 생각으로는 배를 탄 시간이 너무 빨리 지나가 버렸던 것입니다. 다음 날 아침, 〈난 지난밤에 호수에서 배를 탔다〉고 아이가 말을 했습니다. 우리는 아이가 그 배에 탔던 시간이 어제보다 훨씬 길었으리라고 추측해도 좋을 것입니다.

(c) 다섯 살 3개월 된 남자아이가 할슈타트 근처에 있는 에셰른탈로 소풍을 따라갔습니다. 할슈타트가 다흐슈타인산의 기슭에 자리 잡고 있다고 들은 적이 있는 아이는 이 산에 대해 매우 큰 관심을 나타냈습니다. 아우스제에 있는 집에서는 다흐슈타인이 잘 보였고, 망원경으로는 그 산 정상 위에 있는 시모니 산장(山莊)까지도 볼 수 있었습니다. 아이는 여러 번 망원경으로 그 시모니 산장을 바라보려는 시도를 했는데, 실제로 그것을 볼 수 있었는지 어떤지는 알 수 없었습니다. 아이는 기대에 가득 차서 명랑한 기분으로 소풍길에 나섰습니다. 새로운 산이 시야에 들어올 때마다 아이는 〈저것이 바로 그 다흐슈타인산이에요?〉라고 물었고, 그렇지 않다는 대답을 연달아 듣게 되자 아이는 기분이 언짢아져서 나중에는 아예 아무 말도 하지 않게 되었습니다. 그리고는 폭포까지 올라가는 작은 등산도 싫다고 하며 따라나서지 않았습니다. 사람들은 그가 너무 지쳐 버린 것이라고 생각했을 뿐입니다. 그런데 다음 날 아침이 되자 아이는 아주 행복한 표정으로 말하는 것이었습니다. 〈어젯밤에 시모니 산장에 가 있는 꿈을 꾸었어요.〉 그는 바로 이 기대감으로 소풍에 따라나섰던 것이었습니다. 자세한 것을 물어보니, 그 산에 가려면 6시간 동안이나 산을 올라가야 한다는 말을 예전에 들은 적이 있다는 것이었습니다.

이 세 개의 꿈들은 우리가 원하는 모든 정보들을 제시해 줄 것입니다.

(2) 이 어린이-꿈들은 무의미한 것이 아닙니다. 그 꿈은 〈이해하기 쉽고 근거 있는 심리적 행위〉인 것입니다. 예전에 내가 여러분에게 소개한 적이 있는 꿈에 대한 의학적 판단이 기억나십니까? 음악에 대해서 아무것도 모르는 열 개의 손가락이 피아노 건반을 두드리는 것과 같다고 한 비유 말입니다. 지금 소개된 어린이-꿈이 이러한 견해와 얼마나 날카롭게 모순되는지는 여러분도 간과할 수 없을 것입니다. 성인들이 잠들어 있을 때 그저 경련과 비슷한 반응을 보이는 것과 비교하면, 어린이들은 잠들어 있는 동안에도 완전히 정신적 활동을 할 수 있다는 사실이 특이하지 않습니까? 또한 어린이들이 어른들보다 훨씬 더 깊은 잠을 잔다는 사실은 근거가 충분한 이야기입니다.

(3) 이 꿈들은 왜곡된 꿈들이 아닙니다. 그러므로 해석이 필요하지 않습니다. 여기서는 외현적 꿈과 잠재적 꿈이 일치합니다. 꿈-왜곡은 그러므로 꿈의 본질에 속하는 것이 아닙니다. 여러분은 이 말을 듣고 가슴 위에 얹혀 있던 돌덩어리가 내려간 듯한 기분이 들 것입니다. 그렇지만 더욱 세밀히 관찰해 보면 이 꿈에도 어느 정도의 꿈-왜곡, 외현적 꿈과 잠재적 꿈 사이에 있는 약간의 차이를 발견하게 됩니다.

(4) 어린이-꿈은 아쉬움, 동경, 채워지지 않은 소망 등을 남겨 놓은 낮 동안의 체험에 대한 반응입니다. 〈꿈은 이러한 소원들을 직접적으로 숨김없이 드러내어 충족시켜 줍니다.〉 꿈을 방해하고

자극하는 외적·내적 자극들의 역할에 대해 우리가 지난번에 탐구했던 내용들을 생각해 보십시오. 우리는 그에 대한 매우 완전한 사실들을 알게 되었지만, 그러한 방식으로는 겨우 몇몇 개의 꿈들만을 설명할 수 있었을 뿐입니다. 앞서 예를 든 어린이-꿈에서는 그러한 육체적 자극들의 영향을 암시해 주는 것은 아무것도 없었습니다. 우리가 이 점에서 틀렸다고는 생각하지 않습니다. 왜냐하면 그 꿈들은 너무나 이해하기 쉽고 파악하기 쉬운 것들이기 때문입니다. 그러나 그렇다고 해서 〈꿈은 자극에서 유래한다〉는 우리의 주장을 포기할 필요는 없습니다. 신체적인 자극 외에도 정신적인 자극이 잠을 방해한다는 사실을 우리가 왜 잊어버리게 됐는지 스스로에게 자문하면 됩니다. 이러한 정신적인 자극이야말로 성인들의 수면 장애를 일으키는 가장 일반적인 원인이라는 것은 우리가 이미 알고 있는 사항입니다. 이러한 자극은 외부에 대한 관심을 끊는 것과 같은, 잠을 자는 데 필요한 정신 상태를 교란함으로써 수면을 방해합니다. 성인은 일상생활을 중단하고 싶어 하지 않으며 하고 있던 일을 계속하고자 합니다. 그래서 쉽게 잠들지 못하는 것입니다. 그러므로 어린이의 수면을 방해하는 자극은 정신적인 자극 — 충족되지 않은 소망 — 이며, 어린이는 이에 대해 꿈으로 반응하게 됩니다.

(5) 여기서 우리는 가장 빠른 지름길을 통하여 꿈-기능*Traum-funktion*에 대한 해명을 얻게 됩니다. 심리적 자극에 대한 반응으로서의 꿈은 이러한 자극을 처리하는 기능을 가지게 되며, 그렇게 해서 자극은 제거되고 수면이 계속됩니다. 꿈을 통한 이러한 처리가 어떻게 역동적으로 이루어지는지는 아직 알 수 없습니다. 그러나 이미 우리는 흔히 그렇게 생각되는 것과 달리 〈꿈이 수면 방해

자가 아니라 수면 장애를 제거하는 수면의 수호자〉라는 것을 인식하고 있습니다. 꿈이 없다면 더 깊이 잠들 수 있을 것이라고 생각하지만 이는 잘못된 생각입니다. 실제로는 꿈의 도움이 없다면 우리는 전혀 잠들 수 없을 것입니다. 우리가 그렇게라도 푹 잘 수 있는 것은 어디까지나 꿈의 덕분입니다. 꿈이 우리에게 약간 방해가 되는 것은 어쩔 수 없습니다. 그것은 소음을 냄으로써 우리를 깨우려고 하는 안면(安眠) 방해자를 쫓아 버리기 위해 야간 파수꾼이 어느 정도의 소음을 낼 수밖에 없는 것과 같습니다.

(6) 소원이 꿈을 유발시키는 것이며, 이러한 소원 성취가 꿈-내용을 구성한다는 것이 꿈의 주요 성격입니다. 꿈의 또 다른 불변성은, 꿈이 단순히 어떤 생각을 표현해 낼 뿐만 아니라 환각적 체험의 형태로 이러한 소원이 성취된 것으로 표현한다는 것입니다. 〈나는 호수로 배를 타고 나가고 싶어〉라는 것이 꿈을 불러일으킨 소원이고, 그 꿈 자체는 〈나는 호수로 배를 타고 나갔어〉라는 내용을 갖게 됩니다. 그래서 이러한 단순한 어린이-꿈에서도 잠재적 꿈과 외현적 꿈 사이의 차이, 즉 잠재적 꿈-사고의 왜곡이 존재합니다. 다시 말해 〈생각을 체험으로 바꾸는 것〉입니다. 꿈을 해석한다는 것은 무엇보다도 이렇게 변화된 부분을 되돌리는 것입니다. 만일 이것이 꿈의 일반적인 성격으로 판명되려면 이전에 보고된 꿈-내용 중 〈나는 나의 형이 상자 안에 있는 것을 보았습니다〉라는 것은 〈나의 형이 절약을 하고 있다〉라고 번역되어서는 안 되고, 〈나는 나의 형이 절약하기를 바란다, 나의 형은 절약해야 한다〉가 되어야 합니다. 여기 제시된 두 개의 일반적인 꿈의 성격 중 두 번째의 것이 첫 번째 것보다 아무런 반론 없이 인정받을 전망이 더 밝습니다. 광범위한 연구를 통해 비로소, 꿈을 자극하는

것은 언제나 소원임이 틀림없으며 어떤 걱정이나 계획, 비난일 수는 없다는 사실이 성립될 수 있을 것입니다. 그럼에도 불구하고 꿈의 또 다른 특성, 즉 꿈이 이러한 자극을 단순히 재현하는 것이 아니라 일종의 체험을 통해 그것을 폐기하고 제거하고 해소한다는 것은 여전히 유효한 것으로 남습니다.

(7) 꿈의 이러한 성격과 관련해서 우리는 또다시 꿈과 실수 행위를 비교해 볼 수 있겠습니다. 후자와 관련해 우리는 방해하는 경향과 방해받는 경향을 구별했고, 실수 행위는 그 두 경향들이 서로 타협한 결과라고 말했습니다. 그와 똑같은 도식이 꿈에도 역시 들어맞습니다. 그 경우에 방해받는 경향이란 다름 아닌 잠자고 싶은 소망입니다. 방해하는 경향의 자리에는 심리적인 자극, 다시 말해 끈질기게 해결해 줄 것을 강요하고 있는 소원을 집어넣을 수 있겠는데, 그 이유는 우리가 그 이외의 어떤 다른 자극을 알지 못하기 때문입니다. 꿈은 그러므로 여기에서도 타협의 산물입니다. 사람들은 잠을 자며 또한 동시에 소원이 처리되는 것을 경험합니다. 소원이 충족되면서 그와 동시에 잠을 지속시키는 것입니다. 그 두 가지 목적은 일부는 달성되고 또 일부는 포기됩니다.

(8) 우리에게도 쉽게 간파될 수 있는 어떤 공상 행위*Phantasie-bildung*들은 〈백일몽〉으로 불린다는 사실에서, 우리는 꿈 문제에 대한 이해에 도달하는 통로를 발견할 수 있게 되기를 기대한 적이 있었음을 상기해 봅시다. 이러한 백일몽은 우리가 잘 알고 있는 야심적이고 성애적인 소원들의 실제적인 소원 성취*Wunscherfüllung*와 같습니다. 그러나 그것은 아무리 생생하게 눈앞에 그려진다 하더라도 상상에 의한 것이지 결코 환각적으로 체험될 수 있는

것은 아닙니다. 그러므로 꿈이 갖고 있는 두 개의 주요 성격 중에서 이 백일몽에서는 좀 더 불확실한 특성이 확인되고, 다른 또 하나의 특성은 수면 상태에 달려 있는 것이며 깨어 있는 생활 속에서는 실현되지 않는 것으로서 완전히 누락되어 버립니다. 그러므로 백일몽이라는 단어에는 소원 성취가 꿈의 주요 특성이라는 사실에 대한 예감이 자리하고 있는 것입니다. 그 외에도, 꿈속에서의 체험이라는 것이 오직 수면 상태라는 조건을 통해서만 가능한 일종의 변형된 상상 — 즉 〈밤 동안의 백일몽 *nächtliche Tagträume*〉 — 이라고 한다면, 꿈-형성 *Traumbildung*의 과정은 밤 동안의 자극을 제거하고 소원 성취를 가져다줄 수 있다는 사실이 쉽게 이해됩니다. 왜냐하면 백일몽도 역시 소원 성취와 연관된 행위이며 오직 그 때문에 행해지곤 하는 것이기 때문입니다.

그러나 또 다른 관용어도 그와 같은 의미를 나타내고 있습니다. 유명한 속담 중에 〈돼지는 도토리 꿈을 꾸고 거위는 옥수수 꿈을 꾼다〉라든가 〈닭은 무슨 꿈을 꾸지? 그야 물론 좁쌀 꿈이지〉와 같은 것들이 있습니다. 이러한 속담은 어린이에서 동물들로 내려가서, 즉 우리보다 훨씬 단계를 낮춰서 꿈-내용이 욕구의 충족이라는 사실을 주장하고 있습니다. 〈꿈꾸듯이 아름답다〉, 〈꿈에도 생각지 못했다〉라든가 〈그런 것은 꿈속에서조차 상상하지 못했다〉와 같이 그러한 의미를 암시하고 있는 듯한 표현들은 매우 많습니다. 여기서 관용어들은 분명히 우리의 생각을 지지하고 있습니다. 꿈들 중에는 걱정하는 꿈도 있고 고통스러운 내용이나 무심한 듯한 내용을 가진 꿈들도 있습니다. 그러나 그런 꿈들은 관용어를 만들어 내지는 못했습니다. 〈악몽〉이라는 말도 있기는 하지만, 꿈이라는 그 순수하고도 단순한 의미에서 볼 때 그것도 결국은 부드러운 소원 성취에 지나지 않습니다. 돼지나 거위가 도살당하는 꿈을 꾼다는 것을 우리에게 확인시켜 줄 만한 관용어는 어디에도 없기 때문입니다.

꿈을 연구하는 학자들이 꿈의 소원 성취적인 성격을 눈여겨보지 않은 채로 지나갈 리는 물론 없습니다. 그러나 이 점에 관심을 가진 사람들의 경우는 매우 많았지만, 그들 중 누구도 이러한 성격을 일반적인 것으로 인정하고 꿈-해명 *Traumerklärung*의 단초로 삼으려 했던 사람은 없었습니다. 우리는 그들이 그렇게 하기를 망설였던 이유를 충분히 짐작할 수 있으며, 또한 앞으로 그에 관해 다루게 될 것입니다.

우리가 어린이-꿈에 관한 연구 성과에서 얼마나 힘들이지 않고 쉽게 꿈에 관한 지식을 얻게 되었는지를 보십시오. 꿈-기능은 잠의 수호자라는 것, 두 개의 서로 경쟁하는 경향으로부터 꿈이 생성된다는 것, 그중 하나는 언제나 똑같은 것으로서 잠의 욕구이고 다른 하나는 심리적인 자극을 만족시키려고 한다는 것, 꿈은 의미심장한 심리적 행위라는 사실에 대한 증명, 꿈의 두 가지 주요 성격은 소원 성취와 환각적인 체험이라는 것 등이 그것입니다. 그런데 우리는 그사이에 우리가 정신분석을 연구하고 있다는 사실을 거의 잊어버리고 있었습니다. 꿈을 실수 행위와 연결시켜 본 것을 제외하고는 정신분석을 연구하는 우리가 달리 한 일은 특별히 없습니다. 정신분석의 전제들에 대하여 아무것도 모르는 어떠한 심리학자라도 어린이-꿈에 대한 이런 정도의 해명은 내놓을 수 있었을 것입니다. 그런데 왜 아무도 그렇게 하지 않았을까요?

어린이-꿈과 같은 꿈만이 있는 것이라면 그 문제는 해결된 것이고 우리의 과제는 완결된 것이라고 말할 수 있습니다. 꿈을 꾼 사람들에게 이것저것 물어볼 필요도 없고 무의식을 끌어다 댈 필요도 없을뿐더러 자유 연상이 필요하다고 하지도 않았을 것입니다. 그러나 바로 여기서 우리의 과제가 계속됩니다. 일반적인 유효성을 가진 것으로 인정되었던 성격들이, 단지 어떤 종류의 한정된 수의 꿈들에서만 확인된다는 것을 우리는 거듭 경험했습니다. 그러므로 우리에게 문제되는 것은 어린이-꿈들에서 추론된 일반적인 특성이 더욱 타당성이 있는 것인지, 또 그 특성이 뜻을 짐작할 수 없는 꿈들, 그 외현적 내용이 잔류하고 있는 낮 동안의 소원과 아무런 관계도 갖고 있지 않은 듯이 보이는 그런 꿈들에도 적용될 수 있는 것인지 하는 것입니다. 우리의 견해는, 이러한 다른 꿈들은 더욱 많은 왜곡을 겪은 것들이고, 그러므로 처음에는 잘 평가할 수 없다는 것입니다. 이러한 왜곡들을 해명하기 위해서는 어린이-꿈을 이해하는 데에는 없어도 가능했던 정신분석적인 기술이 필요하리라는 것이 우리의 예감입니다.

어쨌든 왜곡되지도 않았고 어린이-꿈처럼 쉽게 소원 성취로 해석될 수 있는 꿈들이 있다는 것은 사실입니다. 그것들은 바로, 일생을 통해서 배고픔이나 갈증, 성적 욕구와 같은 복종할 수밖에 없는 육체적 욕구에 의해 생겨나는 것들로서, 다시 말해 내적 신체 자극에 대한 반응으로서의 소원 성취라고 볼 수 있는 것들입니다. 나는 생후 19개월 된 여자아이의 꿈을 메모한 일이 있는데, 그것은 자기의 이름과 나란히 메뉴 — 아나 F., 딸기, 구스베리, 반숙 계란, 푸딩 — 가 잇따라 나오는 내용으로 구성된 것이었습니다. 그것은 필시 소화 불량으로 인해 하루를 꼬박 굶을 수밖에 없었던 것에 대한 반응으로, 그때의 병은 꿈속에서 두 번 등장한 과일이 원인이었던 것으로 밝혀졌습니다. 그와 똑같은 시기에 그 아이의 할머니도 — 아이의 나이와 할머니의 나이를 합치면 정확하게 70이 되는데 — 신장(腎臟) 하수증으로 하루 동안 금식을 해야 했습니다. 할머니는 그날 밤 손님으로 초대받아 가서 맛있는 음식들이 가득 차려진 상을 받은 꿈을 꾸었습니다. 굶주린 죄수들이나 여행 혹은 원정 도중에 결핍 상태를 견뎌 내야 하는 사람들을 관찰해 보면, 이러한 조건에서는 계속적으로 이러한 욕구들을 충족시키는 꿈을 꾸게 된다는 것을 알 수 있습니다. 오토 노르덴셸드Otto Nordenskjöld는 그의 책 『남극. 남극의 눈과 얼음 속에서 보낸 2년Antarctic. Zwei Jahre in Schnee und Eis am Südpol』(1904)에서 함께 추위와 싸웠던 대원들의 이야기를 보고하고 있습니다.

우리의 내밀한 생각의 방향을 가리킨다고 볼 수 있는 것은 우리의 꿈들이었는데 우리가 그렇게도 많이, 그렇게도 생생하게 꿈을 꾼 적이 있었나 싶을 정도였다. 우리 동료들 중에서 여느 때에는 거의 꿈을 꾸지 않았던 사람조차도, 매일 아침에 우리가 이러한 환상의 세계에 대한 경험을 서로 주고받고 있을 때에 자신의 긴 꿈 이야기를 하곤 했다. 모든 꿈들은 지금은 우리와 아득히 떨어진 곳에 있는 저쪽의 세계에 관한 것이었는데, 종종 우리의 지금 상황에 맞게 변형된 것도 있었다. 먹는 것과 마시는 것이 어쨌든 우리의 꿈들이 가장 자주 맴돌았던 중심 주제였다. 우리 중 한 사람은 밤 동안의 그 일을 가장 탁월하게 수행했는데, 그는 꿈속에서 거창한 오찬회에 참석하곤 했다. 그리고 매일 아침 〈나는 세 코스나 되는 저녁 만찬을 먹었어〉라고 행복한 모습으로 자랑하곤 했다. 또 어떤 사람은 담배의 꿈을, 그것도 산처럼 높이 쌓여 있는 담배의 꿈을 꾸었고, 또 다른 사람은 망망대해에서 돛을 높이 올리고 이쪽으로 오고 있는 배의 꿈을 꾸었다. 또 하나의 다른 꿈은 이 자리에서 언급해 둘 가치가 있는 것이었다. 우편 배달부가 편지를 가지고 와서는 길고 긴 설명을 하는 것이었는데, 편지가 그에게 전달되기까지 왜 그렇게 오래 걸려야 했는지에 대한 이유를 말하는 것이었다. 그는 그것을 거꾸로 배달해서 다시 되찾아오기까지 엄청난 고생을 해야 했다는 것이었다. 물론 그 꿈들 중에는 매우 불가능하게 보이는 내용을 가진 것들도 있었다. 그러나 내가 꾼 꿈이거나 내가 들은 꿈들이거나를 막론하고, 그러한 꿈들 모두의 특징은 환상의 결핍이었다. 만일 이 모든 꿈들이 열거될 수 있다면 틀림없이 심리학적으로 매우 흥미를 끌 만한 것이 될 것이다. 우리가 얼마나 간절하게 꿈을 열망했는지는 쉽게 이해할 수 있을 것이다. 왜냐하면 그것은 우리 모두가 가장 열렬히 바라는 모든 것을 제공할 수 있었기 때문이다.

뒤 프렐C. Du Prel을 인용해 보겠습니다.[3]

아프리카 여행 중에 갈증으로 거의 죽어 가고 있던 뭉고 파크 Mungo Park[4]는 끊임없이 자기 고향의 수량이 풍부한 계곡들과 초원에 대한 꿈을 꾸었다. 마그데부르크의 참호에서 배고픔에 시달리던 트렌크Trenck[5]는 산해진미에 둘러싸여 있는 꿈을 꾸었고, 프랭클린John Franklin[6]의 제1 탐험대 대원이었던 조지 백George Back 은 가공할 만한 식량 부족으로 거의 죽어 가고 있을 때 끊임없이 거의 매일 맛있는 식사를 하는 꿈을 꾸었다.

3 뒤 프렐의 『신비의 철학Die Philosophie der Mystik』(1885) 참조.
4 영국의 탐험가.
5 오스트리아군의 스파이. 프랑스 혁명 때 처형되었다.
6 영국의 탐험가.

저녁 식사 때 맵고 짠 음식을 먹고 밤에 갈증을 느끼는 사람은 물을 마시는 꿈을 꾸게 됩니다. 그러나 배고픔이나 갈증이 너무 심할 경우에는 꿈으로 이러한 욕구를 잠재우기가 불가능합니다. 그럴 때는 갈증을 느끼면서 꿈에서 깨어나 실제로 물을 마셔야만 합니다. 이럴 때의 꿈의 능력이란 실제적으로 아주 미미한 것입니다. 그러나 깨어나서 실제적인 행동으로 옮겨 갈 것을 요구하는 자극에 대항해 잠을 지켜 주기 위해서 꿈이 존재한다는 것은 분명한 사실입니다. 이러한 욕구의 강도가 그토록 심한 것이 아닐 때는 욕구 충족적인 꿈만으로도 해소될 수 있습니다.

마찬가지로 꿈은 성적 자극의 경우에도 욕구 충족을 경험하게 해주는데, 그것은 또 언급할 만한 가치가 있는 특징을 보여 주고 있습니다. 굶주림이나 갈증보다는 대상에 대한 의존도가 한 단계 낮은 성 본능*Sexualtrieb*의 특성에 따라, 몽정을 하는 꿈에서 그 만족은 실제적인 것일 수가 있습니다. 후에 언급하게 될 대상과의 관계에서 예상되는 어려움 때문에, 그때의 실제적인 만족은 명료치 않거나 왜곡된 내용과 결부되어 있는 경우가 자주 있습니다. 몽정하는 꿈의 이러한 특성으로 인해, 랑크가 지적한 바와 같이 그 꿈은 꿈-왜곡의 연구를 위한 가장 좋은 대상이 됩니다. 성인들의 모든 신체적 욕구 충족의 꿈은 이러한 만족 외에도 순수하게 심리적인 자극원에서 유래하는 것으로서, 그것을 이해하기 위해서는 꿈-해석을 필요로 하는 또 다른 자료들을 포함시켜 연구해 보아야 합니다.

그러나 우리는 이러한 유아형 성인의 소원 성취적인 꿈이 앞서 말한 절대적 욕구에 대한 반응으로서만 생겨난다고 주장하고 있는 것은 아닙니다. 우리는 또 의심할 여지 없이 심리적인 자극원에서 유래하고 있는 어떤 지배적인 상황의 영향 아래서 만들어진,

다음과 같은 종류의 짧고 명료한 꿈도 있다는 것을 알고 있습니다. 예를 들면 기다릴 수 없이 초조해서 꾸게 되는 성급한 꿈들 *Ungeduldträume*이 그것입니다. 어떤 사람이 여행이나 자기에게 무척 중요한 의미가 있는 연극이나 강연, 방문을 위한 준비를 하고 있을 때 꿈속에서 자신의 기대가 일찍 성취되는 것을 보게 됩니다. 이를테면 실제로 체험을 하기 전날 밤에, 자신의 목적지에 도착했다거나 극장에 있다거나 방문한 사람과 대화를 나누고 있는 꿈을 꾸는 것입니다. 또 소위 편의-꿈*Bequemlichkeitsträume*이라고 불리는 꿈들이 있는데, 누군가가 잠을 더 자고 싶어서 실제로는 계속 자고 있음에도 자기가 이미 일어나 있거나 세수를 하고 있거나 학교에 있는 꿈을 꾸는 수가 있습니다. 말하자면 현실에서가 아니라 꿈속에서 깨어나 행동하고 있는 것입니다. 꿈-형성에 거의 계속 관여하고 있음을 알 수 있는 잠자고 싶어 하는 소원은 이러한 꿈들에서는 매우 뚜렷해서, 그 꿈속에서 꿈-형성자*Traumbildner*로서의 자신의 모습을 드러내는 것입니다. 말할 것도 없이 잠에 대한 욕구는 더욱 큰 다른 육체적인 욕구와 동등한 지위를 갖는 것입니다.

뮌헨의 샤크Schack 갤러리에 있는 슈빈트Schwind의 그림 복사본을 여기에 보여 드리겠습니다. 꿈은 꿈꾸는 이가 처한 지배적인 상황으로부터 만들어진다는 것을 화가가 얼마나 사실적으로 포착하고 있는지를 눈여겨보시기 바랍니다. 그것은 「죄수의 꿈」이라는 제목의 그림으로, 죄수가 자신의 탈출을 꿈꾸고 있는 내용입니다. 그 탈출이 바로 창문을 통해서 이루어지고 있다는 점도 재미있습니다. 왜냐하면 그 창문을 통해서 한 줄기 빛이 들어오고 있고 그것은 사실 죄수의 잠을 깨우게 될 것이기 때문입니다. 겹겹이 등에 올라타고 있는 난쟁이들은 아마도 그가 창문의

슈빈트의 「죄수의 꿈」

높이까지 올라갈 때 취해야 하는 연속적인 자세를 표현하고 있는 듯합니다. 내 생각이 만일 틀리지 않고 또 그 화가의 작의를 너무 과대평가하지 않는다면, 창살을 톱으로 자르고 있는 가장 위에 있는 난쟁이는 그 죄수가 스스로 하고 싶어 하는 일을 하고 있는 것입니다. 말하자면 그 자신의 행동을 나타내고 있습니다.

어린이-꿈과 유아적 형태를 취하고 있는 꿈들을 제외한 다른 모든 꿈들에서는, 이미 말한 바와 같이 꿈-왜곡이 이루어져서 우리의 작업을 가로막고 있습니다. 처음에는 우리가 추측하고 있는 바대로 그것들도 역시 소원 성취의 꿈인지 아닌지 자신 있게 말할 수 없습니다. 외현적 꿈-내용에서는 어떠한 심리적 자극에서 그러한 꿈들이 발생하고 있는지를 알아낼 수 없기 때문입니다. 또한 우리는 그 꿈들이 이러한 자극을 몰아내고 처리하기 위해 노력하고 있다는 것을 증명할 수가 없습니다. 우리가 유아의 꿈들에서 발견된 사항들이 모든 꿈들에도 적용될 수 있는지에 대한 어떤 판단을 내리기 전에 그것들은 먼저 해석되고 번역되어야만 하며, 꿈속에서 이루어진 왜곡은 원 상태로 돌려지고 그것의 외현적 내용은 잠재적 꿈-사고로 대체되어야 하는 것입니다.

아홉 번째 강의

꿈-검열

신사 숙녀 여러분, 우리는 어린이-꿈에 관한 연구를 통해서 꿈의 생성과 본질, 기능에 대해서 알게 되었습니다. 〈꿈은 잠을 방해하는 (심리적) 자극을 환각적 만족이라는 방법을 통해서 제거하는 것〉입니다. 성인의 꿈들 중에서 우리는 그저 한 종류의 꿈만을 해명할 수 있었는데, 그 꿈은 우리가 유아적 형태의 꿈이라고 명명했던 것이었습니다. 다른 꿈들은 어떤지에 관해서 우리는 아직 알지 못하고 있고 또 그것을 이해하고 있지도 못합니다. 우리는 잠정적으로 하나의 결과만을 얻었을 뿐인데, 그 의미를 과소평가하고 싶지는 않습니다. 우리가 어떤 꿈을 완전히 이해하게 되었을 때, 그 꿈은 언제나 환각적인 소원 성취의 꿈으로 밝혀지곤 했습니다. 이러한 일치는 그저 우연적인 것이라거나 아무래도 상관없는 것으로 치부해 버릴 수는 없는 것입니다.

다른 종류의 꿈에 대해서 우리는 여러 가지 숙고를 거쳐, 실수 행위에 대한 설명과의 유추 관계를 통해 그 꿈이 알 수 없는 내용에 대한 왜곡된 대체물이라는 것과 바로 그 알 수 없는 내용에 원인을 돌릴 수 있다는 것을 가정하고자 합니다. 이러한 〈꿈-왜곡〉에 대한 연구, 그것을 이해하는 것이 바로 우리의 다음 과제인 것입니다.

꿈-왜곡이란 우리에게 그 꿈을 이상하고 이해할 수 없게 보이도록 만드는 것을 말합니다. 우리는 그에 관해 많은 것들을 알고 있습니다. 첫째 그것이 어디에서 유래했으며, 둘째 그것이 무엇을 하며, 마지막으로 그 왜곡이 어떻게 만들어지는가 등을 알고 있습니다. 우리는 또 꿈-왜곡이란 꿈-작업의 결과라는 것도 말할 수 있습니다. 우리는 이 꿈-작업에 대해서 서술하고 그것을 꿈-작업 속에서 작용하고 있는 힘으로 환원시키려고 합니다.

이제 다음의 꿈 이야기를 들어 보십시오. 그것은 우리와 같이 정신분석을 행하고 있는 한 동료에 의해 보고된 것입니다.[1] 그 꿈은 매우 명망 있고 학식이 풍부하며 나이가 많은 한 부인이 꾼 꿈이라고 합니다. 이 꿈에 대한 분석은 행해지지 않았습니다. 우리의 동료가 느낀 바에 의하면, 그것은 정신분석가에게는 해석이 필요하지 않은 꿈이었다고 합니다. 꿈을 꾼 그 부인도 그것을 해석해 보려고 시도해 보지는 않았으나, 자신의 꿈을 평가하면서 마치 그녀 자신이 해석할 수 있는 것처럼 판단하고 있었다는 것입니다. 그녀는 자신의 꿈에 대하여 〈밤낮으로 자식 걱정밖에 없는 나이 오십이나 먹은 사람이 그렇게 황당하고 끔찍한 꿈을 꿀 수 있다니!〉라며 불쾌하게 생각했다는 것입니다.[2]

그런데 그 꿈은 〈자원봉사Liebesdienste〉[3]에 관한 것이었습니다. 〈그녀는 제1 육군 병원으로 갔다. 그리고는 문 앞에 서 있는 보초에게, 자원봉사를 하고 싶어서 병원장을 만나러 왔다고 말했다

---

1   후크-헬무트Hug-Hellmuth가 보고한 것이다 — 원주. 후크-헬무트의 「스스로 해석하는 꿈Ein Traum, der sich selbst deutet」(1915) 참조.
2   1914년에서 1918년 사이에 그 부인의 아들은 전쟁터에 있었다.
3   〈Liebesdienste〉는 〈사랑에 의한 봉사〉, 다시 말하면 〈무보수 봉사〉를 의미하지만, 여기서는 존경하기 힘든 다른 의미를 담고 있다.

(그녀는 자신도 알지 못하는 어떤 이름을 말했다). 그 말을 하면서 그녀는《봉사》라는 말을 힘주어 말했으므로, 그 말을 들은 하급 장교는《자원봉사》라고 즉시 알아들었다. 그녀가 나이 지긋한 부인이었으므로, 하급 장교는 잠깐 머뭇거리다가 그녀를 통과시켰다. 그러나 그녀는 병원장에게 가는 대신 어떤 커다랗고 음산한 방에 들어갔는데, 그곳에는 많은 장교와 군의관들이 긴 테이블 주위에 앉거나 서 있었다. 그녀는 신청서를 선임 군의관에게 제출했고, 그는 몇 마디를 주고받고 나서 곧 그녀의 말뜻을 알아차렸다. 그녀가 꿈속에서 한 말은 다음과 같았다.《빈에 살고 있는 나와 그 밖의 수많은 부인과 처녀들은 군인들과 대원들, 상하 계급의 구분 없이 모든 장교들에게 준비가 되어 있습니다…….》여기서 잠시 웅성거리는 소리들이 뒤를 이었다. 어떤 사람은 놀라운 표정을 짓기도 하고 또 어떤 사람은 음흉한 표정을 짓는 등 거기에 있던 모든 사람들이 말귀를 알아들은 것 같았으므로 그녀는 계속해서 말했다.《우리의 결정이 매우 이상하게 들리시겠지만 그것은 우리에게는 매우 비장한 것입니다. 전투에 나가는 군인에게 자신이 죽을 것인지 아닌지, 그 사람의 의사를 물어볼 수는 없지 않습니까?》몇 분 동안 고통스러운 침묵이 흘렀다. 선임 군의관은 그녀의 허리에 팔을 두르면서 말했다.《친애하는 부인, 실제로 그렇게 된다고 생각해 보십시오.》(웅성거림) 그녀는《남자들이란 다 똑같군》하고 생각하며 그의 팔을 자기 허리에서 풀어내고는 대답했다.《어머나, 나는 나이 든 여자입니다. 그러므로 전혀 그렇게 할 수 없을 수도 있겠군요. 어쨌든 한 가지 조건은 지켜져야 하겠어요. 나이를 고려해야 된다는 것이지요. 나이 먹은 여자가 팔팔한 젊은 남자와……. (웅성거림) 그건 정말 끔찍하겠군요.》군의관이 대답했다.《저도 충분히 이해할 수 있습니다.》몇

명의 장교가 — 그중에서 하나는 젊은 시절에 그녀에게 구혼한 적이 있었는데 — 껄껄거리고 웃어 댔다. 그녀는 일을 깨끗하게 완결 지을 수 있도록 자신이 알고 있는 병원장에게 데려다 달라고 부탁했다. 그때 그녀는 불현듯 자기가 그의 이름을 알지 못하고 있다는 사실이 떠올랐다. 선임 군의관은 그럼에도 불구하고 깍듯하고도 정중하게, 그 방문 앞에서부터 위층으로 통하는 비좁은 나선형 철 계단을 올라가서 2층에 있는 방으로 가라고 가르쳐 주었다. 계단 위로 올라가는 도중 그녀는 한 장교가 큰 소리로 말하는 것을 들었다. 《정말 대단한 결심입니다. 젊었든 늙었든 그건 상관이 없습니다. 경의를 표합니다!》 자신은 단순히 자신의 의무를 다하고 있을 뿐이라고 느끼면서 그녀는 끝없이 계단 위를 올라가고 있었다.〉

〈이 꿈은 몇 주 안 되는 기간 동안 두 번이나 — 그 부인의 느낌으로는 — 별로 중요치 않은 무의미한 약간의 변화만 빼고는 거의 동일하게 반복되었다고 한다.〉

이 꿈은 진행 과정으로 볼 때 낮 동안의 공상과 일치합니다. 그것에는 단지 몇 개의 잘려 나간 부분이 있는데, 그 내용의 개개 사항에 대해서는 직접적인 질문으로 밝혀질 수 있을 것이나, 그것은 여러분이 아시는 바와 같이 이루어지지 않았습니다. 그러나 우리의 관점에서 눈에 띄는 점이면서 흥미를 끄는 부분은 그 꿈이 많은 빈틈을 보이고 있다는 사실인데, 그 빈틈은 기억의 빈틈이 아니라 내용의 빈틈입니다. 그 내용은 세 군데에서 사라진 것처럼 잘려 있습니다. 이 틈이 생긴 부분에 해당되는 말은 웅성거림으로 중단됩니다. 그러나 우리가 그 꿈에 대해 어떠한 분석도 해보지 않았으므로, 엄밀히 말해서 우리에게는 그 꿈의 의미에 대해서 말할 권리가 없습니다. 단지 어떤 암시만이 주어져 있어서 그로부터 어떤 의미를 추론할 수는 있습니다. 예를 들어 〈자원봉사〉라는 단어가 있고 웅성거리는 소리로 중단되기 전의 이야기는 어떤 보충을 필요로 하는데, 그것이 어떤 내용일지는 아주 분명합니다. 그것을 보충해 보면 그 공상의 내용은, 애국적인 의무감에 가득 차서 장병이나 장교를 막론하고 군인들의 사랑의 욕구를 만족시키기 위해 자신의 몸을 바칠 각오가 되어 있다는 것입니다. 그것은 정말 엄청나게 추잡스럽고, 뻔뻔스러운 리비도 *Libido*적인 공상의 전형이라 할 것입니다. 그러나 그것이 꿈속에서 나타나지는 않습니다. 이야기의 관련성이 고백을 필요로 하는 곳에서는 바로 불분명한 웅성거림이 꿈속에서 생겨나 무엇인가가 없어져 버리거나 억압되거나 하는 것입니다.

그 부분에서의 바로 이러한 추잡함이야말로 그것을 억누르고 있는 모티프라는 것을 여러분도 짐작할 수 있기를 기대합니다. 그렇지만 여러분은 이러한 현상과의 일치점을 어디서 발견할 수 있습니까? 현재와 같은 시절에는 그리 멀리서 찾을 필요가 없습니다. 정치적 신문이라면 아무것이나 손에 집어 들고 살펴보십시오. 군데군데 본문 내용이 사라져 버리고 그 자리에는 신문의 하얀 백지가 대신하고 있는 것을 보실 것입니다. 여러분은 그것이 신문 검열의 결과라는 것을 알고 계십니다. 이렇게 텅 비어 버린 곳에는 원래 저 높은 검열 관청의 눈에 안 차는 무언가가 있었을 것입니다. 그래서 그것은 제거된 것입니다. 여러분은 〈아, 참 유감이로군. 그게 제일 재미있는 부분이었을 텐데. 그것이 바로《핵심적인 부분》이 아니었을까?〉라고 생각하실 것입니다.

어떤 때는 완성된 문장에 검열 *Zensur*이 작용하지 않는 때도 있습니다. 기자가 검열에 걸릴 만한 부분이 어느 곳인지를 미리 예상하여 사전에 그것을 완화시키거나 약간 수정을 가하고, 혹은 그와 비슷한 내용으로 만족하거나 자신이 원래 쓰고자 했던 내용에 대한 암시로 그치거나 한 경우입니다. 그렇게 되면 신문에서 백지로 된 부분이 없어지지만, 이리저리 돌려 쓴 내용이나 표현의 불명확성을 통해서 기자가 검열이 있을 것을 미리 고려해서 그렇게 한 것이라는 사실을 추측할 수 있는 것입니다.

이제 이 평행 관계를 확실하게 고려해 봅시다. 잘려져 나간 부분, 다시 말해 웅성거림으로 은폐된 꿈속에서의 이야기는 검열에 의해 희생된 부분이라고 말할 수 있겠습니다. 우리는 여기서 직접적으로 꿈-검열Traumzensur이라는 용어를 쓰는데, 그것은 꿈-왜곡에서 단단히 한몫하고 있는 것으로 여겨집니다. 외현적 꿈에서 빈틈이 있는 부분에서는 어디서건 꿈-검열이 한몫한 것입니다. 더 나아가서 어떤 꿈-요소가 분명하게 형성되어서 기억되고 있는 다른 요소에 비해 특별히 미약하다거나 불분명하고 수상쩍은 모습을 하고 있을 때, 바로 그것은 꿈-검열의 작용 탓이라고 주장하고자 합니다. 〈자원봉사〉 꿈과 같은 경우에서처럼 꿈-검열이 그렇게 숨김없이 그대로, 순진하다고 할 정도로 모습을 드러내는 경우는 매우 드뭅니다. 대다수의 경우에서 꿈-검열은 제2유형으로 나타납니다. 원래 표현하고자 하는 것 대신에 표현을 완화시키거나 그저 비슷하게 변죽을 울리거나 암시로 끝나고 마는 것입니다.

꿈-검열의 제3 유형이 있는데, 이는 내가 알기로 신문 검열의 형태와는 비교할 수 없습니다. 다만 지금까지 분석된 꿈의 사례 중 유일한 사례를 제시함으로써 이 세 번째 유형을 설명할 수는 있습니다. 여러분은 〈1플로린 50크로이체에 나쁜 좌석표 3장〉이라는 꿈을 기억하고 계시겠지요. 이 꿈의 잠재적 사고에는 〈너무 빨리 서둘러서〉라는 요소가 전면에 놓여 있습니다. 거기에는, 그렇게 〈빨리〉 결혼한 것은 어리석은 짓이며, 그렇게 〈빨리〉 표를 구입한 것도 바보 같았고, 시누이가 보석 하나를 사기 위해 그렇게 〈서둘러서〉 돈을 다 써버린 것도 역시 우스운 짓이라는 내용이 담겨져 있습니다. 이러한 꿈-사고의 중심 요소에서 외현적 꿈으로 옮겨 간 것은 아무것도 없습니다. 꿈속에서는 〈극장에 가기〉와 〈표 사기〉라는 행위가 중심에 놓여 있습니다. 이러한 강조점의 전위, 즉 내용적 요소의 재편성을 통해서 외현적 꿈은 잠재적 꿈-사고와 아주 다른 모습을 하게 된 것이고, 그 때문에 아무도 외현적 꿈에서 잠재적 꿈-사고를 추측해 낼 수 없는 것입니다. 이러한 강조점의 전위는 꿈-왜곡의 중요한 수단이며 꿈에다가 낯선 외양을 부여해 주기 때문에, 그로 인해 꿈을 꾼 사람 자신도 그것을 자기 자신의 작품으로 선뜻 인정하려고 하지 않는 것입니다.

이러한 재료의 누락, 수정, 내용 재편성 등은 그러므로 꿈-검열의 작용이며 꿈-왜곡의 수단입니다. 꿈-검열 그 자체는 우리가 지금 연구하고 있는 꿈-왜곡을 일으키는 원흉이거나 원흉 중의 하나가 되는 것입니다. 수정과 재편성을 우리는 〈전위 *Verschiebung*〉라는 용어로 통합하기도 합니다.

꿈-검열의 작용에 대해서는 이 정도만 진술하기로 하고, 이제는 꿈의 역동성에 대해 검토해 봅시다. 여러분이 이 표현을 지나치게 의인화시켜서 생각한 나머지, 검열관이라는 단어에 대해서 우리의 머릿속 한 작은 방에 거주하며 자기가 맡은 바를 수행하는 어떤 작은 요괴나 영혼을 상상하는 일은 없도록 해주시기 바랍니다. 또 너무 국지적으로 생각하여 어떤 〈뇌 중추〉를 상상하면서 그 중추가 그런 중심적인 영향력을 행사하고 있다든가, 그 중

추가 손상당하거나 제거되면 그 영향력도 자연히 상실될 것이라고 생각하지 않기를 바랍니다. 검열관이라는 용어는 잠정적으로 역동적인 관계를 표현하기 위한 편의상의 술어에 지나지 않습니다. 이 단어의 사용으로, 어떠한 경향성에 의해서 그러한 영향력이 생겨나고 또 어떠한 경향성에 대해 그 영향력이 행사되는지에 관한 질문이 해결되는 것은 아닙니다. 우리는 또, 스스로도 인식하지 못하고 있는 사이에 그러한 꿈-검열의 사례와 마주친 적이 있다는 사실을 알게 된다고 해도 그리 놀라지는 않게 될 것입니다.

실제로 정말 그런 적이 있었습니다. 우리가 자유 연상이라는 기술을 적용하기 시작했을 때 실로 놀라운 경험을 한 적이 있다는 것을 여러분도 기억하실 것입니다. 꿈-요소에서 그것의 대체물인 무의식적인 요소에 이르고자 하는 우리의 노력에 어떤 〈저항〉이 맞서고 있다는 것을 우리는 느꼈던 것입니다. 이 저항은 여러 가지 크기를 갖고 있어서, 어떤 때는 엄청나게 크기도 하고 또 어떤 때는 매우 미약하기도 하다고 우리는 말한 바 있습니다. 후자의 경우에 우리의 해석 작업은 단지 몇 개의 중간 과정을 통과하는 것만으로도 해결되지만, 그 저항이 매우 클 경우에 우리는 꿈-요소에서 길고 긴 연상의 고리들을 가로질러 가야만 합니다. 우리는 꿈-요소에서 멀리 떨어진 곳으로 인도되어서, 떠오른 연상에 대해 가해지는 비판적인 반론들과 함께 수많은 어려움을 그 과정에서 극복해야만 되는 것입니다. 해석 작업 중에 저항으로 맞서 오는 것을 우리는 꿈-검열로서 꿈-작업 속에 기록해 두어야만 합니다. 해석 과정에서 나타나는 저항은 단지 꿈-검열의 객관화에 대한 저항입니다. 또 이 해석 과정의 저항은, 검열의 힘이 꿈-왜곡을 불러오는 것으로 소모되어서 그때부터 소진되어 없어지는 것이 아니라, 그 왜곡을 유지시키고자 하는 의도를 갖고 지속적인 제도로서 존속된다는 것을 증명해 주고 있습니다. 그 밖에도, 해석 과정에서 각각의 요소에 대한 저항의 강도가 각각 다른 것처럼, 같은 꿈에 있어서도 검열에 의해 생겨난 왜곡은 개별적인 요소마다 크기가 다릅니다. 외현적 꿈과 잠재적 꿈을 비교해 보면, 몇몇 개의 어떤 잠재적 요소는 완전히 제거된 반면 어떤 것들은 다소 수정되어 있고, 또 어떤 것들은 변화 없이 오히려 강화된 채로 외현적 꿈-요소로 바뀌어져 있는 것을 보게 됩니다.

이제 우리가 계속해서 연구하고자 하는 것은, 어떤 경향성이 검열의 역할을 하고 또 어떤 경향성에 대해 그 검열이 작용하고 있는가 하는 점입니다. 꿈을 이해하기 위한, 그리고 정말로 인간의 삶을 이해하기 위한 것이 될 가장 기본적인 이 물음은, 우리가 해석을 하기 위해 연구해 온 일련의 꿈들을 살펴보면 쉽게 대답할 수 있습니다. 검열을 실행하는 경향성은 꿈꾼 이의 깨어 있는 판단에 의해 인정되며, 또 그가 자기의 것으로 느끼게 되는 경향성입니다. 여러분이 만일 자신의 꿈에 행해진 제대로 된 해석을 거부한다면, 그것은 여러분이 꿈-검열이 가졌던 동기와 똑같은 동기를 가지고 있기 때문이라는 확신을 가져 주시기 바랍니다. 그와 똑같은 동기로 꿈-왜곡도 일어나는 것이며 해석 작업이 필요하게 되는 것입니다. 앞에서 기술된 쉰 살 부인의 꿈을 생각해 보십시오. 그 꿈을 분석해 보지도 않고 그녀는 자신의 꿈을 망측스럽게 여겼습니다. 만일 폰 후크-헬무트 여사가 그녀에게 오인의 여지가 없는 그 해석을 들려주었더라면 그녀는 훨씬 더 격분했을 것입니다. 바로 그러한 판단 때문에 꿈속에서도 그 망측스러운 부분이 웅성거림으로 대체되었던 것입니다.

꿈-검열이 목표로 하고 있는 그 경향성을 우리는 이제 이러한 심급Instanz의 관점에서부터 서술해 보아야 하겠습니다. 그 경향은 거의가 비난할 만한 성질의 것이고 윤리적, 미적, 사회적 관점에서 보아 추잡스러운 것이며, 사람들이 감히 생각해 보려고도 하지 않았던 것, 아니면 혐오감을 갖지 않고는 생각할 수 없는 것들이라는 점은 확실합니다. 무엇보다도 이렇게 검열을 받게 되는, 꿈속에서 왜곡된 표현으로 나타나는 소원들은 무절제하고도 앞뒤 안 가리는 이기심의 발로인 것입니다. 게다가 자기 자신의 자아는 어느 꿈속에서나 나타나며, 외현적 내용에서는 자신의 모습을 곧잘 숨기고는 있지만 언제나 주역을 담당하고 있는 것입니다. 꿈의 이러한 〈신성한 이기주의sacro egoismo〉는 잠자고 싶어 하는 심적 태도, 즉 외부 세계 전체에서 자신의 관심을 철회시키는 태도와 전혀 무관한 것이 아닙니다.[4]

윤리적인 모든 속박에서 벗어난 자아는 성 본능의 모든 요구들과 일치된 자신을 발견합니다. 그것들은 이미 우리의 미적 교육 과정을 통해 나쁜 것이라는 판단이 내려진 것들이며, 모든 관습적인 제약에 반하는 것들입니다. 쾌락을 추구하는 욕망, 즉 우리가 말하는 리비도는 자기의 대상을 아무런 제약 없이 선택하고, 금지된 것을 가장 열렬히 선택합니다. 다른 사람의 아내를 탐낼 뿐만 아니라 인간적인 합의에 의해 성스러운 대상으로 인식되어 온 근친상간적 대상, 즉 남자에게는 어머니나 누이, 여자에게는 아버지나 오빠까지 욕구의 대상이 됩니다(앞서 기술된 쉰 살 부인의 꿈도 역시 근친상간적인 꿈으로서, 그 리비도는 틀림없이 아들을 향하고 있다). 우리가 인간적인 본성과는 거리가 먼 것으로 믿어 왔던 정욕은 꿈을 만들어 내기에 충분한 힘을 갖고 있는 것입니다. 증오도 아무런 절제 없이 날뛰게 됩니다. 자기와 가장

4 『꿈의 해석』 참조.

가까운 사람들, 자신의 삶 속에서 가장 사랑하고 있는 사람들인 부모나 형제, 배우자, 자기 자식들에 대한 복수나 죽음의 소망들도 결코 이상한 것이 아닙니다. 이렇게 검열을 받게 되는 소망들은 실로 지옥에서 솟아오르는 것처럼 보입니다. 깨어 있을 때의 해석에 의하면, 어떠한 검열도 그에 대해 지나치게 엄격하다고 말할 수는 없는 것처럼 보입니다.

그러나 내용이 그처럼 악의적이라고 하더라도 그 꿈 자체에 대해 비난을 퍼부어서는 안 됩니다. 그 꿈 자체는 아무 해가 없는, 오히려 유익하다고 할 수 있는 기능, 수면이 방해받지 않도록 하는 기능을 가지고 있다는 사실을 잊지 않으셨을 줄 믿습니다. 그러한 흉악성은 꿈의 본질이라고 할 수 없습니다. 정당한 소원의 성취나 참을 수 없는 육체적인 욕구를 그 내용으로 하고 있는 꿈들이 많다는 것을 여러분도 이미 알고 있습니다. 그러한 꿈들은 왜곡된 내용을 갖고 있지 않습니다. 그것을 필요로 하지도 않습니다. 그것들은 자아의 윤리적이거나 미적인 경향성을 손상시키지 않고서도 자신의 기능을 만족시킬 수 있습니다. 또 여러분은 꿈-왜곡이 두 가지 인자에 정비례한다는 것을 기억하시기 바랍니다. 검열을 받아야 할 소망이 사악하면 사악할수록 왜곡도 그만큼 더 커지고, 또 한편으로 검열의 요구가 엄격하면 엄격할수록 꿈-왜곡도 더 커집니다. 그러므로 엄한 가정에서 교육받은 어리고 수줍은 소녀는 우리 의사들이 보기에는 전혀 무해하고, 그 소녀 자신도 10년쯤 지난 후에는 그렇게 판단할 만한 리비도적 소원인 꿈의 충동을 가차 없는 검열로 왜곡해 버릴 것이 분명합니다.

어쨌든 우리는 우리의 해석 작업의 결과에 대해 화를 내기에는 아직 이른 것 같습니다. 우리가 아직 그것을 제대로 이해하고 있다고는 생각하지 않습니다. 무엇보다도 우리에게는 어떠한 논란

(論難)에도 맞서서 우리의 해석 결과를 지켜 나가야 할 과제가 주어져 있습니다. 어떤 일에 대해서 트집을 잡는 것은 그리 어려운 일이 아니기 때문입니다. 우리의 꿈-해석은 이미 고백한 바와 같이 다음의 전제하에 이루어진 것입니다. 꿈에는 어쨌거나 어떤 의미가 있다는 것, 그 당시에는 무의식적인 정신 과정이 존재했었다는 사실을 최면 상태에서 정상적인 수면 상태로 전용할 수 있다는 것, 모든 연상 내용들은 이미 결정되어 있다는 것 등입니다. 우리가 이러한 전제에 근거해서 꿈-해석에 대해 납득할 수 있을 만한 결론에 도달했다면, 이러한 전제들 역시 옳은 것이라고 결론짓는다 해도 무방할 것입니다. 그런데 그 결과가 내가 방금 설명한 대로 나왔다면 어떻게 되겠습니까? 이와 같은 경우에 여러분은 다음과 같이 말하고 싶을 것입니다. 〈그것은 불가능하고 무의미하며, 적어도 매우 개연성이 희박한 결과입니다. 그러므로 그 전제에는 무언가 잘못된 부분이 있습니다. 꿈이 심리적인 현상이 아니거나 정상적 상태에서는 무의식적인 것은 아무것도 없는 것이거나, 아니면 우리의 기술 중 어딘가에 오류가 있을 것입니다. 이것이 우리가 우리의 전제들에 근거해서 발견했다고 하는 그 모든 끔찍한 사실들을 인정하는 것보다 훨씬 단순하고 만족스럽지 않겠습니까?〉

그렇습니다. 그것은 좀 더 단순하기도 하고 좀 더 만족스럽기도 합니다. 그러나 그렇다고 해서 그것이 필연적으로 더 옳은 것은 아닙니다. 시간을 갖고 생각해 봅시다. 이 문제는 아직 판결을 내릴 단계에까지 이르지 못했습니다. 우리는 무엇보다도 우리의 꿈-해석에 대한 비판을 좀 더 강화시켜 볼 수 있습니다. 그와 같은 결론이 그렇게 불유쾌하고 꺼림칙하다는 것은 별로 중요한 문제가 아닙니다. 우리가 어떤 꿈을 판단하여 이러이러한 소망 경향을 갖고 있다고 해석했을 때, 꿈꾼 사람이 이 해석을 매우 단정적으로 꽤 그럴듯한 이유를 내세워 부정한다면, 그것이 더욱 강한 반론이 될 것입니다. 한 사람은 이렇게 말할 것입니다. 〈뭐라고요? 당신들은 내가 누이를 결혼시킬 때 든 비용이나 남동생의 교육 비용을 아깝게 생각하고 있다는 것을 내 꿈을 통해서 증명할 수 있다는 겁니까? 절대로 그럴 리는 없습니다. 나는 오직 나의 형제자매만을 위하여 일했습니다. 내가 집안의 맏이로서 돌아가신 어머께 약속드린 바와 같이, 나는 내 인생에서 나의 누이와 남동생을 위해 내 의무를 다하겠다는 것 외엔 다른 관심이 없어요.〉 또 다른 여자는 이렇게 말할 것입니다. 〈내가 나의 남편이 죽기를 바라고 있다는 것인가요? 그건 정말 화가 치솟을 정도로 끔찍한 말이군요. 우리는 정말로 행복한 결혼 생활을 하고 있을 뿐만 아니라 ― 당신들은 잘 안 믿으려 하시겠지만 ― 그가 죽는다면 내가 이 세상에서 누리고 있는 모든 것들까지도 한꺼번에 사라지고 말 거예요.〉 또 다른 사람은 이렇게 대답할 것입니다. 〈내가 나의 누이에게 성적인 욕망을 갖고 있다고요? 정말 우습군요. 나는 나의 누이에 대해 아무것도 상관하지 않고 살고 있어요. 우리는 사이가 나빠요. 나는 오래전부터 그 애와 말도 나누지 않고 살고 있는걸요.〉 우리가 그들의 꿈에 대해 내린 해석에 대해서 꿈꾼 사람들이 아무것도 인정하려 하지 않고 부정하려고만 한다면, 차라리 우리는 그 사실을 좀 더 쉽게 받아들일 수 있을 것입니다. 바로 그것이야말로 자기 스스로는 알 수 없는 그런 일이라고 우리는 담담히 말할 것입니다. 그런데 그들이 자신들의 내부에서 우리가 내린 해석과는 정반대되는 소원을 느끼고 있고, 정반대의 것이 그들의 삶을 지배하고 있다는 것을 생활을 통해서 보여 줄 때, 우리가 놀라리라는 것은 분명합니다. 그 결과가 불합리한 것

*ad absurdum*으로 결판이 났으니, 이제야말로 우리의 해석 작업을 집어치워야 할 때가 아닐까요?

아닙니다. 아직은 그럴 때가 아닙니다. 우리가 다시 비판적으로 공박하면 이러한 강한 반론도 산산조각이 납니다. 정신생활에는 무의식적인 경향들이 존재한다고 가정할 때, 의식 속에서는 그와 반대되는 경향이 지배적이라는 것이 증명된다고 해도 그것은 아무런 증거 능력도 갖지 못하는 것입니다. 아마도 정신생활에는 대립적인 경향들을 위한 공간, 병렬적으로 존재하는 상호 모순점들을 위한 공간이 존재하는 것인지도 모릅니다. 또 어느 하나의 충동이 지배적이라는 것은 그것과 반대되는 무의식이 존재할 수 있는 조건이 될 수도 있습니다. 그러나 꿈-해석의 결과가 간단치 않으며 몹시도 언짢은 것이라는, 첫 번째로 제기된 반론은 그대로 남습니다. 그에 대한 첫 번째 대답은 간단명료한 것에 대한 여러분의 집착만을 가지고는 꿈이 가지고 있는 문제들 중 그 어떤 것도 해결될 수 없다는 것입니다. 여러분은 더욱 복잡한 관계들까지도 흔쾌히 받아들여야만 합니다. 그다음 두 번째로, 어떤 것이 마음에 든다거나 혐오스럽다거나 하는 여러분의 감정을 과학적인 판단의 동기로 삼는다는 것은 심히 부당하다는 것입니다. 꿈-해석의 결론이 불쾌하고 심지어 창피스럽기까지 하며 또 혐오스럽다고 해서, 그것이 여러분과 무슨 상관이 있습니까? 내가 아직 젊은 의사였던 시절에 나의 은사이신 샤르코 J. M. Charcot 선생도 이와 비슷한 경우에 〈그렇다고 해도 그것은 어쩔 수 없다*Ça n'empêche pas d'exister*〉고 말씀하시는 것을 들은 적이 있습니다. 이 세상이 정말로 어떠한 모습으로 되어 있는 것인지 알고자 할 때는 겸손해야 하며, 자기 자신의 호감이나 반감을 깨끗이 억제해야 한다는 것이 이 말에 담긴 뜻이 될 것입니다. 어떤 물리학자가, 이 지구상의 생물은 얼마 안 있어 모두 동사(凍死)하고 말 것이라고 증명했을 때, 여러분은 〈그런 일은 도저히 있을 수 없는 일이다〉, 〈그건 너무 불쾌한 일이다〉라고 항변할 수 있겠습니까? 여러분은 얌전히 침묵하면서, 다른 물리학자가 나서서 그 과학자의 전제 속에 들어 있는 오류나 계산 착오를 증명해 주기를 기다릴 것입니다. 어떤 것이 마음에 들지 않는다고 해서 그 부분을 여러분이 거부해 버린다면, 여러분은 꿈-형성의 메커니즘을 이해하고 그것을 극복하는 대신에 그 메커니즘을 그대로 반복하는 것이 되고 맙니다.

그렇게 되면 여러분은 아마도, 검열을 받는 꿈-소망*Traumwunsch*의 그토록 혐오스러운 성격에서 눈을 돌리려 하면서, 인간의 자질 중 그렇게 넓은 영역을 악에 부여해야 한다는 것은 있을 법하지 않은 사실이라는 논의로 되돌아가려고 할 것입니다. 여러분의 경험에 비추어 보아 자신 있게 〈그렇다〉라고 말할 수 있겠습니까? 여러분이 자신에게 어떤 모습으로 비추어지는지는 내 관심사가 아닙니다. 여러분은 인간 본성 속에 있는 이기적인 악의 존재에 대해서 반박하고 나서는 것을 의무로 느낄 만큼 그렇게 상사나 동료에게서 호의를 받고 있습니까? 당신의 적에게서 그렇게 많은 기사도 정신을 발견할 수 있으며, 또 당신이 속한 사회에서 시샘을 받고 있다고는 전혀 느끼지 않고 계십니까? 성생활의 모든 문제에 평균적인 사람들이 얼마나 무절제하고 믿을 수 없는 행동을 하고 있는지 여러분은 전혀 모르십니까? 우리가 매일 밤 꿈속에서 보는 그 모든 탈선이나 방탕이 매일매일 깨어 있는 사람에 의해 실제적인 범죄 행위로 저질러지고 있다는 사실을 여러분은 모르고 있다는 말입니까? 정신분석이 하고 있는 일이란, 플라톤이 말한 대로, 〈선인이란 악인들이 현실에서 실제로 하고 있는 것을 꿈속에서 해보는 것으로 만족하는 사람〉이라는 사실을 입증하는 것 외에 다름이 아닙니다.

이제 개인에게서 눈을 돌려 아직도 전 유럽을 휩쓸고 있는 세계 대전을 생각해 봅시다. 또한 현재 문명국에 만연하고 있는 그 엄청난 잔인성과 폭력성, 기만성을 생각해 보시기 바랍니다. 수백만의 추종자가 죄에 연루되어 있지 않았는데도 불구하고, 단지 소수의 양심 없는 야심가와 유혹자들이 이 모든 악한 정신들을 발산하게 만드는 데 성공한 것이라고, 여러분은 정말 그렇게 믿습니까? 이러한 사태를 목도하고서도 여러분은 인간의 정신적 자질 속에는 악이 제외된다고 의연하게 주장하고 나설 용기가 있습니까?[5]

여러분은 내가 이 전쟁을 너무나도 편협하게 평가하고 있다고 비난할지도 모릅니다. 전쟁은 또한 인간의 아름다움과 고귀함을 드러내 보여 주었으며, 그들의 영웅적 용기, 자기희생, 사회적 연대감까지도 고스란히 보여 주지 않았느냐고 말할 것입니다. 그렇습니다. 그러나 그렇게 말하면서 사람들이 정신분석에 대해 그렇게도 자주 범하곤 했던 부당한 행동에 동조하지 마시기 바랍니다. 정신분석이 어느 하나를 주장하기 위해서 다른 어느 하나를 부정하고 있는 것이라고, 사람들은 그렇게 비난해 왔던 것입니다. 우리에게는 인간 본성 속에 있는 고귀한 것을 향한 노력들을 부정하려고 하는 의도가 없습니다. 더군다나 그 가치를 과소평가하려고 하지도 않았습니다. 정반대로, 나는 여러분에게 검열을 받는 사악한 꿈-소망을 보여 주었을 뿐만 아니라 그러한 꿈-소망을 억누르고 알아보기 어렵게 만드는 검열의 존재도 보여 주었습니다.

5 인간 본성의 파괴적인 면에 대한 프로이트의 강력한 고발은 「문명 속의 불만」을 참조.

인간의 본성 속에 있는 사악함을 우리가 이렇게 특별히 강조하고 있는 까닭도, 실은 다른 사람들이 그것을 부정하려고만 하기 때문입니다. 그렇게 하여 인간의 정신생활이 개선되는 것이 아니라 더욱 이해하기 어렵게 되기 때문입니다. 우리가 편협한 윤리적 평가를 포기하기만 한다면, 인간의 본성 속에 있는 악과 선의 관계에 대한 더욱 정확한 공식을 발견하게 될 것입니다.

여기에 문제가 놓여 있습니다. 우리는 꿈-해석에 대한 우리의 연구 결과를 포기할 필요는 없습니다. 그것이 아무리 우리에게 생경하게 보인다 하더라도 말입니다. 아마도 훗날 다른 방법을 통하여 그에 더욱 가까이 다가갈 수 있을 것입니다. 우선은 이것 하나만 확실히 해둡시다. 꿈-왜곡은 검열의 결과로서, 밤중에 잠자는 동안 우리 내부에서 움직이고 있는 어딘지 모르게 혐오스러운 소원 충동Wunschregung에 대하여 자아의 용인된 경향에 의해 행해지고 있는 것이라는 사실입니다. 물론 이러한 비난받아 마땅한 소원이 어디에서 오는 것인지, 그리고 그것이 왜 꼭 밤중에만 나타나는 것인지에 대해서는 아직도 연구해야 할 점이 많이 남아 있습니다.

우리가 지금, 이들 연구의 다른 성과를 강조하는 것을 게을리 한다면 그것도 역시 부당한 일이 될 것입니다. 잠자는 동안 우리를 방해하는 꿈-소망은 우리에게 아직 낯선 것이며, 그것은 꿈-해석을 거친 뒤에야 비로소 우리에게 알려집니다. 따라서 그것은 당시에는 앞서 논의한 의미에서 무의식적인 것이라고 말할 수 있겠습니다. 그러나 우리는 또 〈그것은 그 당시에는 무의식적인 것이었다〉라고 말할 수 있는 것 이상이라고 할 수밖에 없습니다. 우리가 그렇게도 많은 경우에서 경험했던 바와 같이, 꿈을 꾼 사람은 그 꿈-해석을 통해 그 소원에 대해서 알게 된 이후에도 그것을 여전히 부정하기 때문입니다. 〈트림을 합시다〉라는 잘못 말하기를 해석해 주었을 때 우리가 만나게 되었던 그러한 경우가 되풀이될 뿐입니다. 건배의 축사를 했던 그 사람은 그 당시에도, 또 그 이전에도 자신의 상사에 대하여 그러한 불경스러운 감정을 느껴 본 일이 없었다고 몹시 분개하면서 강력하게 부인했습니다. 우리는 그 당시에 이미 그러한 확언의 가치를 의심한 바 있으며, 말하는 당사자는 계속적으로 자신의 내부에 도사리고 있는 감정에 대해서 전혀 모르고 있다고 가정함으로써 그 사실을 보완해 주었던 것입니다. 심하게 왜곡되어 있는 꿈을 해석할 때에는 항상 이러한 일이 되풀이되므로 우리의 견해는 차츰 의미를 갖게 됩니다. 정신생활에는 사람들이 전혀 모르고 있는, 오래전부터 모르고 있을 뿐 아니라 어쩌면 단 한 번도 의식되지 않은 과정이나 경향들이 있다는 가정을 할 수밖에 없습니다. 이로써 〈무의식〉은 하나의 새로운 의미를 얻게 되는데, 〈그때〉라든가 〈일시적으로〉라는 말은 무의식의 본질에서 사라지게 됩니다. 그것은 단지 〈그 당시에 잠재한〉 것이 아니라 〈영구적으로〉 무의식적이라는 것을 의미하게 됩니다. 이 점에 대해서는 물론 다른 기회에 더 많은 것을 언급할 수 있게 될 것입니다.

열 번째 강의

꿈의 상징적 의미[1]

신사 숙녀 여러분, 꿈을 이해하는 데 방해가 되고 있는 꿈-왜곡은 용인할 수 없는 무의식적인 소원 충동에 반대하는 검열 활동의 결과라는 사실을 알게 되었습니다. 그러나 물론 우리는 꿈-왜곡에 책임을 지고 있는 요인은 검열 하나뿐이라고 주장하고 있는 것이 아닙니다. 꿈-왜곡이라는 이러한 작용에는 또 다른 계기가 관여하고 있다는 것을 우리는 계속적인 꿈의 연구를 통하여 발견하게 될 것입니다. 그것은, 꿈-검열이 배제되는 경우에도 우리는 역시 꿈을 이해할 수 없으며, 외현적 꿈은 잠재적 꿈-사고와 일치하지 않는다고 말하는 것과 같습니다.

꿈을 불투명하게 만드는 이 다른 계기, 꿈-왜곡에 관여하는 이러한 새로운 요소는 우리의 해석 기술 속에 있는 결함에 유의하게 되면서 발견하게 됩니다. 여러분에게 이미 고백한 바 있듯이, 피분석자에게 꿈의 각 요소에 대한 아무런 연상도 전혀 떠오르지 않을 때가 있습니다. 물론 그러한 경우는 피분석자들이 주장하듯이 그렇게 빈번하지 않습니다. 많은 경우에 끈기 있게 기다리면서 강요하면 연상이 떠오르게 됩니다. 그러나 그렇게 해도 연상

---

1 꿈-상징에 대한 프로이트의 논의는 『꿈의 해석』 여섯 번째 장의 〈꿈에서 상징을 통한 묘사 — 그 밖의 전형적인 꿈들〉 부분을 참조.

이 꽉 막혀서 전혀 떠오르지 않는 경우도 있는데, 어쩌다 강요된 연상이 떠오른다 해도 그것은 우리가 기다리고 있는 것이 아닐 경우가 있습니다. 이러한 일이 정신분석 치료 중에 일어나면 거기에는 필시 어떤 의미가 담겨져 있는 것으로 생각할 수 있으나, 지금 여기에서는 그 부분을 다루지 않기로 하겠습니다. 그러한 경우는 정상적인 사람들의 꿈-해석에서도 일어날 수 있고 또 자기 자신의 꿈-해석에서도 발생합니다. 그러한 경우에는 어떠한 강요나 추궁도 아무런 소용이 없다는 것을 확신하고 나면, 그러한 바람직하지 못한 우연이 규칙적으로 일정한 꿈-요소에서만 나타난다는 것을 발견하게 됩니다. 처음에는 그것이 우리의 꿈-해석 기법이 기능을 하지 못하는 예외적인 경우라고 생각했으나, 결국에는 거기에서 어떤 법칙성을 찾을 수 있음을 깨닫게 됩니다.

그렇게 되면 우리는 이러한 〈침묵하는〉 꿈-요소를 스스로 해석하고, 우리만의 방법으로 그에 대한 번역을 시도해 보려는 유혹을 느끼게 됩니다. 이러한 새로운 보충적 방법으로 꿈-해석을 시도할 경우 언제나 만족할 만한 의미를 얻게 되는 반면, 그러한 새로운 처치법을 과감하게 도입하지 않는 경우 꿈은 항상 의미 없는, 관련성이라고는 찾아볼 수 없는 파편으로 남게 된다는 것을 우리는 어쩔 수 없이 깨닫게 됩니다. 그러한 비슷한 경우들이 계속 쌓이다 보면, 처음에는 주저했던 우리의 시도에도 확실성이 부여될 것입니다.

나는 이 모든 것을 다소 도식적으로 설명하고 있는데, 그렇게 하는 것이 교육적인 목적을 위해서는 허용될 수 있을 것입니다. 그리고 그것은 변조된 것이 아니라 단지 단순화된 것일 뿐입니다.

이러한 방법으로 우리는 일련의 꿈-요소들에 대해서 일정한 번역문을 갖게 되는데, 그것은 통속적인 꿈 해몽 책들에서 자신들이 꾼 꿈에 대한 해몽을 찾아내는 것과도 비슷합니다. 그러나 연상법에서는 어떤 꿈-요소에 대해서 일정한 대체물이 나타나는 일은 결코 없다는 것을 잊지 마시기 바랍니다.

여러분은 즉시, 이러한 해석 방법은 자유 연상을 통한 이전의 해석 방법보다 훨씬 불확실하고 공격받기 쉽다는 인상을 받는다고 말씀하실 것입니다. 자, 그러나 여기에는 또 첨가해야 할 사항이 있습니다. 우리가 경험을 통해서 그러한 일정한 번역문을 충분히 모아 나가다 보면, 꿈-해석의 이러한 부분은 실제로 자기 자신의 지식으로 채울 수 있었으리라는 것과, 정말로 꿈꾼 사람의 연상 내용이 없이도 그 꿈들을 이해할 수 있다는 것을 불현듯 깨닫게 됩니다. 우리가 그 의미를 어떻게 깨닫게 되는지에 대해서는 우리 논의의 후반부에서 다루게 될 것입니다.

꿈-요소와 그 번역 사이의 이러한 항상적 관계를 〈상징 관계 Symbolbeziehung〉라고 부르고, 또 꿈-요소 그 자체는 무의식적인 꿈-사고의 〈상징〉으로 부르기로 합시다. 내가 이전에 꿈-요소와 그 배후에 있는 본래적인 것 사이의 관계를 연구하면서, 그 관계를 세 가지로 구분했던 것을 여러분은 기억하실 것입니다. 하나는 전체에 대한 부분의 관계, 또 하나는 암시의 관계이고, 마지막 하나는 형상화의 관계입니다. 네 번째 관계에 대해서는 언급하기만 했지 그 이름을 말하지는 않았습니다. 그 네 번째가 바로 여기에 도입되고 있는 상징 관계입니다. 이 관계와 관련해서는 매우 흥미로운 논의가 이어지는데, 상징적 의미에 대한 특별한 연구를 설명하기 전에 이러한 논의를 다루어 보기로 합시다.

상징 의미론은 아마도 꿈-이론Traumlehre의 가장 주목할 만한 장이 될 것입니다. 무엇보다도 상징은 불변의 고정적인 번역이라고 할 수 있으므로, 어느 정도까지는 고대의 통속적인 꿈-해석의 이상을 실현해 준다고 볼 수 있으나, 그것은 우리의 해석 기술과는 한참 동떨어진 것입니다. 어떤 경우에는 상징에 대해서 아무것도 모르고 있는 꿈을 꾼 당사자에게 아무런 질문을 하지 않고도 상징을 통해서 꿈을 해석하는 것이 가능합니다. 일반적으로 통용되고 있는 꿈-상징Traumsymbol과 거기에 덧붙여 꿈꾼 이의 성품, 그가 살고 있는 생활 환경, 꿈을 꾸게 만든 인상 같은 것을 알게 되면, 우리는 그 꿈을 즉시 해석하고 쉽게 번역할 수 있게 됩니다. 그러한 재주는 꿈의 해석자를 우쭐하게 만들고 꿈꾼 이를 감동시킵니다. 그것은 꿈을 꾼 사람에게 일일이 물어보아야 하는 그 힘든 작업과 뚜렷하게 비교되면서 기분 좋은 느낌을 줍니다. 그러나 여기에 현혹되어서는 안 됩니다. 재주를 부리는 것이 우리의 과제는 아닙니다. 상징의 지식에 근거한 해석은 연상법을 대체할 수 있고 또 그것과 비교될 수 있는 기술이라고 볼 수 없습니다. 상징에 의한 해석법은 연상법의 보완일 뿐이며, 그것과 연결된 구조 속에서만 유용한 결과를 제공합니다. 꿈꾼 이의 심리적인 상황에 대한 지식과 관련해 보면, 여러분이 평소 잘 알고 있는 사람의 꿈만을 해석하는 것이 아니고, 꿈을 꾸게 만든 원인이 되는 그날그날의 사건에 대해 일반적으로 아무것도 모르는 경우가 대부분이며, 피분석자에게 떠오른 연상이 바로 그 사람의 심리적 상황이라고 부를 수 있는 것의 지식을 제공하곤 한다는 점 등을 고려에 넣어야 합니다.

후에 언급하게 될 관련성을 고려해 볼 때 매우 특이하다고 할 만한 점은, 꿈과 무의식 사이에 상징 관계가 존재한다는 우리의 주장에 대해 다시금 격렬한 항의가 제기되고 있다는 것입니다. 평소 같으면 정신분석에 웬만큼 동조하던, 판단력과 명망을 갖춘 사람들까지도 여기에 이르러서는 동조하지 않습니다. 이러한 행동과 관련해서 또 특이한 점은, 첫째로 상징이 꿈에만 관계되는 매우 독창적이고도 특징적인 사항이 아니라는 것과, 둘째로 정신분석이 놀랄 만한 새로운 발견을 풍부하게 제시한 것은 사실이지만, 꿈에서 상징을 읽어 내는 작업 자체가 정신분석에서 비롯되진 않았다는 것입니다. 근대에 들어와서 꿈의 상징성에 처음 의미를 부여하고 이를 발견한 사람으로는 철학자 셰르너를 들 수 있습니다.[2] 정신분석은 다만 셰르너의 이 발견을 확인한 것이며, 근본적으로 그것을 수정한 것에 지나지 않습니다.

이제 여러분은 꿈의 상징적 의미의 본질에 대하여, 그리고 그 사례들에 대하여 듣고 싶어 하실 것입니다. 나도 내가 아는 것을 여러분에게 기꺼이 설명해 드리고 싶습니다. 그러나 우리의 이해는 우리가 원하는 정도까지는 이르지 못한다는 사실을 고백해야만 하겠습니다.

상징 관계의 본질은 비교입니다. 그러나 그것은 임의적으로 아무렇게나 하는 비교가 아닙니다. 이러한 비교를 하기 위해서 어떤 특정한 조건이 전제되리라는 것을 예감할 수는 있으나, 이 조건이 어디에 근거를 두고 있는지는 알 길이 없습니다. 우리가 일반적으로 어떤 대상이나 어떤 과정을 비교할 수 있는 것처럼, 꿈속에서도 그와 같이 모든 것에 대한 상징이 등장하는 것은 아닙니다. 또한 꿈은 어떤 것이든 모두 상징화*Symbolisierung*하는 것이 아니라, 잠재적 꿈-사고 속에 있는 어떤 특정한 요소만을 상징으로 나타냅니다. 그러니까 여기에는 양방향에서 모두 제약이 따른다고 할 수 있습니다. 또한 인정해야 할 점은, 상징의 의미가 항상 예리하게 구분되는 것은 아니며, 보완이나 표현, 그 외에 그와 비

2 셰르너의『꿈의 생활』참조 ― 원주.

숫한 것들과 혼동되며 암시에 가까운 것이라고까지 할 수 있다는 것입니다. 일련의 다른 상징에서는 그 밑바닥에 깔려 있는 비교가 매우 뚜렷하게 나타납니다. 그러나 또 어떤 상징에서는 추정되는 이러한 비교의 준거Tertium comparationis, 즉 공통점이 어디에 있는지를 찾아보아야 하지 않을까 하는 의문이 떠오를 때가 있습니다. 그럴 때 우리는 곰곰이 생각해서 그 공통점을 찾아낼 경우도 있지만, 어떤 때는 영원히 숨겨진 채로 남겨질 수도 있습니다. 더 나아가서 상징이 하나의 비교라고 한다면, 이러한 비교가 연상 작용에 의해 드러나지 않는다는 것과 꿈꾼 이는 그러한 비교를 알지도 못하는 채로, 그것을 깨닫지도 못하면서 그러한 비교를 사용하고 있다는 것은 참으로 이상한 일입니다. 더군다나 꿈꾼 이는 그러한 비교를 설명해 주었을 때 그것을 인정하고 싶어 하지 않는다는 것입니다. 그러므로 상징 관계는 매우 특이한 종류의 비교라는 것, 그 근거를 우리는 아직 완전히 파악하고 있지 못하다는 것을 주지하셔야 합니다. 어쩌면 나중에 가서야 이러한 미지의 것에 대한 시사점이 드러날 것입니다.

꿈속에서 상징적으로 표현되는 사물의 범위는 그리 크지 않습니다. 전체로서의 인간 육체, 부모, 자식, 형제자매, 출생, 죽음, 나체(裸體) 등에, 특히 중요한 한 가지가 더 있습니다. 전체로서의 인간 존재에 대한 전형적인 — 규칙적인 — 표현으로서 〈집〉이 있습니다. 그것은 셰르너도 인정했던 것이었는데, 다만 그는 이 상징에 대해 그에 맞지 않는 너무 큰 의미를 부여하려고 했습니다. 꿈속에서 어떤 때는 매우 기분이 좋아서, 또 어떤 때는 걱정에 가득 차서 집의 전면을 기어 내려오는 일이 있습니다. 벽면이 매끈한 집은 남성이고, 어딘가 튀어나온 부분이나 발코니가 있어서 몸을 의지할 수 있으면 그 집은 여성입니다. 부모는 꿈속에서 황제나 여황제, 왕이나 여왕, 그 밖에 매우 위엄 있는 사람으로 묘사됩니다. 꿈은 이 경우에 매우 경건합니다. 자녀나 형제자매의 경우에는 그렇게 자애롭지 못합니다. 그들은 작은 동물이나 해충 따위로 나타납니다. 탄생은 거의 언제나 물과의 관계로 표현됩니다. 사람이 물속으로 뛰어들거나 물속에서 솟아오르고, 아니면 어떤 사람을 물속에서 구출하거나 혹은 자신이 물에서 구출되거나 하는 등, 물이 어머니와의 관계로 상징되는 것입니다. 죽음은 꿈속에서 여행을 떠나는 것, 기차를 타고 가는 것 등으로 표현됩니다. 죽어 있는 상태는 갖가지의 어둡고 공포스러운 암시로 상징되고, 나체는 옷이나 제복 등으로 상징됩니다. 여러분은 여기서 상징 묘사*Symboldarstellung*와 암시 묘사*Suggestiondarstellung* 사이의 경계가 매우 불분명하다는 것을 깨닫게 되셨을 것입니다.

위에 예를 든 것들의 종류가 그렇게 많지 않은 것과는 대조적으로, 다른 영역에서의 대상과 내용은 매우 풍부한 상징으로 묘사되고 있는 것이 특이합니다. 그것은 바로 성생활의 영역으로서 성기, 성적 과정, 성교에 관한 것들입니다. 꿈-상징의 거의 대다수는 성적 상징이라고 할 수 있습니다. 이 경우에 주목할 만한 불균형이 드러나는데, 표현되는 대상의 수는 적은 반면 그에 대한 상징은 엄청나게 많다는 것입니다. 그러므로 이러한 성적인 것들은 어느 것이나 거의 동등한 가치를 갖는 수없이 많은 상징으로 표현될 수 있게 됩니다. 이때 그 상징을 해석해 주면 일반적으로 사람들의 불쾌감을 유발할 수 있는 결과가 발생합니다. 상징 해석은 꿈을 표현하는 다양성에 비하면 매우 단조롭습니다. 성의 상징 해석*Symboldeutung*에 대해서 알고 있는 사람에게는 이 사실이 마음에 들지 않겠지만 어쩔 수 없는 일이 아닐 수 없습니다.

이 강의에서 성생활의 내용들이 언급되는 것은 처음이므로, 내가 이 주제를 어떻게 다루려고 생각하고 있는지에 대해서 여러분에게 잠깐 설명해 드려야 할 책임을 느낍니다. 정신분석은 사실을 은폐하거나 암시로 그치게 할 하등의 필요를 느끼지 않습니다. 이러한 중요한 주제를 다룸에 있어서 부끄러워해야 할 필요성도 느끼지 않습니다. 성적인 내용에 관한 모든 것을 그 정확한 이름으로 부르는 것을 올바르고도 분별 있는 행동으로 생각하며, 그렇게 함으로써 방해가 되는 부수적인 생각을 가장 쉽게 멀리할 수 있을 것으로 생각합니다. 그러나 그렇다고 해서 여성과 남성이 섞여 있는 이 청중들 앞에서 강의한다는 사실이 변하는 것은 아닙니다. 초보자를 위해 적당히 서술해도 되는 학문이 존재하지 않는 것처럼, 처녀들만을 위한 학문 또한 존재할 수 없습니다. 여러분 중에 이 강의를 듣고 있는 여학생들은 이 강의실에 나타났다는 사실만으로도 남성들과 똑같이 대우받기를 원한다는 것을 공표한 것이나 다름없다고 생각할 수 있겠습니다.

꿈속에서 남성의 성기를 표현하는 상징들은 매우 많은데, 그것들 사이에는 비교되고 있는 공통점이 아주 뚜렷하게 나타납니다. 우선적으로 남성의 성기 일반에는 신성한 숫자 3이 상징적으로 매우 깊은 의미를 갖습니다. 양성의 성기 중 더욱 눈에 두드러지고 관심이 가는 남성의 음경(陰莖)은 첫째로, 형태가 비슷하게 보이는 것, 즉 길고 높이 솟은 모습을 하고 있는 것들, 지팡이, 우산, 몽둥이, 나무, 그 밖에도 그와 비슷한 것들을 통해 상징적인 대체물들을 찾게 됩니다. 더 나아가서 신체에 침입해 들어가는 특성과 상처를 입히는 특성을 지닌 것들, 모든 종류의 뾰족한 물건들, 예를 들어 칼, 단도, 창, 검 등과 총포류(銃砲類)의 무기들, 즉 소총과 그 형태 때문에 매우 쓸모 있어 보이는 연발 권총 같은 것들이 상징으로 이용됩니다. 소녀들의 불안-꿈에서는 칼이나 총기 등을 갖고 있는 남자에게 쫓기는 상황이 큰 역할을 차지하고 있습니다. 이것들은 아마도 꿈의 상징성이 드러나는 가장 빈번한 경우로서, 여러분도 쉽게 번역할 수 있는 것들이 될 것입니다. 남성의 성기를 물이 흐르는 물건들로 대치하는 것도 즉시 이해되는 것들입니다. 즉 수도꼭지, 물뿌리개, 분수 등이 그렇고, 늘일 수 있는 물건들, 즉 걸 수 있는 램프, 샤프펜슬도 남성의 성기를 상징합니다. 연필이나 펜대, 손톱 가는 줄, 망치, 또 그 밖의 다른 기구 등도 의심의 여지 없이 남성 성기의 상징인데, 이것은 그 신체 기관에 대해 사람들이 흔히 품고 있는 견해와 관련된 것입니다.

중력에 대항하여 곧추설 수 있는 남성 성기의 특이한 성질, 즉 발기라는 부분 현상은 기구, 비행기, 또 최근에 이르러서는 체펠린Zeppelin 비행선 등과 같은 상징 표현까지도 가능하게 했습니다. 그 밖에도 꿈은 이 발기 현상을 상징화할 수 있는 훨씬 탁월한 표현 방법을 알고 있습니다. 꿈은 이 성기를 인간적 전 존재의 본질로 인식하고서 인간 자체를 날게 만듭니다. 우리 모두가 알고 있는, 그처럼 아름답게 생각되던 비행의 꿈이 일반적인 성적 흥분이라든가 발기의 꿈으로 해석된다고 해서 너무 상심할 필요는 없습니다. 정신분석 연구가들 중에서는 페더른P. Federn이 모든 의혹에 대항하여 이 해석을 확립시켰습니다.[3] 또 연구에 임할 때의 냉정함으로 인해 세간의 칭송을 받았고, 팔다리 등을 인위적으로 위치시킴으로써 그 결과가 꿈속에 어떻게 나타나는지를 실험한 바 있으며, 정신분석과는 인연이 없었고 어쩌면 그에 대해

---

3 페더른의 「두 가지 전형적인 꿈-감각에 대하여 Über zwei typische Traum-sensationen」(1914) 참조.

서는 아무것도 몰랐을 볼드도 자신의 실험을 통해 똑같은 결론에 도달했습니다.[4] 여성들도 비행의 꿈을 꿀 수 있다는 사실에 대해서 어떤 반론을 제기할 생각은 하지 마십시오. 우리의 꿈은 통상 소원 성취의 꿈이며, 의식하든 의식하지 않든 남성이기를 원하는 소원이 여성들에게서 흔히 발견된다는 점을 기억해 보시기 바랍니다. 남성과 똑같은 감각 작용을 통해서 이 소원을 실현시키는 것이 가능하다는 것은, 해부학에 조예가 있는 사람이라면 부정하지 않을 것입니다. 여성도 그 성기 안에 남성의 것과 모양이 비슷한 작은 기관을 가지고 있고, 음핵(陰核)이라 불리는 이 작은 기관은 유년기나 성교를 할 수 있는 나이 이전의 시기에 남성의 큰 기관과 같은 역할을 수행하는 것입니다.

남성의 성기를 상징하는 것들 중에 잘 이해되지 않는 것들로서는 도마뱀과 물고기, 그리고 무엇보다도 유명한 상징인 뱀이 있습니다. 모자나 외투 따위가 어떻게 해서 같은 의미로 사용되고 있는지는 확실히 알아내기 어려운 문제이긴 하나, 그 상징적 의미는 명백합니다. 남성 성기의 대체물로서 다른 사지(四肢) 중 하나, 즉 발이나 손을 상징적인 의미로 생각해도 좋을지 어떤지에 대한 의문이 솟아오를 수도 있겠습니다. 전체적인 맥락이나 그에 대응하는 여성적인 대상을 생각해 보면 역시 같은 결론에 도달할 수밖에 없다고 나는 생각합니다.

여성의 성기는 여성적 성기와 공통의 성질을 갖는 것들, 그 안에 무언가를 받아들일 수 있는 우묵한 공간이 있는 것들이면 어느 것이든 상징적으로 그러한 여성적 성기의 대상들로 표현됩니다. 갱도, 구덩이, 구멍, 용기나 병, 서랍이나 캔, 가방, 깡통, 상자, 호주머니 등이 여기에 해당합니다. 배 또한 그러한 대열에 끼일

4 볼드의 『꿈에 대하여』 참조.

수 있습니다. 어떤 상징들은 여성의 성기 자체보다는 어머니의 자궁과 더욱 긴밀한 관계를 갖고 있습니다. 즉 장롱이나 아궁이, 무엇보다도 방-상징이 그렇습니다. 방-상징은 집-상징과 나란히 있습니다. 방문이나 대문은 다시금 성기의 구멍에 대한 상징이 되는 것입니다. 옷감 또한 여성의 상징이며 목재나 종이, 그 외에도 이와 같은 재료들로 이루어진 사물들, 예를 들어 식탁이나 책 등도 같은 상징입니다. 동물들 중에서는 적어도 달팽이나 조개는 틀림없이 여성의 상징으로 볼 수 있습니다. 신체의 부분 중에서는 입이 성기의 구멍을 대리하는 것이며, 건축물들 중에서는 교회와 성당이 그 역할을 대신합니다. 보시는 것처럼 모든 상징들이 다 쉽게 이해될 수 있는 것은 아닙니다.

유방은 성적 기관의 하나로 간주될 수 있는 것으로서, 여성 신체 중에 커다란 반구형으로 이루어진 부분인 둔부와 마찬가지로 사과나 복숭아, 그 밖의 과일 일반으로 표현됩니다. 남녀 양성에 있어서 성기를 덮고 있는 음모는 꿈속에서 숲이나 관목 숲으로 묘사됩니다. 여성 성기는 그 복잡한 국소 구조로 인해 종종 바위와 숲, 물이 있는 하나의 풍경으로 묘사되는 수가 있다는 것은 이해할 만한 일입니다. 반면에 남성 성기의 그 위엄 있고 당당한 기능적 장치는 모든 종류의 형용하기 복잡한 기계들을 자신에 대한 상징으로 만들어 버리기도 합니다.

여성 성기의 상징 중 언급할 만한 가치가 있는 것으로서는 보석 상자가 있습니다. 보석과 보물은 꿈속에서 사랑하는 사람의 상징이 되기도 합니다. 또 단것들은 성교 과정 중의 쾌락에 대한 표현으로 빈번하게 등장합니다. 자기 자신의 성기에서 비롯된 만족은 피아노 연주를 포함한 모든 종류의 유희로 표현됩니다. 자위*Onanie*에 대한 극히 뛰어난 상징적 표현은 활강이나 미끄럼 타기, 또는 나뭇가지 꺾기 등이며, 특히 기묘하다고 할 만한 자위의 상징은 이가 빠지는 것이나 빠져 버린 이입니다. 그것은 우선 확실하게 자위행위에 대한 벌로서의 거세*Kastration*를 상징합니다. 성교 행위에 대한 특별한 표현은 이제까지 보고된 것에서 기대할 수 있을 만큼 많지는 않습니다. 댄스나 승마, 그리고 등산 등과 같은 리드미컬한 활동 정도를 언급할 수 있겠고, 차에 치이는 것과 같은 난폭한 체험도 그와 같은 것입니다. 수공업 작업과 무기로 위협하는 것 등도 그에 속한다고 볼 수 있습니다.

여러분은 이러한 상징을 사용할 때나 그것을 번역할 때 너무 단순하게 생각해서는 안 됩니다. 우리의 기대에 반하는 여러 가지 일이 자주 일어나기 때문입니다. 예를 들어 상징으로 나타나는 이들 표현 중에서 양성의 차이가 뚜렷이 구별되지 않는 경우가 많다는 것은, 어떻게 보면 거의 믿을 수 없을 정도입니다. 어떤 상징들, 예를 들어 작은 아이나 어린 아들, 어린 딸 등은 남성의 것이든 여성의 것이든 상관없이 성기 일반을 나타냅니다.[5] 한편으로 주로 남성적인 성기의 상징이 여성 성기의 상징으로 사용되기도 하고 그 반대의 경우도 있습니다. 이것을 이해하게 되기까지는 인간의 성적 관념의 발달에 대한 통찰이 선행되어야 합니다. 많은 경우에 있어서 상징의 이러한 모호성은 외관상으로만 그렇게 보이는 것인지도 모릅니다. 왜냐하면 그러한 상징 중에서도 무기나 호주머니, 상자와 같은 명백한 것들은 이러한 양성적인 사용에서 제외되어 있기 때문입니다.

이제 나는 표현되어 나타나 있는 것이 아니라 상징에서 출발하

5   즉 이 세 가지 중 하나가 꿈속에서 남성 또는 여성의 성기를 나타내는 상징으로 이용될 수 있다.

여, 성적인 상징이 어느 영역으로부터 가장 많이 차용되어 왔는지 개괄적으로 조망하려 합니다. 또 이해하기 힘든 공통점을 갖고 있는 상징들을 특별히 고려하면서 몇 가지 사항을 덧붙이려 합니다. 그렇게 어둡고 흐릿하게 보이는 것으로서는 모자, 또는 머리를 덮는 용도로 쓰이는 것들을 들 수 있겠는데, 그것은 일반적으로 남성 성기를 의미하지만 여성의 성기를 의미하는 데도 쓰입니다. 마찬가지로 외투는 남성을 의미하는데, 항상 꼭 성기와 관계를 갖는 것은 아닙니다. 이 경우에 여러분은 그 이유를 물어볼 수 있을 것입니다.[6] 밑으로 내려뜨리는 것이면서 여성들에 의해서는 사용되지 않는 넥타이는 명백하게 남성적인 상징입니다. 흰 속옷이라든가 린넬 같은 것은 여성적인 것이고, 옷이나 제복은 앞에서도 언급한 바와 같이 나체나 신체 형태에 대한 대체물입니다. 구두나 슬리퍼는 여성 성기에 대한 것이고, 식탁이나 나무는 수수께끼 같지만 확실하게 여성적인 상징으로 이미 언급된 바 있습니다. 사다리, 계단, 층층대, 혹은 그것들을 올라가는 일 등은 확실하게 성교의 상징입니다. 깊이 생각해 보면 올라가는 행위에 있어서의 리듬감이 이런 사물들의 공통점으로 우리 눈에 띄게 될 것입니다. 또 어쩌면 그 위로 높이 올라갈수록 흥분이 커지고 숨쉬기가 가빠진다는 것도 공통점으로 보일 수 있습니다.

풍경은 여성적인 성기의 표현으로 이미 인정한 바 있습니다. 산과 바위는 남성 성기의 상징이고 정원은 여성 성기의 상징으로 가장 흔히 사용됩니다. 과일은 아이에 대한 것이 아니라 가슴에 대한 상징입니다. 야수는 관능적으로 흥분되어 있는 인간을 의미하며 더욱 나쁜 본능이나 정욕을 의미하기도 합니다. 꽃과 화초

---

6 프로이트는 〈Mantel(외투)〉과 〈Mann(남자)〉 사이의 유사음 때문이라고 추측한다. 『새로운 정신분석 강의』(프로이트 전집 2, 열린책들) 참조.

등은 여성 성기의 상징으로, 더욱 특별하게 말하자면 처녀성을 상징합니다. 여러분은 꽃이 실제로도 식물의 성기라는 것을 잊지 않으셨을 것입니다.

우리는 이미 방을 하나의 상징으로 인식한 바 있습니다. 이 표현은 여기서 더 나아가 방의 창문이나 입구, 출구가 신체의 구멍을 의미하게 됩니다. 방이 열려 있거나 닫혀 있는 것 등도 이 상징에 덧붙여지며, 방을 열 수 있는 열쇠는 확실한 남성의 상징입니다.

이것들이 바로 꿈-상징의 재료라고 말할 수 있을 것 같습니다. 그것은 완결된 것이 아니며, 더욱 깊이 들어갈 수도 있고 더욱 폭넓게 확장시켜 갈 수도 있습니다. 그러나 이것들만으로도 여러분에게는 넘칠 정도로 충분하며 여러분을 언짢게 만들었을지도 모른다고 생각합니다. 여러분은 이렇게 질문할 수도 있을 것입니다. 〈그렇다면 내가 정말 성적 상징의 한가운데 살고 있다는 것입니까? 나를 둘러싸고 있는 모든 것들, 내가 입고 있는 모든 옷들, 내가 손에 쥐고 있는 모든 물건들이 전부 다 성적 상징에 지나지 않는다는 말입니까?〉 이렇게 당혹스러운 질문을 퍼붓는 것도 무리는 아닙니다. 이러한 것들 중 제일 처음 떠오르는 질문은, 〈우리는 도대체 어디에서 이러한 꿈-상징의 의미를 찾아야 한다는 것입니까? 꿈꾼 이 자신도 그 의미에 대해서 아무것도 알려 주지 않고, 또 가르쳐 준다 하더라도 극히 불충분한 것에 불과할 뿐인데 말입니다〉가 될 것입니다.

나는 〈꿈-상징의 의미를 매우 다양한 원천에서 끌어올 수 있습니다. 동화나 신화들, 농담이나 기지, 민속학, 즉 풍습이나 습관, 격언, 민중들의 민요에 대한 학문들, 또 시적이고 통속적인 관용어를 통해서 알 수 있을 것입니다〉라고 대답하려 합니다. 위에 열거한 것들 중에서 똑같은 상징이 발견되며, 대부분의 영역에서 특별한 가르침이 없어도 그 상징을 이해할 수 있게 됩니다. 이러한 원천들을 하나하나 검토해 들어가면 꿈-상징과 대단히 많은 유사점을 발견하게 될 것이며, 그렇게 해서 우리의 해석에 대해 확신하지 않을 수 없게 될 것입니다.

셰르너에 따르면, 이미 언급했던 것처럼 인간의 신체는 꿈속에서 빈번하게 〈집〉이라는 상징으로 제시됩니다. 그 상징에 연이어서 창문과 문, 대문은 우리 몸이 갖고 있는 구멍으로 향하는 입구에 해당된다는 것, 또 집의 전면은 매끈할 수도 있고 돌출 부분이나 발코니가 있을 수도 있는데, 이때의 돌출 부분과 발코니는 붙잡을 수 있는 구조물로 해석된다는 것 등도 설명드렸습니다. 이러한 상징성은 우리가 흔히 쓰고 있는 관용어에서도 발견되는데, 아주 친한 사람을 만났을 때 다정하게 〈야, 이 친구야altes Haus〉[7] 하고 인사하는 것도 그런 의미입니다. 또 〈그를 한 대 때려 주었다einem eins aufs Dachl geben〉[8]고 말할 때나 〈그가 좀 돈 거 아니야es sei bei ihm nicht richtig im Oberstübchen?〉[9]라고 주장할 때도 마찬가지입니다. 해부학에서는 몸속의 구멍을 직접적으로 〈몸의 입구Leibespforten〉라고 부릅니다.

꿈속에서 만나는 황제 부부나 왕과 왕비가 부모로 해석된다는 것은 처음에는 몹시 놀라운 일이었을 것입니다. 그러나 그와 같은 유사점은 동화 속에서 발견됩니다. 〈옛날에 왕과 왕비가 살았습니다〉라고 시작하는 많은 동화는 〈옛날에 아버지와 어머니가 살았습니다〉라는 뜻과 다름없다는 통찰이 어렴풋이 떠오르지 않

---

7 〈altes Haus〉는 〈오래된 집〉이라는 뜻이다.
8 〈eins aufs Dachl geben〉은 〈지붕을 한 번 내리치다〉라는 의미이다.
9 〈Oberstübchen〉은 글자 그대로는 〈다락방〉을 의미하지만 여기서는 〈뇌〉를 뜻한다.

습니까? 집에서도 농담 삼아 아이들을 왕자로 부르고 제일 맏아들을 황태자로 호칭하는 일이 적지 않습니다. 왕도 자기 자신을 〈국부(國父)〉라고 부릅니다. 작은 아이들을 지칭할 때 농담처럼 벌레들*Würmer*이라고 부르고, 또 때로는 연민 섞인 감정으로 불쌍한 벌레*der arme Wurm*라고 부르는 것입니다.

다시 〈집〉의 상징으로 돌아가 봅시다. 꿈속에서 우리가 집의 돌출부를 잡을 수 있는 손잡이*Anhalten*로 인식하는 것은 커다랗게 잘 발달된 유방을 가리켜서, 〈저 여자는 붙잡을 데가 있군*Die hat etwas zum Anhalten*〉이라고 말하는 독일의 유명한 속어를 생각나게 합니다. 그러한 경우에 독일인들은 또 〈저 여자는 집 앞에 많은 목재를 쌓아 두고 있어*Die has viel Holz vor dem Haus*〉라고 다르게 표현하기도 하는데, 그것은 마치 목재는 여성적이고 모성적인 상징이라는 우리의 해석을 도와주기라도 하는 것처럼 보입니다.

목재*Holz*에 관해 또 다른 것을 살펴봅시다. 여러분은 이 재료가 어떻게 해서 모성적이고 여성적인 의미로 사용되는지 이해할 수 없을 것입니다. 이 경우에 비교 언어학이 도움이 되어 줄지 모르겠습니다. 독일어 단어 〈*Holz*(나무)〉는 재료, 원료를 뜻하는 그리스어인 〈*hyle*〉와 동일한 그리스어원을 갖고 있다고 합니다. 일반적인 재료를 뜻하던 이름이 나중에 가서는 어떤 특별한 재료만을 뜻하는 이름이 되어 버리는 경우가 그렇게 드물지만은 않은 것 같습니다. 대서양에 마데이라*Madeira*라는 이름을 가진 섬이 있습니다. 이 이름은 포르투갈 사람들이 그 섬을 발견했을 당시에 붙인 이름인데, 그 이유는 그 섬이 발견 당시에 온통 숲으로 뒤덮여 있었기 때문이라고 합니다. 마데이라는 이를테면 포르투갈어로 목재*Holz*라는 뜻입니다. 이 마데이라라는 이름은 다시금, 재료 일반을 뜻하는 라틴어인 마테리아*Materia*에서 조금 변형된 단어에 지나지 않는다는 사실을 여러분은 금방 알아차리실 수 있을 것입니다. 마테리아는 엄마Mater, 어머니Mutter라는 어원에서 비롯된 것입니다. 어떤 것이 이루어지게 되는 본바탕인 재료는 그러므로 모성적인 부분과 같다고 할 수 있겠습니다. 그러므로 목재를 여자나 어머니에 대한 상징적 표현으로 사용하는 것에는 그에 대한 옛 관념이 살아 있는 것입니다.

탄생은 꿈속에서 언제나 물과의 관련성을 통해 표현됩니다. 물속으로 뛰어들거나 혹은 물속에서 나오는 경우인데, 그것은 분만을 하거나 출생한다는 의미가 됩니다. 이때 이 상징은 두 가지의 발생사적인 사실과 관련되어 있다는 것을 잊지 마십시오. 즉 인간의 조상들도 포함하여 모든 포유동물은 수서(水棲) 동물에서 진화되었을 뿐만 아니라 ─ 이것은 두 가지 사실 중 더 먼 과거의 이야기입니다 ─ 모든 포유동물과 모든 인간은 존재의 첫 시기를 물속에서 보냈다는 것입니다. 다시 말해 태아의 형태로 어머니의 몸속에서 양수(羊水)에 담겨 살았으며, 출생과 함께 물속에서 나오게 된 것입니다. 나는 꿈꾼 이가 이 사실을 알고 있었다고 주장하려는 것이 아닙니다. 그는 그 사실을 도무지 알 필요가 없다는 것이 나의 생각입니다. 그는 아마도 어린 시절에 주위에서 들은 이야기를 통해서 출생에 관해 다르게 알고 있을지도 모릅니다. 그러나 그러한 지식마저도 이러한 상징 형성Symbolbildung에는 아무런 역할을 하지 못했을 것이라고 생각합니다. 그가 아직 어린이였을 적에 사람들은 그에게 황새가 아기를 물어다 주는 것이라고 이야기했을 것입니다. 그런데 그 황새는 어디서 그 아기를 물고 오는 것입니까? 연못 아니면 샘물에서, 다시 말해 물속에서 입니다. 내 환자 중 한 사람은 ─ 그 당시에는 어린 백작이었는데 ─ 어릴 때 이 이야기를 듣고는 오후 내내 행방불명이 되었다고 합니다. 드디어 사람들은 그가 성에 있는 한 연못가에 엎드려 있는 것을 발견했는데, 그는 작은 얼굴을 수면 위로 기울이고는 물속 깊은 곳에서 혹시나 아기 같은 것을 볼 수 있을까 열심히 노려보고 있었다고 합니다.

오토 랑크가 비교 연구를 행한 바 있는 영웅들의 출생에 관한 신화 속에는 ── 그중 가장 오래된 것은 기원전 2800년경 아카드 Agade의 사르곤Sargon왕에 대한 신화인데 ── 물속에 처박는 것과 물에서 구출되는 이야기가 매우 중요한 역할을 하고 있습니다.[10] 랑크는 이러한 출산 이야기가 꿈속에 흔히 등장하는 표현과 매우 유사하다는 것을 간파했습니다. 꿈속에서 어떤 사람을 물에서 구출할 때에는 그 자신이 그 사람의 어머니가 되거나 어머니와 같은 존재가 됩니다. 신화 속에서 아기를 물에서 구해 내는 사람은 언제나 자신이 그 아이의 어머니가 되었노라고 고백합니다. 잘 알려져 있는 농담 중에는, 어떤 영리한 유대인 남자아이에게 누가 모세의 진짜 어머니냐고 물은 결과, 그 아이는 주저하지 않고 바로 공주라고 대답했다는 이야기가 있습니다. 그래서 그 아이에게 〈아니야, 공주는 아기를 그저 물속에서 구해 냈을 뿐이잖아〉라고 말하자, 아이는 〈공주가 그렇게 말했을 뿐이야〉라고 대답했다고 합니다. 아이는 이로써 신화에 대한 올바른 해석을 내리고 있음을 증명해 보인 것입니다.[11]

꿈속에서 여행을 떠나는 것은 죽음을 의미합니다. 이것 역시 어린이 놀이방의 방식입니다. 어린아이가 자기가 그리워하고 있는 죽은 사람의 소재를 물으면 어른들은 그에게 〈그 사람은 여행

---

10   랑크의 『영웅 탄생의 신화 Der Mythus von der Geburt des Helden』(1909) 참조.
11   프로이트는 「인간 모세와 유일신교」(프로이트 전집 13, 열린책들)에서 〈신화의 정확한 해석〉을 그의 이론 전개의 기본으로 삼았다.

을 떠났어〉라고 말해 줍니다. 꿈-상징은 이처럼 어린아이들에게
쓰이고 있는 변명 같은 것에서부터 나온 것이라는 믿음에 대해
나는 또다시 반박하지 않을 수 없습니다. 극작가가 피안에 대해
말하면서 〈어떤 여행자도 다시 돌아오지 못한 미지의 땅〉[12]이라
고 표현할 때, 그도 역시 이와 동일한 상징 관계를 사용하고 있는
것입니다. 우리의 일상 속에서도 죽음을 〈마지막 여행〉이라고 말
하는 것은 아주 일반적인 일입니다. 고대의 의식(儀式)에 대해서
잘 알고 있는 사람들은, 예를 들어 고대 이집트인들의 신앙 속에
서 죽음의 나라로 떠나는 여행에 대한 관념이 매우 심각하고도
진지하게 생각되어 왔다는 것을 알고 있을 것입니다. 마치 여행
자가 여행 안내서를 휴대하듯이 마지막 여행을 떠나는 미라에게
『사자(死者)의 서(書)Totenbuch』가 주어졌는데, 이것은 오늘날에도
여러 군데에서 많이 발견되고 있습니다. 묘지가 살고 있는 곳에
서 분리되어 멀리 떨어진 곳에 위치하게 되면서부터, 죽은 자의
이 마지막 여행은 현실이 되어 버리고 말았습니다.

이와 같은 성기의 상징이 꼭 꿈에만 해당되는 것은 아닙니다.
여러분 중 누구라도 언젠가 한번은 여자에 대해 〈늙은 할멈alte
Schachtel〉[13]이라고 지칭하는 무례함을 범한 적이 있을 텐데, 그때
여러분은 그 말이 일종의 성적 상징이라는 것을 전혀 알지 못했
을 것입니다. 신약 성서에는 〈여자는 깨지기 쉬운 그릇이다〉라는
말이 있습니다. 유대인들의 성서는 시적이라고 할 만한 문체로
묘사된 성적 상징의 표현들로 가득 차 있는데, 그것이 언제나 제
대로 이해되었던 것은 아니어서, 예를 들어 솔로몬의 『아가서』에
대한 주석들에서 많은 오해를 낳았습니다. 후기 히브리 문학에서

12 셰익스피어, 『햄릿』 3막 1장.
13 Schachtel은 여기서 성냥갑이라고 할 때의 그 작은 상자 따위를 뜻한다.

는 여자를 집으로 표현하고, 문은 여자의 음문을 상징하는 예들이 꽤 널리 퍼져 있습니다. 예를 들어 자신의 아내가 처녀가 아니라는 사실을 알게 된 남편은 〈그 여자의 문은 열려 있었다〉라고 탄식하는 것입니다. 아내를 식탁에 비유하는 상징도 이 히브리 문학에서는 유명한 것입니다. 아내가 남편에 대해서 말하기를 〈나는 남편을 위해 식탁을 정돈해 두었는데 그가 그것을 뒤엎어 버렸다〉라고 이야기하곤 합니다. 다리를 저는 아이가 태어난 것은 〈남편이 식탁을 뒤엎었기〉 때문이라는 것입니다. 이러한 예증들은 브륀에 살고 있는 레비L. Levy의 논문에서 발췌한 것들입니다.[14]

꿈속에 나타나는 배Schiff 역시 여자를 의미한다는 사실은, 배라는 단어가 원래 점토질 용기의 이름이었으며 〈Schaff(물통)〉라는 단어와 같은 것이라고 주장하는 어원학자의 말을 신빙성 있게 만들어 줍니다. 화덕이 여자나 자궁을 뜻한다는 것은 〈코린트의 페리안드로스와 그의 아내 멜리사〉라는 그리스의 전설이 확인해 주고 있습니다. 헤로도토스의 기록에 따르면, 그 폭군은 자기가 너무나 열정적으로 사랑한 나머지 질투에 휩싸여 죽여 버린 자기 아내의 망령에게 자기 앞에 나타난 망령이 누구인지 알게 해달라고 간청했다고 하는데, 그 죽은 이는 아무도 알지 못하는 비밀스러운 사실을 상기시킴으로써 자신을 확인시켰다고 합니다. 그것은 다름 아닌 〈그(페리안드로스)가 차가운 아궁이에 자기의 빵을 집어넣었다〉라는 내용이었습니다. 크라우스F. S. Krauss가 편찬해 낸 『안트로포피테이아Anthropophyteia』에는 여러 민족의 성생활에 대한 내용들이 다른 어떤 책도 필적할 수 없을 만큼 집대성되어 있는데, 그에 따르면 독일의 어떤 지방에서는 아기를 분

14　레비의 「성서와 탈무드에 나타난 성적 상징 Die Sexualsymbolik der Bibel und des Talmuds」(1914) 참조 ― 원주.

만한 여자를 가리켜 〈그 여자의 화덕은 부서졌다 *Der Ofen ist bei ihr zusammengebrochen*〉고 이야기한다는 것입니다. 불을 준비하는 것, 그 밖에도 그와 연관된 모든 것들에는 성적 상징들이 철저하게 스며들어 있습니다. 불꽃은 언제나 남성의 성기이며, 불을 피워 올리는 곳인 화덕은 여성의 자궁입니다.

꿈속에서 여성의 성기를 표현하기 위해 풍경이 사용되고 있다는 사실에 놀라움을 금치 못하는 사람은, 〈어머니인 대지 *Mutter Erde*〉가 옛사람들의 관념과 의식 속에서 어떠한 역할을 했으며 경작(耕作)에 대한 개념도 얼마나 이 상징성에 의해 규정되었던가를 신화학자들에게서 배우시면 될 것입니다. 꿈속에서 방 *Zimmer* 은 부인을 표상하고 있다는 것을 여러분은 *Frau*(여성) 대신에 *Frauenzimmer*[15]라고 표현하는 우리 관용어의 예에서부터 이끌어내어 설명하려 하실 것입니다. 이 경우 인간적인 존재는 자신에게 정해진 공간을 통해서 대리되고 있습니다. 이 경우와 유사하게 우리는 〈*Hohen Pforte*[16](궁중)〉를 터키의 황제와 그의 후궁(後宮)을 뜻하는 말로 사용하고 있습니다. 고대 이집트의 통치자를 지칭하는 파라오 Pharao도 〈궁중의 큰 뜰〉을 뜻하는 것에 다름 아닙니다(고대 동양에서도 도시 안으로 들어가는 이중문 사이에 있는 큰 뜰은 사람들의 집합소로서, 그리스 로마 시대에서의 광장과 같은 역할을 했음). 내가 말하고 싶은 것은 다만 이러한 도출이 너무 피상적인 것이라는 사실입니다. 사람을 둘러싸고 있는 공간으로서의 방의 의미가 여성의 상징이 되는 데 더 많이 작용했으리라는 것이 나에게는 훨씬 더 설득력 있게 생각됩니다. 우리는

15 문자 그대로 〈여성의 방〉을 의미. 독일에서 〈여성〉에 대한 다소 경멸적인 함의를 가진 동의어로 빈번하게 이용되는 단어이다.

16 문자 그대로 〈대문〉을 의미. 1923년 이전 콘스탄티노플에 있던 오토만 왕실에 대한 오래된 외교적 용어.

집을 이미 그러한 의미로 알고 있기도 합니다. 신화나 시적인 문체에서 등장하는 〈도시, 성채, 성, 요새〉 등도 여성에 대한 상징으로 받아들일 수 있습니다. 독일어를 말하지 못하거나 알아듣지 못하는 사람의 꿈을 참고로 하면 그 문제들을 쉽게 해결할 수 있을 것입니다. 최근 들어서 나는 주로 외국어로 말하는 환자들을 다루어 왔는데, 그들의 언어에는 이와 유사한 관용어가 없었음에도 불구하고 그들의 꿈에서도 방은 역시 여자를 뜻하고 있다는 것이 확인되었습니다. 꿈 연구가인 슈베르트G. H. von Schubert가 이미 주장한 대로, 상징 관계는 언어의 경계를 넘어서도 유효하다는 것을 시사하는 또 다른 증거가 있습니다.[17] 나의 환자들 중에서는 독일어를 전혀 모르는 환자가 없었으므로, 나는 이에 대한 판단을 다른 나라에서 한 가지 언어만을 할 수 있는 환자들을 상대로 연구하고 있는 다른 정신분석 학자들에게 맡길 수밖에 없었습니다.

남성 성기를 상징하는 표현 중에서 농담이나 비속어 또는 시적인 표현, 특히 매우 고전적인 시인들의 묘사 속에서 반복적으로 사용되지 않았던 것은 거의 없습니다. 여기서 관심의 대상이 되는 것은, 꿈속에 나타나는 그러한 상징들만이 아니라 여러 가지 기능을 갖고 있는 연장들, 예를 들어 쟁기같이 새로운 것들도 포함됩니다. 남성의 상징 표현을 관찰하면서 우리는 어쨌든 매우 멀리까지 나아가게 되고 논란이 분분한 영역들에까지 근접해 가게 되므로, 경제적인 이유에서 여기서 그치기로 하겠습니다. 다만 한 가지, 이러한 대열에서 빠져 버렸던 상징인 숫자 3에 관해서만 조금 더 이야기해 봅시다. 이 숫자에 붙여지고 있는 신성함이라는 것이 이러한 상징 관계에서 연유하는 것인지는 아직 불확

17 슈베르트의 『꿈의 상징 Die Symbolik des Traumes』(1814) 참조 — 원주.

실합니다. 자연 속에 나타나는 사물 중에서 세 부분으로 되어 있는 것들, 예를 들어 클로버 잎 같은 것이 문장(紋章)이나 표장(標章)으로 이용되는 현상은 거의 확실하게 그러한 상징적 의미에서 유래되었으리라는 점입니다. 이른바 프랑스의 문장인 세 이파리의 백합이나, 서로 너무나 멀리 떨어져 있는 섬들인 시칠리섬과 남자의 섬*Isle of man*의 몹시도 이상스러운 문장인 트리스켈레스 *Triskeles*(중앙에서 각각 뻗어 나간 세 개의 굽은 다리)도 단지 남성 성기의 변형에 불과합니다. 고대에 남자의 성기를 그대로 본뜬 형상은 나쁜 영향력에 대항하는 가장 힘센 방어 수단(재앙막이*Apotropaea*)으로 여겨졌고, 그것은 또 행운을 가져다준다는 우리 시대의 부적들이 모두 성기 상징과 성적 상징으로 볼 수 있다는 사실과 연관되어 있습니다. 은으로 된 몸에 붙이는 작은 장식물들인 네 잎 클로버, 돼지, 버섯, 말편자, 사다리, 굴뚝 청소부 등을 살펴봅시다. 네 잎 클로버는 원래 상징으로 적합했던 세 잎 클로버를 대신한 것이며, 돼지는 옛날에 다산의 상징이었습니다. 버섯은 의심할 여지 없이 남근의 상징인데, 또 버섯 중에는 그 생긴 모습이 영락없는 남성의 성기 그 자체여서 분류 학명을 그것에서 따온 것도 있습니다(*Phallus impudicus*). 말발굽은 여성의 성기 입구의 모양을 그대로 반복하고 있습니다. 사다리를 타고 오르는 굴뚝 청소부는 그가 하는 일을 성교 행위와 속되게 비교할 수 있기 때문에 이런 종류에 속하게 되었습니다(『안트로포피테이아』 참조). 그의 사다리는 우리가 이미 꿈을 다루었을 때 성적 상징으로 알게 된 것입니다. 독일어의 관용어들은 〈*steigen*(올라가다)〉이라는 단어가 얼마나 분명하게 성적인 의미로 응용되고 있는가를 보여 주는 좋은 실례가 되고 있습니다. 사람들은 〈여자의 뒤꽁무니를 쫓아다닌다*den Frauen nachsteigen*〉라든가 〈늙은 방탕아〈*ein alter Steiger*〉라는 표현을 흔히 씁니다. 프랑스어에서는 〈*la marche*〉가 계단이라는 뜻인데, 바람둥이를 가리켜서 독일어와 매우 유사하게도 〈계단을 올라가는 노인 *un vieux marcheur*〉이라는 표현을 씁니다. 많은 수의 몸집이 큰 동물들의 성교는 암컷 위에 올라가기 또는 〈올라타기〉를 전제로 하는데, 그것은 이러한 연관성 속에서 결코 낯선 일이 아닙니다.

나뭇가지를 꺾는 것이 자위의 상징적 표현이라는 사실은, 자위 행위에 대한 속된 명칭과 일치할 뿐만 아니라 광범위한 신화적 유사점을 갖고 있습니다. 특별히 주목할 만한 사항은 자위와 그러한 자위행위에 대한 처벌인 거세를 이가 빠지는 것과 이를 뽑는 것으로 표현한 것입니다. 왜냐하면 바로 그와 같은 내용을 민속학에서도 찾을 수 있기 때문입니다. 그런데 이에 대해선 꿈꾸는 사람들 중 아주 적은 사람들만 알고 있을 것입니다. 여러 민족 사이에서 행해지는 할례(割禮)는 그와 비슷한 의미가 있는 등가물이거나 아니면 거세의 대체물이라는 사실에 대해 나는 별로 의심하지 않습니다. 또한 어떤 보고에 의하면, 호주 대륙의 한 원주민들 사이에서는 할례를 성인 의식(소년에서 성인 남자로 되는 의식)으로 거행하며, 또 그들과 아주 가까이에 살고 있는 다른 종족들은 이러한 할례 의식 대신에 이를 뽑는 의식을 치른다고 합니다.

위에 예시한 몇 가지 사실로 이제 나의 서술을 마치기로 하겠습니다. 그것들은 다만 예시에 지나지 않는 것들로서, 우리는 물론 그것들보다 더 많은 것을 알고 있습니다. 그런데 우리와 같은 비전문가가 아니고 신화학과 인류학, 언어학, 민속학 분야의 정식 전문가들에 의해서 그와 같은 예시들이 주어진다면, 그것들은 얼마나 더 풍부하고 재미있는 것이 될지 상상해 볼 수 있습니다.

이와 같은 점에서 몇 가지 결론에 다다르게 되는데, 그것은 그로써 끝나 버리는 것이 아니고 더 많은 것을 생각하게 해줍니다.

첫째로, 우리는 다음과 같은 사실 앞에 직면하게 됩니다. 꿈꾸는 사람은 깨어 있는 동안에는 몰랐고 인식하지도 못했던 상징적 표현들을 자유롭게 사용한다는 것입니다. 그것은 마치 여러분의 하녀가 분명히 보헤미아 지방에서 태어났고 산스크리트어 같은 것을 배운 적이 없다는 것을 여러분이 알고 있는데도 불구하고, 그녀가 산스크리트어를 이해하고 있다는 사실을 발견하게 되었을 때 느끼게 되는 놀라움과도 같다고 할 수 있습니다. 이러한 사실을 우리의 심리학적인 견해로 제어하는 것은 쉬운 일이 아닙니다. 우리는 〈상징에 대한 지식은 꿈꾸는 사람에게는 무의식적인 것이다. 그것은 그의 무의식적인 정신생활에 속하는 것이다〉라고 말하는 것 말고는 달리 할 말이 없습니다. 그러나 우리는 이러한 가정을 좇아갈 수가 없습니다. 이제까지는 그저, 일시적으로 혹은 계속적으로 그에 관해서는 아무것도 의식하지 않고 있는 어떤 것에 대한 지향적 노력을 가정하기만 하면 되었습니다. 그런데 이제는 그 이상의 것이 문제되고 있습니다. 말하자면, 하나의 것이 항상 다른 것의 자리를 대신하게 되는 것을 가능케 하는 다양한 대상들 사이의 비교, 사고의 관계들, 무의식적인 지식에 관한 문제인 것입니다. 이러한 비교들은 그때그때마다 항상 새로이 이루어지는 것이 아니라 이미 완결된 상태로 놓여 있습니다. 그것은 여러 사람 간에 이루어진 합의, 나아가서 서로 다른 언어에도 불구하고 생겨난 합의에 기인하는 것입니다.

그런데 이러한 상징 관계에 대한 지식은 어디에서 오는 것입니까? 관용어는 단지 그중 아주 작은 부분만을 설명해 줄 수 있습니다. 다른 영역에서 얻었던 복잡다단한 유사점은 꿈꾸는 사람에게는 대부분 알려져 있지 않습니다. 우리도 그것을 알아내기까지는 많은 노력이 필요했던 것입니다.

둘째로, 이러한 상징 관계들은 꿈을 꾼 사람이나 꿈-작업 — 이 꿈-작업을 통해서 그 상징 관계가 표현된 것인데 — 에만 고유한 것이라고는 볼 수 없습니다. 신화나 동화들도 그와 비슷한 상징을 사용하고 있고, 민중들도 그들의 속담과 민요 속에서 그것을 사용하고 있으며, 비속한 관용어들이나 시적인 환상들도 그러한 상징을 사용하고 있다는 것을 우리는 이미 알고 있습니다. 상징의 영역은 엄청날 만큼 큰 것이고 꿈-상징 영역은 그중 극히 일부분에 불과합니다. 꿈에서 출발하여 그것이 갖고 있는 문제 전체를 다루려고 하는 것은 그다지 적절해 보이지 않습니다. 꿈 이외의 다른 곳에서 쓰이고 있는 많은 상징들 가운데는, 꿈속에 나타나지 않거나 나타난다고 해도 아주 드물게만 보이는 것들이 매우 많습니다. 꿈-상징의 많은 것들은 모든 다른 분야에서는 거의 나타나지 않고, 여러분이 확인하셨듯이 여기저기서 간혹 보일 뿐입니다. 그러므로 매우 오래된, 이제는 사라져 버린 표현 방식들이 있는데, 그것들 중에서 여러 가지 다양한 영역에 각각의 다양한 표현 방식들이 잔존하게 되었을 것이라는 인상을 받게 됩니다. 어떤 것은 여기에만 있고 또 어떤 것들은 저기에, 또 제3의 것은 조금 변형된 형태로 여러 군데에 남게 된 것입니다. 여기서 어떤 재미있는 정신 질환자의 망상이 생각납니다. 그는 공상 속에서 〈기본 언어〉라는 것을 상상해 냈는데, 이 모든 상징 관계들은 바로 이 〈기본 언어〉의 잔존물이라는 설명이었습니다.[18]

18 이것은 편집증 환자인 대법관 슈레버에 대한 프로이트의 사례 연구에서 알게 된 사실이다. 프로이트의 「편집증 환자 슈레버 — 자서전적 기록에 의한 정신분석」 (프로이트 전집 9, 열린책들) 참조.

셋째로, 언급되었던 다른 분야의 상징들은 결코 성적 상징으로만 쓰이는 것이 아닌 반면에, 꿈에서 등장하는 상징들은 거의 예외 없이 단지 성적인 대상이나 관계들을 표현하기 위한 것이라는 사실이 여러분에게는 특이하게 생각되었을 것입니다. 이 사실 또한 쉽게 설명될 수 있는 것은 아닙니다. 원래는 성적인 의미를 가지고 있던 상징들이 후에 가서 다른 의미를 띠게 되었고, 그 결과 그 상징 의미가 조금 약화된 채로 변형된 의미에 관여하고 있는 것이라고 설명할 수 있을까요? 꿈-상징에만 몰두하고 있는 한은 이 질문에 대답할 수가 없습니다. 정상적 상징과 성적 상징 간에는 특별히 긴밀한 관계가 성립되어 있으리라는 추측을 고수할 수밖에는 없는 것 같습니다.

최근 몇 년 사이에 이에 관한 매우 중요한 암시가 주어졌습니다. 정신분석과는 무관하게 활동하고 있는 웁살라의 슈페르버H. Sperber라는 언어학자는, 성적인 욕구가 언어의 생성과 발전에 중요한 몫을 담당하고 있다는 주장을 내놓았습니다.[19] 최초의 말소리는 의사소통의 수단으로 성적 상대방을 부르는 데 쓰였으며, 기본 언어의 다음 발전 단계는 원시인들의 노동 작업과 병행되어 발전해 왔다는 것입니다. 이 일들은 공동 작업이었고 율동적으로 반복되는 언어 표현과 함께 이루어졌습니다. 그러면서 성적인 관심은 노동 작업으로 전이되었습니다. 원시인들은 이러한 노동을 성적 교섭에 버금가는 대등한 가치가 있는 보상물로 여기면서, 그 노동을 꽤 괜찮은 어떤 것으로 만들어 간 것입니다. 공동 작업 도중에 입에서 뱉어 낸 소리들은 그렇게 하여 두 가지 의미, 즉 성행위와 그와 똑같이 가치 있는 것으로 여겨지는 노동 활동을 나

---

19 슈페르버의 「언어의 생성과 발전에서 성적 요인의 영향에 관하여 Über den Einfluß sexueller Momente auf Entstehung und Entwicklung der Sprache」(1912) 참조.

타내는 것으로 쓰였습니다. 시간의 흐름과 더불어 그 말은 성적인 의미에서 벗어나 이러한 노동에만 고정되었습니다. 몇 세대가 지나면서 이렇게 성적인 의미를 가졌으면서도 새로운 의미로 노동 분야에도 적용되었던 이 단어 역시 똑같은 과정을 거치게 되었습니다. 이런 식으로 많은 수의 어간들이 만들어졌고, 그것들은 처음에는 모두 성적인 뿌리를 갖고 있었지만 차차 그 의미를 털어 버렸다는 것입니다. 여기에 요약하여 간추려 놓은 주장이 정확하게 핵심을 꿰뚫고 있다면 꿈-상징을 이해할 수 있는 가능성이 열리게 됩니다. 이렇게 아주 오래된 역사적 상황을 간직하고 있는 꿈에 어째서 그렇게 엄청나게 많은 성적 상징들이 있는 것이며, 어째서 일반적으로 무기나 연장들은 항상 남성의 성기를 상징하며 재료들이나 가공된 것들은 항상 여성의 성기를 상징하는지 이해할 수 있을 것 같습니다. 상징 관계는 옛날의 단어 정체성의 잔재라고 할 수 있습니다. 옛날에 성기와 같은 이름으로 불렸던 사물들은, 오늘에 이르러 꿈속에서 바로 그것에 대한 상징으로 나타날 수 있는 것입니다.

꿈-상징과 유사한 것들을 우리가 다른 영역에서도 발견해 냄으로써 여러분은 정신분석의 성격에 대한 평가를 내릴 수 있게 되었을 것입니다. 그 성격은 정신분석을 일반적인 관심의 대상이 될 수 있게 만들었는데, 이는 심리학이나 심리 치료로서는 불가능한 일이었습니다. 정신분석적인 작업을 하는 도중에 여타 다른 정신과학들, 즉 신화학이나 언어학, 민속학, 민족 심리학, 종교학과의 관계들이 파생되어 나오는데, 그것들에 대한 연구는 귀중한 문제 해명을 약속하고 있습니다. 이들 관계를 연구하는 것만을 유일한 목적으로 삼고 있는 잡지가 이러한 정신분석적인 토양 위에서 자라나게 되었다는 것은 충분히 납득할 만한 일입니다. 그것은 1912년에 발행되기 시작하고, 한스 작스와 오토 랑크에 의해 운영된 『이마고Imago』라는 잡지입니다. 이들 학문들 간의 모든 관계에서 정신분석은 우선적으로 베푸는 입장일 뿐 받는 입장은 아닙니다. 정신분석의 낯설어 보이는 결론들이 다른 영역에서도 또다시 발견됨으로써 그러한 결론들이 우리에게 친숙해졌다는 이점을 갖게 된 것은 사실이지만, 전체적으로 보아 기술적인 방법과 시각들을 제공해서 그것들을 다른 영역에서 응용했을 때 매우 유익한 결과가 나올 수 있도록 만든 것은 정신분석이라 할 수 있습니다. 인간 개개 존재들의 영혼의 삶은 정신분석적인 연구를 통했을 때 우리에게 해명을 던져 줄 것이며, 그것들로 우리는 인간 대중의 삶에서 많은 수수께끼를 풀 수 있게 되거나 최소한 밝혀낼 수 있게 되는 것입니다.

어떠한 상황에서 우리가 상정한 바 있던 〈기본 언어〉에 대한 가장 깊은 통찰을 얻을 수 있는가, 또 그것들 중 대다수가 어떠한 영역에 그대로 남아 있는가에 대해서는 여러분에게 아직 설명드리지 않았습니다. 여러분이 이 사실에 대해 모르고 있는 한 우리가 다루고 있는 대상의 전체 의미도 평가할 수 없습니다. 그것은 바로 신경증의 영역으로서 신경증 환자의 증세와 그들이 드러내는 기타 다른 표현들이 그 재료가 되는 것이며, 정신분석은 바로 그러한 것들을 해명하고 치료하기 위해 창조된 것입니다.

나의 네 번째 관점은 다시 우리의 출발점으로 되돌아가는데, 전부터 예정되어 있던 궤도로 접어들고 있습니다. 꿈-검열 작용이 없다고 하더라도 꿈이 우리에게 여전히 이해하기 어려운 대상으로 남게 될 수밖에 없는 이유는, 우리가 그 경우에 꿈-상징 언어를 깨어 있는 사고의 언어로 번역해야만 하는 과제 앞에 직면하기 때문입니다. 그러므로 상징은 꿈-검열 작용 말고도 꿈-왜곡을 일으키는 두 번째 독립 변수가 되는 것입니다. 꿈-검열의 입장에서 볼 때 이러한 상징을 사용하는 것은, 그것이 마찬가지로 꿈을 낯설고 이해할 수 없는 것으로 만들어 주는 결과를 가져오기 때문에 매우 편리할 것이라는 가정을 해볼 수 있습니다.

꿈을 계속해서 연구해 나가게 되면 꿈-왜곡에 관여하는 또 다른 계기에 부딪치게 되지 않을까 하는 문제는 곧 밝혀지게 될 것입니다. 꿈-상징에 대한 이 주제를 떠나기에 앞서, 나는 다시 한 번 다음과 같은 수수께끼를 다루어 보고 싶습니다. 꿈 이외의 다른 분야, 즉 신화나 종교, 예술, 언어 등에서는 상징적 표현이 그처럼 널리 퍼져 있는데도, 꿈-상징에 대해서는 교육받은 사람들 사이에서 어째서 그토록 격렬한 저항이 일어나는가 하는 수수께끼가 바로 그것입니다. 그것은 어쩌면 또 성적인 것 *Sexualität*에 대한 관계에 그 원인이 있는 것이 아닐까요?

꿈-작업[1]

신사 숙녀 여러분, 여러분이 꿈-검열에 관한 것과 상징 표현들에 대해서 잘 알게 되었다고 해도 꿈-왜곡 현상을 완전하게 극복할 수 있게 된 것은 아닙니다. 그러나 여러분이 대부분의 꿈들을 이해할 수 있게 된 것은 사실입니다. 여러분은 그 경우에 두 개의 상호 보완적인 기술을 사용하게 되는데, 여러분이 대체된 내용에서 원래적인 것에 다다르게 되기까지는 꿈꾼 사람의 연상들을 불러내야 하며, 또 여러분 자신의 지식을 통해 알 수 있는 상징들이 갖고 있는 의미를 밝혀내야 합니다. 이 경우에 발생할 수 있는 어느 정도의 불확실성에 대해서는 추후에 논하게 될 것입니다.

꿈-요소와 그것들이 대리하고 있는 원래 내용 사이의 관계들을 검토했을 당시에 불충분한 방법으로 시도했던 작업을 다시 추진해 봅시다. 그때 우리는 전체에 대한 부분의 관계, 근사(近似) 또는 암시 관계, 상징 관계들과 조형적인 언어 표현의 관계 등 네 가지 주요 관계를 확인한 바 있습니다. 이제 우리는 외현적 꿈-내용 전체를 해석에 의해 발견된 잠재적 꿈과 비교함으로써 그와 동일한 작업을 좀 더 큰 규모로 착수하려고 합니다.

---

1 『꿈의 해석』의 여섯 번째 장에서 프로이트는 꿈-작업에 대하여 자세히 논하고 있다.

여러분이 이 두 개를 혼동하는 일은 결코 없기를 바랍니다. 이두 개를 혼동하지 않게 된다면 여러분은 꿈을 이해하는 일에서 아마도 『꿈의 해석』을 읽은 나의 독자들보다 더 많은 것을 성취할수 있게 될 것입니다. 잠재적인 꿈을 외현적인 꿈으로 변환시키는 것,[2] 그 작업이 〈꿈-작업〉이라는 것을 잊지 마시기 바랍니다. 이것과는 정반대의 방향으로 나아가는 작업, 다시 말해 외현적인 꿈에서부터 잠재적인 꿈을 이해하는 것, 그것이 바로 우리의 〈해석 작업〉입니다. 해석 작업은 꿈-작업을 상쇄하려고 하는 것입니다. 유아적인 유형의 꿈들 중에서 명백하게 소원 성취의 꿈으로 인식되는 꿈도 어느 부분까지는 이러한 꿈-작업을 거치게 됩니다. 말하자면 그 꿈들은 소원을 현실적인 경험으로, 또한 대개 생각을 시각적인 그림으로 변형시킵니다. 이 경우에는 해석이 필요 없으며, 다만 이러한 두 가지 변환을 되돌려 놓는 작업만이 필요할 뿐입니다. 이와는 다른 형태의 꿈들에서 발생한 부가적인 꿈-작업을 우리는 〈꿈-왜곡〉이라고 부르며, 이는 우리의 해석 작업을 통해서 원래대로 환원될 수 있습니다.

이제까지 여러 가지 꿈-해석의 경우를 비교한 결과, 나는 꿈-작업이 잠재적 꿈-사고라는 재료를 가지고 무엇을 만들어 내는가에 관해 요약해서 설명해 드릴 수 있는 상황에 다다르게 되었습니다. 그러나 그에 관해서 대단히 많은 것을 알게 되리라고는 기대하지 마십시오. 그것은 단지 서술한 내용의 일부분에 불과한 것이지만 침착하게 주의를 기울이면서 들어 주시기 바랍니다.

2 사람들이 무의식적으로 생각하고 있는 내용이 여러 가지의 대치, 암시, 상징, 검열, 왜곡 과정을 거쳐서 우리가 실제로 꿈속에서 보게 되는 외현적인 내용으로 나타나는 것을 바로 꿈이라고 하며, 그때 우리의 영혼 속에서 이러한 변환을 만들어 내는 작업을 꿈-작업이라고 부른다는 것이 프로이트의 설명이다.

꿈-작업의 첫 번째 성과는 압축*Verdichtung*입니다.[3] 이것은 외현적 꿈이 잠재적 꿈보다 적은 내용을 갖고 있다는 것, 다시 말해 잠재적 꿈에 대한 일종의 요약된 번역으로 볼 수 있다는 것을 의미합니다. 때로는 이 압축 현상이 생략될 때도 있으나 나타나는 경우가 대부분이며, 또 엄청난 압축이 이루어진 경우도 종종 있습니다. 그 반대로 뒤바뀌는 경우는 없습니다. 즉 외현적 꿈이 잠재적 꿈보다 훨씬 내용이 풍부하고 광범위한 경우는 결코 없다는 뜻입니다. 압축은 (1) 어떤 잠재적 요소가 완전히 생략되거나, (2) 잠재적 꿈의 여러 가지 복합체 중에서 단지 어떤 조각만이 외현적 꿈으로 이행되거나, (3) 어떤 공통점을 갖고 있는 여러 개의 잠재 요소가 외현적 꿈에서는 통합되어 하나의 단일 요소로 용해되어 버리면서 일어납니다.

여러분이 원하신다면 〈압축〉이라는 명칭을 이 과정들 중 제일 마지막 과정에만 사용하신다 해도 상관없습니다. 이 과정의 작용을 알기 쉽게 보여 드리는 것은 매우 간단합니다. 여러분 자신의 꿈들을 살펴보면, 여러 사람이 단 한 사람으로 압축되었던 예를 기억할 수 있을 것입니다. 그렇게 복잡한 혼성적인 사람은 A 같은 외관을 하고는 있지만 또 B처럼 보이면서 C를 기억나게 하는 일을 수행하고 있으나, 그가 D라는 인식 또한 확고하게 자리 잡고 있어서 갈피를 잡을 수 없게 만듭니다. 그런데 이 혼합 인물에는 분명히 네 사람 모두에게 공통적인 무언가가 두드러지게 나타나 보입니다. 인물에서의 경우와 마찬가지로 사물이나 장소와 관련된 것에서도 혼합물이 생길 수 있는데, 그때 각각의 사물이나 장소는 잠재적 꿈이 강조하고 있는 무언가를 공통적으로 갖고 있게 되는 조건을 충족시키고 있습니다. 그것은 마치 이러한 공통점

---

3 『꿈의 해석』여섯 번째 장의 〈압축 작업〉에서 이에 대한 예들을 볼 수 있다.

을 핵으로 한 새롭고도 잠정적인 개념이 형성된 것과도 같습니다. 함께 압축되어 있는 개별 요소들의 중첩으로 말미암아 대개는 흐릿하면서 몽롱한 현상이 생겨나는데, 이는 여러분이 한 개의 사진판에다가 여러 개를 촬영했을 때와 비슷한 현상입니다.[4]

꿈-작업은 그러한 혼합물을 만들어 내는 데 많은 비중을 두고 있는 듯합니다. 왜냐하면 그와 같은 혼합물에 필요한 공통점이 즉시 찾아지지 않을 때는, 어떤 관념에 대한 언어적인 표현을 선택함으로써 고의로 그러한 공통점을 만들어 냈음이 쉽게 증명되기 때문입니다. 우리는 이미 이와 같은 압축과 혼성물을 만난 적이 있습니다. 그것은 잘못 말하기의 발생에 큰 역할을 했던 것입니다. 여자를 *begleitdigen*[5] 하려고 했던 젊은 남자를 기억해 봅시다. 그 외에도 기법에 있어서 그러한 압축이 밑바탕에 깔려 있는 많은 농담이 있습니다. 그러나 이런 점들은 제외하고라도 이 과정에는 매우 범상치 않은 생소한 점들이 있다고 주장할 수도 있겠습니다. 꿈속에서의 혼성 인물의 형성과 대응되는 것을 우리가 공상 속에서 창조해 내는 형상들에서 찾아볼 수 있습니다. 그것들은 우리의 현실에서는 서로 합치될 수 없는 요소들을 매우 간단히 하나의 통일체로 합성해 내는데, 이를테면 켄타우로스라든가 오래된 신화 또는 뵈클린Böcklin의 그림 속에 등장하는 우화적 짐승들이 그러한 예에 속한다고 볼 수 있습니다. 이때의 〈창조적〉인 공상은 아무것도 〈발명〉해 내지 못합니다. 다만 서로 낯선 요소들을 하나로 합성시키는 것에 불과합니다. 그러나 꿈-작업의 과정에서 특이한 것은 다음과 같은 점들입니다. 꿈-작업에 제공

---

4 프로이트는 『꿈의 해석』에서 골턴F. Galton의 〈혼합 사진〉을 압축에 비유하여 설명하고 있다.

5 *begleiten*(동반하다)과 *beleidigen*(모욕을 주다)의 일부 철자가 합성되었다.

된 재료들은 생각으로 이루어져 있고, 그중 어떤 것들은 추잡하거나 용인될 수 없는 것일망정 제대로 형성되고 표현된 것들이라는 점입니다. 꿈-작업은 이러한 생각들을 다른 형태로 변형시키는데, 흡사 다른 언어와 문자로 옮겨 놓는 것과 같은 이러한 번역 과정과 전용(轉用) 과정에서 특이하고도 이해하기 곤란한 것은 융합과 결합이라는 수단을 사용한다는 점입니다. 텍스트 속에 주어진 차이점에 주목하고 유사점을 구별해 내는 것이 번역 작업에서 추구되는 점일 것입니다. 그러나 꿈-작업에서는 이와는 정반대의 것이 시도됩니다. 즉 두 개의 서로 다른 생각을 압축시키는 과정에서 ─ 농담이 생겨나는 이치와 마찬가지로 ─ 그 두 가지 생각을 제대로 표현해 낼 수 있는 다중(多重)의 의미를 가진 단어를 찾아냄으로써 그 과정을 가능케 만드는 것입니다. 이러한 과정이 당장 이해될 것으로 생각해서는 곤란하지만, 꿈-작업을 파고들어 가기 위해서는 매우 중요한 부분이 될 것입니다.

이 압축 과정으로 말미암아 꿈이 불투명하게 보이는 것은 사실이지만, 그것이 꿈-검열의 결과라는 인상을 받게 되지는 않습니다. 오히려 기계적이거나 경제적인 계기에 그 이유를 돌리기 십상인데, 어쨌든 검열은 거기에도 작용했을 것이 틀림없습니다.

압축의 성과는 엄청난 것이 될 수도 있습니다. 그것의 도움으로 때로는 두 개의 서로 다른 잠재적 사고 과정이 하나의 외현적 꿈으로 합쳐지게 되는 경우도 있는데, 그렇게 되면 외관상 매우 그럴듯한 해석을 얻게 되긴 하지만 그럴 경우에 가능한 과잉 해석*Überdeutung*은 간과되어 버리고 맙니다.

또 잠재적 꿈과 외현적 꿈과의 관계에서, 압축의 결과로 비롯된 여기에 있는 요소와 저기에 있는 요소 사이의 결과는 결코 단순하지 않습니다. 하나의 외현적 요소가 동시에 여러 개의 잠재적 요소와 대응될 수 있고, 또 반대로 하나의 잠재 요소가 여러 개의 외현적 요소와 관련되는 경우가 있을 수 있습니다. 즉 교차 관계가 성립됩니다. 또 꿈을 해석하면서 알게 된 사실이지만, 개개의 외현적 요소에 따라 떠오르는 연상은 순서에 따라 꼭 차례대로 떠오르지는 않는다는 것입니다. 때로는 꿈 전체가 다 해석될 때까지 기다려야만 할 때도 있습니다.

꿈-작업은 아주 독특한 형태의 꿈-사고 표기법Transkription을 사용합니다. 이 표기법은 단어와 단어, 기호와 기호를 일대일 대응 관계로 번역하지도 않고, 단어의 자음만을 표현하고 모음은 생략해 버리는 것처럼 어떤 고정된 법칙에 의한 선택을 감행하는 것도 아니며, 여러 개의 요소를 대신해서 항상 어떤 하나의 요소를 등장시키는 등의 대표물을 만드는 것도 아닙니다. 이 표기법은 뭔가 다르고 훨씬 복잡합니다.

꿈-작업의 두 번째 기능은 전위입니다.[6] 이것에 대해서는 다행스럽게도 우리가 일전에 사전 작업을 한 일이 있습니다. 우리는 이 전위 작용이 전적으로 꿈-검열의 업적이라는 것을 알고 있습니다. 전위는 두 가지 방식으로 나타납니다. 첫 번째 방식에서는 잠재적 요소가 그 고유의 구성 요소에 의해서가 아니라 그와 관련이 없어 보이는 것, 즉 암시에 의해 대체되어 나타나고, 두 번째 방식에서는 심리적인 강세가 중요한 요소에서 중요하지 않은 다른 것으로 옮겨져서 꿈의 중심이 다른 곳으로 이동된 것처럼 보이고 생소하게 느껴집니다.

암시에 의한 대체는 우리가 깨어 있는 가운데 사고하는 현상처럼 친숙하게 알려져 있지만 여기에는 차이가 있습니다. 깨어 있

6 『꿈의 해석』여섯 번째 장 참조.

으면서 사고할 때 발생하는 암시는 이해하기 쉬운 것이어야만 하고, 그 대체물은 그것이 대리하는 원래적인 것과 내용적인 관계 속에 놓여 있어야 합니다. 농담 역시 암시라는 수법을 사용하는데, 내용적 연상 관계 속에 있어야 한다는 조건은 떨쳐 버리고 이것을 이례적이고 표면적인 연상들, 즉 같은 소리가 나는 것이나 여러 가지 의미를 가진 단어를 사용하는 식의 방법으로 대체시켜 버립니다. 그러나 납득할 수 있는 것이어야 한다는 조건은 지켜져야 합니다. 만일 암시에서 원래적인 것으로 돌아가는 길이 쉽지 않다면, 그 농담은 모든 효력을 상실하고 말 것입니다. 그러나 꿈의 전위에 이용되는 암시는 이러한 제한 요건에서 자유롭습니다. 그것은 가장 피상적이고 동떨어진 관계에 있으면서 대체된 요소와 관련을 맺고 있어서 이해하기가 곤란합니다. 그렇기 때문에 원래대로 돌려놓았을 때, 그 해석은 서투른 농담이나 무지막지한 억지 춘향 격의 주석이라는 인상을 줍니다. 왜냐하면 암시에서 원래의 것으로 되돌아가는 길을 찾을 수 없을 때, 바로 그 경우에만 꿈-검열은 자신의 목적을 달성하기 때문입니다.

강세의 전위는 사고 표현의 수단으로서 허용되지 않습니다. 우리는 깨어 있을 때의 사고에서 때때로 희극적인 효과를 내기 위해서 그것을 허용하기도 합니다. 그것이 만들어 내는 혼란스러운 인상을 여러분에게서 불러일으키려면, 다음의 일화를 설명해 드리는 것만으로도 충분할 것입니다. 〈어떤 마을에 한 대장장이가 살고 있었다. 그는 사형에 처해질 만한 중대한 범법 행위를 저질렀다. 법원은 그 죗값은 반드시 치러야 한다는 판결을 내렸다. 대장장이는 그 마을에 살고 있는 유일한 대장장이로 없어서는 안 될 사람이었다. 반면에 양복장이들은 세 명이나 있었기 때문에 그를 대신해서 양복장이 중 한 사람이 교수형에 처해졌다.〉

꿈-작업의 세 번째 기능은 심리학적으로 가장 흥미를 끄는 것입니다. 그것은 사고를 시각적인 그림으로 변환시키는 데 그 초점이 있습니다.[7] 그런데 꿈-사고 중 모든 것이 다 이러한 변환을 겪는 것은 아니라는 사실을 다시 한번 확인합시다. 꿈-사고의 상당 부분은 그 형태 그대로 남아 있게 되며, 외현적 꿈에서도 생각이나 지식으로만 떠오릅니다. 또한 시각적 그림은 사고가 변환되는 유일한 형태는 아닙니다. 그러나 그것이 꿈-형성의 본질이라는 데에는 이론의 여지가 없습니다. 꿈-작업의 이러한 부분은 우리가 이미 알고 있는 바와 같이 두 번째로 고정불변의 것이며, 개개의 꿈-요소에 담긴 〈조형적인 언어 표현plastische Wortdastellung〉에 대해서 우리는 이미 알고 있습니다.

이 기능이 그리 쉽지만은 않은 것이라는 사실은 확실합니다. 그것이 갖고 있는 어려움에 대해 어느 정도 이해하기 위해서, 여러분이 신문의 어떤 정치적인 사설을 일련의 그림으로 표현해 보라는 과제를 떠맡게 되었다고 생각해 보십시오. 그것은 마치 표음 문자에서 상형 문자(象形文字)로 역행하라는 말과 같습니다. 이 사설 내용에서 인물이나 구체적인 사실들에 대해 쓴 것을 그림으로 옮겨 놓는 작업은 아마도 매우 수월하게, 어쩌면 더 효과적으로 진행될 것입니다. 그러나 모든 추상적인 단어들이나 사고 관계 등을 나타내는 모든 수사학적 표현들, 예를 들면 품사나 접속사와 같은 것들을 표현하는 문제에 있어서는 대단한 어려움이 따릅니다. 추상적인 단어를 옮기는 일과 관련해서 여러분은 가능한 모든 인위적인 조작을 동원해야 할 것입니다. 예를 들면 그 사설의 본문을, 낯설게 들릴 수도 있지만 좀 더 구체적이고 그 회화적 표현에 맞는 구성 요소를 가지고 있는 다른 문장으로 바꾸려

7 『꿈의 해석』여섯 번째 장 참조.

고 노력하게 될 것입니다. 그러고 나서 여러분은 대부분의 추상적 단어들이란 구체적인 단어에서 퇴색된 것들이라는 기억을 되살리게 되고, 가능한 한 이러한 단어들을 그것이 갖고 있는 원래적이고도 구체적인 의미로 거슬러 올라가서 바꾸려고 할 것이 분명합니다. 여러분은 어떤 사물을 〈소유Besitzen〉하고 있다는 의미를 표현하고자 할 때, 실제적이고 신체적인 〈그 위에 앉는 Daraufsitzen〉 행위로 표현할 수 있음을 깨닫게 되고는 매우 기뻐하게 될 것입니다. 꿈-작업도 이와 같은 것입니다. 그러한 상황에서 표현의 정확성을 꾀하기란 대단히 어려운 것입니다. 그러므로 간통Ehebruch처럼 그림으로 묘사하기 어려운 요소가 꿈-작업에서 다른 부러짐Bruch, 즉 다리 골절Beinbruch 등으로 대체되었다고 해도 그것은 어쩔 수 없는 일로 받아들일 수밖에 없습니다.[8] 여러분

8 이 원고를 교정하던 도중에 우연하게 신문의 어떤 기사가 눈에 띄었는데, 그것은 위에서 설명한 주장에 대한 예기치 않았던 주석으로 적당했으므로 여기에 전재하기로 한다.

〈신의 징벌(간통에 대한 징벌로써 입은 팔 골절상)〉

시민군의 아내인 아나 M이라는 부인이 〈간통 혐의〉로 클레멘티네 K 부인을 고소했다. 소장(訴狀)에는 K 부인은 자신의 남편이 전쟁터에 나가서 매달 70크로네라는 돈을 송금했음에도 불구하고, 칼 M과 법에 저촉되는 불륜 관계를 맺어 왔다는 내용이 적혀 있었다. K 부인은 이미 원고의 남편에게서 〈상당한 양의 돈을〉 받은 반면에, 그녀 자신은 아이들과 함께 〈기아와 빈곤 상태 속에서〉 살 수밖에 없었다는 것이었다. 남편의 친구들이 은밀히 알려 준 바에 의하면, K 부인은 M과 함께 술집에 가서 거기서 밤늦도록까지 술을 홀짝거리기도 했다는 것이었다. 언젠가는 피고가 원고의 남편에게 많은 군인들이 보는 앞에서 〈나이 든 마누라와 헤어지고 자기 집으로 이사 올 수는 없겠느냐〉고 묻기까지 했다. K 부인의 집을 관리하는 여자 역시 원고의 남편이 내복을 입은 채 K 부인의 집에 있는 것을 보았다고 증언했다.

K 부인은 어제 레오폴트시의 판사 앞에서 자신이 M을 안다는 사실을 〈부인했으며〉, 자신이 그와 내연 관계를 맺고 있다는 것은 말도 안 된다고 말했다. 그러나 알베르틴 M이라는 여자는 K 부인이 원고의 남편과 입을 맞추었으며, 자기가 이를 목격하자 그녀가 놀란 적이 있다고 증언했다.

이미 앞서 진행된 재판 과정에서 증인으로 진술한 M은 당시에 피고와의 내연 관계를 부인했다. 어제 판사 앞에 한 장의 〈편지〉가 놓였는데, 거기서 증인은 처음 재판할 때 자신이 증언했던 내용을 부인하고, 자신이 지난 6월까지 K 부인과 애정 관계를

은 그렇게 해서 표음 문자를 대체하는 상형 문자의 미숙을 어느 정도 극복하는 데 성공하게 됩니다.

〈왜냐하면, 그러므로, 그러나〉처럼 사고 관계를 나타내는 수사학적 요소(품사)들의 표현에는 그와 같은 보조 수단이 없습니다. 그러므로 본문 속의 이러한 구성 요소들은 그림으로 변환될 때 그대로 사라져 버리게 됩니다. 꿈-사고의 내용도 이와 마찬가지로 꿈-작업을 통해서 원재료인 대상이나 활동 등으로 분해되어 버립니다. 그 자체에 있어서 표현되기 어려운 관계들이 그림의 섬세한 표현에 의해 어느 만큼이라도 표현될 수 있는 가능성이 있기만 하다면 그것으로 만족해야만 합니다. 바로 이렇게 해서 꿈-작업은 잠재적 꿈-사고의 내용 중 많은 것들을 외현적 꿈의 형식적 고유성을 통해, 즉 명료성이라든가 모호성, 혹은 여러 개의 부분으로 분할하는 방식 등을 통해 드러내는 데 성공하게 됩니다. 하나의 꿈에서 나누어지는 부분-꿈*Partialtraum*의 숫자는 대체로 잠재적 꿈속에 있는 사고의 계열, 다시 말해 꿈의 주요 주제의 개수와 일치합니다. 짧은 서막 꿈*Vortraum*은 뒤에 따라오는 상세한 중심 꿈*Haupttraum*에 대해서 종종 서론이나 동기 부여의 관계를 가집니다. 꿈-사고의 부문장*Nebensatz*은 외현적 꿈에서 그에 덧붙인 장면 변화를 통해 대체되곤 합니다. 꿈-형태*Traumgestalt*는 결코 무의미한 것이 아니기 때문에 그에 대한 해석을 필요로 합니

맺어 왔다고 〈시인〉했다. 그가 앞선 재판 과정에서 자신이 피고와 맺었던 관계를 부인한 이유는 단지, 피고가 재판을 받기 전에 그 앞에 나타나서, 그가 그녀를 구해 줄 것과 아무것도 증언하지 말 것을 〈무릎을 꿇고 빌었기〉 때문이라는 것이었다. 〈오늘에 와서야 ― 증인은 계속해서 이렇게 쓰고 있다 ― 나는 법정에서 모든 것을 털어놓아야 한다고 느끼고 있습니다. 왜냐하면 《내 왼쪽 팔이 부러졌으며》, 나에게는 이것이 나의 잘못에 대한 일종의 《신의 징벌》처럼 여겨지기 때문입니다.〉

판사는 처벌이 가능한 이 행위의 〈시효가 이미 지났다〉고 판결했으며, 이로써 원고는 그녀의 〈고소를 취하했고〉, 피고는 방면되었다 ― 원주.

다. 하룻밤 사이에 연달아 꾸게 되는 여러 개의 꿈은 종종 같은 의미를 갖고 있으며, 계속해서 점증하고 있는 긴급한 자극을 좀 더 잘 제어하기 위한 노력을 나타내는 것이라고 할 수 있습니다. 각각의 꿈에서도 특별한 의미가 있는 요소는 〈중복〉을 통한 표현, 즉 여러 번의 상징을 통해서 그 모습을 드러냅니다.[9]

꿈-사고와 그것을 대체하는 외현적 꿈을 비교해 보면 우리가 미처 그에 대비하지 못하고 있었던 여러 가지 사실을 알아차리게 되는데, 그것은 꿈이 갖고 있는 무의미와 불합리함까지도 그 자체의 의미를 가지고 있다는 것입니다. 그렇습니다. 바로 여기에서 꿈에 대한 의학적인 견해와 정신분석학적인 견해의 대립이 다른 어느 곳에서는 볼 수 없었을 정도로 가장 날카롭게 첨예화됩니다. 전자에 따르면 꿈을 꾸고 있는 동안의 정신 활동이 모든 비판 활동에서 제외되어 있으므로 꿈이란 무의미하다는 것이고, 그와는 반대로 우리의 견해에 따르면 꿈-사고에 포함되어 있는 비판이 〈그것은 말도 안 되는 일이야〉라는 판단을 표현하게 될 때, 비로소 꿈은 무의미한 것이 된다는 주장입니다. 여러분이 이미 알고 있는, 극장에 가려던 꿈(좌석표 3장에 1플로린 50크로이체)은 그에 대한 좋은 예라고 할 수 있습니다. 거기에서 표출된 판단은 다름 아닌, 그렇게 빨리 결혼했던 것은 바보 같은 짓이었다는 뜻입니다.[10]

이와 비슷하게 어떤 하나의 요소가 꿈에 나타났는지 아닌지, 그것이 이것이었는지 아니면 그와는 다른 어떤 것이었는지에 관해 꿈꾼 이가 그렇게 자주 나타내곤 하던 의심과 불확실성에 해

9 언어학에서 보면 어원은 같지만 뜻은 다른 단어가 종종 있음을 알 수 있다.
10 『꿈의 해석』 여섯 번째 장 참조.

당하는 것들이 무엇인지는 해석 작업을 통해 알게 됩니다. 일반적으로 잠재된 꿈-사고에는 이러한 의심이나 불확실성에 해당하는 것이 아무것도 없습니다. 그것들은 대체로 꿈-검열의 작용이며, 시도되기는 했으나 완전히 성공하지 못한 삭제의 결과로 간주할 수 있습니다.[11]

꿈-작업이 잠재적 꿈에서 모순을 다루는 방식은 우리가 발견해 낸 사실 중 가장 놀라운 발견이라고 할 수 있습니다. 잠재적 재료 중의 일치점들은 외현적 꿈에서 압축을 통해 대체된다는 것을 우리는 이미 알고 있습니다. 모순점들도 일치점들과 똑같이 취급되는데, 동일한 외현적 요소를 통해서 특별하게 선호되면서 표현됩니다. 모순을 허용하는 외현적 꿈의 어떤 요소는 자기 스스로를 의미하거나 자신에 대한 모순을 의미하며, 그 두 개를 동시에 의미하기도 합니다. 그중 어느 번역이 선택되어야 할지는 그것이 가진 의미에 의해 비로소 결정될 수 있습니다. 그러므로 〈부정 Nein〉의 표현이 꿈속에서 발견되지 않는다는 것, 적어도 명백하게 부정적인 것은 아무것도 발견되지 않는다는 사실은 그러므로 바로 이러한 사실과 관련이 있는 것입니다.

꿈-작업의 이와 같은 생소한 행위에 대한 유사점을 우리는 언어 발달 과정에서도 찾아보게 됩니다. 태곳적 언어에서는 〈힘센 — 약한〉, 〈밝은 — 어두운〉, 〈크다 — 작다〉라는 반대어들이 동일한 어근에 의해 표현되었다고 많은 언어학자가 주장하고 있습니다(〈원시 언어의 반대 의미〉). 고대 이집트어에서는 원래 〈ken〉은 강함과 약함을 동시에 의미하고 있었습니다. 그와 같은 모호한 단어를 사용하는 도중에 생겨나는 오해를 없애기 위해서, 대화 중에는 말에 악센트를 주거나 몸짓을 통해 의미를 분명히

11 강박 신경증의 증상에 대한 의심은 열일곱 번째 강의를 보라.

했으며, 문자로 나타낼 때에는 소위 한정부(限定附)라고 하는 발음되지 않는 그림을 첨가했습니다. 예를 들어 〈강하다〉를 의미하는 *ken*은 문자 뒤에 곧바로 서 있는 남자의 그림과 더불어 쓰이고, 〈약하다〉를 나타내는 *ken*은 힘없이 쭈그리고 앉아 있는 남자의 그림과 같이 쓰였습니다. 똑같이 발음되는 원시어를 약간씩 변화시킴으로써 그 속에 포함되어 있는 대립적 의미에 대한 두 개의 표기가 형성된 것은 훨씬 나중의 일입니다. 이렇게 해서 *ken*(강함 ― 약함)에서 〈강하다〉의 의미인 *ken*과 〈약하다〉의 의미인 *kan*이 파생되어 나왔습니다. 후기 발달 단계에서의 고대 언어뿐만 아니라 훨씬 후기의, 현재까지 쓰이는 언어에서도 이와 같은 오래된 반대 개념을 그대로 간직하고 있는 단어들이 많이 남아 있습니다. 이에 대한 증거로서 나는 여러분에게 아벨K. Abel의 논문에서 발췌한 몇 가지 실례를 설명해 드리고자 합니다.[12]

라틴어 가운데 현재까지도 상반된 의미를 내포하고 있는 단어들로서는, *altus*(높다 ― 낮다)와 *sacer*(신성한 ― 사악한) 등이 있고, 같은 어원을 가졌으면서도 약간씩 변형된 단어들로는, *clamare*(소리치다)와 *clam*(조용한, 정숙한, 은밀한), *siccus*(마른)와 *succus*(주스) 등이 있으며, 독일어에서는 *Stimme*(목소리)와 *stumm*(말없는, 벙어리의)이 있습니다.

유사한 언어들을 대조해 보면 많은 예가 나옵니다. 영어의 *lock*(닫다)와 독일어의 *Loch*(구멍), *Lücke*(틈), 영어의 *cleave*(분열하다)와 독일어의 *kleben*(달라붙다)이 그것입니다.

영어의 *without*은 원래 〈……와 함께〉, 〈……없이〉라는 의미를 함께 가지고 있었는데, 오늘날은 〈……없이〉의 의미만으로 쓰입

---

12 아벨의 「원시어의 반의어에 대하여 Der Gegensinn der Urworte」(1884) 참조 ― 원주.

니다. *with*가 부여한다는 의미만이 아니라 빼앗는 의미도 갖고 있다는 것은 *withdraw*(철회하다), *withhold*(보류하다) 등의 합성어를 통해서도 알 수 있습니다. 독일어의 *wieder*[13]도 같은 의미입니다.

꿈-작업의 또 다른 특성도 언어 발달 과정 중에서 찾아볼 수 있습니다. 다른 후기 언어들과 마찬가지로 고대 이집트어에서도 똑같은 의미를 나타내는 단어의 음 순서가 뒤바뀌는 일이 있었습니다. 영어와 독일어 사이의 그러한 예를 들어 보면, *Topf*(단지) ― *pot*(독, 단지), *boat*(배) ― *tub*(통, 함지), *hurry*(서두르다) ― *Ruhe*(평온), *Balken*(대들보) ― *Kloben*(통나무)이나 *club*(곤봉), *wait*(기다리다) ― *täuwen*(기다리다) 등이 있습니다. 라틴어와 독일어 사이에도 *capere*(붙잡다) ― *packen*(붙잡다, 포장하다), *ren*(신장[腎臟]) ― *Niere*(신장) 등이 있습니다.

여기서 개개의 단어에 발생했던 바와 같은 그러한 전도 *Umkehrung*는 꿈-작업에 의해 여러 가지 방법으로 이루어집니다. 의미의 전도, 반대어에 의한 이러한 대체는 우리가 이미 알고 있는 사항입니다. 그 밖에도 꿈속에서는 상황의 전도라든가 두 사람 사이에 관계의 전도 등이 발생하며, 마치 〈전도된 세계〉에 있는 듯한 느낌이 듭니다. 꿈속에서는 토끼가 사냥꾼을 쏘는 일이 얼마든지 있습니다. 더 나아가서는 사건 순서가 뒤바뀌는 일도 있어서, 원인 관계로 보아 앞에 있었던 사건이 꿈속에서는 후속 사건으로 뒤에 오는 일이 있는 것입니다. 그것은 마치 서투른 유랑 극단의 연극 상연에서 먼저 주연 배우가 쓰러지고 난 후, 그를 저격하는 총소리가 무대 뒤에서 울려오는 상황과도 같습니다. 또 어떤 꿈에서는 모든 요소들의 순서가 완전히 뒤바뀌어서, 의미

13 〈……과 함께〉 또는 〈……에 대항하여〉라는 뜻이 있다.

있는 해석을 하기 위해서는 마지막의 것을 가장 먼저 해석하고 맨 처음에 등장했던 것은 가장 늦게 해석해야만 하는 경우도 있습니다. 꿈의 상징성에 대한 우리의 연구에서 밝혀졌던 것처럼, 물속으로 들어가거나 뛰어드는 것은 물속에서 나오는 것과 동일한 의미를 가지는 것으로서, 말하자면 출산이나 태어남을 의미하는 것이며, 계단이나 사다리를 올라가는 것은 그것을 내려오는 것과 똑같은 의미라는 것을 여러분도 기억하실 것입니다. 이러한 방식의 표현상의 자유를 통해 꿈-왜곡이 어떠한 이점을 취할 수 있는지는 오인의 여지 없이 명백합니다.

꿈-작업의 이러한 특징에 〈태곳적〉이라는 명칭을 붙여도 상관없을 듯합니다. 이 특징은 고대의 표현 체계나 언어, 문자에도 그대로 나타나며 그와 똑같은 해석상의 어려움들을 수반하고 있는데, 그에 관해서는 이후에 비판적 관점에서 더 언급하기로 하겠습니다.[14]

이제는 또 다른 몇 가지 관점에 관해서 논의할 차례입니다. 꿈-작업에서 무엇보다 문제되는 것은, 언어로 표현된 잠재적 사고를 대개는 시각적인 속성을 가진 감각적인 그림으로 변환시키는 일이라고 할 수 있습니다. 그런데 우리의 생각들은 원래 그러한 감각 형상Sinnesbilder들에서 비롯된 것들이며, 최초의 재료와 전 단계는 감각 인상들Sinneseindrücke, 좀 더 정확히 말해 그러한 것들에 대한 기억 형상Erinnerungsbilder이라는 것입니다. 나중에 가서야 이러한 것들에 언어들이 결부되고, 그것은 다시 생각 내지는 관념과 결합됩니다. 꿈-작업은 이러한 생각에 퇴행적 처리를 거치게 하여 그것의 발전 과정을 되돌리는 것입니다. 그리고

---

14 〈퇴행Regression〉이라는 주제에 관해서는 스물두 번째 강의에서 자세히 논의하고 있다.

이러한 퇴행 과정에서 기억 형상들이 생각으로 계속적으로 발전되면서 만들어지는 새로운 획득물들과 같은 것들은 모두 생략시켜 버리지 않을 수 없게 됩니다.

이러한 과정이 이른바 꿈-작업인 것입니다. 우리가 꿈-작업에서 알게 된 과정들과 비교해 보면 외현적 꿈에 대한 관심은 뒤로 물러나지 않을 수 없습니다. 그러나 나는 우리가 직접적으로 알고 있는 유일한 것인 이 외현적 꿈에 대해서 몇 가지 설명을 덧붙이려고 합니다.

외현적 꿈이 이렇게 하여 우리에게서 그 의미를 상실하게 되는 것은 지극히 당연한 일입니다. 그것이 그럴듯하게 구성되어 있든지 아니면 아무런 관련성이 없는 몇 개의 개별적인 상(像)으로 이루어져 있든지, 그런 것은 이제 아무 문제가 되지 않습니다. 꿈이 외견상으로는 매우 의미심장한 외관을 갖고 있다고 하더라도 이러한 겉모습은 꿈-왜곡을 거쳐서 만들어진 것이며, 이탈리아 교회의 정면이 교회 자체의 구조나 양식과는 어떠한 유기적 관계도 맺고 있지 않는 것처럼, 이 겉모습도 꿈의 내적인 내용과는 아무런 유기적 관계가 없음을 우리는 잘 알고 있습니다. 또 어떤 경우에는 꿈의 이러한 외관이 의미를 갖고 있는 일도 있는데, 그것은 그 외관이 잠재적 꿈-사고의 중요한 구성 요소를 아주 조금만 왜곡했거나, 혹은 전혀 왜곡하지 않은 채 재현하고 있기 때문입니다. 그러나 꿈을 해석해서 왜곡이 얼마만큼 일어났는지를 판단할 수 있기 전까지는 의미가 있는 것인지 아닌지의 여부를 알 길이 없습니다. 꿈속에 있는 두 가지 요소가 서로 밀접한 관계 속에 놓여 있는 듯이 보일 때도 이와 비슷한 의혹이 일어납니다. 이와 같은 밀접한 요소들에 대응하는 것들을 잠재적 꿈속에서도 짜맞출 수 있지 않을까 하는 중요한 암시가 이러한 사실 속에 포함되어 있을 수 있습니다. 그러나 또 어떤 경우에는 사고 내용으로 보아서는 함께 속하는 것들이 외현적 꿈에서는 따로따로 분리되어 나타나는 수도 있다는 것을 확신할 수 있습니다.

마치 꿈이 일관된 구성을 갖고 있는 것이라거나 어떤 실용적인 표현이라도 되는 것처럼 생각해서, 외현적 꿈의 한 부분을 다른 한 부분으로 설명하려고 하는 시도는 삼가는 것이 좋습니다. 그것은 오히려, 여러 가지의 돌 조각을 접착제를 사용하여 합성시켜 만든 콘크리트와 비교될 수 있는데, 그때 만들어지는 문양은 원래의 암석 함유물이 갖고 있는 문양과는 전혀 다른 것입니다. 실제적으로도 소위 〈이차 가공 die sekundäre Bearbeitung〉이라고 볼 수 있는 꿈-작업의 어떤 부분이 있는데, 그 임무는 꿈-작업의 일차적인 성과에서 어떤 전체적인 것, 대략적으로 꽤 조리 있는 것을 만들어 내는 것입니다.[15] 이러한 과정 도중에 오해를 불러일으킬 수 있는 어떤 의미에 따라 재료가 배열되기도 하고, 필요에 따라서는 다른 것이 삽입되기도 합니다.

다른 한편으로 우리는 꿈-작업을 과대평가한 나머지 그것에 너무 많은 신뢰를 두어서는 안 됩니다. 위에 열거한 기능만으로도 꿈-작업은 소진되어 버리고 맙니다. 압축하고 전위시키고 조형적으로 표현하고, 그리고는 그 전체를 다시 이차 가공을 거치게 하는 것 이상을 꿈-작업은 할 수 없습니다. 꿈속에서 판단의 표명, 비판, 놀라움, 추론 등으로 나타나는 것들은 꿈-작업의 소산이 아니며, 아주 예외적으로만 꿈에 대한 숙고의 표명으로 볼 수 있습니다. 그것들은 다소 변형되고 연관성에 맞게 수정된 다음 외현적 꿈으로 이행된 잠재적 꿈의 일부분이라고 간주할 수 있습니다. 꿈-작업은 대화를 만들어 낼 수도 없습니다. 극히 예외

15 『꿈의 해석』 참조.

적이라고 할 만한 경우에만 꿈속 대화는 꿈을 꾸기 전날에 그가 들었던 대화 내용이나 아니면 그 스스로 언급했던 대화들의 복사본 내지는 그것들의 합성물이라고 할 수 있는데, 그것들은 하나의 재료로서 혹은 꿈의 자극제로서 잠재적 사고 속에 들어가게 된 것입니다. 꿈-작업은 또한 숫자 계산도 할 수 없습니다. 외현적 꿈에 나타나곤 하는 계산들은 대개 숫자들을 나열한 것이거나 거짓 계산이며 계산 그 자체로서는 전혀 무의미한 것입니다. 그리고 그것들은 다시금 잠재적 꿈-사고 속에 내재해 있는 계산들의 복사품에 지나지 않습니다. 이러한 상황을 놓고 볼 때 꿈-작업에 돌려졌던 관심이 그로부터 등을 돌리고 잠재적 꿈-사고로 향하게 되는 것은 전혀 놀라운 일이 아닙니다. 이 잠재적 꿈-사고는 다소 왜곡된 채로 외현적 꿈을 통해서 자신을 드러냅니다. 그러나 이러한 변화가 너무나 극심하게 이루어진 나머지, 이론적인 고찰 속에서 잠재적 꿈-사고를 꿈 그 자체의 자리에 놓고 전자(잠재적 꿈-사고)에 해당될 이야기를 후자(꿈)에 대해서 언급하거나 하는 행위는 결코 정당화될 수 없는 것입니다. 정신분석학의 성과가 그러한 혼동에 잘못 이용될 수 있었다고 하는 것은 정말 이상하다고밖에 말할 수 없습니다. 〈꿈〉이란 꿈-작업의 성과라고 부르는 것 이외에는 다른 도리가 없습니다. 다시 말하면, 잠재적 꿈-사고가 꿈-작업을 통해서 바뀐 형태*Form*를 뜻하는 것입니다.

꿈-작업은 매우 독특한 과정으로서 그와 같은 것은 이제까지의 정신생활 영역에서 찾아볼 수 없었던 것입니다. 그러한 형태의 압축이나 전위, 생각들을 그림으로 변환시키는 것과 같은 퇴행적 행태는 전혀 새로운 것들로서, 이것을 발견해 냈다는 그 사실만으로도 정신분석적인 노력은 이미 충분한 보상을 받은 것으로 볼 수 있습니다. 꿈-작업과 유사한 여러 가지 상응점을 통해 여러분은 다른 영역, 특히 언어 발달과 사고 발달 영역에서 정신 분석 연구로부터 비롯된 유사한 관련성들이 얼마나 많이 재차 발견되고 있는가를 추측할 수 있으실 것입니다. 이러한 통찰이 가지고 있는 다른 중요한 의미에 대해서는 꿈-형성의 메커니즘이 신경증 징후들의 생성 방법과 얼마나 닮아 있는가를 알게 되었을 때에야 비로소 짐작할 수 있을 것입니다.

이러한 작업 결과에서 심리학에 미치게 되는 새로운 수확이 어느 정도인지에 대해서는 아직 우리가 개관할 단계에까지 이르지 못했다는 것을 잘 알고 있습니다. 우리는 다만 무의식적인 정신적 행위 — 그것이 바로 잠재적 꿈-사고이지만 — 의 존재에 대한 어떤 새로운 증거가 밝혀졌는가에 대해서, 또 꿈-해석이 무의식적인 영혼 생활에 대해 얼마나 넓은 인식의 통로를 약속해 줄 수 있는지에 대해서만 지적하고자 했던 것입니다.

자, 이제는 전체적인 관련성 속에서 설명하고 준비해 왔던 여러 가지 작은 꿈의 실례를 여러분 앞에 설명해 보일 차례인 것 같습니다.

열두 번째 강의

꿈의 사례들에 대한 분석

신사 숙녀 여러분, 여러분을 멋있고 큼직한 꿈들을 해석하는 작업에 참여하라고 초대하는 대신, 또다시 여러분 앞에 꿈-해석의 파편 조각들만을 내놓게 된 것에 대해 너무 실망하지는 말아 주십시오. 지금까지 그렇게 많은 준비를 해왔으므로 여러분은 당연히 그에 대한 권리가 있다고 주장하실 것이며, 그처럼 수천 개의 많은 꿈을 성공적으로 해석했으므로 꿈-작업과 꿈-사고들에 대한 우리의 모든 주장들을 증명해 줄 수 있는 탁월한 꿈의 실례들을 충분히 수집할 수 있게 되었으리라고 확신하고 계실 것입니다. 그러나 여러분의 소망을 가로막는 어려움들이 너무나도 많다는 데 문제가 있습니다.

무엇보다도 내가 여러분에게 고백하지 않을 수 없는 것은 꿈을 해석하는 것을 자신의 직업으로 삼는 사람은 아무도 없다는 사실입니다. 사람들은 언제 꿈을 해석하고 싶다는 생각을 가지게 되는 것일까요? 때때로 사람들은 어떤 특별한 의도도 없이 친한 사람의 꿈에 몰두하기도 하고, 정신분석적 작업을 배우기 위해서 일정 기간 동안 자신의 꿈을 대상으로 해석을 시도해 보기도 합니다. 그러나 대부분은 분석적인 치료를 받고 있는 신경증 환자들의 꿈이 문제가 됩니다. 후자의 꿈들이야말로 가장 훌륭한 재료로, 건강한 사람들의 꿈에 비해 결코 뒤떨어지지 않습니다. 그러나 치료 기법상 꿈-해석을 치료적 목적에 종속시키고, 그러한 꿈-해석에서 치료에 필요한 무언가를 얻어 낸 다음에는 많은 수의 꿈을 그대로 놔둘 수밖에 없게 됩니다. 치료 기간 중에 등장하는 많은 꿈 중 어떤 것들은 해석하기 곤란한 것들도 있습니다. 그것들은 우리에게 알려지지 않은 심리적 재료의 전체 덩어리에서 생겨난 것이므로 치료를 마친 후에야 비로소 이해할 수 있게 됩니다. 그러한 꿈에 대해서 이야기한다는 것은 신경증의 전 비밀을 밝혀내는 작업을 필요로 하게 될 것입니다. 그러나 우리에게는 그런 것들이 필요하지 않습니다. 왜냐하면 우리는 신경증 연구를 위한 준비 작업으로서의 꿈을 대상으로 하고 있기 때문입니다.

그러나 여러분은 이러한 재료들을 기꺼이 포기해 버리고, 차라리 건강한 사람들의 꿈이나 자기 자신의 꿈에 대한 설명을 듣기를 원하실 것입니다. 그러나 그것은 이 꿈들이 갖고 있는 내용으로 볼 때 불가능합니다. 자기 자신을 포함해서 자기에 대해 신뢰를 갖고 있는 다른 사람을 그렇게 무자비하게 발가벗길 수는 없는 노릇이기 때문입니다. 어떤 사람의 꿈을 정밀하게 분석함으로써 필연적으로 나타나게 되는 결과는, 여러분이 이미 알고 있는 바와 마찬가지로 그의 인격의 가장 내밀한 부분을 건드리게 될 것입니다. 재료 조달에 관계되는 이러한 어려움 말고도 꿈을 보고할 때 또 다른 어려움이 문제됩니다. 여러분이 이미 알고 있는 것처럼 꿈이란, 그 꿈을 꾼 사람에 대해서 개인적으로 전혀 알지 못하는 타자에게는 물론이려니와 꿈을 꾼 당사자에게도 낯설게만 보일 뿐입니다. 우리의 문헌들에는 아주 상세한 꿈-분석의 예들이 꽤 있습니다. 나 자신도 병력 보고의 틀 안에서 그러한 몇 개의 사례를 발표한 적이 있습니다.[1] 꿈-해석의 가장 훌륭한 사례들로는, 오토 랑크에 의해 보고된 서로 관련을 가진 두 개의 연이은 꿈에 관한 것이 있습니다.[2] 그것은 한 소녀의 꿈으로 그 내용은 2쪽 정도에 불과하지만, 그 꿈에 대한 분석은 무려 76쪽에 걸쳐 있습니다. 여러분에게 이러한 꿈들에 대해서 설명을 하자면 한 학기가 모두 소요될 것입니다. 여러분이 어떤 대단히 길고 심하게 왜곡되어 있는 꿈을 가지고 작업을 하게 된다면, 그에 대해 수많은 설명을 할 수밖에 없게 될 것이고 연상이나 기억 재료*Einnerungsmaterial*들을 수없이 많이 끌어대야 할 것이며 여러 군데의 옆길로도 들어가야만 하지만, 그에 대해 강연을 하게 된다 해도 그것은 지극히 종잡기 어려운, 복잡하고 불충분한 것이라는 인상만을 주게 될 것입니다. 그러므로 여러분에게 부탁드리고 싶은 것은, 가볍게 손에 쥘 수 있는 것, 신경증 환자의 꿈들 중 작은 부분들에 대한 보고만으로 만족하라는 것입니다. 그럴 경우 이런저런 작은 것들은 개별적으로 인식할 수 있기 때문입니다. 꿈-상징들은 가장 쉽게 여러분에게 제시해 보일 수 있는 것들이며, 그러고 나서 퇴행적 꿈-묘사*Traumdarstellung*의 몇 가지 특징을 설명하는 것이 좋겠습니다. 다음에 예시하는 꿈의 하나하나에 대해서 그것이 왜 설명할 가치가 있는 것으로 생각되는지에 대한 이유를 설명해 드리겠습니다.

(1) 이 꿈은 단 두 개의 짧막한 영상(映像)으로만 이루어져 있습니다. 〈삼촌은 토요일임에도 불구하고 담배를 피우고 있다 ──

1 「도라의 히스테리 분석」(프로이트 전집 8, 열린책들)과 「늑대 인간 ── 유아기 신경증에 관하여」(프로이트 전집 9, 열린책들) 참조.
2 랑크의 「스스로 해석하는 꿈Ein Traum der sich selbst deutet」(1910) 참조.

어떤 부인이 그가 마치 친자식이라도 되는 양 그를 쓰다듬고 애무하고 있다.〉

첫 번째 장면에 대해서 꿈꾼 이(유대인임)는, 삼촌이 매우 경건한 사람으로서 그와 같이 죄가 되는 일은 결코 한 일이 없으며 앞으로도 절대 하지 않을 것임을 확인해 주었습니다. 두 번째 장면에 나오는 어떤 부인에 대해서 그는 자신의 어머니 외에는 아무도 떠올릴 수 없었습니다. 이 두 개의 장면 혹은 생각은 틀림없이 하나의 연관성 속에 관련지을 수 있는 것입니다. 그런데 어떻게 해야 하는 것일까요? 그가 현실 속에서는 삼촌이 그런 행동을 하리라는 것을 분명하게 부정하고 있으므로 〈만일〉이라는 가정을 세워 봅시다. 〈나의 삼촌이 그렇게 경건한 사람인데도 불구하고 토요일에 담배를 피울 수 있다면, 나 또한 어머니에게 애무를 받아도 되는 것이 아닐까?〉라는 가정이 성립됩니다. 이것은 분명히, 어머니에게 애무를 받는 일은 토요일에 담배를 피우는 것과 마찬가지로 경건한 유대인들에게는 금지되어 있다는 것을 의미합니다. 내가 이미 이전에도, 꿈-작업에서는 여러 가지 꿈-사고 간의 모든 관계 개념들이 탈락해 버리고 꿈-사고들은 그 자체의 원재료로 분해되어 버리며, 바로 이렇게 탈락해 버린 관계들을 다시 복원시키는 것이 꿈-해석의 과제라고 말한 바 있음을 기억해 주시기 바랍니다.

(2) 꿈에 관한 나의 저술 활동으로 말미암아 나는 어떤 의미에서는 꿈 문제의 공식적인 상담자가 되어 버린 것 같습니다. 그래서 수년 전부터 여러 방면에서 수많은 편지를 받곤 했는데, 그것들은 나에게 꿈을 이야기해 오거나 그 꿈에 대한 평가를 요구하

는 것들이었습니다. 꿈에 대해서 그에 대한 해석이 가능해질 수 있도록 다른 많은 재료들을 덧붙이거나 그 스스로 해석을 보내오신 분들 모두에게 나는 감사를 드립니다. 이 범주에 속하는 것이 바로 여기에 소개하게 될, 1910년에 뮌헨의 어떤 의사분이 보내오신 꿈-내용입니다. 꿈꾼 이가 우리에게 꿈에 관한 정보를 제공하지 않을 경우, 꿈이란 대체로 얼마나 이해할 수 없는 것인가를 이 꿈이 잘 증명해 줄 수 있다고 생각하기 때문에 이 꿈을 여러분에게 소개하려고 하는 것입니다. 여러분이 근본적으로 상징적 의미를 사용한 꿈-해석을 가장 이상적인 방법으로 여기고, 꿈에 대한 연상적 기법 같은 것을 아예 무시하고 싶어 하시리라는 것을 추측할 수 있기 때문에, 나로서는 그와 같은 위험한 착각에서 여러분을 보호해야 할 책무를 느낍니다.

〈1910년 7월 13일. 아침나절에 나는 다음과 같은 꿈을 꾸었다. 나는 튀빙겐의 거리를 자전거를 타고 내려가고 있었는데, 갈색의 닥스훈트Dachshund 사냥개가 나에게 달려들어 발뒤꿈치를 물었다. 나는 조금 더 내려가다가 자전거에서 내려 계단 위에 앉은 후에, 나를 꽉 물고 놓지 않고 있는 그 짐승을 쫓아내기 위해서 마구 몸을 흔들어 댔다(물렸다는 사실이나 그 전체 상황에 대해서 못마땅한 기분은 느낄 수 없었다). 내 맞은편에는 몇 명의 늙은 부인이 앉아서 이를 드러내고 웃으며 나를 쳐다보고 있었다. 그 순간에 눈을 떴는데, 거의 언제나 그랬던 것처럼 잠을 깨는 순간에 그 꿈 전체가 나에게 선명히 다가왔다.〉

여기서는 상징을 갖고 작업을 하는 것이 별 도움이 되지 않습니다. 꿈을 꾼 사람이 그 밖에도 우리에게 보고한 내용은 이렇습니다. 〈나는 최근에 어떤 처녀를 알게 되어서 사랑에 빠졌다. 길거리에서 우연히 보게 된 것 말고는 어떻게 접근할 방법이 없었다.

그런데 바로 이 닥스훈트 사냥개야말로 우리를 연결시켜 줄 가장 근사한 방법이 될 것 같았다. 나는 원래 동물들을 매우 좋아하는 사람이었고 그 처녀에게서도 이러한 특징을 느낄 수 있었다.〉이 말에 덧붙여서 그는, 자신이 벌써 여러 번이나 싸우는 개들한테 달려들어 그들을 떼어 놓곤 했으며 사람들은 그의 이 재주에 놀라곤 했다는 사실을 털어놓았습니다. 우리가 또 알게 된 사실은, 그의 마음을 사로잡은 처녀가 언제나 이처럼 특이한 종자의 개를 데리고 다녔다는 것입니다. 그러나 이 처녀는 외현적 꿈에서는 제거되고 그 대신에 그녀와 같이 연상된 개만이 남게 된 것입니다. 어쩌면 꿈속에서 그에게 웃어 보인 그 나이 든 부인들은 그 처녀 대신에 등장한 것인지도 모릅니다. 그 외에도 그가 우리에게 전해 준 사실들은 이 문제를 해명하기에는 충분치 않았습니다. 그가 꿈속에서 자전거를 타고 있었던 것은 회상된 상황을 그대로 재현하고 있는 것입니다. 그는 개를 데리고 가는 그 처녀를 언제나 자전거를 타고 있을 때만 보았던 것입니다.

(3) 자신이 가장 소중하게 생각하고 있었던 가족 중의 한 사람을 잃게 된 사람들은 그 후로도 오랫동안 매우 특이한 종류의 꿈을 꾸게 되는데, 그 속에서 그 죽은 사람을 되살리고픈 욕망은 그가 죽었다는 사실에 대한 지식과 교묘한 타협점을 찾아내곤 합니다. 어떤 때는 죽은 사람이 이미 죽기는 했지만 자신이 죽었다는 사실을 모르고 있으므로 계속 살아 있는 사람으로 나타나다가, 그가 죽었다는 사실을 인지하게 되면 그때에야 비로소 완전히 죽게 됩니다. 또 어떤 때는 그는 반쯤은 죽은 사람이고 또 반쯤은 살아 있는 사람으로 등장하기도 하는데, 이러한 모든 상황은 그것만의 독특한 특징을 갖고 있습니다. 우리는 이러한 꿈들을 단순

히 무의미한 꿈으로 치부해서는 안 됩니다. 왜냐하면 꿈속에서 죽은 이를 부활시키는 것은, 예를 들어 동화 속의 경우보다 특별히 용인되지 못할 일은 아니기 때문입니다. 우리가 알다시피 동화 속에서는 그러한 경우가 매우 다반사로 일어나고 있습니다. 내가 이들 꿈을 분석해 본 바로는, 그것을 아주 이성적으로 해석할 수 있다는 것이었습니다. 그러나 죽은 자를 다시 살려 내고 싶은 그 경건한 소망은 매우 진기한 방법으로 이루어진다는 것을 알 필요가 있습니다. 이제 여기서 여러분에게 그처럼 괴상망측하고 말도 안 되는 것처럼 보이는 하나의 꿈을 소개해 보겠습니다. 그러나 그 꿈을 분석해 보면, 여러분이 지금까지 이론적인 고찰을 통해서 알게 되었던 여러 가지 예비 지식 중 많은 부분을 확인할 수 있게 될 것입니다. 그것은 아버지를 오래전에 잃은 한 남자의 꿈입니다.

〈아버지는 돌아가셨다. 그리고 시체가 발굴되었는데 그 모습은 매우 나빠 보였다. 그는 그 이후로 계속 살아 계시는데 나는(꿈꾸고 있는 사람) 그가 이를 눈치채지 못하도록 몹시 애를 썼다(그러자 꿈은 또 다른 꿈으로 이행되었는데, 그것은 얼핏 보기에 그 전의 꿈과는 아무 상관이 없는 듯이 보였다).〉

그의 아버지가 돌아가셨다는 사실은 우리 모두가 알고 있습니다. 그러나 그의 시체가 발굴되었다는 것은 사실과 다릅니다. 그 밖의 모든 사실들도 현실에 부합되지 않으므로 고려할 가치가 없습니다. 그러나 꿈꾼 이는 이렇게 말했습니다. 〈아버지의 장례를 치른 후에 집에 돌아온 이후로 이빨 하나가 몹시 아프기 시작했다. 나는《이가 속을 썩이면 즉시 그것을 빼라》는 유대인의 교훈에 따라 아픈 이를 빼려고 의사에게 갔다. 의사는 나에게 이렇게 말하는 것이었다.《이가 아프다고 해서 그것을 바로 빼버리려고 해서는 안 됩니다. 인내심을 가져야만 합니다. 아픈 이의 신경을 죽이기 위해서 당신의 이 속에 어떤 장치를 해드리겠습니다. 3일 후에 다시 오십시오. 그러면 그 이를 빼드리겠습니다.》

〈이렇게《이를 뽑는 것》이 바로 시체를 파내는 것을 의미하겠지요?〉라고 그는 툭 던지듯이 말을 했습니다.

꿈꾼 이의 이 말은 옳은 것일까요? 그 말이 전부 다 옳은 것이라고 할 수는 없겠지만 대체로 옳은 것이기는 합니다. 왜냐하면 이를 빼는 것이 아니라 무언가 죽어 버린 것이 그의 몸에서 나오는 것이기 때문입니다. 그러나 경험으로 보아서 그와 같은 부정확성이 꿈-작업에 나타나는 것은 있을 법한 일입니다. 그래서 꿈꾼 이는 돌아가신 아버지와 신경을 죽이기는 했으나 아직도 남아 있는 이를 압축시켜서 하나로 통일시키게 된 것입니다. 그렇지만 외현적 꿈에서는 그것과는 상관없는 무의미한 일이 일어나게 되었다고 해도 전혀 놀랄 일이 못 됩니다. 이에 대해서 언급된 것들이 아버지에 대해 모두 들어맞을 수는 없기 때문입니다. 이러한 압축을 가능하게 만든 이와 아버지 사이의 유사점은 어디에 있는 것일까요?

그것은 아마도 꿈꾼 이가 곧이어서, 〈이가 빠지는 꿈은 가족 중 한 사람이 죽게 된다는 것을 의미하는 꿈〉이라는 사실을 알고 있다고 말한 사실에서 그러한 가능성을 찾아볼 수 있을 것 같습니다.

이렇게 널리 알려져 있는 해석은 틀린 것이며, 그저 괴상한 의미로 해석할 때만 옳다는 것을 우리 모두는 알고 있습니다. 그렇기 때문에 여기서 제시된 주제를 꿈-내용의 다른 부분의 배후에서 발견하게 되었을 때 더욱 놀라지 않을 수 없습니다.

꿈꾼 이는 별다른 재촉을 받지 않고도 아버지의 병환과 죽음에 이르게 되었던 그간의 과정과 아버지와 자신의 관계에 대해서 설명하기 시작했습니다. 아버지는 오랫동안 병을 앓으셨고 그를 돌보고 치료하는 일은 아들인 그에게 많은 돈이 드는 일이었습니다. 그러나 그에게는 그 일이 너무 힘들다거나 하는 생각은 들지 않았고, 지쳐 버린 나머지 빨리 끝이 나버렸으면 하고 바란 적도 없다는 것이었습니다. 그는 아버지를 유대인다운 경건성을 가지고 대했으며, 유대인의 율법을 준수하는 점에 있어서도 매우 엄격했습니다. 꿈에 나타나 있는 생각들에서 어떤 모순점이 눈에 띄지 않습니까? 그는 아버지와 이를 동일시했습니다. 아픈 이에 대해서 그는, 이가 고통과 분노를 자아낼 때는 그것을 뽑아내라는 유대인의 율법에 따라 행동하려고 했습니다. 아버지에 대해서도 그는 율법의 가르침에 따라 행동했다고 자부하고 있었습니다. 그것은 바로 〈돈이 들거나 화가 난다고 해도 신경 쓰지 말고, 모든 어려움을 그대로 받아들이고, 고통을 가져다주는 대상에 대해서 어떠한 적대적인 감정도 가져서는 안 된다〉는 것이었습니다. 여기서의 일치가 너무 작위적인 것이라고 할 수는 없지 않을까요? 그는 실제로 아픈 이에 대해서와 마찬가지로 아버지에 대해서도 비슷한 감정을 품지는 않았을까요? 다시 말해, 빠른 죽음만이 이처럼 낭비적이고 고통스럽고 비용이 많이 드는 실존의 방식에 종식을 고해 주리라고 원하지는 않았을까요?

나는 이것이 실제로 그토록 오랜 기간 동안 앓고 계셨던 아버지에 대한 그의 입장이었을 것임을 의심하지 않습니다. 자신의 유대인적 경건성에 대한 허영에 가까운 확신은 그에 대한 기억을 딴 곳으로 돌려놓기 위한 것이었을 뿐입니다. 그러한 상황에서는 고통을 일으키는 사람이 죽었으면 하고 바라는 마음이 일게 마련이며, 그것은 〈그를 위해서는 단 하나의 구원일 텐데〉라는 동정적인 생각의 탈을 쓰고 나타나는 법입니다. 우리가 여기서 잠재적 꿈-사고 자체에 있는 장벽마저도 무너뜨리고 있음을 여러분도 깨닫게 되었을 것입니다. 그와 같은 생각의 첫 부분(아버지가 죽었으면 하고 바랐던 것)은 틀림없이 일시적으로 꿈-형성 중에만 무의식적으로 나타났을 것이지만, 아버지에 대한 적대적 감정은 계속적으로 무의식적이었던 것으로서,[3] 어쩌면 유년 시절에 시작해서 아버지가 병을 앓고 있는 동안 때때로 조심스럽게 변장한 채로 의식 속으로 스며들었는지도 모릅니다. 우리는 또 이 점을 그 꿈-내용에 확실하게 공헌하고 있는 다른 잠재적 꿈-사고에 대해서도 더욱 확실하게 주장할 수 있습니다. 아버지에 대한 적대적인 감정은 꿈속에서는 발견되지 않습니다. 유년 시절의 아버지에 대한 그러한 적의의 뿌리를 연구해 가면, 아버지는 아들이 아주 어렸을 때부터 아들의 성적인 행위를 금지하는 존재이기 때문에 그에 대한 공포심이 생겨날 수밖에 없으며, 또 그는 대체로 자식의 사춘기가 지난 시기에도 사회적인 이유로 말미암아 같은 역할을 반복하게 된다는 사실을 떠올리지 않을 수 없습니다. 아버지에 대한 이러한 관계는 우리가 지금 다루고 있는 그 꿈꾼 이에게도 해당됩니다. 아버지를 향한 사랑 속에는 어렸을 때의 성적인 두려움의 원천에서부터 흘러나오는 충분할 정도의 존경심과 두려움이 함께 뒤섞여 있는 것입니다.

외현적 꿈의 그 밖의 문장들은 자위 콤플렉스*Onaniekomplex*에 의해 설명됩니다. 〈그는 안색이 나빠 보였다〉라는 것은 〈이 자리에 있는 이를 빼고 나면 얼굴이 보기 싫어질 것이다〉라는 치과 의사의 그다음 말을 인식하고 있습니다. 그것은 동시에 사춘기 소년의 나쁜 안색과도 관계되는데, 이는 사춘기 소년의 과도한 성적 행위를 드러내거나, 그것이 드러나는 것에 대한 두려움과 관

3 이에 대해서는 열세 번째 강의에서 추가로 논의되고 있다.

련되어 있습니다. 외현적인 내용에서는 자기 자신을 안심시키려
는 의도에서 꿈꾼 이가 이러한 나쁜 안색을 아버지에게로 옮겨
놓고 있는데, 이것은 여러분도 잘 알고 계시는 꿈-작업의 전도의
한 예입니다. 〈그는 그 이후로 계속해서 살아 계신다〉라는 것은
아버지가 다시 살아나기를 바라는 마음과도 일치하지만, 동시에
이를 빼지 않고 그냥 놔두겠다는 치과 의사의 약속과도 통하는
말입니다. 그러나 〈아버지가 그것을 눈치채지 못하도록 꿈꾼 이
는(나는) 할 수 있는 모든 일을 다 했다〉라는 문장은 대단히 교묘
하게 아버지가 죽었다는 사실을 우리가 보완하도록 만들기 위한
것입니다. 그러나 유일하게 의미 있는 보완은 다시금 자위 콤플
렉스에서 생겨나는데, 소년이 아버지에게 자신의 성생활을 감추
기 위하여 할 수 있는 모든 것을 다 하리라는 것은 너무도 자명하
기 때문입니다. 결론적으로 우리가 기억해야 할 것은, 소위 그러
한 종류의 이[齒]로 인한 꿈들을 항상 자위나 그에 대한 두려운
처벌 등으로 해석해야만 한다는 것입니다.

이제 여러분은 이렇게 이해할 수 없는 꿈이 어떻게 만들어졌는
가에 대해서 알게 되었습니다. 그것은 이상하고도 우리를 혼란시
키기에 충분한 압축을 만들어 냄으로써, 또 모든 생각을 잠재적
사고 과정의 중심에서 밀어내고 그것 대신에 이 생각들과 가장
멀리 떨어진 듯하고 시기적으로도 가장 멀리 떨어져 있는 애매모
호한 대체물을 형성함으로써 가능해지는 것입니다.

(4) 우리는 지금까지 여러 번 무의미한 것이나 이상한 것이라
고는 하나도 없는 저 냉정하고도 진부한 꿈들을 해결하기 위해서
많은 시도를 해왔습니다. 그러한 꿈들을 만나게 될 때마다 〈사람
들은 왜 그처럼 아무런 상관도 없는 것들을 꾸게 되는 것일까〉하

는 의문이 생기곤 했습니다. 나는 이와 같은 종류의 꿈들 중 또 하나의 새로운 꿈을 여러분에게 소개하려고 하는데, 그것들은 하룻밤 사이에 꾼 서로 연관성이 있는 세 개의 꿈들로서 어떤 젊은 여성이 꾼 것입니다.

(a) 〈그녀는 집 안의 널따란 거실을 걸어가다가 길게 드리워져 있는 샹들리에에 머리를 부딪쳐서 피를 흘렸다.〉

실제로 일어났던 일 중에서는 그에 대한 어떤 회상도 찾아볼 수 없었습니다. 그녀가 여기에 덧붙여 이야기한 것은 전혀 다른 방향에서 온 것입니다. 〈아시다시피 나는 머리털이 너무 많이 빠진답니다.《애야, 계속 그렇게 머리털이 빠지다간 네 머리는 엉덩이처럼 되어 버리겠구나》하고 어머니께서 어제도 말씀하셨어요.〉 그러니까 여기서 머리는 신체의 한쪽 말단을 의미합니다. 샹들리에에 관한 것은 별다른 도움 없이도 상징적으로 쉽게 이해할 수 있습니다. 길게 늘어뜨릴 수 있는 물건은 모두 남성 성기의 상징이라고 이미 말씀드렸습니다. 그러니까 문제되는 것은 남근과 접촉해서 생겨날 수 있는 신체 하부 말단의 출혈인 것입니다. 그러나 이것 역시 여러 가지 다른 뜻으로 해석될 수 있으나 그녀의 다음 연상에서 알 수 있게 된 사실은, 월경(月經)은 남성과의 성적 접촉으로 인해서 생겨나는 것이라는 믿음이 문제라는 것이었습니다. 이 믿음은 미처 어른이 되지 못한 소녀들에게서 흔히 발견되는 일종의 성 이론이라고 할 수 있습니다.

(b) 〈그녀는 포도원에서 꽤 깊숙한 웅덩이를 발견했는데, 그것은 그녀가 알기로는 나무를 한 그루 뽑은 데서 생겨난 것이었다.〉

그에 대해서 그녀가 말하기를, 자기에게는 그런 나무가 〈없다〉는 것이었습니다. 또 그녀는 꿈속에서 그 나무를 보지 못했다고도 말했습니다. 그런데 그 말을 할 때의 그 발음은 다른 생각을 표현하기 위해 사용된 것으로서 상징 해석을 완전히 받쳐 주고 있습니다. 그 꿈은 유아 성 이론의 또 다른 한 부분과 관계가 있는 것으로, 여자아이들도 원래는 남자아이들과 똑같은 성기를 가지고 있었는데 지금과 같은 모습을 갖게 된 것은 거세 때문에 생긴 것(나무를 뽑아내는 것)이라는 믿음과 관계있는 것입니다.

(c) 〈그녀는 자신의 책상 서랍 앞에 서 있다. 그녀는 그것을 속속들이 알고 있어서 누가 그것에 약간만 손을 대도 금방 그 사실을 알 수 있었다.〉

책상 서랍은 다른 모든 서랍이나 상자, 곽들과 마찬가지로 여성 성기를 상징합니다. 그녀는 성기를 보면 성교를 했는지 안 했는지를(그녀는 그냥 만지기만 하는 것도 같다고 생각했다) 금방 알 수 있다는 사실을 알고 있었으므로, 오래전부터 그것이 입증될까 봐 두려워하고 있었습니다. 이 세 개의 꿈들 모두에서 주안점은 〈안다〉라는 사실에 있다는 것을 말씀드리고 싶습니다. 그녀는 어린 시절의 성적 호기심의 순간들을 기억하면서 그때 얻어냈던 결과에 매우 우쭐해하고 있었음을 알 수 있습니다.[4]

(5) 다시 또 하나의 상징에 관한 이야기를 해보겠습니다. 그런데 이번에는 이와 관계된 심리 상황을 먼저 간단히 설명하고 나서 시작하는 것이 어떨까 합니다. 어떤 남자가 한 여자와 사랑의 밤을 보내고 나서 그 상대방에 대해서 이야기하기를, 그녀는 모성적 기질의 여자로서 남자와의 사랑 행위를 통해서 몹시 아이를 갖고 싶어 어쩔 줄 모르는 유형의 여자라는 것이었습니다. 그러나 그들이 서로 만나고 있는 처지는 사정된 정액이 여자의 자궁에 흘러들어 가지 않도록 하는 조심성을 필요로 했습니다. 그 밤이 지나고

---

4 어린이의 성에 대한 연구 및 이론은 스무 번째 강의에서 논의되고 있다.

잠에서 깨어난 여자는 다음과 같은 꿈을 들려주었다고 합니다.

〈빨간 모자를 쓴 어떤 장교가 거리에서부터 그녀를 쫓아왔다. 그녀는 그에게서 도망쳐 계단을 올라갔다. 그래도 그는 줄기차게 쫓아왔다. 숨을 헐떡거리면서 집에 도착한 그녀는 급히 문을 꽝 닫고는 잠가 버렸다. 그는 밖에 남아 있었는데 그녀가 문의 동그란 구멍으로 내다보니 그는 밖의 의자 위에 앉아서 울고 있었다.〉

여러분은 이와 같이 빨간 모자를 쓴 장교가 쫓아온다거나 숨을 헐떡이며 계단을 올라가는 광경 등에서, 그것이 다름 아닌 성교의 표현이라는 것을 인식하셨을 것입니다. 꿈을 꾼 여인이 쫓아오는 사람을 뒤에 두고 문을 닫아 건다는 것은, 꿈에서 그렇게도 빈번하게 이루어지는 전도의 예로 생각하실 수 있겠습니다. 왜냐하면 현실 속에서는 남자가 사랑의 행위를 서둘러 끝내 버리기 때문입니다. 마찬가지로 그녀의 슬픔도 상대방에게로 전이되었습니다. 꿈속에서 울고 있는 것은 그 남자이며, 그것은 동시에 사정을 암시하고 있습니다.

정신분석학에서는 모든 꿈들이 성적인 의미를 가진 것으로 간주되고 있다는 사실에 대해 여러분도 이미 한 번은 들으셨을 것입니다. 이제 여러분은 그러한 비난의 부당함에 대해 스스로 판단을 내릴 수 있는 위치에 와 있습니다. 여러분은 바로 앞에 있는 욕구들, 즉 배고픔이나 갈증, 자유에 대한 갈망 등을 충족시켜 주는 소원-꿈Wunschtraum들을 이미 알고 있고, 편의-꿈과 인내심이 없는 꿈, 또 몹시 탐욕적이고도 이기적인 꿈들에 대해서도 알고 있습니다. 그러나 매우 심하게 왜곡된 꿈은 ─ 이것 역시 전부 그렇다는 것은 아니지만 ─ 주로 성적인 소원의 표현이라는 것을 정신분석학 연구의 결과로서 머릿속에 기억해 두셔도 좋을 것입니다.

(6) 상징을 사용하고 있는 꿈의 예들을 모으는 데에는 내 나름대로의 특별한 이유가 있습니다. 나는 우리가 처음 만났을 때부터 정신분석학을 가르치는 데 있어서 그것을 설명해 보이는 것과 가르친 것에 대한 확신을 끌어내는 데 얼마만한 어려움이 있는지 이미 호소한 바 있고, 여러분도 그 이후로 그에 대해서 확실히 동의한 바 있습니다. 그런데 정신분석학의 개개의 주장들은 내부적으로 긴밀하게 관련되어 있는 것이어서, 한 가지 문제에서 확신이 서면 전체의 좀 더 커다란 부분에 대한 확신으로 자연히 옮겨 갈 수 있습니다. 정신분석학에 손가락 하나를 내밀게 되면 그것은 벌써 손 전체로 마주 잡는다고 말할 수 있겠습니다. 실수 행위에 대한 해명을 이해하게 된 사람은 논리적으로 다른 모든 것에 대한 믿음을 더 이상 뿌리칠 수 없는 것입니다. 이미 다른 곳에서 발표한 적이 있는 어느 평범한 부인의 꿈 이야기를 들려드리겠습니다. 그녀의 남편은 경비원이었고 그녀가 한 번도 꿈-상징이라든가 정신분석학에 관한 이야기를 들은 적이 없으리라는 것은 확실합니다. 그러므로 그 꿈을 성적 상징의 도움으로 분석하는 것이 자의적이라거나 억지스럽다는 식으로 평가할 수 있는 것인지 여러분 스스로 판단해 보시기 바랍니다.

〈······그러자 누군가가 집 안으로 침입해 들어왔고 그녀는 불안에 가득 차서 경비원을 불러 댔다. 그러나 그는 두 명의 《떠돌이》들과 함께 교회로 가버렸다. 그리로 가려면 여러 개의 계단을 올라가야만 했다. 교회 뒤에는 산이 하나 있었고 그 위에는 빽빽한 숲이 있었다. 경비원은 헬멧을 쓰고 옷깃을 세운 외투를 걸치고 있었으며, 갈색 수염이 턱을 덮고 있었다. 얌전하게 경비원과 함께 가고 있던 두 명의 떠돌이들은 자루처럼 걷어 올린 앞치마를 걸치고 있었다. 교회에서부터 산으로 올라가는 길이 하나 나 있었다. 그 길은 양편이 모두 풀과 잡목으로 덮여 있었는데, 점점 더 **빽빽**해져서 산의 꼭대기에 이르러서는 울창한 숲이 형성되어 있었다.〉

여기에 사용된 상징들은 쉽게 파악할 수 있는 것들입니다. 남성의 성기는 세 명의 사람들로, 여성의 성기는 교회와 산, 숲이 있는 풍경으로 표현되어 있습니다. 다시금 여러분은 성행위의 상징인 계단을 만날 수 있습니다. 꿈에서 산으로 불리는 것들은 해부학에서도 역시 비너스의 언덕*Mons Veneris*이라든지, 수치의 언덕 *Schamberg* 등으로 불립니다.

(7) 또다시 상징 개념을 투입해서 풀 수 있는 꿈을 소개하겠습니다. 꿈꾼 이는 꿈-해석에 관해서 아무런 이론적 예비 지식이 없었음에도 불구하고, 스스로 모든 상징을 번역해 내고 있다는 점이 주목할 만한 사실이며 증거 능력이 충분한 것으로 이해할 수 있습니다. 이러한 행위는 매우 특이한 것이고 그에 대한 조건 역시 정확히 알려져 있지는 않습니다.

〈그는 아버지와 함께 어떤 곳을 산책했는데, 그곳은 프라터 *Prater* 공원임에 틀림없었다. 왜냐하면 거기에는 앞에 작은 현관이 딸린 원형 건물이 있었고, 그 현관에는 기구(氣球)가 매달려 있었기 때문이었다. 그 기구는 안의 공기가 많이 빠져서 헐렁해져 있었다. 아버지는 그에게 이 모든 것이 무엇에 쓰이는 거냐고 물었다. 그는 이상하다고 생각하면서도 대답해 드렸다. 그러다가 그들은 어떤 뜰에 다다르게 되었는데, 그곳에는 납으로 된 커다란 양철판이 놓여 있었다. 그의 아버지는 그중에서 상당한 크기의 부분을 떼어 내려고 하면서, 그전에 누가 보고 있지 않은지 조심스럽게 주위를 살펴보았다. 그런 것은 관리인에게 말만 하면 아무 어려움 없이 갖고 갈 수 있을 것이라고 그가 아버지에게 말했다. 이 뜰에서부터 계단 하나가 지하실로 연결되어 있었는데, 지하실의 벽은 가죽으로 된 안락의자처럼 부드럽게 그 속이 채워져 있었다. 그 지하실의 끝에는 꽤 긴 플랫폼이 있었고 거기부터 또 다른 지하실이 시작되고 있었다.〉

꿈꾼 이는 이 꿈을 스스로 이렇게 해석하고 있습니다. 〈원형 건물은 나의 성기이고 그 앞에 매달려 있는 기구는 나의 남근으로, 그것이 힘없이 풀 죽어 있었기 때문에 나는 요즈음 몹시 신경을 쓰고 있었습니다.〉 이것을 조금 더 자세하게 해석해 보면 원형 건물은 ─ 어린이들이 흔히 그 전부를 다 성기로 간주하고 있지만 ─ 엉덩이이고 그 앞에 있는 작은 현관은 고환입니다. 꿈속에서 아버지는 이 모든 것은 다 무엇에 쓰이는 것이냐고 물었는데, 그것은 다시 말하면 성기의 목적과 용도를 물어본 것이라고 볼 수 있습니다. 이 사태를 뒤집어 보게 되면 꿈꾼 이 스스로가 물어보는 입장이 되는 것입니다. 아버지가 그렇게 물어본다는 것은 현실 속에서는 결코 일어날 가능성이 없으므로, 우리는 꿈-사고를 소원으로 이해할 수밖에 없습니다. 아니면 〈내가 아버지께 성적인 문제에 대해서 조언을 구하면 어떻게 될까?〉 하는 가정문으로 이해할 수도 있겠습니다. 이에 대한 생각은 계속해서 다른 부분에서도 발견할 수 있습니다.

양철판이 깔려 있었던 그 뜰은 우선 상징적으로 해석해서는 안 됩니다. 그것은 아버지의 술집에서 연유하는 것이기 때문입니다. 꿈을 꾼 사람의 비밀을 드러내지 않기 위하여 나는 아버지가 취급하고 있는 다른 물건을 〈양철판〉으로 바꾸어 말했지만, 그렇게 해도 꿈에서 나온 물건의 발음이 바뀌지는 않습니다. 꿈꾼 이는 아버지의 사업에 깊숙이 관여하고 있었고, 거기서 나오는 이익이 전체 이익의 대부분을 차지하는 그 좋지 않은 일에 대해서 매우 심한 거부감을 느끼고 있었던 것입니다. 그러므로 위의 꿈-사고를 계속해서 이어 보면, 〈(내가 그에게 물었다면) 그는 자기의 고객을 속였던 것처럼 나를 속였을 것이다〉라는 내용이 될 것입니다. 사업상의 부정 행위를 표현하는 역할을 하고 있는 〈떼어 낸다〉는 행위에 대해서, 꿈꾼 이는 제2의 설명을 통해 그것이 자위를 의미하고 있음을 가르쳐 주고 있습니다. 이것은 우리에게는 이미 잘 알려져 있는 사실이지만, 그 자위의 비밀이 그 반대를 통해서 표현되고 있다는 사실(그것을 공공연하게 할 수도 있다)과도 일치하고 있습니다. 이러한 자위행위는 다시금 아버지에게로 전가되는데, 그것은 꿈 장면의 첫 번째 부분에서의 물음이 그러했던 것과 같으며 우리의 모든 기대와 일치합니다. 그는 또 지하실의 벽이 두툼하고 부드럽게 되어 있다는 사실을 들어서 그것을 즉시 여성의 질(膣)로 해석하고 있습니다. 지하실 계단을 내려가는 것은 올라가는 것과 마찬가지로 질 속에서의 성교 행위를 의미한다는 것을 나는 강력하게 주장하고 싶습니다.

첫 번째 지하실에 이어서 제법 긴 플랫폼이 연결되어 있고 연이어 또다시 지하실이 나타난다는 개별적 사실들을 그는 자신의 개인사로 또다시 설명하고 있습니다. 그는 오랫동안 성교 행위를 즐겨 왔는데 어떤 문제가 생겨서 그 행위를 단념할 수밖에 없었으나, 이제 치료를 받고 나서 다시 성교를 할 수 있다는 희망을 품고 있었던 것입니다.

(8) 어느 이방인이 보고한 다음과 같은 두 개의 꿈은 일부다처제의 경향을 보여 주고 있는 것으로서 나는 이 꿈을, 자신의 자아라는 것이 외현적 꿈에서는 숨겨져서 나타나지 않는다고 하더라

도 모든 꿈에 어떤 모습으로든 꼭 출현한다는 나의 주장에 대한 증명으로 여러분에게 제시하고자 합니다. 꿈속에 나타나는 가방은 여성의 상징입니다.

(a) 〈그는 여행을 떠나려 하고 있다. 여행 가방들은 차에 실려서 기차역으로 운반되고 있다. 수많은 가방이 쌓여 있는 가운데 두 개의 커다랗고 까만 가방이 유독 눈에 띄는데, 마치 견본 가방처럼 보인다. 그는 누군가에게《그래, 저것들은 그저 역까지만 같이 가는 거야》라고 안심시키려는 듯 말한다.〉

그는 실제로도 많은 짐을 가지고 여행을 떠나곤 했는데, 치료 중에도 여자들과의 수많은 이야깃거리가 대화 속에 끼어들곤 했습니다. 두 개의 검은 가방은 현재 그의 삶 속에서 중요한 역할을 담당하고 있는 두 사람의 흑인 부인에 해당되고 있습니다. 그들 중 한 명은 빈으로 그를 따라오려고 했으나, 그는 나의 충고에 따라 그것을 전보로 거절한 바 있었습니다.

(b) 〈세관에서의 한 장면. 함께 여행하던 어떤 사람이 자기의 가방을 열면서 거리낄 것이 없다는 듯 담배를 피우며 말한다.《이 안에는 아무것도 없어요.》세관 직원은 처음에는 그의 말을 믿어 주는 듯이 보였으나, 다시 한번 가방을 들여다보고는 그 안에서 특별한 금지 품목을 발견한다. 여행자는《어쩔 수가 없군요》라고 체념한 듯이 말한다.〉

여기서 여행자는 바로 그 자신이고 나는 세관 직원으로 등장하고 있습니다. 그는 다른 때에는 매우 정직하게 자신의 비밀을 들려 주었으나, 어떤 여자와의 새로운 관계에 대해서는 말하지 않으려 작정하고 있었던 것 같습니다. 왜냐하면 그 사실을 내가 이미 알고 있으리라고 제대로 짐작하고 있었기 때문입니다. 사실이 확인되는 고통스러운 상황을 그는 다른 낯선 사람에게 전위시킴으로써 그 자신은 이 꿈에 등장하지 않는 듯이 보이게 되는 것입니다.

(9) 다음의 꿈은 내가 이제까지 언급하지 않았던 상징에 대한 사례로서 제시하는 것입니다.

〈그는 서로 자매 사이인 두 여자 친구와 함께 가고 있던 자신의 누이동생과 맞닥뜨리게 되었다. 그는 두 여자와는 악수를 나누지만 누이에게는 악수를 건네지 않았다.〉

현실 속에서 이와 부합되는 사건은 없었습니다. 그의 생각은 저 먼 옛날로 거슬러 올라가서, 소녀들의 가슴이 매우 늦게 발달한다는 사실을 발견하면서 품게 되었던 생각에 미치게 되었습니다. 그 두 자매는 그러니까 가슴을 상징하는 것으로서, 그는 자신의 누이동생만 아니라면 누이의 가슴을 한번 만져 보고 싶다는 생각을 했던 것입니다.

(10) 꿈속에서의 죽음 상징에 대한 예를 들어 보겠습니다.

〈이름을 알고 있었는데 잠에서 깨어나는 순간 그 이름을 잊어 버리고 만 두 명의 사람들과 그는 매우 높고 험한 철교를 건너가고 있다. 갑자기 두 사람은 사라지고 그는 린넨 옷을 입고 있는 유령처럼 생긴 사람을 만난다. 그가 혹시 전보 배달부가 아니냐고 묻자 그는《아니요》라고 답하고, 그럼 혹시 마부가 아니냐고 묻자 역시《아니요》라고 답한다. 그는 계속해서 걸어갔고……〉

꿈속에서도 커다란 두려움을 느꼈는데 깨어난 후에도 계속 그에 대한 공상을 이어 나가다가, 철교가 갑자기 끊어지면서 그는 나락으로 굴러떨어지는 듯한 느낌을 받았습니다.

꿈속에 등장하는 사람들 중에 잘 모르는 사람이나 그 이름을 잊어버린 사람들은 대개 자신과 매우 가까운 사람들입니다. 꿈꾼이에게는 형제와 누이가 각각 한 명씩 있었는데, 그가 만일 이 둘이 죽기를 원했다면 그로 인해 죽음의 공포를 느끼게 되는 것은 당연한 일일 것입니다. 전보 배달부에 관해서는, 그러한 사람들이란 늘상 불행한 소식을 가져다줄 뿐이라고 그는 믿었던 것입니다. 그가 입고 있던 제복으로 보아 그 사람은 어쩌면 가로등을 켜는 사람이었을지도 모르는데, 가로등 켜는 사람이란 죽음의 정령이 생명의 등불을 꺼버리듯이 그 가로등을 꺼버리는 사람인 것입니다.

마부에 관해서 그는 울란트Uhland의 시 「카를왕의 항해König Karls Meerfahrt」를 연상하면서, 두 명의 동료와 함께한 위험천만했던 항해를 기억해 냈습니다.[5] 그는 그 속에서 시에 나오는 왕의 역할을 했던 것입니다. 철교에 관해서는, 그는 최근에 있었던 한 사고와 〈삶이란 허공에 매달린 다리〉라는 진부한 속담을 떠올리고 있었습니다.

(11) 죽음을 나타내고 있는 또 다른 한 예로는, 〈낯모르는 어떤 신사가 내게 까만 테가 둘러진 명함을 건네었다〉는 꿈이 알맞을 것 같습니다.

(12) 여러 가지 점에서 다음의 꿈은 여러분의 흥미를 끌 것으로 보이는데, 이 꿈에는 또 신경증적 상황이 전제되고 있습니다.
〈그는 기차를 타고 가고 있다. 기차는 텅 빈 들판에 멈추어 섰

---

5 울란트의 시 「카를왕의 항해」에서 카를왕은 열두 명의 기사와 신비의 땅으로 항해하던 중 폭풍을 만난다. 열두 기사들은 차례로 불안에 빠졌으나 카를왕은 말없이 키를 잡고 배를 안전하게 조종했다.

다. 그는 사고가 곧 일어날 것이라고 예감하고는 도망갈 궁리를 해야겠다고 생각했다. 그는 기차의 칸칸마다 뛰어들어서는 차장이 됐든, 기관사가 됐든 만나는 사람마다 때려죽였다.〉

이에 대해서 그는 어떤 친구의 이야기를 기억해 내고 있습니다. 이탈리아의 어떤 철도 구간에서 한 미친 사람이 분리된 객차 칸에 넣어져서 호송되고 있었다고 합니다. 그런데 착오가 생겨서 여행자 한 사람이 그 사람이 타고 있던 칸으로 들어가게 되었습니다. 미친 사람은 그 여행자를 때려죽였습니다. 꿈꾼 이는 자신을 이 미친 사람과 동일시하면서, 그를 때때로 괴롭히고 있던, 그 사실을 알고 있는 모든 사람을 없애 버려야 한다는 강박 관념을 지니고 있었던 것입니다. 그러다가 그는 스스로 더 좋은 동기를 찾아냈는데, 그것이 그 꿈을 꾸게 만든 계기가 되었습니다. 전날 밤에 극장에서 그는, 결혼하려고 마음먹었으나 여자 쪽에서 질투를 일으킬 만한 원인을 제공했기 때문에 스스로 단념하고 말았던 여자를 만났던 것입니다. 만일 그가 그녀와 결혼하기로 작정했다면, 그의 마음속에 불타오르기 시작한 질투심의 강도는 그를 미쳐 버리게 만들었을지도 모릅니다. 그것은 다시 말하면, 그로서는 그녀를 너무나도 믿을 수가 없었으므로 질투심에 사로잡힌 나머지 그의 사랑을 방해하는 모든 사람들을 죽여 버리고 싶을 정도였다는 것입니다. 우리는 이미 방방으로 뛰어든다는 것(여기서는 기차의 객차 칸)을 결혼(〈일부일처제의〉의 반대 개념)의 상징으로 인식한 바 있습니다.[6]

텅 빈 들판에 기차가 멈추어 섰다는 것과 사고가 날지도 모른다고 두려워했다는 것 등을 설명할 때 그는 다음의 사실들을 연관 지었습니다. 즉 언젠가 기차를 타고 여행을 하던 중에 역이 아

6 『꿈의 해석』여섯 번째 장 참조.

닌 곳에서 그와 같이 멈추어 선 일이 있었는데, 같이 동행하던 젊은 여자는 기차가 충돌할 위험이 있는 것 같으니 두 다리를 올리는 것이 안전할 듯하다고 이야기했다는 것입니다. 〈두 다리를 들어 올리는 것〉은, 그가 옛날의 그 여자와 행복하게 사랑을 나누었던 시절에 산책을 하거나 드넓은 자연 속으로 피크닉을 가곤 했을 때 수없이 치렀던 일이었습니다. 그것은 그가 그녀와 결혼하려고 했다면 미쳐 버리고 말았을지도 모른다는 것에 대한 새로운 이유가 되는 것입니다. 그렇게 미쳐 버렸으면 하는 소원이 그에게 여전히 존재한다는 사실을, 나는 여러 가지 정황으로 미루어보아 확실하게 단정할 수 있었습니다.

열세 번째 강의

꿈의 태곳적 특성과 유아성

신사 숙녀 여러분, 우리의 논의를 진행시켜 나가면서 또다시, 꿈-작업은 잠재적 꿈-사고를 꿈-검열의 영향 아래에서 다른 표현 방식으로 바꾸어 놓는 것이라는 우리의 결론을 들추어내지 않을 수 없습니다. 잠재적 사고는 깨어 있을 때의 삶 속에서 우리에게 잘 알려져 있는 의식적 사고에 다름 아닙니다. 그런데 이 새로운 표현 방식은 여러 가지 특징으로 인해 우리에게 이해할 수 없는 것으로 여겨집니다. 우리는 이미 이러한 특징들이 우리가 예전에 극복하고 지나온 우리의 지적 발달 과정의 여러 상태에 상응하는 것이며, 우리의 사고 언어가 발달하기 이전에 우리에게 존재하고 있었던 상형 언어들이나 상징 관계, 또 어딘지 그와 비슷한 상황들로 되돌아가는 것과 같다고 말한 바 있습니다. 그러므로 우리는 꿈-작업의 이러한 표현 방식을 〈태곳적 혹은 퇴행적〉이라고 명명하려고 합니다.

이러한 사실들을 통해 여러분은, 꿈-작업에 관해 더욱 심오한 연구를 해나감으로써 지금까지는 잘 알려져 있지 않은 우리의 지적 발달의 시작에 관한 중요한 열쇠들을 획득하는 데 성공하게 되리라고 결론지을 수 있을 것입니다. 나도 역시 그렇게 되리라고 희망하고 있지만, 지금까지 이러한 작업은 아직 착수되지 않고 있습니다. 꿈-작업이 우리를 되돌려 놓고 있는 그 이전 시기는 이중적인 것으로서, 한편으로는 개인적인 이전 시기, 즉 유년기라고 할 수 있고, 다른 한편으로 개개인이 자신의 유년기를 통해 인류의 모든 발달 과정을 어떤 형식이 됐든 축약적으로 반복하고 있는 한에서 계통 발생적인 이전 시기라고 할 수 있을 것입니다. 잠재적인 정신 과정의 어떤 부분이 개인적인 것에서 유래한 것이고, 어떤 부분이 계통 발생적인 태고 시대에서 유래한 것인지 구별하는 일을 나는 불가능한 일이라고는 생각하지 않습니다. 예를 들어 개개인이 한 번도 배운 적이 없는 상징 관계와 같은 것은 계통 발생적인 유산으로 간주하는 것이 옳은 것처럼 생각됩니다.

그러므로 이것은 꿈의 유일한 태곳적 특성이라고는 볼 수 없습니다. 여러분 모두는 자신의 경험을 통해 그 특이하다고 할 만한 유년기의 망각에 대해서 잘 알고 계실 것입니다. 나는 여기서 인생의 첫 번째 시기인 대여섯 살, 혹은 여덟 살 때까지의 시기는 그 이후의 체험과는 달리 기억 속에 희미한 흔적밖에 남겨 놓지 않는다는 사실을 지적하려는 것입니다. 아주 어렸을 때부터 오늘날에 이르기까지 지속적인 기억을 갖고 있다고 자랑하는 사람들도 간혹 볼 수 있기는 하지만, 그렇지 않고 기억의 틈이 엄청난 경우들이 훨씬 더 많습니다. 내가 지적하고 싶은 것은, 사람들은 이러한 현상에 대해서 충분히 놀라워하지 않고 있다는 사실입니다. 어린아이는 두 살이 되면 말을 잘 할 수 있게 됩니다. 그들이 복잡한 정신적 상황 속에서도 곧잘 대처하고 있음은 여기저기에서 나타납니다. 그러면서 그 자신은 잊어버리고 말지만, 수년이 지나서까지도 다른 사람들의 화제에 오르게 되는 어떤 특이한 이야기를 하기도 합니다. 그런 점에서 아주 어린 시절의 기억은 그 이후보다 부담이 훨씬 덜하기 때문에 나중의 기억보다 기능이 우수합니다. 기억 능력이라는 것이 특별히 어려운 고도의 정신적 능력이라고 인정해야 할 이유는 없습니다. 그 반대로 지적으로 매우 떨어지는 사람들에게서도 탁월한 기억력을 발견할 수 있는 예가 아주 많습니다.[1]

이러한 유년기의 기억에 부가할 수 있는 또 하나의 특이성은, 유년기의 가장 이른 시기를 뒤덮고 있는 기억의 빈 공간에서 몇몇 개의 잘 보존된, 차라리 조형적으로까지 느껴지는 기억들이 두드러지게 나타난다는 것인데, 부분적으로 몇몇 개의 기억이 그처럼 잘 보존되고 있다는 사실은 앞서의 상황을 통해 잘 설명될 수 없는 것이기도 합니다. 이후의 삶 속에서 일어나는 여러 가지 인상의 재료와 관련해서 우리의 기억은 그중 어떤 것만을 추려내는 선별 작업을 하는 듯이 보입니다. 어딘지 모르게 중요한 것은 남겨 두고 중요하지 않은 것은 탈락시켜 버립니다. 그러나 잘 보존된 유년기의 기억에서는 경우가 달라집니다. 그것들이 유년기의 중요한 체험과 꼭 부합되는 것은 아니며, 때로 어린아이의 시각에서 보았을 때 중요했을 것으로 여겨지는 것들조차도 잘 보존되어 있지 않은 경우가 흔합니다. 그것들은 때때로 너무도 진부하고 무의미한 것들이어서, 어째서 이러한 것들이 망각 속으로 묻혀지지 않고 기억되고 있을까 하고 스스로도 의아해하는 경우가 있습니다. 나 자신도 예전에 이 유년기의 망각이라는 수수께끼와 여기에 맞서서 살아남아 있는 기억의 흔적들을 정신분석의 도움을 빌려 풀어 보려고 시도했고, 그 결과 어린아이에게도 오로지 중요한 것들만이 기억 속에 남아 있게 된다는 결론에 도달

---

1 유아기 망각에 대한 더 자세한 논의는 「성욕에 관한 세 편의 에세이」(프로이트 전집 7, 열린책들)를 참조할 것.

한 바 있습니다. 이 중요한 것들은 여러분이 잘 알고 있는 압축 과정과, 특히 전위 과정을 거쳐서 중요하지 않게 보이는 다른 것들로 대치되는 것에 불과합니다. 그래서 나는 이러한 유년기의 기억을 중요한 회상을 억제하는 덮개-기억*Deckerinnerung*이라고 명명했습니다.[2] 철저한 분석을 통해서 이 덮개-기억에서 잊혀진 모든 것들을 찾아낼 수 있게 될 것입니다.

정신분석적인 치료에서는 거의 일반적으로 유아기 기억의 빈틈을 메워야 하는 과제가 주어지는데, 이 과제가 제대로 수행되는 경우에만 그때의 치료가 어느 정도 성공한 것이라고 말할 수 있습니다. 그것은 또 대체로 성공하는 경우가 많아서 그처럼 망각에 덮여 있던 유년기의 내용들은 다시금 백일하에 드러납니다. 이러한 인상들은 결코 실제로 잊혀졌던 것이 아니라 다만 접근 불가능한 것으로, 즉 잠재적으로 변해 버린 것으로서 무의식에 속해 있었던 것입니다. 그러나 이것들이 자발적으로 무의식에서 솟아오르는 경우가 있는데, 대체로 꿈과 연결되었을 때 그렇게 됩니다. 꿈-생활*Traumleben*은 이러한 잠재적인 유아기의 체험에 연결되는 통로를 알고 있는 듯이 보이는 것입니다. 이를 입증하는 매우 아름다운 예가 관련 서적에 기록되어 있고, 나 또한 그 방면에서 작은 공헌을 할 수 있었습니다. 나는 언젠가 어떤 관련성 속에서였는지 나에게 도움을 주었던 어떤 사람의 꿈을 꾼 적이 있는데, 나는 그를 꿈속에서 똑똑히 볼 수 있었습니다. 그는 몸집이 자그마한 애꾸눈을 가진 남자였는데, 뚱뚱했고 머리는 어깨 속에 깊숙이 박혀 있었습니다. 나는 꿈속의 관련성 속에서 그가 의사라는 것을 알 수 있었습니다. 다행스럽게도 나는 그 무렵까지도 살아 계시던 어머니께, 내가 세 살이 되면서 떠나왔던 고향

---

2 덮개-기억에 대해서는 『일상생활의 정신 병리학』 참조.

마을의 의사가 어떻게 생긴 사람이었는지를 물을 수 있었습니다. 그는 애꾸눈이고, 키가 작고 뚱뚱하며, 머리가 어깨 속에 깊숙이 박혀 있던 사람이라는 것을 알아낼 수 있었습니다. 또한 이미 나 자신은 망각해 버린 한 사고를 당했을 당시에 그가 바로 나를 치료해 주었다는 사실도 들을 수 있었습니다. 최초의 유년 시절의 잊혀진 자료들에 대한 이와 같은 기억이야말로 꿈의 또 다른 태곳적 특성인 것입니다.

그런데 이와 같은 기억 정보는 우리가 지금까지 부딪쳐 왔던 수수께끼의 또 다른 특성에서도 힘을 발휘합니다. 꿈을 꾸게 만드는 인자는 아주 사악하고 방종스러운 성적인 소망이며, 바로 그것이 꿈-검열과 꿈-왜곡을 필수적으로 존재하게 만드는 것이라는 통찰에 도달했을 때 우리가 얼마나 경악했던지를 여러분은 기억할 것입니다. 우리가 꿈꾼 이에게 그와 같은 꿈을 해석해 주었을 때, 아주 호의적인 경우로 그가 그 해석에 대해서 반박하지 않을 때라 하더라도 그는 계속해서 그와 같은 소망이 어디에서 비롯되었을까를 자문해 볼 것입니다. 왜냐하면 그 자신에게는 그 내용이 낯설기만 하며, 오히려 스스로는 그와 반대되는 것을 의식하고 있다고 느끼기 때문입니다. 이러한 유래를 증명하기 위해서 그렇게 겁먹을 필요는 없습니다. 이렇게 나쁜 소원 충동은 과거에서 비롯되는 것이며, 종종 그리 멀리 떨어져 있지 않은 가까운 과거에서 오는 것일 때가 많습니다. 그것들은 지금은 비록 기억되지 않는다고 하더라도 옛날에 언젠가는 알고 있었고 의식되었던 것들입니다. 열일곱 살인 자신의 외동딸이 눈앞에서 죽기를 원하고 있음을 의미하는 꿈을 꾸게 된 어떤 부인은 우리가 그 꿈을 해석해 주자, 자신이 언젠가 이러한 소원을 품었던 적이 있었음을 깨닫게 되었습니다.[3] 그 아이는 얼마 가지 않아 끝나 버린 불행한 결혼에서 태어난 아이였습니다. 그녀가 그 딸아이를 아직 배 속에 임신하고 있었을 무렵, 그녀는 남편과 격렬하게 싸우고 난 후 걷잡을 수 없는 분노 속에서 배 속에 있는 아기를 죽이기 위해 자신의 배를 주먹으로 마구 두들겨 팼던 적이 있었던 것입니다. 지금은 자신의 아이를 대단히 사랑하고 있고 어쩌면 너무 과도하게 사랑하고 있는지도 모를 많은 다른 어머니들도, 한때는 자신의 아이를 환영할 수 없었고 심지어는 자신의 배 속에 있는 생명이 계속해서 자라나는 것을 원하지 않았던 적이 있을 것입니다. 이러한 소원은 다행스럽게도 위험스럽지 않은 여러 가지 다양한 행위로 전환될 수 있었던 것입니다. 그러므로 사랑하는 사람이 죽기를 바라는 훗날의 이러한 수수께끼 같은 소원은 그들과 관계를 형성했던 아주 먼 과거에서 유래하는 것입니다.

자기가 가장 사랑하는 맏자식의 죽음을 바라고 있는 것이라는 꿈-해석을 인정할 수밖에 없었던 어떤 아버지는, 이 소원이 언젠가 그에게 그리 낯설지 않은 것이었다는 사실을 기억해 내야만 했습니다. 이 아이가 아직 젖먹이였을 적에 자신의 결혼 선택에 회의를 느끼고 있었던 그 남자는, 자신에게 아무것도 의미하지 않는 이 작은 존재가 죽어 버린다면 자신은 그 결혼에서 자유로워질 것이고, 그로부터 얻은 자유를 좀 더 유용하게 쓸 수 있으리라고 생각했던 것입니다. 이와 비슷한 미움 충동*Haßregung*의 많은 경우들 또한 유사한 유래를 가지는 것으로서, 그것들은 지금은 과거에 속하지만 한때는 의식하고 있었고 정신생활 속에서 나름의 역할을 하고 있었던 어떤 것들에 대한 기억인 것입니다. 여

---

3 『꿈의 해석』에서는 이 꿈속에 등장하는 소녀의 나이가 열다섯 살로 기록되어 있다.

러분은 이러한 사실들에서, 한 사람에 대한 관계에서 만일 그와 같은 변화가 이루어진 적이 없었고 그러한 관계가 처음부터 똑같은 것이었다면, 그러한 소원이나 꿈은 존재하지 않을 것이라는 결론을 이끌어 내려고 할 것입니다. 나도 여러분의 그와 같은 결론을 인정할 준비가 되어 있습니다. 다만 한 가지 주의를 환기하고 싶은 것은, 꿈이 나타내고 있는 그 표면적인 의미가 아니라 해석에 따라 나타난 그 꿈의 의미를 전체적인 맥락 속에서 잘 살펴야 한다는 것입니다. 자신이 매우 사랑하고 있는 한 사람이 죽기를 바라는 내용의 외현적 꿈은 단지 어떤 무서운 가면을 쓴 데 불과하며, 그것은 전혀 다른 어떤 것을 의미하거나 사랑하는 사람이 다른 사람에 대한 기만적인 대체물로 나타날 경우도 있다는 것입니다.

그러나 이와 같은 상황은 여러분에게 또 하나의 다른, 더욱 심각하고도 진지한 문제를 제기하게 될 것입니다. 여러분은 이렇게 반박하게 될 것입니다. 〈그러한 죽음 소원*Todeswunsch*이 언젠가 존재했고 또 기억에 의해 그것이 확인된다 하더라도 그것은 전혀 어떠한 해명이 될 수 없는 것이다. 그것은 이미 예전에 극복된 것이고 오늘날에는 아무런 감정이 붙어 있지 않은 기억으로서, 무의식에 머물러 있는 것일 뿐 전혀 힘 있는 소원 충동이라고 할 수 없으며, 이러한 무의식을 확증해 주는 것은 아무것도 없다. 그런데 도대체 왜 그것이 꿈속에서 기억되는 것이냐〉는 반론이 그것입니다. 네, 실제로 이러한 질문은 매우 정당한 것입니다. 그러나 그것에 대답을 주고자 하는 시도는 우리의 연구를 너무나 멀리까지 확장시켜 갈 것이며, 꿈-이론의 중요한 지점에서 어떤 확실한 입장 표명을 요구할 것입니다. 그러나 나는 우리 연구의 일정한 틀 안에 머물면서 우리의 연구 내용을 계속 탐구해 보려는 생각을 갖고 있습니다. 그러므로 여러분도 이러한 질문에 대해 답변을 얻어 내고자 하는 시도를 단념해야 할 것입니다. 꿈을 일으키는 인자로서 이렇게 극복된 소망의 존재를 확인할 수 있었다는 사실적인 증명으로만 만족하고, 다른 나쁜 소원들도 과거에서 이와 같이 유도해 낼 수 있는 것인지 연구를 계속해 나가기로 합시다.

그렇지만 잠시 동안 이 제거 소망Beseitigungswunsch에만 머물기로 합시다. 이러한 소망은 대개 꿈꾸는 이의 무제한적인 이기주의에 그 원인을 돌릴 수 있는 것들입니다. 꿈을 형성하는 원인으로서의 그러한 소망은 매우 쉽게 증명될 수 있습니다. 우리의 삶 속에서 누군가가 장애물이 되었을 때 ─ 인간관계가 복잡하게 얽혀 들어갈수록 그런 일은 얼마나 자주 일어나는가! ─ 꿈은 그 대상이 아버지가 되었든 어머니가 되었든, 혹은 형제자매나 결혼 상대방이 되었든 곧 그를 죽여 버릴 준비를 갖추게 됩니다. 여러분은 인간 본성의 이러한 추악성에 대해서 너무 놀란 나머지, 이러한 꿈-해석의 결과가 옳은 것이라는 사실을 곧바로 인정하고 싶은 마음이 들지 않을 것입니다. 그러나 그러한 소원의 근원을 과거에서 찾을 수 있다는 암시를 받게 되면, 그러한 이기주의나 가장 가까운 사람에 대한 그러한 소원 충동이 더 이상 낯선 것이 될 수 없는 개인적 과거의 어느 시기를 찾을 수 있게 될 것입니다. 그것은 다름 아닌 저 옛날 어릴 적 아이의 모습으로서, 훗날에 이르러서는 망각에 덮여 잊혀지지만, 이 작은 존재가 어떤 때는 극심할 정도의 이기주의를 드러내기도 했던 것입니다. 그러나 이러한 이기주의에는 일반적으로 분명한 원인이 있는 것이고, 바로 그 잔류물임이 확실한 내용들이 때때로 나타나기도 하는 것입니다. 아이는 처음에는 자기 자신만을 사랑할 뿐이며 다른 사람을 사랑하는 법, 남을 위해서 자신의 자아를 희생하는 법을 나중에 가서야 비로소 배우게 됩니다. 아이가 처음부터 사랑하는 듯이 보이는 그러한 사람들이라 할지라도, 처음에는 자신이 그들을 필요로 하고 그들 없이는 살 수 없기 때문에 사랑하게 되는 것입니다. 그러므로 그것은 다시금 이기적인 동기에서 비롯된 것입니다. 나중에 가서야 비로소 사랑의 충동은 이기주의에서 독립하게 됩니다. 아이가 사랑하는 법을 배우게 되는 것은 실제로 이기주의에서부터 시작되는 것입니다.

이러한 연관성 속에서 형제자매들에 대한 아이의 입장을 부모의 입장과 비교해 보는 것이 유익할 듯합니다. 그의 형제자매들을 그 작은 아이가 꼭 사랑하게 되는 것은 아니며, 사랑하지 않는다는 것이 분명하게 드러나는 경우도 종종 있습니다. 아이가 형제자매들의 모습에서 자신의 경쟁자를 발견하고 미워하게 되리라는 것은 의심할 필요가 없습니다. 그리고 이러한 감정 상태는 긴긴 세월을 거쳐 성숙기에 이르기까지 계속되며, 나중에도 끊임없이 지속되는 경우가 빈번하다는 것은 익히 알려진 사실입니다. 이러한 미움이 사랑하는 감정으로 바뀌는 경우도 충분히 많습니다. 아니면 차라리 사랑하는 감정과 중첩된다고 말할 수도 있겠습니다. 어쨌거나 적대적인 마음이 일반적으로 연원이 더 오래된 듯이 보입니다. 자신의 동생을 새로이 맞이하게 된 두 살 반에서부터 네댓 살 먹은 어린아이들에게서 그러한 모습을 가장 쉽게 발견할 수 있습니다. 그 경우 동생은 환영받지 못하고 배척됩니다. 〈나는 저 아이가 마음에 들지 않아. 황새가 그 애를 다시 데려갔으면 좋겠어〉라는 등의 말을 일상적으로 들을 수 있습니다. 그 결과로, 새로이 태어난 그 아이를 깎아내릴 수 있는 기회라면 모두 이용되는 것은 물론이고, 그에게 상처를 입히려는 시도나 심지어는 직접적인 암살 기도 역시 전대미문의 일이 아닌 것이 됩니다. 특히 나이 차이가 적을 경우, 강한 정신적 활동이 눈을 뜨게 되는 시기에 이른 아이는 동생의 모습에서 자신의 강한 경쟁자를 발견하고는 그에 대한 대비를 하는 것입니다. 그런데 나이 차이가 많아지면 그 새로운 존재는 처음부터 재미있는 대상, 이를테면 일종의 살아 있는 인형처럼 여겨져서 애틋한 마음을 유발하게 되며, 나이 차이가 여덟 살 이상이 되면 특히 여자아이의 경우, 보호해 주려는 모성적인 충동을 일으키게 됩니다. 어쨌든 정확하게 말해서 형제자매가 죽기를 바라는 소원을 꿈의 배후에서 발견하게 될 때, 그것을 그렇게 기이한 것으로 여길 필요는 없는 것이며 예전의 어린 시절에서 그 원형을 손쉽게 찾아볼 수 있는 것입니다. 또 그것은 그 이후의 시간 동안 함께 자라 나가는 사이에 생길 수도 있습니다.

형제자매들이 함께 커나가는 아이들의 방에서 격렬한 싸움이 일어나지 않는 곳은 아마도 없을 것입니다. 싸움의 동기는 부모의 사랑을 서로 차지하려는 경쟁심 때문이고, 공동의 소유물과 공동의 생활 공간을 둘러싼 경쟁심 때문입니다. 적대적 충동은 자신보다 나이 어린 형제자매에게뿐만 아니라 더 큰 형제들에게도 향해집니다. 〈젊은 영국 여자가 자기 어머니보다 더 미워하고 있는 누군가가 있다면 아마도 그것은 자신의 언니일 것〉이라고 이야기한 사람은 버나드 쇼였던 것 같습니다.[4] 그러나 이러한 언명에는 우리를 당황케 하는 무언가가 포함되어 있는 듯이 보입니다. 형제자매 사이의 미움이나 경쟁심을 어쩔 수 없이 인정해 준다고 하더라도 딸과 어머니 사이, 부모와 자식 간에 그러한 미움의 감정이 어떻게 끼어들 수 있는 것일까요?

4 　버나드 쇼의 『인간과 초인 *Man and Superman*』 제2막에서 존 태너가 한 말이다.

부모와 자식 간의 관계는 어린아이의 편에서 보더라도 형제자매 관계에 비하여 의심할 여지 없이 더 호의적인 것 같습니다. 그러므로 그것은 우리의 기대에 잘 부합됩니다. 그러나 부모와 자식 간에도 형제자매 사이와 마찬가지로 사랑이 결여되어 있다면 그것은 불가해한 일로 여겨질 것입니다. 말하자면 다른 경우에서는 세속적이고 평범하게 느끼는 것이라 하더라도 부모와 자식 간의 관계만큼은 어쩐지 신성시하고 있는 것이라고 볼 수 있습니다. 그러나 일상적인 관찰이 입증해 주고 있는 바대로, 부모와 장성한 자식 간의 감정 관계 역시 사회에서 제시하고 있는 이상형에서 멀리 떨어져 있는 경우가 얼마나 빈번한지 모릅니다. 경건함과 애정 어린 관심이라는 부차적인 감정이 그것을 억누르지 않는다면 얼마나 많은 적개심이 개입되어 겉으로 드러날 것인지 알 수 없습니다. 이에 대한 동기는 잘 알려져 있고 하나의 일반적 경향을 드러내 주는데, 그것은 같은 성끼리 서로에 대한 반발심을 일으키게 되는 경향으로서 딸은 어머니에게서, 아버지는 아들에게서 멀어집니다. 딸은 어머니의 모습 속에서 자신의 의지에 제한을 가하려는 권위적 자세를 보게 되고, 성적 자유의 포기라는 사회의 요구를 그녀에게 관철시키려고 분투하는 모습을 보게 됩니다. 또 어떤 경우에 어머니는 그러한 억압에 반대하는 경쟁자로 인식되기도 합니다. 그리고 이와 똑같은 관계가 아들과 아버지 사이에서 더욱더 뚜렷한 모습으로 반복됩니다. 아들에게 아버지는 자유 의사에 반하는 그 모든 사회적 강제를 구현하고 있는 존재입니다. 아버지는 아들이 의지에 따라 행동하려는 통로를 막아 버리고 너무 빨리 성적 쾌락에 빠져드는 것을 금지하며, 가족 간의 공동 재산이 있을 경우 그것을 누리는 것을 억압합니다. 아버지가 죽기만을 엿보는 이와 같은 심리는, 그러므로 황태자의 경우에 비극으로까지 치달을 만큼 엄청난 정도로 발전합니다. 아버지와 딸의 경우, 또 어머니와 아들 간의 관계는 덜 위험스러워 보입니다. 후자의 예는 어떤 이기주의적 감정으로도 상처받지 않는, 불변하는 애정의 가장 순수한 본보기가 됩니다.[5]

　내가 왜 이처럼 진부하고 일반적으로 잘 알려져 있는 일에 대해서 열심히 설명하고 있는 것일까요? 이 사회에는 분명히 삶 속에서 이런 사실들이 차지하는 의미를 부인하고, 사회적으로 요구되는 이상이 실제로 충족되고 있는 것보다 훨씬 더 잘 실현되고 있는 것처럼 주장하고자 하는 경향이 존재하기 때문입니다. 이러한 과제를 냉소주의자에게 떠맡겨 버리기보다는 심리학자가 진실을 있는 그대로 말하는 편이 훨씬 낫습니다. 그러나 무엇보다도 이러한 부인(否認)은 현실적 삶에만 관계됩니다. 소설을 쓴다거나 희곡을 쓰는 극작 활동과 같은 예술은 이러한 이상의 장애에서 출발하는 동기들을 소재로 풍부한 창작 활동을 벌이고 있습니다.

　그러므로 대다수의 많은 사람의 꿈속에서 부모의 제거, 특히 동성(同性)의 부모를 없애 버리고 싶어 하는 소원이 발견됐다고 해서 그리 놀랄 필요는 없는 것입니다. 이러한 소원은 깨어 있을 때의 삶 속에서도 존재하고 있고, 우리의 세 번째 예에서 꿈꾼 이가 아버지의 무익한 고통을 동정으로 위장했던 것처럼 어떤 다른 동기로 가면을 쓰고 나타날 경우 때때로 의식되기도 한다고 가정할 수 있겠습니다. 그러나 이러한 적대감이 부모 자식 간의 관계를 전부 지배하는 일은 몹시 드물고, 훨씬 더 많은 경우에 애정 어린 감정의 뒤로 후퇴하게 되며, 또 애정에 억압되거나 꿈이 그것을 바로 격리시켜서 독자적인 힘을 얻게 될 때까지 기다릴 수밖

5 『새로운 정신분석 강의』 중 서른세 번째 강의 참조.

에 없습니다. 그러한 격리의 결과, 꿈속에서 우리에게 거대하게 보이는 것은 우리가 그 꿈을 해석하여 실제 삶의 전체 연관 속에 자리를 마련할 때 다시 왜소해집니다.[6] 그러나 이러한 꿈-소망은 또한 우리의 삶과 아무런 연관을 맺고 있지 않은 곳, 즉 보통의 성인들이라면 깨어 있을 때엔 결코 자신의 것으로 인정하려 하지 않는 곳에서도 발견됩니다. 그 이유는, 특히 동성인 부모와 자식 간에서 흔히 발견되는, 가장 깊고 일반적인 소외의 동기가 이미 아주 어릴 적의 유년기에서부터 확립되어 왔다는 사실에서 찾을 수 있겠습니다.

이러한 애정의 경쟁은 성적인 특성을 유달리 강조하는 태도에 기인한다는 것이 나의 생각입니다. 아들은 아주 어린아이였을 때부터 어머니에 대한 특별한 애정을 발전시켜 나가며 어머니를 자신만의 것으로 생각하고, 아버지 혼자만의 소유를 인정하지 않고 오히려 경쟁자로 느끼기 시작합니다. 이와 마찬가지로 어린 딸은 어머니를, 아버지에 대한 애정 어린 관계를 방해하고 자기 스스로가 아주 훌륭하게 대신할 수도 있는 자리를 차지하고 있는 존재로 간주하게 됩니다. 우리가 오이디푸스 콤플렉스*Ödipuskomplex*로 지칭하고 있는 이러한 감정 상태가 얼마나 먼 과거의 시기까지 거슬러 올라가는지는 여러 가지 사례에 대한 관찰에서 확인할 수 있습니다. 오이디푸스 신화에서는 아들이라는 상황이 불가피하게 만들어 내는 두 개의 극단적 소원, 즉 아버지를 죽이고 어머니를 아내로 맞아들이고 싶어 하는 소원이 다소 약화된 형태로 실현되고 있습니다. 그러나 나는 오이디푸스 콤플렉스가 아이들의 부모에 대한 관계 전부를 설명해 주고 있다고 주장하려는 것은

6 작스의 「꿈-해석과 인간 지식Traumdeutung and Menschenkenntnis」(1912) 참조
—원주.

아닙니다. 이것은 훨씬 더 복잡한 양태를 띨 수 있습니다. 오이디푸스 콤플렉스 역시 다소 차이나게 형성될 수도 있는 것이고 어떤 식의 반전을 겪을 수도 있습니다. 그러나 그것이 아동의 정신 생활 속에서 매우 일반적이고도 중요한 요인으로 작용하고 있음은 부인할 수 없습니다. 그러나 우리에게는 그것의 영향이나 그것에서 시작되는 발전 상황들을 과대평가하기보다는 과소평가할 위험성이 더 많습니다. 어쨌거나 오이디푸스적 감정 상태를 갖고 있는 아이들은 성별의 차이에 따라 구별을 두어서 사랑하는 대상을 선택하는 행위, 즉 아버지는 딸을, 어머니는 아들을 더 좋아하는 행위에 대해서나, 혹은 결혼 생활에서 사랑이 식었을 경우 더 이상 가치를 상실해 버린 동반자에 대한 사랑 대신에 자식을 사랑 대상 *Liebeobjekt* 으로 삼으려 하는 부모들의 자극에 아주 쉽게 반응하게 됩니다.[7]

우리 사회가 오이디푸스 콤플렉스를 발견한 정신분석학의 연구에 깊이 감사하고 있다고 주장할 수는 없을 것입니다. 그 반대로 이 발견은 성인들 사이에서 아주 격렬한 저항을 불러일으켰습니다. 일찍이 이처럼 이상야릇하고 금기시되는 감정 관계를 부정하는 일에 동참하지 못했던 사람들은, 나중에 오이디푸스 콤플렉스를 멋대로 해석하면서 그 진정한 가치를 박탈함으로써 자신들의 부채를 청산했습니다.[8] 나의 변함없는 확신에 의하면, 이 사실은 달리 어떻게 부정할 수도 미화할 수도 없는 것입니다. 사람들은 그리스 신화에서 불가피한 숙명으로 인정되고 있는 이러한 상황과 타협해야만 합니다. 그러나 여기에서 또 재미있는 사실은,

---

7 프로이트는 스물한 번째 강의에서 오이디푸스 콤플렉스에 관해 더 상세하게 논의하고 있다.

8 아들러A. Adler와 융C. G. Jung의 탈퇴를 빗대어 말한 것이다.

우리의 삶에서 추방된 오이디푸스 콤플렉스가 창작의 손에 맡겨져서 완전히 자유롭게 처리되고 있다는 것입니다. 랑크가 세심한 연구 끝에 밝혀낸 바에 따르면,[9] 바로 이러한 오이디푸스 콤플렉스가 우리가 이미 알고 있는 검열의 산물로서, 다시 말하면 그렇게 왜곡된 모습으로 끝없는 변화와 완화, 변장을 거쳐서 희곡 문학에 풍부한 모티프를 제공하고 있다는 것입니다. 이 오이디푸스 콤플렉스는 이후의 생활에서 그들의 양친과 별다른 갈등을 겪지 않는 행복한 사람들의 꿈에서도 역시 나타납니다. 그리고 그것은 또, 우리가 거세 콤플렉스*Kastrationskomplex*라고 부르는 것, 즉 초기 유아적 성행위를 억압하고 위축시키는 역할을 하는 아버지에 대한 반응으로서의 거세 콤플렉스와 내적으로 긴밀히 연결되어 있습니다.

유아의 정신생활을 연구하기 위한 지금까지의 조사 결과를 토대로 금지된 꿈-소망의 다른 부분들, 이를테면 과도한 성적 충동의 유래에 대해서 비슷한 설명을 찾을 수 있으리라는 기대를 품어도 좋을 듯합니다. 따라서 우리는 유아의 성생활의 발달 과정을 연구하고 싶은 충동을 느끼게 되며, 여러 가지 근거를 통해 다음과 같은 것을 깨닫게 됩니다.

무엇보다도 먼저 아동들의 성생활을 인정하지 않고, 성(性)이란 사춘기에 이르러서야 비로소 성 기관의 성숙과 함께 시작된다고 하는 가정은 전혀 근거 없는 오류입니다. 그와 반대로 아동은 맨 처음부터 대단히 풍부한 성생활을 갖게 되는데, 그것은 정상적이라고 인정되는 이후의 성생활과는 여러 가지 면에서 뚜렷이

---

9 랑크의 『문학과 전설에서의 근친상간 모티프*Das Inzest-Motiv in Dichtung und Sage*』(1912) 참조.

구별되는 것입니다. 우리가 성인의 생활 속에서 〈성도착적인 *pervers*〉이라고 부르는 것은 정상적인 행위와 다음과 같은 점에서 차이가 납니다. 첫 번째로 종의 장벽(인간과 짐승 간의 메울 수 없는 심연)을 무시하고, 두 번째로 혐오감이라는 장벽을, 세 번째로 근친상간의 장벽(혈연적으로 가까운 사람에게서 성적 만족을 구하는 것을 금지하는 것)을, 네 번째로 동성의 일원이라는 장벽을 뛰어넘으며, 그리고 다섯 번째로 성기의 역할을 다른 신체 기관이나 신체 부분으로 확장시키는 것 등입니다. 이러한 모든 장벽이 처음부터 존재했던 것은 아닙니다. 그것은 발달 과정과 교육 과정을 거치면서 비로소 형성된 것들입니다. 어린아이는 이러한 것들에서 자유롭습니다. 아이는 인간과 짐승 간의 그 극복될 수 없는 차이를 아직 알지 못합니다. 인간이 짐승과 자신을 구별하고자 하는 그 오만은 이후에야 비로소 점차 자라나기 시작합니다. 아이는 처음에는 배설물에 대해서조차 아무런 혐오감을 느끼지 못하며, 교육이 그렇게 강조하기 때문에 차차 그것을 배우게 될 뿐입니다. 아이는 성별의 차이에 대해서도 아무런 가치를 두지 않으며, 그 두 성에 동일한 성기가 있을 것이라고 추측하기도 합니다. 그는 자신의 최초의 성적 쾌락과 호기심을 자기와 가장 가까운 사람들이며 또 다른 이유에서 자기가 가장 사랑하는 사람들인 부모나 형제, 자기를 돌보아 주는 사람에게로 돌립니다. 그리고 마지막으로 — 나중에 애정 관계의 최고점에서 다시금 발현되는 것이기도 하지만 — 아이는 성기에서만 쾌감을 찾는 것이 아니라 다른 여러 신체 부위에서도 그와 동일한 느낌을 찾으려 하는데, 그것들은 유사한 쾌감을 가져다주면서 성기의 역할까지도 떠맡게 되는 것입니다. 그러므로 아동은 〈다형성 도착 *polymorph pervers*〉 상태라고 부를 수 있습니다. 또 아동이 이러한 모든 충동들을 아주 미미한 형태로만 드러내는 이유는, 한편으로 는 그 강도가 이후의 삶에서의 그것과 비교해 볼 때 극히 미약한 데 있기도 하지만, 또 한편으로는 교육 과정이 아동의 모든 성적 표현들을 극히 강하게 억눌러 버리기 때문이기도 합니다. 이러한 억압 경향은 말하자면 이론 속에서도 계속되어서, 성인들은 아동 의 성적 표현의 일부분은 간단히 간과해 버리려고 노력하며 또 다른 부분에 대해서는 그 모든 것을 완전히 부정해 버릴 수 있을 때까지 성적인 속성을 달리 해석함으로써, 그것이 보여 주는 성 적인 성격을 벗겨 내려고 애를 씁니다. 어린이 놀이방에서 아동 들의 모든 성적인 나쁜 행위들에 대해서 엄격하게 통제하며 분노 를 터뜨리다가도, 책상 앞에 앉아서는 아동의 성적인 순수성을 열렬하게 변호하는 이들은 때때로 동일한 사람들인 경우가 많습 니다. 아동들이 혼자 있도록 내버려져 있을 때나 유혹을 받을 때, 그들은 실로 놀라울 정도의 성적 도착 행위들을 나타냅니다. 이 러한 아동들의 행위를 〈어린애들의 짓〉이나 〈장난치는 것〉 정도 로 보아 넘겨 심각하게 생각하지 않는 것은 어떻게 보면 옳은 일 일 수도 있습니다. 아동들은 관습의 엄격함이나 법칙 앞에서 완 전하고도 책임감 있는 존재로 평가될 수 없기 때문입니다. 그러 나 이러한 일들이 엄존하고 있는 것은 사실이며, 그것들은 타고 난 소질의 징표로서나 이후 발달 과정의 원인이나 촉진제로서 중 요한 의미를 지니는 것으로, 우리에게 아동들의 성생활과 아울러 서 인간들의 성생활 전체에 대하여 어떤 열쇠를 줄 수 있을 것입 니다. 그러므로 우리가 왜곡된 꿈의 배후에서부터 이 모든 도착 적인 소원 충동들을 다시 발견하게 된다면, 그것은 꿈이 바로 여 기서도 유아적 상태로 퇴행했음을 의미할 뿐입니다.

이러한 금지된 소원 충동들 가운데 특별히 두드러지는 것은 근

친상간적 소원인데, 다시 말하면 부모나 형제자매와 성교를 하고
자 하는 소원입니다. 그러한 성행위에 대해서 인간 사회가 얼마
만한 혐오감을 느끼고 있고, 또 적어도 그러한 것들을 금지하고
있으며, 그것을 금지하기 위하여 얼마나 많은 노력이 경주되고
있는지 여러분도 잘 알고 계실 것입니다. 근친상간 혐오증을 설
명하기 위해 엄청난 노력이 쏟아부어졌던 것도 사실입니다. 일부
에서는 그것을 자연 스스로의 품종 개량에 대한 고려라고 가정하
기도 합니다. 이러한 금지에는 동종(同種) 교배를 하면 종족의 특
성이 저하될 것이라는 생각이 심리적으로 표상되어 있다는 것입
니다. 또 어떤 사람들은 유년기부터 식구들과 함께 살아왔기 때
문에, 고려의 대상이 될 수 있는 사람들에 대한 성적 욕망이 다른
데로 돌려지는 것이라고 주장하기도 합니다. 그러나 어쨌든 두
가지의 경우 모두, 근친상간은 자동적인 금지 사항이 되는 것입
니다. 이러한 엄격한 금지가 요구되는 것은 오히려 그에 대한 강
력한 욕망이 존재하고 있음을 시사하는 것이라는 사실을 사람들
은 잘 이해하지 못하는 것 같습니다. 정신분석학적 연구는 명확
하게, 근친상간적인 사랑의 선택이 더 오래된 것이고 일반적인
것이며 그에 대한 거부감은 그 후에야 비로소 형성된다는 결론을
내렸습니다. 그 저항을 개인 심리학으로 거슬러 올라가서 규명하
는 것은 명백하게 불가능합니다.[10]

　아동 심리학에 대한 깊은 연구가 꿈의 이해를 위해서 공헌한
것이 무엇인지 요약해 봅시다. 우리는, 망각된 어린 시절의 체험
이라는 재료가 꿈속에서는 도달 가능한 것이 된다는 것뿐만 아니

　10　유아기의 성에 관한 주제는 스무 번째 강의와 스물한 번째 강의에서 더 상세
하게 다루어지고 있다.

라, 그 모든 특성이나 이기주의, 근친상간적인 사랑 선택 등을 포함한 아동의 정신생활 모두가 꿈속에서, 다시 말해 무의식 속에서 계속 이어지고 있으며, 꿈은 밤마다 우리를 이러한 유아적 단계로 되돌려 보내는 것이라는 사실을 알게 되었습니다. 또 〈정신생활에서 무의식적인 것은 유아적인 것〉이라는 사실이 강조되고 있습니다. 우리에게 생경하기만 했던 사실, 즉 인간들의 마음속에 그토록 많은 사악함이 숨겨져 있다는 사실은 이제 완화되기 시작합니다. 이렇게 놀랍도록 무서운 사악함은 단순히 유아의 정신생활에 존재했던 처음의 것, 원시적인 것, 유아적인 것으로서, 아동들의 내면에 분명히 존재하지만 한편으로는 그것의 저급한 차원 때문에 간과되어 버리거나, 또 한편으론 아동들에게 그 어떤 윤리적 기준도 요구할 수 없음으로 해서 가볍게 보아 넘겨 버리게 됩니다. 꿈은 바로 이러한 단계로까지 퇴행하기 때문에 그것이 마치 우리 내부에 존재하는 사악함을 드러내 보여 주고 있는 것 같다는 인상을 불러일으키는 것입니다. 그러나 이것은 우리가 놀라워해 마지않았던 우리를 현혹하는 가상일 뿐으로, 우리가 꿈-분석을 통해서 가정하려고 했던 것만큼 우리 자신이 그렇게 사악한 존재는 아닌 것입니다.

꿈속에 나타나는 사악한 충동들이 단지 유아적인 것에 불과하며, 생각하는 것에서나 느끼는 것에서 꿈이 우리를 단순하게 어린아이의 상태로 만들어 줌으로써 우리가 윤리적 발달 단계의 초기로 되돌아가는 것이라면, 이런 사악한 꿈을 꾼다는 것 때문에 부끄러워해야 할 이유는 당연히 없습니다. 우리의 정신생활 가운데 이성적인 것은 단지 한 부분일 뿐이며, 영혼 속에서는 그 밖에도 이성적이라고 볼 수 없는 수많은 일이 일어나고 있습니다. 그러나 우리는 매우 비이성적이게도 그러한 꿈들을 부끄러워하기도 합니다. 그리하여 그것을 꿈-검열에 맡기기도 하고, 또 이러한 소원 중 하나가 예외적으로 그리 왜곡되지 않은 모습으로 의식 속으로 밀치고 들어오는 데 성공하게 되어 그것을 인식할 수밖에 없게 되면, 마치 우리가 그것을 제대로 이해하기라도 하는 것처럼 그 〈왜곡된〉 꿈에 대해서 분노하면서도 부끄러워하는 것입니다. 〈사랑의 봉사〉 꿈을 꾸었던 저 점잖고 나이 많은 부인이, 우리가 자신의 꿈을 해석해 주기도 전에 그 꿈에 대하여 격노했던 사실을 상기해 보십시오. 그러니까 문제는 아직 해결된 것이 아니며, 우리가 계속해서 연구해 나가게 된다면 또 다른 판단을 하게 되고 인간 본성에 대한 새로운 평가에 이르게 될 수 있는 가능성은 여전히 존재합니다.

이 모든 연구의 결과로서 우리는 두 개의 결론을 요약할 수 있겠지만, 그것은 단지 새로운 수수께끼와 새로운 의심의 시작을 의미할 수도 있습니다. 첫째로, 꿈-작업의 퇴행은 그저 형식적인 퇴행만으로 그치는 것이 아니라 실질적인 퇴행이기도 하다는 것입니다. 꿈-작업은 우리의 생각을 원시적인 표현 방식으로 번역할 뿐만 아니라, 우리의 원시적 정신생활의 고유한 특성들을 다시금 일깨워 주기도 합니다. 그 옛날에 자아가 누렸던 권세와 우리 성생활의 원초적 충동, 그리고 생각하기에 따라 그 옛날의 지적 재산으로 간주할 수 있는 상징 관계가 바로 이러한 특성에 해당됩니다. 둘째로, 이전에 우리를 완전히 지배했던 옛날의 이 모든 유아적인 것은 오늘날에 와서는 무의식으로 간주할 수밖에 없는데, 이 무의식에 관해서 우리의 표상은 점점 변화되어 가고 확장되어 가고 있습니다. 무의식이라는 것은 더 이상, 그 순간 잠재적으로 숨어 있는 것에 대한 이름이 아니라 자신만의 소원 충동과 자신만의 표현 방식, 그리고 보통 때는 활동하지 않는 고유한 정신적 활동 체계*Mechanismus*를 가진 특별한 정신적 영역이라고 할수 있습니다. 그러나 우리가 꿈-해석을 통해서 추론해 낸 바 있는 잠재적 꿈-사고라는 것은 이 영역에 속하지 않고, 반대로 우리가 깨어 있을 때에도 생각할 수 있었던 사고로 간주할 수 있습니다. 그러나 그것이 무의식적이라는 특성을 갖는다는 사실은 부정할 수 없습니다. 그러면 이러한 모순은 어떻게 풀릴 수 있을까요? 우리가 예감하기 시작한 것은 여기에 특별한 구별이 필요하다는 것입니다. 의식의 특성을 그대로 나누어 갖는 것으로서 우리의 의식적인 생활에서 유래하는 어떤 것 — 우리는 그것을 낮의 잔재 *Tagesreste*라고 부르려 합니다 — 이 무의식의 저쪽 영역에서부터 온 어떤 다른 특성과 함께 꿈-형성에 작용하는 것입니다. 이러한 두 개의 부분 사이에서 꿈-작업은 수행됩니다. 낮의 잔재의 영향이 거기에 비집고 들어오는 무의식으로 인해 아마도 퇴행의 조건을 만들어 내는 것 같습니다. 이것이 바로 우리가 다른 영적 영역을 연구해 들어가기 전에 여기서 도달할 수 있는 꿈의 본질에 관한 가장 깊은 통찰일 것입니다. 그러나 이제는 유아적인 영역에서 오는 무의식과 구별하기 위해서 잠재적 꿈-사고의 무의식적 특성에 다른 이름을 붙여야만 하는 시간이 다가온 듯합니다.[11]

심리적 활동으로 하여금 잠자는 동안에 그러한 퇴행을 하도록 강요하는 것이 무엇일까 하는 당연한 질문을 던져 볼 수 있습니다. 이렇게 잠자는 동안에 퇴행을 하지 않고는 수면을 방해하는 심리적 자극을 처리할 수 없는 것일까요? 만일 꿈-검열이라는 동기로 인해서 이제는 이해할 수 없게 되어 버린 과거의 표현 방식의 가면을 사용하는 것이라면, 지금은 극복된 그 낡은 정신적 충동과 소원, 특성들, 다시 말하면 형식적인 것에 덧붙여지는 물질

11 이러한 문제가 열네 번째 강의의 말미에서 다시 제기되고 있다.

적인 퇴행들을 다시 부활시켜야 하는 이유는 어디에 있는 것일까요? 우리를 만족시켜 줄 만한 단 하나의 대답은, 오직 그러한 방식으로만 꿈이 형성될 수밖에 없으리라는 점이며, 역동적으로 꿈-자극을 그렇게 제거하는 수밖에는 달리 어떤 방법이 없으리라는 것입니다. 그러나 현재로서는 그러한 대답을 자신 있게 내놓을 수가 없습니다.

열네 번째 강의
소원 성취

　신사 숙녀 여러분, 우리가 지금까지 얼마나 먼 길을 걸어왔는가를 다시 한번 상기해 봅시다. 우리는 우리의 기법을 적용하는 도중에 꿈-왜곡과 마주치게 되었고, 처음에는 그것에서 비껴가려고 작정했다가 어린아이들의 꿈에서 꿈의 본질에 관한 결정적인 정보들을 얻게 되었습니다. 그리고 이러한 연구 결과로 단단히 무장하고 나서 꿈-왜곡을 직접적으로 공략하게 되었고, 내가 희망하는 것처럼 그것을 점차 극복하게 되었던 것입니다. 그러나 이제는 우리가 한쪽 길에서 발견해 낸 사실들과 또 다른 길에서 찾아낸 사실들이 서로 부합되지 않는다는 것을 고백해야만 하겠습니다. 이 두 가지 결론을 서로 일치시키고 조정하는 일이 우리의 다음 과제가 될 것입니다.

　이 양방향에서 나온 결론은, 꿈-작업은 본질적으로 우리의 생각을 어떤 환각적인 체험으로 바꾸어 놓는 것이라는 사실입니다. 이러한 일들이 어떻게 일어날 수 있을까 하는 문제는 그야말로 불가사의한 일이지만, 이는 일반 심리학의 문제로서 우리가 여기서 다룰 문제는 아닙니다. 어린아이들의 꿈을 분석함으로써 밝혀 낸 사실은, 꿈-작업의 목적은 수면을 방해하는 심적인 자극을 소원 성취를 통하여 제거하는 데 있다는 것입니다. 왜곡된 꿈에 대하여는 그 꿈을 해석하는 법을 알게 되기 전까지는 그러하다고 단정할 수 없었습니다. 우리의 기대는 처음부터, 유아적인 꿈과 마찬가지로 이 왜곡된 꿈도 그와 비슷한 시각으로 바라볼 수 있지 않을까 하는 데로 모아졌습니다. 이러한 기대가 처음으로 충족되면서, 모든 꿈들은 원래 아이들의 꿈이라는 것이며 그것은 유아적인 요소들, 즉 아동의 심적 충동과 활동 체계 아래 작용하고 있다는 통찰에 이르게 되었습니다. 우리가 꿈-왜곡이라는 문제를 극복했다고 간주하고, 소원 성취로서의 그 개념이 왜곡된 꿈에도 적용될 수 있는 것인지 아닌지에 대한 연구에 착수해야만 할 것입니다.

우리는 지금까지 일련의 꿈들을 해석해 왔지만 소원 성취 *Wunscherfüllung*라는 문제는 전혀 다루지 않았습니다. 그러나 여러분에게는, 이른바 꿈-작업의 목표라고 하는 소원 성취는 도대체 어디에서 작용하고 있는 것일까 하는 의문이 계속해서 밀려들어 왔을 것입니다. 이 질문은 매우 중요한 것으로서, 말하자면 우리에 대한 비전문 비평가들의 상투적 질문이 되어 버렸습니다. 여러분도 잘 아시다시피, 인류에게는 새로운 것에 대한 본능적인 저항감이 존재하고 있습니다. 어떠한 새로운 지식을 접했을 때 그것을 곧바로 최소한의 범위로 압축시키고, 가능하면 표어 형태로 줄여 버리는 태도도 그러한 저항감의 하나로 간주할 수 있겠습니다. 새로운 꿈-이론에서는 소원 성취가 바로 그러한 표어가 되어 버렸습니다. 문외한들은 곧잘 〈소원 성취라는 것이 도대체 어디에 있습니까?〉라고 묻습니다. 〈꿈은 소원 성취와 같다〉라는 말을 듣자마자 바로 그러한 질문을 제기하고, 또 그것을 곧 거부하는 태도로 답변하는 것입니다. 그에게는 곧 꿈과 관련된 자신의 수없이 많은 경험이 떠오르게 되는데, 그 꿈들 중에는 불쾌감과 두려운 불안감들이 뒤범벅되어 있었던 꿈들도 헤아릴 수 없을 지경이어서, 정신분석학의 꿈-이론에서 주장하는 내용들이 전혀 있을 수 없는 일로 받아들여지는 것입니다. 왜곡된 꿈에서는 소원 성취라는 현상이 그대로 드러나지 않아 그것을 찾아내야만 되는 것이며, 그러므로 꿈을 해석해 보기 전에는 그것에 대해서 어떠한 언명도 할 수 없는 것이라고 우리는 간단히 대답할 수 있습니다. 이렇게 왜곡된 꿈의 소원들은 금지된, 즉 검열에서 거부된 소원들이며, 바로 그것의 존재가 꿈-왜곡의 원인이 되고 꿈-검열을 일으키는 동기가 된다는 것을 우리는 또한 알고 있습니다. 그러나 꿈을 해석하기 전까지는 꿈의 소원 성취에 대해 물어서는 안 된다는 사실을 비전문 비평가에게 이해시키기는 매우 어렵습니다. 그러나 그는 이 같은 사실을 계속 잊어버리게 됩니다. 소원 성취라는 이론에 대한 그의 거부감은 실제로는 꿈-검열의 논리적 결과와 다름없습니다. 다시 말해서 이렇게 검열된 꿈-소망을 부정하는 태도의 대리물이며 결과인 것입니다.

우리도 물론 고통스러운 내용을 가진 꿈이 왜 그렇게 많은지, 특히 불안-꿈이 왜 존재하는지를 스스로에게 해명할 필요가 있다고 느낍니다. 그러는 가운데 우리는 처음으로 꿈속의 감정이라는 문제와 만나게 됩니다. 그것을 연구하는 것은 그 자체로서 가치 있는 일이지만, 유감스럽게도 자세히 파헤쳐 들어갈 수는 없습니다. 꿈이 소원 성취의 역할을 한다면 꿈속에서 느껴지는 고통스러운 감정은 불가능한 것이 되어야만 할 것입니다. 그 점에서 비전문 비평가의 입장이 옳은 것처럼 보입니다. 그러나 여기서는 그들의 입장에서 생각하지 못하고 있는 세 가지 복합 현상이 고려되어야만 합니다.

첫째로, 꿈-작업이 어떠한 소원 성취를 만들어 내는 데 완전히 성공하지 못한 경우가 있을 수 있습니다. 그 결과로 꿈-사고의 고통스러운 감정에서 일정 부분이 외현적 꿈에 남아 있게 된 것입니다. 분석해 보면, 저변에 깔려 있는 이러한 꿈-사고들이 그로부터 형성된 꿈보다 훨씬 더 고통스러운 것이었다는 사실이 밝혀질지도 모릅니다. 이와 같은 경우는 얼마든지 증명할 수 있습니다. 갈증 자극에 의해서 형성된 무언가를 마시는 꿈이 갈증을 해소시켜야 하는 애초의 꿈 의도를 제대로 이루지 못하는 것처럼, 그 꿈-작업은 그 목적을 이루지 못했다고 판단할 수밖에 없습니다. 그 결과 꿈꾼 이는 계속 갈증을 느끼고 무엇인가를 마시기 위해 잠에서 깨어나게 됩니다. 그러나 그것은 어디까지나 제대로 된 꿈입니다. 그 본질에 있어서는 하나도 어긋난 것이 없습니다. 우리는 〈*Ut desint vires, tamen est laudanda voluntas*(비록 그 힘은 미약했으나 그 의도만큼은 가상한 것이었다)〉[1]라고 인정해야만 합니다. 명확하게 인식될 수 있었던 의도는 적어도 칭찬할 만한 것이었기 때문입니다. 이처럼 실패로 끝나는 사례는 결코 드물지 않습니다. 꿈-작업에서 꿈의 내용보다 꿈의 감정을 변화시키는 것이 더 어렵다는 사실이 여기서 영향을 미치기 때문입니다. 감정에는 정말로 강한 저항력이 작용하고 있는 경우가 많습니다. 그러므로 꿈-작업이 꿈-사고의 고통스러운 내용을 소원 성취로 변화시켰다고 하더라도, 그때의 고통스러운 감정은 여전히 변화되지 않은 상태로 남아 있게 되는 일이 종종 생기는 것입니다. 그러한 꿈들에서는 거기에 있는 감정이 그 내용에 전혀 들어맞지 않게 되는 것이며, 그래서 우리의 비평가들은 〈꿈은 소원 성취의 기능을 하는 것이 아니기 때문에 아무런 해가 없는 내용이라 할

1 오비디우스의 『흑해에서 온 편지*Epistulae ex Ponto*』 참조.

지라도 고통스럽게 느껴질 수 있는 것이다〉라고 말할 수 있는 여지가 생기게 되는 것입니다. 그러나 이렇게 제대로 이해하지 못한 채로 제기하는 반론에 대해서, 우리 꿈-작업의 소원 성취 경향은 바로 그러한 꿈들에서 분리된 채로 전면에 드러나기 때문에 가장 극명하게 나타나는 것이라고 반박할 수 있습니다. 신경증 증상에 대해서 알지 못하는 사람들은 내용과 감정의 연결을 내적으로 긴밀한 연결 과정으로 생각하기 때문에, 내용에 관계되는 감정 표현이 함께 변화하지 않은 상태에서 그 자체의 내용만이 변화된다는 것을 결코 이해할 수 없으므로 이러한 착오가 발생하는 것입니다.

두 번째로, 훨씬 더 중요하고 깊은 연관성이 있는 계기는 비전문가들도 마찬가지로 쉽게 간과해 버리는 것으로서, 바로 다음과 같은 것입니다. 소원 성취라는 것은 확실히 쾌락을 가져다주는 것은 틀림없지만, 이때 〈도대체 누구에게〉라는 질문이 제기됩니다. 물론 그것은 이러한 소원을 갖고 있는 〈바로 그에게〉일 것입니다. 그러나 꿈꾼 이에 대해서 우리가 알고 있는 것은, 그가 자신의 소원에 대하여 매우 특별한 관계를 맺고 있다는 사실입니다. 그는 소원을 내던져 버리고 검열합니다. 간단히 말해서 그것을 좋아하지 못하는 것입니다. 그러므로 그러한 소원 성취는 그에게 쾌락을 가져다주는 것이 아니라 오히려 그 정반대의 것을 가져다줄 뿐입니다. 경험에 의하면, 아직도 이렇게 조금 더 설명할 필요가 있는 그 반대의 것은 불안의 형태로 등장합니다. 그러므로 꿈꾸는 이는 자신의 꿈-소망과의 관계에서, 아주 긴밀한 공통의 특성을 지니면서 결합되어 있는 두 사람이 합친 상태와 대면하고 있는 것과 같습니다. 여러 가지 복잡한 설명을 하는 대신에 여러분도 잘 알고 계시는 유명한 동화 하나를 이야기해 드리겠습니다. 여러분은 그 동화 속에서 이와 같은 관계를 다시 발견하게 될 것입니다. 어떤 마음씨 좋은 요정이 아주 가난한 부부에게 그들의 세 가지 소원을 이루어 주겠노라고 약속했습니다. 그들은 너무 행복해했고 이 세 가지 소원들을 매우 조심스럽게 골라야겠다고 마음먹었습니다. 그 순간 부인은 바로 옆의 오두막집에서 풍겨오는 구운 소시지의 냄새에 현혹되어 그 구운 소시지 두 개가 있으면 좋겠다고 생각했습니다. 그러자 즉시 소시지들이 눈앞에 나타났고 그것으로 첫 번째 소원이 이루어졌습니다. 그렇게 되자 그 남편은 몹시 화가 났고 격분하여 몸을 떨면서, 부인이 소원했던 그 소시지들이 부인의 코에 대롱대롱 매달려 버리는 것이 차라리 낫겠다고 생각했습니다. 이 소원 역시 이루어져서 그 소시지들은 부인의 코에서 떨어질 줄을 몰랐습니다. 이것이 바로 두 번째 소원 성취인 것입니다. 그러나 그 소원은 남편의 소원이었고 부인에게는 그것이 몹시 불편할 따름이었습니다. 여러분은 이 동화가 어떻게 전개되어 나가는지 이미 알고 계십니다. 남편과 부인이란 근본적으로는 두 사람이 하나인 것과 마찬가지이므로, 세 번째 소원은 어쩔 수 없이 그 소시지들이 부인의 코에서 떨어져 나가는 것이 될 수밖에 없었습니다. 우리는 이 동화를 또 다른 연관성 속에서 평가해 볼 수 있겠지만 여기서 극명하게 삽화로 보여지고 있는 것은, 두 사람의 의견이 완전히 일치하지 않을 경우 한 사람의 소원 성취가 다른 사람에게는 불쾌감을 주는 것이 될 수 있다는 가능성입니다.

그러므로 불안-꿈Angsttraum에 대해 더욱 깊은 이해에 도달할 수 있는 길이 더 이상 어렵지만은 않을 것입니다. 이제 또 하나의 관찰 사례를 더 살펴보고 나면, 여러 가지 사항을 그와 관련지어 열거할 수 있는 하나의 가정에 다다를 수 있게 될 것입니다. 그것은 불안-꿈들이 종종 왜곡에서 완전히 벗어나 있는, 말하자면 검열이 완전히 배제된 내용을 가지는 경우가 있다는 것입니다. 불안-꿈은 때때로 적나라한 소원 성취로서, 말할 것도 없이 어떤 허용될 수 있는 소원이 아니라 파기되어 마땅한 소원의 성취일 때가 많습니다. 검열 대신에 불안의 발전이 나타난 것입니다. 그러므로 유아의 꿈이 허용된 소원의 공개적인 성취라고 말할 수 있는 것처럼, 왜곡되어 있는 저급한 꿈에 대해 억압된 소원이 변장하여 나타나서 성취되는 것이라고 말할 수 있을 것입니다. 그러므로 불안-꿈은 억압된 소원의 공개적 성취라는 공식에 들어맞게 됩니다. 불안은, 억압된 소원이 검열보다 더욱 강하게 나타났다는 것, 억압된 소원이 검열에 대항해서 자신의 성취 의지를 관철시켰다는 것, 또 관철시키려고 한다는 것에 대한 뚜렷한 징표입니다. 꿈에 대해서는 소원 성취라고 말할 수 있는 것이, 꿈-검열 편에 서 있다고 볼 수 있는 우리에게는 단지 고통스러운 느낌과 그에 대한 방어의 계기가 될 뿐이라는 것을 우리는 이해할 수 있게 됩니다. 꿈속에서 나타나는 불안은, 다른 때 같으면 억압되고 눌려졌던 소원이 강하게 나타날까 봐 불안해하고 두려워하는 것이라고 볼 수 있습니다. 이러한 방어가 왜 불안의 형태로 나타나는 것인지에 대해서는 꿈에 대한 연구만으로는 알아낼 수가 없고 다른 분야에서의 연구가 뒷받침되어야 할 것입니다.[2]

왜곡되지 않은 불안-꿈에 들어맞는 내용은 부분적으로 왜곡된 꿈에도 해당된다고 가정해 볼 수 있습니다. 또 꿈속에서 고통스러운 감정이 거의 불안의 지경에까지 이르게 되는 그 밖의 몹시 불쾌한 꿈에도 해당될 것입니다. 불안-꿈은 또 일반적으로 꿈

2 이것이 스물다섯 번째 강의 이하의 주제이다.

을 깨게 만드는 꿈이기도 합니다. 우리는 꿈의 억압된 소원이 검열에 대항해서 완전히 성취되기 바로 전에 잠에서 깨어나곤 합니다. 이 경우에 꿈-기능Traumfunktion은 성공하지 못한 것이 되지만 꿈의 본질이 그 때문에 변화되는 것은 아닙니다. 우리는 꿈을 우리의 수면을 방해하지 못하도록 지켜 주는 밤의 파수꾼, 혹은 잠의 파수꾼과 비교한 바 있습니다. 그러나 그 밤의 파수꾼도 그러한 방해나 위험을 혼자서 쫓아내 버리기에는 역부족이라고 느끼게 되는 경우, 자는 사람을 깨울 수밖에 없는 처지에 빠지게 됩니다. 그러나 우리는 그 꿈이 매우 위험하고 불안으로 바뀌기 시작하는 시점에서도 잠을 꼭 붙드는 데 성공할 수가 있습니다. 우리는 잠을 자면서 〈이것은 그저 꿈일 뿐이야, 계속 자야겠어〉라고 말해 버리는 것입니다.

꿈-소망이 검열을 능가해 버릴 수 있을 정도로까지 발전하는 일은 언제 일어날까요? 이에 대한 조건은 꿈-소망 측면에서도, 또 꿈-검열 측면에서도 충족될 수 있습니다. 소원은 어떤 알 수 없는 이유에 의해서 과도하게 강렬해질 수 있습니다. 그러나 꿈-검열의 행위가 이러한 역학 관계의 전환에 책임을 지고 있는 것이라는 인상을 종종 받게 됩니다. 개별적인 여러 경우에 있어서 검열은 여러 가지 다양한 강도를 갖고 작용한다는 것과, 각각의 요소는 각기 다른 정도의 엄격함으로 취급되고 있다는 것을 우리는 이미 알고 있습니다. 그러므로 이제 우리는 이러한 검열의 강도라는 것이 매우 변화무쌍하고, 이를테면 어떤 껄끄러운 요소에 대하여 항상 똑같은 엄격함을 적용하는 것이 아니라는 가정을 해볼 수 있겠습니다. 그래서 검열이 어떠한 꿈-소망에 대해서 자신을 무력하다고 느끼게 되고 그 소원이 자신을 덮쳐 버릴 듯이 강하게 다가오고 있다고 느끼게 되면, 왜곡이라는 작업을 수행하는 대신에 자신에게 남아 있는 마지막 수단인 불안을 발전시켜서 수면 상태를 포기하게 만듭니다.

그런데 이렇게 파기되어 마땅한 사악한 소원들이 어째서 밤중에만 준동(蠢動)하여 우리의 잠을 방해하는 것인지에 대해, 우리 자신도 그 원인을 전혀 알지 못하고 있다는 사실이 문득 기이하게 느껴질 수 있습니다. 그에 대한 대답은 수면 상태의 본질에 근거하고 있는 가설에서 찾을 수밖에 없습니다. 낮 동안에는 검열의 무거운 압력이 이러한 소원들을 짓누르기 때문에 그 소원들이 어떤 식으로든 표명되기 어려운 것이 보통입니다. 밤이 되면 이 검열은 정신생활의 다른 모든 관심과 마찬가지로 잠자고 싶다는 단 하나의 소원에 굴복해서 폐기되거나, 아니면 적어도 거의 눈에 띄지 않을 정도로 약화됩니다. 밤 동안에 이렇게 검열이 약화되기 때문에 금지된 소원은 다시 활동할 수 있게 되는 것입니다. 불면증이 있는 신경증 환자들 중에는 자신들의 불면증이 처음에는 자신들이 스스로 원한 것이었다고 말하는 사람들이 있습니다. 그들은 꿈을 꾸는 것이 두렵기 때문에, 다시 말해서 이렇게 검열이 약화되어 나타나는 결과를 두려워하기 때문에 쉽게 잠들지 못하는 것입니다. 그렇지만 이러한 검열의 약화가 곧 어떤 부주의한 태만을 의미하는 것이 아니라는 것은 쉽게 통찰할 수 있습니다. 수면 상태는 우리의 운동성을 마비시킵니다. 우리의 나쁜 의도가 설령 움직이기 시작하더라도, 실제적으로는 아무런 해도 없는 꿈을 만들어 내는 일 이외에는 아무것도 할 수 없습니다. 밤에 속하는 것이기는 하지만 꿈-생활에는 속한다고 할 수 없는 꿈꾸는 이의 가장 이성적이라고 할 만한 인지력이 이렇게 별일 없는 사태를 확인하고, 〈이건 단지 꿈일 뿐이야〉라고 스스로에게 말하고서는 모든 것을 용인하고 계속 잠자게 되는 것입니다.

세 번째로, 여러분이 자신의 소원에 저항하고 있는 꿈꾸는 이를, 서로 다른 개체이기는 하지만 어떤 식으로든 내적으로 긴밀히 연결되어 있는 두 사람을 합쳐 놓은 것과 동일시할 수 있다는 앞서의 견해를 기억한다면 또 하나의 다른 해명 가능성이 있다는 것을 이해할 수 있게 됩니다. 이를테면, 소원 성취를 통해서 매우 불쾌한 사태, 즉 징벌을 받는 것과 같은 일이 벌어질 수 있다는 것입니다. 여기에서 다시금 세 가지 소원에 관한 동화 이야기가 해명의 자료로 유용하게 쓰일 수 있습니다. 접시에 놓인 구운 소시지는 첫 번째 인물인 부인의 직접적인 소원 성취였습니다. 또 코에 붙은 소시지는 두 번째 인물인 남편의 소원 성취이지만, 또 동시에 부인의 어리석은 소원에 대한 벌이기도 합니다. 신경증 환자들에게서는 동화 속에서만 아직까지도 유일하게 남아 있는 세 번째 소원의 동기를 쉽게 발견할 수 있습니다. 인간의 정신생활 속에는 그렇게 벌을 받고 싶어 하는 경향성이 많이 있습니다. 이러한 경향은 매우 강한 것이어서 고통스러운 꿈의 한 부분을 그것이 책임지고 있다고 말할 수 있는 것입니다.

이렇게 되면 그 대단한 소원 성취 이론도 거의 바닥이 드러난 것이 아닐까 하고 말씀하실 분들도 있을 것입니다. 그러나 조금만 더 자세히 살펴보면 여러분이 옳지 않다는 것을 인정하게 될 것입니다. 〈꿈이 무엇일까〉라는 물음에 대해서 추후에 수많은 복잡성이 추가될 것을 염두에 둔다면 — 많은 학자들이 실제로 그렇게 하고 있지만 — 소원 성취, 불안 충족*Angsterfüllung*, 징벌 충족*Straferfüllung*이라는 우리의 해결책은 매우 제한된 해답이 될 것입니다. 거기에 덧붙여서 불안은 소원의 정반대라고 하는 사실, 또 연상 속에서는 반대되는 내용들이 특히 매우 가까이 위치하고 있으며, 우리가 알게 된 바와 같이 무의식 속에서는 그것들이 서로 일치하고 있다는 내용들이 추가되어야만 합니다. 더 나아가서 징벌이란 검열하는 다른 인격의 소원 성취라고 볼 수 있다는 것입니다.

전체적으로 나는 소원 성취 이론에 대항해서 제기된 여러분의 반론에 어떠한 양보도 한 일이 없습니다. 그러나 우리는 임의적인 어떠한 꿈에 대해서도, 그 왜곡된 꿈은 소원 성취를 나타내고 있는 것이라는 사실을 증명해야만 할 의무를 지고 있으며, 이 과제를 회피할 생각은 조금도 없습니다. 1플로린 50크로이체에 좋지도 않은 극장 좌석표 3장이라는, 이미 우리가 한 번 해석해 본 바 있는 그 꿈으로 다시 한번 돌아가 봅시다. 우리는 그 꿈에서 이미 많은 것을 배웠습니다. 아직도 여러분이 그 꿈을 잊지 않고 기억하고 계시기를 바랍니다. 자신보다 겨우 석 달 정도 늦게 태어난 친구 엘리제가 약혼했다는 소식을 낮에 자기 남편에게서 들은 어떤 부인은 자신의 남편과 극장에 앉아 있는 꿈을 꾸게 되었습니다. 극장의 한쪽 편 좌석들은 거의 텅 비어 있었습니다. 남편은 또 그녀에게 말하기를, 엘리제와 그녀의 신랑 될 사람도 극장에 오려고 했으나 1플로린 50크로이체로는 나쁜 좌석표 3장만을 살 수 있었기 때문에 오지 않게 되었다는 것이었습니다. 그건 그리 큰 불행은 될 수 없다고 그녀는 생각했습니다. 우리는 그녀의 꿈-사고가, 자신이 너무 일찍 결혼해 버렸다는 사실과 자기 남편과의 결혼 생활에 불만을 느끼는 데서 비롯된 분노와 관련이 있다는 것을 알아낸 바 있습니다. 이렇게 마음을 흐려 놓는 생각이 어떻게 소원 성취로 바뀌어 갔는지, 또 외현적 꿈-내용의 어느 곳에서 그 흔적을 찾을 수 있을지 궁금할 수밖에 없는 것이 사실입니다. 〈너무 일찍, 성급하게〉라는 요소는 검열에 의해서 꿈에서 삭제되었다는 것을 우리는 이미 알고 있습니다. 텅 빈 좌석들은 그에 대한 암시입니다. 〈1플로린 50크로이체에 3장〉이라는 수수께끼처럼 보이는 요소는, 우리가 지난번에 공부한 상징의 도움을 빌리면 쉽게 이해할 수 있습니다. 3이란 숫자는 실제로 한 남자를 의미하며, 외현적 요소는 〈지참금으로 한 남자를 산다〉는 의미로 (〈내 지참금이었다면 지금의 남편보다 열 배나 더 괜찮은 남자를 살 수 있었을 텐데〉라는 뜻) 간단히 번역됩니다. 결혼은 극장에 가는 행위로 대체되었습니다. 〈너무 빨리 극장표를 구했다〉는 것은 너무 일찍 결혼했다는 사실을 직설적으로 대체하고 있습니다. 그러나 이러한 대체가 바로 소원 성취인 것입니다. 이 꿈을 꾼 여인은 자기 친구가 약혼했다는 소식을 들은 그날처럼, 항상 자신의 결혼 생활에 불만을 품었던 것은 아닙니다. 그녀는 빨리 결혼했다는 사실을 한편으로는 자랑스러워했으며 자기 친구에 비해 자기가 더 인기가 있다고 생각해 왔던 것입니다. 약혼을 하고 난 후의 순진한 처녀들은 이제까지 금지되어 왔던 연극 프로그램을 이제 곧 모두 볼 수 있게 되었다면서, 그러한 사실에서 약혼했다는 기쁨을 드러내는 수가 많다고 합니다. 여기에서 전면에 드러나 있는 바와 같은, 무언가를 보고 싶어 하는 욕망과 호기심은 물론 처음에는 성생활, 특히 부모의 성생활에 대한 성적인 호기심으로서, 소녀들로 하여금 일찍 결혼하게 만드는 강력한 동기가 되어 주는 것입니다. 그러한 방식에 의해 극장 구경은 결혼했다는 사실에 대한 가장 뚜렷한 암시적 대체물이 됩니다. 일찍 결혼했다는 사실에 대한 현재의 분노 속에서 그녀는, 결혼이란 곧 보고 싶어 하는 욕망을 충족시키는 것이 되므로 일찍 결혼하는 것이 소원이었던 그 시절로 되돌아가고, 그러한 옛날의 소원 충동에 이끌려서 결혼을 〈극장에 가는 것〉으로 대체하고 있는 것입니다.

숨겨진 소원 성취를 증명하기에 완전히 이상적인 사례를 찾아 냈다고는 물론 말할 수 없겠지만, 이와 비슷한 방식으로 우리는 또 다른 왜곡된 꿈을 취급해 나갈 수 있을 것입니다. 여러분 앞에 서 지금 그러한 작업을 실행해 보일 수 없는 것은 유감스러운 일이나, 그러한 작업이 언제나 성공할 것이라는 확신만큼은 여러분 께 꼭 말씀드리고 싶습니다. 그러나 이 이론의 바로 이 부분에서 만큼은 조금 더 오래 머물면서 계속 논의하고자 합니다. 이 부분 이 바로 전체 꿈-이론 중에서 가장 위험한 부분 중 하나이며, 많 은 모순과 오해들은 바로 이 부분과 관련되어 나타난다는 것을 경험이 가르쳐 주고 있습니다. 그 밖에도 여러분은, 꿈은 충족된 소원이거나 그와 정반대로 현실화된 불안이나 징벌이라고 말했 다는 이유로, 내가 이미 나의 주장들 중 일부를 철회하고 있다는 인상을 받을지도 모르겠습니다. 그러므로 나에게 또 다른 제한을 가해야 할 좋은 기회라고 생각하실지 모릅니다. 나에게는 너무나 도 확실하게 분명한 사례들이라 하더라도 내가 그것들을 설명하 는 과정에서 너무 간단하게, 충분히 납득이 가지 않도록 설명하 고 만다는 비난도 들은 바 있습니다.

꿈을 해석하는 일과 관련해서 우리와 함께 여태까지 모든 도정 을 걸어왔고 꿈-이론에서 주장하고 있는 것을 모두 인정하는 사 람일지라도, 소원 성취 부분에 이르러서는 갑자기 멈추어 서서 이렇게 질문해 올지도 모릅니다. 〈꿈이 항상 어떤 의미를 지 닌다는 것, 또 이러한 의미는 정신분석학적 기법을 통해서 밝혀 질 수 있다는 것을 인정한다손 치더라도, 모든 증거가 뚜렷한데 도 불구하고 이 의미가 왜 항상 소원 성취라는 공식에 끼워 맞추 어져야만 하는 것입니까? 어째서 밤의 사고가 지니고 있는 의미 라는 것은 낮의 사고 활동이 지니는 의미만큼 복잡다단할 수 없다는 것입니까? 왜 꿈이 한번은 충족된 소원과 일치하고 또 다른 때는 당신이 말씀하신 것처럼 그 반대의 내용, 또는 현실화된 두려움과 일치할 수 없다는 것입니까? 또 어떤 때는 계획 같은 것을 나타내거나 경고, 찬성 혹은 반대에 대한 숙고, 비난, 양심 가책, 또는 바로 앞에 다가온 일을 준비하려는 시도 등으로 해석할 수 없는 것입니까? 왜 항상 어떤 소원이거나 고작해야 그 정반대의 것만이 되어야 하는 것입니까?〉

　다른 점에 있어서 일치하고 있다면, 어떤 한 부문에서 다소 차이가 난다고 하더라도 별로 중요한 문제가 아니라고 생각할 수도 있습니다. 여러분은, 〈꿈의 의미와 그것을 인식해 낼 수 있는 길을 발견해 낸 것만으로도 충분하다. 우리가 이 의미를 너무 좁게 규정하려고 하면 앞으로 나아가기는커녕 반대로 후퇴할 수밖에 없었을 것이다〉라고 생각할 것입니다. 그러나 사실은 그렇지 않습니다. 이 점에 있어서의 오해는 꿈에 대한 우리 인식의 본질을 흔들어 놓을 것이며, 신경증을 이해하기 위한 꿈의 가치 자체를 위태롭게 만들 것입니다. 상인들의 세계에서는 〈싹싹함〉으로 좋게 평가될 수 있는 그런 식의 타협적 태도는, 학문적 영역에서는 적합하지도 않고 오히려 해로울 뿐입니다.

　어째서 꿈이 그 주어진 의미 속에서 다양한 모습을 보일 수 없는 것이냐는 질문에 대한 나의 첫 번째 대답은 흔히 그런 것처럼, 〈왜 그럴 수 없는 것인지 나도 그 이유를 모른다〉는 것입니다. 설령 꿈이 그처럼 많은 의미를 가질 수 있다 하더라도 나로서는 그에 반대할 이유가 없습니다. 꿈에 많은 의미가 있다 하더라도 나와는 상관없는 일이기 때문입니다. 다만 아주 사소한 하나의 사실이 꿈에 대해서 좀 더 널리 알려진 안이한 견해, 즉 꿈이 실제로는 그렇지 않다는 견해와 배치됩니다. 꿈이 여러 가지 다양한 사고 형태나 지적인 조작에 대응할 것이라는 가설도 나에게는 전혀 낯설지 않다는 사실을 강조하는 것이 나의 두 번째 대답입니다. 나는 어떤 환자의 병력을 소개하는 자리에서 꿈 하나를 보고한 적이 있는데, 그 꿈은 사흘 밤을 연이어 나타났다가는 그 후로는 더 이상 나타나지 않았습니다. 나는 이 행위를 설명하면서, 그 꿈이 어떤 계획과 관련된 것이고 그 계획이 일단 실행되고 난 이후에는 더 이상 등장할 필요가 없어져 버렸기 때문일 것이라고 해석한 바 있습니다. 그 후 나는 또 고백에 해당하는 꿈 이야기를 발표한 적이 있습니다.[3] 그런데도 내가 어떻게 꿈은 언제나 꼭, 충족된 소원이라고 주장할 수 있는 것일까요?[4]

내가 그렇게 하는 까닭은, 꿈을 둘러싼 이제까지의 우리의 모든 노력의 성과를 잃게 할지도 모를 한 단순한 오해를 도저히 용인할 수 없기 때문입니다. 그것은 꿈을 잠재적인 꿈-사고와 혼동함으로써 빚어지는 오해입니다. 꿈-사고에만 해당될 수 있는 사실을 꿈에도 적용시킬 때 그러한 오해가 발생합니다. 우리가 바로 전에 열거한 것들, 계획이나 경고, 숙고, 준비 또는 어떤 과제에 대한 해결 시도 등, 이 모든 것들을 꿈이 대리하고 있고 그것에 의해서 대치될 수 있다는 사실은 실제로 맞는 말이 될 수 있습니다. 그러나 여러분이 제대로만 살펴본다면, 이 모든 것들이 오로지 꿈속에서 변화된 모습으로 나타나고 있는 잠재적 꿈-사고에만 해당된다는 점을 인식할 수 있을 것입니다. 여러분은 꿈을 해석하는 작업을 통해서 인간들의 무의식적인 사고가 그러한 계획이나 준비, 숙고 등과 씨름하고 있고, 그로부터 꿈-작업이 꿈을 만들어 낸다는 것을 알고 계십니다. 꿈을 해석하려고 할 때 여러

---

3 「도라의 히스테리 분석」에서 도라의 첫 번째 꿈-분석을 말한다.
4 프로이트의 「증명하는 꿈Ein Traum als Beweismittel」(1913) 참조.

분이 만일 꿈-작업에는 관심이 없고 인간의 무의식적인 사고 과정에 대해서만 지대한 관심을 가진다면, 실제로도 꿈-작업 같은 것은 제외시켜 버리고 꿈은 어떤 경고나 계획, 혹은 그와 비슷한 것들에 대응한다고 주장하게 되실 것입니다. 정신분석적인 작업을 하다 보면 이런 경우와 자주 만나게 됩니다. 사람들은 대개 꿈의 형식을 다시 깨부수어 버리고, 꿈이 만들어진 원천인 잠재적 사고를 그 대신에 끼워 맞추기 위해서 애를 쓰는 것입니다.

잠재적 꿈-사고를 평가하는 도중에 이렇게 해서 아주 우연하게도 우리는 열거된 모든 고도의 복잡한 정신적인 행위들이 무의식적으로 일어날 수 있다는 사실을 알게 되었는데, 그것은 참으로 굉장한 것이기도 하면서 또한 지극히 혼란스럽기도 한 결과입니다.

그러나 문제를 다시 되돌려 봅시다. 여러분이 그저 하나의 축약된 어법을 사용했을 뿐이라는 것을 분명히 하고, 위에서 열거한 다의성이 반드시 꿈의 본질에 해당한다고 여기지만 않는다면 여러분의 말은 맞습니다. 여러분이 〈꿈〉에 대해서 이야기할 때, 그것은 꿈-작업의 결과인 외현적 꿈 아니면 기껏해야 꿈-작업 그 자체, 즉 잠재적인 꿈-사고에서 외현적인 꿈을 만들어 내는 심리적 과정 자체를 의미하고 있는 것이 분명합니다. 이 단어를 그 밖의 어떤 다른 의미로 사용할 때 그것은 개념의 혼란만을 가져오고 화를 초래하게 될 뿐입니다. 여러분의 주장이 꿈의 배후에 있는 잠재적인 꿈-사고를 목표로 하는 것이라면 직접 그렇게 이야기하는 것이 좋습니다. 여러분이 사용하고 있는 느슨한 표현 방식으로 꿈의 문제를 은폐하지 마시기 바랍니다. 잠재적인 꿈-사고란 재료입니다. 꿈-작업은 그것을 외현적 꿈으로 바꾸어 놓는 일을 합니다. 여러분은 왜 재료와 그것을 변형시키는 작업을 혼동하려고 하십니까? 그런 식의 혼동을 계속한다면 작업의 결과만을 알고 있고 그것이 어디에서 유래하는지, 또 어떻게 만들어지는지를 설명할 수 없는 사람들과 여러분의 차이가 어디에 있습니까?

꿈에서 유일하게 본질적인 것은 생각의 재료에 작용하고 있는 꿈-작업입니다. 혹시 어떤 실제적 상황에서는 꿈-작업을 태만히 다루었을 수 있다고 하더라도, 이론에서도 그것을 무시할 수 있는 권리가 우리에게는 없습니다. 정신분석학적 관찰 사례에서 밝혀진 바에 의하면, 이 생각들은 여러분에게 친숙한 태곳적이거나 퇴행적 표현 방식으로 번역해 내는 것으로 결코 끝나지 않습니다. 대신에 그것은 낮 동안의 잠재적 사고에 속한다고 볼 수 없는 것에다가 무언가를 항상 덧붙이는데, 그것이야말로 꿈-형성의 고유한 동력이라고 할 수 있습니다. 이렇게 필수 불가결하게 덧붙여지는 것이 바로 무의식적인 소원이며, 그것을 충족시키기 위해서 꿈-내용이 변형되는 것입니다. 그러므로 꿈은 여러분이 꿈에 의해 대리되는 사고들만을 고려할 때 가능한 모든 것이 될 수 있습니다. 즉 경고나 계획, 준비 등이 될 수 있다는 것입니다. 꿈은 항상 어떤 무의식적인 소원의 성취입니다. 하지만 그것은 여러분이 꿈을 꿈-작업의 결과로 간주할 때만 그렇습니다. 그러므로 꿈은 결코 단순한 계획이나 경고에 머무르지 않고 언제나 무의식적인 소원의 도움에 의해 태곳적인 표현 방법으로 번역되며, 또 이러한 소원의 성취를 위해 변형되는 계획이나 그 밖의 것들을 뜻합니다. 소원 성취라는 성격은 불변의 것이고 그 밖의 다른 성격은 가변적인 것입니다. 또한 낮 동안의 잠재적 소원을 무의식적인 소원의 도움을 빌려 충족된 것으로 표현할 수 있도록 만들어 주는 것도 그 자신으로서는 소원이 될 수 있습니다.

나는 이 모든 것을 일목요연하게 잘 알고 있습니다. 하지만 내가 그것을 여러분이 알아듣기 쉽도록 잘 설명해 드렸는지 어땠는지는 잘 모르겠습니다. 또한 여러분에게 그것을 증명해 드리는 데에도 어려움이 많습니다. 그것은 한편으로는 수많은 꿈을 세밀하게 분석해 보지 않고는 되지 않는 일이고, 또 다른 한편으로 꿈에 대한 우리의 견해 중에서 가장 까다롭고 중요한 문제로서 추후에 다루게 될 다른 것과의 관련성 없이는 도저히 납득되지 않는 것이기 때문입니다. 사물의 내적인 관련성을 다루면서 비슷한 성질을 갖고 있는 다른 한쪽을 고려하지 않은 채로 어느 하나의 속성(屬性)에 아주 깊이 파고들 수 있다고 믿으십니까? 꿈과 매우 유사한 형태를 띠는 신경증 증상에 대해서 우리가 아직까지 아무것도 알고 있지 못하는 까닭에, 이제까지 알게 된 지식으로 만족해야 할 것입니다. 나는 여러분에게 단 하나의 사례만을 덧붙여 설명드리고 다른 새로운 고찰로 넘어가려고 합니다.

우리가 이미 몇 번이나 참고한, 1플로린 50크로이체에 극장표 3장이라는 꿈으로 돌아가 봅시다. 내가 지금 여러분에게 확실하게 말씀드릴 수 있는 것은, 처음에는 내가 그것을 별다른 의도 없이 하나의 예증으로 선택했다는 것입니다. 이 꿈에 나타난 잠재적 꿈-사고들을 여러분은 이미 알고 계십니다. 그것은 자신이 결혼을 너무 서둘렀다는 것에 대한 분노와 자기 친구가 이제야 비로소 약혼했다는 소식, 자신의 남편이 별 볼일 없다는 평가 절하, 그리고 조금 기다리기만 했더라면 더 나은 사람과 결혼할 수도 있었으리라는 생각들 등입니다. 또한 이러한 생각들에서 꿈을 만들어 낸 소원이 무엇인지 우리는 잘 알고 있습니다. 그것은 극장에 가서 무언가를 보고 싶다는 욕망으로, 결혼을 하면 어떻게 되는지 알고 싶다는 오래된 호기심에서 파생되어 나온 것이라고 볼 수 있습니다. 잘 알려져 있다시피 아동들은 거의 언제나 부모의 성생활에 강한 호기심을 가지고 있습니다. 따라서 이것은 유아적인 호기심으로 그것이 이후에도 계속 남아 있다고 할 경우, 그 뿌리에 있어서는 유아적인 것으로까지 거슬러 올라가는 본능 충동 *Triebregung*이라고 할 수 있습니다. 그러나 낮의 그 소식은 이러한 보고 싶은 욕망을 불러일으킬 만한 어떠한 계기도 제공해 주지 않았습니다. 단지 분노와 후회스러움만이 밀려들어 왔던 것입니다. 또 그 소원 충동은 처음에는 잠재적인 꿈-사고에도 속하지 않았습니다. 우리는 그것을 고려하지 않고도 꿈-해석의 결과를 분석 작업 속에 집어넣을 수 있었습니다. 분노라는 것은 그 자체로서는 꿈을 만들어 낼 수 없는 것입니다. 〈그렇게 빨리 결혼한 것은 어리석은 짓이었다〉는 생각은, 결혼하면 어떻게 되는지 한번 보고 싶다는 옛날의 소원이 재생되기 전까지는 꿈을 만들어 낼 수가 없습니다. 그 후에야 이 소원은 꿈-내용을 형성하게 되는데, 결혼을 〈극장에 가는 것〉으로 대치시키고 그 내용에다가 이전의 소원 성취의 형태, 즉 〈자, 이제 나는 극장에 갈 수 있고 이제까지 금지됐던 것을 모두 볼 수 있어. 그렇지만 너는 그렇게 할 수 없지. 나는 결혼했지만 너는 계속 기다려야만 해〉라는 형식을 부여하는 것입니다. 그러한 방식으로 현재의 상황은 그 반대의 것으로 변화되었습니다. 옛날의 승리가 현재 패배의 자리를 대신하게 된 것입니다. 그 밖에도 보고 싶은 욕망 충족 또한 이기적인 경쟁심을 만족시키려는 욕구와 굳게 결합되어 있습니다. 이러한 만족은 이제 외현적인 꿈-내용을 규정하게 되어, 실제적으로 자기 자신은 극장에 앉아 있으나 친구는 그렇게 할 수 없었다는 내용으로 나타납니다. 매우 부적절하고 이해할 수 없게 변형된 형태로 이 만족스러운 상황과 겹쳐져 있는 것은, 잠재적인 꿈-사고가 여전히 은폐된 채로 남아 있는 앞서 언급된 꿈-내용의 부분입니다. 꿈을 해석하는 것은 이렇게 소원 성취의 표현으로 사용되는 모든 것을 무시하고 주어진 암시로부터 고통스러운 잠재적 꿈-사고를 다시금 재현시켜야 하는 작업과 같습니다.

내가 또 제시하려고 하는 다음의 고찰은, 지금 전면에 드러나게 된 잠재적 꿈-사고 쪽으로 여러분의 주의를 돌리는 데 기여하게 될 것입니다. 여러분께서 잊지 말아야 할 사항은 그 잠재적 꿈-사고는 첫째로, 꿈꾸는 이에게는 무의식적인 것이고 둘째로, 완전히 이해할 수 있는 관련성 속에서 이루어지는 것으로서 꿈의 계기에 대한 이해할 수 있는 반응으로 파악될 수 있으며 셋째로, 어떤 임의적인 심리적 충동이나 지적인 조작으로서의 가치를 가질 수 있다는 것입니다. 나는 이제부터 이 생각들을 예전보다도 더 엄격하게 〈낮의 잔재〉로 부르려 하는데, 꿈꾼 이는 이에 동의할 수도 있고 그렇지 않을 수도 있습니다. 나는 이제 낮의 잔재와 잠재적 꿈-사고를 분리하려고 하며, 우리가 옛날에 사용했던 그 방식 그대로 꿈을 해석하면서 알게 되는 모든 것을 〈잠재적 꿈-사고〉로 지칭하는 반면에, 낮의 잔재는 그 잠재적 꿈-사고의 일부분일 뿐이라는 것을 언명하고자 합니다. 그렇게 되면 우리의 견해는, 낮의 잔재에 무언가가 덧붙여져 있다는 데까지 이르게 됩니다. 그것은 무의식에 속하는 것이기는 하지만 아주 강렬한 억압된 소원 충동으로서, 바로 이것만이 꿈-형성을 가능케 할 수 있는 것입니다. 낮의 잔재에 대한 이러한 소원 충동의 작용은 잠재적 꿈-사고의 다른 부분을 만들어 내는데, 그것은 더 이상 합리적이지도 않으며 깨어 있을 때의 삶에서 보자면 이해할 수 없는 것일 따름입니다.

무의식적인 소원에 대한 낮의 잔재의 관계를 좀 더 잘 설명하기 위해서 하나의 비교를 해본 적이 있는데, 여기서는 그것을 그저 반복하는 것만으로 그치겠습니다. 어떤 사업이든지 그것을 하기 위해서는 비용을 대줄 자본가가 필요하고 기발한 아이디어와 그것을 실행시킬 방법을 알고 있는 경영자를 필요로 합니다. 꿈-형성에 있어서 자본가의 역할을 하는 것은 항상 무의식적인 소원입니다. 그것은 꿈-형성을 위한 심리적 에너지를 제공합니다. 경영자는 낮의 잔재로서 이러한 비용의 사용을 결정하는 역할을 합니다. 그러나 자본가 자신이 아이디어와 실무 지식을 겸비할 수도 있고 경영자 자신이 자본을 소유할 수도 있습니다. 그것은 실제적인 상황을 단순화시켜 주지만, 그것을 이론적으로 이해하는데는 어려움을 가중시킵니다. 국민 경제에서는 어떤 한 사람을 자본가와 경영자라는 두 가지 측면으로 분리시키고, 그렇게 함으로써 우리의 비교가 출발했던 그 근본 상황을 다시 재현합니다. 꿈-형성에서도 그와 같은 변화들이 일어나고, 그것을 계속 추적하는 일은 여러분에게 그대로 맡겨 둘 생각입니다.

이 문제에 대해서 우리는 이제 더 이상 앞으로 나아갈 수가 없습니다. 왜냐하면 여러분은 벌써 오래전에 하나의 의심 때문에 몹시 흔들리고 있고, 그 의심은 들어 줄 가치가 있는 것으로 생각되기 때문입니다. 여러분은 다음과 같이 물을 것입니다. 〈낮의 잔재라는 것은 꿈을 만들기 위해서 꼭 덧붙여져야만 하는 무의식적인 소원과 똑같이, 그와 동일한 의미에서 무의식적입니까?〉라고. 여러분의 예감은 제대로 들어맞은 것입니다. 이것이 문제 전체의 핵심입니다. 그것들은 똑같은 의미에서 무의식적이지는 않습니다. 꿈-소망은 다른 무의식의 영역에 속합니다. 우리는 그것을 유아적인 유래를 가진 것으로, 특별한 메커니즘으로 무장된 것으로 인식한 바 있습니다. 무의식의 이러한 두 가지 존재 형태를 다른 명칭으로 서로 구별하는 것은 매우 적절한 듯합니다. 그러나 우리가 신경증 현상에 친숙해질 때까지는 조금 더 기다리는 것이 나을 것 같습니다. 하나의 무의식이 존재한다고 주장했을 때도 그 생각을 환상적인 어떤 것으로 치부하면서 우리를 비난한 바 있는데, 이 두 개의 무의식이 꼭 존재해야만 한다고 고백한다면 사람들이 어떻게 나오겠습니까?[5]

여기서 일단 이야기를 멈추기로 합시다. 여러분은 다시금 그저 불완전하기만 한 이야기를 들었을 따름입니다. 그러나 이러한 지식이 우리 자신이나 혹은 우리 뒤에 따라오는 다른 사람들에 의해서 명백하게 밝혀질 수 있을 때까지 계속 검토되리라고 생각하면 적이 희망적이지 않습니까? 그리고 우리도 또한 새로운 것들과 놀라운 사실들을 충분히 많이 알게 되지 않았습니까?

---

5 〈무의식〉이란 용어의 사용에 대한 의문은 프로이트의 이론에서 아주 중요한 것이다. 그는 이 강의의 여러 곳에서 〈무의식〉에 관한 언급을 하고 있다. 그러나 그는 이러한 언급을 불완전한 것으로 생각했고, 이후에 「자아와 이드」(프로이트 전집 11, 열린책들)에서 이 주제에 관해 광범위하게 논하고 있다. 가장 결론적인 그의 생각은 『새로운 정신분석 강의』 중 서른한 번째 강의를 참조하라.

열다섯 번째 강의

불확실한 것들과 비판들

신사 숙녀 여러분, 지금까지 우리가 발견해 낸 새로운 사실들과 견해들에 관련된 가장 일반적인 의심과 불확실한 사태들을 다루지 않은 채로 꿈의 영역을 떠나 버릴 수는 없을 것 같습니다. 여러분 중에서 주의 깊게 들은 사람들은 이에 관한 얼마간의 자료들을 모아 놓았을 것입니다.

(1) 우리가 분석 기법을 주도면밀하게 지켰을 때라 하더라도 꿈에 대한 우리 해석 작업의 결과들이 매우 불확실하기 때문에, 외현적 꿈을 그 잠재적 꿈-사고로 정확히 번역하는 것은 실패로 끝날 수밖에 없지 않을까 하는 것이 여러분이 꿈-해석에서 받은 인상일 것입니다. 이에 대한 것으로 여러분은 첫째로, 꿈의 어떤 요소를 그 본래적인 의미로 이해해야 할지, 아니면 상징적으로 해석해야 할지 결코 알 수 없다는 이유를 들 것입니다. 왜냐하면 상징으로 사용된 사물들이라 하더라도 자기 자신의 의미를 영영 상실해 버리는 것이 아니기 때문이라는 것입니다. 이 사항을 결정지을 수 있는 어떤 객관적인 근거가 없을 경우, 그때의 해석은 이 점에 있어서 꿈-분석가의 자의에 내맡겨질 수밖에 없다는 것입니다. 둘째로, 꿈-작업에서는 상반되는 것들이 일치되는 경우

가 있으므로, 어떤 꿈-요소를 긍정적인 의미로 해석해야 할지 부정적인 의미로 해석해야 할지, 그 자체로 보아야 할지 아니면 그 반대로 보아야 할지가 항상 불확실하게 남게 됩니다. 그러므로 그것도 해석자의 자의에 맡겨지는 새로운 기회를 제공한다는 것입니다. 셋째로, 꿈에서는 어떤 종류든 전도 현상이 매우 선호되고 있으므로 해석자가 마음대로 어떤 곳에서든지 그와 같은 전도를 감행할 수 있다는 것입니다. 마지막으로 여러분은, 어떤 꿈에 대해 내려진 해석이 가능한 유일한 해석인지 아닌지를 결코 확실하게 알 수 없다는 이야기를 들었다고 주장하실 것입니다. 하나의 꿈에 대해서 또 다른 해석이 가능하다는 것을 간과해 버릴 수 있는 위험을 내포하고 있다고 지적하실 것입니다. 그러므로 여러분은 이러한 상황에서는 해석자의 자의성에 많은 여지가 주어지고, 그러한 여지가 상당한 정도에 이를 경우 해석 결과의 객관적인 확실성을 위협하게 될 것이라는 결론을 내릴지도 모릅니다. 여러분은 어쩌면 또, 그러한 오류는 꿈 자체가 안고 있는 것이 아니며, 우리의 꿈-해석이 불완전할 수밖에 없는 것은 우리의 견해들이나 전제들이 처음부터 옳지 않았기 때문이라는 데 그 원인을 돌릴지도 모릅니다.

여러분의 이 모든 항의 자료들은 나무랄 데 없이 옳은 것들입니다. 그러나 그것들이 여러분의 결론을 정당화시켜 주지는 않습니다. 우리가 추구하고 있는 꿈-해석이 해석자의 자의에 맡겨져 있다는 것과, 결과에 담겨 있는 결함이 우리 방법의 정당성을 의심하게 만든다는 결론은 맞지 않습니다. 여러분이 해석자의 자의성 대신에 그들의 숙련성, 경험, 이해력을 문제 삼는다면, 나 역시 여러분의 의견에 동의할 수 있습니다. 물론 그러한 개인적인 요소도 포기할 수 없는 것입니다. 더욱이 꿈-해석이 매우 까다로운 경우는 더욱 그렇습니다. 그러나 이러한 점은 다른 여타 학문들에 있어서도 마찬가지입니다. 어떤 사람이 어떤 기술을 다루는데 다른 사람보다 더 숙련됐다든지 또는 더 잘하지 못한다든지 하는 것은 어쩔 수 없는 일입니다. 그 이외에, 예를 들어 상징 해석*Symboldeutung*에서 자의성으로 간주되는 것들은 일반적으로 꿈-사고의 관련성들, 즉 꿈꾸는 이의 삶과 꿈과의 관련성, 그 꿈을 꾸게 된 전체적인 심리 상황과의 관련성 등을 고려하여 주어진 해석 가능성들 중에서 어떤 하나를 선택하고, 또 다른 것은 불필요한 것으로 파기하여 버림으로써 제거될 수 있습니다. 꿈-해석이 불완전한 것은 우리 가설들이 부정확하기 때문에 그런 것이라고 책임을 돌리고 있는 결론 역시, 꿈의 다의성이나 애매모호함 등을 그 자체가 지니고 있는 필연적인 특성으로 증명해 보일 때 효력이 상실됩니다.

꿈-작업은 꿈-사고를 상형 문자와 유사한 원시적인 표현 형식으로 번역해 내는 것이라고 규정한 바 있음을 상기해 봅시다. 이 모든 원시적인 표현 체계는 그러한 모호성이나 불확실성과 숙명적으로 결합되어 있습니다. 하지만 그렇다고 해서 그것의 실용성을 의심할 수 있는 권리가 우리에게는 없습니다. 꿈-작업에서 서로 반대되는 개념들이 일치하는 것은, 고대 언어에 존재했던 이른바 〈원시 언어의 상반적 의미〉와 유사하다는 것을 알고 계실 것입니다. 언어학자 아벨은 ── 우리의 이러한 관점도 실은 그에게서 비롯된 것이지만 ── 어떤 사람이 다른 사람에게 몹시 모호한 표현으로 말을 했다고 해도, 그것을 애매한 것으로 받아들이지 말 것을 우리에게 요구하고 있습니다.[1] 그 두 가지의 상반된 의미 중에서 말하는 이가 무엇을 의도하려고 했는지는 그의 말투나 몸

1 아벨의 「원시어의 반의어에 대하여」 참조 ── 원주.

짓 등에서 의심의 여지가 없을 만큼 뚜렷이 드러나게 되는 것입니다. 몸짓이 나타나지 않는 문자에서 그것은 발음은 되지 않지만 그에 덧붙여진 일정한 그림 부호로 대체되는데, 예를 들어 이집트 상형 문자에서 두 가지 의미를 지닌 〈ken〉이라는 단어는, 힘없이 웅크리고 있는 남자나 건장(健壯)하게 서 있는 남자의 그림을 통해서 〈약하다〉 또는 〈강하다〉는 의미를 나타냅니다. 이렇게 해서 소리나 부호가 가지고 있는 애매모호성에도 불구하고 오해를 피할 수 있었던 것입니다.

저 고대의 언어에서 쓰였던 문자들처럼 오래된 표현 체계는 오늘날 우리의 문자에서는 결코 통용될 수 없는 불확실성을 많이 갖고 있었습니다. 셈족 문자 중 어떤 것에서는 단어의 자음만이 표기되기도 했습니다. 거기에 생략되어 있는 모음은 읽는 사람이 자기의 지식에 따라, 혹은 문맥의 관련성에 따라 덧붙이게 되어 있는 것입니다. 이와 완전히 똑같은 것은 아니지만 상형 문자들은 대개 이와 상당히 유사하기 때문에, 우리로서는 고대 이집트 문자의 발음을 알 수 없게 되어 버린 것입니다. 이집트인들의 신성(神聖) 문자에는 이와는 또 다른 불명료함이 있습니다. 예를 들면 그림들을 오른쪽에서부터 왼쪽으로 배열할 것인가, 또는 왼쪽에서부터 오른쪽으로 배열할 것인가는 완전히 쓰는 사람의 결정에 맡겨졌던 것입니다. 이것을 제대로 읽기 위해서는 형상의 얼굴들, 즉 새나 그 밖의 것들의 얼굴 방향을 보고 방향을 가늠하고서 그 규칙에 따라 읽어 가야 했습니다. 또 상형 문자를 수직 방향으로 배열할 수도 있었습니다. 그리고 비교적 작은 물체에 써야 하는 비문(碑文)과 같은 경우에서는 모양새에 따라 혹은 그 자리에 들어맞을 수 있도록 하기 위해, 그림의 순서를 다른 방법으로 변경하는 것도 가능했습니다. 상형 문자에서 가장 골치 아픈 것은 아마도 그들이 띄어쓰기를 전혀 하지 않았다는 점일 것입니다. 그림들은 서로 똑같은 간격으로 옆으로 나열되어 있으므로, 어떤 부호가 앞에 있었던 부호에 연결되는지 아니면 다른 단어의 시작을 의미하는 것인지 알 수 없었던 것입니다. 이에 반해서 페르시아의 설형 문자(楔形文字)에서는 〈글자 구분용 기호〉로 비스듬히 그려 넣은 쐐기가 사용되었습니다.

지극히 오래되었고, 오늘날도 4억 이상의 인구가 사용하고 있는 언어와 문자는 중국어입니다. 그렇다고 해서 내가 중국어를 조금이라도 이해하고 있다고 간주하지는 말아 주십시오. 나는 오로지 꿈의 불명료성에 대한 유추 해석의 가능성을 그곳에서 찾을 수 있을까 희망하면서 중국어에 대해 조금 배웠을 뿐입니다. 나의 기대는 어긋나지 않았습니다. 중국어는 우리를 놀라게 하기에 충분할 만한 모호성으로 가득 차 있습니다. 그것은 알다시피 수많은 음절로 구성되어 있는데 문자 하나가 따로, 혹은 두 개가 결합되어서 발음됩니다. 주요한 방언 중 하나는 그런 발음이 4백 개에 달한다고 합니다. 그런데 이 방언의 어휘는 대략 4천 단어에 이르므로, 평균적으로 한 개의 글자가 10개의 서로 다른 의미를 갖고 있다고 말할 수 있겠습니다. 그중 어떤 것은 좀 더 적은 개수의 뜻을 가지고 있지만, 당연히 또 다른 것들은 더욱 많은 의미를 가지고 있습니다. 말하는 사람이 듣는 사람에게 10개의 의미 중 어떤 것을 말하고자 의도한 것인지를 알아내는 일은 문맥만으로는 가능하지 않으므로, 문자가 갖고 있는 수많은 다의성에서 벗어나기 위해 여러 가지 방법이 동원됩니다. 그중 한 방법은 두 개의 소리를 하나의 단어로 결합시키는 것이고, 또 다른 방법은 서로 다르게 발음되도록 〈4성(聲)〉을 사용하는 것입니다. 우리의 비교와 관련해서 더욱 재미있는 사실은, 이 언어에는 문법 체계가 없는 것과 마찬가지라는 점입니다. 한 음절짜리 단어에 대해서 그것이 명사인지, 동사인지, 형용사인지 말할 수는 없으며, 단어에는 도통 성이나 수, 어미, 시간, 혹은 화법을 알아볼 수 있는 단어의 변화라는 것이 없습니다. 그러므로 중국어는 오로지 원료로만 이루어져 있는 것이라고 볼 수 있는데, 그것은 마치 우리의 사고 언어가 꿈-작업 속에서 관계에 대한 표현이 생략되어 버림으로써 그 원료로 해체되는 것과 비슷한 현상입니다. 중국어에서는 이렇게 애매모호한 모든 경우에 그 결정은 듣는 이의 이해에 맡겨집니다. 그는 그때의 맥락으로 판단을 내립니다. 여기에 중국의 속담 하나를 인용해 볼 작정인데, 그것을 글자 그대로 번역하면 다음과 같습니다.

본 것이 적으면 놀라워할 것이 많다.
Wenig was sehen viel was wunderbar.

무슨 뜻인지 이해하는 것은 어렵지 않습니다. 그것은 〈적게 보면 볼수록 놀라운 것이 그만큼 더 많다〉라는 뜻이거나 〈적게 본 사람에게는 놀라워할 만한 것이 많아진다〉라는 뜻이 됩니다. 이처럼 문법적으로 서로 다른 번역들 중에서 어떤 결정을 내릴 것인가 하는 것은 물론 그다지 중요하지 않은 문제입니다. 이와 같은 애매모호성에도 불구하고 중국어가 사고 표현을 위한 매우 훌륭한 언어라는 것은 확실합니다. 그러므로 모호성이 반드시 다의성을 의미하는 것은 아닙니다.

그러나 우리는 물론, 꿈의 표현 체계와 관련된 전반적인 사태는 이 모든 고대 언어나 문자보다도 훨씬 열악하다는 것을 인정할 수밖에 없습니다. 왜냐하면 어쨌거나 고대 언어나 문자들은 그 본질에 있어서 의사소통을 위한 것이며, 어떤 방법과 어떤 보조 수단을 통해서든 언제나 이해될 수 있도록 계산된 것들이기 때문입니다. 꿈에는 바로 이러한 성격이 결여되어 있습니다. 꿈은 그 누구에게도 무언가를 말하려고 의도하지 않습니다. 그것은 의사소통의 수단이 아니며, 그 반대로 이해되지 않은 채로 남아 있을 수밖에 없는 것이 운명입니다. 그러므로 꿈이 갖고 있는 수많은 다의성과 불확실성 때문에, 꿈을 해석할 때 어떤 것을 선택해야 할지 난감하다는 것이 분명해진다 하더라도 크게 놀라거나 당황해할 필요는 없는 것입니다. 우리가 지금까지 비교해 본 사항들 중에서 그래도 소득이랄 수 있는 것은, 우리 이론에 대해 납득하지 못하는 사람들이 우리의 꿈-해석의 적확성에 대한 이의로 내세우는 그러한 불확실성이야말로, 모든 원시적인 고대 언어 체계에서 볼 수 있는 일반적인 성격이라고 하는 통찰에 이르게 되었다는 것입니다.

꿈이 실제적으로 어느 정도까지 이해될 수 있을까 하는 것은 오로지 연습과 경험을 통해서만 확인될 수 있습니다. 상당한 정도까지도 가능하다는 것이 나의 생각이며, 올바른 교육을 받은 정신분석가들이 내놓은 결과들을 비교해 보면 나의 견해가 옳다는 것이 입증되고 있습니다. 잘 아시다시피, 문외한에 가까운 대중들이나 학문에 종사한다고는 하나 비전문적인 사람들은, 어떤 학문적인 성과가 어렵고 불확실하다고 할 때 대단한 회의를 품으면서 그것에 반대하는 것을 자랑스럽게 생각하는 경향이 있습니다. 그러나 나는 그런 태도는 옳지 않다고 생각합니다. 바빌론-아시리아의 비문들을 해독하는 과정에서 그와 비슷한 상황들이 벌어졌다는 사실은, 아마도 많은 이들이 모르고 있는 것 같습니다. 설형 문자를 해독하는 사람들을 환상주의자들로 간주하고, 그 모든 연구를 〈사기〉로 생각했던 시대가 있었습니다. 그러나 1857년에 왕립 아시아 협회는 결정적인 조사를 실시했습니다. 그들은 권위 있는 4명의 설형 문자 연구학자들인 롤린슨Rawlinson과 힌크스Hincks, 폭스 탈보트Fox Talbot, 오페르트Oppert에게 새로이 발견된 비문에 관한 각자의 번역문을 밀봉된 봉투에 넣어 송부해 줄 것을 당부했습니다. 그 4개의 해독문들을 비교한 결과, 그것들이 일치하는 정도는 지금까지 이루어져 온 성과를 신뢰할 만한 것으로 만들어 주고, 앞으로의 발전도 기대할 수 있을 만큼 충분한 것이라고 공식적으로 인정하지 않을 수 없게 만들었습니다. 그 이후부터 배웠다고 하는 문외한들의 조롱도 그와 함께 점차 사그라들었고, 설형 문자 서류를 해독하는 과정에서 확실성도 눈에 띄게 증대되었습니다.

(2) 두 번째로 제기되는 일련의 의혹들은 바로 다음에 언급하는 인상과 매우 깊숙이 연관되어 있으며, 아마 여러분도 그로부터 벗어나 있지는 않은 듯합니다. 그 인상이라는 것은, 꿈-해석의 해답들 중 많은 것들이 억지스럽고 부자연스러우며 거짓되고 견강부회(牽强附會)처럼 보이며, 그 결과 무리하고 우스우며 가당치 않은 익살처럼 보인다는 것입니다. 그러나 이러한 비난들은 이제까지 너무도 흔히 들어 온 것들로서, 내가 알게 된 것들 중에서 가장 최근의 것을 아무거나 하나 뽑아서 여기에 인용해 보겠습니다. 그것은 다음과 같은 것입니다. 자유로운 나라라고 하는 스위스에서, 최근에 어느 세미나 지도 교수가 정신분석을 연구했다는 이유로 파면을 당했다는 것입니다. 그는 이의를 제기했고, 베른의 한 신문이 이 판결에 대한 학교 당국의 평가를 공개적으로 공표하기에 이르렀습니다. 이 기사 중에서 정신분석에 관계된 몇 개

의 문장을 인용하기로 하겠습니다. 〈더욱이 놀라운 것은 그가 인용하고 있는 취리히의 피스터Pfister 박사의 책에 나와 있는 많은 실례에서 보이는 인위적이고 가식적인 것들입니다……. 정작 더 놀라운 사실은, 세미나 지도 교수라고 하는 사람이 이러한 모든 주장이나 거짓 증거들을 그처럼 무비판적으로 받아들이고 있다는 점입니다.〉 위의 문장들은 〈냉정하게 판단하는 사람들〉이 내린 결정으로 신문에 소개되었습니다. 나의 판단으로는 이러한 〈냉정〉이야말로 〈조작된 것〉으로 보인다는 사실입니다. 조용한 판단에 대해서도 어느 정도의 숙고나 얼마만큼의 전문 지식은 결코 해가 되지 않으리라는 기대 속에서, 이 언급을 좀 더 자세히 살펴보기로 합시다.

어떤 사람이 심층 심리학의 매우 까다로운 문제에 직면해서 얼마나 신속하게, 또 얼마나 확실하게 자신이 처음 받은 인상에 따라 판단을 내릴 수 있는지를 지켜본다는 것은 정말로 상쾌한 일입니다. 그에게는 이러한 해석 따위는 너무나도 가식적이고 억지스러워서 전혀 마음에 들지 않습니다. 그러므로 그것들은 전부 엉터리이고 아무짝에도 쓸모없는 듯이 보일 뿐입니다. 잠시 스쳐 가는 생각 중에서 그 어느 것 하나도, 이러한 해석들이 그렇게 보이는 데에는 나름대로 타당한 이유가 있는 것이 아닐까 하는, 그 밖의 다른 가능성에 주목하지 않습니다. 또 그때의 그럴듯한 이유라는 것은 도대체 무엇일까 하는 다른 문제들도 이와 결부되어 떠오르게 됩니다.

여기에서 이렇게 비판의 대상이 되고 있는 사태는 본질적으로 꿈-검열의 가장 강력한 수단으로 인식되고 있는 전위의 결과와 관련이 있습니다. 꿈-검열은 전위의 도움을 빌려 우리가 암시라고 지칭하고 있는 대체물들을 만들어 냅니다. 그러나 그러한 암시들을 암시 자체로서 파악해 내기란 쉬운 일이 아닙니다. 그것들에서 원래의 것을 찾아내는 귀로를 발견하는 것은 쉽지 않습니다. 암시들은 꿈의 본래적인 사태들과 이상스럽고 기이하고 그다지 잘 쓰이지 않는 특이한 연상들을 통해서 맺어져 있는 것입니다. 이 모든 경우들에서 문제되는 것은 숨겨져야 하고 은폐되어야 하는 대상들인데, 꿈-검열은 바로 그것을 목표로 하고 있습니다. 숨겨진 어떤 것을 그것이 있으리라고 생각되는 곳, 그것에 들어맞는 곳에서 찾아낼 수 있으리라고 기대해서는 안 됩니다. 그런 의미에서 오늘날의 국경 감시청은 스위스의 문교 당국보다 훨씬 교활합니다. 그들은 숨겨진 서류나 도면들을 찾을 때 서류 가방이나 지갑을 수색하는 것에 만족하지 않고, 간첩이나 밀수업자들이 도저히 거기에 있으리라고는 생각지도 못할 옷의 가장 은밀한 곳, 예를 들어 장화의 이중창 사이에 금지 품목을 지니고 있을 가능성을 고려합니다. 숨겨진 물건이 그곳에서 발견되면, 그것은 어쨌거나 매우 부자연스럽게 찾아낸 것이긴 하지만 금지 품목의 상당 부분은 그런 식으로 발견되었을 것입니다.

잠재적 꿈-요소와 그 외현적 대체물 사이에는 가장 거리가 먼 듯하면서도 이상스러운, 어떤 때는 우스꽝스러워 보이다가도 또 어떤 때는 재미있어 보이는 연관성들이 있을 수 있다고 인정한다면, 우리 스스로는 보통 해결할 수 없었던 사례들에서 매우 풍부한 경험들을 얻어 낼 수 있을 것입니다. 그러한 해석들을 우리 스스로 파악하는 것은 거의 불가능합니다. 아무리 생각이 깊은 사람이라 하더라도 그러한 연관성을 추측하기는 어렵습니다. 꿈을 꾼 사람이 자신의 직접적인 연상을 통해서 그 해답을 번개같이 내놓을 수도 있고 — 그가 그렇게 할 수 있다는 것은 너무도 당연한 일입니다. 왜냐하면 그러한 대체 형성이 이루어진 장소는 바로 그 자신이기 때문입니다 — 또 한편으론 그가 많은 자료를 우리 앞에 내어놓기 때문에 그 해답을 발견하는 데 더 이상 어떤 특별한 두뇌가 필요하지 않을 때도 있습니다. 그것은 그냥 꼭 필연적이기나 한 듯이 그렇게 슬며시 나타나게 될 것입니다. 꿈을 꾼 사람이 이 두 가지 중 한 방법으로 우리를 도와주지 않는다면, 문제가 되는 그 외현적 요소는 그렇게 영원히 이해할 수 없는 것으로 남게 될 것입니다. 내가 최근에 경험한 바로 그러한 실례를 여러분에게 이야기하는 것을 허락해 주시기 바랍니다. 나의 여자 환자 중 한 사람이 치료를 받는 도중에 아버지를 잃게 되었습니다. 그녀는 그 일이 있은 후로 자신의 아버지를 꿈속에서 다시 살려 내기 위하여 모든 기회를 다 이용해 보았습니다. 그녀 꿈속의 어느 한 장면에서 아무런 맥락도 없이 아버지가 불쑥 나타나더니 〈11시 15분이다. 11시 30분이다. 11시 45분이다〉라고 이야기하는 것이었습니다. 이렇게 이상스러운 꿈을 해석하면서 그녀에게 떠오른 연상은 단지, 자신의 아버지가 장성한 자녀들이 함께 식사하기로 한 시간에 때맞춰 나타나면 매우 기뻐하시곤 했다는 것뿐이었습니다. 이것은 확실히 꿈-요소와 관계가 있는 것이긴 하지만 그 유래는 여전히 오리무중일 뿐이었습니다. 그러나 그 당시의 치료 상황을 통해 보았을 때, 사랑하고 존경하는 아버지에 대한 매우 조심스럽게 억눌린 비판적인 반발심이 이 꿈의 한몫을 담당하고 있을지도 모른다고 의심할 만한 근거가 발견되었습니다. 언뜻 보기에는 그 꿈에서 매우 동떨어져 있는 듯이 보이는 그녀의 연상들을 계속해서 추적해 나가는 도중, 그녀는 다음과 같은 이야기를 들려주었습니다. 어젯밤에 자기 집에서 심리학에 관한 많은 이야기가 오갔는데, 그중에서 어느 친척 한 분이 〈원시인 Urmensch은 우리 모두 속에 계속 살아 있다〉는 말을 했다는 것이었습니다. 이제 우리는 그 꿈이 어떻게 만들어진 것인지 이해할 수 있게 되었습니다. 친척이 말했다는 그 이야기는, 그녀가 꿈속에서 돌아가신 아버지를 다시 살려 내게 하는 데 아주 최상의 기회를 제공했습니다. 그녀는 꿈속에서 아버지로 하여금 12시를 향해 가는 15분마다 시간을 말하게 함으로써 아버지를 시계 인간 *Uhrmensch*으로 만들어 낸 것입니다.[2]

여러분은 지금 예를 든 사례들이 농담과 흡사하다는 느낌을 지울 수가 없을 것입니다. 꿈꾼 이가 생각해 낸 농담을 해석자의 농담으로 간주하는 일이 실제로도 종종 일어나곤 했기 때문입니다. 또 어떤 경우에는 농담을 상대하고 있는 것인지 꿈을 상대하고 있는 것인지 종잡을 수 없을 때도 많습니다. 잘못 말하기가 일어나는 실수 행위에도 이와 비슷한 의심이 떠올랐던 것을 여러분은 기억하고 계실 것입니다. 한 남자는 자신이 삼촌과 함께 그의 자동차에 앉아 있었는데, 삼촌이 자기에게 키스를 하는 꿈을 꾸었다고 했습니다. 그는 스스로 재빨리 거기에다가 자신의 해석을 덧붙였는데, 그것은 〈자가 성애*Autoerotismus*〉[3]라는 것이었습니다. 이때 그 남자는 우리에게 장난을 걸기 위해 자신에게 갑자기 떠오른 농담을 건넨 것일까요? 나는 그렇게 생각하지 않습니다. 그는 정말로 그렇게 꿈을 꾸었을 것입니다. 그런데 이렇게 사람을 놀라게 만드는 꿈과 농담 사이의 유사성은 도대체 어디에서 비롯된 것일까요? 이 문제 때문에 나는 이전에 잠깐 옆길로 들어선 일이 있는데, 농담도 그 자체로서 좀 더 자세한 연구를 필요로 한다는 것을 절실히 느끼게 해주었습니다.[4] 농담이 만들어지는 과정

---

2 〈*Uhrmensch*〉는 〈*Urmensch*(원시인)〉와 발음이 같다.
3 리비도 이론에서 나온 용어로서 대상 없이 혼자 즐기는 성적 만족을 말한다.
4 『농담과 무의식의 관계』 참조.

을 살펴보면, 전의식적(前意識的)인[5] 사고 과정이 한순간 무의식
적인 사고의 가공 작업에 내맡겨지고 그로부터 하나의 농담이 탄
생한다는 것이었습니다. 무의식의 영향 아래서 그것은 그곳을 지
배하는 압축이나 전위 등과 같은 메커니즘, 즉 우리가 꿈의 작업
에 관여하고 있다고 인식했던 것과 똑같은 과정의 작용을 경험하
게 되며, 이렇게 농담과 꿈이 생겨나게 되는 그 과정의 유사성이
바로 그 공통점을 만드는 원인이라는 것입니다. 농담이 가져다
주는 유쾌함과 관련해서 보자면, 이 의도하지 않았던 〈꿈-농담
Traumwitz〉은 아무런 쾌감도 주지 않습니다. 그 이유에 관해서는
농담에 대해서 더 연구하다 보면 알게 될 것입니다. 〈꿈-농담〉은
우리에게 재미없는 농담으로만 느껴지며, 우리를 웃게 만드는 것
이 아니라 썰렁하게 만듭니다.

우리는 여기서 고대의 꿈-해석의 발자취를 다시 따라가게 됩
니다. 그것은 여러 가지 불필요한 것 이외에도 꿈-해석의 좋은 실
례들을 남겨 주었는데, 우리 자신은 아직도 그것을 능가하는 방
법을 알지 못하고 있습니다. 나는 여기서 여러분에게 역사적으로
매우 중요한 꿈 이야기 하나를 들려드리려고 합니다. 플루타르코
스와 달디스의 아르테미도루스는 서로 약간 다르게 알렉산드로
스 대왕의 꿈에 관해서 보고하고 있습니다. 대왕은 완강하게 방
어하고 있는 도시 국가인 티루스를 포위하고 있을 때(기원전
322년) 사티로스가 미친 듯이 춤을 추는 꿈을 꾸게 되었습니다.
그 전쟁터에 함께 수행하고 있었던 꿈 해몽가인 아리스탄드로스
Aristandros는 사티로스를 사 티로스sa Tyros[6]라는 두 단어로 나누
어 꿈을 해석하고, 싸워서 그 성은 함락시킬 수 있다고 예언해 주

---

5 이 용어는 열아홉 번째 강의에서 설명되고 있다.
6 〈티로스는 너의 것이다〉라는 뜻이다.

있었습니다. 알렉산드로스 대왕은 이 꿈-해석에 의지하여 포위를 계속할 것을 명령했고, 마침내는 그 성을 점령할 수 있었습니다. 억지로 꾸민 듯이 보였던 그 해석은 의심할 여지 없이 옳았던 것입니다.

(3) 그 자신 오랜 세월 동안 정신분석학자로서 꿈-해석에 몰두하고 있었던 그런 사람들조차 꿈에 대한 우리의 견해에 반론을 제기하고 있다는 이야기를 들으신다면, 여러분은 틀림없이 매우 이상한 기분을 느끼실 것입니다. 새로운 오류를 불러올 수 있는 그처럼 좋은 자극제가 활용되지 않은 채 남게 된다면 그것이 오히려 이상한 일이었을 것입니다. 그렇게 해서 개념적인 혼동과 부당한 일반화의 결과로 꿈에 관한 잘못된 의학적인 견해와 별반 다르지 않은 주장들이 생겨나게 되었습니다. 그중 하나에 대해서는 여러분도 이미 알고 계십니다. 그것은 꿈이란 현재에 적응하기 위한 시도이고 또 미래의 문제를 해결하려는 시도라는 것, 그러므로 〈미래를 전망하려는 경향성을 보인다〉는 것입니다(메더A. Maeder).[7] 이러한 주장은 꿈을 잠재적 꿈-사고와 혼동한 데서 비롯된 것이라는 사실은 이미 알고 있는 바입니다. 다시 말하면, 그 전제는 꿈-작업을 간과해 버린 데에서 오는 것입니다. 무의식적인 정신 활동으로서의 이러한 경향은 — 잠재적 꿈-사고도 그에 속하는 것이지만 — 한편으로는 전혀 새로운 것도 아니며 또 한편으로는 그것으로만 끝나는 것도 아닙니다. 왜냐하면 무의식적인 정신 활동은 미래에 대한 준비 말고도 그 밖의 많은 것들에 관계하고 있기 때문입니다. 이보다 더 심한 혼동은 〈꿈의 배후에는 모두 《죽음의 유보 조건》이 있다〉는 확신에 근거하고

7 메더의 「꿈-기능에 대하여 Über die Funktion des Traumes」(1912) 참조.

있는 듯이 보입니다.[8] 이 공식이 무엇을 의미하려고 하는 것인지를 나는 정확하게 알지 못합니다. 그러나 내가 추측하기로는, 그 배후에는 꿈을 꾼 사람의 전인격과 꿈을 혼동하는 오류가 도사리고 있는 듯합니다.

몇 개 안 되는 적은 사례에서 비롯된 부당한 일반화 현상은 다음의 명제에도 나타나 있습니다. 즉 모든 꿈은 두 개의 해석을 허용하는데, 그 하나는 우리가 제시한 것과 같은 것으로서 이른바 정신분석학적인 해석이고, 또 다른 하나는 본능 충동은 무시해 버리고 더욱 높은 정신 능력을 표현하는 것을 목표로 하는 신비적 상징 해석이라는 것입니다(질베러H. Silberer).[9] 그러한 꿈도 있기는 합니다. 그러나 여러분이 이 견해를 더 많은 꿈에 확대해서 적용해 보려고 해도 그것은 헛된 노력으로 끝나 버릴 뿐입니다. 여러분이 이제까지 들어 온 것들 중에서 가장 이해할 수 없는 주장은, 모든 꿈은 남녀 양성적으로 해석해야 한다는 주장일 것입니다. 남성적 혹은 여성적이라고 부를 수 있는 두 가지 흐름이 만나는 것이 꿈이라는 것입니다(아들러A. Adler).[10] 말할 필요도 없이 그러한 꿈도 더러 있습니다. 이러한 꿈들은 어떤 히스테리적 증상과 같은 구조를 형성하고 있다는 것을 나중에 알게 될 것입니다. 꿈의 새롭고도 일반적인 특징에 관한 이러한 발견들을 내가 여기에서 모두 언급하는 이유는, 여러분에게 그러한 것들을 경계하도록 만들기 위함이고, 또 적어도 여러분이 내가 그것들에 대해서 어떻게 판단하고 있는지를 확실히 알게 하기 위한 것입니다.

8   슈테켈W. Stekel의 『꿈의 언어 Die Sprache des Traumes』(1911) 참조.
9   질베러의 『신화와 그 상징의 문제 Probleme der Mystik und ihrer Symbolik』(1914) 참조.
10   아들러의 「삶과 신경증에서의 정신적 자웅 양성체 Der psychische Hermaphroditismus im Leben und in der Neurose」(1910) 참조.

(4) 분석적으로 치료받은 환자들이 꿈-내용을 자신들의 의사가 좋아하는 이론에 맞추어서 이야기하곤 한다는 사실, 즉 어떤 사람은 주로 성적 본능 충동에 관한 꿈을 꾸고, 어떤 사람은 권력 추구, 또 일부는 심지어 재탄생에 관한 꿈을 꾼다는 사실이 밝혀짐으로써 꿈 연구의 객관적 가치가 의문시되었던 일이 있었습니다(슈테켈). 그러나 자기들의 꿈을 일정한 방향으로 유도할 수 있다는 정신분석적인 치료가 세상에 나오기 이전부터 이미 사람들은 꿈을 꾸어 왔고, 현재 치료 중에 있는 사람도 치료받기 전의 시점에서도 항상 꿈을 꾸었다는 사실을 고려할 때, 이러한 사실의 중요성은 그 비중이 낮아질 수밖에 없습니다. 이처럼 새로운 발견으로 믿어졌던 것은 곧 자명하고, 또 꿈-이론과 아무런 관련이 없는 것으로 인식되게 마련입니다. 꿈을 만들어 내는 낮의 잔재라는 자극은 깨어 있는 삶 속에서 강하게 제기되는 관심의 잔류물입니다. 의사의 말이나 그가 주는 자극이 분석받는 사람에게 중요한 의미가 있는 것으로 받아들여지면, 그것은 낮의 잔재의 범주 안으로 들어가게 되고 감정이 수반된, 그날 낮의 미처 다 처리하지 못한 다른 관심처럼 꿈을 형성하는 데 심리적 자극을 줄 수 있으며, 잠을 자는 동안 잠자는 이에게 가해지는 신체적인 자극과 비슷한 작용을 할 수 있게 됩니다. 이와 같이 꿈의 다른 자극들과 마찬가지로 의사에 의해 자극된 사고들도 외현적 꿈-내용에 나타날 수 있고, 또 잠재적 꿈-사고 속에 존재하고 있다는 것이 증명될 수 있습니다. 꿈이란 실험적으로 만들어질 수도 있다는 것, 더 정확히 말해서 꿈-재료의 어떤 부분을 꿈속에 나타나게 할 수 있다는 것은 우리가 이미 알고 있는 사실입니다. 환자에게 영향을 주는 이와 같은 분석가의 역할은 모울리 볼드의 실험에서 피실험자의 팔다리를 어떤 일정한 위치에 놓는 실험자의 역할과

조금도 다르지 않습니다.

꿈꾸는 이에게 자극을 가해 〈……에 관한〉 꿈에 영향을 줄 수는 있지만, 그로 하여금 〈무엇을〉 꿈꾸게 할 것인가에 관해서는 영향을 미칠 수가 없습니다. 꿈-작업의 메커니즘과 무의식적인 꿈-소망에는 그 어떤 외부의 낯선 영향도 미칠 수가 없습니다. 신체적인 자극에 의한 꿈을 연구하면서, 우리는 이미 꿈에 가해진 신체적·정신적 자극에 대해 응답하는 반응 작용 속에 꿈-생활의 특이성과 독립성이 나타나게 된다는 것을 인식하게 되었습니다. 그러므로 앞서 언급된 꿈 연구의 객관성을 의심하는 주장들은 다시금 꿈과 그 꿈-재료들을 혼동하는 데에서 비롯된 것이라는 사실을 알 수 있습니다.

신사 숙녀 여러분, 지금까지 말씀드린 것이 내가 여러분에게 꿈의 문제와 관련해서 설명드리고자 했던 부분입니다. 여러분은 내가 많은 부분을 다루지 않고 넘어갔다는 것을 추측하셨을 터이고, 또 거의 모든 점에서 나의 이론이 불완전할 수밖에 없었음을 느끼셨을 것입니다. 하지만 그것은 꿈 현상과 신경증 현상이 서로 관련을 맺고 있다는 사실에서 기인하는 것입니다. 우리는 꿈을 신경증 이론에 대한 입문으로서 연구했고, 이는 그 과정을 거꾸로 행한 것보다 틀림없이 옳은 일이었을 것입니다. 그러나 꿈이 신경증을 이해하기 위한 준비 역할을 해준 것처럼, 또 한편으로 꿈에 대한 정당한 평가는 신경증적인 현상들에 대한 지식이 충분히 확보되고 난 후에나 가능하게 될 것입니다.

여러분이 이에 대해서 어떻게 생각할지는 모르지만, 여러분의 관심과 또 우리에게 주어진 시간들을 꿈의 문제를 연구하는 데 바친 것에 대해서 나는 조금도 후회하지 않고 있다는 것을 여러분에게 확실히 말할 수 있습니다. 꿈 이외의 어떤 다른 대상과 비교해 보아도, 정신분석학이 서 있고 속해 있는 문제와 관련해서 이보다 더 빨리 그 주장의 정당성을 확신하게 해준 것은 없었습니다. 신경증적 질병의 여러 경우에서 그 증상들은 각각의 독특한 의미를 가지는 것이며 특정한 의도를 따르고, 또한 질병을 앓는 사람의 운명에서부터 비롯된다는 사실을 설명하기 위해서는 수개월, 혹은 수년 동안의 전력을 쏟아붓는 작업이 필요합니다. 반면에 동일한 사태를 처음에는 불가해한 혼란스러운 꿈-작업 속에서 증명하고, 그럼으로써 정신분석학의 모든 전제들, 즉 정신적 과정의 무의식 상태와 그 과정이 드러나는 특별한 메커니즘과 또 그것들이 표현되고 있는 충동적 힘들을 확인하는 작업은 단 몇 시간 동안의 노력만으로도 성공적으로 이루어질 수 있습니다. 꿈과 신경증 증상들의 구조에 나타나는 그 광범위한 유사성과 꿈을 꾸고 있던 사람을 깨어 있는 이성적인 인간으로 변화시키는 그 신속성을 비교해 보면, 신경증의 원인도 정신생활의 여러 힘들 사이의 시시각각으로 변화하는 힘의 작용에 있다는 확신을 얻게 되는 것입니다.[11]

---

11 프로이트는 『새로운 정신분석 강의』 중 스물아홉 번째 강의의 첫 부분에서 다시 꿈을 주제로 다루고 있다.

제3부 신경증에 관한 일반 이론

(1917 [1916~1917])

열여섯 번째 강의

정신분석과 정신 의학

신사 숙녀 여러분! 1년이 지난 후에 여러분을 다시 만나 이렇게 강의를 계속할 수 있게 되어 기쁘게 생각합니다. 지난해에는 잘못된 행동이나 꿈에 관한 정신분석학적인 치료 방법을 발표했습니다만, 금년에는 신경증 현상들을 여러분이 이해할 수 있도록 안내하려고 합니다. 여러분은 금방 알아차리시겠지만, 신경증은 실수 행위나 꿈과 많은 공통점을 갖고 있습니다. 그러나 제 강의에 대해서 여러분이 지난해와 같은 태도로 임하실 수는 없다는 사실을 미리 말씀드려야겠습니다. 그 당시에는 여러분이 동의하지 않는 한 강의를 한 발자국도 더 이상 진척시키지 않았습니다. 저는 여러분과 많은 토론을 했으며 여러분의 반론을 기꺼이 고려했습니다. 본래 나는 여러분과 여러분의 판단 기준인 〈건강한 지성〉을 인정했던 것입니다. 그 같은 태도는 이제 더 이상 지속될 수 없는데, 그 이유는 단순한 사실에 기인합니다. 실수 행위나 꿈들은 여러분에게도 그렇게 낯선 현상들이 아니었습니다. 내가 이에 대해 갖고 있는 만큼의 체험을 여러분도 했다고 말하거나, 내가 이 현상들에 대해 지니고 있는 만큼의 체험을 여러분 스스로도 쉽게 할 수 있다고 말할 수 있었습니다. 그러나 신경증이 나타나는 영역은 여러분에게 낯선 것입니다. 여러분 자신이 의사가 아닌 한, 그리고 제가 이 영역에 대해서 알려 드리지 않는 한, 이 영역에 접근할 수 있는 어떤 다른 길이 없습니다. 여러분이 아무리 훌륭한 판단을 내릴 수 있다고 하더라도, 판단의 대상이 되는 소재 자체가 낯선 것일 때에는 무슨 소용이 있겠습니까?

그러나 내가 이렇게 말했다고 해서 마치 내가 독단적으로 강의하거나 혹은 여러분이 내 말을 절대적으로 믿도록 요구할지도 모른다고 여기면 안 됩니다. 그런 오해는 나를 매우 온당하지 못한 방식으로 대하는 것과 마찬가지입니다. 나는 여러분에게 어떤 확신을 불러일으킬 생각이 없습니다. 나는 여러분에게 새로운 생각의 자극을 주고 또 편견을 뒤흔들어 놓고 싶을 뿐입니다. 만약 여러분이 이 주제에 대해 실제로 모르고 있기 때문에 어떤 판단을 내릴 수 없다면, 여러분은 내가 말하는 내용들을 단순히 믿어 버리거나 혹은 거부해 버려서는 안 됩니다. 여러분은 내가 설명하는 것을 일단 귀담아들으면서, 그 내용이 여러분의 내부에서 어떤 효과를 불러일으키는지 지켜보아야 합니다. 확신이란 그렇게 쉽게 주어지지 않습니다. 아무런 수고 없이 확신에 도달할 때, 그것은 곧 가치가 없어지거나 지탱될 수 없는 것으로 판명됩니다. 나처럼 다년간 동일한 주제에 대해서 작업해 오고, 또 이처럼 새롭고 놀라운 경험을 스스로 한 사람에게만 비로소 어떤 확신을 가질 수 있는 권리가 주어집니다. 지성의 영역에서 성급하게 어떤 확신을 갖게 된다거나, 전광석화처럼 태도를 바꾸고 혹은 순간적으로 심사숙고하지 않은 상태에서 거부하는 태도를 보인다면 이는 도대체 무엇 때문입니까? 여러분은 〈첫눈에 사랑에 빠진다coup de foudre〉는 것이 지성과는 전혀 다른 정서의 차원에서 비롯된다는 사실을 알아채지 못했습니까? 우리는 환자들이 정신분석을 확신하거나 추종할 것을 결코 단 한 번도 요구한 적이 없습니다. 이 점이 종종 환자들로 하여금 우리를 의심하게 만듭니다. 우리가 그들에게서 가장 원하는 태도는 호의적인 회의입니다. 따라서 여러분 역시 통속적인 입장 혹은 정신 의학적인 입장과 함께 정신분석적인 입장이 저절로 제 모습을 갖출 때까지 조용히 지켜보시기 바랍니다. 이 두 견해가 서로 영향을 받고 상호 간의 장단점을 견주어 본 후, 결국 하나의 결론을 맺을 수 있을 때까지 기다리시기 바랍니다.

그러나 다른 한편으로 여러분은 단 한순간이라도 나의 정신분석학 강의가 일종의 사변적 체계와 같은 것이라고 생각해서는 안 됩니다. 제 강의는 오히려 환자를 직접 관찰한 내용을 표현한 것 아니면 관찰한 내용에서 추론해 낸 결과로서, 모두 경험에 바탕을 두고 있습니다. 추론의 방식이 과연 충분하고 정당한지의 여부는 학문이 계속 진보하는 가운데 밝혀질 것입니다. 하지만 정신분석학 연구가 진행된 지 25년이 지나 나 자신도 상당히 나이가 들게 된[1] 지금 내가 주장하고 싶은 것은, 이 같은 관찰이 매우 어렵고, 집중적이고 심층적인 작업을 통해서 수행되었다는 사실입니다. 이는 내가 스스로를 과시하기 위해서 하는 말이 아닙니다. 나는 우리를 반대하는 사람들이 우리의 이 같은 주장이 어디에서 연유하는지 전혀 고려하지 않는다는 인상을 종종 받았습니다. 우리의 관찰들이 단지 주관적이며 특정한 착상들에 불과하고, 따라서 다른 사람도 나름대로 자의적인 견해를 맞세울 수 있다는 것입니다. 나는 이 같은 반대를 전혀 이해할 수 없습니다. 아마도 그들이 그렇게 할 수 있었던 것은, 의사로서 신경증 환자와 자주 접하지 않았기 때문일 것입니다. 그래서 환자들이 말하는 것을 귀담아듣지 않고 그들이 표현하는 내용에서 어떤 가치 있는 것들

---

1 이때 프로이트의 나이는 예순이었다.

을 포착해 낼 수 있는 가능성을 스스로 차단하기 때문입니다. 이 기회에 나는 여러분에게 약속할 것이 있습니다. 나는 강의 도중에 가능하면 논쟁적인 언급을 삼갈 생각이며, 적어도 특정한 개인들을 일일이 반박하고 싶은 생각은 없습니다. 투쟁이 만물의 아버지라는 명제의 진리를 나 자신은 신뢰할 수 없었습니다. 그 명제는 그리스의 소피스트들에서 유래한 것으로, 이들과 마찬가지로 변증법을 과대평가함으로써 잘못을 범하고 있는 것입니다. 반대로 나는 소위 학문적 논쟁이라는 것이 대체로 생산적이지 못하다고 여기고 있습니다. 게다가 논쟁은 대개의 경우 항상 인격적 차원으로까지 치달리기도 합니다. 몇 년 전까지 나는 오직 한 사람의 연구자(뮌헨의 뢰벤펠트 L. Löwenfeld)하고만 학문적인 논쟁을 정기적으로 벌여 왔다는 사실을 자랑할 수 있습니다.[2] 결국 우리는 친구가 되었고 오늘날까지 그 관계를 유지하고 있습니다. 그러나 나는 오래전부터 그 같은 시도를 다시 하지 않고 있는데, 그 이유는 지난번과 같은 결과에 도달하게 될지 확신할 수 없기 때문입니다.[3]

이제 여러분은 학문적 토론을 그처럼 거부한다는 것은, 내가 반론들을 거의 고려하지 않거나 혹은 완고하게 내 생각만 〈고집〉한다는 사실을 입증해 준다고 판단할 것입니다. 그러한 〈집착〉을 학계에서는 고상하게 학문적인 〈고집스러움〉으로 표현하기도 합니다. 나는 여러분에게 다음과 같이 답하고자 합니다. 만약 당신이 그렇게도 힘든 작업을 통해서 일단 어떤 확신을 지니게 되면,

---

2 이것은 불안에 대한 프로이트의 초기 이론을 주제로 했던 논의를 말한다. 「신경 쇠약증에서 〈불안 신경증〉이라는 특별한 증후군을 분리시키는 근거에 관하여」(프로이트 전집 10, 열린책들) 참조.
3 특히 「정신분석 운동의 역사」에서 이야기하는 아들러와 융의 비판적 논쟁을 말한다.

그 확신을 어느 정도 끈질기게 유지할 수 있는 권리가 주어진다고 말입니다. 나아가서 나는 계속되는 작업 과정 속에서 몇 가지 중요한 사항에 관한 내 견해들을 바꾸거나 수정하고, 새로운 관점들로 대체했다는 사실을 밝힙니다. 물론 견해를 수정할 때마다 나는 공개적으로 밝혀 왔습니다. 그렇다면 이러한 솔직함이 어떠한 결과를 초래했는지 아십니까? 어떤 사람들은 내가 스스로 수정한 부분에 대해서 전혀 주목하지 않고, 나에게는 이미 그 의미가 달라져 버린 내용들을 가지고 오늘날까지도 계속해서 비판하고 있습니다. 또 다른 사람들은 바로 내 입장의 이 같은 변화를 비난하고, 그렇기 때문에 나를 신뢰할 수 없다고 말합니다. 자신의 최종적인 주장이라고 말하는 것 역시 다분히 그릇된 견해로 밝혀질 수 있으므로, 몇 번에 걸쳐 자신의 견해를 바꾼 사람은 전혀 신뢰할 수 없다는 것입니까? 그러나 한 번 말한 내용을 동요하지 않고 견지하거나, 혹은 성급하게 자신의 생각을 포기하지 않는 사람은 완고하거나 고집 센 사람으로 불립니다. 이처럼 상호 대립하고 있는 비판들에 직면했을 때 내가 취할 수 있는 유일한 태도는, 현재의 내 입장을 견지하면서 나 자신의 판단에 따르는 도리밖에 없지 않습니까? 그렇게 하기로 나는 결심했고, 또 나는 나의 계속되는 경험이 요구하는 대로 나의 모든 학설을 재구성하고 바로잡는 일을 멈추지 않을 예정입니다. 기본적인 통찰들과 관련해서 나는 지금까지 생각을 바꿀 만한 어떤 것도 발견하지 못했으며, 또 계속해서 그런 상태가 계속되기를 바랍니다.[4]

4 이 강의에서 가장 중요한 프로이트 이론의 변화는, 신경증에서 작용하는 순수한 외상적 원인 이론의 포기와 본래의 본능적 힘의 중요성과 환상에 의해 조절된 부분에 대한 주장이다. 예를 들면 불안의 본질과 여성의 성적 발달에 대한 것이다. 프로이트는 후에 본능의 이론과 새로운 정신의 구조적 구도에 대하여 밝힌다. 이러한 변화에 대한 논의는 『새로운 정신분석 강의』에서 찾아볼 수 있다.

이제 나는 여러분에게 신경증 현상들에 관한 정신분석학적 견해를 제시하고자 합니다. 이미 우리가 다루었던 현상들을 단초로 삼아 설명할 텐데, 그렇게 하는 것이 여러분이 유추해서 이해하거나 대조해 보기에 편리하기 때문입니다. 많은 사람을 진료하는 과정에서 내가 본 하나의 증상 행위*Symptomhandlung*를 언급하겠습니다. 환자들은 자신의 오랜 인생의 고통을 불과 15분 안에 털어놓기 위해 진료실을 방문하는데, 정신분석가는 이런 사람들을 어디서부터 어떻게 치료해야 하는지 난감할 수밖에 없습니다. 그는 병에 관해 깊이 있게 알기 때문에 다른 의사처럼 〈당신에게 부족한 것은 없으며 가벼운 물 치료나 받아 보라〉는 충고를 해줄 수도 없습니다. 우리 동료 중의 한 사람은 진료실을 방문한 환자들을 어떻게 대하는가 누가 묻자, 〈고의적 행위에 대해 일정한 벌금*Mutwillensstrafe*을 부과할 뿐이야〉라고 어깨를 움츠리며 답했습니다. 따라서 가장 바쁘다는 정신분석가들의 진료실마저도 그다지 붐비지 않는다는 말을 들었을 때에도 여러분은 그다지 놀라지 않을 것입니다. 나는 대기실과 치료실이자 진료실로 사용하는 방 사이에 이중으로 문을 만들고 그 위에 두꺼운 덮개를 씌웠습니다. 이 사소한 장치가 무엇을 의도하는지는 분명합니다. 내가 대기실에 들어오게 한 사람들이 자신의 뒤에 있는 중간 문들을 닫지 않는 경우가 계속해서 발생했습니다. 두 개의 문은 항상 열린 채로 있었습니다. 그것을 볼 때마다 나는 상당히 불친절한 어조로, 방에 들어온 사람이 우아한 신사든 혹은 매우 잘 차려입은 숙녀든 관계없이 그(그녀)에게 다시 되돌아가서 문을 닫으라고 말했습니다. 그 같은 요구는 상황에 걸맞지 않을뿐더러 좀스럽다는 인상을 줄 수도 있습니다. 문의 손잡이를 잡을 수 없는 사람들, 동행한 사람이 대신해서 문을 닫아 주기를 바랄 수밖에 없는 사람들의 경우에는 종종 내 요구가 잘못되었다는 사실을 알았습니다. 그러나 대부분의 경우에는 내가 옳았습니다. 왜냐하면 대기실에서 진료실로 통하는 문들을 열어 둔 채 들어오는 사람들은 천박한 사람에 속하며 불친절한 대접을 받아 마땅합니다. 이제 여러분이 어떤 입장을 취하기 전에 이야기를 좀 더 들어 보시기 바랍니다. 환자가 경솔하게 행동한 경우는, 오직 그가 혼자서 대기실에서 기다리다 비어 있는 방을 뒤로 하고 들어올 때였습니다. 환자가 다른 사람들, 즉 낯선 사람들과 함께 대기했을 때는 결코 그런 일이 일어나지 않았습니다. 후자의 경우 환자는 자신의 대화를 타인이 엿듣지 못하게 하는 것이 스스로의 이익과 부합된다는 점을 매우 잘 알고 있었으며, 이 경우 그는 결코 잊지 않고 두 개의 중간 문들을 조심스럽게 닫았습니다.

환자의 경솔함은 결코 우연이거나 무의미한 행위로 규정할 수 없습니다. 그렇습니다. 그것은 결코 사소한 실수가 아닙니다. 왜냐하면 그 실수는 치료받으러 온 환자와 의사의 관계를 밝혀 주기 때문입니다. 환자는 세속적인 권위를 갈구하거나 맹목적이고 또 권위 앞에서 쉽게 굴종하기를 바라는 집단에 속해 있습니다. 아마도 그는 언제 가장 용이하게 의사를 방문할 수 있는지 전화로 물었을 것입니다. 그는 마치 율리우스 마인늘의 지점[5] 앞에 장사진을 쳤던 사람들처럼, 의사의 도움을 구하는 사람들이 잔뜩 모여 있는 진료실을 염두에 둔 것입니다. 하지만 그는 기다리는 사람도 없고 매우 검소하게 장식된 대기실에 들어서서 놀라게 됩니다. 그는 자신의 의사를 향해 품었던 과도한 존경심의 대가를 의사에게서 다시 돌려받아야만 합니다. 그래서 그는 대기실과 진료실 사이의 문들을 닫지 않게 됩니다. 이로써 그는 의사에게 〈그래, 이곳에는 아

5 제1차 세계 대전 중에 구입하기 어려웠던 식품을 공급했던 연쇄점의 이름.

무도 없잖아. 아마 내가 여기 있는 동안 아무도 들어오지 않을 거야〉라고 말하고자 하는 것입니다. 만약 의사가 환자의 오만함을 처음부터 분명히 지적해서 바로잡지 않는다면, 그는 아마 진료 도중에도 매우 무례하거나 불경스러운 태도를 보일 수 있습니다.

이처럼 사소한 증상 행위의 분석에서 여러분에게 이미 알려지지 않은 것은 없습니다. 즉 증상 행위가 우연이 아니라 일정한 동기와 의미, 그리고 의도를 지니면서 특정한 심리적 연관 속에 위치한다는 것, 또 그것은 더욱 중요한 심리적 과정의 조짐을 알려 준다는 것 등입니다. 그러나 증상적 행위가 함축하는 것 중에서 무엇보다 분명한 내용은, 이렇게 밝혀진 심리적 과정 자체가 그 과정을 직접 수행하는 의식에게는 알려지지 않는다는 사실입니다. 왜냐하면 어떤 환자도 자신이 두 개의 문을 열어 둔 채 들어올 때, 그 실수가 의사에 대한 자신의 경멸을 나타내기 위한 것임을 스스로 시인할 수 없기 때문입니다. 텅 빈 대기실에 들어설 때 느꼈던 실망감에서 비롯된 충격은 환자들이 생각해 낼 수 있으나, 이 첫인상과 그에 수반하는 증상 행위 간의 연관성은 분명히 그의 의식에 인식되지 않은 채 남아 있을 것입니다.

우리는 이제 증상 행위에 대한 짧은 분석에 덧붙여서, 어떤 환자를 관찰한 결과에 대해 언급하려 합니다. 내가 아직 선명하게 기억하고 있는 이 사례를 선택한 이유는 다른 사례들과 비교해 볼 때 좀 더 간략하게 설명할 수 있기 때문입니다. 그런 사례를 전달하는 모든 경우에 어느 정도 상세하게 설명해야만 한다는 것은 필수적입니다.

잠시 휴가를 받아 고향을 방문한 어떤 젊은 장교가 자신의 장모를 치료해 달라고 나에게 부탁한 적이 있었습니다. 그녀는 매우 행복한 환경 속에 놓여 있었으나, 어처구니없는 생각에 사로잡혀 자신과 가족의 인생을 비참하게 만들기 시작했습니다. 그녀는 쉰세 살의 실한 몸집을 지닌 부인으로, 친절하고 소박한 심성을 지녔지만 주저하지도 않고 나에게 다음과 같은 내용을 털어놓기 시작했습니다. 그녀는 큰 공장을 운영하는 남편과 시골에서 매우 행복한 결혼 생활을 보냈습니다. 남편의 사랑스러운 배려는 아무리 칭찬해도 부족하다는 사실을 그녀는 알고 있었습니다. 30년 전에 연애결혼한 후 한 번도 관계가 악화되어 서로 반목하거나 질투할 만한 일은 없었습니다. 그들 사이에 난 두 아이는 훌륭하게 결혼했으며, 그녀의 남편이자 가장은 의무감에서 아직 은퇴하지 않고 있었습니다. 그런데 1년 전에 믿을 수도 없고 또 그녀 자신도 이해할 수 없는 일이 발생했습니다. 자신의 훌륭한 남편이 어떤 젊은 처녀와 사랑에 빠졌다고 비난하는 익명의 편지 내용을 그대로 믿어 버리게 된 후, 그녀의 행복은 산산조각이 나고 말았습니다. 좀 더 자세한 정황은 대강 다음과 같습니다. 그녀는 하녀를 한 사람 두었는데, 아마 이 하녀와 자주 은밀한 내용에 대해 대화를 나누곤 했던 모양입니다. 이 하녀는 어떤 다른 처녀와 노골적인 적대 관계를 맺고 있었는데, 그 처녀는 이 하녀보다 출신이 좋지 않은데도 불구하고 상당히 성공했기 때문이었습니다. 그 처녀는 하녀와 같은 직업을 택하지 않고 상업 교육을 받아 공장에 취직했습니다. 전쟁으로 사람들이 징집되어 자리가 비게 되자, 그녀는 공장 안의 좋은 자리로 승진할 수 있었습니다. 그녀는 이제 공장 안에 살면서 모든 신사와 교유하게 되었고, 심지어는 아가씨로 불리게 되었습니다. 인생에서 뒤처진 하녀는 자연히 과거 한때 동창생이었던 그 처녀에 대한 모든 가능한 험담을 늘어놓을 기세였습니다. 어느 날 우리 환자는 그 하녀와 함께 손님으로 머물렀던 어떤 노신사에 관해 대화를 나누었습니다. 그런데 사람들은 그 노신사가 자신의 부인과 함께 살지 않고 다른 여자와 관계를 맺고 있다는 사실을 알고 있었습니다. 어떻게 그런 말을 갑자기 하게 되었는지는 모르지만, 그녀는 〈내 훌륭한 남편 역시 그런 관계를 맺고 있다는 사실을 내가 알게 된다면, 그건 나에게 아마 가장 끔찍한 일이 될 거야〉라고 말해 버렸습니다. 바로 그다음 날 그녀는 우편으로 익명의 편지 한 통을 받았습니다. 그 편지는 잘 알아볼 수 없게 쓰인 글씨로 그녀가 어제 말해 버린 내용을 담고 있었습니다. 그녀는 편지가 자신의 사악한 하녀의 작품이라고 결론지었는데, 아마 올바른 판단이었을 것입니다. 왜냐하면 남편의 애인으로 지목된 사람이 바로 그 하녀가 계속 증오해 왔던 처녀였기 때문입니다. 물론 그녀는 곧장 음모를 간파했습니다. 또 그녀가 살고 있는 지역에서 그런 비겁한 비난들이 얼마나 신뢰할 수 없는 것인지 말해 주는 많은 사례를 알고 있었습니다. 그렇지만 그 편지는 순식간에 그녀를 굴복시켰습니다. 그녀는 끔찍한 흥분 상태에 빠졌으며, 격렬한 비난을 퍼붓기 위해서 남편을 불렀습니다. 남편은 웃으면서 그 비난을 부인하고, 그가 할 수 있는 최선의 대책을 강구했습니다. 그는 집안과 공장의 주치의를 오게 했는데, 의사는 그 불행한 부인을 진정시키기 위해 최선을 다했습니다. 이어서 그들이 조치한 일 역시 전적으로 이해가 가는 것이었습니다. 하녀는 파면되었지만, 소위 남편의 애인으로 낙인찍힌 처녀는 그대로 남았습니다. 그 후로 환자는 더 이상 익명의 편지에 실린 내용을 믿지 않는다고 되풀이하면서 스스로를 진정시키려고 했습니다. 그러나 그 같은 시도는 결코 철저하게 성공하지도 못했고 오래가지도 않았습니다. 그 처녀의 이름을 누가 말하거나, 혹은 그녀와 거리에서 마주치기만 해도 그 처녀에 대한 의심과 고통을 느끼고, 그녀를 비난하는 등의 발작을 일으켰습니다.

지금까지 나는 이 점잖은 부인의 병력(病歷)에 대해 말했습니다. 그녀가 다른 신경증 환자들과는 반대로 자신의 증세를 가벼운 것으로 설명했다는 사실, 즉 우리가 늘상 말하듯이 자기 증세를 왜곡·은폐하려 했다는 것과, 그녀가 익명의 편지에 담긴 비난에 대한 믿음을 한 번도 완전히 극복하지 못했다는 사실 등을 이해하기 위해서는 그렇게 대단한 정신 의학적인 체험을 필요로 하지는 않습니다.

그러한 병적 사례에 대해 이제 정신과 의사는 어떠한 입장을 취해야 합니까? 대기실로 통하는 문들을 닫지 않고 들어오는 환자의 증상 행위에 대해서 그가 어떻게 대처하게 될 것인지, 우리는 이미 알고 있습니다. 이런 유형의 증상 행위는 더 이상 신경쓸 필요가 없는, 즉 심리학적 관심의 대상이 될 수 없는 우연에 불과하다고 말할 것입니다. 그러나 질투심에 사로잡힌 부인이 지닌 병적 증상에 대해서도 의사가 같은 태도를 견지할 수는 없습니다. 증상 행위는 사소한 것처럼 보이지만, 증상 자체는 의미심장한 것으로 다가옵니다. 증상은 환자 자신이 주관적으로 겪는 심한 고통과 연결되어 있지만, 객관적으로도 한 가족의 공동생활을 위협합니다. 따라서 이 증상은 정신 의학이 불가피하게 관심을 쏟아야 하는 대상입니다. 정신과 의사는 우선 증상의 성격을 그 본질적 특성을 통해 규정하려고 시도합니다. 이 부인의 자신을 고문하고 있는 생각 자체가 황당한 것은 아닙니다. 물론 나이 많은 남편들이 젊은 처녀들과 연애하는 것은 가능합니다. 그러나 여기에는 무언가 납득할 수도 이해할 수도 없는 무엇이 있습니다. 환자는 자신의 부드럽고 충실한 남편이 그렇게 드물다고도 할 수 없는 다른 남편들과 같은 부류에 속한다고 믿게 되었지만, 그 믿음의 근거는 단지 익명의 편지에 실린 주장에 불과했습니다. 이 종잇조각이 아무런 증거 능력을 지니고 있지 않다는 사실을 그녀는 알았고, 또 그 출처에 대해서도 본인이 만족스러울 만큼 규명할 수 있었습니다. 그녀는 결국 자신의 질투가 아무 근거가 없다고 말할 수 있어야만 했습니다. 그러나 그녀 역시 자기 스스로에게 그같이 다짐했음에도 불구하고, 마치 자신의 질투가 전적으로 옳은 것처럼 받아들이면서 괴로워했습니다. 이런 유형의 관념들은 논리나 현실에 뿌리를 둔 논변에 의해서 이해할 수 없으며, 일반적으로 우리는 이를 〈망상〉이라 부릅니다. 따라서 이 선량한 부인은 〈질투 망상 Eifersuchtswahn〉에 의해서 고통받고 있습니다. 그것이 아마 이 병의 사례에 대한 본질적 특징일 것입니다.

　이 첫 번째 진단이 내려지면 우리의 정신 의학적 관심은 좀 더 활발해집니다. 현실과의 맥락을 부각시킴으로써 망상을 제거해 버릴 수 없다면, 아마 그것은 현실에서 유래하지는 않았을 것입니다. 망상은 그 밖에 달리 어디서 비롯한 것일까요? 매우 상이한 내용을 지닌 망상들이 존재합니다. 우리의 경우 왜 질투가 망상의 내용일까요? 유독 특정한 사람들에게 망상이 발생하는 이유는 무엇이며, 또 특별히 질투 망상이 형성되는 까닭은 무엇입니까? 여기서 우리는 이제 정신과 의사의 견해를 구하고 싶지만 그는 우리에게 큰 도움이 되지 못합니다. 그는 오직 우리가 제기한 단 한 가지의 물음에 대해서만 관심을 둡니다. 정신과 의사는 이 부인의 가족사를 추적·조사하고 나서, 우리에게 〈아마도〉 다음과 같이 답할 것입니다. 망상은 그 환자의 가족 중에 비슷하거나 다른 심리적 장애가 반복해서 나타난 경우에 발생한다고 말입니다. 달리 말해서 만약 이 부인에게 망상이란 증세가 발발했다면, 그녀는 유전적인 전이에 의해서 그런 기질을 타고났다는 것입니다. 분명히 이 같은 답변이 무언가 말해 주고는 있지만 우리가 알려고 하는 모든 것을 답해 준 것은 아니지 않습니까? 이것이 병적 증상에 함께 작용했던 원인의 전부입니까? 다른 망상이 아닌 바로 질투 망상이 발생한 이유를 무시하거나 자의적으로 설명할 수 있습니까? 혹은 그 이유는 설명이 불가능하다고 간주한 후 더 이상 묻지 않으면 그만입니까? 유전적 영향을 지배적인 요인으로 천명한 명제를 우리는 다음과 같이 부정적으로 이해해도 좋습니까? 즉 환자의 정신이 어떠한 체험을 했는가와 무관하게 언젠가는 망상이 일어날 수밖에 없었다고 말입니다. 여러분은 과학으로 자처하는 정신 의학이 왜 우리에게 더 이상의 해명을 하려고 들지 않는지 알고 싶어 할 것입니다. 그러나 나는 여러분에게 자신이 지닌 것보다 더 많은 것을 줄 수 있다고 말하는 사람은 사기꾼에 불과하다고 대답하겠습니다. 정신과 의사는 그런 사례를 더 자세히 규명할 수 있는 어떤 다른 방법을 알지 못합니다. 진단을 내리는 의사는 자신의 풍부한 경험에도 불구하고, 증상의 전개 과정에 대해 단지 불확실한 예측을 하는 것으로 만족할 수밖에 없습니다.

그렇다면 정신분석은 여기서 더 많은 일을 수행할 수 있습니까? 물론 그렇습니다. 나는 그처럼 파악하기 어려운 사례를 더 자세히 이해하도록 도와주는 무엇인가를 정신분석이 규명할 수 있다고 생각하며 이 점을 여러분에게 밝히고자 합니다. 우선 여러분에게 권하고 싶은 것은, 눈에 거의 띄지 않는 사소한 사실에 주목해 달라는 것입니다. 즉 환자는 자신의 망상을 뒷받침해 주는 익명의 편지가 작성되도록 거의 부추겼다고도 볼 수 있습니다. 그녀는 편지가 전달되기 바로 전날, 만약 자기 남편이 어떤 처녀와 애인 관계를 맺는다면 그 이상의 불행은 없을 것이라고 그 음모를 꾸미기 좋아하는 하녀에게 말했기 때문입니다. 이로써 그녀는 하녀가 자신에게 익명의 편지를 보내도록 부추겼던 것입니다. 그렇다면 망상은 편지와 직접적인 관련이 없게 됩니다. 망상은 이미 두려움이나 소망의 형태로 그 환자에게 존재했던 것입니다. 여러분은 이제 단지 두 시간 동안의 분석을 통해서 드러났던 사소한 증후들에 주목해 주시기 바랍니다. 환자는 자신의 병력을 설명한 후, 그녀가 지닌 다른 생각이나 착상, 기억 등에 관해 말하도록 요청받았을 때 몹시 거부하는 듯한 태도를 보였습니다. 그녀는 아무것도 생각나지 않으며 이미 모든 것을 말했다는 것입니다. 두 시간의 분석을 거친 후, 그녀와 대화하려는 시도는 사실상 중단될 수밖에 없었습니다. 〈저는 이미 건강해졌어요. 확신합니다. 다시는 병적인 생각이 떠오르지 않을 거예요〉라고 그녀가 말했기 때문입니다. 그녀는 나에 대한 저항감에서, 그리고 계속되는 분석을 두려워했기에 그렇게 말했습니다. 그렇지만 이 두 시간 동안 그녀는 특정한 해석을 가능케 해주고 또 반드시 그렇게 해석할 수밖에 없는 몇 가지 사항을 부지불식간에 말해 버렸는데, 이 해석은 질투 망상이 어디에서 유래했는지 밝혀 줍니다. 그녀 자신이 어떤 젊은이와 깊은 사랑에 빠졌는데, 그 사람은 다름 아닌 환자인 그녀로 하여금 나를 찾아가 보도록 강권했던 사위였습니다. 그녀는 자신이 사랑에 빠졌다는 사실을 몰랐거나 아니면 거의 알아차리지 못했을 것입니다. 친족 관계에 놓여 있는 사람에 대한 사랑의 충동은, 아무 문제가 없는 듯이 보이는 부드러움의 형태로 가장하고 나타나기 쉬운 법입니다. 우리가 지금까지 겪은 모든 체험을 통해서 볼 때, 이 예절 바른 부인이자 동시에 점잖은 쉰세 살 먹은 어머니의 정신적 삶에 우리 감정을 이입해 보는 것은 그렇게 어렵지 않습니다. 그러한 연정은 일종의 끔찍하고 불가능한 것으로서 그녀의 의식 속으로 들어올 수 없었습니다. 그러나 그 연정은 계속 남아 있었고, 무의식적으로 그녀를 강하게 압박해 들어왔습니다. 무언가 그녀에게 일어나야만 했습니다. 그녀는 모종의 도움을 구해야만 했던 것입니다. 정신적 부담을 줄이는 데 동원된 가장 쉬운 방법이 전위의 메커니즘Verschiebungsmechanismen이며, 이는 언제나 망상 어린 질투를 불러일으키는 데 한몫합니다. 만약 이 부인만 청년에 대한 연정을 품은 것이 아니라 그녀의 늙은 남편 역시 젊은 처녀와 연애 관계를 맺고 있다면, 그녀는 분명 자신의 부정에 대한 양심의 가책에서 벗어날 수 있을 것입니다. 따라서 그녀 남편의 부정에 대한 환상을 통해서 자신의 불타는 듯한 마음의 상처를 달랬던 것입니다. 그녀는 자신의 사랑을 스스로 의식할 수는 없었습니다. 하지만 이렇게 그녀의 상처를 달래 주고 있는 남편의 부정(不貞)에 대한 환상은 이제 강박 관념이나 망상의 형태로 나타나고, 또 의식할 수 있는 것으로 변형되었습니다. 이에 반하는 모든 논변은 자연히 아무 쓸모가 없었습니다. 왜냐하면 그러한 논변들은 단지 반영된 상Spiegelbild을 겨냥한 데 불과하기 때문입니다. 그것들은 정작 질투 망상에 힘을 실어 주고, 또 다가갈 수도 없는 무의식 속에 숨겨진 원래의 상 Urbild에 대해서는 아무 대책이 없기 때문입니다.

이 병적 사례를 이해하기 위한 정신분석 작업은 짧지만 힘들었습니다. 이제 그 시도가 어떤 결과를 가져왔는지 종합해 봅시다. 물론 우리가 파악한 정보들은 정확한 경로를 통해 수집한 것이기 때문에, 여러분이 그 진위를 임의로 판단할 수 없다는 것을 전제합니다. 첫째, 망상은 더 이상 무의미하거나 이해할 수 없는 것이 아닙니다. 망상은 풍부한 의미를 담고 있으며 충분한 동기를 갖고 있습니다. 또 환자의 정서적 체험이라는 연관 속에 놓여 있습니다. 둘째로, 망상은 다른 증후들에서 예측할 수 있는 무의식적 정신 과정에 대한 필연적인 반응입니다. 망상이 망상일 수밖에 없는 것은 바로 이러한 관계에서 연유하는 것이며, 환자가 논리적이고 현실적인 공격에 반항하는 것도 바로 그 때문입니다. 망상 자체는 환자 자신이 소망하던 것으로 일종의 위안과 같습니다. 셋째로, 질병의 배후에 숨어 있는 환자의 체험으로 인해서 망상은 다른 어떤 망상이 아닌 질투 망상으로 확고하게 규정할 수 있습니다. 여러분은 당연히 그녀가 음모를 꾸몄던 하녀에게 〈내 남편이 부정을 저질렀다면 그처럼 끔찍한 일은 없을 거야〉라고 사건 전날에 말했던 사실을 기억할 것입니다. 여러분은 또한 증상 행위의 분석을 통해서 유추할 수 있었던 다음 두 가지 사항, 즉 증상의 배후에 감추어진 의미와 동기, 그리고 그 같은 상황 속에 주어진 무의식과 증상과의 관계를 간과할 수는 없을 것입니다.

물론 우리가 제기할 수 있는 모든 물음이 이 사례를 기회로 삼아 모두 해명된 것은 아닙니다. 이 병적 사례는 아직 전혀 해결할 수도 없거나, 특수한 상황의 불리함으로 인해서 해결하기 어려운 많은 문제를 안고 있습니다. 가령 행복한 결혼 생활을 하고 있는 이 부인은 도대체 왜 자신의 사위를 사랑하게 되었을까요? 또 하필 다른 방식이 아니라, 자신의 심리 상태를 남편에게 투사 *Projektion*시키는 그런 반영*Spiegelung*을 통해서 양심의 부담을 덜게 되었습니까? 여러분은 그런 질문을 제기하는 것이 쓸데없다거나 악의적이라고 생각하지 마십시오. 이미 우리에게는 그런 물음들을 해명할 수 있는 많은 자료가 있습니다. 그녀의 나이는 여성의 성적 욕구가 예기치 않게 갑자기 증가하는 중요한 시기에 놓여 있었습니다. 이는 그 자체로서도 충분히 해명이 될 수 있습니다. 혹은 그녀의 훌륭하고 착실한 남편이 여러 해 전부터 더 이상 과거와 같은 성적 능력을 보여 주지 못했을 것이라는 사실을 추가로 언급할 수 있습니다. 아마 건강 상태가 좋은 부인은 과거에 남편이 지녔던 성적 능력을 계속 필요로 했을 것입니다. 우리는 부인에게 의심의 여지 없이 충실한 남편들은 각별히 부드럽고 또 자기 부인들의 신경질적인 불평에 대해서도 예상 외로 관대하다는 사실을 경험적으로 알고 있습니다. 혹은 이 병적 사랑의 대상이 된 사람이 바로 자기 딸의 남편이라는 점도 무시할 수 없습니다. 딸에 대한 강한 성적 집착은 종종 이처럼 변형된 형태로 계속 나타나는데, 그 집착은 어머니의 성적 기질에서 비롯됩니다. 이와 관련해서 나는 여러분에게 장모와 사위와의 관계가 예로부터 매우 미묘한 관계로 받아들여졌으며, 원시 종족들 사이에서는 강력한 금기 사항이나 〈기피 대상〉[6]들을 설정하게 만든 동기로도 작용했음을 상기시켜도 괜찮을 듯합니다. 그 관계는 긍정적인 면에서나 혹은 부정적인 면에서 문화적으로 바람직하다고 인정된 범위를 넘어서서 자주 지나친 관계로 발전합니다. 이 세 가지 요인 가운데서 어떤 요인이 우리 사례에 적용되는지, 혹은 그중에서 단지 두 가지 요인만 작용했는지, 혹은 이 모든 세 요인이 다 들어맞는지, 나는 여러분에게 확실하게 말할 수 없습니다. 그러나 그 이유는 단지 내가 이 사례에 대한 분석에 두 시간 이상을 할애할 수 없었기 때문입니다.

이제까지 나는 여러분이 아직 이해할 준비가 되어 있지 않은 사실들에 관해 말했던 것 같습니다. 내가 그렇게 한 것은 정신 의학과 정신분석을 비교하기 위해서입니다. 하지만 여러분에게 하나 묻고 싶은 것이 있습니다. 여러분은 이 두 입장 사이에 어떤 모

6 「토템과 터부」(프로이트 전집 13, 열린책들) 참조 — 원주.

순이 있다고 느끼셨습니까? 정신 의학은 정신분석의 기술적 방법을 사용하지 않습니다. 정신 의학은 망상의 내용과 관련해서 무언가 조사해 보거나, 혹은 좀 더 특수하고 근접한 병의 원인을 먼저 규명하는 대신에 유전과 관련된 매우 일반적이고 동떨어진 병의 원인만을 언급하는 데 그칩니다. 그러나 여기 어떤 모순이나 대립이 존재합니까? 오히려 이 두 가지 방법의 결합에 의해 더욱 완벽해지는 것은 아닐까요? 유전적 요인과 체험의 의미는 서로 모순됩니까? 오히려 이 두 계기는 가장 효과적인 방식으로 양립될 수 있지 않을까요? 정신 의학적 작업의 본질 속에는 정신분석적 탐구에 반하는 그 어떤 것도 존재할 수 없다는 점을 여러분은 시인할 것입니다. 정신분석을 거부하는 것은 결국 정신 의학자이지 결코 정신 의학 자체는 아닙니다. 정신분석과 정신 의학의 관계는 마치 조직학과 해부학 간의 관계와 같습니다. 전자는 기관들의 외적 형태들을 탐구하고, 후자는 조직과 기본 세포들로 구성된 조직들의 구성에 대해 탐구합니다. 이 두 가지 연구 유형은 서로 연계되어 있으며, 이들 간의 모순은 아무리 좋게 생각해도 성립하지 않습니다. 여러분은 해부학이 오늘날 과학으로서의 의학이 성립할 수 있는 토대임을 압니다. 그러나 한때 인체의 내부 구조를 파악하기 위해 시신을 해부하는 것이 금지된 적도 있습니다. 이는 심리 활동의 내적 작용 방식을 알아내기 위한 정신분석 작업을 오늘날 경멸하는 것과 마찬가지입니다. 우리는 조만간 과학적으로 심화된 정신 의학은 정신 활동 속의 더욱 심층적이며 무의식적인 작용을 잘 알아야만 가능하다는 통찰에 도달할 것입니다.

여러분 중에서도 이제는 그렇게 심하게 공격을 받았던 정신분석에 대해서 우호적으로 대할 사람들이 있을 것입니다. 그런 분들은 정신분석이 다른 측면에서도, 즉 치료의 관점에서도 정당화될 수 있다면 기꺼워하실 것입니다. 여러분은 종래의 정신 의학적 처방이 망상에 아무런 영향을 주지 못했음을 알고 있습니다. 이러한 증상들의 역학 관계에 대한 통찰에 힘입어서 혹시 정신분석이 그런 영향을 미칠 수 있을까요? 아닙니다, 여러분. 정신분석은 그렇게 할 수 없습니다. 최소한 잠정적으로 말하자면, 정신분석은 모든 다른 처방과 마찬가지로 고통에 대해서 무기력합니다. 우리는 물론 이 환자의 내부에서 어떤 일이 일어났는지 이해할 수는 있습니다. 그러나 우리에게는 환자 자신에게 이를 이해시킬 수 있는 방도가 없습니다. 여러분은 내가 처음 설정했던 관점을 넘어서서 망상에 대한 분석을 계속할 수 없었다는 말을 이미 들었습니다. 그렇다고 해서 여러분은 그런 사례들의 분석이 결과적으로 무익하기 때문에 비난받아야 한다고 주장하겠습니까? 그러나 나는 그렇게 믿지 않습니다. 우리는 어떤 직접적인 효용 때문이 아니더라도 연구를 계속할 수 있는 권리와 함께 의무까지도 지니고 있습니다. 궁극적으로 우리는 어디서, 언제 지식의 모든 부분이 유용한 것으로 바뀔지, 즉 치료의 능력을 보일지 모릅니다. 정신분석이 설령 망상의 경우에서처럼 신경증이나 심리적 질병의 다른 모든 유형에 대해서도 마찬가지로 쓸모없다는 것이 드러나더라도, 그것은 대체할 수 없는 것으로서 전적으로 정당한 과학적 연구의 수단으로 남아 있게 될 것입니다. 하지만 다음과 같은 경우에는 정신분석을 수행할 수 없을 것입니다. 즉 우리가 학습하려는 소재는 살아 있고, 스스로의 의지를 지니고 있으며, 또 우리 작업에 동참하기 위해서는 나름대로의 동기를 필요로 하는 사람이기에, 우리의 분석을 거부할 수 있습니다. 나는 오늘 여러분에게 한 강의를 다음과 같은 언급으로 맺고자 합니다. 신경 장애들 중에는 여러 포괄적인 유형이 존재합니다. 그중에는 더욱 향상된 우리의 신경증에 대한 이해가 치료의 효험을 입증해 보인 것도 있습니다. 우리는 이처럼 달리 접근하기 어려운 질병의 경우에도 특정한 조건에서는 성공을 거둘 수 있습니다. 우리가 거둔 성과는 내과 치료에 속한 그 어떤 다른 성과와 비교해 보아도 전혀 손색이 없습니다.[7]

7 심리 요법으로서의 정신분석학은 스물여덟 번째 강의의 주제이다.

증상들의 의미

신사 숙녀 여러분! 지난 강의에서 나는 여러분에게 임상 정신 의학이 개별적인 증상이 나타나는 형식이나 내용에 대해서는 별로 개의치 않는다는 점을 문제로 제시했습니다. 그러나 정신분석은 바로 여기에서 시작하며, 많은 의미를 함축하는 주 증상은 환자 자신의 체험과 관련된다는 점을 먼저 확인했습니다. 신경증의 증상이 지니는 의미는 브로이어 J. Breuer의 연구에 의해 처음 밝혀졌습니다. 그가 성공적으로 치료한 히스테리의 사례(1880~1882)는 그 후 유명해졌습니다. 그와는 별도로 자네 P. Janet가 동일한 결론을 입증했다는 것은 사실입니다. 또 학문적 발표와 관련해서는 이 프랑스의 연구자가 좀 더 앞섰습니다. 브로이어는 자신의 관찰을 10년 이상 지난 후에(1893~1895), 나와 공동 작업을 하는 가운데 공표했기 때문입니다. 한편 누가 이 발견을 했는가는 우리에게 별로 중요하지 않을 수 있습니다. 여러분은 모든 발견이 적어도 한 번 이상 이루어지며, 어떤 발견도 한 번에 달성되지 않는다는 점을 알고 있기 때문입니다. 게다가 모든 성공이 그 업적과 상응하는 것은 아닙니다. 아메리카라는 명칭은 콜럼버스의 이름을 딴 것이 아닙니다. 위대한 정신 의학자였던 뢰레 F. Leuret는 이미 브로이어나 자네보다 먼저, 정신병자의 착란증도 우리가 그것을 번역할 수 있는 방법을 이해하기만 한다면 의미 있는 것으로 파악할 수 있다고 말했습니다.[1] 나는 신경증 증상들을 규명한 자네의 공적에 대해 이미 오래전에 높게 평가할 준비가 되어 있었음을 시인합니다. 그는 이 증상을 환자가 지배받고 있는 무의식적 관념들*idées inconscientes*의 표현으로 파악했기 때문입니다. 그러나 자네는 그 이후로 무의식이 마치 (신경증을 설명하기 위해서) 어쩔 수 없이 동원된 하나의 단순한 언어적 표현에 지나지 않는다는 식으로 지나치게 조심스러운 태도를 보였습니다. 그는 무의식을 실재하는 그 무엇으로 생각하지 않았습니다. 그다음부터 나는 자네의 주장들을 더 이상 이해할 수 없었습니다. 하지만 나는 그 자신이 스스로의 공적을 불필요하게 손상시켰다고 생각합니다.

따라서 신경증 증상들은 실수 행위들이나 꿈과 같은 의미를 지닙니다. 그리고 꿈이나 실수처럼 신경증 환자들이 보이는 증상은 그 사람들 자신이 겪은 인생과 관계가 있습니다. 이제 나는 여러분에게 몇 가지 사례를 들어서 이 중요한 생각을 좀 더 자세히 설명하겠습니다. 모든 경우에 항상 나의 통찰이 들어맞는다고 주장할 수는 있지만, 그것을 결코 입증할 수는 없습니다. 스스로 그런 사례들을 체험할 수 있었던 사람들은 내가 주장한 바를 확신할 것입니다. 그러나 나는 이 사례들을 몇 가지 이유로 인해서 히스테리에서 찾아내지는 않을 것입니다. 내가 들 사례들은 아주 특이하고, 또 사실상 히스테리와 매우 가까운 신경증에서 선택된 것들입니다. 신경증에 대해서 나는 미리 몇 가지를 언급하겠습니다.

---

1   뢰레의 『광증의 심리학에 대한 기고*Fragments psychologiques sur la folie*』(1834) 참조.

소위 강박 신경증Zwangsneurose은 잘 알려진 히스테리처럼 그렇게 흔한 것이 아닙니다. 내가 그렇게 표현하는 것이 허용된다면, 강박 신경증은 요란스럽다거나 긴박한 형태로 나타나지 않고, 오히려 환자의 사적(私的) 문제인 것처럼 보입니다. 그래서 증상은 신체상에 전혀 드러나지 않고 오직 심리적 영역에서만 나타납니다. 강박 신경증과 히스테리는 모두 신경증적 질환의 형식들입니다. 정신분석학은 무엇보다 이 질병을 연구하기 위해 구축되었으며, 또 치료 과정에서 우리가 실시한 처방 역시 개가를 올렸던 것입니다. 그러나 강박 신경증은 심리적인 영역에서 육체적인 영역으로 이상하게 전이되거나 하는 일은 없지만, 원래 정신분석의 노력에 의해서 히스테리보다 더 잘 이해되고 우리에게 친숙해졌습니다. 우리는 강박 신경증이 신경증 증상의 극단적인 어떤 특징들을 훨씬 분명하게 보여 준다는 사실을 알게 되었습니다.

강박 신경증은 환자들 자신이 원래는 흥미를 느끼지 않고 있는 생각들에 몰두하는 행위에서 드러납니다. 또 환자 자신들에게 매우 낯설게 느껴지는 충동을 스스로의 내부에서 감지하거나, 스스로에게 아무런 만족감을 주지 않는데도 도저히 그만둘 수 없는 행동을 하고 싶어 하는 데서 나타납니다. 그런 생각들(강박 관념들)은 원래 무의미하고, 또 환자 개인과도 별 상관이 없는 것들입니다. 강박 관념들은 종종 아주 유치한 것들이지만, 대부분의 경우 환자들의 생각을 사로잡는 계기로 작용합니다. 이로써 환자는 피곤해지며, 또 어쩔 수 없이 같은 생각에 집착하게 됩니다. 환자는 자신의 생각이 마치 가장 중요한 인생의 과제인 것처럼 착각하는데, 그는 자기 의지에 반하는 쓸데없는 고민과 생각에 잠기게 됩니다. 환자가 자신의 내부에서 느끼는 충동들 역시 유치하고 무의미하다는 인상을 줍니다. 그러나 대부분의 충동들은 무거운 범죄의 유혹과 같은 끔찍한 내용으로 채워집니다. 그래서 환자는 그런 충동을 낯선 것으로 느껴 부정하고 싶어 할 뿐만 아니라, 그로부터 도피하려고 합니다. 자신의 충동에 따르지 않고 스스로를 보호하기 위해서, 환자는 금기를 설정하거나 자신의 자유를 포기하고 제한합니다. 그 충동들은 결코 한 번도 실현되지는 않습니다. 충동에서 도피하거나 몸을 사리려는 경향이 지배함으로써 스스로를 보호하려는 의도는 성과를 거두게 됩니다. 환자의 실제 행위는 소위 강박에 의한 행위들인데, 이는 거의 해를 끼치지 않으며 사소한 것들입니다. 강박 행위Zwangshandlung들은 대개 반복되며 평범한 생활을 장식하는 의식과 같은 것들이지만, 바로 이 때문에 필수적인 생활상의 일처리, 예를 들어 취침, 세척, 몸치장, 산책과 같은 행위들이 매우 힘들어지고, 또 거의 해결하기 어려운 과제가 되어 버리는 것입니다. 병적인 관념들과 충동, 행위 등은 강박 신경증의 개별적인 형식들과 사례들에 결코 동일한 정도로 섞여 있지는 않습니다. 오히려 이들 계기들 중에서 어떤 하나의 계기가 강박적인 표상을 지배하고, 이에 상응하는 질병의 이름이 부여되는 경우가 대부분입니다. 그러나 이 모든 형식들의 공통점은 분명히 인식할 수 있습니다.

확실히 그것은 광기 어린 고통을 수반합니다. 나는 아무리 거친 정신병의 환상도 그와 유사한 것을 만들어 낼 수 없다고 믿습니다. 사람들이 매일 그런 광경을 직접 목격할 수가 없다면, 그것을 믿으려 들지 않을 것입니다. 그러나 만약 여러분이 환자에게 말을 걸어 주의를 다른 데로 돌리게 했다고 합시다. 또 멍청한 생각을 포기하고, 장난 같은 짓들 대신에 무언가 이치에 맞는 일을 하라고 말했다 합시다. 그렇더라도 여러분이 환자를 위해 무언가 해주었다고 생각하지는 마십시오. 환자 자신이 그렇게 하고 싶은 것입니다. 왜냐하면 환자는 스스로의 상태를 완벽하게 알고 있으며, 자신의 강박 증상에 대한 여러분의 판단에 대해서도 동의하기 때문입니다. 또 심지어는 자진해서 여러분과 견해를 같이한다고 말할 수 있기 때문입니다. 단지 그가 강박 신경증의 상태 속에서 행동으로 나타내는 것은, 우리의 일상적인 정신 과정과 비교할 수 없는 힘에 의해서 움직이며, 이런 사태는 환자 자신이 어떻게 달리 바꿀 도리가 없는 것입니다. 그는 오직 자신의 바보 같은 생각을 지연시키거나, 다른 멍청한 관념으로 대체할 수 있을 뿐입니다. 혹은 좀 더 약화된 다른 관념에 매달리면서 조심하거나, 스스로 금하는 행위의 대상을 이러저러하게 바꾸기도 합니다. 또 어떤 의례적인 반복 행위를 대신해서 다른 의례적 행위로 옮겨 갈 수도 있습니다. 환자는 강박 관념을 지연시킬 수는 있으나 제거해 버릴 수는 없습니다. 모든 증상들을 그 자체의 원래 모습과 달리 변형·지연시킬 수 있다는 것은 그 병의 중요한 특징입니다. 게다가 정신 과정을 관통하면서 서로 대립하는 관념들*Polaritäten*은 환자의 증상 속에서 특히 선명하게 구별되어 나타난다는 사실을 주목해야 합니다. 긍정적이거나 부정적인 내용을 지닌 강박 관념과 함께 지성의 영역에서 의심이 발동하기 시작해서, 결국 가장 확실하다고 믿는 신념마저도 서서히 잠식해 들어가는 것입니다. 이 모든 과정은 점차 시간이 갈수록 환자를 우유부단하거나 무기력하게 만들고 또 환자 자신의 자유마저도 제한하게 됩니다. 강박 신경증 환자는 원래 매우 활력이 넘치거나 고집이 세고, 대체로 지적 수준도 평균을 넘는 사람들입니다. 환자는 만족스러울 정도로 높은 윤리적 성숙의 단계에 도달한 경우가 대부분입니다. 그래서 지나치게 양심의 가책을 느끼고, 매사에 지나치게 정확합니다. 여러분은 이 모순에 찬 성격들과 병적 증상들의 조합을 대강이나

마 이해할 수 있기 위해서 얼마나 치열한 노력이 필요한지 한번 생각해 보시기 바랍니다. 우리의 잠정적인 노력도 이 병의 몇 가지 증상들을 이해하고 해석하기 위한 것에 지나지 않습니다.

아마도 여러분은 우리가 논의한 내용과 관련해서, 현재의 정신 의학이 강박 신경증을 어떻게 간주하는지 미리 알고 싶을 것입니다. 그러나 이 부분에 대한 연구는 별로 신통치 않습니다. 정신 의학은 서로 상이한 강박 관념들에 명칭을 부여했을 뿐, 그 이상의 작업이 수행된 것은 없습니다. 대신에 정신 의학은 그런 증상을 가진 환자들을 〈퇴화된degenerierte〉 사람들이라고 강조합니다. 이런 평가는 그다지 만족스럽지 못하고, 설명이라기보다는 일종의 가치 판단 또는 부정적인 평결에 가깝습니다. 우리는 일반적인 유형에서 벗어난 인간들의 경우, 즉 모든 가능한 별종이 등장할 수 있음을 예상해야 합니다. 우리는 당연히, 그 같은 증상들이 나타나는 사람들은 천성적으로 다른 사람들과 무언가 다르다고 믿습니다. 그러나 우리는 그들이 다른 신경증 환자들, 예를 들어 히스테리 환자들이나 혹은 정신병을 앓고 있는 사람들보다 더 〈퇴화되었는지〉 묻고 싶습니다. 강박증의 성격에 대한 앞의 설명은 분명히 지나치게 일반적입니다. 그러나 매우 탁월한 사람들, 즉 특별하게 뛰어나고 또 일반에게도 중요한 의미가 있는 능력을 지닌 사람들에게도 그런 증상이 나타난다는 사실을 경험하게 되면, 그 같은 성격 규정이 과연 정당한 것인지 의심하게 됩니다. 대개 우리는 모범적이고 위대한 사람들의 내밀한 세계에 대해서 별로 아는 것이 없습니다. 그들은 스스로의 세계를 보여 주는 것에 대해서 신중한 반면, 그들의 전기 작가들은 불성실하기 때문입니다. 그러나 진실의 규명에 거의 광적이었던 에밀 졸라Émile Zola 같은 사람도 있습니다. 우리는 그가 일생 동안 얼마나 괴상한 강박적

인 습관에 시달렸는지 그 자신의 목소리로 들을 수 있습니다.[2]

정신 의학은 이런 사례를 〈탁월한 퇴화Dégénéres supérieurs〉라는 말로 표현하고 넘어갑니다. 그럴듯합니다만 정신분석을 통해서 알려진 사실은, 이 특이한 강박 증상들이 다른 고통들과 마찬가지로 제거될 수 있다는 사실입니다. 즉 퇴화되지 않은 다른 사람들의 경우와 마찬가지로 이는 완전히 치유될 수 있습니다. 여러 번에 걸쳐서 나는 그 같은 성과를 거두었습니다.

나는 여러분에게 강박 증상의 분석에 관한 두 가지 사례를 소개하려고 합니다. 하나는 오래전에 관찰한 것으로서 다른 어떤 사례와도 바꾸고 싶지 않은 훌륭한 사례이고, 다른 하나는 최근의 것입니다. 이처럼 내가 매우 적은 사례에 국한하는 이유는, 이런 사례는 모든 세부 사항에 이르기까지 매우 자세하게 설명해야 하기 때문입니다.

서른 살 정도 되는 한 부인이 있었는데, 그녀는 심한 강박 관념에 시달렸습니다. 만약 악연으로 인해서 나의 작업이 수포로 돌아가지 않았더라면, 아마 나는 그녀를 도울 수도 있었을 것입니다. 이에 대해서는 여러분에게 나중에 설명하겠습니다. 그녀는 여러 다른 행동 중에서도 다음과 같은 매우 특이한 강박적인 행동을 하루에도 몇 차례나 보이곤 했습니다. 그녀는 자기 방에서 나와 옆에 있는 다른 방으로 달려간 다음, 방 한가운데 놓인 탁자 옆에 기대서서 초인종으로 하녀를 불렀습니다. 그런 후에 사소한 심부름을 시키거나 아니면 아무 지시도 내리지 않은 채 하녀를 돌려보낸 다음, 다시 자기 방으로 되돌아가곤 했습니다. 그것은

---

2 툴루즈 E. Toulouse, 『에밀 졸라, 정신 의학적 연구*Émile Zola, Enquête médico-psychologique*』(1896) — 원주.

분명 그 어떤 심한 병적 증상이라고 볼 수는 없지만 호기심을 자극하는 행동임에는 틀림없었습니다. 그 증상은 어떤 의사의 도움이 없었더라도 매우 간단명료하게 반박의 여지 없이 규명될 수 있는 것이었습니다. 내가 어떻게 이 강박 행위의 의미를 구축해 내고, 또 증상에 대한 해석도 제안할 수 있었는지 모릅니다. 내가 환자에게 〈왜 그런 행동을 합니까?〉 혹은 〈도대체 그런 행동은 어떤 의미가 있습니까?〉라고 물을 때마다, 그녀는 〈모릅니다〉라고 답했습니다. 그러나 어느 날 그녀가 품고 있던 매우 크고 근본적인 의심이 나의 노력으로 제거되었을 때, 그녀는 갑자기 자기 행위의 의미를 알아차리고 무엇이 강박 행위와 연관되어 있는지 설명해 주었습니다. 그녀는 10년 전에 자신보다 훨씬 나이가 많은 사람과 결혼했습니다. 그런데 남편이 성불구라는 사실이 첫날밤 드러났던 것입니다. 그날 밤 남편은 수도 없이 자기 방에서 나와 그녀의 방으로 달려 들어온 다음, 되풀이해서 성관계를 시도했습니다만 그때마다 무위로 돌아갔습니다. 아침이 되자 그는 화가 나서 말했습니다. 하녀가 아침에 잠자리를 치울 때 창피를 당할 수는 없다면서, 남편은 방에 있던 붉은 잉크병을 집어 들었습니다. 그리고 잉크를 침대보 위에 부었습니다. 그런데 그는 그것을 그런 흔적이 당연히 있어야 할 자리가 아닌 다른 곳에 부어 버렸던 것입니다. 처음에 나는 이 기억이 문제의 관건인 강박 행위와 어떤 관련이 있는지 이해하지 못했습니다. 나는 단지 이 방에서 저 방으로 계속 왔다 갔다 하는 행위와 하녀가 등장한다는 사실만이 일치함을 발견했습니다. 그러자 환자는 나를 두 번째 방의 탁자로 인도한 후, 덮개 위의 커다란 얼룩을 보게 했습니다. 그녀는 또 불려 들어온 하녀가 그 얼룩을 알아챌 수 있도록 탁자에 기대서곤 했다고 말했습니다. 이제 신혼 첫날밤의 광경과 그녀가 오늘 보인 강박 행위 사이의 내밀한 관계는 더 이상 의심할 여지가 없었습니다. 그러나 이 사례에 대해서 알아야 할 내용은 아직도 더 있습니다.

무엇보다 환자가 자신을 남편과 동일시*Identifizierung*했다는 것이 분명합니다. 그녀는 이 방에서 저 방으로 넘나드는 행위를 흉내 내면서 남편의 역할을 대신했습니다. 같은 역할에 충실하려고 그녀가 침대와 침대보를 탁자와 탁자 덮개로 대체했음을 우리는 인정할 수 있습니다. 그것은 자의적으로 보일 수도 있지만 우리가 별다른 효용도 없이 꿈-상징을 연구했던 것은 아닙니다. 꿈속에서도 역시 자주 탁자가 보입니다만, 그것은 침대를 의미합니다. 탁자와 침대는 모두 결혼을 뜻합니다. 그래서 이들은 쉽게 서로를 대체할 수 있습니다.

강박 행위가 풍부한 의미를 지닌다는 증거는 이미 제시되었습니다. 강박 행위는 과거의 의미심장한 장면을 표현하거나 반복하는 것처럼 보입니다. 그러나 우리는 여기서 멈추어서는 안 됩니다. 만약 우리가 이 둘 사이의 관계를 좀 더 자세하게 연구한다면, 강박 행위의 의도에 대해서 아마 더욱 나은 연구 결과를 얻어 낼 수 있을 것입니다. 강박 행위의 핵심은 분명히 얼룩을 보게 하기 위해 그녀가 하녀를 불렀다는 데 있습니다. 이는 〈하녀 앞에서 망신스러울 수는 없단 말이야〉라는 남편의 말과 대립하는 행동입니다. 남편 — 그의 역할은 그녀가 대신하고 있습니다 — 은 결국 하녀 앞에서 부끄러워하지 않아도 되는데, 왜냐하면 이때 제대로 된 위치에 얼룩이 생겨 있기 때문입니다. 따라서 우리는 그녀가 과거의 모습을 단순하게 반복하지 않고 계속해서 고쳐 나갔으며, 또 바로잡아 나갔다는 것을 분명히 인식할 수 있습니다. 그러나 이를 통해서 그녀는 다른 것, 즉 그날 밤 그렇게도 애태웠던 일,

다름 아니라 붉은 잉크를 언급하지 않을 수 없도록 만들었던 남편의 성불구까지도 바로잡았던 셈입니다. 결국 강박 행위는 다음과 같이 말하고 있습니다. 〈아닙니다. 남편은 하녀 앞에서 부끄러워할 필요가 없습니다. 그는 성불구가 아닙니다.〉 강박 행위는 이런 소망이 꿈과 같은 방식으로 현재의 행위에 의해서 달성된 것처럼 표현하고 있습니다. 강박 행위는 남편을 과거의 불행에서 구해 내려는 심리적 의도를 반영합니다.

내가 이 부인에 대해 여러분께 설명할 수 있는 모든 내용은 이상의 해석과 일치합니다. 좀 더 정확하게 말하면, 일반적으로 우리가 그녀에 대해서 알고 있는 모든 사실은, 그 자체만으로는 이해하기 힘들었던 강박 행위에 대한 우리의 해석이 타당하다는 것을 가리키고 있습니다. 그 부인은 몇 년 전부터 남편과 별거 중이며, 법적으로 이혼할 것인가의 여부로 고민하고 있습니다. 그러나 그녀가 남편에게서 벗어난 것은 아닙니다. 그녀는 남편에게 충실할 수밖에 없으며, 또 유혹에 빠지지 않기 위해서 세상과 거리를 둔 채 살고 있었습니다. 그녀는 공상 속에서 남편을 변명하거나 과장하고 있습니다. 그렇습니다. 그녀가 앓고 있는 병의 가장 깊은 비밀은, 그녀가 자신의 병을 통해서 남편이 나쁜 소문에 휩싸이는 것을 막는 데 있습니다. 그리고 남편과 떨어져 별거하고 있는 자신을 정당화해서, 남편이 혼자만의 편안한 생활을 할 수 있도록 배려하려는 데 있습니다. 이처럼 아무런 위험이 없는 듯이 보이는 강박 행위의 분석을 통해서, 우리는 병적 증상의 깊숙한 핵심에 바로 도달할 수 있었습니다. 그러나 동시에 강박 신경증의 감추어졌던 많은 부분이 우리 앞에 드러났습니다. 나는 여러분이 이 사례에 대해서 충분히 생각해 보기를 바랍니다. 왜냐하면 다른 사례들을 통해서는 그렇게 쉽게 충족시킬 수 없는 조건들이 이 사례에는 모두 해당되기 때문입니다. 여기서 증상은 어떤 분석가의 도움이나 개입 없이 단번에 환자 자신에 의해서 해석되었습니다. 그 해석은 다른 경우처럼, 망각했던 유년기에 속하지 않은 체험과 관련해서 이루어졌습니다. 그 체험은 환자가 성인이 된 후에 이루어졌으며, 기억 속에서 사라지지 않고 남아 있던 것이었습니다. 우리의 증상 해석에 늘상 가해지는 비판들은 이번 사례에는 적용되지 않습니다. 물론 우리에게 항상 그런 행운이 따르는 것은 아닙니다.[3]

그리고 또 다른 문제가 하나 더 있습니다. 여러분은 어떻게 이처럼 거의 눈에 띄지 않는 강박 행위가 우리를 환자의 가장 내밀한 영역으로까지 안내했는지 이상하지 않습니까? 이 부인에게는 그녀의 신혼 첫날밤의 사건만큼 개인적인 비밀은 없을 것입니다. 그리고 우리가 직접 성생활이라는 사적인 문제들과 직면하게 되었다는 것은 단지 우연에 불과하고, 더 이상 아무런 중요성을 지니지 않는 것입니까? 그것은 확실히 내가 이번에 선택한 사례의 귀결일 수도 있습니다. 그러나 너무 성급하게 판단하지는 말고, 두 번째 사례에 주목해 봅시다. 두 번째 사례는 전혀 다를 뿐만 아니라, 또 자주 나타나는 유형의 표본이라 할 수 있는 취침 의식 *Schlafzeremoniell*입니다.

몸집이 좋고 영리한 열아홉 살의 소녀가 있었는데, 그녀는 외동딸로서 자기 부모보다 월등한 교육을 받았고 지적으로도 더 우수했습니다. 어린 시절의 그녀는 거칠고 오만했으며, 최근 몇 년 동안에는 특별히 눈에 띄는 외부의 작용도 없었는데 신경질적

---

3 프로이트는 「강박 행동과 종교 행위」(프로이트 전집 13, 열린책들)에서 이 사례에 대하여 설명하고 있다.

으로 변해 버렸습니다. 특히 자기 어머니에 대해서 매우 민감하게 반응했는데, 항상 불만스럽고 침울해 있었습니다. 또 우유부단하고 의심이 많아졌으며, 결국에는 광장이나 큰 거리에 더 이상 혼자 나다닐 수조차 없다고 고백하는 지경에 이르렀습니다. 우리는 일단 그녀의 복잡한 병적 상태에 대해 최소한 광장 공포증Agoraphobie과 강박 신경증이라는 두 가지 방식의 진단을 내릴 수 있지만, 이보다는 그 소녀가 취침 의식의 증세를 보이기 시작했으며, 이로 인해서 그녀의 부모가 고통을 받기 시작했다는 데 주목할 생각입니다. 어떤 의미에서 모든 정상인도 나름대로의 취침 의식을 지니며, 일정한 조건들이 갖추어지지 않으면 수면을 방해받을 수 있습니다. 정상인도 깨어 있는 상태에서 수면 상태로 옮겨 갈 때, 매일 밤마다 같은 방식을 반복함으로써 일정한 형식에 따르는 것입니다. 건강한 사람이 잠자리에 들기 전에 필요로 하는 모든 사항은 합리적으로 이해됩니다. 그리고 만약 외부 상황으로 인해서 변화가 불가피할 때, 건강한 사람은 쉽게 적응하고 여기에 그렇게 많은 시간을 허비하지 않습니다. 그러나 병적인 의식은 자기의 방식을 양보하지 않습니다. 큰 희생을 치르고서라도 의식을 관철합니다. 게다가 자신의 그런 행위를 합리화합니다. 그래서 언뜻 보면 오직 지나칠 정도로 세심하다는 점에서만 정상인과 구별될 뿐입니다. 그러나 좀 더 자세히 관찰해 보면 이상한 점이 드러나고 맙니다. 잠자리의 의식은 합리적인 근거를 훨씬 벗어나거나, 심지어 정면으로 모순되는 규정들을 포함하고 있습니다. 우리 환자는 주위가 조용하고 모든 소음의 진원지에서 차단되어야만 수면을 취할 수 있다고 말하면서, 이것이 바로 자신이 밤마다 세심한 취침 의식을 치를 수밖에 없는 이유라고 내세웁니다. 그 같은 의도에서 그녀는 두 가지 일을 처리합니다. 자기 방에 있는 커다란 시계를 멎게 한 후, 모든 다른 시계도 방에서 내보냅니다. 심지어 차고 있는 자그마한 손목시계도 침대 옆의 서랍 속에 놓여 있어서는 안 됩니다. 화분들이나 꽃병들도 밤중에 혹시 밑으로 떨어지거나 깨지거나 해서 수면을 방해하지 않도록 책상 위에 함께 놓여 있어야 합니다. 그녀는 소음을 제거하기 위한 이런 조치들이, 단지 외관상으로만 합리적으로 보인다는 사실을 잘 알고 있습니다. 작은 시계가 가는 소리는 잘 들리지 않습니다. 하물며 침대 옆의 서랍 속에 놓여 있는데 말입니다. 우리 모두는 괘종시계 추의 규칙적인 똑딱거림이 수면을 방해하기는커녕, 오히려 수면을 촉진시키는 역할을 한다는 사실을 알고 있습니다. 그녀 역시, 화분들과 꽃병들을 그대로 제자리에 놓아두었을 때 밤중에 저절로 바닥에 떨어지거나 깨질 수 있다는 염려가 아무런 개연성이 없음을 인정합니다. 취침 의식의 다른 절차들도 조용해야 한다는 원칙에서 벗어난 것들입니다. 그렇습니다. 그녀는 자신의 방과 부모의 방 사이에 있는 문들이 열린 채로 있어야 한다고 요구합니다. 그래서 열린 문 사이에 여러 가지 물건을 끼워 놓는데, 그런 요구는 앞의 조치와는 반대로 수면을 방해하는 소음의 원인이 될 수도 있는 것입니다. 그러나 가장 중요한 지침들은 침대 자체와 관련되어 있습니다. 침대 머리맡의 베개는 침대의 나무판자에 닿아서는 안 됩니다. 자그마한 베개는 커다란 방석 위에 마름모꼴 모양으로 놓여야만 하고, 자기 머리는 이 마름모의 대각선이 교차하는 정중앙에 위치시켜야만 합니다. 깃털 이불(오스트리아에서는 이를 두헨트*Duchent*라고 부른다)은 덮기 전에 뒤흔들어서 끝부분이 완전히 두꺼워지도록 만든 다음, 다시 두꺼운 부분을 눌러서 평평하게 가다듬어져야 합니다.

취침 의식의 자질구레한 사항들에 대해서는 여러분에게 더 이상 언급하지 않고 넘어가겠습니다. 더 세세한 사항들 가운데 새로운 것은 별로 없으며, 우리가 알고자 의도하는 바와도 너무 동떨어진 내용들이기 때문입니다. 그러나 여러분은 이 모든 것이 그렇게 순탄하게 진행되지 않는다는 점을 간과하지 마십시오. 그녀는 이 모든 조치들이 질서 정연하게 진행되지 않을지도 모른다는 염려를 항상 하기 때문에, 계속해서 확인해 보고, 했던 일을 반복하기도 합니다. 이런저런 일을 번갈아 가며 의심하는 동안 한두 시간이 흘러가 버리고, 그동안 이 소녀 자신은 잠을 이룰 수 없게 됩니다. 물론 딸을 걱정하는 부모도 잠을 잘 수 없습니다.

이런 고통들은 우리가 앞에서 취급한 환자의 강박 행위와 마찬가지 방식으로 단순하게 분석할 수 없습니다. 나는 소녀에게 암시를 주고 또 자기 행위를 해석해 보도록 제안했는데, 그때마다 그녀는 단호하게 부인하거나 아니면 경멸하는 듯한 의심을 품은 채 나의 제안을 받아들였습니다. 그러나 이 최초의 거부적인 반응에 이어서, 그녀 자신이 스스로에게 주어진 가능성을 모색하기 시작했습니다. 또 그녀는 자신이 연상한 내용들을 종합하고 기억들을 다시 떠올리면서, 사태의 전체적인 윤곽을 스스로 파악해 보려고 노력했습니다. 그녀의 노력은 모든 해석들을 스스로 수긍할 수 있을 때까지 계속되었습니다. 이런 노력이 진척을 보일수록, 그녀는 강박적인 취침 의식의 절차들을 그렇게 엄격하게 지키지 않게 되었습니다. 그리고 치료가 끝나기 전에 그녀는 모든 취침 의식을 포기해 버렸습니다. 여러분은 오늘날 우리가 시행하고 있는 정신분석 작업은, 개개의 증상에 대한 규명이 완결될 때까지 계속해서 천착할 수 없음을 알아야 합니다. 오히려 우리는 하나의 주제를 벗어나서 다른 주제로 넘어가야만 하고, 또 다른 맥락들에서 원래의 주제를 새롭게 다시 검토할 수밖에 없습니다.

따라서 내가 여러분에게 이제 전하려는 증상 해석은 여러 달에 걸쳐서 진행되었던 결과들을 종합한 것이지만, 다른 작업들 때문에 종종 중단되기도 했던 내용들입니다.

우리 환자는 자신이 시계를 여성의 성기로 받아들이고, 이를 밤 동안에 자기 주변에서 멀리 치워 버리려 했다는 사실을 서서히 이해하기 시작했습니다. 우리는 시계가 다른 상징으로도 해석된다는 것을 알고 있습니다. 시계는 주기적인 흐름과 동일한 간격을 통해서 성적인 역할과 관련됩니다. 여성은 자신의 월경이 시계처럼 규칙적으로 찾아온다는 사실을 자랑스럽게 생각할 수 있습니다. 그러나 우리 환자의 불안은 특히 시계의 똑딱거리는 소리에 의해서 잠을 방해받는다는 데 있었습니다. 시계의 똑딱거림은 성적인 흥분 상태에 있는 음핵의 두근거림과 견줄 수 있습니다.[4] 그녀는 자신에게 고통스러운 이 느낌으로 인해서 계속 잠에서 깨어났습니다. 음핵의 발기에 대한 두려움은, 이제 추나 바늘이 움직이는 시계들을 밤 동안에 모두 자기 주변에서 제거해야만 한다는 규칙으로 표현되었습니다. 화분과 꽃병은 모든 다른 통들과 마찬가지로 여성적인 것의 상징들입니다. 화분이나 꽃병이 밤에 바닥으로 떨어지거나 깨질 수 있다는 염려는 나름대로 그럴듯한 의미가 있습니다. 우리는 약혼식 때 그릇이나 접시를 깨는 풍습이 도처에서 지켜지고 있음을 압니다. 식에 참석한 모든 사람은 깨진 조각을 하나씩 가져가는데, 우리는 그것을 일부일처제라는 결혼 질서에 입각해서 신부에 대한 자신의 권리를 포기한다는 의미로 받아들여도 좋습니다.[5] 그녀 역시 의식의 이 부

---

4 프로이트는 편집증의 경우에서 이와 비슷한 사실에 대해 보고하고 있다. 「정신분석 이론에 반하는 편집증의 사례」(프로이트 전집 10, 열린책들) 참조.

5 「토템과 터부」에서 〈집단 혼인 풍속〉에 대하여 언급하는 것을 참조하라.

분에 대해서 자신의 과거 기억을 떠올리고 여러 가지 연상을 했던 것입니다. 그녀가 어렸을 때, 유리병이 아니면 자기로 만들어진 병과 함께 넘어진 적이 있었습니다. 당시 손가락을 베고, 심한 출혈도 있었던 것입니다. 그녀는 성장해서 성교에 대해 알게 되었는데, 자기의 결혼 초야에 혹시 출혈을 하지 않음으로써 처녀가 아닌 것처럼 보이지 않을까 염려하기 시작했습니다. 따라서 병이 깨질까 조심스러워한다는 것은, 처녀성과 함께 처음 성교 시의 출혈과 관련된 그 모든 콤플렉스를 부정하고 싶어 한다는 것을 의미합니다. 출혈을 하거나 하지 않으면 어떻게 하나 하는 그 모든 불안을 떨쳐 버리려는 것을 의미하기도 합니다. 이런 의식들을 그녀가 소음보다 더 신경쓴 것은 아니며, 의식들은 서로 막연한 의미에서 연관성이 있을 뿐입니다.

갑자기 그녀는 베개가 침대 머리맡의 판자에 닿아서는 안 된다는 지침을 이해하자, 자기가 행한 의식의 핵심적인 의미를 어느 날 털어놓았습니다. 베개는 항상 여자를 의미하고, 곧바로 서 있는 침대의 머리맡은 남자를 의미한다고 말했습니다. 따라서 그녀는 — 우리는 이를 마술적인 방식이라고 첨언해도 무방합니다 — 남자와 여자를 서로 분리해 놓으려 했던 것입니다. 다시 말해서 자기 양친을 서로 떼어 놓아 부부 관계를 못 하도록 하는 것을 의미합니다. 이전에도 그녀는 이런 의식을 고안해 내기 전에 단도직입적으로 같은 목표를 달성하고자 시도했던 적이 있습니다. 그녀는 무서운 체하거나 아니면 자신의 내부에 이미 있는 불안감을 이용해서 부모의 침실과 자기 방 사이에 있는 문들을 닫지 못하도록 했습니다. 이런 지침은 그녀가 오늘날 행하고 있는 취침 의식에 아직도 남아 있습니다. 그런 방식으로 그녀는 부모의 동정을 살피곤 했습니다. 그러나 언젠가는 너무 오래 엿들은 결과, 여러 달에 걸쳐 잠을 이루지 못한 적도 있습니다. 그녀는 부모를 그런 방식으로 귀찮게 하는 데 그치지 않고, 종종 아버지와 어머니 사이에서 잠자는 허락을 얻어 낼 수도 있었습니다. 〈베개〉와 〈침대 머리맡의 판자〉는 서로 접촉할 수 없었던 것입니다. 마침내 그녀가 성장해서 부모 사이에 눕기에는 몸이 불편할 정도로 커진 후에는, 의식적으로 두려움에 떠는 듯한 흉내를 냄으로써 어머니와 잠자리를 바꿔 아버지 옆자리를 대신 차지해 버렸던 것입니다. 이 같은 상황으로부터 그녀는 여러 가지 상상을 하기 시작했고, 그 파급 효과를 우리는 취침 의식에서 감지할 수 있습니다.

만약 베개가 여성을 의미했다면, 깃털 이불의 덮개를 흔들어서 털이 모두 아래로 쏠려 두꺼워진다는 것 역시 나름대로의 의미를 지닙니다. 그것은 여자가 임신했음을 뜻합니다. 그러나 그녀는 임신부의 배처럼 불룩해진 부분을 잊지 않고 다시 평평하게 만들곤 했는데, 그 까닭은 부모의 성관계로 인해 다른 아이가 태어나 자신의 경쟁자가 생길까 봐 여러 해에 걸쳐 걱정했기 때문입니다. 한편 커다란 베개가 여성, 즉 어머니였다면 작은 베개는 딸을 연상시킵니다. 그렇다면 왜 이 베개는 마름모꼴로 놓여야 했고, 또 그녀의 머리는 정중앙에 놓여져야 했습니까? 그녀는 담벼락에 자주 그려졌던 마름모꼴 기호가 벌어진 여성의 음부를 뜻한다는 사실을 쉽게 기억해 냈습니다. 그녀 자신은 남성, 즉 아버지의 역할을 대신했는데, 자신의 머리는 음경을 대체한 것이었습니다(머리를 자른다는 것은 거세의 상징이다).

젊은 처녀의 머릿속에 그런 좋지 못한 생각이 깃들 수 있을까 하고 여러분은 말할 것입니다. 나도 그것을 시인합니다. 하지만 여러분은 내가 이 사실을 멋대로 지어낸 것이 아니라, 단지 해석했을 뿐이라는 점을 잊지 마십시오. 그 같은 취침 의식은 물론 이상한 행동입니다. 여러분은 해석을 요구하는 우리의 상상들과 취침 의식이 서로 상응한다는 점을 간과해서는 안 됩니다. 여기에서 여러분은 단 하나의 상상이 의식(儀式) 속에 침전되어 있는 것이 아니라, 어떤 지점에서든 서로 연결된 일련의 상상들이 의식 속에 함께 작용한다는 사실을 알아야 하며, 이는 매우 중요한 것입니다. 또 취침 의식의 지침들은 환자의 성적 욕구들을 어떤 때는 긍정적으로, 어떤 때는 부정적으로 재현합니다. 취침 의식의 절차들은 부분적으로 성적 욕구를 표현하지만, 또한 부분적으로 그런 욕구를 방어하는 기능을 하는 것입니다.

만약 이 취침 의식을 환자의 다른 증상들과 올바르게 연결시킨다면, 이 의식의 분석을 통해서 더욱 많은 사실들을 알아낼 수 있습니다. 그러나 우리의 탐구는 그런 방향으로 나아가지 않습니다. 여러분은 이 소녀가 아버지에 대한 애정을 품고 있었으며, 그 단초는 어린 시절에서부터 비롯했다는 사실을 알게 된 것으로 만족하십시오. 아마도 그녀는 바로 그런 이유로 인해서 어머니에 대해 그렇게 불친절하게 대했을 것입니다. 또 우리는 이 증상의 분석을 통해서 다시 환자의 성적 생활에 주목하게 되었다는 점을 간과해서는 안 됩니다. 우리가 신경증 증상의 의미와 의도에 대해서 통찰할 기회가 많아지면 많아질수록, 이와 같은 사실에 대해서도 별로 놀라지 않게 될 것입니다.

위에서 선택한 두 가지 사례를 통해서, 나는 신경증 증상들이 실수 행위나 꿈들과 마찬가지로 어떤 의미를 함축하고 있다는 사실을 여러분에게 보여 주었습니다. 또 그런 증상들은 환자들 자신의 체험과 내밀한 관계를 맺고 있다는 사실도 보여 주었습니다. 여러분이 단지 이 두 가지 사례에 의존해서 이처럼 중요한 명제를 믿게 되리라고 내가 기대할 수 있을까요? 그렇지 않습니다. 그러면 스스로 명확하게 납득할 만큼 많은 사례를 말해 달라고 여러분이 나에게 요구할 수 있겠습니까? 역시 아닙니다. 왜냐하면 단 하나의 사례를 자세하게 다루는 데에도 매주 5시간씩 한 학기 동안의 강의가 필요한데, 그것은 신경증론의 개별적인 사항에 이르기까지 철저히 고찰해야 하기 때문입니다. 따라서 나는 여러분에게 내 주장에 대한 검증의 기회를 제공한 것으로 만족하고자 합니다. 더 자세한 내용에 관해서는 여러분에게 다음과 같은 문헌들을 권하고 싶습니다. 브로이어가 보고한 첫 번째 사례, 즉 히스테리 증상에 관한 고전적인 해석과 함께[6] 소위 조발성 치매 *Dementia praecox*라고 불리는 불분명한 증상에 대한 융의 탁월한 분석을 예로 들 수 있습니다.[7] 당시만 하더라도 융은 단지 정신분석가였을 뿐, 아직 예언자가 될 생각은 없었습니다. 그 밖에도 우리 학회지에 지금까지 실린 모든 논문도 참고할 수 있습니다. 그런 연구들은 수없이 행해졌습니다. 신경증 증상들의 분석과 해석, 그리고 번역에 정신분석가들의 관심이 쏠린 결과, 신경증의 다른 문제들은 일단 도외시될 수밖에 없었습니다.

여러분 중에 누구 한 사람이 신경증 증상의 의미에 대해 관심을 가지고 자료를 찾아본다면, 아마 자료들이 너무 풍부하다는 사실에 대해서 매우 강한 인상을 받을 것입니다. 그렇지만 곧 어려움에 직면하게 될 것입니다. 증상의 의미는 이미 우리가 경험한 것처럼 환자의 체험과의 관계 속에 놓여 있습니다. 증상이 개인적인 차원에서 형성될수록, 우리는 이 관계를 더욱 명확하게

---

6 『히스테리 연구』(프로이트 전집 3, 열린책들)에 실려 있는 아나 O.의 사례를 참조하라.
7 융의 『조발성 치매의 심리학에 대하여』(1970) 참조.

밝혀낼 수 있을 것으로 기대합니다. 이때 우리의 과제는 바로, 의미 없는 생각이나 목적 없는 행위에 상응하는 과거의 상황을 발견하는 데 있습니다. 즉 그런 생각이나 행위도 과거에는 나름대로의 정당성을 지니고 또 목적에 부합했던 것입니다. 탁자로 달려가 하녀를 꾸중하는 우리 환자의 강박 행위는 바로 이런 증상들의 모범적 사례에 해당합니다. 그러나 전혀 다른 성격의 증상들도 존재하며, 그것도 자주 나타납니다. 우리는 그 증상을 질병에 수반하는 〈전형화된〉 증상들로 부르며, 그것들은 모든 사례에서 거의 동일한 양상으로 나타납니다. 개인적인 차이들은 그들에게서 사라지거나, 최소한 환자의 개인적인 체험이나 개별적인 체험 상황들과 연관 짓기 어려울 만큼 없어져 버립니다. 다시 강박 신경증에 우리의 관심을 돌려 봅시다. 두 번째 환자의 취침 의식은 많은 정형을 그 자체로서 보여 줍니다. 물론 이 증상은 소위 〈역사적〉 해석을 가능케 하는 개별적인 특징들도 충분히 지니고 있습니다. 그러나 이 모든 강박증 환자들은 하나의 동작을 계속해서 반복하거나 그 일을 리드미컬하게 수행하거나, 그 행동을 다른 행동에서 격리시키려는 등의 경향성을 보입니다. 그들 중의 대부분은 손을 너무 자주 씻는 경향이 있습니다. 광장 공포증(장소 공포증이나 공간 불안증)으로 고통받는 환자들을 우리는 더 이상 강박 신경증이 아닌 불안 히스테리*Angsthysterie*로 분류하는데, 이 환자들은 종종 스스로를 고단하게 만드는 단조로움으로 똑같은 행위들을 반복해서 보여 줍니다. 그들은 밀폐된 공간들이나 커다란 광장들, 길게 늘어진 길이나 대로를 두려워합니다. 그들은 만약 자기가 아는 사람이 동행하거나 자동차가 자신을 뒤따라간다면 스스로 보호받고 있는 것으로 간주하고 안심합니다. 이와 같은 동일한 유형의 증상적 기반 위에서, 환자 개인들은 구체적인 사례들의 경우 상호 모순적인 양상을 보이는 개별적인 조건들을 지니고 있는데, 이는 아마 기분이라고 말해도 좋을 것입니다. 어떤 사람은 오직 좁은 길만을 꺼려하고, 다른 사람은 오직 넓은 길만을 두려워합니다. 또 어떤 환자는 사람들이 많지 않은 길만을 갈 수 있는 반면에, 다른 환자는 거리 위에 사람들이 많을 때만 길을 갈 수 있습니다. 마찬가지로 히스테리는 개별적인 특징을 풍부하게 지니고 있지만, 환자들이 모두 공유하는 전형적인 증상들 역시 넘칠 정도로 보여 줍니다. 그런 증상들은 역사적인 연원을 추적하는 데 걸림돌인 것처럼 보입니다. 그렇지만 우리가 병의 진단과 관련해서 지침으로 삼는 것은 바로 이 전형적인 증상들이라는 사실을 잊지 맙시다. 히스테리의 한 사례에서 하나의 전형적인 증상을 어떤 체험이나 혹은 비슷한 일련의 체험들에 연관시킬 경우, 예를 들어 히스테리성 구토를 구역질을 불러일으키는 일련의 연상에서 비롯한 것으로 추정할 경우 오류에 빠질 수 있습니다. 만약 구토의 다른 경우를 분석한 결과, 영향을 미쳤다고 추정되는 전혀 다른 일련의 체험들이 드러날 수 있기 때문입니다. 그렇다면 히스테리는 알려지지 않은 원인들에 의해서 구토증을 불러일으키는 것처럼 보입니다. 분석에 의해서 제공된 역사적 단초들은, 단지 내적인 필연성에 의해서 우연한 기회에 사용된 구실에 불과한 것처럼 보입니다.

결국 개인적인 신경증 증상들의 의미는 체험과의 관계를 통해서 만족스럽게 규명할 수 있지만, 더욱 빈번하게 나타나는 전형적인 증상을 규명하기에는 분석의 기술이 부족하다는 인식에 도달했는데, 이는 적이 실망스러운 결론이라 하지 않을 수 없습니다. 그 외에도 역사적으로 증상을 해석하기 위해 계속 일관성 있게 추적할 때 드러나게 되는, 아직 여러분에게 설명하지 않은 많은 어려움이 있습니다. 나는 이 어려움에 대해 설명할 생각이 없습니다. 물론 내가 여러분에게 사태를 호도하거나 은폐하려는 의도를 지닌 것은 아닙니다. 하지만 우리의 공동 연구의 초기 단계에 내가 여러분을 당혹스럽게 만들거나 혼란 속에 빠뜨려서는 안될 것입니다. 증상의 의미를 이해하기 위한 첫 번째 시도가 이루어졌다는 것은 맞습니다. 그러나 우리는 이미 확보한 인식의 결과를 견지하고 아직 이해하지 못한 영역에 대한 탐색을 점차로 시도해야 옳을 것입니다. 따라서 내가 노력한 것은 다름 아니라, 증상들의 이러저러한 유형들이 서로 근본적으로 상이하다는 주장은 전혀 받아들일 수 없다는 점을 여러분이 확신하도록 만드는 것이었습니다. 개인적인 증상들이 그처럼 환자의 체험과 관련이 있다면, 전형적인 증상들은 결국 모든 사람들에게 공통적으로 나타나는 전형화된 체험에 의해서 설명될 수 있습니다. 신경증의 경우 규칙적으로 되풀이되는 다른 특징들은, 병에 따른 변화의 본질적 성격에 의해서 환자에게 강요된 일반적인 반응들일 것입니다. 이는 마치 강박 신경증의 반복 행위나 의심과 같은 것입니다. 간단히 말하면 아직 성급하게 포기할 아무런 이유가 없습니다. 우리는 어떤 일들이 계속 일어날지 지켜보아야 합니다.

꿈-이론에서도 우리는 이와 아주 비슷한 어려움 앞에 처해 있습니다. 이 문제를 나는 꿈에 대한 앞서의 논의에서 다룰 수 없었습니다. 물론 꿈들이 현시하는 내용은 고도로 다양하고, 개인적으로도 서로 다른 것들입니다. 우리는 분석을 통해서 이 꿈의 내용에서 무엇을 얻어 낼 수 있는지 자세하게 다루었습니다. 그러나 이와 아울러 우리가 마찬가지로 〈전형적〉이라고 부를 만한 꿈들이 있습니다. 그 꿈들은 모든 사람들에게서 동일한 방식으로 나타납니다. 동일한 형태의 내용을 지닌 꿈들을 해석할 때 같은 유형의 어려움들에 직면합니다. 추락하는 꿈과 날아다니는 꿈, 떠다니고 헤엄치고 가위눌린 꿈, 혹은 자신이 벌거벗고 있다거나 불안을 내용으로 하는 특정한 꿈들도 있습니다. 이 꿈들은 개인적인 차원에서 이러저러한 해석을 가능케 하지만, 왜 꿈들이 단조로우며 또 전형화된 형태로 나타나는지에 대해서는 규명되지 않았습니다. 이런 꿈들의 경우에도 꿈-내용이 지니는 공통의 기반이 개인마다 바뀌는 부가적인 요인에 의해서 생생하게 되살아난다는 사실을 관찰할 수 있습니다. 이 꿈들에 대한 인식은 거의 확실하게, 우리가 다른 꿈들을 통해 알아냈던 꿈-활동에 대한 이해와 무리 없이 합치될 수 있으며, 이로써 우리의 인식도 확장될 것입니다.[8]

8 전형적인 꿈에 대해서는 『꿈의 해석』을 참조하라.

외상에 대한 고착 ― 무의식

신사 숙녀 여러분! 나는 우리의 작업이 의심이 아니라 우리가 발견한 사실들에 근거해서 지속되기를 바란다고 지난번에 말했습니다. 우리는 두 개의 사례에 대한 모범적인 분석에서 도출된 가장 흥미로운 두 가지 결론에 대해서는 아직 아무 말도 하지 않았습니다.

첫째, 두 환자는 마치 자신들이 체험한 과거의 어느 한 특정한 부분에 〈고착Fixierung〉되어 있는 것처럼 보였습니다. 환자들은 자신들의 과거에서 어떻게 해방될 수 있는지 모르는 상태에서 자신들의 현재나 미래에서도 소외된 것처럼 보였습니다. 그들은 자신들의 질병 속에 스스로를 가두어 놓았던 것입니다. 이는 힘겨운 인생의 운명을 견디기 위해서 예전에는 수도원에 은거하곤 했던 관습과 유사합니다. 첫 번째 여자 환자에게 불행을 가져다준 것은 사실상 이미 끝나 버린 남편과의 결혼 생활이었습니다. 그녀는 자신의 병적 증상들을 통해서 남편과 계속 씨름하고 있었습니다. 우리는 남편을 위해 변론하거나 용서하기도 하고 혹은 그를 추켜세우며, 그가 사라진 것을 원망하기도 하는 목소리들을 이해할 수 있었습니다. 그녀는 젊고 다른 남자들이 탐낼 만했지만, 남편에 대한 성실성을 지키기 위해 현실적으로 상상 속에서(혹은 마술적으로) 가능한 모든 방책을 강구했습니다. 그녀는 낯선 사람들 앞에 나타나지 않았으며, 자신의 외모에 대해서도 무관심했습니다. 그녀는 자신이 앉아 있는 안락의자에서 바로 일어나지 않고,[1] 자기 이름을 서명하는 것도 거부했습니다. 그녀는 아무도 그녀에게서 무언가를 받아서는 안 된다는 이유로 선물 같은 것도 하지 않았습니다.

우리의 두 번째 환자인 젊은 소녀의 인생에 같은 문제를 안겨 준 것은, 사춘기 이전에 나타났던 아버지에 대한 에로스적인 집착이었습니다. 그녀는 자신이 병들어 있는 한 결혼할 수 없다는 결론을 스스로 내렸습니다. 우리는 그녀가 결혼하지 않고 아버지 곁에 머물기 위해서 병에 걸렸다고 추측할 수 있습니다.

이에 대해서 우리는 어떻게, 어떤 경로와 동기에 의해서 그렇게 특이하고도 불리한 인생 태도를 갖게 되는 것인지 묻지 않을 수 없습니다. 이런 행위가 신경증의 일반적인 성격에 해당하며, 이 두 환자들에게만 특이하게 나타난 현상은 아니라고 가정해 봅시다. 그런데 이는 사실상 모든 신경증에 일반적으로 나타나게 되는 임상적으로도 매우 중요한 특징입니다. 브로이어의 첫 번째 환자는 히스테리에 걸린 여자였습니다. 그녀는 중병에 걸린 아버지를 보살피지 않을 수 없었던 시기에 이와 비슷한 형태들로 고착되어 있었습니다. 그녀는 병이 치유된 후에도, 그때부터 어떤 면에서는 인생과 담을 쌓았다고 볼 수 있습니다. 그녀는 건강하고 활동할 수 있었으나, 정상적인 여자의 운명에서는 벗어난 삶을 살았던 것입니다.[2] 우리가 분석을 통해서 모든 환자에게서 밝

---

1 「강박 행동과 종교 행위」 참조.
2 아나 O.는 죽을 때까지 결혼하지 않았다.

혀낸 사실은, 이들이 자신들의 병적인 증상들을 보이는 과정에서 그 증상들로 인한 결과로 과거의 어느 특정한 시기로 되돌아간다는 것입니다. 많은 경우 환자는 심지어 매우 어린 시기의 인생 단계를 선택하지만, 유년기나 — 혹은 매우 우습게 들릴지 모르겠으나 — 유아기 때의 인생을 선택하기도 합니다.

우리의 신경증 환자가 보여 주는 이런 행태는 바로, 전쟁에 의해서 매우 빈번하게 촉발되는 병, 소위 외상성 신경증*die traumatische Neurose*과 유사합니다. 전쟁이 발발하기 전에도 열차 충돌 사고나 생명을 위협하는 다른 끔찍한 일들이 벌어진 후에는 그 같은 증상들이 나타났던 적이 있습니다. 외상성 신경증은 근본적으로 우리가 정신분석적으로 탐구하고 치료했던 자발성 신경증 *die spontane Neurose*과 다릅니다. 외상성 신경증을 아직까지 우리의 시각에 근거해서 파악할 수는 없었는데, 언젠가는 여러분에게 이 같은 한계가 어디서 연유하는지 분명히 밝힐 수 있기를 희망합니다. 그러나 우리가 완전히 의견의 일치를 본 한 가지 사실을 강조해야겠습니다. 외상성 신경증의 바탕에는 외상을 가져온 사고 순간에 대한 고착이 깔려 있다는 것입니다. 환자들은 꿈속에서 규칙적으로 외상적 상황을 반복합니다.[3] 분석이 가능한 히스테리성 발작이 나타났을 때 알 수 있는 사실은, 발작은 그 같은 외상적 상황 속에 환자가 완전히 빠져든 상태와 일치한다는 것입니다. 이는 마치 환자들이 외상적 상황을 극복하지 못한 것과 마찬가지입니다. 환자들은 외상적 상황을 아직 정복하지 못한 현실상의 관계로 직면하게 됩니다. 그리고 우리는 이런 해석을 매우 심각하게 받아들입니다. 이 해석은 우리로 하여금 정신적 과정들을

---

3 이러한 사실은 프로이트가 몇 년 후 〈반복 강박〉이라는 용어로 설명하고 있다. 「쾌락 원칙을 넘어서」(프로이트 전집 11, 열린책들) 참조.

〈경제적으로〉 관찰할 수 있는 길을 열어 줍니다. 그렇습니다. 외상적이란 표현은 그 같은 경제적인 의미 외에 다른 뜻을 지니지 않습니다. 정신생활에서 짧은 기간 내에 엄청나게 강한 자극의 증가를 가져오는 체험을 우리는 외상적 체험이라고 칭합니다. 그런 강도 높은 자극은 우리가 늘상 익숙한 방식으로 해소하거나 처리할 수 없기 때문에, 정신 에너지의 운영 과정을 지속적으로 교란시킬 수밖에 없습니다.

이 같은 유사성으로 인해서, 우리는 신경증 환자들이 집착하고 있는 것처럼 보이는 체험들도 외상적인 체험들로 지칭하고 싶은 유혹을 받게 됩니다. 그런 방식으로 우리는 신경증 질환을 구성하는 하나의 단순한 조건을 언급할 수 있는 것입니다. 신경증은 외상적인 질환과 같은 것이라고 간주할 수 있습니다. 그것은 지나치게 강렬한 감정에 휘말린 체험을 처리하지 못하는 무기력한 상황에서 발생할 수 있습니다. 브로이어와 내가 1893년에서 1895년에 걸쳐, 우리가 새롭게 관찰한 내용을 토대로 해서 이론적으로 체계화한 처음의 공식도 사실 같은 내용을 담고 있었습니다.[4] 남편과 결별한 젊은 여자 환자와 같은 첫 번째 사례는 이 같은 해석에 아주 잘 들어맞습니다. 그녀는 자신의 결혼 생활이 더 이상 지속될 수 없다는 사실을 극복하지 못하여, 이 외상적 체험에서 벗어나지 못했던 것입니다. 그러나 이미 우리가 두 번째로 든 사례, 즉 자기 아버지에게 집착하고 있는 소녀의 경우는 이 공식이 포괄적인 설명을 충분히 해주지 못한다는 사실을 보여 줍니다. 한편으로 소녀가 아버지에 대한 사랑에 빠지는 경우란 매우 흔한 일이고, 또한 종종 쉽게 극복할 수 있는 것이어서 〈외상적〉이라는

4 『히스테리 연구』에 실려 있는 프로이트와 브로이어의 공동 논문 「히스테리 현상의 심리 기제에 대하여」 참조.

표현이 전혀 내용이 없는 공허한 것일 수 있습니다. 다른 한편으로 환자 개인의 이력(履歷)을 살펴보면, 이 최초의 연정적인 집착이 일단은 아무런 해를 입히지 않고 지나갔음을 가르쳐 줍니다. 그런데 집착은 여러 해가 지난 후에서야 비로소 강박 신경증의 증상들 속에 다시 모습을 드러냈습니다. 따라서 우리는 여기에서 질병의 조건들이 복잡하며 더욱 풍부하다는 점을 예상할 수 있습니다. 그러나 우리는 역시 외상적 관점을 잘못된 것으로 단정 짓기는 어렵다는 것을 어렴풋이 예감할 수 있습니다. 이 관점은 다른 해석들과 모순되지 않는 방식으로 잘 정리될 수 있을 것입니다.

여기서 우리는 다시 지금까지의 탐구 과정을 중단해야 합니다. 이 과정은 일단 더 이상 진척될 수 없습니다. 연구를 올바른 방식으로 진행시킬 수 있을 때까지 모든 다른 사실을 더 구체적으로 파악해야 합니다. 우리는 과거의 특정한 단계에 대한 환자의 고착을 주제로 삼았는데, 이에 대해 아직 언급할 것이 있습니다. 즉 고착이란 현상은 신경증의 차원을 훨씬 넘어서서 포괄적인 의미를 지닌다는 것입니다. 모든 신경증은 그런 고착을 포함합니다. 그러나 모든 고착이 신경증으로 연결되지는 않습니다. 또 모든 고착이 신경증과 함께 나타나거나 혹은 신경증을 통해서 발생하는 것은 아닙니다. 어떤 과거에 대해서 감정적으로 고착하는 가장 전형적인 모습은 슬픔입니다. 슬픔 자체는 현재와 미래에 가장 완전하게 등을 돌릴 수 있는 길입니다. 그러나 슬픔은 문외한들의 판단에 따르더라도 신경증과 분명히 다릅니다. 반면에 슬픔의 병적인 형식으로 지칭할 만한 신경증 증세들이 존재합니다.[5]

사람들은 외상적 체험을, 지금까지 자신의 삶을 지탱해 왔던

5 프로이트의 초심리학적 논문 「슬픔과 우울증」(프로이트 전집 11, 열린책들) 참조.

토대가 흔들리는 사건으로 경험하면서 완전한 정지 상태에 놓이게 됩니다. 이때 그들의 정신은 현재나 미래에 대해 관심을 기울이기를 포기하고 지속적으로 과거에만 매달립니다. 그렇다고 이런 불행한 사례들이 신경증으로 발전한다고 볼 수는 없습니다. 따라서 우리는 신경증의 여러 특성 가운데 하나인 이 특징이, 규칙적으로 나타나고 그 밖에도 매우 중요한 의미를 지닌다 해도 그 의미를 과대평가할 수는 없습니다.

이제 우리가 분석한 두 번째 결과에 대해서 살펴봅시다. 여기에 대해서는 나중에 어떤 제한을 가해야 할 것인지 두려워할 필요가 없습니다. 우리는 첫 번째 여자 환자에 대해서, 그녀가 어떠한 형태의 무의미한 강박 행위를 저질렀으며, 또 그녀가 자신의 강박 행위와 관련된 것으로 어떤 내밀한 인생의 기억을 설명했는지 여러분에게 전했습니다. 그리고 또 강박 행위와 기억 사이의 관계를 탐구했는데, 우리는 강박 행위의 의도가 기억에 대한 관계에서 비롯된다는 것을 알아냈습니다. 그러나 우리가 전적으로 관심을 기울일 만한 가치가 있는 하나의 계기를 완전히 고려하지 않았습니다. 여자 환자 역시 자신이 강박 행위를 반복하고 있을 때, 그녀는 자신의 그 같은 행위가 과거의 체험과 연결되어 있다는 사실을 몰랐습니다. 이 두 사태 간의 연관성은 그녀에게 감추어져 있었습니다. 그러므로 그녀는 어떤 충동에 의해 그 같은 행동을 하고 있는지 모른다고 정직하게 대답할 수밖에 없었습니다. 치료의 영향을 받아 그녀는 갑자기 한순간에 그 연관성을 발견하고, 우리에게 그 같은 사실을 전할 수 있었습니다. 그러나 그녀는 아직도 자신의 강박 행위가 어떤 의도에 봉사하기 위해서 행해진 것인지는 몰랐습니다. 그녀는 과거의 가슴 아픈 사건을 바로잡고,

자신이 사랑했던 남편을 추켜세우고 싶은 의도를 가졌던 것입니다. 그 같은 동기만이 강박 행위를 지속시킬 수 있는 힘이었다는 사실을 그녀가 파악하고 나에게도 시인하기까지는, 상당히 오랜 시간이 걸렸으며 많은 노력이 소모되었습니다.

불행한 결과를 초래했던 결혼 첫날밤의 장면과 남편에 대한 환자의 다정다감한 마음의 동기가 서로 연관되어 나타난 결과가 바로 우리가 강박 행위의 〈의미〉로 칭한 것입니다. 그러나 강박 행위를 하는 동안 그녀는 그 의미가 〈어디서〉 유래했는지, 그리고 〈무엇을 위한〉 것인지 등과 같은 두 가지 의미의 방향에 대해 알지 못했습니다. 결국 심리적 과정들이 그녀의 내부에서 영향을 미쳤으며, 강박 행위는 단지 그 결과에 지나지 않았습니다. 그녀는 정상적인 심리 상태 속에서 그 결과를 감지했습니다만, 그러한 결과가 나오게 된 심리적 조건들에 대해서는 전혀 의식하지 못했습니다. 그녀는 마치 최면술에 걸린 사람처럼 행동했습니다. 베르넴H. Bernheim은 언젠가 한 사람에게 최면에서 깨어나면 5분 후에 우산을 펼쳐 보라는 암시를 주었는데, 실제로 최면에서 깨어난 사람은 그 명령을 그대로 수행했습니다. 그러나 그 사람은 자신의 그런 행위의 동기를 제시할 수 없었습니다. 우리가 〈무의식적 심리 과정들〉의 실재에 대해서 말할 때는 그 같은 사태를 염두에 두고 있는 것입니다. 이 같은 사실을 좀 더 정확하게 학문적으로 규명할 수 있으면 그렇게 해보라고, 세상의 모든 사람을 향해 요구할 권리가 있습니다. 그에 대한 정확한 학문적 규명이 이루어진다면, 우리는 무의식적인 정신 과정들이라는 가설을 기꺼이 포기할 수 있을 것입니다. 그러나 그때까지 우리는 이 가설에 의존할 것입니다. 만약 누군가가 무의식이란 과학적으로 실재하는 것도 아니고, 단지 궁여지책에서 나온 표현 *une façon de parler*에 지나지 않는다는 식의 반론을 제기한다면, 우리는 별수 없다는 듯이 어깨를 움츠리며 그런 반론 자체를 이해할 수 없는 주장으로 간주하고 거부할 수밖에 없습니다. 강박 행위처럼 그렇게 현실적으로 손에 잡히는 결과들을 초래하는 것을 실재하지 않는 그 무엇으로 볼 수는 없습니다!

우리가 두 번째 여환자에게서 직면한 사태도 근본적으로는 같은 것입니다. 그녀는 베개가 침대의 판자에 닿게 해서는 안 된다는 규칙을 만들었습니다. 이 규칙은 그렇게 준수될 수밖에 없었지만, 그녀는 어디서 그런 규칙이 유래하고 무엇을 의미하며 어떤 동기들에 의해서 그런 규칙이 힘을 발휘하는지 알지 못했습니다. 그녀가 그 규칙 자체를 무관심하게 대하거나, 아니면 그에 저항하거나, 혹은 거세게 화를 내며 위반할 의도를 지닌다고 해도 그것은 강박 행위의 수행과는 무관합니다. 그 규칙은 수행되어야하며, 그녀가 왜 그래야 하는지에 대해서는 자문해 보아야 소용이 없습니다. 그럼에도 불구하고 우리는 다음과 같은 사실들을 인식해야만 합니다. 즉 강박 신경증의 이 같은 증상들이나 강박적인 표상들과 충동들은 정신 활동의 특수한 영역, 다른 영역들에서 차단된 영역이 실제로 존재한다는 사실을 가장 확실하게 가리킨다는 것입니다. 이러한 강박 신경증의 증상과 표상, 강박 충동들은 모든 다른 정상적인 정신 활동의 영향력에 심하게 저항하는데, 이런 무의식적 힘들이 어디서 유래하는지 우리는 모릅니다. 그런 표상이나 충동들은 환자 자신에게 마치 낯선 세계에서 찾아온 어마어마하게 강력한 손님과 같은 인상을 주며, 사멸할 수밖에 없는 존재들 가운데 섞여 있는 불멸의 존재와 같은 인상을 줍니다. 이로부터 거의 필연적으로 도출되는 확신은 마음속에 무의식이 존재한다는 것입니다. 바로 그런 이유로 인해서 오직 의식

심리학만을 알고 있는 임상 정신 의학은, 이 같은 질병을 특수한 퇴행적인 유형의 정신 질환 징표에 불과하다고 주장하는 것 이외에는 아무것도 할 수가 없으며, 질병 자체에 대해서는 더 이상 어떻게 해볼 도리가 없는 것입니다. 강박 행위들이 의식에서 벗어나 있지 않은 것처럼, 자연히 강박 관념들과 강박 충동들 자체는 무의식적인 것이 아닙니다. 그런데 강박 충동이나 강박 관념들이 의식에 이르기까지 치밀어 오르지 못했더라면 증상들로 나타나지는 않았을 것으로 추정할 수 있습니다. 그러나 우리가 분석을 통해서 밝혀낸 강박 행위의 심리적 전제 조건들과 해석을 통해서 설정한 연관들은, 우리가 그것을 분석 작업을 통해서 환자에게 의식시키기 전까지는 무의식적인 것입니다.

우리가 든 이 두 사례에서 확인한 사태가 신경증 질환들의 모든 증상에서도 검증된다는 것과, 증상들의 의미가 환자들에게는 항상 어디서나 알려지지 않는다는 점, 그리고 이 증상들이 무의식적인 과정들에서 파생된 것이지만 이 무의식적 과정들은 여러 다양하고 유리한 조건에서는 의식될 수 있다는 점을 여러분이 받아들인다면, 여러분은 우리가 정신분석에서 무의식적인 마음의 존재를 불가피하게 전제할 수밖에 없으며, 무의식을 마치 감각적으로 느낄 수도 있는 무엇처럼 취급하는 데 익숙해질 수밖에 없었음을 이해할 것입니다. 그러나 여러분 역시 아마도 모든 사람이 이 문제에 대해서는 얼마나 판단력이 결여되어 있는지 알게 될 것입니다. 그들은 무의식을 오직 개념으로서만 알고 있습니다. 그들은 분석을 해보지도 않았으며, 꿈을 해석하거나 신경증 증상들을 그 의미나 동기와 관련해서 재구성해 본 적이 없습니다. 우리가 설정한 목적과 관련해서 말하자면, 분석적 해석을 통해서 신경증 증상들에 의미를 부여할 수 있는 가능성을 보여 준다는 것은 곧, 무의식적 마음의 과정들이 확고부동하게 존재한다는 것을 — 아니면 여러분이 정 원한다면 그 같은 가설의 필연성을 — 입증하는 작업과 동일합니다.

그러나 이것이 전부는 아닙니다. 브로이어의 두 번째 발견에 힘입어 — 이 발견은 심지어 앞선 발견보다 내용적으로는 더 풍부한 것으로 여겨집니다. 물론 그가 자신의 발견에 대해서 동의하는 사람들을 확보한 것은 아닙니다 — 우리는 무의식과 신경증 증상들 사이의 관계에 대해서 좀 더 많은 사실을 경험하게 되었습니다. 증상들의 의미가 대개 무의식적이라는 사실만 밝혀진 것이 아닙니다. 증상의 무의식적 성질과 증상들이 실재할 수 있는 가능성 사이에는 대리(代理) 관계가 성립합니다. 여러분은 곧 나를 이해할 것입니다. 나는 브로이어와 함께 다음과 같이 주장합니다. 증상에 직면할 때마다 우리는 환자들에게 일정한 무의식적 과정들이 발견된다고 추론할 수 있으며, 그때 무의식적 과정들은 바로 증상의 의미를 함축합니다. 그러나 이 의미가 무의식적이라는 사실과 함께, 이 때문에 증상이 나타난다는 점을 인식할 필요가 있습니다. 의식적인 과정들에서 증상들이 형성되지 않습니다. 문제의 관건인 무의식적 과정들이 의식화된 후에는 이 증상들이 사라지고 맙니다. 여기서 여러분은 단번에 치료에 이르는 길을 인식하게 됩니다. 그 길은 증상들을 사라지게 하는 방법을 의미합니다. 이 방법을 통해서 브로이어는 사실상 히스테리에 걸린 자신의 여자 환자를 회복시켰습니다. 다시 말해서 그 환자를 증상에서 자유롭게 만들었던 것입니다. 그는 증상들의 의미를 함축하는 무의식적 과정들을 그녀 자신이 의식할 수 있는 기술을 발견해 냈습니다. 그리고 나서 증상들은 사라졌던 것입니다.

브로이어의 이 발견은 어떤 사변의 결과가 아니었습니다. 그것은 환자가 적극적으로 응함으로써 가능했던, 운 좋은 관찰의 결과였습니다.[6] 여러분은 이 발견을 여러분에게 친숙한 어떤 다른 사실로 환원함으로써 이해하려고 애쓰지 마십시오. 여러분은 그 속에서 새로운 근본적인 사실을 인식해야 합니다. 이 근본적인 사실들의 도움으로 많은 다른 사실들을 설명할 수 있습니다. 따라서 여러분은 내가 같은 내용을 다른 표현을 빌려 반복하는 것을 양해하십시오.

증상 형성*Symptombildung*은 아직 지하에 잠복하고 있는 것에 대한 대체물입니다. 특정한 정신 과정들은 대부분 의식이 그것에 대해 알 수 있는 정도로 전개됩니다. 그러나 이 경우 바로 그런 일이 일어나지 않았을 때, 그 대신 무의식의 상태로 남아 있을 수밖에 없는 정신 과정들이 단절되고 — 어떤 이유에서인지 — 방해받은 채 증상으로 나타나게 되는 것입니다. 따라서 이 과정은 마치 교환*Vertauschung* 행위와 같은 모습으로 보였습니다. 이 과정을 다시 재구성할 수 있다면 신경증 증상들의 치료라는 과제는 해결되는 것입니다.

브로이어의 발견은 아직도 오늘날 정신분석적 치료 요법의 토대를 제공한 것으로 간주됩니다. 증상들을 나타나게 하는 무의식적인 사전 조건들을 의식화시킬 수만 있다면 증상들이 사라진다는 명제는 모든 다른 계속된 연구에 의해서 입증되었습니다. 물론 그가 제시한 방법을 실천에 옮기려고 시도할 때, 우리는 가장 놀랍고도 예측하기 어려운 복잡한 문제들에 직면하게 됩니다. 우리의 요법은 무의식을 의식으로 바꿈으로써 작용합니다. 그리고 오직 이러한 전환을 관철할 수 있는 한에서만 효력이 나타납니다.

이제 여러분이 이러한 치료를 너무 쉬운 것으로 생각하게 될지

6 『히스테리 연구』에 실린 브로이어의 〈아나 O.〉 사례 연구.

도 모르는 위험을 방지하기 위해서 잠시 동안만 주제를 벗어나겠습니다. 우리가 지금까지 설명한 바에 따르면, 신경증은 우리가 마땅히 알고 있어야 할 정신 과정에 대한 일종의 무지나 무식에서 비롯되었다고 볼 수 있습니다. 이는 잘 알려진 소크라테스의 가르침에 아주 가까이 다가선 것으로 볼 수 있습니다. 그의 가르침에 따르면, 악덕마저도 무지에서 연유한다는 것입니다. 분석을 해본 경험이 있는 의사가 어떠한 심리적 자극들이 개별적인 환자에게 무의식적인 것으로 남아 있는지를 알아내는 것은 대체로 매우 용이합니다. 의사는 그가 알고 있는 것을 말해 줌으로써 환자 자신을 무지한 상태에서 벗어나게 할 수 있으며, 이를 통해서 환자를 회복시키는 것 역시 그다지 어렵지 않을 수 있습니다. 최소한 증상들의 무의식적인 의미의 한 부분이 이런 방식으로 쉽게 처리될 수 있습니다. 하지만 다른 부분들, 즉 증상들과 환자의 체험들 간의 연관성에 대해서 의사는 그다지 많은 것을 알아낼 수 없습니다. 왜냐하면 의사는 이 체험들에 대해서는 모르기 때문입니다. 그는 환자가 자신의 체험을 상기하고 그에게 설명해 줄 때까지 기다려야 합니다. 그러나 이에 대해서도 많은 경우에 환자의 기억을 대체할 수 있는 것들이 발견됩니다. 우리는 환자의 친척이나 가족에게 환자의 체험에 대해 물을 수 있습니다. 이들은 종종 그런 체험들 가운데 외상적으로 작용하는 것들을 인식해 낼 수 있습니다. 심지어는 아마도 너무 어린 나이에 발생한 것이라서 환자 자신도 모르는 그런 체험들에 대해서도 알려 줄 수 있습니다. 이 두 가지 절차를 결합함으로써, 우리는 환자의 병인이 된 무지를 짧은 시간 안에 그리고 적은 노력을 들여서 제거할 수 있습니다.

그렇습니다. 만약 치료가 그렇게 진행되기만 한다면 말입니다! 우리는 여기서 처음에 대비하지 못했던 것을 경험하게 됐습니다. 지식이라고 해서 다 같은 것은 아닙니다. 지식 가운데는 심리학적으로 전혀 같은 가치를 지니지 않은 다양한 유형이 있습니다. 몰리에르Molière는 언젠가, 〈사람이라고 해서 다 같은 사람일 수는 없다Il y a fagots et fagots〉고 말했습니다.7 의사의 지식은 환자의 지식과 같지 않으며, 같은 영향력을 미치지도 않습니다. 만약 의사가 자신의 지식을 환자에게 말해 준다고 하더라도, 그것은 별 효과가 없습니다. 아닙니다. 그렇게 말하는 것은 옳지 않을지도 모릅니다. 그런 방식으로 증상들을 제거하는 효과를 거둘 수는 없지만, 분석을 지속시키는 효과는 있습니다. 환자가 표명하는 반발은 종종 분석의 결과를 말해 주는 최초의 징후를 뜻합니다. 환자는 지금까지 자신이 알지 못했던 것, 즉 자기 증상의 의미에 대해서 어느 정도 알게 되었습니다. 그럼에도 불구하고 그는 증상의 의미를 전과 마찬가지로 잘 알지는 못합니다. 우리는 그렇게 해서 무지에도 하나 이상의 유형이 있다는 사실을 경험하게 되었습니다. 그 차이들이 어디에 놓여 있는지 알려면, 심리학적인 지식을 어느 정도 심화시켜야 합니다. 그러나 바로 그런 이유에서, 증상들이 증상의 의미에 대해 알게 되는 순간 사라진다는 명제는 맞습니다. 마치 그 변화가 오직 일정한 목표를 지향하며 전개되는 심리적 활동에 의해서만 촉발될 수 있는 것과 마찬가지로, 문제는 그 지식이 환자 자신의 내부에서 진행되는 변화에 기인한다는 점입니다. 우리는 여기서 증상 형성의 동력학으로 정리할 수 있는 문제들에 직면합니다.

여러분! 나는 이제 여러분에게 다음과 같은 물음을 제기해야만 할 것 같습니다. 여러분에게 내가 말한 것이 지나치게 모호하

7   몰리에르의 『마음에도 없이 의사가 되어 Le médecin malgré lui』 제1막 5장.

거나 복잡하지 않습니까? 내가 너무도 자주 앞에서 말한 것을 취소하거나 제한하지 않았습니까? 또 생각들을 계속 전개해 나가다가 다시 없던 것으로 만들어 버림으로써 여러분을 혼란스럽게 만들지 않았습니까? 만약 그랬다면 유감스러울 뿐입니다. 그러나나는 진리에 대한 성실성을 대가로 단순화시켜 설명하는 것에 대해서 강한 반감을 가지고 있습니다. 하지만 만약 여러분이 설명의 대상이 다양하고 복잡하다는 인상을 충분히 품었다면, 이에 대해서는 어떠한 반감도 가지고 있지 않습니다. 그리고 만약 내가 모든 개별적 사항들에 관해서, 여러분이 순간적으로 평가하고 이해할 수 있는 것보다 많은 것을 말했다고 해서 해가 될 일은 없습니다. 그러나 나는 모든 청중과 독자들이 자신들에게 제공된 내용은 머릿속에서 정리·축약·단순화시켜 이해하며, 자신이 기억하고 싶은 내용은 따로 분리하여 추출해 낸다는 사실을 알고있습니다. 더욱 풍부한 지식이 전달될수록 더욱 많은 내용이 남게 된다는 사실은 어느 정도 맞습니다. 내가 전달한 내용 가운데 모든 다른 부수적인 사항은 제외하더라도, 본질적인 것, 즉 증상들의 의미와 무의식, 그리고 이 둘 사이의 관계 등에 대해서는 여러분이 명확하게 이해하기를 바랍니다. 여러분은 아마도 우리의 노력이 다음 두 방향으로 진행된다는 사실을 알았을 것입니다. 첫째로 사람들은 어떻게 병에 걸리며 신경증과 같은 인생 태도에 도달하게 되는지 알기 위한 노력이 행해지는데, 이는 임상적인 문제에 해당합니다. 두 번째는 신경증의 조건들에서 어떻게 병적인 증상들이 나타나는지에 관한 물음인데, 이는 심리적인 동력학의 문제에 해당합니다. 이 두 문제는 어디에선가 서로 만나게 될 것입니다.

나 역시 오늘은 더 이상 말할 생각이 없지만, 아직 강의 시간이 남아 있으므로 우리가 행한 두 가지 분석이 지닌 또 다른 특징, 즉 기억 상실이나 건망증에 대해 여러분이 관심을 보이도록 노력할 생각입니다. 이 두 가지 분석에 대한 완전한 평가는 훨씬 나중에 가서야 이루어질 수 있습니다. 여러분이 들은 대로 정신분석학적 치료의 과제는, 병적 요인으로 작용하는 무의식의 모든 내용을 의식으로 환원해야 한다는 공식으로 요약할 수 있습니다. 이제 여러분은 이 공식 역시 다른 공식으로 교체할 수 있다는 사실을 경험하고서 아마도 의아스럽게 느낄 것입니다. 그 공식은 다름 아니라 모든 환자의 기억 상실증을 메우고, 그의 건망증을 제거해야 한다는 것입니다. 이는 같은 결과를 초래할 수 있습니다. 신경증 환자의 건망증은 물론 그의 증상들이 발발하는 데 긴요하게 관계합니다. 그러나 만약 여러분이 우리가 처음 취급한 사례를 고찰한다면, 여러분은 건망증을 이처럼 평가해서는 안 된다고 생각할 것입니다. 그 여자 환자는 자신의 강박 행위와 연결된 장면을 생각하지 않았습니다. 정반대로 그 장면은 생생한 기억으로 남아 있었습니다. 그녀가 잊어버린 다른 일들은 증상의 발생과 별 관련이 없습니다. 첫 번째 사례만큼 명확하지는 않지만 전체적으로 유사한 사례는 두 번째 환자, 즉 잠들 때마다 강박적인 의식을 치러야 했던 소녀의 경우였습니다. 그녀 역시 자신의 어린 시절의 행동을 원래부터 잊어버리지 않고 있었습니다. 가령 그녀가 부모의 침실과 자신의 침실 사이에 있는 문들을 열어 놓아야 한다고 고집했다거나, 어머니를 부모의 침대에서 밀어냈다는 사실들 말입니다. 물론 그녀가 이런 기억들을 되살려 낼 때 주저하기도 하고 기꺼이 응한 것도 아니지만, 그런 사실들을 아주 명확하게 기억하고 있었습니다. 첫 번째 환자가 강박 행위를 수도 없이 되풀이했을 때, 그런 자신의 행위가 결혼식 후의 첫날밤에 겪었던 자신의 체험과 유사하다는 점을 그녀가 〈단 한 번〉도 생각해 보지 않았다는 것을 우리는 매우 특이한 사태로 관찰했습니다. 게다가 강박 행위의 동기에 대해서 직접적으로 추궁을 받았을 때까지도, 그녀에게 이에 대한 기억이 전혀 떠오르지 않았다는 점도 눈에 띄었습니다. 소녀의 경우도 마찬가지입니다. 더구나 그녀가 치른 의식이나 의식의 배경은 동일하게 매일 밤마다 반복된 상황과 관련됩니다. 이 두 경우에 모두 본래적 의미의 건망증이나 기억 상실증은 발견되지 않습니다. 그러나 기억을 재생하고 기억을 다시 떠오르게 하는 모종의 연관성이 붕괴된 것입니다. 기억의 장애가 이 정도로만 진행되어도 강박 신경증은 충분히 발생하지만, 히스테리의 경우는 다릅니다. 히스테리는 대개 매우 엄청난 규모의 건망증을 그 특색으로 하고 있습니다. 개별적인 히스테리 증상들을 분석하면, 그 사람의 인생에서 발생했던 일련의 인상들과 마주치게 됩니다. 그 인상들이 다시 재생될 때, 그것은 이제까지 잊혀졌던 어떤 것으로 지칭될 수 있는 것입니다. 한편으로 그 같은 인상들의 연쇄는 아주 어린 시절로까지 거슬러 올라갑니다. 그래서 히스테리성 건망증은 유아기의 건망증이 직접적으로 지속되는 것으로 볼 수 있습니다. 유아기의 건망증으로 인해서 우리 같은 정상인들도 자신의 정신 활동의 초기 단계에 대해서 무지한 상태에 놓여 있습니다. 다른 한편으로 우리가 놀랍게 경험한 사실은, 환자가 최근에 겪은 체험들 역시 망각의 늪에 빠질 수 있으며, 특히 질병을 일으키거나 강화시켰던 계기들은 건망증에 의해서 완전히 잠식당하지는 않더라도 상당 부분 침식당한다는 것입니다. 현존하는 기억의 전체적인 상에서 중요한 개별 인상들이 사라지거나 왜곡된 기억으로 대체되는 현상은 매우 일반적으로 나타납니다. 그렇습니다. 분석 작업이 종료되기 직전에 비로소 최근에 체험했던 것에 관한 특정한 기억이 다시 나타나는 현상이 매우 일반적으로 반복됩니다. 그런 기억은 그렇게도 오랫동안 억제될 수 있으며, 전체적인 연관 속에서 우리가 감지할 정도의 공백을 남겨 놓기도 하는 것입니다.

  기억 능력의 그 같은 장애들은, 이미 말한 대로 히스테리에 전형적으로 나타납니다. 히스테리의 경우 물론 기억에 아무 흔적도 남길 필요가 없는 상태가 증상적 형태(히스테리성 발작들)로 나타납니다. 만약 강박 신경증이 다른 양상을 보인다면, 이때 발견되는 건망증들은 히스테리적 변화의 심리학적 성격과 관련되며, 신경증의 일반적인 특징과는 관련이 없다고 여러분은 추정할 것입니다. 이와 같은 차이의 의미는 다음 관찰에 의해서 제한됩니다. 우리는 증상의 〈의미〉를 증상의 유래와 목적(혹은 의도)이라는 두 가지 측면에서 정리했습니다. 다시 말해서 증상의 단초라고 할 수 있는 인상들과 체험들, 그리고 증상이 지향하는 의도들입니다. 따라서 증상의 유래는 외부에서 다가오는 인상들에 의해서 이해됩니다. 그런 인상들은 필경 언젠가는 의식되었으나 잊혀진 연후에는 무의식적으로 변화된 것들입니다. 증상의 목적은 증상의 경향성으로서 항상 마음의 내부에서 진행되는 심리 내적 과정인데, 이는 처음에는 의식되었을지 모르나 나중에는 한 번도 의식되지 않고, 또 그 이후로 계속해서 무의식 속에 존재하는 그런 과정입니다. 따라서 건망증이 히스테리의 경우처럼, 증상을 지탱해 주는 체험들까지 엄습하지 않았는가의 여부는 그다지 중요하지 않습니다. 목적, 즉 증상의 경향은 처음부터 무의식적일 수 있지만, 증상이 무의식에 종속되어 있다는 점을 확증시켜 줍니다. 더구나 강박 신경증도 히스테리의 경우만큼 무의식에 단단히 얽매여 있습니다.

　정신생활에서 무의식을 강조함으로써, 우리는 정신분석에 반대하는 비판의 악령들을 불러들였습니다. 여러분은 이에 대해서 놀라지 마십시오. 그리고 우리에 대한 저항이 단지 무의식을 파악하기 어렵기 때문에, 혹은 무의식을 입증해 주는 체험들에 접근하기 어렵기 때문에 일어난다고 믿지는 마십시오. 나는 그런 저항이 좀 더 깊은 데서 비롯된다고 생각합니다. 인류는 과학이 발전하는 과정에서 자신들의 소박한 자기애에 대한 두 가지 모욕적 사태를 견디어 낼 수밖에 없었습니다. 첫째, 인류는 우리 지구가 우주의 중심이 아니며, 그 크기가 전혀 상상 불가능한 우주 체계의 아주 작은 부분에 불과하다는 경험을 했습니다. 물론 이미 알렉산드리아의 과학자들도 비슷한 언급을 했지만, 그 같은 모욕적 체험과 함께 우리에게 연상되는 이름은 코페르니쿠스입니다. 인류의 자존심에 대한 두 번째 모욕은 생물학적 연구에 의한 것입니다. 생물학은 소위 인간이 창조에 관한 특권을 지닌다는 생각을 파괴해 버렸습니다. 인간은 단지 동물계에서 유래한 존재로서, 자신의 동물적 본성을 제거해 버릴 수 없다는 사실을 인식시켜 주었던 것입니다. 인간에 대한 이와 같은 평가의 전환은 우리 시대에 다윈과 월리스Wallace 그리고 그들보다 앞선 선구자들의 영향력에서 이루어졌는데, 당대 사람들의 매우 거센 반발도 없지는 않았습니다. 그런데 세 번째로, 인간이 지닌 과대망상증은 현재 진행 중인 심리학적 연구에 의해서 가장 민감한 모욕을 당한 것입니다. 심리학적 연구는 자아가 자신의 집 안에서도 더 이상 주인일 수 없으며, 자신의 정신생활 안에서 무의식적으로 진행되는 과정에 대해 오직 초라한 정보들만을 접하고, 이에 의존할 수밖에 없음을 자아에게 입증해 보이고자 했습니다. 물론 우리 정신분석학자들이 처음으로 인간이 자신의 내부에 대해 성찰해야 한다는 경고를 한 것은 아닙니다. 또 우리가 그런 말을 한 유일한 사람은 아니지만 그 같은 경고를 가장 긴박한 형태로 주장하고, 모든 개인들과 직접 연관된 경험적 자료들을 통해서 뒷받침한 공로는 인정해야 할 것입니다. 이런 이유에서 사람들이 우리 학문에 대해서 일반적으로 저항하고 모든 형태의 학술적인 예절에 대한 배려를 포기할 뿐만 아니라, 반대하는 과정에서 모든 공정한 논리의 굴레를 벗어 버리는 것입니다. 게다가 우리는 이 세상의 평온을 역시 다른 방식으로 교란해야만 했는데, 이런 견해에 대해서도 여러분은 곧 알게 될 것입니다.

열아홉 번째 강의

저항과 억압[1]

신사 숙녀 여러분! 신경증을 더욱 심층적으로 이해하기 위해서는 새로운 경험적 사례들을 언급해야만 하는데, 우리는 다음 두 가지 경험을 한 바 있습니다. 이 두 경험은 매우 특이하고, 그 자체만 놓고 보더라도 매우 놀랄 만한 것입니다. 물론 여러분은 지난해의 강의를 통해서 이 두 가지 경험에 대해서 이미 마음의 준비를 했다고 봅니다.

첫째, 우리가 환자를 회복시키고 고통스러운 증상들에서 벗어날 수 있게 도와주려 할 경우, 그는 강하고 집요하게 치료의 전 과정에 걸쳐서 저항합니다. 우리가 그들에게 별로 신뢰감을 주지 못한다는 것은 매우 이상한 일입니다. 우리는 이에 대해서 환자의 가족에게 아무 말도 하지 않는 것이 상책입니다. 왜냐하면 가족들은 치료가 오래 지속되거나 실패로 끝났음을 단지 변명하기 위해서 우리가 그런 말을 한다고 생각하기 때문입니다. 환자 역시 자신이 저항하고 있다는 사실도 모르면서 모든 가시적인 형태의 저항을 시도합니다. 만약 우리가 환자로 하여금 자신이 저항

---

1 프로이트는 그의 논문 「억압에 관하여」(프로이트 전집 11, 열린책들)에서 억압에 관하여 자세히 논하고 있다. 또한 「무의식에 관하여」를 참조하라.

하고 있음을 인식시켜 주고, 그 같은 사태의 발생 가능성을 스스로 예측할 수 있게 해준다면 이미 대단한 성과를 거둔 것입니다. 여러분은 자신의 증상들로 인해서 그렇게도 고통을 받고 자신의 주변 사람들도 괴롭히며, 증상들에서 벗어나기 위해 그렇게도 많은 시간과 돈, 노력, 그리고 자기 극복을 위한 많은 희생을 감당하려는 환자를 생각해 보십시오. 그리고 병에 걸린 상태에 계속해서 머무르기 위해서 자신을 도우려는 사람에게 저항하는 환자를 생각해 보십시오. 이런 주장이 얼마나 비현실적으로 들립니까! 하지만 이는 사실입니다. 그런 일은 일어날 수 없다고 누가 비난한다면, 우리는 비슷한 사례들이 없는 것은 아니라고 답변할 따름입니다. 참을 수 없는 치통으로 인해서 치과 의사를 찾은 사람들도, 막상 의사가 집게를 들고 충치를 제거하려고 다가온다면 예외 없이 의사를 밀쳐 내려고 하는 것입니다.

환자는 매우 다양하고 고도로 세련된 형태로 저항합니다. 또 종종 저항은 잘 인식되지도 않고 변신술에 능한 프로테우스[2]처럼 형태를 바꾸어 나타납니다. 따라서 의사는 환자를 쉽게 믿어서는 안 되며 그를 경계해야 합니다.

우리는 물론 정신분석적 요법 가운데 여러분이 꿈-해석을 통해서 알고 있는 기술을 적용합니다. 우리는 환자가 깊은 생각에 잠기지 않고 조용히 자신을 관찰하는 상태에서 자신의 내부에서 느끼는 지각들, 즉 감정들과 생각들, 기억들을 떠오르는 순서대로 모두 말하도록 요구합니다. 이때 우리는 환자가 어떤 특정한 동기에 굴복해서, 연상된 내용들 가운데 일부만을 선택하거나 제외시키지 않도록 분명하게 경고합니다. 가령 그 기억을 발설할 경우 너무 〈불쾌하거나 혹은 신중하지 못하다〉는 이유를 댈 수도

2 그리스 신화에 등장하는 바다의 신.

있습니다. 혹은 전혀 〈중요하지 않아서〉 언급할 필요가 없다거나, 아니면 〈말도 안 되는 얘기라서〉 거론할 필요조차 없다는 등의 동기들이 작용합니다. 우리는 그가 항상 자기의식의 표면에 나타나는 연상들만 주목하고, 어떤 형태로든 자기가 발견한 것에 반대하는 모든 비판을 포기하도록 경고합니다. 그리고 치료의 성공여부나, 특히 치료 기간의 지속은 환자 자신이 정신분석의 기술적인 근본 규칙을 얼마나 양심적으로 따르는가에 달려 있는 것이라고 그에게 말해 줍니다.[3] 우리는 꿈-해석에 적용했던 기술을 통해서, 이와 같이 그에 대항하는 회의나 반론들을 동반하는 바로 이러한 연상들이야말로 무의식을 발견하도록 인도해 주는 자료를 포함하고 있다는 사실을 알게 되었습니다.

기술적 근본 규칙은 저항의 공격 대상이 되는데, 이는 우리가 규칙을 설정함으로써 얻게 되는 최초의 결과입니다. 환자는 그 같은 규정들에서 벗어나려고 모든 방법을 동원합니다. 방금 그는 아무 생각도 떠오르지 않는다고 말했다가, 즉시 말을 바꾸어 너무도 많은 생각이 넘쳐나서 아무것도 이해할 수 없다고 말하기도 합니다. 우리는 그가 내부에서 일어나는 이러저러한 형태의 비판적인 반론들에 굴복했다는 사실을 불쾌하고 당혹스러운 느낌과 함께 알아차립니다. 그는 말하는 사이사이에 끼어 있는 긴 침묵을 통해서 자신의 속마음을 드러냅니다. 그러고 나서 그는 자신이 정말로 아무것도 말할 수 없으며, 수치스럽게 느끼고 있을 뿐이라고 고백합니다. 그는 자기가 한 약속과는 반대로 그 같은 동기에 의해서 좌우되는 것입니다. 그는 자신의 머리에 무언가 연상되었지만 자기가 아닌 다른 사람에 해당하는 연상이라고 말하

3 프로이트는 「억압, 증상 그리고 불안」(프로이트 전집 10, 열린책들)에서 이러한 관계에 대하여 논의했다.

거나, 그런 이유로 말하지 않았다고 합니다. 또한 그는 지금 자기 머리에 떠오르는 것은 정말로 중요하지 않거나 멍청하고, 또 무의미하다고 말하면서, 자신이 그 같은 쓸데없는 연상을 하도록 만드는 것이 나의 진정한 의도는 아니지 않느냐고 반문합니다. 이루 말할 수 없는 다양한 형태로 그 같은 변명이 계속됩니다. 그럴 경우 우리는, 모든 것을 말한다는 것은 실제로 모든 것에 대해 숨김없이 말한다는 것을 의미한다고 설명해 주어야 합니다.

치료하는 사람의 접근을 차단하기 위해서, 또 자기만의 고유한 세계를 숨기려고 노력하지 않는 환자는 거의 만날 수 없습니다. 매우 뛰어난 지능의 소유자로 생각되는 사람이 있었는데, 그는 여러 주에 걸쳐서 자신이 은밀하게 애인을 사귀고 있다는 사실을 말하지 않았습니다. 왜 신성한 규칙을 위반했는가 묻자, 자신의 연애 사건은 단지 사생활에 불과하다는 것이었습니다. 물론 분석적 치료는 그 같은 치외 법권을 허용할 수 없습니다. 만약 빈Wien과 같은 도시의 호에 마르크트Hohe Markt⁴나 슈테판 교회⁵에서는 예외적으로 아무도 체포해서는 안 된다고 해봅시다. 그런 다음 특정한 범죄자를 붙잡으려 해보십시오. 그는 다른 장소가 아닌 바로 그 성역에 몸을 숨기려 들 것입니다. 나는 언젠가 한 남자에게 그 같은 예외적인 권리를 양보한 적이 있습니다. 객관적으로 보더라도 그 사람이 정상적으로 자신의 생업을 계속하는 것이 중요했습니다. 그는 자신만이 아는 직업상의 비밀 사항들을 타인에게 말해서는 안 된다는 선서를 했기 때문입니다. 그는 물론 치료의 결과에 대해서 만족했지만 나는 아니었습니다. 나는 그런 조건에서는 다시는 치료를 하지 않겠다고 다짐했습니다.

4 빈 중심가의 광장.
5 빈 시내의 유서 깊은 성당.

강박 신경증 환자들은 분석의 기술적 규칙들을 쓸모없는 것으로 만드는 탁월한 재주를 가졌습니다. 그들은 지나치게 양심의 가책을 느끼며 회의적인 태도를 보이곤 하는 것입니다. 불안 히스테리 환자들은 분석의 규칙들을 자가당착의 상황으로 몰고 가는데, 가끔 자신들의 의도를 달성하기도 합니다. 그들은 우리가 찾고 있는 것과는 멀리 떨어진 연상들만을 제시함으로써, 분석 자체가 전혀 아무 성과도 거둘 수 없게 만듭니다. 그러나 나는 여러분에게 이 같은 기술상의 어려움들을 어떻게 다루어야 하는가에 관한 설명을 하려는 것이 아닙니다. 단호하고 굳은 결단력으로 환자의 저항을 극복하고, 기술적인 규칙에 대한 복종을 어느정도 이끌어 낼 수 있다면 충분합니다. 이때 저항은 다른 영역으로 옮겨 갑니다.

저항은 이제 논변들을 무기로 동원하는 지적인 저항의 형태로 나타납니다. 정상적인 생각을 하지만, 분석적 이론들에 대해서는 잘 알고 있지 못한 사람들이 발견하곤 하는 난점들이나 불확실한 문제들을 논쟁에서 부각시키기도 합니다. 우리는 이때 학술 문헌들이 합창하듯이 퍼붓고 있는 모든 비판과 반론들을 한 사람의 입을 통해서 듣게 됩니다. 그러므로 밖에서 전해지는 말들은 우리에게 그다지 새로운 이야기로 들리지 않습니다. 그것은 꼭 찻잔 속의 태풍과 같습니다. 하지만 환자와는 말이 통할 수 있습니다. 그는 기꺼이 우리가 자신에게 설명해 주고 가르쳐 주거나 반박해 주기를 바랍니다. 또 자신들이 계속 교양을 쌓을 수 있는 책들을 소개해 달라고 합니다. 환자는 정신분석이 자신을 개인적으로 보호해 준다는 조건에서는 기꺼이 정신분석의 추종자가 될 준비가 되어 있습니다. 그러나 우리는 이 같은 지식의 욕구를 저항으로 인식합니다. 그것은 우리의 특수한 과제들에서 관심을 빗겨

가게 하기 때문에 받아들일 수 없습니다. 강박 신경증 환자의 경우, 우리는 저항의 특수한 전술을 예상해야 합니다. 그는 분석이 막힘없이 진행되도록 함으로써, 병적 사례의 수수께끼가 점차로 밝혀지게 내버려 둡니다. 하지만 우리는 마침내 이 같은 규명을 통해서 왜 전혀 실제 상태는 나아지지 않고, 증상들도 완화되지 않는가에 대해 놀라게 됩니다. 이때 우리는 저항이 강박 신경증에 전형적으로 나타나는 의심의 형태로 나타나고, 환자는 이 상태에서 분석에 대해 성공적으로 방어한다는 사실을 발견하게 됩니다. 환자는 대강 다음과 같이 말하곤 합니다. 〈그렇습니다. 이 모든 것은 괜찮고 흥미롭습니다. 나 역시 기꺼이 계속 분석에 응하고 싶으며, 만약 분석의 결과가 맞다면 내 병의 상태도 달라지겠지요. 그러나 나는 사실 분석이 옳다고 전혀 믿지 않습니다. 내가 믿지 않는 한 내 병도 전혀 달라질 게 없습니다.〉 마침내 이 같은 유보적인 태도에 직면하게 되기까지 그 같은 상태가 오래 지속될 수 있습니다. 그렇게 되면 환자와 결정적인 싸움이 시작되는 것입니다.

지적인 저항들이 가장 심각한 것은 아닙니다. 우리는 그런 저항들보다 항상 한 수 위에 있습니다. 그러나 환자 역시 분석의 틀 속에서 어떻게 저항해야 하는지를 알고 있으며, 이를 극복하는 것이 기술적으로 가장 어려운 과제에 속합니다. 기억을 해내는 대신에 환자는 자신의 인생에서 소위 〈전이〉[6]라고 하는 방식을 수단으로, 의사와 치료에 저항하는 데 사용하기 적합한 어린 시절의 태도와 감정의 기복을 계속해서 보입니다. 환자가 남자일 경우, 그는 그 같은 소재를 대개 아버지에 대한 자신의 관계에서 끄집어내며, 아버지 대신에 의사를 등장시키기도 합니다. 그의 저

6 스물일곱 번째 강의 참조.

항은 한 인간으로서 독자적으로 판단하려는 자립의 욕구에서 비롯하거나, 자신의 최초의 인생 목표인 아버지와 같아지거나 아버지를 넘어서려는 명예욕에서도 연유합니다. 또 아버지에 대해 고마워해야만 하는 부담을 두 번씩이나 짊어지고 싶지 않기 때문이기도 합니다. 치료하는 도중에 우리는 병을 종식시켜야 한다는 좀 더 좋은 의도를 환자의 못된 의도가 완전히 대체한다는 인상을 받습니다. 가령 환자는 의사가 실수를 범하게 만들고 무기력을 느끼도록 하거나, 의사를 압도하려는 의도를 갖고 있습니다. 여자들은 저항을 하기 위해서 의사에게 애정의 마음을 품고, 그것을 전이시키는 데 매우 탁월한 능력을 발휘할 줄 압니다. 그런 호감이 일정한 정도에 도달하게 되면, 치료의 실제 상황에 대한 모든 관심은 사그라듭니다. 마찬가지로 치료를 받으면서 환자가 지키기로 약속했던 모든 의무도 잊어버리게 됩니다. 의사가 그런 감정을 거부하는 과정에서 아무리 부드럽게 대하더라도 여자 환자는 치밀어 오르는 질투심과 좌절감을 느끼며, 이런 감정들은 의사와의 좋은 관계를 해치고 분석을 추진시키는 가장 강력한 힘들 중 하나를 쓸모없게 만들어 버립니다.

이런 유형의 저항들을 일방적으로 매도해서는 안 됩니다. 이들은 환자의 과거에 대한 아주 중요한 자료들을 많이 함축하고 있으며, 잘 납득할 만한 방식으로 재현시켜 줍니다. 그래서 이 저항들은 분석의 가장 훌륭한 지침을 제공해 줍니다. 물론 이 저항들을 올바르게 사용할 수 있는 숙련된 기술을 의사가 이해하고 있어야 합니다. 이 소재가 항상 저항을 위해서 우선적으로 사용되고, 환자가 치료에 반대하기 위해 자신을 가장하는 데 먼저 동원된다는 것이 놀라울 뿐입니다. 우리가 목표로 하고 있는 병적 상태의 변화를 거부하는 것은, 환자의 성격적 특징들이나 자아의 태도에 기인한다고 말할 수도 있습니다. 여기서 우리는 신경증의 조건들과의 관련성 속에서, 또 신경증 증상의 요구에 대한 반응을 통해서, 이러한 성격 특징이 어떻게 형성되는가를 확인하게 됩니다. 우리는 또 이 성격의 특징들이 다른 경우에는 나타나지 않거나, 아니면 최소한 이 정도로 뚜렷하게 발현하지는 않기 때문에 잠재적이라고 말할 수 있는 특징과 만나게 됩니다.

한편 이런 저항들이 나타남으로써 분석 작업의 영향력이 예상하지 못한 위협에 직면했다고 볼 수는 없습니다. 그러므로 여러분도 그런 인상을 받지 말기 바랍니다. 아닙니다. 우리는 이런 저항들이 나타나야만 한다고 생각합니다. 만약 우리가 저항들을 분명하고 충분한 정도로 불러일으키지 못하고, 환자에게 자신이 저항하고 있다는 사실을 명확하게 인식시켜 주지 못한다면, 그것은 매우 불만족스러운 일이 될 것입니다. 그렇습니다. 이 저항들을 극복하는 것이 분석의 본질적 과제이며, 우리가 환자를 위해 무언가 할 수 있었다는 것을 유일하게 확신시켜 주는 작업의 일환이라는 점을 우리는 결국 알게 됩니다.

여러분은 치료 과정에서 나타나는 모든 우연적인 사건들을, 환자가 치료를 방해하기 위해 이용할 수 있다는 점을 감안하십시오. 그런 사건들로는, 가령 주의를 다른 데로 돌리게 만드는 외부의 사건들이나, 환자의 주변에서 권위 있는 사람이 분석에 대해 적대적인 발언을 하는 경우, 우연히 걸린 병이나 신경증 증상을 복잡하게 만드는 신체 기관의 질병 등이 해당됩니다. 게다가 환자는 상태가 좋아질 때마다 스스로의 노력은 이제 게을리해도 좋다고 여깁니다. 이 모든 사항을 함께 감안한다면, 여러분은 모든 분석이 극복하려는 저항의 형식들과 수단에 관해서 아직 불충분하지만 대강은 이해하고 있는 것입니다.

나는 이 점을 자세하게 취급했습니다. 왜냐하면 내가 여러분에게, 신경증 환자는 자신의 증상들이 제거되는 것에 저항하는데, 이에 대한 우리의 경험은 신경증에 대한 역동적인 해석의 근거를 제공해 준다고 말했기 때문입니다. 브로이어와 나 자신은 원래 정신 요법을 최면술이라는 수단을 통해서 시술했습니다. 브로이어가 만난 최초의 여자 환자는 일관되게 최면술의 영향을 받은 상태에서 치료받았습니다. 나는 일단 그의 방법을 따랐습니다. 나는 당시에 작업이 더욱 순조로웠고 편안했으며, 더 짧은 시간 안에 진행되었다는 점을 시인합니다. 그러나 치료의 효과들은 변덕스러웠으며 지속적이지 못했습니다. 그래서 나는 결국 최면술을 포기했습니다. 그리고 나서 나는 최면술을 사용하는 한, 이 같은 감정들을 역동적으로 파악할 수 없다는 사실을 이해하게 되었습니다. 바로 이런 상태에서는 저항이 실재한다는 것을 의사가 눈치채지 못하게 됩니다. 최면 상태는 저항을 밀쳐 내고, 분석적 작업을 위한 일정한 심리 영역을 보장해 줍니다. 또 저항이 이 영역의 경계를 넘어서지 못하게 함으로써 분석의 힘이 미치지 못하게 만듭니다. 이는 마치 강박 신경증 환자의 의심과 같은 역할을 합니다. 그러므로 본래적인 정신분석은 최면술의 도움을 포기함으로써 시작되었다고 말할 수 있는 것입니다.

그러나 저항을 입증하는 것이 그렇게 중요해졌다면, 우리는 저항들에 관한 가설을 너무 경솔하게 제시하지 않았나 조심스럽게 의심해 볼 만합니다. 아마도 다른 이유들에 의해서 연상 작용이 이루어지지 않는 신경증의 사례들도 실제로 존재할 수 있습니다. 우리의 전제들에 대한 반론들도 내용적인 무게를 지닐 수 있습니다. 우리가 만약 분석 대상인 환자의 지적인 비판을 너무 안이하게 저항으로 치부해 버렸다면 그것도 잘못입니다. 그렇습니다.

여러분, 그러나 우리가 그렇게 쉽게 그런 판단을 내리게 된 것은 아닙니다. 우리는 그런 비판적인 저항을 환자가 나타낼 때, 그리고 저항이 사라진 후에도 계속해서 관찰할 수 있는 기회를 가졌습니다. 치료하는 과정에서 저항의 강도는 계속 바뀝니다. 새로운 주제를 다루기 시작하면 저항의 강도는 점점 높아집니다. 주제를 가장 치열하게 분석할 때쯤 가장 강렬한 저항이 시도되다가, 주제를 모두 다룬 후에는 다시 저항의 강도가 떨어집니다. 우리가 만약 특별한 기술적 실수들을 범하지 않는다면, 환자가 온갖 힘을 다해 총체적으로 저항하는 경우란 없습니다. 따라서 우리는 동일한 사람이 분석 과정에서 비판적인 태도를 포기했다가 다시 되돌아가는 과정을 수없이 반복한다는 사실을 확신했습니다. 환자에게 낯설고 특별히 고통스러운 무의식의 자료를 그의 의식 속에 막 불러일으키려고 할 때가 가장 위험한 순간입니다. 그는 전에 많은 것을 이해하고 수용했지만, 이 순간에는 마치 물에 씻겨 없어지듯이 그 모든 성과가 사라집니다. 그 어떠한 희생도 무릅쓸 것처럼 저항하는 과정에서 완전히 정서적으로 멍청해진 사람같이 보입니다. 우리의 도움을 통해 환자가 이런 새로운 저항을 극복하는 데 성공했다면, 그는 자신의 통찰력과 이해력을 다시 회복합니다. 따라서 그의 비판은 자발적인 것도 아니며, 존중할 만한 기능으로 볼 수도 없습니다. 비판은 환자의 정서적인 태도들을 대신하며, 저항에 의해서 조종됩니다. 그는 무언가 마음에 안 들면 날카롭게 반항하고 비판적인 모습을 보입니다. 그러나 무언가 자기 마음에 들면, 그것에 대해서는 아주 쉽게 믿는 경향을 보입니다. 아마 우리들 자신도 별로 다르지는 않을 것입니다. 분석 대상인 환자는 분석당하는 동안에 매우 심한 압박을 받기 때문에, 완전히 자신의 지성을 감정의 움직임에 내맡겨 버리는 것입니다.

우리는 환자가 자신의 증상들을 제거하고 정상적인 정신 과정을 회복시켜 주려는 의사의 시도에 대해서 격렬하게 저항하는 모습을 관찰했습니다. 그런데 이제 우리는 이러한 관찰을 어떤 방식으로 이해해야겠습니까? 우리는 거기서 이런 상태의 변화에 저항하는 강한 힘들을 감지했다고 말했습니다. 그 힘들은 원래 이런 상태를 강제로 초래했던 힘과 동일한 힘임에 틀림없습니다. 증상이 형성되면서 모종의 사태가 진행되었음이 분명하며, 우리는 이제 그런 과정을 증상이 사라지면서 경험한 사례들을 통해 재구성할 수 있습니다. 이미 브로이어의 관찰을 통해 우리가 알고 있는 것처럼, 증상의 존재는 어떤 심리적 과정이 정상적인 방식으로 완결되지 못했기 때문에 의식으로까지 떠올랐다는 것을 전제하고 있습니다. 증상은 발현되지 못했던 것의 대체물입니다. 이제 우리는 앞에서 추정했던 힘의 영향력을 어디에 설정해야 하는지 알고 있습니다. 문제가 되는 정신 과정을 의식의 차원으로 끌어올리려는 시도에 대한 격심한 반발이 나올 수밖에 없습니다. 그러므로 그것은 그냥 무의식으로 남아 있게 됩니다. 무의식적 과정으로서 그것은 증상을 형성할 수 있는 힘을 가지고 있습니다. 이와 같은 반발은 분석적 치료를 하는 도중에, 무의식을 의식의 차원으로 옮기려는 노력에 대항해 재차 되풀이됩니다. 우리는 이를 저항으로 감지합니다. 저항을 통해서 우리에게 확인되는 과정은 병인으로서 〈억압Verdrängung〉이란 이름을 부여받습니다.

이러한 억압의 과정에 대해서 우리는 좀 더 명확하게 이해해야만 합니다. 억압의 과정은 증상을 형성하는 전제 조건이지만, 우리는 그와 유사한 것에 대해 아는 바가 없습니다. 행위를 통해서 자신을 구현시키려고 노력하는 심리적 과정인 충동을 예증으로 삼았을 때, 우리는 충동이 받아들여지지 않을 수도 있음을 압니다. 그래서 충동의 포기는 단념이나 거부 등으로도 불립니다. 이때 충동이 소유한 에너지가 빠져나감으로써 무기력해집니다. 그러나 충동은 기억의 형태로 남아 있을 수 있습니다. 충동을 좌우하는 모든 과정은 자아가 인지하고 있는 상태에서 진행됩니다. 그러나 동일한 충동이 억압될 때는 사정이 완전히 달라집니다. 이때 억압받은 충동은 에너지를 보유하고 있으며, 충동에 대한 기억은 전혀 남아 있지 않을 것입니다. 억압의 과정 역시 자아에 의해서 간파되지 않은 채 진행될지도 모릅니다. 그러나 이 같은 비교를 통해서는 억압의 본질에 더 가까이 다가설 수 없습니다.

억압의 개념을 좀 더 분명하게 파악하기 위해서는 어떤 이론적인 관점들이 꼭 필요한지 이미 입증되었는데, 나는 이에 대해 여러분에게 설명할 생각입니다. 여기서 무엇보다 필요한 것은, 〈무의식〉이란 표현의 순수한 서술적 의미를 극복하고 이 말의 체계적인 의미를 개진하는 것입니다. 다시 말해서, 이는 정신 과정의 의식성, 혹은 무의식성이 단지 동일한 과정의 각기 다른 성질들 중 하나에 불과하며, 어떤 명확한 심리적 성질로 확실하게 규정할 수 없음을 분명히 밝힘으로써 가능합니다. 만약 어떤 과정이 무의식적인 상태로 남아 있다면, 그것이 의식에서 단절되는 것은 아마 운명 자체로 볼 수는 없더라도 그가 경험한 운명의 징표로 해석할 수는 있습니다. 이 운명을 좀 더 선명하게 이해하기 위해서는 다음과 같이 추정할 수 있습니다. 즉 모든 정신 과정은 — 나중에 언급하겠지만 예외도 있음을 인정해야만 합니다[7] — 일단 무의식적 단계나 절차로 존재했다가 나중에 의식적 단계로 이행

7 여기서 말하는 예외는 외부적 지각을 말한다.

420

한다는 것입니다. 이는 마치 사진의 그림이 처음에는 음화(陰畵)로 존재하지만, 현상 과정을 통해서 그림이 되는 것과 같습니다. 그러나 모든 음화가 양화(陽畵)가 되는 것은 아닙니다. 마찬가지로 모든 무의식적 정신 과정이 의식적인 것으로 변형될 필요는 없습니다. 좀 더 적절하게 말한다면, 개별적인 과정은 일단 무의식의 정신 조직에 속하지만, 사정에 따라서 의식의 조직 체계로 이행해 갈 수 있다는 것입니다.

이 조직들에 대한 가장 대략적인 표상은 우리에게 가장 편리한 방식, 즉 공간적인 표상입니다. 따라서 우리는 무의식의 조직 체계를 거대한 대기실과 같은 것으로 표상합니다. 이 공간 속에서 심리적 충동들은 마치 개별적 존재들처럼 북적대고 있습니다. 이 대기실에 연이어서 좀 더 협소한 두 번째 방이 있는데, 여기는 의식이 머무르는 곳입니다. 이 두 방들 사이의 문턱쯤에서 한 문지기가 개별적인 심리적 충동들을 걸러 내고 검열하는데, 자기 마음에 들지 않으면 두 번째 방에 들어서지 못하게 합니다. 여러분은 문지기가 개개의 충동을 미리 문턱 앞에서 차단하거나, 아니면 이미 문턱을 넘어선 개개의 충동을 다시 쫓아내거나, 별로 큰 차이가 없다는 것을 즉각 간파할 수 있습니다. 여기서는 다만 그가 어느 정도 정신 차리고 있으며, 또 얼마나 미리 알아차릴 수 있는가가 관건입니다. 이 같은 그림에 의지해서 우리는 더 많은 학술 용어를 만들어 낼 수 있습니다. 무의식이 거처하는 대기실의 충동들은, 당연히 다른 방에 머무르고 있는 의식의 시야에서는 벗어납니다. 그것들은 일단 무의식적 상태로 남아 있습니다. 만약 충동들이 이미 문턱까지 진입해 갔는데 문지기에게 제동을 당했다면, 그것들은 의식 불가능합니다. 이를 우리는 〈억압되었다〉고 말합니다. 문지기가 문턱을 넘어 들여보낸 충동들도, 바로 그런 이유로 인해서 반드시 의식되는 것은 아닙니다. 그러므로 우리는 이 두 번째 공간을 당연히 〈전의식〉의 조직으로 부릅니다. 결국 의식화된다는 것은 순수하게 서술적인 의미를 지닙니다. 개별적인 충동이 겪는 억압의 운명은, 문지기가 충동을 무의식의 조직에서 전의식의 조직으로 들어서지 못하게 막는 데 있습니다. 그것은 우리가 분석적 치료를 통해서 억압을 제거하려고 시도할 때, 저항으로 인식하게 된 바로 그 문지기입니다.

이 같은 표현들은 환상적일 만큼 거칠기도 하고, 또 학문적 서술에서는 전혀 허용될 수 없다고 여러분은 말할 것입니다. 나는 물론 여러분의 그런 견해를 잘 알고 있습니다. 위에서 설명한 표현들이 거칠 뿐만 아니라, 심지어 옳지 못하다는 것도 알고 있습니다. 만약 우리가 크게 잘못 생각하고 있지 않다면, 이미 더 나은 대안을 여러분을 위해 준비해 놓았다고 볼 수 있습니다. 이 대안 역시 여러분에게 환상적으로 여겨질지 모르겠습니다. 그것은 잠정적으로 보조적인 표현들이며, 마치 전기 회로 속을 헤엄쳐 다니는 앙페르의 작은 사람과 같습니다.[8] 관찰한 내용들을 이해하는 데 쓸모가 있는 한, 이 표현들을 무시할 필요는 없습니다. 그럼에도 불구하고 나는 두 개의 방들과 이 방들 사이의 문턱에 있는 문지기, 그리고 두 번째 방의 끝에서 지켜보는 의식 등의 거친 가설들이 구체적인 사실에 상당히 부합한다는 점을 여러분에게 확인해 주고 싶습니다. 나는 또한 〈무의식〉, 〈전의식〉, 〈의식〉 등의 우리 표현들이 〈하부 의식〉, 〈부차적 의식〉, 〈내부 의식〉과 같이 이미 누군가가 제안해서 사용하고 있는 개념들보다 훨씬 적은 편

---

8 앙페르A. M. Ampère(1775~1836). 전기 자장 과학의 발견자. 여기서 말하는 사람은 전류와 자장(磁場)의 관계를 설명하기 위해서 앙페르가 도표에서 사용한 사람을 뜻한다.

견을 초래하고, 또 더욱 쉽게 정당화될 수 있다는 점을 강조하고 싶습니다.[9]

만약 여러분이, 내가 여기서 신경증 증상들을 설명하기 위해서 전제했던 정신 조직의 구조는 보편적 타당성을 지녀야 하며, 따라서 정상적인 정신 기능에 대해서도 설명할 수 있어야 한다고 충고한다면, 나는 그 같은 지적을 더욱 중요하게 여길 것입니다. 여러분의 지적은 당연히 맞습니다. 우리는 지금 그런 결론에 대해 여기서 계속 검토할 수는 없습니다. 그러나 만약 병인으로 작용하는 상태를 연구함으로써, 잘 은폐된 정상적인 정신 과정에 대해서도 규명할 수 있다는 전망을 하게 된다면, 증상 형성의 심리학에 대한 우리의 관심은 이례적으로 고조될 것입니다.

한편 이 두 조직과 이들 사이의 관계, 그리고 이 조직들과 의식 사이의 관계에 대한 우리의 설명이 어떤 논거에 의해서 뒷받침되고 있는지 모르시겠습니까? 무의식과 전의식 사이에 있는 문지기는 외현적 꿈이 만들어지는 과정을 관장하는 검열에 지나지 않습니다. 꿈을 촉발시키는 것으로 알려졌던 낮 동안의 남은 기억들은 전의식의 소재들입니다. 이 소재는 밤에 잠자는 동안에 무의식적이며 억압된 욕구 충동들에 의해서 영향을 받습니다. 그리고 이 충동들의 에너지에 힘입어 이와 함께 잠재적 꿈을 형성할 수 있었습니다. 무의식적 조직의 지배하에서 이 소재는 압축과 전이라는 방식으로 처리되지만, 그런 처리 방식은 정상적인 정신 활동, 즉 전의식적 조직의 내부에서는 알려지지 않은 채 남아 있거나 아니면 단지 예외적으로만 허용될 뿐입니다. 작업 방식이 서로 다르다는 것은, 이 두 조직의 다른 성격을 구별하도록 만들어

9 프로이트는 「비전문가 분석의 문제」(프로이트 전집 15, 열린책들)에서 하부의식에 대하여 설명한다.

줍니다. 전의식과 의식이 맺고 있는 관계는 이 두 조직 중 하나에 무의식이 속해 있다는 표시에 불과합니다. 꿈은 결코 병인으로 작용하는 현상이 아닙니다. 꿈은 모든 건강한 사람들에게 수면 상태의 조건에서 나타납니다. 우리는 앞에서 꿈-형성과 신경증 증상들의 형성을 동시에 이해하기 위해서 심리적 기제의 구조에 대한 가설을 제시했습니다. 또 이 가설은 정상적인 정신 활동의 이해와 관련해서도 고려되어야 한다는 거부할 수 없는 주장을 함축하고 있습니다.

억압에 대한 언급은 이 정도로 그칠까 생각합니다. 그러나 억압은 증상 형성의 전제 조건일 뿐입니다. 우리는 증상이 억압에 의해서 저지당한 것의 대체물임을 알고 있습니다. 그러나 억압에서 이런 대체물의 형성에 대한 이해에 이르기까지는 한참 걸립니다. 억압의 존재가 확인됨으로써 이 문제는 또 다른 측면에서 다음과 같은 물음들을 낳습니다. 심리적 충동들의 어떤 유형들이 억압하에 놓여 있으며, 어떤 힘들과 동기들에 의해서 억압은 관철되는가? 이런 물음들에 대해서 우리에게는 오직 다음 한 가지 사실만이 알려져 있습니다. 우리는 저항을 탐구하면서, 저항이 자아의 힘들, 즉 잘 알려져 있는 잠재적인 성격적 특징들에서 비롯한다는 사실을 접했습니다. 따라서 이런 힘들과 성격적 특징들이 억압을 가능케 하거나, 아니면 최소한 억압의 형성에 참여하고 있는 것입니다. 그 밖의 다른 것들에 대해서는 알지 못합니다.

내가 이미 설명한 바 있는 두 번째 경험적 사례가 여기서 우리에게 도움을 줄 수 있습니다. 우리는 분석을 통해서 신경증 증상들의 의도가 무엇인지 일반적으로 말할 수 있습니다. 이 역시 여러분에게 새로운 이야기는 아닙니다. 나는 이미 여러분에게 신경증의 두 사례를 통해서 설명한 바 있습니다. 하지만 이 두 사례는 무엇을 의미하는 것일까요? 여러분은 2백 번 이상의 수많은 사례를 보여 달라고 요구할 수 있습니다. 문제는 그런 요구에 단지 내가 부응할 수 없다는 것입니다. 여기서는 다시 자신의 경험에 의거하거나, 모든 정신분석학자가 합의하고 있는 주장들을 믿고 이에 의지할 수밖에 없습니다.

여러분은 우리가 자세히 분석했던 증상들의 두 사례가, 환자의 성생활의 가장 내밀한 부분을 들추어냈다는 사실을 기억하실 것입니다. 게다가 첫 번째 사례의 경우에, 우리는 검토한 증상의 의도나 경향성을 매우 분명하게 인식할 수 있었습니다. 증상의 의도는 두 번째의 경우엔 나중에 언급하게 될 계기에 의해서 어느 정도 은폐되어 있었습니다. 이제 우리는 이 두 가지 사례를 통해서 살펴본 것과 같은 것들을 분석의 대상이 되는 모든 다른 경우에서도 발견할 수 있습니다. 우리는 분석을 통해서 항상 환자의 성적인 체험들이나 욕구들과 직면하게 될 것입니다. 그리고 매번 우리는 환자의 증상들이 동일한 의도에 봉사한다는 사실을 확인할 것입니다. 그 의도는 성적인 욕구들을 충족시키는 것입니다. 증상들은 환자의 성적 만족에 봉사하며, 자신의 인생에서 채워지지 못한 그런 성적 만족의 대체물인 셈입니다.

우리가 다룬 첫 번째 여자 환자의 강박 행위를 생각해 보십시오. 그 여자는 자신이 열렬히 사랑했던 남편을 잃었습니다. 남편의 성적 능력의 결함과 허약함으로 인해서 그녀는 함께 살 수가 없었던 것입니다. 그녀는 남편에 대해 성실해야 했으며, 그 어떤 다른 사람도 남편을 대체할 수는 없었습니다. 그녀의 강박 증상은 그녀가 원했던 것을 제공해 주었으며, 남편을 사실보다 높게 평가하도록 만들고, 그의 잘못, 특히 그의 성적 무능력을 수정하고 있습니다. 근본적으로 이러한 증상은 꿈처럼 욕망 충족을 뜻합니다. 강박 증상은 에로스적인 욕망 충족을 의미하지만, 꿈의 경우는 항상 그렇지 않습니다. 두 번째 환자의 경우, 여러분은 최소한 그녀의 취침 의식이 부모의 성적 교섭을 방해하거나 지연시키고, 이로써 새로운 아이가 태어나는 것을 막으려는 것임도 알았습니다. 여러분은 그런 행동이 결국 어머니 노릇을 대신하려는 의도임을 추측할 수 있습니다. 따라서 성적 만족을 방해하는 것을 제거하고, 자신의 성적 욕망을 충족시키려는 의도였던 것입니다. 여기서 암시한 복잡한 문제들에 대해서는 곧 설명하게 될 것입니다. 여러분! 나는 이런 주장들의 보편적인 설명력을 나중에 다시 유보했다는 말을 듣지 않도록 조치할 생각입니다. 따라서 내가 여기서 설명한 억압과 증상 형성, 그리고 증상의 의미는 신경증의 세 가지 형식, 즉 불안 히스테리와 전환 히스테리*Konversionhysterie*, 그리고 강박 신경증의 분석을 통해서 얻은 결과이며, 그 설명력은 오직 신경증의 세 형식에만 적용된다는 사실을 유념해 주시기 바랍니다. 우리가 〈전이 신경증*Übertragungsneurose*〉이라는 표현으로 익숙하게 통일해 부르는 이 세 가지 질환은, 또한 정신분석 요법의 효력이 입증될 수 있는 영역이기도 합니다. 다른 신경증들은 정신분석에 의해서 그렇게 자세히 연구되지 못했습니다. 그런 신경증들 중 일부는 치료가 불가능하다는 점이 아마 자세히 고찰할 수 없었던 이유로 작용했을 것입니다. 여러분은 정신분석학이 아직 매우 새로운 학문이며, 이 학문을 전파하기 위해서 많은 노력과 시간이 요구되었다는 사실과 함께, 얼마 전까지만 해도 단 한 사람만이 연구해 왔다는 점을 잊지 마시기 바랍니다. 물론 다른 기회에 우리는 전이 신경증이 아닌 다른 감정들을 심층적으로 파악하려고 시도하는 중입니다. 나는 우리의 주장과 결과들이 이 새로운 소재에 적응하는 과정에서 어떻게 확대되었는지 보여 줄수 있기 바랍니다. 또 계속되는 연구를 통해서 상충되는 주장들이 아니라, 더욱 높은 차원에서 이론적인 통일성이 달성될 수 있다는 사실도 보여 주고 싶습니다.[10] 내가 여기서 말한 모든 것이이 세 가지 전이 신경증의 경우에 타당하다면, 다음과 같은 새로운 사실을 언급함으로써 증상의 위상을 부각시킬 수 있습니다. 질병의 결정적인 요인들에 대한 비교 연구는, 다음과 같은 공식으로정리할 수 있는 결과로 나타났습니다. 이 사람들은 현실의 세계가자신들의 욕망 충족을 어떤 방식으로든 허용하지 않을 때, 즉 〈좌절〉 때문에 질병에 걸렸습니다.[11] 여러분은 이 두 가지 결론이 얼마나 서로 잘 들어맞는가를 알 수 있습니다. 증상들은 결국 인생에서 상실한 것에 대한 대리 만족으로서 이해할 수 있습니다.

물론 신경증 증상들이 성적 만족의 대체물이라는 명제에 대해여러 가지 반론이 제기될 수 있습니다. 오늘 그중에서 두 가지를언급하겠습니다. 만약 여러분 자신이 많은 수의 신경증 환자를분석적으로 연구해 보았다면, 고개를 저으면서 많은 사례\에서내 주장이 전혀 들어맞지 않는다고 내게 말할 것입니다. 또 증상들은 오히려 정반대의 의도, 즉 성적 만족을 배제하거나 부정하려는 의도를 함축하고 있는 것처럼 보인다고 보고할 것입니다.나는 여러분의 해석이 옳다는 것을 부정하고 싶지 않습니다. 정신분석적 사태는 우리가 적당히 다루었으면 하고 바라는 정도보다 좀 더 복잡한 경향을 보입니다. 만약 그 사태가 단순했더라면정신분석이 그 사태를 규명하기 위해서 등장할 필요도 없었을 것입니다. 실제로 우리의 두 번째 환자의 의식(儀式)이 보여 준 몇

10 스물여섯 번째 강의에서 나르시시즘에 대한 논의 참조.
11 이에 대해서는 스물두 번째 강의에서 상세하게 논의되고 있다.

가지 특징은 이미 금욕적이며, 성적 욕망에 대해서 적대적인 특징을 보여 주었습니다. 가령 그녀가 시계들을 치워 놓는 행위는 밤중에 발기하는 것을 방지하려는 주술적인 의미를 지니고 있었습니다. 혹은 병들이 떨어지고 깨지는 것을 막으려는 행위는 자신의 처녀성을 보호하려는 것과 같은 의미를 지닙니다. 내가 분석할 수 있었던 침대 의식의 다른 경우들은, 이처럼 자신의 욕구를 부정하는 특징을 좀 더 많이 보여 주었습니다. 의식은 전체적으로 성적인 기억들과 유혹들에 대한 방어적 조치들로 이루어져 있었습니다. 그러나 우리는 이미 자주 정신분석학에서 대립하고 있는 사태들이 모순을 의미하지는 않는다는 점을 경험했습니다. 우리 주장들의 의미는 다음과 같이 확장될 수 있을 것입니다. 증상들은 성적인 만족이나 성적 만족의 방어를 의도한다는 것입니다. 그리고 히스테리의 경우는 적극적인 욕망 충족의 특징이, 강박 신경증의 경우는 대체로 소극적이며 금욕적인 성격이 우세합니다. 만약 증상들이 성적 만족뿐만 아니라 그와 대립하는 의도에 대해서도 봉사할 수 있다면, 이 이중성 혹은 양극성은 우리가 아직 언급할 수 없었던 심리 기제의 한 부분에 관한 훌륭한 논거로 채택될 수 있습니다. 우리가 곧 다룰 예정이지만, 증상들은 두 가지 서로 대립하는 충동의 간섭 현상에서 비롯한 타협의 산물이며, 억압을 불러일으키는 데 함께 영향을 미친 억압하는 것과 억압당하는 것을 모두 대표합니다. 이 두 요인 중에서 어느 하나가 현저하게 증상으로 나타날 수는 있으나, 한 요인이 완전히 누락되는 경우는 매우 드뭅니다. 히스테리의 경우, 대개 이 두 가지 의도가 동일한 증상 속에서 함께 나타납니다. 강박 신경증의 경우, 이 두 부분은 종종 분리됩니다. 증상은 이때, 서로 다른 시기로 나뉘어 나타나는 두 개의 행동으로 구성됩니다. 서로가 서로를 지

향하면서 차례로 나타나는 것입니다.[12]

　두 번째 어려움을 해결하는 것은 그렇게 쉽지 않습니다. 만약 여러분이 증상에 대한 여러 해석을 두루 살펴본다면, 아마 성적인 대리 만족이란 개념이 극도로 확대된 채 사용되고 있다고 판단할 것입니다. 여러분은 이 증상들이 만족을 위하여 실제로 현실적인 무언가를 제공하지 않으며, 종종 성적 콤플렉스에서 유래하는 환상을 재현하거나 감성을 되살리는 데 그친다는 점을 잊지 않고 강조할 것입니다. 나아가서 소위 이 경우에 추구되는 성적인 만족은, 자주 유치하고 품위 없는 모습을 보인다는 점도 지적할 것입니다. 가령 자위행위에 가깝거나 지저분한 행동들을 연상시키는 것들은, 우리가 이미 아이들에게도 금지하고 잘못된 습관으로 여겨 교정하는 것들입니다. 또 나아가서 여러분은 잔인하거나 무섭고 부자연스럽다고 부를 만한 욕구들의 만족을, 우리가 단지 성적인 만족으로 표현하는 것에 놀랄 것입니다. 인간의 성생활을 근본적으로 탐구하기 전에, 즉 여기서 성적이라고 정당하게 말할 수 있는 것이 무엇인지 규명하기 전에는, 우리가 이 마지막 사항들에 관한 동의를 이끌어 내는 것은 불가능할 것입니다.

12 「쥐 인간 — 강박 신경증에 관하여」 참조.

스무 번째 강의

인간의 성생활[1]

신사 숙녀 여러분! 우리는 〈성〉의 의미를 의심의 여지 없이 확실하게 알고 있다고 생각하기 십상입니다. 성적인 것은 무엇보다 우리가 말해서는 안 되는, 점잖지 못한 것입니다. 누군가 나에게, 어느 유명한 정신과 의사의 제자들이 언젠가 히스테리의 증상들이 자주 성적인 것들을 뜻한다는 점을 자기 스승에게 설득시키려 했던 이야기를 해주었습니다. 그런 의도를 가지고 제자들은 선생을 한 히스테리 환자가 누워 있는 침대로 안내했습니다. 그 환자의 발작은 분명히 분만 과정을 흉내 낸 것이었습니다. 선생은 그러나 반대하는 뜻에서 말했습니다. 〈그래, 하지만 분만이 곧 성적인 것은 아니야.〉 확실히 분만은 모든 경우에 무언가 점잖지 못한 것을 의미하지는 않습니다.

여러분은 내가 그렇게 심각한 사태에 대해 농담하는 것을 못마땅하게 여길 것입니다. 그러나 이를 완전히 농담으로만 받아들일 수 없습니다. 정말로 〈성적인 것〉이라고 말하는 개념의 내용이 무엇인지 제시한다는 것은 쉬운 일이 아닙니다. 남성과 여성의 차이와 관련된 모든 사태를 포함시킨다면, 아마 유일하고도 적확한

1 프로이트는 이 주제와 관련하여 「성욕에 관한 세 편의 에세이」에서 광범위하게 논의하고 있다.

방식으로 성적인 것을 규정할 수 있습니다. 그러나 여러분은 그런 방식이 평범하고 포괄적이라고 느낄 것입니다. 만약 여러분이 성행위라는 사태를 중심에 놓는다면, 성적인 것은 쾌락을 얻기 위해 맺는 육체 관계, 특히 다른 성의 성 기관과의 관계를 의미한다고 말할 것입니다. 그리고 이때 성적인 것은 결국 성 기관의 결합과 성적 행위의 수행을 지향하는 것입니다. 그렇다면 여러분은 성적인 것과 점잖지 못한 것을 동일시하는 태도에서 그다지 멀리 떨어져 있지 않습니다. 그리고 분만 과정 역시 실제로 성과 무관한 것이 되어 버립니다. 그러나 만약 여러분이 생식 기능을 성의 핵심적인 차원으로 설정한다면, 생식을 겨냥하지 않는 자위행위나 입맞춤과 같은, 여러 성적인 사태를 제외시켜 버리는 오류를 범하게 됩니다. 그러나 우리는 개념을 정의하려는 시도가 항상 우리를 곤란한 상황으로 몰고 갔다는 점을 감안하고, 바로 이 경우에는 더 나은 개념 규정의 시도를 이미 포기할 작정이었습니다. 우리는 〈성〉이라는 개념의 전개 과정에서, 질베러가 〈은폐의 오류〉라고 훌륭하게 표현한 모종의 사태가 진행되고 있었음을 짐작할 수 있습니다.

대체로 우리는 사람들이 무엇을 성적인 것으로 부르는지 알고 있습니다.[2] 성이라는 개념을, 남성과 여성의 대립, 쾌락의 희구, 생식 기능, 그리고 비밀스럽고 점잖지 못한 특징들을 종합적으로 고려해서 이해한다면, 일상생활을 하는 데 필요한 실천적인 요구는 충족됩니다. 그러나 학문에서는 그런 규정만으로는 충분치 않습니다. 왜냐하면 우리는 치밀하게 진행되고 희생적인 자기 극복을 통해서만 가능했던 연구를 통해서, 〈성생활〉의 모습이 보통 사

---

2 질베러의 『신화와 그 상징의 문제』 참조.

람과 눈에 띄게 차이나는 일단의 사람들을 알게 되었습니다. 이러한 〈도착적인〉 사람들 중 일부는, 자신들의 성생활 프로그램 속에서 소위 성별의 차이라는 것을 아예 지워 버렸습니다. 오직 자신과 같은 성별을 지닌 사람만이 그들의 성욕을 촉발시킵니다. 이성(異性)에 속하는 사람이나 심지어 그 사람의 성 기관도 그들은 전혀 성적 대상물로 간주하지 않고, 극단적인 경우에는 혐오의 대상으로 받아들입니다. 당연히 그들은 생식에 대한 모든 참여를 포기합니다. 우리는 그런 사람들을 동성애자, 또는 성도착자 Invertierte로 부릅니다. 그런 남녀들은 항상 그런 것은 아니지만 종종 나무랄 데 없는 교육도 받았고, 지적으로나 윤리적으로 높은 수준에 놓여 있는 사람들입니다. 그들은 오직 이 점에서만 불행하게도 다른 사람들과 구별됩니다. 그들은 자신들을 학문적으로 대변하는 사람의 입을 빌려서 자신들을 인간의 특수한 변종인 〈제3의 성〉이라고 표방하고, 제3의 성은 다른 두 성과 함께 동등한 권리를 지닌다고 말합니다. 우리는 그들의 주장을 비판적으로 검토할 수 있는 기회를 가질 것입니다. 물론 그들은 자신들이 기꺼이 그렇게 주장하고 싶어 하는 것처럼 인류의 〈정예〉라고 볼 수 없으며, 성적인 관점에서 다른 유형의 사람들처럼 열등하거나 쓸모없는 사람들도 포함하고 있습니다.

최소한 이들 성도착자들이 자신들의 성 대상Sexualobjekt을 통해서 의도하는 것은, 정상적인 사람들이 성적 관계를 통해 달성하고자 하는 것과 거의 동일합니다. 그러나 이들 외에도 일련의 비정상적인 성생활을 하는 사람들이 있습니다. 그들의 성행위는 이성적인 사람이 자신의 욕망을 충족시키는 방식에서 한참 멀어져 있습니다. 비정상적인 성행위의 다양성과 특이성은, 브뢰겔P. Breughel이 〈성 안토니우스의 유혹〉이란 제목의 그림에서 묘사한 흉측한 괴물들과 비견될 만합니다. 아니면 플로베르G. Flaubert가 묘사한, 경건한 참회자들 옆을 기진맥진해서 흐트러진 모습으로 걸어가는 신들과 신자들의 긴 행렬과 흡사합니다.[3] 우리의 미래를 혼란스럽게 만들지 않으려면, 이 무리들은 어떤 형태로든 정리될 필요가 있습니다. 그 군상(群像)은 동성애자처럼 성적 대상이 바뀐 집단과, 성욕의 목표 자체가 우선적으로 변경된 집단으로 분류됩니다. 첫 번째 집단에는 더 이상 양성의 성 기관을 결합시킴으로써 성적 만족을 구하지 않으려는 사람들이 속합니다. 성행위에 참여하는 한 상대방의 성기는 신체의 다른 기관이나 영역에 의해서 대체됩니다. 그들은 이때 그 같은 신체 기관이 갖고 있는 성기로서의 결함이나, 구역질에 의한 장애 요인을 무시합니다 (입과 항문이 질을 대신한다). 두 번째 집단에 속한 사람들은 비록 성 기관에 집착하기는 하지만, 성적인 기능이 아닌 다른 기능들 때문입니다. 이 기능들은 해부학적인 이유들이나 신체 구조상의 근접성 때문에 성 기관이 관여하게 되어 있습니다. 우리는 유아들이 교육받는 동안 버릇없는 행위로 고쳐야만 했던 배설 기능들이, 아직도 이들에게는 충분한 성적 관심을 불러일으킨다는 사실을 발견합니다. 성 기관 자체가 성욕의 대상으로 간주되지 않는 또 다른 집단의 경우, 그것을 대신해서 신체의 다른 부분들, 여성의 유방이나 발, 땋아 내린 머리와 같은 것들이 욕구의 대상으로 부각됩니다. 이외에도 신체 기관이 성욕을 충족시키는 데 아무 역할을 못 하는 사람들이 있습니다. 이 페티시즘 환자들의 모든 욕망은 의복이나 신발, 한 조각의 흰 속옷 등에 의해서 달성됩니다. 또 한편으로 몸 전체를 요구하지만, 그 대상에게 아주 특정하고 드물 뿐만 아니라 끔찍하기도 한 요구를 하는 사람들도 있

---

3 플로베르의 『성 안토니우스의 유혹 La tentation de Saint Antonine』(1874).

습니다. 혹은 방어력이 없는 시신을 대상으로 삼거나, 쾌락을 맛보기 위해 범죄적인 강박 관념으로 그런 짓을 저지르는 경우도 있습니다. 잔혹한 이야기는 이것으로 충분합니다!

다른 일단의 사람들은, 정상적인 경우 단지 성행위의 도입부나 준비 작업에 해당하는 것들을 성적 욕망의 목표로 설정함으로써 도착증에 걸린 상태에 놓여 있습니다. 따라서 여기에는 이성을 그저 바라보거나 만지고 싶어 하는 사람들, 혹은 이성의 내밀한 부분들을 훔쳐보고 싶어 하는 사람들, 그리고 감추어야 하는 자기 자신의 신체 부분을 노출시켜 다른 사람도 같은 행동으로 응해 오지 않을까 하는 엉큼한 기대를 품고 있는 사람들이 속합니다. 또 다른 한편으로 학대 음란증에 걸린 일단의 사람들, 즉 사디스트들이 계속 거론될 수 있는데, 이들의 행동은 불가사의할 정도입니다. 이들은 사랑의 대상에게 고통을 주거나 고문을 함으로써만 성욕의 목표를 달성하려고 합니다. 이들이 상대방에게 고통을 주는 방식은, 언어적 암시를 통한 모욕에서부터 심한 육체적 손상에 이르기까지 다양합니다. 사디스트들과 대응하는 성도착자들이 마조히스트, 즉 피학대 음란증 환자로 불리는 사람들입니다. 이들의 유일한 쾌락은, 자기가 사랑하는 상대방에게서 상징적인 형태나 현실적인 형태의 모욕과 고통을 당하는 것입니다. 나아가서 여러 가지 비정상적인 행태가 합쳐지거나 뒤엉켜 있는 경우들도 있습니다. 결국 우리는 이 모든 집단들이 두 가지 형태로 존재한다는 사실을 경험하게 됩니다. 즉 자신들의 성적 만족을 현실 속에서 찾는 사람들이 있는 반면에, 자신의 만족을 위한 어떤 현실적 대상도 필요치 않고, 그런 쾌락 자체를 상상에 의해서 대체함으로써 단지 머릿속에 떠올리는 것으로 만족하는 사람들도 있다는 것입니다.

이런 미친 짓이나 괴상하고 추악한 행위들을 이 사람들이 자신의 성생활에서 실제로 추구한다는 것은 전혀 의심의 여지가 없습니다. 이 사람들 자신이 그렇게 생각할 뿐만 아니라, 우리도 성적 욕구가 그런 방식으로 대체된다는 것을 감지하고 있습니다. 그들의 삶 속에서 비정상적 성행위가 맡는 역할은, 마치 우리의 인생에서 정상적인 성적 만족이 수행하는 역할과 동일합니다. 이를 위해서 그들은 정상인과 마찬가지의 노력을 기울이거나, 아니면 종종 엄청난 희생도 치릅니다. 그리고 우리는 이 같은 비정상적인 행태들의 어느 부분이 정상적인 경우와 흡사하고, 또 어떤 부분에서 서로 구별되는지, 대강 혹은 자세히 추적할 수 있습니다. 물론 여러분은 여기서도 성적 행위에 수반되는 음란한 특징들을 발견하게 됩니다. 그런 행위가 음란하다는 것을 여러분은 간파할 수 있지만, 대부분의 경우 비열한 차원으로까지 정도가 심해집니다.

신사 숙녀 여러분, 이런 이상한 성적 만족Sexualbefriedigung의 유형들을 우리는 어떻게 대해야 할까요? 분노하거나 개인적인 혐오감을 표명하고, 또 이 같은 방식의 욕구 충족에 대해서는 공감하지 않는다고 다짐하는 것만으로는 명백히 부족합니다. 문제가 되는 것은 그런 물음들이 아닙니다. 이 역시 다른 것들과 마찬가지로 구체적 현상으로 나타난 심리의 영역입니다. 그런 현상들은 단지 희귀하고 흥미로운 소재일 뿐이라고 말하면서 이 문제를 외면할 수는 없습니다. 우리는 그런 방식으로 문제와 직면하기를 거부하는 사람들을 쉽게 반박할 수 있습니다. 반대로 그런 현상은 실제로 자주 발생하고, 또 광범위하게 퍼져 있습니다. 비정상적인 성욕의 만족은 한결같이 성 충동Sexualtrieb의 일탈 내지 탈선으로 간주할 수 있기 때문에, 우리의 성생활에 대한 견해가 그런 현상들로 인해서 흔들릴 수는 없다고 여러분이 말하고 싶다면, 진지하게 답변해야 할 필요가 있습니다. 만약 우리가 병적으로 나타난 성의 모습을 이해하지 못한다면, 그리고 이를 정상적인 성생활과 함께 고려하지 못한다면, 정상적인 성에 대해서도 제대로 이해하지 못한 것입니다. 간단히 말해서, 위에서 언급한 성도착의 가능성과 소위 정상적인 성생활 사이의 관계에 대해서 이론적으로 충분히 규명해야 하는 과제가 불가피하게 남아 있습니다.

이에 대해서는 하나의 통찰과 다음 두 가지 새로운 경험이 우리에게 도움을 줄 수 있습니다. 우리가 도움을 받은 통찰은 이반 블로흐Iwan Bloch에 힘입은 것입니다.[4] 그는 이 모든 도착증을 〈퇴화의 징후〉로 보는 관점을 교정했습니다. 그는 성욕의 목표로부터 일탈하거나 성욕의 대상과 맺는 관계가 이완되는 현상은, 우리가 알고 있는 과거의 모든 시기에 걸쳐서 원시 종족이든, 고도의 문화 민족이든 관계없이 전반적으로 나타나며, 종종 그 사회에서 용인되거나 일반적으로 통용되기도 했다는 것을 입증했습니다. 다음 두 가지 경험은 신경증에 대한 정신분석적 탐구에 의해서 획득한 것입니다. 이 경험은 성적 도착들에 대한 우리의 관점에 결정적인 영향을 미칠 수밖에 없습니다.

우리는 앞에서 이미 신경증 증상들은 성적 만족의 대체물들이라고 말했습니다. 나는 여러분에게 이 명제를 증상들의 분석을 통해서 입증하는 일이 많은 어려움에 직면했다고 밝혔습니다. 이 명제는 우리가 〈성적 만족〉이란 표현에, 이른바 도착적인 성적 욕구들이라고 부르는 것까지 포함시킬 때에만 타당합니다. 왜냐하

---

4 블로흐의 『성적 정신 치료의 병인론에 대한 기고Beiträge zur Ätiologie der Psycho-pathia sexualis』(1902~1903) 참조.

면 증상들을 그렇게 해석해야만 할 필요성이 놀라울 정도로 자주 제기되기 때문입니다. 동성애자들이나 성도착자들이 예외적인 사람들이라는 주장은 바로 무너져 버리는데, 그 까닭은 동성애 *Homosexualität* 충동이 그 어떤 신경증 환자들에게서 발견되지 않는 경우란 없으며, 일련의 많은 신경증 증상은 잠재적 도착증의 형태로 표현되기 때문입니다. 자신을 동성애자로 부른다는 것은 바로 의식화되고 명시적인 도착증의 경우에 해당하며, 그 수는 잠재적인 동성애자들의 숫자와 비교한다면 보잘것없습니다. 하지만 우리는 성생활의 대상을 자기와 같은 성에서 선택하는 것을 한결같이 일탈적 행위로 간주할 수밖에 없으며, 또한 점점 더 그런 행위에 중요한 의미를 부여할 수밖에 없음을 알게 됩니다. 확실히 명시적인 동성애와 정상적 성행위 사이의 차이들은 사라지지 않고 남아 있습니다만, 그 차이의 이론적 가치는 매우 감소되었습니다. 편집증*Paranoia*은 더 이상 전이 신경증으로 분류할 수 없는 특정한 감정으로 볼 수 있으며, 대개의 경우 매우 강렬한 동성애적 충동들을 방어하려는 시도 때문에 발생합니다.[5] 아마 여러분은 우리 여환자들 중 한 사람이 강박 행위를 하면서 남자, 즉 결별한 자신의 남편을 흉내 냈다는 사실을 아직 기억할 것입니다. 남편의 역할을 대신하는 증상들이 신경증에 걸린 여자들에게 나타나는 것은 늘상 있는 일입니다. 비록 이 사례는 동성애에 속하지는 않지만 동성애의 전제 조건들과 많은 관련을 맺고 있습니다.

여러분도 잘 아실 테지만, 히스테리성 신경증의 증상들은 모든 신체 기관에 나타나서 신체 기능에 장애를 불러일으킬 수 있습니다. 분석을 통해서, 그때에는 성 기관을 다른 신체의 기관들로 대체하려는 모든 충동, 즉 흔히 도착적이라고 불리는 충동들이 나

---

5 편집증에 관해서는 스물여섯 번째 강의 참조.

타난다는 사실이 입증되었습니다. 이 기관들은 여기서 성 기관의 대체물처럼 작용합니다. 우리는 히스테리의 증상론을 통해서 신체 기관들이 기능적인 역할 외에 성적인, 즉 성감대와 유사한 역할을 담당한다는 결론에 도달했습니다. 또한 이 후자의 기능을 위해서 신체 기관이 과도하게 사용될 경우, 전자의 정상적인 기능을 수행하는 데 지장을 받는다는 결론을 내렸던 것입니다.[6] 겉으로 보기에 성과는 아무 관계가 없는 듯한 신체 기관들에 대한 수많은 감각과 신경 자극들은 히스테리의 증상들로 우리에게 알려졌습니다만, 본질적으로는 도착적인 성적 자극들을 충족시키려는 것임이 드러납니다. 여기서 성 기관들은 다른 신체 기관들에 의해서 자신의 의미를 박탈당합니다. 그렇다면 우리는 영양 섭취와 배설을 위한 기관들이, 얼마나 다양한 방식으로 성적 자극을 담당하고 전달할 수 있는지 알게 됩니다. 따라서 그것은 우리에게 도착들의 형태로 이미 알려진 현상들입니다. 다만 성도착의 경우에는 별다른 노력을 기울이지 않아도 명확하게 인식할 수 있는 것을, 히스테리의 경우에는 증상 해석이라는 우회적인 방식을 통해서만 드러날 뿐입니다. 이때 성도착적인 충동들은 개인들의 의식이 아니라 무의식에서 비롯합니다.

강박 신경증이 나타내는 수많은 증상의 모습 중에서 가장 중요한 증상들은 매우 강한 학대 음란증Sadismus의 충동을 통해 촉발되며, 성도착적인 자극을 지향합니다. 물론 증상들은 강박 신경증의 구조와 일치하며, 우선적으로 이런 욕망을 〈방어〉하는 역할을 담당하거나, 혹은 욕망을 충족시키려는 충동과 방어하려는 충동 사이에 벌어지는 투쟁을 표현합니다. 그렇다고 성적 만족을

6 프로이트는 심인성 시각 장애에 대한 논문에서 이에 대하여 논하고 있다. 「시각의 심인성 장애에 관한 정신분석적 견해」(프로이트 전집 10, 열린책들) 참조.

누리는 것이 어려워지는 것은 아닙니다. 성적 만족은 우회적인 방식으로 환자의 행태를 통해서 달성됩니다. 또 환자 자신의 인격에 거침없이 손상을 가하면서, 환자 자신이 스스로를 고문하도록 만들어 버립니다. 지나치게 세심한 데 신경을 쓰는 과민성 신경증의 다른 유형들은, 대개 정상적인 성적 만족의 과정에서는 단순히 준비 단계에 속하는 것들, 가령 상대방을 단지 바라보거나 만지고 탐색하는 행위들도 성적인 행위로 간주해 버리는 성적 만족의 유형과 일치합니다. 접촉 불안*Berührungsangst*이나 세척 강박*Waschzwang*이 지닌 의미의 중요성은 여기서 밝혀집니다. 강박 행위의 예상하지 못한 상당 부분은 가장된 자위행위의 반복과 변형으로 이해됩니다.[7] 성적인 상상들은 매우 다양한 형식을 보이는 반면, 자위행위는 알려진 대로 그런 상상에 수반하는 유일하고 동일한 유형의 행위입니다.

여러분에게 성도착증과 신경증의 관계를 좀 더 깊이 설명하기 위해서 별로 많은 노력이 들지는 않습니다. 그러나 지금까지 설명한 것으로 우리의 의도는 충족되었다고 생각합니다. 그러나 우리는 증상의 의미를 규명한 다음에, 사람들이 지닌 성도착적 충동들의 빈도수와 강도를 과대평가하지 말아야 합니다. 여러분은 정상적인 성적 만족이 좌절되었을 때 병에 걸릴 수 있다고 들었을 것입니다. 현실상의 좌절로 인해서 성적 충동을 비정상적인 방식으로 채우려는 욕구가 발동합니다. 여러분은 후에 그런 방식이 어떻게 진행되는지 지켜볼 수 있습니다. 여하튼 여러분은 그와 같은 〈부행적(副行的)〉 정체 현상에 의해서, 정상적으로 성적 만족을 누리려는 시도가 현실에서 아무 방해를 받지 않았을 때보다 더 강

7   강박 행위의 발전 과정은 강박증과 종교에 관한 논문에서 논의하고 있다. 「강박 행동과 종교 행위」참조.

럴하게 도착적인 충동들이 분출될 수밖에 없음을 알고 있습니다.[8] 그 밖에 명시적인 성도착의 경우에 대해서도 비슷한 영향력이 감지됩니다. 명시적 도착증의 많은 사례는, 일시적인 상황이나 지속적인 사회 제도들에 의해서 성 충동을 정상적으로 만족시키는 것이 너무도 어려울 때 촉발되거나 활성화됩니다.[9] 다른 사례들의 경우에 도착적 경향성들은 분명히 병의 유발을 유리하게 만드는 조건들과 아무런 관계가 없습니다. 그런 증세를 보이는 개인에게는 성도착이 소위 정상적인 성생활의 유형에 해당합니다.

아마도 여러분은 지금 우리가 정상적인 성생활과 도착적인 성생활 사이의 관계를 더 명확하게 설명하기보다는 오히려 혼란스럽게 만들어 버렸다는 인상을 받을 것입니다. 하지만 다음과 같은 고찰을 염두에 두기 바랍니다. 만약 정상적인 성적 만족이 현실적으로 어려워지거나 결핍된 사람들에게 평소에는 전혀 나타나지 않았던 성도착적인 충동들이 나타났다면, 이 사람들에게 무엇인가 성도착과 대응하는 것들이 존재하고 있었을 것이라고 추정할 수 있습니다. 혹은 여러분이 원한다면, 이들에게 성도착의 경향이 잠재적인 형태로 존재한다고 말해도 좋습니다.

이렇게 해서 우리는 이미 내가 예고한 두 번째 새로운 사실을 접하게 되었습니다. 정신분석학의 탐구 내용에 바로 어린이의 성생활도 포함시켜야만 했는데, 그 이유는 증상들을 분석하는 과정에서 검토한 기억들과 연상들이 대체로 유아기에서부터 발원한

8　프로이트는 성적 충동들이 정상적인 경로를 통해서 해소되지 못하고 옆길로 빠져 신체 기관 내부에서 일종의 병목 현상을 초래하는 것을 해부학적 용어인 〈부행적 kollaterale 정체 현상〉의 개념을 빌려 설명하고 있다. 「성욕에 관한 세 편의 에세이」 참조.

9　「〈문명적〉 성도덕과 현대인의 신경증」(프로이트 전집 12, 열린책들) 참조.

것이었기 때문입니다. 우리가 추론했던 사실들은 하나하나 어린 아이들에 관한 직접적인 관찰들에 의해서 입증되었습니다.[10] 그리고 모든 성도착적 충동들은 유년기에서부터 그 원인이 발생하고, 어린이 모두가 그런 기질적 요인을 지니고 있을 뿐만 아니라, 완전히 성숙하지 않은 단계에 상응하는 형태로 그 기질이 존재한다는 것이 드러났습니다. 간단히 말해서, 도착적 성생활은 유년기의 성생활이 더욱 확장되고, 개별적인 충동들로 분리되어 나타나는 현상에 지나지 않습니다.

이제 여러분은 성도착의 현상들을 다른 시각에서 보게 되었을 것이며, 성도착과 사람들의 성생활 사이의 뚜렷한 관계를 더 이상 무시할 수 없게 되었을 것입니다. 하지만 이런 통찰의 대가로 여러분은 당혹스럽고 고통스러운 감정적 혼란을 경험하지 않습니까! 여러분은 분명히 다음과 같은 모든 사실을 부정하고 싶어할 것입니다. 가령 어린아이들이 우리가 성생활이라고 부르는 것과 같은 무엇을 지니고 있다거나, 어린아이의 태도가 나중에 성도착으로 매도될 수 있는 것과 관련이 있다는 우리의 관찰과 그런 주장의 타당성 등을 모두 부정하고 싶을 것입니다. 따라서 내가 여러분에게 우선적으로 여러분이 느끼는 저항감의 동기부터 설명한 후에, 우리가 관찰한 모든 결과를 제시하는 것에 대해 양해하기 바랍니다. 어린아이들은 성생활, 이를테면 성적 자극들이나 욕구들, 그리고 일종의 성적 만족감이라고 할 수 있는 것들을 가지고 있지 않으며, 열두 살에서 열네 살 사이의 기간에 갑자기 성생활을 시작한다는 주장은 모든 분석적 관찰을 제외하더라도, 생물학적 관점에서도 전혀 개연성이 없습니다. 그렇습니다. 그런 주장은 마치 그들이 성 기관 없이 세상에 태어나서, 사춘기에 이

10 「다섯 살배기 꼬마 한스의 공포증 분석」(프로이트 전집 8, 열린책들) 참조.

르러서야 비로소 성 기관이 형성되었다는 주장과 마찬가지로 이치에 맞지 않습니다. 이 시기에 호기심을 자극하는 것은 생식 기능입니다. 생식 기능은 이미 존재하는 육체적이며 정신적인 소재들을 자신의 목적을 달성하기 위해서 사용합니다. 여러분은 성과 생식을 서로 혼동하는 오류를 범함으로써 성과 성도착들, 그리고 신경증들을 이해할 수 있는 길을 차단하고 있습니다. 그러나 이런 오류에는 모종의 의도가 숨겨져 있습니다. 오류는 놀랍게도, 여러분 자신이 어린 시절을 보냈으며, 어린이로서 교육의 영향력을 받았다는 데서 기인합니다. 사회가 설정한 가장 중요한 교육적 과제들 중에는, 생식의 충동으로 분출하는 성적 충동을 억제·제한하고, 개인적인 의지하에 종속시키는 과제가 포함되어 있습니다. 이는 사회적 명령과 동일합니다. 사회는 어린아이가 일정한 수준의 지적인 성숙 단계에 도달할 때까지 성적 충동의 발달을 지연시키는 데 관심을 가집니다. 왜냐하면 성적 충동이 완전히 분출되면, 아이들을 교육시킬 수 있는 가능성도 없어지기 때문입니다. 만약 그렇게 하지 않는다면 충동의 거센 물결은 모든 제방을 무너뜨리고, 인류가 힘겹게 쌓은 문화유산은 유실되고 말 것입니다. 충동을 제어하는 과제 역시 결코 쉽지 않습니다. 그 과제는 어떤 때는 거의 성공하지 못하다가, 또 어떤 때는 아주 잘 달성됩니다. 사람들이 살아가는 사회의 동기는 결국 경제적인 것입니다. 사회는 구성원의 노동에 의존하지 않고도 그들을 먹여 살릴 수 있을 만큼 충분한 식량을 갖고 있지 않기 때문에, 구성원의 수를 제한하고, 그들의 힘을 성생활에서 노동의 영역으로 유도해야만 합니다. 결국 이는 시원에서부터 현재에 이르기까지 영원히 계속된 생활과의 싸움입니다.

　새로운 세대들의 성적 의지를 조절하는 과제는, 이들에 대한 교육적 영향력을 매우 일찍 행사할 때만 달성될 수 있습니다. 사춘기의 격렬한 시기가 다가올 때까지 기다리지 않고, 사춘기의 준비 단계인 어린아이의 성생활에 미리 개입하는 것입니다. 이런 의도에서 거의 모든 유년기의 성적 행위들이 어린아이에게 금지되고 혐오스러운 것으로 치부됩니다. 사람들의 이상적인 목표는 어린아이의 삶을 성과 무관한 것으로 설정하는 것입니다. 그리고 결국에는 시간이 흐름에 따라 사람들은 정말로 어린아이의 삶이 성과 무관하다고 간주하기 시작했으며, 학문 역시 자신의 학설로 공표하기에 이르렀습니다. 자신들의 믿음과 의도들이 서로 모순되지 않도록 만들기 위해서, 사람들은 결코 무시할 수 없는 어린아이의 성적 활동을 간과했습니다. 학문 역시 어린이의 성적 활동을 다른 방식으로 해석하는 데 그쳤습니다. 어린이는 순수하고, 죄가 없다는 것입니다. 만약 누군가 다른 방식으로 어린이를 묘사한다면, 그는 인류의 섬세하고 성스러운 감정을 훼손하는 뻔뻔스러운 사람으로 매도당할 것입니다.

어린아이들이야말로 이 같은 통속적 약속들에 관여해 본 적 없이, 그저 소박하게 자신들의 본능적인 권리를 관철할 뿐이며, 순수의 길을 계속 걸어가야 한다는 것을 되풀이해서 증명하고 있는 유일한 존재들입니다. 그런데 이상하게도 어린이의 성을 부정하는 사람들은 당연히 교육하는 과정에서 이 문제에 대해 관대해야 하지만, 오히려 〈어린이의 무례함〉이란 말로 자신들이 부정했던 현상들을 아주 엄격하게 다스립니다. 이론적으로 매우 흥미로운 시기는 다섯 살에서 여섯 살까지의 유년기입니다. 어린이의 일생에서 이 시기는 어린이에게는 성생활이 존재하지 않는다는 편견을 가장 극명하게 부정하는 현상들이 나타나는 기간입니다. 대부분의 사람들에게 이 시기는 망각의 베일에 싸여 있습니다. 이 베일 속의 비밀은 나중에 분석적 탐구에 의해 비로소 송두리째 드러나지만, 그전에는 개별적인 꿈-형성을 통해서 간간이 엿볼 수 있을 뿐입니다.

이제 나는 여러분에게 어린이의 성생활을 가장 명확하게 보여주는 사태를 소개할 예정입니다. 이런 의도를 효과적으로 달성하기 위해서 〈리비도〉 개념을 소개할 생각입니다. 리비도는 〈배고픔〉과 마찬가지로 본능이 드러내는 힘을 나타냅니다. 즉 배고픔이 영양을 섭취하려는 충동을 불러일으키는 힘인 것처럼, 리비도는 성적 충동을 불러일으키는 힘입니다. 다른 개념들, 가령 성적 자극과 만족은 더 이상 설명이 필요 없습니다. 유아의 성적 활동성의 경우, 그것을 해석하기 위해서는 많은 노력이 요구된다는 사실은 여러분 자신이 쉽게 간파할 수 있습니다. 물론 이런 정황은 여러분이 반론을 제기하는 데도 이용할 수 있습니다. 이런 해석들은 분석적 연구들을 토대로 증상을 추적함으로써 가능해집니다. 최초의 성적 자극들은 유아의 경우, 생명의 유지에 긴요한 다른 기능들과의 연관 속에서 나타납니다. 여러분이 알다시피, 유아의 주된 관심은 음식의 섭취에 있습니다. 만약 그가 어머니의 젖으로 배를 불린 후 잠이 든다면 이는 행복한 만족의 표현이며, 이 같은 현상은 성인이 된 후 극도의 성적 쾌감을 체험한 후에 반복됩니다. 이를 토대로 어떤 결론을 정당화하기에는 부족할 수 있습니다. 그러나 우리는 새로운 음식을 요구하지도 않으면서, 음식을 계속해서 섭취하려는 유아의 행동을 관찰합니다. 여기서 그의 행동은 어떤 배고픔의 충동에 의해서 좌우되는 것이 아닙니다. 우리는 〈그가 무언가를 빤다〉고 말합니다. 그리고 그가 이런 행위를 하면서 다시 행복한 표정으로 잠이 든다면, 빠는 행위 자체가 그에게 만족감을 가져다주었다고 봅니다. 잘 알다시피 유아들은 무언가 빨지 않으면 잠을 자지 않는 습관을 익힙니다. 이런 행위의 성적 본질은 오래전에 부다페스트의 소아과 의사인 린트너S. Lindner가 처음 주장했습니다.[11] 어린이를 보살피는 보모들은, 자신들이 그 어떤 이론적인 입장을 표명할 생각은 없었지만, 어린아이의 빠는 행위를 이와 유사한 시각으로 보는 것 같습니다. 그들은 이 행위가 단지 쾌락 획득에만 공헌한다는 사실을 의심하지 않으며, 이런 행위는 어린아이의 못된 버릇에 속한다고 생각하기 때문에 자발적으로 그만두지 않으면 강제로 그만두도록 만듭니다. 따라서 우리는 어린아이가 쾌락 획득 이외의 다른 의미가 없는 행위를 한다는 것을 알 수 있습니다. 그는 이런 쾌감을 최초로 음식을 섭취하면서 체험했지만, 곧바로 이런 조건과 관계없이 쾌감을 느끼는 방법을 터득했다고 간주할 수 있습니다. 쾌락의 획득이 오직 입과 입술의 주변을 자극하는 것과 관계하기 때문에, 신체의 이 부분들은 〈성감대erogene Zonen〉로 불립니다. 그리고 빠는 행위를 통해 달성된 쾌감은 〈성적인sexuelle〉 것으로 표현합니다. 이런 표현들의 타당성에 대해서는 물론 계속 논의해야만 합니다.

만약 유아가 말을 할 수만 있다면, 분명히 어머니의 젖을 빠는 행위를 자신의 삶에서 가장 중요한 것으로 인정할 것입니다. 그는 틀리지 않았습니다. 왜냐하면 그는 이 행위를 통해서 두 가지 필수적인 삶의 욕구를 만족시키기 때문입니다. 정신분석을 통해서 이 행위가 일생 동안 얼마나 중요한 심리적 의미를 지니는지 알게 된다면, 우리는 놀라지 않을 수 없을 것입니다. 어머니의 젖을 빠는 행위는 일생에 걸친 성생활의 단초입니다. 이 행위는 나

11 린트너의 「어린아이의 손가락, 입술 등 빨기Das Saugen an den Fingern, Lippen, etc., bei den Kindern(Ludeln)」(1879) 참조.

중에 사람들이 추구하는 모든 성적 만족이 여의치 못할 때, 항상 달성할 수 없는 이상형으로 간주됩니다. 또 사람들은 어려움에 빠질 때마다 상상을 통해서 자주 이 이상형으로 되돌아가는 경향이 있습니다. 여기서 어머니의 유방은 최초의 성적 충동을 만족시켜 주는 대상입니다. 나는 여러분에게 이 최초의 대상이 나중에 나타나는 모든 성적 대상의 발견과 관련해서 얼마나 중요한지, 그리고 정신 활동의 가장 멀리 떨어진 영역에까지 변형되고 대체된 이 최초의 대상이 얼마나 깊은 영향력을 행사하는지에 대해서, 과연 어떻게 이해시켜야 할지 난감합니다. 그러나 유아는 어머니의 유방을 자기 신체의 한 부분으로 대체합니다. 어린아이는 자신의 혀로 엄지손가락을 빱니다. 그는 이로써 쾌락의 획득을 위해 외부 세계의 동의를 구할 필요가 없습니다. 게다가 그는 신체 기관들 중에서 두 번째 부분을 자극하여 쾌락을 증가시킵니다. 성감대의 영역들은 동일하게 분포되어 있지 않습니다. 그래서 만약 유아가, 린트너가 보고한 대로, 신체를 더듬어 본 결과 자신의 성 기관 중에서 특히 자극적인 부분들을 발견했고, 또 빠는 행위에서 자위행위로 이행하는 방법을 터득했다면, 이것은 매우 중요한 체험입니다.

빠는 행위를 평가함으로써 우리는 이미 유아기의 성에 관한 두 가지 결정적인 특성을 알게 되었습니다. 유아기의 성은 유기체의 커다란 욕구들을 만족시키려는 행위에 의존합니다. 유아기의 성은 〈자가 성애적〉인 양상을 보입니다. 다시 말해서, 유아기의 성적 대상은 자신의 신체에서 찾아지고 발견됩니다. 음식의 섭취에서 가장 분명하게 볼 수 있는 현상은, 부분적으로 배설 행위에서도 반복됩니다. 우리는 유아가 대소변의 배설 행위에서 쾌감을 느끼며, 이 과정에서 성감대의 점막(粘膜) 부위를 적절하게 자극함으로써 최대한의 쾌감을 이끌어 내는 방식을 채택한다고 추정했습니다. 섬세한 감성을 지닌 루 안드레아스-살로메L. Andreas-Salomé가 제시한 대로, 이 시점에서 일단 외부 세계는 아이의 행동을 방해하고, 쾌락을 추구하는 것에 대해서도 적대적인 힘으로 아이에게 받아들여집니다.[12] 이는 아이가 나중에 겪게 될 내적인 갈등과 함께 외부 세계와의 갈등을 예상하게 만듭니다. 그는 자신의 배설물들을 자기가 원하는 순간에 내놓아서는 안 되며, 배설은 다른 사람들이 정하는 시간에만 허용됩니다. 아이가 이를 쾌감의 원천으로 사용하지 못하도록 만들기 위해서, 이에 해당하는 모든 기능은 점잖지 못하고 비밀스러운 것으로 치부됩니다. 여기서 그는 우선적으로 사회적 품위와 쾌락을 교환하는 것입니다. 배설물 자체에 대한 자신의 관계는 처음부터 전혀 다른 것이었습니다. 그는 자신의 배설물에 대해서 전혀 혐오감을 느끼지 않고 자기 신체의 일부분으로 간주합니다. 그는 자신의 배설물에 집착하며, 특별히 자기가 좋아하는 사람들에 대한 호감의 표시로 주는 최초의 〈선물〉로 그것을 활용합니다. 그 같은 경향성들을 아이에게서 제거하려는 교육적 의도가 성공한 다음에도, 유아는 계속해서 배설물을 〈선물〉이자 〈돈〉으로 평가합니다.[13] 반면에 그는 소변을 볼 수 있는 능력을 특별히 자랑스럽게 간주합니다.

나는 여러분이 이미 오래전부터 나의 강의를 중지시키고, 다음과 같이 외치고 싶어 한다는 것을 압니다. 〈그런 끔찍한 얘기들은 지금까지로 족합니다! 배설 행위가 성적 쾌감을 만족시켜 주는 원천이고, 또 유아가 벌써 그런 것을 이용하다니요! 대변은 가치

12· 안드레아스-살로메의 「〈항문적인 것〉과 〈성적인 것〉'Anal' und 'Sexual'」(1916).

13· 배설물과 돈의 관계는 성애에 대한 프로이트의 두 편의 논문에서 논의되고 있다. 「성격과 항문 성애」, 「항문 성애로 본 충동의 변화」(프로이트 전집 7, 열린책들) 참조.

있는 물건이고 항문은 성기의 일종이라니요! 그런 주장들을 우리는 믿을 수 없습니다. 우리는 왜 소아과 의사들과 교육학자들이 정신분석과 그 학설을 아주 멀리했는지 이해할 것 같습니다.〉 아닙니다. 여러분은 단지 내가 유아기의 성생활에 대한 여러 가지 사태를 성적 도착이란 사실과의 연관 속에서 설명하려 했음을 잊어버렸습니다. 여러분은 수많은 성인에게, 즉 이성을 사랑하는 사람이나 동성애자에게 모두 한결같이 항문이 성교 과정에서 실제로 질의 역할을 담당한다는 점을 모르십니까? 그리고 배설 당시의 쾌적한 느낌을 자신의 전 인생에 걸쳐서 확실히 느끼면서, 그런 감각을 전혀 과소평가하지 않는 많은 개인이 있다는 사실도 모르십니까? 배변(排便) 행위에 대한 관심과 타인의 배변 행위를 바라볼 때의 만족감에 대해서, 여러분은 어린아이들이 나이를 몇 살 더 먹고 스스로 그것에 대해 말할 수 있게 되면, 어린아이 스스로의 입으로 확인할 수 있습니다. 물론 여러분은 이 아이들을 사전에 계획적으로 주눅 들게 해서는 안 됩니다. 그렇다면 아이들은 그런 사실에 대해서 침묵해 버린다는 점을 알게 될 것입니다. 그리고 여러분이 믿고 싶어 하지 않는 다른 사항들에 대해서는 분석의 결과들을 참조하거나, 아이들을 직접적으로 관찰해 보시기 바랍니다. 이 모든 사태를 전혀 무시하거나 달리 보기 위해서는 재주를 부려야 할 것입니다. 어린이의 성행위와 성적 도착들이 서로 흡사하다는 사실이 여러분에게 이상하게 생각된다고 하더라도, 나는 별로 반론을 제기할 생각이 없습니다. 만약 어린이 자신이 성생활을 갖는다면, 그것은 도착적인 성질을 지닐 수밖에 없으며 이는 원래부터 자명한 사실입니다. 왜냐하면 어린아이는 몇 가지 매우 적은 수의 모호한 조짐을 제외하고는, 성을 생식 기능으로 연결시켜 주는 것들을 갖고 있지 않기 때문입니다. 다른 한편으로 모든 도착들의 공통된 특성은 생식이라는 목표를 포기했다는 데 있습니다. 생식이라는 목표를 포기하고, 생식과 무관한 쾌락의 획득을 목표로 추구하는 성적 행위를 우리는 도착적이라고 부릅니다. 따라서 여러분은 성생활을 단절시키고 전환점을 가져오는 시기는, 성생활을 생식이라는 의도에 종속시키는 순간임을 알게 됩니다. 이 전환점에 도달하기 전에 나타나는 모든 사태, 즉 전환의 영향을 받지 않고 오직 쾌락의 획득에만 봉사하는 모든 행위에는 그다지 명예스럽지 못한 〈도착〉이란 이름이 붙여지고, 또 바로 그런 것으로서 배척당합니다.

그러므로 여러분은 내가 유아기의 성에 대해 계속해서 간략하게 설명하는 것을 허용해 주기 바랍니다. 내가 두 개의 신체 기관의 체계들에 대해서 보고했던 내용들은, 다른 신체 기관들을 함께 고려하면서 더욱 완전하게 가다듬을 수 있습니다. 어린아이의 성생활은 일련의 부분적인 충동들이 발동하는 것으로 끝납니다. 이 부분적인 충동들은 서로 분리된 채, 일부는 자신의 몸을 통해서, 또 다른 일부는 외부의 대상을 통해서 쾌락을 획득하려고 시도합니다. 성 기관들은 다른 모든 기관들 중에서 매우 빨리 쾌감의 대상으로 부각됩니다. 사람들 중에는 타인의 성 기관이나 다른 성적 대상의 도움 없이, 그리고 유아기의 자위행위에서 시작해서 사춘기의 불가피한 자위행위에 이르기까지 쉬지 않고 무한정으로, 자기 자신의 성 기관을 통해서 쾌감을 추구하는 경우도 있습니다. 어찌 됐든 자위행위라는 주제는 그렇게 쉽게 끝낼 수 있는 주제가 아닙니다. 이는 여러 측면에서 관찰해야 하는 소재입니다.

강의의 주제를 제한해야겠다는 나의 생각에도 불구하고, 어린아이의 〈성 연구〉에 대해 몇 가지 언급해야겠습니다.[14] 이 연구는

---

14 「어린아이의 성 이론에 관하여」(프로이트 전집 7, 열린책들) 참조.

어린아이의 성이 보여 주는 특징들을 다루지만, 신경증의 증상에 대한 연구로서도 중요합니다. 유아기의 성에 대한 연구는 매우 일찍, 대부분의 경우 세 살이 되기 전에 이루어집니다. 이 연구는 성별에 대해서는 관심을 두지 않습니다. 남성과 여성의 차이는 어린이에게는 별 의미가 없습니다.[15]

아이들은 — 최소한 남자아이들은 — 남자나 여자나 모두 동일한 남성의 성기를 지니고 있는 것으로 여깁니다. 남자아이가 자기 여동생이나 소꿉친구들에게 질이 있다는 것을 발견하게 되면, 그는 일단 자신의 눈을 의심하려고 합니다. 자기에게는 그렇게도 소중한 부분을 갖고 있지 않으면서도 자신과 흡사하게 생긴 사람을 그는 상상조차 할 수 없기 때문입니다. 나중에 그는 자신에게 열려진 가능성에 대해서 경악하게 되며, 자신의 작은 물건을 가지고 너무 심한 장난을 쳤을 때 일찍부터 들어 왔던 협박들은 나중에 이르러서까지 영향을 미칩니다. 그는 거세 콤플렉스 *Kastrationkomplex*의 지배적인 영향력을 받게 됩니다.[16] 거세 콤플렉스는, 건강할 때는 그의 성격 형성에, 병에 걸렸을 때는 신경증의 증상에, 그리고 분석적 치료를 받을 때는 그가 저항하는 과정에 제각기 커다란 영향력을 행사합니다. 어린 소녀들은 커다랗게 눈에 띄는 남근을 가지고 있지 않음으로 인해서 자신이 손해를 보고 있다고 생각합니다. 그래서 소녀들은 소년들이 지닌 것을 부러워하며, 본질적으로는 바로 이런 동기에서 남자가 되고 싶다

15 「성의 해부학적 차이에 따른 몇 가지 심리적 결과」(프로이트 전집 7, 열린책들) 참조.

16 거세 콤플렉스에 관하여 자세히 다루는 것은 「다섯 살배기 꼬마 한스의 공포증 분석」이며, 오이디푸스 콤플렉스와 연관해서는 「오이디푸스 콤플렉스의 소멸」(프로이트 전집 7, 열린책들)에서 논의하고 있다. 또한 「성의 해부학적 차이에 따른 몇 가지 심리적 결과」 참조.

는 욕망을 갖게 됩니다. 이런 욕망은 후에 여성으로서의 역할을 제대로 수행하지 못할 때 신경증의 형태로 다시 나타납니다. 한편 소녀의 음핵(陰核)은 유년기에 대체로 남근의 역할을 담당합니다. 음핵은 특히 자극에 민감한 부분이며, 자가 성애적인 만족감을 느낄 수 있는 곳입니다. 어린 소녀가 성숙한 여인이 되는 과정에서 중요한 관건은, 음핵을 통해 전달되었던 성적 자극이 적당한 시기에 완전히 질의 입구로 옮겨지는 것입니다. 소위 성 불감증에 걸린 여성들의 경우에는 음핵이 완강하게 성감대의 기능을 고수하고 있습니다.

어린아이의 성적 관심은, 처음에는 오히려 자신들이 어디서 나오는가에 대한 문제에 쏠려 있습니다. 테베의 스핑크스가 제기한 물음도 같은 문제를 바탕에 깔고 있습니다. 대개 그런 물음은 새 아기가 태어날 즈음에 고개를 드는 이기적인 불안감 때문에 싹트게 됩니다. 아이들이 가정에서 흔히 듣는 대답은 황새가 아기들을 물어 왔다는 식이지만, 그런 설명은 우리가 알고 있는 것보다 더 자주 아이들의 불신에 직면합니다. 어른들에 의해서 기만을 당했다는 느낌은 아이들을 고립시키고, 자립심을 기르는 데 크게 공헌합니다. 그러나 아이는 이 문제를 자기 노력만으로는 풀 수가 없습니다. 아이들의 성 기관이 아직 덜 발달되어 있기 때문에 그들의 인식 능력 또한 일정한 제한을 받습니다. 일단 아이들은, 사람들이 매우 특수한 음식을 먹게 되면 아기가 생기는 것이라고 여깁니다. 하지만 그들은 오직 여자들만 아기를 가질 수 있다는 사실을 모릅니다. 여자만이 아기를 낳을 수 있다는 한계를 알게 된 후에는 음식에서 아기가 나온다는 생각을 포기합니다. 그런 생각은 이제 동화의 세계 속에서만 통용될 뿐입니다. 몸이 커진 아이는 아버지가 아기를 생기게 하는 데 모종의 역할을 수행할 수밖에 없다는 사실을 곧바로 눈치챕니다. 하지만 구체적으로 어떤 역할인지는 알 길이 없습니다. 만약 우연히 성행위를 목격할 경우, 아이의 눈에는 그 행위가 폭력을 동원해서 싸움을 벌이고 있는 것으로 비추어집니다. 즉 성교를 사디즘의 시각에서 오해하게 됩니다. 하지만 그는 이 행위를 일단 아이들의 탄생과 연관 짓지 못합니다. 또 침대와 엄마의 속옷에서 핏자국을 발견하더라도 아버지가 입힌 상처의 결과로 간주해 버립니다. 훨씬 나중에 가서야 아이들은, 남성의 성기가 아기들의 탄생에 중요한 역할을 담당한다는 사실을 눈치채지만, 신체의 바로 이 부분이 배뇨 작용 이외의 어떤 다른 역할을 수행한다고 생각하지는 않습니다.

아이들은 처음부터 아기가 창자에서 나와야만 한다고 한결같이 생각합니다. 아기가 대변처럼 나온다는 것입니다. 항문에 대한 모든 흥미가 사라진 후에야 이 같은 이론을 포기하고, 그것은 배꼽이 열려서 아기가 나온다거나, 아니면 두 유방 사이의 가슴이 아기가 나오는 장소라는 생각으로 대체됩니다. 그런 방식으로 호기심을 보이는 아이들은 성적 사실들에 대한 지식에 가까이 다가서거나, 아니면 자신들의 무지로 인해서 성에 대해 잘못 알고 있는 상태로 세월을 보냅니다. 그런 상태는 사춘기 직전까지 지속되는데, 이때 아이들은 나중에 종종 외상적인 영향을 미칠 수 있는 부실하고 불완전한 설명만을 접하게 됩니다.

여러분은 아마 다음과 같은 견해를 알고 있을 것입니다. 즉 정신분석학은 신경증이 성적인 문제에서 발생하며, 증상들도 성적인 의미를 지닌다는 명제들을 고수하기 위해서, 성의 개념을 지나치게 확장해서 사용했다는 것입니다. 이 같은 개념적 확장이 과연 부당한지는 이제 여러분 자신이 판단할 수 있습니다. 우리는 성의 개념을 성도착자들의 성생활과 아이들의 성생활을 포괄할 수 있는 정도로만 확장해서 사용했습니다. 다시 말해서, 우리는 그 개념이 올바르게 사용될 수 있는 범위를 다시 규정했습니다. 정신분석학을 제외한 다른 분야에서 성으로 불리는 것은, 생식에 기여하거나 정상적으로 간주되는 제한된 성생활뿐입니다.

스물한 번째 강의

리비도의 발달과 성적 조직들

여러분! 성도착증들이 성에 대한 관점을 이해하는 데 얼마나 중요한지에 관해, 나는 여러분에게 제대로 설득력 있게 전달하지 못했다는 인상을 받았습니다. 그래서 나는 할 수 있는 한 앞의 강의 내용을 정정·보완할 생각입니다.

우리는 성의 개념을 새롭게 규정함으로써 몹시 심한 반론에 직면할 수밖에 없었습니다. 그런데 이런 사태의 원인이 단지 성도착증들에 대한 고찰 때문이라고 생각하기 쉽지만, 사실은 그렇지 않습니다. 유아기의 성에 대한 연구가 더 많은 영향을 미쳤으며, 유아기의 성과 도착증은 일치한다는 사실이 결정적인 의미를 갖게 되었습니다. 유아기의 성적 표현들은 유아기 후기에는 분명하게 발현하지만, 유아기 초기에는 그다지 눈에 띄지 않는 것처럼 보입니다. 발달 과정이나 분석적 연관성에 대해서 주목하지 않는 사람들은 어린아이들에게 성적인 특성이 존재한다는 사실을 부인합니다. 그 대신에 아이들에게는 모종의 식별하기 어려운 미분화된 특성만이 발견된다는 것입니다. 우리는 성이 생식 기능에 속한다는 것 외에는 — 이 같은 견해는 너무 협소한 규정이라서 우리가 수용할 수 없었습니다 — 어떤 신체적 현상이 성의 본능에 해당하는가에 관해서 모두가 승인할 만한 특성들을 현재로서는 공유하고 있지 못하며, 여러분은 이 점을 잊지 마시기 바랍니다. 플리스W. Fließ는 23일에서 28일까지의 주기를 단위로 성적 특징이 발현한다는 생물학적 기준을 제시했습니다만, 아직도 이는 논란의 대상일 뿐입니다.[1] 우리는 성적 과정들이 화학적 특징들을 지닌다고 추측하기도 하지만, 이에 대한 새로운 발견은 아직 기다려야만 합니다. 반면에 성인들의 성적 도착은 무언가 구체적으로 손에 잡히고, 의심의 여지가 없는 현상입니다. 일반적으로 그 명칭이 받아들여지고 있다는 것은, 성적 도착이 의심의 여지 없이 성적 본성에 속한다는 사실을 말해 줍니다. 사람들이 도착을 퇴화의 증후로 보든, 아니면 달리 보든 관계없이, 지금까지 그 어느 누구도 감히 성적 도착을 성생활의 현상이 아닌 다른 현상으로 간주한 적은 없었습니다. 바로 이런 이유에서 성과 생식 기능은 합치되지 않는다는 우리의 주장은 타당합니다. 왜냐하면 성적 도착은 명백하게 생식이라는 목표를 전면적으로 거부하기 때문입니다.

나는 여기서 매우 흥미로운 두 개의 병행 현상을 보게 됩니다. 대부분의 사람들에게 〈의식적〉이란 것과 〈심리적〉이란 말은 같은 것을 의미합니다. 반면에 우리는 〈심리적〉이란 개념을 확장해서 의식적이지 않은 현상도 심리적인 것으로 받아들여야만 했습니다. 그리고 이와 아주 유사하게, 다른 사람들이 〈성적〉이라는 말과 〈생식 기능과 연관된〉이란 (혹은 좀 더 줄여서 말하면 〈생식기적인genital〉) 말을 동일한 것으로 이해한 반면, 우리는 〈생식기적〉이지 않은 현상들, 즉 생식 기능과 관련이 없는 것도 〈성적인〉 현상에 해당한다고 보지 않을 수 없었습니다. 이 유사성은 단지 형식적인 의미만을 지니지만, 더 심층적인 이유가 없는 것은 아닙니다.

1 플리스의 『생활의 흐름 Der Ablauf des Lebens』(1906) 참조.

그러나 만약에 성적 도착의 존재가 이 문제와 관련해서 그렇게도 강력한 논거를 제공해 준다면, 왜 이미 오래전에 이런 논거가 채택되어서 문제를 해결해 버리지 못한 것일까요? 나는 사실 무엇이라 말해야 좋을지 모르겠습니다. 그 원인은 성적 도착이 일종의 매우 특수한 금지 조항과 결부되어 있었기 때문으로 생각됩니다. 그것은 또 이론에도 영향을 미쳤으며, 성적 도착을 학문적으로 평가하는 데에도 장애 요인으로 작용했던 것 같습니다. 마치 성적 도착이 지저분할 뿐만 아니라 끔찍하고 위험한 것이라도 되는 양 생각하고, 그 사실을 아무도 망각해서는 안 된다고 생각해 왔던 것 같습니다. 또 사람들은 성적 도착의 유혹을 받으며, 도착을 즐기는 사람들에 대해 느끼는 비밀스러운 질투심을 억제해야만 한다고 여겼습니다. 사회적 금지의 바탕에 깔린 이런 감정을, 바그너 Wagner의 유명한 악극 「탄호이저Tannhäuser」에서 재판관으로 나오는 백작은 다음과 같은 풍자시를 빌려 고백하고 있습니다.

비너스의 언덕2에서 그는 명예도, 의무도 망각했다!
── 이상하도다, 우리에게는 그런 일이 일어나지 않다니.

사실 성적 도착자들은 불쌍한 존재들입니다. 그들은 자신이 힘겹게 달성한 만족감을 누리기 위해서 매우 가혹한 대가를 치러야만 하는 사람들입니다.

그 모든 성적 만족의 대상과 목표의 생경함에도 불구하고 도착적 행위를 분명한 성적 현상으로 분류하도록 만들어 주는 것은, 도착적 행위를 통한 성적 만족이 대개 완전한 쾌감을 도출하고 사정을 하게 만드는 여러 정황 때문입니다. 물론 그것은 성도착

2 *Venusberg*. 흔히 여성의 음부를 비유한다.

행위자들이 성인이기 때문에 생기는 결과입니다. 어린아이의 경우 오르가슴과 사정이 잘 이루어지지 않기 때문에, 그런 것들은 확실하게 성적인 것으로 인정되기는 어려운 그와 유사한 어떤 것으로 대체됩니다.

성적 도착을 좀 더 완벽하게 평가하기 위해서 한 가지를 첨언해야겠습니다. 성도착 현상들이 그렇게도 추악한 것으로 간주되고 있고 정상적인 성 활동과 구별되는 것이라고 하더라도, 잘 관찰해 보면 정상인의 성생활이 이러저러한 유형의 도착적 특징을 전혀 보이지 않는 경우란 거의 없다는 사실을 알게 됩니다. 우선 입맞춤만을 놓고 보더라도 그것은 명백하게 도착적 행위라고 지칭할 만합니다. 왜냐하면 입맞춤은 두 사람의 성 기관을 대신한 두 개의 성감대인 입들의 결합이기 때문입니다. 하지만 그 누구도 그것을 도착적이라고 매도하지 않습니다. 반대로 입맞춤은 공연장의 무대 위에서 성적 행위의 온건한 암시로 허용됩니다. 그러나 매우 격렬한 입맞춤 끝에 사정과 오르가슴이 뒤따를 경우, 그것은 쉽사리 완벽한 도착적 행위로 발전할 수 있습니다. 그런 일이 드물게 발생하는 것만은 아닙니다. 다른 한편으로, 어떤 사람에게는 상대방을 어루만지거나 바라보는 것도 성적 만족의 빼놓을 수 없는 조건이며, 성적 자극의 절정에서 타인을 꼬집거나 깨무는 행위도 마찬가지라는 사실을 사람들은 경험할 수 있습니다. 또 사랑하는 사람들 사이에서 가장 민감한 자극은 반드시 성기관이 아니라 대상의 다른 신체 부위를 통해서 촉발된다는 것도 알고 있습니다. 그리고 비슷한 사례들을 우리는 얼마든지 임의로 거론할 수 있습니다. 그런 개별적 특징들을 지닌 사람들을 정상인들에게서 분리하고, 도착적인 사람들로 확정하는 것은 별로 의미가 없습니다. 오히려 우리는 도착들의 본질적 특징이 정상적인 성적 행위의 목표를 넘어서거나, 성 기관을 다른 기관들로 대체하는 데 있지 않다고 봅니다. 또 도착적 행위에서 성적 행위의 대상을 매번 바꾸는 것도 도착의 본질적 특징은 아닙니다. 도착적 행위의 본질은 이러한 일탈 행위가 보여 주는 철저한 배타성에서 찾아야 합니다. 도착의 경우, 생식에 봉사해야 할 성행위들은 철저하게 배제되기 때문입니다.

도착적 행위들을 정상적인 성행위를 시작하는 과정의 준비 단계나 그 과정을 강화시켜 주는 행위로 분류한다면, 그것은 더 이상 도착적인 행위가 아닙니다. 그 경우 당연히 정상적인 성과 도착적인 성 간의 괴리는 이런 유형의 사실들에 의해서 매우 좁혀집니다. 정상적인 성은 그보다 전에 존재했던 소재에서 생성되었다는 사실이 자연스럽게 부각됩니다. 소재의 몇 가지 요소들은 쓸모가 없기 때문에 제거되고, 다른 요소들은 생식이라는 새로운 목표로 결합됩니다.

밝혀진 몇 가지 전제에 의거해 다시 유아기의 성을 심층적으로 연구하기 위하여, 우리는 성도착에 대한 지식을 활용할 수도 있습니다. 하지만 그전에 여러분은 이 둘 사이의 중요한 차이에 대해서 주목해 주기 바랍니다. 도착적인 성은 대체로 탁월한 집중력을 보입니다. 가령 모든 행위는, 대개의 경우 하나의 유일한 목적을 달성하기 위해 집요하게 추진됩니다. 하나의 부분 충동 *Partialtrieb*이 여기서 우위를 점합니다. 우리는 이 충동의 존재만을 유일하게 입증할 수 있거나, 아니면 이 충동은 다른 모든 의도를 굴복시킵니다. 이런 관점에서 도착적인 성과 정상적인 성 사이의 차이는 지배적인 부분 충동들과 이에 대응하는 성행위의 목표들이 서로 다르다는 것뿐입니다. 이쪽에서나 저쪽에서 모두 잘 조직된 전제 권력이 작용하고 있으며, 단지 서로 다른 족벌들이 제

458

각기 다른 자신들의 영역에서 지배 권력을 장악했다는 것이 다를 뿐입니다. 이와는 반대로 유아기의 성은 대개의 경우, 그런 식으로 성적 충동이 집중되거나 조직적인 양상으로 나타나지 않습니다. 유아기의 개별적인 부분 성 충동들은 동등한 권리를 갖고 나타납니다. 모든 개개의 충동들은 스스로의 힘으로 권리를 갖고 나타납니다. 모든 개개의 충동들은 스스로의 힘으로 쾌락을 얻기 위해 움직입니다. 집중이란 현상은 이처럼 나타나지 않을 수도 있고 나타날 수도 있는데, 이는 도착적 성과 정상적인 성이 모두 유아기의 성에서부터 생성된 것이라는 사실과 당연하게도 잘 부합됩니다. 한편 일부 도착적인 성행위들의 경우, 수많은 부분적인 성 충동이 제각기 자신들의 목표를 달성하거나, 좀 더 정확하게 말하면 성적 목표를 지속적으로 추구하는 양상을 보임으로써, 유아기의 성생활과 훨씬 더 비슷합니다. 이런 사례들의 경우 도착증이라는 표현보다는 성생활의 유치증(幼稚症, *Infantilismus*)이란 말을 사용하는 것이 더 적절합니다.

여하튼 사람들은 우리에게 다음과 같이 제안할 수 있으며, 우리는 이런 제안을 앞에서 준비한 내용을 토대로 설명할 수 있습니다. 사람들은 우리에게 이렇게 말할 것입니다. 〈왜 당신은 스스로 불확실하다고 말한 유아기의 감정 표현들을 성급하게 성적인 것으로 명명하려고 고집합니까? 비록 유아기의 표현들에서 나중에 성적인 것이 발생한다고 하더라도 말입니다. 왜 당신은 생리학적 서술에 만족하지 못하십니까? 무엇을 빤다거나 배설하는 것을 참는다거나 하는 등의 유아들의 행동은, 유아가 《기관 쾌감 *Organlust*》을 추구하는 것이라고 간단히 말할 수 있지 않겠습니까? 그렇게 하면 모든 사람에게 모욕감을 주는 주장, 즉 아주 작은 어린아이도 성생활을 한다는 가설을 피할 수 있었을 것입니다.〉맞습니다. 여러분, 나는 기관 쾌감이란 표현에 대해서 반대하지 않습니다. 나는 성적인 결합에서 오는 최고의 쾌감도 오직 생식기의 활동과 연결된 기관 쾌감에 의해서만 가능하다는 것을 압니다. 그러나 원래 어떤 성격의 기능인지 구별이 안 되던 기관 쾌감이 성적인 특징을 지니게 되는 것은 언제부터인지, 여러분은 나에게 말해 줄 수 있습니까? 물론 신체적 발달 과정의 후반기에 도달하면 기관 쾌감은 의심할 여지 없이 성적인 특징을 지닙니다. 우리는 성욕에 대해서보다 〈기관 쾌감〉에 대해서 더 많이 알고 있습니까? 여러분은, 정확하게 생식기들이 제구실을 하기 시작할 때 성적 특징을 획득한다고 답할 것입니다. 그런 답변은 〈성적인 것〉과 〈생식기적인 것〉이 서로 일치한다는 말과 같습니다. 여러분은 대다수의 성적 도착은, 생식기의 결합이 아닌 어떤 다른 방법에 의해 도달되기는 하지만 결국 생식기의 오르가슴을 그 목적으로 삼고 있다는 점을 지적하면서, 성적 도착의 관찰을 통해 제시된 반론을 거부할 것입니다. 성적인 것의 특징을 결정함에 있어서, 성적 도착에 의해 성립될 수 없는 생식과의 관계는 빼버리고 그 자리를 생식기의 행위로 대신한다면, 여러분의 입지는 실제로 더욱 강화됩니다. 그러나 이때 우리의 입장들은 서로 그다지 멀리 떨어진 것이 아닙니다. 단지 기관들이 다른 신체 기관들과 대립하고 있을 뿐인 것입니다. 정상적인 입맞춤이나 향락업계의 도착적인 관행들, 그리고 히스테리 증상에서 목격하는 것처럼 쾌감을 얻기 위해서 성 기관들이 아닌 다른 기관들이 대신 활용될 수 있는데, 여러분은 이런 사실을 어떻게 설명하시겠습니까? 신경증의 경우, 자극적인 현상들과 감각들, 신경 감응과 함께 원래는 성 기관의 기능에 속하는 발기 과정들까지도 신체 부위의 멀리 떨어진 다른 곳으로(예를 들면 위쪽인 머리와 얼굴 방향으로) 흔히 전이될 수 있습니다. 따라서 여러분이 규정한 성적인 것의 특징이 모든 타당성을 상실했다는 것을 인정한다면, 여러분은 아마도 내가 제시한 사례를 따라서, 〈성적인 것〉의 표현이 기관 쾌감을 추구하는 유년기의 행위들에까지 확대 적용된다는 사실을 단호하게 받아들여야만 합니다.

나의 견해를 정당화하기 위해 다음 두 가지 사항에 대해서 언급할 예정이니, 여러분의 양해를 바랍니다. 여러분이 아시다시피, 우리는 의심스럽고 불확실한 유년기의 쾌락적 행위들을 성적인 행위로 칭했습니다. 그 까닭은 우리가 증상들에 대한 분석에서부터 시작해, 의심의 여지가 없는 성적인 소재들의 존재를 확인한 후 그런 현상에 도달했기 때문입니다. 그러나 유년기의 행위들이 바로 이 때문에 성적인 것으로 규정될 수는 없으며, 나 또한 그것을 시인합니다. 하지만 이와 유사한 사례를 한번 생각해 보십시오. 만약 우리가 두 가지 쌍자엽(雙子葉) 식물, 이를테면 사과나무와 콩과 식물이 어떻게 씨앗에서부터 자라나는지 전혀 관찰할 수 없다고 가정해 보십시오. 그러나 우리는 이 두 가지 사례의 경우, 완전히 성숙한 식물 개체에서 두 개의 자엽(子葉)을 지닌 최초의 배아(胚芽) 상태까지 거꾸로 추적해 갈 수 있습니다. 두 개의 작은 배엽은 서로 구별이 안 되고, 이 두 경우에서 모두 같은 종류의 것들로 보입니다. 바로 그런 이유에서 배엽들이 실제로는 같은 종류의 것들이며, 사과나무와 콩 사이의 종차(種差)는 비로소 배엽들이 성장한 후에 가서야 나타난다고 가정해도 되겠습니까? 아니면 배엽들을 그냥 보아서는 서로 다른 점을 알 수 없지만, 식물 종(種)으로서의 차이가 이미 배아 속에 존재한다고 믿는 것이 생물학적으로 더 정확하리라고 생각하십니까? 만약 우리가 유아의 행위들에서 볼 수 있는 쾌감을 일종의 성적인 쾌감이라고 칭한다면, 우리는 앞에서와 같은 시도를 하고 있는 것에 지나지 않습니다. 모든 개개의 기관 쾌감을 성적인 쾌감으로 부를 수 있는 것인지, 아니면 성적이라고 부르기에 적합하지 않은 다른 기관 쾌감들이 있는지, 이 자리에서 논의할 수는 없습니다. 나는 기관 쾌감과 그 조건들에 대해서는 아는 것이 별로 없습니다. 그리고 정신분석은 계속 증상의 과거로 거슬러 올라가면서 연구를 진행하기 때문에, 결국 마지막에 가서 무엇이라고 규정할 수 없는 계기들에 봉착하더라도 나 자신은 전혀 놀라지 않을 것입니다.

그리고 한 가지 더 말씀드릴 것이 있습니다! 여러분이 주장하고자 했던 것, 즉 어린아이가 성적으로 순수하다는 주장을 통해서 실제로 확보한 인식은 별로 없습니다. 비록 여러분이 유아의 행위들을 성적인 행위로 간주하지 말아야 한다고 나를 설득할 수 있다고 하더라도 말입니다. 이미 세 살이 되면, 어린이의 성생활에 대한 이 모든 의심은 사라집니다. 이 시기에 이미 생식기들이 자극을 받기 시작합니다. 일반적으로 유아기 단계의 자위, 즉 생식기를 통해 만족을 느끼는 시기가 다가오는 것입니다. 또 성생활의 심리적이며 사회적인 표현들을 간과해서는 곤란합니다. 이를테면 성적 대상을 선택하는 것, 특정인을 부드럽게 대하면서 좋아하는 행위, 남성과 여성 중 하나를 성생활의 대상으로 선택하는 것, 질투하는 행위 등의 모든 현상은, 불편부당한 모든 관찰자에 의해서 확인될 수 있습니다. 이런 현상은 정신분석과 관계없이, 그리고 이 학문이 등장하기 전에 이미 밝혀진 사실들입니다. 여러분은, 부드러운 애정의 감정이 일찍 눈을 뜬다는 사실을 의심하지 않았지만, 이런 감정이 〈성적인〉 특징을 지닌다고 보는 견해만은 받아들이지 않을 것입니다. 여하튼 세 살이나 여덟 살 사이의 어린아이들은 이미 이런 성적 특징을 감추는 법을 배웁니다. 하지만 여러분이 유의한다면 이 같은 정감 어린 태도가 어떤 〈감성적인〉 의도들에서 비롯된 것인지, 그 증거들을 충분히 수집할 수 있습니다. 그리고 여러분이 놓친 것들은 분석 연구들에 의해서 별 어려움 없이 얼마든지 확보될 수 있습니다. 이 시기의 성적인 목표들은 같은 시기에 생기는 성적인 호기심과 밀접하게 관련되어 있습니다. 이에 대해서 나는 여러분에게 이미 몇 가지 사례를 제시한 바 있습니다. 물론 이 성적인 목표들이 지닌 도착적 성격은 아이들의 몸이 성숙하지 않았다는 사실에 기인합니다. 어린아이는 성교 행위의 목적을 아직 발견하지 못한 것입니다.

대략 여섯 살이나 여덟 살 이후가 되면, 어린이들의 성적인 성숙 과정이 정체되거나 오히려 퇴보한다는 사실을 관찰할 수 있습니다. 문화적 조건들이 가장 유리한 방향으로 작용하는 경우, 우리는 이 시기를 잠재기Latenzzeit로 부를 수 있습니다. 그러나 이러한 잠재기 역시 완전히 생략되는 경우도 종종 있습니다. 잠재기에도 성적인 행위나 관심은 중단될 필요가 없으며, 이런 상황은 모든 시기에 걸쳐서 지속될 수 있습니다. 잠재기 이전에 느꼈던 대부분의 성적 체험들과 심리적 자극들은 결국 유아기 망각에 희생됩니다. 이미 언급했던 망각증에 의해서 최초의 유년기는 은폐되고, 우리에게서 분리됩니다. 이 잊혀진 인생의 시기를 기억 속으로 다시 환원시키는 작업이 모든 정신분석의 과제입니다. 이 최초의 시기에 겪은 성생활의 체험들이 그런 망각의 동기를 제공해 주었으며, 따라서 이 망각은 억압의 결과라고 추정하지 않을 수 없습니다.

어린아이의 성생활은 세 살이 넘으면 성인들과 많은 점에서 일치합니다. 이미 우리가 알고 있는 것처럼, 어린이와 어른의 성생활은 다음 몇 가지 측면에서 서로 구별됩니다. 어린아이에게는 성기가 우세를 점하는 안정된 성적 조직이 결여되어 있을 뿐만 아니라, 성적 도착의 징후들이 뚜렷하게 나타납니다. 또 모든 성적 충동들의 강도가 성인과는 비교할 수 없을 정도로 약합니다. 그러나 이론적으로 가장 흥미로운 시기, 즉 달리 말하면 리비도가 발달하는 시기는 이 시기보다 앞섭니다. 리비도의 발달은 매우 급격하게 이루어지기 때문에, 아마도 그 발달 과정의 스쳐 지나가는 듯한 모습을 직접 관찰한다는 것은 거의 불가능합니다. 비로소 신경증에 대한 정신분석의 탐구를 통해서 리비도 발달 이전의 원초적 단계들을 추적할 수 있게 되었습니다. 물론 이는 이론적 구성에 지나지 않습니다. 하지만 여러분이 정신분석을 실제로 해보면, 정신분석의 구성들이 긴요하고 유용하다는 사실을 알게 됩니다. 정상적인 대상에 대해서는 우리가 간과할 수밖에 없지만, 병리적인 상태라면 알려 줄 수 있는 그런 사태들이 있습니다. 여기서 여러분은 어떻게 그런 일이 가능한지 곧 이해하게 될 것입니다.

따라서 이제 우리는 성 기관이 우위를 차지하기 전에 어린아이의 성생활이 어떻게 이루어지는지 제시할 수 있습니다. 성 기관은 잠재기 이전, 유아기 초기의 준비 단계를 거쳐서 사춘기가 지나면 지속적으로 성생활에서 우위를 차지합니다. 이처럼 이른 시기에는, 전성기적(前性器的)이라고 부를 만큼 성 기관의 조직이 다소 느슨하게 이루어져 있습니다. 이 시기에 두드러지게 나타나는 충동은 성적인 부분 충동들이 아니라, 가학적 행위나 항문을 통해 쾌감을 느끼려는 충동들입니다. 남성적인 것과 여성적인 것의 대립은 여기서 아무런 역할을 하지 못하며, 그에 대신해서 등장하는 것은 능동적인 역할과 수동적인 역할의 대립입니다. 우리가 성적인 양극성의 전신으로 표현하는 능동성과 수동성의 대립은, 후에 남성 대 여성의 대립과 하나로 결합합니다. 만약 우리가 성기기(性器期)의 단계에서 관찰한다면, 이 시기의 행위들 가운데 우리에게 남성적인 것으로 보이는 것은 상대방을 장악하려는 충동임이 드러납니다. 이런 충동은 쉽게 잔인한 양상으로 전개될 수 있습니다. 성생활의 수동적인 목표는, 이 시기에 특히 중요한 항문의 성감대와 관련해서 추구되며, 이를 들여다보고 좀 더 자세히 알고 싶어 하는 충동이 강하게 발동합니다. 생식기는 성생활에서 배뇨의 역할만을 담당합니다. 이 시기의 부분 충동들을 만족시킬 수 있는 대상들이 없는 것은 아니지만, 이 대상들이 필연적으로 하나의 대상으로 통일되지 않습니다. 사디즘적인 행위나 항문을 통해 쾌감을 느끼는 시기는, 생식기를 통한 성기가 우위를 차지하기 직전의 단계입니다. 좀 더 자세한 연구를 통해서, 가학적 항문 성애 단계가 성 기관이 완성된 후에도 어느 정도 영향력을 행사할지, 그리고 어떤 경로를 통해서 이 단계의 부분 충동들이 새로운 생식기의 조직이 형성되는 과정에 불가피하게 관여하는지 입증할 수 있습니다.[3] 우리는 한편으로 리비도 발달 과정의 가학적 항문 성애 단계가 형성되기 이전에 존재하는, 더욱 오래되고 더욱 원초적인 단계에 대해서 살펴볼 수 있습니다. 이 단계에서는 성감을 자극하는 입 주변이 주요한 역할을 담당합니다. 여러분은 빤다는 것의 성적인 행위가 이에 속한다는 것을 추측할 수 있습니다. 그리고 여러분은 이 점에서 아이들이나 호루스 Horus 신을 입에 손가락을 물고 있는 모습으로 형상화한 고대 이집트인들의 통찰에 대해서 탄복해도 됩니다. 최근에 아브라함 K. Abraham은, 처음으로 이러한 원초적인 구순기가 후에 전개될 성

---

3 「소아 성기기」(프로이트 전집 7, 열린책들) 참조.

생활의 단계에 어떤 흔적을 남기는지 발표했습니다.4

여러분! 성생활의 조직 방식에 관해서 여러분에게 앞서 이야 기한 내용들이, 지식보다는 오히려 여러분에게 부담을 가져다주지 않았나 여겨집니다. 아마도 내가 또다시 너무 세부적인 사항으로 나가지 않았는지 모르겠습니다. 하지만 좀 더 인내해 주시기 바랍니다. 여러분이 지금 들은 내용들은 나중에 중요한 용도로 쓰일 것입니다. 여러분은 이제부터 다음 사항들을 염두에 두시기 바랍니다. 성생활, 즉 우리가 리비도 기능이라고 말한 것은 어떤 완성된 형태로 나타나지 않습니다. 또 원래의 모습을 그대로 유지하면서 계속 성장해 가는 것도 아닙니다. 오히려 리비도 기능은 서로 같은 모습을 보이지 않는 일련의 단계들을 거치면서, 마치 애벌레가 나비로 변하듯이 여러 번 모습을 바꾸며 발달해 갑니다. 발달 과정에서의 전환점은, 성적인 모든 부분 충동을 생식기의 역할 밑에 종속시키는 데 있습니다. 이를 통해서 성의 역할은 생식 기능 밑에 놓이게 됩니다. 전에는 성생활에 일관성이 없이 여러 부분적인 충동이 제각기 기관 쾌감을 지향하는, 소위 분산된 양상을 보였습니다. 이러한 무질서한 상태는 성생활의 〈전성기적인 *prägenital*〉 조직 방식들, 즉 처음에는 사디즘적이며 항문 성애적인 단계, 그리고 그전에는 아마도 가장 원초적인 구순기적 단계에 의해서 완화됩니다. 그 밖에도 아직 자세히 알려지지 않은 다양한 과정이 있으며, 이를 거치면서 하나의 조직 단계는 다음의 좀 더 높은 단계로 이행해 갑니다. 리비도가 그렇게 오랜 기간의 많은 발달 단계를 거친다는 사실이, 신경증을 인식하는 데 어떤 의미를 가지는가에 관해서는 곧 알게 됩니다.

4 아브라함의 「첫 번째 전성기기적 발달 단계에 대한 연구Untersuchungen über die früheste prägenitale Entwicklungsstufe der Libido」(1916) 참조.

오늘은 이런 발달 과정의 다른 측면을 추적해 봅시다. 다시 말해서 그것은 성적 부분 충동들이 대상에 대해서 지니는 관계입니다. 상당히 늦게 나타나는 리비도 발달 과정의 결과를 좀 더 오랫동안 살펴보기 위해서, 우리는 우선 이러한 발달 과정의 전모를 간략하게 살펴보게 될 것입니다. 성적 충동의 몇 가지 요소는 처음부터 대상을 가지고 있고 거기에 단단하게 결부되어 있습니다. 가령 대상 장악 충동*Bemächtigungstrieb*(*Sadismus*), 대상을 엿보고 싶은 충동*Schautrieb*, 알고 싶어 하는 충동*Wißtrieb* 등이 그런 것들입니다. 성감을 자극하는 특정한 신체 부위와 더 분명하게 연결된 다른 충동들이 있는데, 이들은 오직 성적이라고 할 수 없는 기능들에 의존할 때만, 즉 초기 단계에서만 대상을 지닙니다. 그래서 성적이지 않은 기능들에서 풀려났을 때는 대상을 포기합니다. 이렇게 해서 성적 충동의 구순기적 요소들과 관계하는 최초의 대상은, 유아의 음식에 대한 욕구를 충족시켜 주는 어머니의 유방입니다. 유방을 빠는 행위를 통해서 유아를 동시에 만족시켜 주는 에로스적인 요소들은 따로 떨어져 나가 외부의 대상을 통한 욕구 충족을 포기하게 되고, 그 대상은 자기 신체의 한 부분으로 대체됩니다. 구순기적 충동은 항문기적 충동이나 다른 성감대를 통한 충동들이 처음부터 그러했던 것처럼, 〈자가 성애적〉인 충동으로 바뀝니다. 이후의 발달 과정은, 아주 간략하게 표현한다면, 다음 두 가지 목표를 지닙니다. 첫째, 자가 성애적 단계를 벗어나는 것입니다. 즉 자신의 몸에 붙어 있는 대상을 다시 외부의 대상과 바꾸는 것입니다. 둘째로, 개별적 충동들의 서로 다른 대상들은 단일화되어 하나의 유일한 대상으로 대체됩니다. 그 과정은 오직 이 대상이 다시 하나의 완전하고, 자기의 몸과 유사한 신체인 경우에 한에서 성공적일 수 있습니다. 마찬가지로 일련의 자가 성애적인 충동의 자극들이 쓸모없는 것으로 치부되지 않는 한, 이런 단일화 과정은 진행될 수 없습니다.

대상을 발견하는 과정들은 상당히 복잡합니다. 그래서 지금까지 이를 일목요연하게 서술했던 적이 없었습니다. 우리의 의도를 달성하기 위해서 강조하고 싶은 사실은, 만약 그 과정이 잠재기 이전의 유년기에 어느 정도 완결되었다면, 후에 발견된 대상은 최초의 의존적 관계 속에서 획득했던 대상, 즉 구순적 쾌감 충동의 대상과 거의 동일하다는 것입니다. 그 대상은 비록 어머니의 유방은 아니지만, 어머니임에는 분명합니다. 우리는 어머니를 최초의 〈사랑〉 대상으로 부릅니다. 우리가 사랑에 대해 말할 때, 성적 충동들의 심리적 측면을 부각시키고 그 바탕에 놓인 육체적이며 〈감각적인〉 충동의 욕구들은 배척하거나, 일순간이나마 잊고 싶어 합니다. 어머니가 사랑 대상으로 설정되는 시기에 다다르면, 이미 어린아이는 억압이라는 심리적 과정을 겪기 시작하며, 이를 통해서 그는 자신의 성적 목표들 중에서 일부를 알지 못하게 됩니다. 어머니를 사랑의 대상으로 선택하는 현상은, 〈오이디푸스 콤플렉스Ödipuskomplex〉라는 명칭으로 우리가 신경증을 정신분석학적으로 규명하면서 매우 중요한 의미를 부여했던 그 모든 사항과 결부됩니다. 그리고 바로 이 부분이 정신분석학에 대한 사람들의 저항을 불러일으키는 데 적지 않은 역할을 담당했습니다.

그래서 이번 전쟁 중에 일어난 조그만 사건을 설명할 테니 들어 주시기 바랍니다. 정신분석학을 열렬하게 신봉했던 한 사람이 있었는데, 그는 독일군 의사로서 폴란드 근처의 전선에 배치되었습니다. 그는 가끔 환자에게 예상하지 못한 치료의 힘을 발휘함으로써 동료들의 주목을 끌기 시작했습니다. 사람들이 그에 대해 묻자, 그는 정신분석의 방법으로 치료한다는 것을 밝혔습니다.

그리고 사람들의 성화에 못 이겨 자기가 알고 있는 것을 동료들에게도 설명해 주겠노라고 말하지 않을 수 없었습니다. 매일 밤마다 부대의 의사들과 동료들, 그리고 상관들은 정신분석의 비밀스러운 가르침을 듣기 위해 모였습니다. 그 모임은 잠시 동안 잘 진행되었습니다. 하지만 그가 청강하고 있는 사람들에게 오이디푸스 콤플렉스에 대해서 말하자, 한 상관이 일어서서 자신은 그 같은 이야기를 믿지 않는다고 말했습니다. 그 상관은 조국을 위해서 싸우고 있는 용감한 남자들이자 가장들에게 그런 말을 한다는 것은 결국 강의하는 사람이 비열하기 때문이라고 비난한 후에, 강의를 계속하지 못하게 금해 버렸습니다. 그것으로 끝이었습니다. 정신분석가는 다른 전선으로 전속되어 버렸습니다. 그러나 나는 독일이 승리하기 위해서 그 같은 방식으로 학문을 조직적으로 통제해야만 한다는 것은 불행한 일이라고 믿습니다. 그런 상황을 독일의 학문은 견디어 내지 못할 것입니다.

이제 여러분은 이 끔찍한 오이디푸스 콤플렉스가 어떤 내용을 함축하고 있는지 알고 싶어 하실 것입니다. 오이디푸스라는 이름이 이미 여러분에게 그 의미를 말해 주고 있습니다. 여러분은 모두 오이디푸스왕에 대한 그리스 전설을 알고 있을 것입니다. 그 사람은, 신탁(神託)을 모면하기 위해서 모든 노력을 다했지만 어쩔 수 없는 운명에 의해 자기 아버지를 죽이고, 자신의 어머니를 아내로 취해야만 했습니다. 자신도 알지 못하는 사이에 이 두 가지 범죄를 저질렀다는 사실을 안 그는, 스스로를 장님으로 만들었습니다. 나는 여러분 중 다수가 소포클레스의 이 비극을 보고 깊은 감명을 받았기를 바랍니다. 그 아테네 시인의 작품은 오이디푸스에 의해서 이미 오래전에 저질러진 행위에 대한 조사가 어떻게 교묘하게 지연되는지, 그리고 항상 새로운 증거들에 의해서 어떻게 조사가 다시 진행되고, 결국 서서히 사건의 전모가 밝혀 지는지를 묘사하고 있습니다. 그 작품의 서술 방식은 정신분석의 전개 과정과 어느 정도 흡사합니다. 대화의 진행 과정에서 오이디 푸스의 어머니이자 아내인 이오카스테는 정신이 나간 상태로, 조 사가 계속되는 것을 거부합니다. 그녀는, 많은 사람이 꿈속에서 자기 어머니와 동침을 하지만 이런 꿈들은 무시해야 한다고 말합 니다. 우리는 꿈들을 가볍게 보지 않습니다. 특히 많은 사람이 꾸 는 그런 전형적인 꿈은 더 그렇습니다. 그리고 이오카스테가 언급 한 꿈은, 의심의 여지 없이 전설이 담고 있는 낯설고 소름 끼치는 내용과 긴밀하게 관련되어 있습니다.

소포클레스의 비극이 청중들에게 분노에 찬 거부감을 불러일 으키지 않는다는 사실이 나를 놀라게 만듭니다. 그런 반응은 앞 서 말한 소박한 군의관에 대한 반응보다 더 쉽게 정당화될 수 있 습니다. 사실 근본적으로 소포클레스의 비극은 부도덕한 작품이 기 때문입니다. 그것은 사람들의 인륜적인 책임감을 부정합니다. 그리고 그 작품에서 이 힘들은 인간이 죄를 범하도록 강요하고, 범죄를 막으려는 사람들의 인륜적인 노력을 무기력하게 만듭니 다. 신화의 소재는 신들과 운명의 힘을 고발하려는 의도에서 채 택되었다고 여러분은 믿기 쉽습니다. 신들과 반목했던 에우리피 데스가 다루었다면, 실제로 그러한 고발의 의도는 형상화되었을 것입니다. 그러나 신들을 믿었던 소포클레스에게서 그런 목적으 로 신화의 소재가 사용된 흔적은 찾기 어렵습니다. 비록 범죄적 인 일들을 지시할지라도, 신들의 의지에 복종하는 것이 최고의 도덕성이라는 경건하면서도 교묘한 구도에 의해서 소포클레스는 난관을 돌파해 나갑니다. 나는 이런 유형의 도덕이 그 작품의 장점에 속한다고 보지는 않습니다. 이런 도덕적 관점은 작품의 영향력과 아무런 관계가 없습니다. 관객들은 도덕이 아니라, 신화적 전설의 비밀스러운 의미와 내용에 대해서 반응합니다. 관객은 마치 자신의 내부에 있는 오이디푸스 콤플렉스를 자기 분석 *Selbstanalyse*을 통해서 인식했으며, 신탁은 물론 신들의 의지도 자기 자신의 무의식이 고차원적인 형태로 가장한 채 나타나는 것임을 간파했다는 듯이 반응합니다. 또 마치 아버지를 제거하고 그 대신에 어머니를 자기 여자로 삼고 싶어 하는 욕망들을 기억해 내고, 이런 모습의 자신에 대해 경악했다는 듯이 반응합니다. 그는 시인들이 자신에게 다음과 같이 말하려 한다고 여깁니다. 〈너는 네가 질 책임에서 벗어나려고 애를 썼으며, 이 범죄적인 의도들에 저항했다고 맹세까지 했지만 모두 헛수고에 불과했다. 결국 너는 죄인이다. 네가 그런 범죄적인 의도를 완전히 포기할 수는 없었기 때문이며, 그것은 아직도 네 속에 무의식적으로 남아 있다.〉 이 말속에 심리학적 진리가 담겨 있습니다. 사람들이 자신의 나쁜 충동들을 무의식 속에 얽매어 놓고 그런 충동에 대해서 자기 자신은 아무 책임이 없다고 말한다 해도, 자기도 모르는 사이에 엄습하는 죄의 감정과 같은 책임감을 느낄 수밖에 없습니다. 신경증 환자들을 그렇게도 자주 괴롭히는 것은 죄의식인데, 이를 불러일으키는 가장 중요한 원천들 중 하나가 오이디푸스 콤플렉스 속에서 발견된다는 것은 의심의 여지가 없습니다. 그러나 한 가지 사실을 더 언급해야겠습니다. 나는 인류의 종교와 도덕의 단초들에 관한 연구 결과를 1913년에 「토템과 터부」란 제목으로 발표했는데, 여기서 나는 아마도 인류 전체가 종교와 도덕의 궁극적 원천인 죄의식을 역사의 시발점에서 오이디푸스 콤플렉스를 통해 습득하지 않았을까 하는 추정에 도달했습니다. 나는 여러분에게 그에 관한 좀 더 자세한 내용을 말하고 싶지만, 그만두는 것이 낫겠습니다. 이 주제에 대해서 일단 말하기 시작하면 도중에 중단하기가 어렵습니다. 그리고 우리는 개인 심리학이라는 주제로 다시 돌아가야 합니다.

잠재기가 도래하기 전에 사랑의 대상을 스스로 선택하는 어린이를 직접 관찰했을 때, 결국 어떤 현상을 통해서 우리는 어린아이가 오이디푸스 콤플렉스를 가지고 있다는 것을 확인합니까? 이제 우리는 이 조그만 남자아이가 어머니를 독점하고 싶어 하고, 아버지의 존재를 거추장스럽게 느낀다는 것을 쉽게 볼 수 있습니다. 어린 남자아이는 만약 아버지가 어머니에 대해서 사랑을 표시하면 언짢게 여깁니다. 하지만 아버지가 여행이라도 가거나 부재중일 때는 만족감을 표시합니다. 종종 그는 자신의 감정들을 직접 말로 표현하는데, 어머니와 결혼하겠다는 약속도 합니다. 사람들은 오이디푸스의 행위들에 비하면 그것은 대수롭지 않다고 말하겠지만, 사실 이것만으로도 충분하며, 근본적으로는 다 같은 것입니다. 우리는 같은 아이가 동시에 다른 상황에서는 아버지에 대해서도 깊은 애정을 보이는 것을 관찰할 수 있으며, 이런 정황에 의해서 종종 관점이 흐려지기도 합니다. 바로 그런 상호 대립적인 감정, 좀 더 정확하게 말하면 〈양가감정 Ambivalenz〉이 성인들에게는 심리적 갈등으로 이어질 수 있지만, 어린아이에게서는 오랜 기간 동안 충돌하지 않고 잘 병존합니다. 이는 상반된 감정들이 나중에 무의식 속에서 지속적으로 함께 존재하는 것과 마찬가지입니다. 사람들은 또한, 작은 남자아이의 태도는 이기적인 동기들에서 비롯한 것으로 해석해야 하며, 애정 어린 콤플렉스가 존재한다고 가정해야 할 그 어떤 이유도 없다고 반문합니다. 어머니는 아이의 모든 욕구에 대해서 배려해 주기 때문에, 아이는 어머니가 다른 그 어떤 사람에 대해서도 관심을 두지 않기를 원한다는 것입니다. 물론 그렇게 보는 것도 옳습니다. 하지만 이 상황이나 다른 상황들의 경우에도, 이기적인 관심은 오직 사랑을 지향하려는 충동과의 연관 속에서만 의미가 있다는 사실이 곧 명확해집니다. 작은 아이가 자기 어머니에 대한 성적인 호기심을 드러내 놓고 표시할 때, 그는 밤마다 엄마와 함께 자려 하고 화장실에도 따라가려고 합니다. 어머니들이 매우 자주 확인시켜 주고 웃으면서 보고하는 것처럼, 아이들은 심지어 어머니를 유혹하려는 시도를 합니다. 따라서 어머니에 대한 집착이 에로스적인 성격을 지닌다는 사실은 의심의 여지가 없습니다. 우리는 어머니가 자신의 작은 딸에 대해서도 같은 배려를 하지만, 같은 효과를 불러일으키지는 못한다는 사실을 잊지 말아야 합니다. 아버지도 종종 남자아이에 대한 배려와 관련해서 어머니와 경쟁하지만, 아이에게 어머니와 같은 중요한 존재로 받아들여지지는 않습니다. 간단히 말해서, 어린이가 성적으로 어머니를 좋아한다는 것은 여러 상황에 근거한 그 어떤 비판에 의해서도 부정될 수 없습니다. 아이의 행동을 이기주의적 관심에서 비롯한 것으로 볼 경우, 부모가 둘 다 자기를 위해서 봉사해 주기를 바라지 않고 한 사람만을 원한다는 것은 이치에 맞지 않습니다.

여러분도 간과하셨겠지만, 나는 아버지와 어머니에 대한 〈남자아이〉의 관계만을 묘사했습니다. 어린 소녀의 경우에도 약간의 수정은 필요하지만, 대동소이한 양상이 나타납니다.[5]

아버지에게 부드럽게 매달리고 싶어 하는 욕구로 인해서 소녀

5 두 성의 오이디푸스적 관계의 대칭에 대해서 프로이트는 『새로운 정신분석 강의』중 서른세 번째 강의에서 언급하고 있다.

는 어머니를 필요 없는 존재로 보고, 어머니를 대신하고 싶어 합니다. 벌써 그녀는 나중에 여성스러운 특징으로 쓸모가 있는 애교를 부리기 시작합니다. 애교를 부리는 작은 소녀의 매력적인 모습에 반한 나머지, 우리는 이 같은 유아기적 상황의 이면에 있는 심각성과, 그것이 초래할 수 있는 중대한 결과들에 대해서 잊어버리게 됩니다. 종종 부모 자신이 아이가 오이디푸스적 태도를 갖는 데 결정적인 영향력을 행사한다는 사실을 잊지 않고 언급해야겠습니다. 왜냐하면 부모 자신이 성적인 매력에 기울어지고, 여러 아이가 있는 경우 아버지는 딸을, 어머니는 아들을 확연히 부드럽게 대하면서 선호하기 때문입니다. 그러나 아이들의 오이디푸스 콤플렉스가 자발적으로 생긴다는 통찰이, 이런 가족 내의 계기에 의해서 결코 심각한 도전을 받는 것은 아닙니다.

만약 다른 아이들이 태어나면, 오이디푸스 콤플렉스는 가족 콤플렉스*Familienkomplex*로 발전합니다. 가족 콤플렉스는 이제 다시 형제들 사이의 이기주의적인 이해들이 서로 침해당하는 사태와 맞물려서, 서로를 반목하게 하고 아무 생각 없이 상대방을 제거하고 싶다는 생각마저 들게 합니다. 아이들은 이러한 증오의 감정을 부모 콤플렉스*Elternkomplex*에서 나오는 감정보다 더 자주 말로 표현합니다. 만약 그런 소망이 달성되어 태어난 아이가 죽기라도 하여 아이가 전혀 예상하지 않았던 가족 구성원이 아주 짧은 시간 안에 다시 사라지게 되면, 물론 그런 사건이 아이의 기억 속에 남아 있을 필요는 없습니다. 하지만 나중에 분석을 해보면, 이 죽음이 아이에게 얼마나 중요한 체험으로 작용했는지 알게 됩니다. 형제나 자매의 출생으로 인해서 뒷전으로 밀려난 아이는 처음으로 어머니에게서 거의 분리되는데, 아이는 이처럼 푸대접하는 어머니를 용서하기 어렵습니다. 성인의 경우 심한 증오심으로 표현할 수도 있는 그런 감정이 그에게 움트기 시작하고, 이는 종종 소외의 감정을 낳는 원인으로도 계속 작용합니다. 우리는 이미 어린이의 성적 호기심이 이런 사태가 초래하는 모든 결과와 함께, 어린이의 이 같은 생생한 인생 체험에서 나오는 것이라고 말한 적이 있습니다. 형제자매가 성장하는 과정에서 이들에 대한 아이의 태도도 의미심장한 형태로 변화됩니다. 남자아이는 누이동생을 불성실한 어머니를 대신하는 사랑의 대상으로 택할 수 있습니다. 어린 누이동생에게 연정을 품은 남자 형제들이 여럿 있을 경우, 다가오는 후일의 인생에서 중요해질 적대적인 경쟁 관계가 이미 유년 시절에 형성되는 것입니다. 작은 소녀는 자기 오빠를, 아주 어린 시절만큼 자신에 대해 부드럽게 신경을 써주지 않는 아버지를 대신하는 것으로 간주합니다. 혹은 그녀는 어린 여동생을, 아버지에게 받기를 원했지만 불가능할 수밖에 없었던 아이에 대한 대체물로 간주합니다.

여러분이 아이들을 직접 관찰하고, 아이들에게 남아 있지만 아직 분석에 의해서 영향을 받지 않은 유년 시절의 기억들을 평가해 보면, 앞에서 언급한 내용들과 함께 아주 유사한 많은 사실이 눈에 들어옵니다. 이로부터 여러분은 무엇보다 다음과 같은 결론을 내릴 것입니다. 형제자매들 가운데 제각기 태어난 서열의 위치가 나중에 펼쳐질 인생 전반에 걸쳐서 중요한 계기로 작용하고, 이 계기는 모든 전기의 서술 과정에서 고려되어야 한다는 것입니다. 그러나 더욱 중요한 사실은, 여러분이 이처럼 별다른 노력 없이 이해할 수 있는 데도 불구하고, 과학은 근친상간의 금지에 관한 여러 가지 설명을 시도한다는 것이며, 여러분이 이 점을 생각해 보면 웃음을 금치 못할 것입니다. 이에 대해서 과학이 한번쯤 고려해 보지 않은 가설들이 과연 있겠습니까! 어린 시절부터 형제자매들과 공동생활을 함으로써, 가족 중 다른 성을 지닌 구성원들에 대해서는 성적 충동을 느끼지 않는다거나 아니면 근친상간을 피하려는 생물학적 경향성은, 심리적으로는 근친상간에 대한 두려움으로 나타난다는 것입니다! 만약 근친상간의 유혹을 억제하는 어떤 믿을 만한 자연적 장벽이 존재한다면 법과 인륜과 같은 냉엄한 금지 조항들이 불필요했을 텐데, 사람들은 이런 사실을 여기서 완전히 잊고 있습니다. 진리는 이와는 정반대입니다. 사람들이 처음 사랑의 대상을 선택하는 방식은 한결같이 근친상간적입니다. 남자아이의 경우, 어머니나 누이가 대상입니다. 그리고 이처럼 지속적으로 작용하는 유아기의 충동이 현실로 나타나지 못하도록 엄격한 금지 조항들이 필요한 것입니다. 오늘날 아직도 남아 있는 원시인들, 즉 미개한 종족들의 경우, 근친상간은 우리보다 더 엄격하게 금지됩니다. 그리고 최근에 라이크Th. Reik는 한 탁월한 연구를 통해서, 환생을 뜻하는 미개인들의 성인식이 남자아이의 어머니에 대한 근친상간적인 집착을 끊고, 아버지와 화해한다는 의미가 있음을 밝혔습니다.[6] 신화가 우리에게 가르쳐 주는 것은, 근친상간이 사람들에 의해서 겉으로는 그렇게도 심하게 매도당하지만, 신들에게는 별다른 생각 없이 용인된다는 사실입니다. 자기 누이와 근친상간적인 결혼을 하는 것은 지배자가 지켜야 할 성스러운 행위의 지침이었으며, 고대의 역사는 (고대 이집트의 파라오들이나 페루의 잉카 제국 등의 경우) 이런 사실들을 우리에게 알려 줍니다. 결국 그것은 비천한 일반인들에게는 허용되지 않는 지배자의 특권이었습니다.

어머니와의 근친상간이 오이디푸스가 범한 하나의 범죄에 해당한다면, 부친을 살해한 것은 또 다른 의미의 범죄입니다. 덧붙

6   라이크의 「야만족의 사춘기 Die Pubertätsriten der Wilden」(1915~1916) 참조.

여 말하면, 이 두 가지 엄청난 범죄는 인류 최초의 사회적이며 종교적인 제도였던 토테미즘이 금지한 것들이었습니다.[7]

　이제 어린아이에 대한 직접적인 관찰을 뒤로 하고 신경증에 걸린 성인에 대한 분석적인 연구에 주목할 차례입니다. 정신분석학은 오이디푸스 콤플렉스를 더욱 자세히 규명하는 작업과 관련해서 어떤 공헌을 했습니까? 이제 그 점에 대해서 짤막하게 말할 생각입니다. 정신분석학은 오이디푸스 콤플렉스를 신화가 설명한 것과 마찬가지 방식으로 입증해 보입니다. 정신분석학은 모든 신경증 환자들 자신이 한때 오이디푸스였거나, 아니면 결국은 같은 결과로 나타나지만, 콤플렉스에 대한 반응으로 햄릿과 같은 사람이 되고 있음을 보여 줍니다.[8] 물론 오이디푸스 콤플렉스에 대한 분석적 서술은 유아기에 나타나는 모호한 상을 확대하고 또 거칠게 해석한 것입니다. 아버지에 대한 증오심이나 아버지를 죽이고 싶다는 욕망은 더 이상 주저하면서 표출되지 않습니다. 어머니에 대한 사랑의 감정은 그녀를 자기 부인으로 소유하겠다는 의도를 드러내는 것입니다. 우리는 이런 끔찍하고 극단적인 감정의 자극들이, 실제로 저 다정다감한 어린 시절부터 존재했다고 믿어도 됩니까? 아니면 분석이 새로운 계기를 끌어들여 혼란스럽게 만듦으로써 우리를 기만한 것에 불과합니까? 바로 그런 계기를 발견해 내는 것은 그렇게 어렵지 않습니다. 어떤 사람이 과거에 대해서 보고할 때, 그 사람이 역사를 서술하는 사람이라고 하더라도, 자기도 모르는 사이에 현재 혹은 과거와 현재 사이에 있었던 일

　7　「토템과 터부」 참조.
　8　『꿈의 해석』에서 프로이트는 햄릿과 오이디푸스의 주제에 대하여 다루고 있다.

들을 과거에 대한 서술에 반영할 수 있습니다. 이때 과거의 모습을 왜곡하게 되는데, 우리는 이런 사태의 가능성을 항상 고려해야만 합니다. 신경증 환자의 경우, 심지어 과거로 되돌아가서 이를 회상하는 행위가 과연 전적으로 고의적인 것은 아닌지 의심스럽습니다. 그 동기에 대해서는 나중에 알게 되겠지만, 먼 과거에 대한 〈퇴행적 상상*Rückphantasieren*〉[9]은 제대로 검토해 보아야 합니다. 아버지에 대한 증오심은, 환자가 인생의 후반기에 맺은 여러 관계에서 비롯하는 일련의 동기들 때문이며, 어머니에 대한 성적인 욕망들은 아이에게는 아직 낯선 양상들로 나타난다는 사실 등을 쉽게 알아챌 수 있습니다. 그러나 만약 우리가 오이디푸스 콤플렉스의 모든 것을 퇴행적 상상이나 인생의 후반기와 관련해서 설명하려고 한다면 헛수고만 하게 될 것입니다. 유아기의 핵심적인 요소나 그 일부 부산물은 계속 남아 있으며, 이는 여러분이 아이들을 직접 관찰해 보시면 확인할 수 있습니다.

분석적으로 확인한 오이디푸스 콤플렉스 형식의 배후에서 나타나는 임상적인 사실은 이제 아주 중요한 의미를 지닙니다. 우리는 성적 충동이 사춘기에 처음으로 완전한 형태로 발동하게 되면, 가족적이며 근친상간적인 옛날의 성 대상들이 다시 등장하고, 새로운 리비도 집중*Besetzung*이 일어난다는 사실을 경험합니다. 유아기의 대상에 대한 선택은 단지 미약한 형태로만 나타나지만, 사춘기의 대상 선택*Objektselektion*을 예고함으로써 방향을 제시합니다. 이 시기에는 매우 강한 감정의 흐름들이 오이디푸스 콤플렉스를 형성하는 쪽으로 움직이거나, 아니면 이 콤플렉스에 대한 반발을 불러일으킵니다. 그러나 이런 감정들은 자신들의 전제 조건들과 상충됨으로써, 대부분 의식에서 멀어집니다. 이때부터 개

---

9 스물세 번째 강의의 후반부 참조.

개의 인간은 부모들에게서 독립해야 하는 커다란 과제와 씨름합니다. 부모에게서 독립함으로써 비로소 개인은 더 이상 자아가 아닌 사회 공동체의 구성원이 될 수 있습니다. 아들은 자신의 어머니를 향한 리비도적인 욕망들에서 자신을 해방시키고, 그 욕망을 현실상의 다른 사랑의 대상을 선택하기 위해서 사용해야 하는 과제를 지닙니다. 그리고 만약 아버지와 계속 반목하고 있었다면, 그와 화해하는 것도 과제입니다. 혹은 유아기의 반발에 대한 반작용으로 아버지에 대해서 굴종적인 관계에 놓여 있었다면, 이제 그러한 압력에서 벗어나야 합니다. 이는 모든 사람의 과제입니다. 이 과제들이 이상적인 방식으로, 즉 심리적으로나 사회적으로 옳은 방식으로 해결되는 경우가 얼마나 드문지 주목할 만합니다. 그러나 신경증 환자들은 이 과제를 해결할 수 없습니다. 그들은 자신의 리비도를 다른 성적 대상에 쏟을 수가 없습니다. 관계를 맺는 방식은 다르지만, 딸들의 운명도 아들과 같습니다. 이 점에서 오이디푸스 콤플렉스가 신경증의 핵심적인 요인으로 작용한다는 것은 이론의 여지가 없습니다.

여러분은 내가 오이디푸스 콤플렉스와 관련된 실천적·이론적 중요성에 대한 많은 고려 사항을 적당히 처리하고 넘어갔다고 느낄 것입니다. 나는 오이디푸스 콤플렉스의 다양한 형태나 정반대의 모습을 가능한 다루지 않았습니다.[10] 직접적인 관련성이 없는 사항들에 대해서는, 오이디푸스 콤플렉스가 시인들의 창작 과정에서 아주 결정적인 역할을 한다는 사실을 간략하게 언급하는 것으로 만족하겠습니다. 오토 랑크는 학문적 공헌도가 높은 자신의 책에서, 모든 시대의 극작가들은 자신들의 소재를 주로 오이디푸스 콤플렉스나 근친상간 콤플렉스에서 구하거나, 혹은 이런 콤플

10 「자아와 이드」 참조.

렉스의 다양한 변종이나 이 콤플렉스의 가장(假裝)된 형태들에서 구했다고 말했습니다.[11] 또한 오이디푸스 콤플렉스의 두 가지 범죄적인 욕망은 이미 정신분석학이 나오기 전에, 제어되지 않은 충동들의 활동을 정확하게 대표하는 것으로 인식되었으며, 우리는 이런 사실을 언급하지 않을 수 없습니다. 프랑스의 백과전서파에 속하는 디드로의 글 중에서 우리는 『라모의 조카*Le Neveu de Rameau*』라는 유명한 대화체의 소설을 발견하는데, 이 책은 다른 사람이 아닌 바로 괴테에 의해서 독일어로 번역되었습니다. 거기서 여러분은 다음과 같이 특이한 문장을 읽을 수 있습니다. 〈만약 이 작은 미개인이 자기가 살던 방식대로 살아가도록 내버려져서 자신의 멍청한 상태를 모두 그대로 지니게 된다면, 만약 요람 속의 어린아이가 지닌 정도의 지성과 서른 살 먹은 성인의 열정적 힘이 그에게 함께 주어졌더라면, 그는 아마도 자기 아버지의 목을 쥐어 비틀고 자기 어머니와 동침하려고 시도했을 것이다.〉

여기서 내가 그냥 간과할 수 없는 다른 사항이 있습니다. 오이디푸스의 어머니이자 부인인 이오카스테가 그냥 아무 생각 없이 꿈을 상기시켜 준 것은 아닙니다. 여러분은 꿈에 대한 우리의 분석들이 어떤 결과를 낳았는지 기억하실 것입니다. 꿈을 형성하는 욕망들은 그렇게도 자주 도착적이며 근친상간적인 특징을 보이거나, 아니면 아주 가깝고 사랑하는 가족 구성원에 대해서조차 예상하지 못했던 적개심을 드러내 보였던 것이 생각나지 않습니까? 우리는 당시에 이런 사악한 충동들이 도대체 어디에서 유래하는지 규명하지 않고 내버려 두었습니다. 이제는 여러분 자신이 이에 대해 말할 수 있습니다. 그것은 유아기 초기 단계에 형성되었으나 의식적인 삶을 살아가면서 이미 오래전에 포기한, 리비도

11 랑크의 『문학과 전설에서의 근친상간 모티프』 참조.

집중과 대상 리비도 집중*Objektbesetzung*의 욕망이 뭉쳐 모여 있는 것입니다. 이런 요소들은 밤이 되면 모습을 드러내고, 어떤 의미에서는 영향력을 행사할 수도 있습니다. 하지만 단지 신경증 환자들뿐만 아니라 모든 사람들이 도착과 근친상간, 살인 등을 소재로 한 꿈을 꾸는 한, 정상적인 사람들도 성적 도착과 오이디푸스 콤플렉스의 대상 리비도 집중이라는 발달 과정을 거쳐서 현재와 같은 상태에 도달했다는 결론을 내릴 수 있습니다. 그리고 이런 과정은 정상적인 발달 과정입니다. 즉 정상적인 사람들의 꿈에 대한 분석을 통해서 알려진 사실들이, 신경증 환자들에게는 단지 확대되고 거친 방식으로 나타난다는 결론을 내릴 수 있습니다. 우리가 꿈들에 대한 연구를 신경증 증상들에 대한 연구보다 먼저 소개한 이유들 중 하나가 바로 이것입니다.

발달과 퇴행의 관점들 — 병인론

신사 숙녀 여러분! 우리는 리비도 기능이 정상적이라고 부를 수 있는 정도로 생식 기능에 봉사할 때까지 풍부한 발달 과정을 겪는다는 사실을 알게 되었습니다. 이제 나는 여러분에게 이런 사실이 신경증의 발생에 어떤 역할을 하는지 설명해 보려고 합니다.

만약 그런 발달 과정이 다음 두 가지 위험, 첫째로 〈억제*Hemmung*〉를, 그리고 둘째로는 〈퇴행*Regression*〉을 가져온다고 추정할 때, 우리의 견해는 일반 병리학의 학설들과 일치한다고 믿습니다. 즉 생물학적 과정들에는 변종들을 만들려는 일반적인 충동이 있는데, 여기서 모든 예비적인 단계가 동일하게 성공적으로 진행되거나 완전한 형태로 지양되고 극복되지는 않습니다. 기능들 중 일부는 계속해서 이전 단계에 묶여 있습니다. 그리고 발달 과정의 전체적인 모습은 어느 정도 발달을 억제하려는 경향성에 의해서 복잡한 양상을 보입니다.

이와 유사한 사례들을 다른 영역에서 찾아봅시다. 오래전 인류 역사에 종종 발생했던 사실이지만, 만약 한 종족 전체가 자기가 사는 주거 지역을 벗어나 새로운 거처를 찾아 나선다면, 종족 모두가 새로운 거처에 안착하는 것은 확실히 아닙니다. 다른 경로로 희생을 당하는 경우는 제외하더라도, 유랑하는 사람들 가운데 작은 무리들이나 소집단들은 목적지까지 가기도 전에 중간 지점에서 정착하는 경우도 있습니다. 물론 대부분의 집단 구성원은 계속 유랑합니다. 여러분도 아시다시피 좀 더 가까운 곳에서 비교를 하자면, 고등 포유동물의 경우 원래 복강(腹腔)의 깊은 안쪽에 위치한 수컷의 생식선(生殖腺)은, 자궁 속에서 생명을 유지하는 동안 거의 골반 끝의 피하 쪽으로 자리를 바꿉니다. 이런 위치 변동의 결과로 많은 수컷에게서 쌍으로 되어 있는 생식선 중 하나는 골반강(骨盤腔) 속에 남아 있거나, 아니면 위 서혜관(鼠蹊管) 속에 계속 놓이게 됩니다. 두 개의 생식선은 이 서혜관을 통과해야 합니다. 아니면 최소한 이 관은 열린 상태로 있어야 합니다. 생식선의 위치가 바뀐 다음에 이 관의 흔적은 대개 사라집니다. 젊은 학생 시절에 나는 브뤼케 E. Brücke의 지도로 최초의 논문을 작성했는데, 그때 다룬 주제는 태곳적에 형성된 작은 물고기(칠성 장어) 척추의 뒤쪽에 있는 신경근(神經根)이었습니다. 나는 이런 뿌리의 신경 섬유들이 회백질의 후각(後角)에 위치한 커다란 세포들에서 나온다는 것을 발견했습니다. 다른 척추 동물의 경우는 그렇지 않습니다. 그러나 나는 곧바로 그와 같은 신경 세포들이 회백질 밖으로 퍼져, 후근(後根)의 척수 신경절(脊髓神經節)까지 나와 있음을 발견했습니다. 이로부터 나는, 신경절 부근에 군락을 이룬 세포들이 척수에서 신경의 뿌리로 옮겨 갔다는 결론을 내렸습니다. 이는 물고기의 발생사를 보여 줍니다. 이상에서 설명한 이동의 모든 경로는 이 물고기의 남아 있는 세포들을 통해서 추적됩니다.[1]

1 프로이트의 초기 논문에서 인용한 것이다. 프로이트는 1877~1897년 사이의 그의 과학적 연구 논문을 모아 『지크문트 프로이트의 과학적 연구에 대한 개요 1877~1897 Inhaltsangaben der wissenschaftlichen Arbeiten des Privatdozenten Dr. Sigm. Freud 1877~1897』로 간행했다.

여러분이 좀 더 깊이 생각해 보면, 이런 비교들이 지닌 약점을 어렵지 않게 눈치챌 것입니다. 따라서 우리는 단도직입적으로, 모든 개별적인 성적 충동의 경우, 충동의 일부분이 성적 발달 과정의 전 단계에 잔류할 수 있다고 말하고 싶습니다. 물론 충동의 다른 부분들은 궁극적인 목표에 도달할 수도 있습니다. 여기서 여러분은 우리가 모든 그런 충동을 생명이 시작할 때부터 지속된 흐름으로 간주하고 있으며, 이런 지속적인 흐름을 어느 정도 인위적으로 몇 개의 연속적이지만 구별 가능한 운동들로 분류하고 있음을 알게 되실 것입니다. 여러분은 이런 표상들이 좀 더 자세한 설명을 필요로 한다는 인상을 받을 수 있습니다. 맞습니다. 그러나 그와 같은 시도는 우리를 주제에서 멀리 벗어나게 만들 것입니다. 이제 부분적인 충동이 그처럼 발달 과정의 초기 단계에 머물러 있는 현상을 (충동의) 〈고착(固着)〉이라고 부릅시다.

그런 단계적 발달 과정이 안고 있는 두 번째 위험은, 지금까지의 발달을 가능케 했던 충동의 부분들이 쉽게 전 단계들 중의 한 단계로 돌아갈 수 있다는 데 있습니다. 우리는 이를 〈퇴행〉이라고 부릅니다. 충동의 기능은 목표에 도달하여 만족을 가져다주는 것인데, 만약 나중에 더 높은 발달 단계에 이르러서 충동이 거센 외부의 장애물들에 직면하게 되면, 이것이 퇴행의 동기로 작용합니다. 우리는 고착과 퇴행이 서로 무관하지 않다고 간주합니다. 발달 과정에서 고착이 강해질수록, 기능은 과거에 집착했던 지점까지 퇴행함으로써 외부의 난점들을 회피합니다. 따라서 완전히 형성된 기능은 발달 과정에서 나타나는 외적 장애들에 대해 저항력을 점점 더 많이 상실하게 됩니다. 생각해 보십시오, 여러분. 만약 한 종족이 이동하는 가운데 자기 종족들 중에서 강한 집단을 도중에 내버려 두고 계속 옮겨 간다고 가정해 보십시오. 계속 전진한 집단은 다른 집단의 공격을 받아 패배하거나, 너무 강한 적들을 만나게 되면 강한 집단이 도중에 정착했던 곳으로 되돌아와야 합니다. 이동하는 도중에 더 많은 수의 구성원을 뒤에 남겨 놓을수록 패배할 가능성은 높아집니다.

신경증을 이해하기 위해서는 여러분이 고착과 퇴행 사이의 이런 관계를 계속 주목해야만 합니다. 여러분은 이제 신경증의 원인에 대한 물음과 관련해서, 그리고 우리가 곧 살펴볼 예정인 신경증의 병인론(病因論)에 대한 물음과 관련해서 확실한 발판을 확보한 것입니다.

우선 우리는 퇴행에 관해서 좀 더 살펴볼 예정입니다. 여러분은 리비도 기능의 발달 과정에 대해서 이미 이해하고 있기 때문에, 퇴행에는 두 가지 유형이 가능하다고 예상할 수 있습니다. 하나는, 이미 알려진 대로 근친상간적인 성격의 것으로서 최초의 리비도가 집중된 성적 대상들로 퇴행하는 경우입니다. 다른 하나는 성의 모든 체계가 과거의 단계들로 퇴행하는 경우입니다. 퇴행의 두 가지 유형이 전이 신경증 환자에게는 동시에 나타나서 신경증의 메커니즘에 중요한 영향력을 행사합니다. 특히 최초의 근친상간적인 리비도의 대상들로 퇴행하는 현상은, 신경증 환자들에게 피곤할 정도로 자주 반복해서 나타나는 특징입니다. 만약 신경증의 다른 유형들, 이른바 나르시시즘*Narziβmus*적인 신경증을 함께 살펴본다면 리비도의 퇴행들에 관해서 좀 더 많은 내용들을 말할 수 있지만, 지금 이를 다룰 의도는 없습니다.[2] 이러한 감정들은 우리에게 지금까지와는 다르고 언급하지 않았던 리비도 기능의 발달 과정들에 대해 알려 줍니다. 그리고 이에 상응하는 새로운 퇴행의 유형들도 보여 줍니다. 그러나 나는 여러분이

2 이들에 대해서는 스물여섯 번째 강의에서 논의되고 있다.

〈퇴행〉과 〈억압〉을 혼동하지 않기 바랍니다. 그리고 이 두 과정 사이의 관계들을 규명함으로써 여러분을 돕고자 합니다.

여러분이 기억하듯이 억압은 전의식 체계에 속해 있는, 의식 가능한 행위를 무의식의 체계 속으로 밀어 넣음으로써 무의식적인 것으로 만드는 과정입니다. 그리고 우리는 무의식적인 정신 행위 일반이 가까운 전의식 체계로 진입해 들어오지 못하고, 검열의 통제에 의해 차단되는 현상도 억압이라고 부릅니다. 따라서 억압의 개념에는 성과의 관련성이 전혀 없습니다. 이 점을 여러분은 특별히 유념하기 바랍니다. 억압은 순수한 심리학적 과정입니다. 이를 우리는 일종의 〈지형적인topisch〉 개념으로 부름으로써 그 특징을 더욱 잘 표현할 수 있습니다. 이 표현을 통해서 우리는, 억압이 앞서 추정한 심리적 공간성과 관련한다는 사실을 말하려는 것입니다. 이 같은 거친 보조 개념을 사용하지 않고 말하자면, 억압이란 분리된 정신 조직들로 구성된 심리 기제의 구조와 관련한다는 것입니다.

지금까지 비교한 사실들을 통해서, 우리는 비로소 〈퇴행〉이라는 표현을 일반적인 의미가 아닌 매우 특수한 의미로 사용했음을 알게 되었습니다. 만일 여러분이 그 개념에 일반적인 의미를 부여한다면, 즉 높은 발달 단계에서 낮은 단계로 돌아간다는 의미로 이해한다면, 억압은 퇴행에 포함되는 하위의 개념이 됩니다. 왜냐하면 억압 역시 심리 행위의 발달 과정에서 이전의 낮은 단계로 돌아가는 것으로 서술할 수 있기 때문입니다. 다만 우리는 억압의 개념을 특정한 심리적 행위가 무의식의 더 낮은 단계에 묶여 있다는 〈역동적〉인 의미에서 이해했기 때문에, 이 같은 역행의 방향성 자체가 중요한 것은 아닙니다. 억압은 곧 지형학적이며 역동적인 개념입니다. 반면에 퇴행은 순전히 서술적 개념입니다. 그러나 우리가 지금까지 퇴행이라 부르고 고착과의 연관 속에서 설명한 것은, 전적으로 리비도가 그 발달 과정의 이전 단계들로 되돌아가는 과정을 의미했습니다. 따라서 이것은 억압과 본질적으로 아주 다르고, 전적으로 독립해 있습니다. 우리는 리비도의 퇴행 역시 순수한 심리적 과정으로 부를 수 없습니다. 그리고 심리적 기제 속의 어느 곳에 그 자리를 마련해 주어야 할지 그것도 모릅니다. 리비도의 퇴행이 심적 활동에 가장 강한 영향력을 행사한다고 해도, 그것의 가장 현저한 요소는 유기체적인 것입니다.

여러분, 이 같은 설명들은 약간 무미건조하기 때문에 좀 더 생생하게 임상의 영역에서 이를 어떻게 적용할 수 있는지 살펴봅시다. 여러분은 히스테리와 강박 신경증이 전이 신경증 집단들을 대표하는 두 가지 유형이라는 사실을 알고 있습니다. 히스테리의 경우, 물론 리비도가 원래의 근친상간적인 성적 대상으로 퇴행하며, 이런 현상은 매우 규칙적으로 일어납니다. 그러나 성생활의 체계 자체가 초기 단계로 퇴행하는 일은 거의 없습니다. 그 대신에 히스테리의 기제 안에서 억압이 주요한 역할을 담당합니다. 이 신경증에 대해 지금까지 우리가 확보한 지식을 다음과 같이 구성함으로써 더욱 완벽하게 가다듬을 수 있습니다. 이에 대해서 여러분은 내가 다음과 같이 서술하는 것을 양해하기 바랍니다. 성 기관이 성생활에서 우위를 차지하는 가운데 부분 충동들은 하나로 결합합니다. 하지만 그 결과로 인해서 의식과 연결된 전의식의 조직이 저항하게 됩니다. 성 기관 중심의 조직은 결국 무의식에만 적용되며, 전의식에까지 적용되는 것은 아닙니다. 전의식이 이처럼 거부하는 태도를 보임으로써, 성기가 성생활에서 우위를 차지하기 이전의 상태와 유사한 성생활의 모습이 나타나지만,

실상은 완전히 다른 것입니다. 리비도 퇴행*Libidoregression*의 두 가지 유형 가운데서 성적 조직의 초기 단계로 퇴행하는 경우가 대체로 좀 더 뚜렷하게 나타납니다. 이런 퇴행은 히스테리의 경우 발견되지 않으며, 신경증에 관한 우리의 전체적인 입장은 히스테리 연구의 영향하에 놓여 있기 때문에, 리비도 퇴행의 의미는 우리에게 아주 뒤늦게서야 억압의 의미로 규명되었습니다. 여러분은 히스테리나 강박 신경증이 아닌 다른 신경증들, 가령 나르시시즘적인 신경증을 고려할 경우 우리의 견해들이 좀 더 확장되고 달리 평가될 수도 있다는 것을 예상해야 합니다.

앞의 사례와는 반대로, 강박 신경증의 경우 리비도가 성생활의 전 단계인 사디즘적 항문 성애 조직으로 퇴행하는 현상이 뚜렷하게 나타나며, 이는 증상들을 발현시키는 주도적인 역할을 합니다. 사랑의 충동은 이때 사디즘적인 충동을 가장하고 나타납니다. 만약 우리가 강박 관념에 따라다니는 우연적이 아닌 불가피한 요소들을 제거하고 관찰한다면, 〈나는 너를 죽이고 싶다〉는 투의 강박 관념은 사실상, 〈나는 너를 사랑하면서 즐기고 싶다〉는 말에 지나지 않습니다. 여러분은 또한 대상과 관련된 퇴행이 동시에 일어난다는 점을 참작하기 바랍니다. 그래서 이 충동들은 오직 가장 가깝고, 가장 사랑하는 사람들만을 겨냥합니다. 따라서 여러분은 환자들의 강박 관념들을 불러일으키는 공포심에 대해서 어느 정도 이해할 수 있습니다. 그리고 동시에 여러분은 강박 관념이 의식에서 얼마나 낯선 모습으로 지각되는지에 대해서도 이해할 수 있습니다. 그러나 억압 역시 이러한 신경증의 역학 관계에 커다란 영향력을 행사하지만, 이에 대해서 우리가 지금 간략하게 시도한 정신분석학의 입문이란 방식을 빌려 설명하기는 어렵습니다. 억압이 없는 리비도 퇴행은 결코 신경증을 발생시키지 않으며, 바로 성적 도착으로 이어집니다. 이로부터 여러분은 억압이 신경증에 가장 가까운 정신 과정이며, 신경증의 성격을 가장 잘 보여 준다는 사실을 알 수 있게 됩니다. 아마도 언젠가는 여러분에게 성도착증의 메커니즘에 관한 지식을 소개할 기회가 주어질 것입니다. 그렇게 되면 여러분은 여기서도 사람들이 기꺼이 추정하는 것만큼 사태가 단순하지 않다는 사실을 알게 될 것입니다.

여러분! 나는 이제까지 리비도의 고착과 퇴행에 대한 설명을 해왔는데, 여러분이 이 설명들을 신경증 병인론의 연구를 위한 준비 단계로 간주한다면, 나의 견해에 거의 동조한 셈이 됩니다. 나는 이에 대해 여러분에게 단지 다음과 같은 하나의 보고를 했을 뿐입니다. 말하자면 사람들이 신경증에 걸리는 것은, 그들이 자신들의 리비도를 만족시킬 수 있는 가능성을 박탈당하는 경우 ─ 나는 이를 〈좌절〉이라고 표현하고 싶습니다 ─ 입니다. 그리고 그 증상들은 바로 좌절된 만족감을 대체하는 것입니다. 물론 그렇다고 해서 리비도적 만족이 좌절된 모든 사람이 신경증에 걸리는 것은 아닙니다. 단지 신경증의 모든 연구 사례에서 좌절이란 계기가 입증되었을 뿐입니다. 따라서 이 명제의 전후 순서를 뒤바꾸어, 모든 리비도 충동의 좌절이 신경증을 발생시킨다는 식의 해석은 성립하지 않습니다. 여러분은 아마도 그 주장이 신경증의 병인론에 관한 모든 비밀을 규명한 것은 아니며, 단지 하나의 중요하고도 필수적인 조건을 부각시킨 것이라고 이해했을 것입니다.

이제 이 명제를 계속 논의하기 위해서 과연 좌절의 성격에 주목해야 할지, 아니면 좌절을 경험한 당사자의 성격적 특징을 주로 다루어야 할지, 현재로서는 가늠하기 어렵습니다. 어찌 됐든 좌절이 전면적이며 절대적인 형태로 나타나는 경우는 아주 드뭅니다. 좌절이 병의 원인으로 작용할 수 있으려면, 당사자만이 갈구하고 있고 또 그만이 유일하게 누릴 수 있는 만족의 방식이 좌절에 직면해야만 합니다. 리비도적인 만족이 주어지지 않을 때, 병에 걸리지 않고서도 이를 견디어 내는 방법들은 일반적으로 매우 다양합니다. 무엇보다 우리는 그런 결핍을 상처받지 않고 감당해 낼 수 있는 사람들을 알고 있습니다. 그들은 이때 행복하다고 할 수는 없고, 성적 만족의 대상에 대한 향수를 느끼면서 번민을 하지만, 그렇다고 병에 걸리는 것은 아닙니다. 나아가서 우리는 바로 이 성적 충동의 자극들은 특히, 이렇게 말하는 것이 허용된다면, 〈탄력적〉이라는 사실을 고려해야만 합니다. 어떤 성 충동은 다른 성 충동을 대신해서 나타나며, 다른 충동의 강렬함을 대신 짊어질 수도 있습니다. 만약 하나의 충동을 만족시키려는 시도가 현실에 의해서 좌절되었을 때, 다른 충동의 만족을 통해서 그 좌절은 완전하게 보상될 수 있습니다. 이 충동들은 마치 서로 간의 의사소통이라는 그물망 속에 존재하는 것처럼 움직이며, 유동성 물질로 채워진 운하들처럼 보입니다. 물론 이들은 성기 위주의 성 충동 밑에 놓여 있기 때문에, 성 충동들이 이런 방식으로 작용하는 모습을 하나의 통일된 형태로 연상하기란 결코 쉽지 않습니다. 나아가서 성의 부분 충동들은 이 부분 충동들에 의해서 구성된 성적 충동과 마찬가지로, 한 성적 대상을 다른 대상과, 이를테면 좀 더 용이하게 달성할 수 있는 대상과 교체할 수 있는 뛰어난 능력을 보입니다. 이처럼 특정한 대상에 대한 성적 충족의 시도를 지연시키거나 대상 자체를 교체함으로써, 성적 좌절이 초래할 수 있는 병적인 요인의 영향력에 과감하게 맞설 수 있는 것입니다. 대상의 결핍에 의한 병의 발생을 저지하는 심적 과정들

중에서 하나는 매우 중요한 문화적 의미를 지닙니다. 그 과정 속에서 성적 만족의 달성을 위한 노력은, 부분적인 쾌락이나 생식에 대한 쾌락을 포기하고 다른 목적을 겨냥하게 됩니다. 그것은 발생적으로는 포기한 목적과 같은 연관 속에 놓여 있지만, 더 이상 성적인 것이 아니라 사회적인 성격의 것이라고 불려야만 합니다. 우리는 이 과정을 〈승화Sublimierung〉라고 부릅니다. 여기서 우리는 사회적 목표들이 사실상 자기 탐닉적인 성적인 목표들보다 더 높은 위상을 차지한다는 일반적인 평가와 견해를 같이합니다. 한편으로 성적 만족을 위한 노력이 성적인 것이 아닌 다른 목표들을 추구하는 다양한 경우 중에서, 승화는 하나의 사례에 불과합니다. 다른 관련성 속에서 이에 대해 다시 한번 언급해야만 할 것 같습니다.

지금 여러분이 받게 되는 인상은, 결핍을 견디어 내는 여러 가지 수단으로 인해서 성적 결핍 자체가 거의 무의미한 개념으로 전락했다는 것입니다. 하지만 그렇지 않습니다. 결핍은 병인으로 작용할 수 있는 힘을 지니고 있습니다. 그에 대항하는 수단들은 일반적으로 충분하지 않습니다. 사람들이 충족되지 않은 리비도를 평균적으로 감당할 수 있는 정도에는 한계가 있습니다. 리비도의 탄력성과 자유로운 운동성이 모든 사람에게 완전한 정도로 유지되고 있는 것은 아닙니다. 승화의 능력이 많은 사람들에게 매우 조금밖에 주어져 있지 않다는 사실은 제외하더라도, 승화는 항상 리비도의 일정한 부분만을 처리할 수 있습니다. 이러한 한계들 중에서 가장 중요한 것은 명백하게 리비도의 운동성에서 발견되는 한계입니다. 왜냐하면 개인들의 성적 만족은 오직 매우 적은 수의 목표들이나 대상들을 겨냥하기 때문입니다. 여러분은 리비도가 불완전하게 발달할 경우, 리비도가 매우 복합적이고 중

충적인 형태로 성적 조직 체계와 대상 발견의 초기 단계에 고착하는 결과가 생긴다는 사실을 기억할 것입니다. 당연하게도 그런 리비도의 고착을 통해서는 대부분 현실적인 성적 만족을 느낄 수 없습니다. 그래서 여러분은 리비도 고착 *Libidofixierung*이라는 현상에서, 좌절이라는 요인과 함께 질환을 일으키는 두 번째 강력한 요인을 인식할 수 있습니다. 도식적인 설명으로 간략하게 정리하면, 리비도 고착은 신경증의 병인 가운데 기질적이며 내재적인 요인이고, 좌절은 우연적이며 외재적인 요인에 해당한다고 말할 수 있습니다.

이 기회에 나는 여러분이 불필요한 논쟁 속에서 어느 한쪽을 편들지 않도록 경고하고 싶습니다. 학문 활동의 영역에서 학자들은 진리의 한 부분을 포착한 다음, 이를 진리의 모든 것으로 설정하고, 자신의 주장을 유리하게 만들기 위해서 나름대로 진리를 함축하고 있는 다른 주장들을 공격하는 행태를 자주 선호합니다. 이런 방식으로 이미 정신분석학 운동에서 여러 가지 입장이 갈라져 나왔습니다. 어떤 입장은 이기주의적인 충동들만을 인정하고, 반면에 성적인 충동들은 부인합니다. 다른 입장은 오직 현실적인 인생 과제들의 영향력만을 평가하고, 개인적인 과거의 영향력은 간과하는 등의 사태가 빚어지는 것입니다.[3] 이제 여기서도 그와 유사한 의견들의 대립과 논쟁의 계기가 주어집니다. 신경증들은 〈외생적(外生的)〉인 요인에서 발생하는 질병인가, 아니면 〈내생적(內生的)〉인 질병인가? 즉 특정한 심리적 구성 방식에서 비롯하는 불가피한 결과인가, 아니면 특별히 마음에 상처를 입힌(외상적인) 인생 체험의 산물인가? 특히 신경증들은 리비도 고착(그리

---

3 프로이트는 여기서 아들러와 융의 학파를 참조하고 있다. 『새로운 정신분석 강의』 중 서른네 번째 강의 참조.

492

고 그 밖의 다른 성적 기질) 때문에 발생하는가, 아니면 좌절에 의한 압력 때문인가? 이런 딜레마는 대체로, 아이는 아버지의 생식 행위에 의해서 나오는가, 아니면 어머니의 수태 작용의 결과인가라는 딜레마보다 더 현명한 것처럼 보이지 않습니다. 이 두 조건은 동시에 필수적으로 요구된다고 여러분은 정당하게 답할 것입니다. 신경증의 원인을 둘러싸고 벌어지는 논란 역시 이 경우와 완전히 같지는 않지만 매우 흡사합니다. 병의 원인에 대한 고찰과 관련해서 보면, 신경증 질병의 사례들을 하나의 계열 속에서 정리할 수 있습니다. 그 계열 속에는 성적 기질과 체험이라는 두 가지 계기가 있으며, 만약 여러분이 원한다면 이를 리비도 고착과 좌절이란 계기들로 표현할 수도 있습니다. 이 두 계기 중 하나의 영향력이 커지면 다른 하나는 상대적으로 줄어듭니다. 모든 사례를 일렬로 정렬해 놓은 계열의 한쪽 끝에는 극단적인 경우들이 있습니다. 이에 대해서 여러분은 확신을 가지고 다음과 같이 말할 수 있을 것입니다. 〈이 사람들은 무엇보다 그들의 리비도가 매우 특이하게 발달함으로써, 그들이 무엇을 체험했는가와 관계없이, 그리고 그들이 매우 조심스러운 인생을 살았는가와 관계없이 병에 걸릴 수밖에 없었다.〉계열의 다른 쪽 끝에는 여러분이 정반대로 판단해야만 하는 사례들이 있습니다. 즉 그들의 인생이 이러저러한 상황으로 치달리지 않았더라면 병에 걸리지 않았을 것으로 추정되는 사례들이 이에 해당합니다. 두 극단의 중간에 놓인 사례들은 기질적인 성의 요소와 상처를 입히는 삶의 요구들이 제각기 다소간 섞여서 작용합니다. 이 사례에 속하는 사람들의 성적 기질은, 이들이 그 같은 체험들을 하지 않았더라면 신경증을 불러일으키지 않았을 것입니다. 그리고 이 체험들 역시, 리비도와 관련된 내적 상황이 다른 양상을 지녔을 경우 외상적인 영향을 주지는 않았을 것입니다. 나는 이 계열에서 아마도 기질적인 계기들에 더 많은 무게를 실었다는 점을 인정합니다. 그러나 이 점을 시인하는가의 여부는, 여러분이 신경증의 한계를 어느 선에서 확정하려는가에 달려 있습니다.

여러분! 나는 여러분에게, 이런 계열을 〈상보적(相補的) 계열 *Ergänzungsreihen*〉로 표현해야 한다고 제안할 생각입니다.[4] 그리고 이와 다른 계열들이 설정될 수 있으며, 그런 계기가 나타날 수 있는 상황에 대해서도 여러분은 준비해야 합니다.

리비도가 특정한 방향으로 발전하고 특정한 대상들에 집착하는 완강함은, 소위 리비도의 〈점착성*Klebrigkeit*〉을 말해 줍니다. 이러한 리비도의 성질은 하나의 독립적이며 개인적인 변수로 작용하는 요소입니다. 이 요소를 결정하는 조건들에 대해서 우리는 전혀 모릅니다. 그리고 우리는 그 요소가 신경증의 병인론에서 차지하는 의미를 더 이상 과소평가할 수 없습니다. 그러나 우리는 이 요소와 신경증 사이의 내적인 관계의 긴밀성을 과대평가해서도 안 됩니다. 바로 그러한 리비도의 〈점착성〉은 알려지지 않은 이유에서 많은 다른 조건이 주어지면 정상인들에게서도 나타납니다. 그리고 어떤 의미에서 신경증 환자와는 정반대인 도착증 환자들에게서도 이 요소는 결정적인 계기로 작용합니다. 이런 사실은 이미 정신분석학이 태동하기 전에 알려졌습니다(비네A. Binet에 의해서).[5] 우리는 성도착자들의 병력에서, 그들이 아주 어린 시절에 비정상적인 방향의 충동을 발동시키거나 대상을 선택했던 것과 같은 체험이 인상의 형태로 각인되어 있음을 발견합니

---

4 『새로운 정신분석 강의』참조.

5 비네의 『심리적 실험에 대한 연구: 사랑 속의 페티시즘 *Études de psychologie expérimentale: le fétichisme dans l'amour*』(1888)참조.

다. 도착증에 걸린 사람의 리비도는 일생에 걸쳐서 바로 이러한 인상에 고착되어 있습니다. 종종 사람들은 이 인상이 리비도에 대해서 그렇게도 강렬한 흡인력을 보이는 이유가 무엇인지 형용할 길이 없습니다. 나는 여러분에게 내가 직접 관찰한 다음과 같은 유형의 사례에 대해서 설명할 작정입니다. 여자의 생식기나 다른 모든 매력적인 부분들이, 현재 자신에게는 아무 의미가 없는 그런 남자가 있었습니다. 그 남자는 오직 신을 신고 있는 특이한 형태의 발을 통해서만 거역할 수 없는 성적 흥분 상태에 젖어들었습니다. 그는 자신의 리비도가 이처럼 집착하는 데 결정적인 역할을 한 여섯 살 적의 체험을 기억합니다. 그는 여자 가정 교사 옆에서 등받이가 없는 의자에 앉아 영어 수업을 받아야만 했습니다. 이 가정 교사는 나이가 들고 말랐으며 그다지 예쁘지도 않은 처녀였는데, 물처럼 푸른 눈과 들창코를 지니고 있었습니다. 어느 날 그녀는 다리가 아팠던지 벨벳으로 만든 슬리퍼를 신은 다리를 방석 위에 뻗어 올려놓았습니다. 그녀의 다리 자체는 아주 우아한 방석으로 가려져 있었습니다. 그 남자가 당시에 가정 교사에게서 보았던 것은 그렇게도 깡마르고 억센 발이었는데, 이 발은 그가 사춘기에 이르러 정상적인 성적 행위를 조심스럽게 시도한 다음부터 그의 유일한 성적 대상이 되었습니다. 이 발과 함께 영어 가정 교사와 같은 유형의 사람을 연상시키는 몇 가지 다른 특징이 함께 주어지면, 그 남자는 저항할 길 없이 매료되었던 것입니다. 하지만 그 남자는 리비도 고착을 통해서 신경증 환자가 된 것이 아니라 성도착자, 즉 우리의 표현에 따르면 발 도착자 *Fußfetischist*가 되었습니다.[6] 물론 리비도가 과도하게 특정 대상에 집착하거나 너무 일찍 집착하는 현상이 신경증의 불가피한 발생

6 프로이트의 논문 「페티시즘」(프로이트 전집 7, 열린책들)을 참조할 것.

원인으로 작용하기는 하지만, 그 영향력은 신경증의 영역을 훨씬 넘어섭니다. 이런 조건 역시 그 자체만으로는, 앞서 언급했던 좌절과 마찬가지로 그렇게 결정적인 것이 아닙니다.

신경증의 발생 원인이란 문제는 결국 매우 복잡해진 것처럼 보입니다. 사실상 정신분석 연구는 우리가 병인론의 연구 과정에서 검토하지 않았던 새로운 계기를 알려 주었습니다. 이에 대해서 우리는, 여태까지 상태가 좋았던 사람이 갑자기 신경증 질병에 의해서 장애를 받는 사례들을 통해 가장 잘 파악할 수 있습니다. 사람들은 대체로 이러한 성도착자들의 내부에서 욕망 충동들이 서로 갈등하고 있음을 발견합니다. 이는 우리가 늘상 심리적 〈갈등〉으로 표현하는 것입니다. 인격의 한 부분이 특정한 욕망을 대표한다면, 다른 부분은 그에 대해서 저항하고 거부합니다. 그러한 갈등이 없으면 신경증은 발생하지 않습니다. 이는 그다지 특별한 얘기가 아닐 수도 있습니다. 여러분은 우리의 정신 활동이 끊임없이 갈등들에 의해서 움직이며, 이 갈등에 직면해서 결단을 내려야 한다는 사실을 알고 있습니다. 하지만 그 같은 갈등이 병의 원인으로 작용하려면 특별한 조건들이 충족되어야만 합니다. 우리는 이 조건들이 어떤 조건들인지, 또 어떠한 심리적인 힘들 사이에서 이렇게 병인으로 작용하는 갈등들이 영향력을 행사하는지, 그리고 갈등은 병을 일으키는 다른 계기들과 어떤 관계에 놓여 있는지에 관해 검토해 보아야만 할 것입니다.

물론 도식적으로 간략하기는 하지만, 나는 여러분에게 이 물음들에 대해서 충분히 답변할 수 있기를 희망합니다. 갈등은 좌절에 의해서 촉발됩니다. 만족감을 상실한 리비도는 이제 다른 대상들과 방법을 강구해야 하는 상황에 놓이기 때문입니다. 이런 다른 방법들이나 대상들은, 그러나 인격의 또 다른 부분에게는 불만스러운 감정을 불러일으킴으로써 갈등의 조건이 형성되고, 결국은 거부권이 행사되어 일단 새로운 방식으로 만족을 추구할 수 없게 됩니다. 이로부터 우리가 나중에 살펴보게 될, 증상이 형성되는 길이 마련되는 것입니다. 리비도적인 노력들은 앞서 말한 방식대로 자신의 시도가 거부된 경우, 다른 우회적인 방식들을 통해서라도 자신을 관철합니다. 물론 어느 정도 자신의 충동을 변형시키거나 약화시켜서 인격의 다른 부분에서 제기한 반발을 참작합니다. 이 우회적인 방식들이 증상을 형성하는 길로 통합니다. 증상들은 좌절이란 사태가 필연적으로 전개되는 경우, 새로운 만족의 유형이거나 대리 만족들입니다.

심리적 갈등의 의미는 다른 방식의 표현에 의해서도 적절하게 이해할 수 있습니다. 이는 〈외적인〉 좌절이 병의 원인으로 작용하기 위해서는 〈내적인〉 좌절도 첨가되어야 한다고 말함으로써 가능합니다. 내적이며 외적인 좌절은 자연히 서로 상이한 만족의 방법들 또는 대상들과 관련합니다. 외적인 좌절은 리비도를 만족시킬 수 있는 하나의 가능성을 박탈합니다. 내적인 좌절은 다른 가능성을 배제하고, 이렇게 됨으로써 갈등이 발생합니다. 나는 이런 유형의 서술이 일종의 비밀스러운 내용을 함축하기 때문에 선호합니다. 즉 이 같은 서술은 리비도를 내부에서 억제하는 요인들이 인류 발달의 초기 시대에서 현실의 외적인 장애들을 통해 발생했다는 개연성을 암시합니다.[7]

그런데 리비도적 충동*die libidinöse Strebung*을 거슬러서 반론을 제기하는 힘들은 어떤 것들입니까? 병인이 되는 갈등의 당사자인

---

7 프로이트는 신경증의 원인이 되는 〈좌절〉에 대해서 「신경증 발병의 유형들」(프로이트 전집 10, 열린책들)에서 논하고 있다.

다른 한쪽은 어떤 존재인 것입니까? 아주 일반적으로 말해서, 그 것은 성적인 본능의 힘들이 아닙니다. 우리는 이를 〈자아 본능들 *Ichtriebe*〉이라고 정리합시다. 이 자아 본능들은 전이 신경증들에 대한 정신분석학적 탐구에 의해서는 더 이상 그 세밀한 요소들에 이르기까지 이해할 수 없습니다. 우리는 기껏해야 분석과 대립하 는 저항들을 통해서만 자아 본능의 존재를 어느 정도 인식할 수 있습니다. 병인으로 작용하는 갈등은 결국 자아 본능과 성 본능 사이의 갈등입니다. 일련의 많은 사례는, 서로 다르긴 하지만 순 전히 성 본능들 사이의 갈등도 존재할 수 있다는 인상을 줍니다. 그러나 근본적으로 이 갈등의 성격은 앞의 경우와 동일합니다. 왜냐하면 갈등 속에 놓여 있는 두 가지 성적인 충동 중에서 하나 는 항상 자아에 충실하며, 반면에 다른 하나는 자아가 자신을 방 어하도록 만드는 것입니다. 따라서 이것도 자아와 성욕 사이의 갈등 속에 있는 것입니다.

여러분! 만약 정신분석이 어떤 심리적 사태를 성적 충동들이 작용한 것으로 주장한다면, 사람들은 화를 내며 자기 방어적이 되면서 다음과 같은 반론을 자주 제기합니다. 이를테면 사람은 성에 의존해서만 살지 않으며, 정신생활에는 성적이지 않은 다른 충동들과 관심들도 존재한다는 것입니다. 또 〈모든 것〉을 성에서 도출해서는 안 된다는 등의 반론을 제기합니다. 나는 이제 우리 와 맞서고 있는 상대방이 무언가 우리와 같은 생각을 하고 있다 는 것을 발견했는데, 이는 매우 즐거운 일입니다. 정신분석은 성 적인 것이 아닌 다른 본능의 힘들도 존재한다는 사실을 단 한 번 도 잊지 않았습니다. 정신분석은 성 본능을 자아 본능에서 정확 하게 분리함으로써 구축되었습니다. 그리고 정신분석은 모든 반 론이 제기되기 전에 이미 신경증이 성 본능에서 발생하는 것이 아니라, 자아와 성 본능 사이의 갈등에서 기인하는 것이라고 주장했습니다. 정신분석은 질병과 인생에서 성적인 본능들이 차지하는 역할을 추적하는 과정에서, 자아 본능들이 실재하고 또 나름대로 중요하다는 것을 부정할 아무 이유가 없습니다. 단지 성적 본능들을 일차적으로 다루는 작업이 정신분석의 운명이 되어 버렸습니다. 왜냐하면 성적 본능들은 전이 신경증에 대한 연구를 통해서 가장 먼저 알려졌으며, 다른 학문들이 소홀하게 취급한 주제를 연구하는 것이 정신분석의 과제였기 때문입니다.

정신분석이 성적이라고 볼 수 없는 인격성의 부분에 대해서는 전혀 고려하지 않았다는 지적은 옳지 않습니다. 바로 자아와 성을 분리하게 됨으로써, 자아 본능 역시 중요한 발달 과정을 거친다는 사실을 특히 분명하게 인식시켜 주었습니다. 즉 이 자아 본능들의 발달 과정은 리비도에서 완전히 독립한 것도 아니며, 리비도에 대한 반작용과 무관한 것도 아니라는 사실을 보여 주었던 것입니다. 물론 우리가 자아의 발달에 관해서 알고 있는 것은 리비도에 대해서 알고 있는 것보다 훨씬 적습니다. 왜냐하면 나르시시즘적인 신경증을 연구한 다음에야 자아의 구성 방식에 대해 이해할 수 있었기 때문입니다. 하지만 이미 페렌치S. Ferenczi의 주목할 만한 시도가 제시된 바 있습니다.[8] 그는 자아의 발달 단계들을 이론적으로 구성했으며, 최소한 두 군데서 우리는 이런 발달 과정을 평가할 수 있는 이론적 지침을 확보했습니다. 우리는 물론, 어떤 사람의 리비도적인 관심들이 처음부터 자아의 자기보존Selbsterhaltung에 대한 관심들과 대립한다고 생각하지 않습니다. 오히려 자아는 모든 발달 단계에서 그 단계에 해당하는 성적

---

8   페렌치의 「현실 감각의 발전 단계Entwicklungsstufen des Wirklichkeits-sinnes」 (1913) 참조.

조직 체계와 조화를 이루고, 이를 자신에게 적응시키려고 시도합니다. 리비도의 발달 과정에서 모든 개개의 단계는 아마도 미리 짜여진 계획대로 새로운 단계에 의해서 지양됩니다. 그러나 이런 전개 과정이 자아로부터 영향을 받을 수 있다는 사실을 부인하기 어렵습니다. 자아와 리비도의 발달 단계들은 일정한 상응 관계, 즉 일종의 병행 관계를 구축합니다. 그렇습니다. 이런 상응 관계가 장애에 부딪치면 병적인 요인이 발행할 수도 있습니다. 우리에게 중요한 관점은, 만약 자아의 리비도가 자신의 한 특정한 발달 단계에서 강한 고착을 보이고 이를 뒤에 남겼을 때, 자아가 어떠한 태도를 보이는가 하는 것입니다. 자아는 이러한 리비도 고착을 용인할 수 있습니다. 그리고 이와 상응하는 정도의 성도착 증세를 보이거나, 아니면 — 결국 같은 것이지만 — 유아기적 성적 발달 단계의 양상을 보일 수도 있습니다. 그러나 자아는 리비도의 이 같은 고착에 비순응적인 태도를 보일 수 있고, 이때 자아는 리비도가 〈고착〉을 경험하는 곳에서 〈억압〉을 경험하게 됩니다.

우리는 이런 경로를 통해서 신경증의 병인론에서 제3의 요인으로 등장한 〈갈등의 경향〉이, 리비도의 발달에 의존하는 만큼 자아의 발달 과정에 의해서도 좌우된다는 인식에 도달했습니다. 신경증의 원인에 대한 우리의 통찰은 결국 완결되었습니다. 먼저 가장 일반적인 조건으로서 좌절이 첫 번째 요인이며, 리비도를 일정한 방향으로 몰고 가는 리비도 고착이 두 번째 요인입니다. 세 번째로는 자아의 발달 과정에서 비롯하는 갈등의 경향인데, 이로 인해서 그러한 리비도의 자극들은 거부됩니다. 따라서 지금까지의 내용은, 내가 계속 설명해 나가는 과정에서 여러분이 받았으리라고 짐작되는 인상만큼 혼란스럽지도 않고, 파악하기 어려운 것도 아닙니다. 그러나 이것으로 우리의 설명이 모두 끝난 것은 아닙니다. 우리는 아직도 새로운 사실들을 첨가해야 하며, 이미 알고 있는 것을 좀 더 자세히 분석해야 합니다.

자아의 발달이 갈등의 형성이나 신경증의 원인에 미치는 영향을 보여 주기 위해서, 나는 여러분에게 한 가지 일화를 소개하고자 합니다. 이 일화는 물론 꾸며 낸 것이지만, 그 어떤 점에서나 개연성이 충분한 내용을 담고 있습니다. 나는 네스트로이J. Nestroy[9]가 쓴 『일층과 이층』이란 소극의 제목을 빌릴 생각입니다. 일층에는 집 관리인이 살고, 이층에는 부자이며 신분이 높은 집주인이 살고 있었습니다. 두 사람에게는 모두 아이들이 있었습니다. 집주인의 딸이 방해받지 않고 무산 계급 출신의 아이와 노는 것이 허용되었다고 가정합시다. 이럴 경우 아이들은 버릇없이 놀거나 성적인 유희를 벌이기가 매우 쉽습니다. 아이들은 〈아빠와 엄마〉 놀이를 하거나, 서로의 비밀스러운 부분을 쳐다보거나, 성기 부분을 서로 자극하기도 합니다. 집 관리인의 딸은 비록 대여섯 살밖에 되지 않았지만 성인들의 성생활을 엿볼 수 있었던 것입니다. 그래서 아마 집주인 딸을 유혹하는 역할을 했으리라 짐작합니다. 비록 오래 지속되지 않는다고 하더라도, 이 정도의 체험만으로도 이 두 아이의 성적인 충동을 활성화시키기에는 충분합니다. 아이들의 성적 충동은 둘이서 함께 더 이상 놀지 않게 된 다음에도, 몇 해 동안에 걸친 자위행위의 형태로 나타납니다. 여기까지는 둘 다 같은 모습을 보이지만, 궁극적인 결과는 이 두 아이에게 아주 다르게 나타날 것입니다. 집 관리인의 딸은 자위행위를 대략 첫 번째 월경 때까지 계속하다가 곧 별 어려움 없이 중단할 것입니

9 네스트로이(1801~1862)는 오스트리아의 배우이자 희곡 작가. 19세기 중엽 오스트리아 대중 연극의 대표자로 당시 상황을 사실적, 풍자적으로 그렸다.

다. 그녀는 몇 해가 지나면 애인을 갖게 되고, 아마 아이도 하나 생길 것입니다. 그녀는 이러저러한 인생의 역정을 거쳐서 대중적인 예술가로 입신한 후, 상류 사회의 부인으로 자신의 인생을 마무리할 수도 있습니다. 물론 그녀의 운명이 이와 같이 화려하게 전개되지 않을 수도 있지만, 그녀는 자신의 이른 성적 경험 때문에 상처받지도 신경증에 걸리지도 않으며 자신의 삶을 영위할 것입니다. 그러나 집주인의 딸은 다릅니다. 그녀는 일찍이 아직 아이였을 적에 자신이 무언가 잘못된 일을 저질렀다고 느낍니다. 그녀는 아마 심각한 갈등을 겪기는 하겠지만, 얼마 안 가서 자위를 통해 성적 만족을 얻는 행위를 그만둘 것입니다. 그럼에도 불구하고 무엇인가 가슴을 짓누르는 것이 남아 있습니다. 그녀가 소녀 시절에 사람들의 성교에 대해서 어느 정도 알게 되면, 알지 못할 역겨움을 느끼고 고개를 돌리면서 그런 사실에 대해 자세히 알려고 들지 않게 될 것입니다. 이제 그녀는 다시 자위를 하고 싶다는 새롭고도 거역할 수 없는 충동에 굴복할 수도 있습니다. 그녀는 이런 충동에 대해 감히 남에게 하소연할 용기도 없습니다. 그녀가 여자로서 한 남자의 마음에 들어야 할 시기에 신경증이 발발할 수 있습니다. 신경증은 그녀에게서 결혼 생활과 인생의 희망을 앗아 갑니다. 분석을 통해서 자신의 신경증을 이해하게 되면, 훌륭한 교육도 받고 지적이며 이상적인 열정을 지닌 이 소녀는 자신이 성적 충동들을 완전히 억압해 왔다는 것을 알게 됩니다. 이 충동들은 그녀에게는 무의식적인 것이 된 채로, 그녀의 소꿉친구와 나누었던 가련한 체험에 고착되어 있었던 것입니다.

같은 체험을 했음에도 불구하고 이 두 소녀의 운명이 서로 다른 점은, 한 사람의 자아는 발달한 반면 다른 사람의 경우는 그렇지 못했다는 데 기인합니다. 집 관리인의 딸에게 성행위는 어린 시절이나 성장한 다음에도 한결같이 자연스럽고 또 별 문제가 없는 행위로 간주되었습니다. 집주인의 딸은 교육의 깊은 영향을 받아 그 지침을 수용했던 것입니다. 그녀의 자아는 자신에게 제시된 교육의 영향들을 받아들여, 이로부터 여성적인 순결함과 무욕이라는 이상들을 형성했습니다. 그런 이상들은 성적인 행위와 조화될 수 없었습니다. 그녀는 지적인 교육을 받음으로써 그녀에게 주어진 여성으로서의 역할을 무시했습니다. 그녀의 자아가 이같이 고상하게 도덕적으로나 지적으로 발달함으로써, 그녀는 자신의 성적 욕구들과 갈등에 직면하게 된 것입니다.

나는 오늘 자아의 발달에 관한 두 번째 문제를 좀 더 자세히 다루고 싶습니다. 왜냐하면 이를 설명함으로써 우리는 어느 정도 문제에 대해서 좀 더 넓은 시야를 확보할 수 있기 때문입니다. 또한 그것은, 우리가 기꺼이 명확하게 설정했지만 그렇다고 자명하지는 않은 구별, 즉 자아 본능과 성적 본능 사이의 구별을 정당화하기 위해서입니다. 자아와 리비도의 두 가지 발달 과정을 평가하는 과정에서, 우리는 아직까지 그렇게 자주 인정받지는 못한 하나의 관점을 부각시키고자 합니다. 이 두 가지 발달 과정은 근본적으로 과거에서 물려받은 유산들입니다. 즉 이들은 인류 전체가 태곳적부터 매우 오랜 시간을 거쳐 남겨 놓은 발달 과정을 축약된 형태로 반복하는 것입니다. 나는 리비도의 발달 과정에서 이러한 〈계통 발생적인〉 기원을 어렵지 않게 간파할 수 있다고 생각합니다. 어떤 종류의 동물강(動物綱)은 성 기관이 입과 밀접한 관련이 있고, 다른 어떤 동물들은 성 기관이 배설 기관과 구별되지 않습니다. 그런데 또 다른 동물들은 성 기관이 운동 기관과 연결되어 있는데, 이 모든 사실들을 한번 생각해 보십시오. 여러분은 이런 내용들을 뷜셰W. Bölsche가 매력적으로 서술한 훌륭한 책을 통해서 확인할 수 있습니다.[10] 우리는 동물들에게서 소위 모든 유형의 성적 도착들이 성적 조직의 체계로 굳어졌다는 사실을 발견합니다. 인간의 계통 발생적인 관점은 부분적으로 다음과 같은 상황에 의해서 겉으로 나타나지 않습니다. 즉 사실은 유전적으로 계승된 것이 개체의 발달 과정 속에서 개체에 의해 새롭게 획득되어야 하기 때문인데, 그 이유는 아마도 같은 형질을 습득하도록 강요했던 동일한 상황이 아직도 모든 개인에게 영향력을 계속 행사하고 있기 때문일 것입니다. 그런 상황들은 당시에는 새로운 기질을 만들어 내는 데 영향을 미쳤으나, 이제는 기존의 기질을 불러일으키는 역할을 수행합니다. 다른 한편으로 모든 개인의 예정된 발달 과정은, 외부에서 미치는 현재의 영향들에 의해서 방해받거나 변경될 수 있습니다. 그러나 인류로 하여금 그러한 발달 과정을 거치도록 강요하고, 오늘날에도 같은 방향으로 그 과정이 지속되도록 압력을 행사하는 힘이 과연 무엇인지 우리는 알고 있습니다. 그것은 또한 현실의 좌절로 나타납니다. 또 만약 우리가 그 힘에 정당하고 위대한 이름을 부여한다면 〈인생의 역정〉 — 필연성Ananke — 으로 칭할 수 있습니다. 그 힘은 인류를 엄격하게 교육시켰으며, 우리를 크게 성장하도록 만들었습니다. 신경증 환자들은 이 엄격함이 좋지 못한 결과를 낳은 어린아이와 같은 존재들이며, 그 같은 위험은 모든 교육 과정에 도사리고 있습니다. 이처럼 인생의 역정을 발전의 원동력으로 평가한다고 해서, 〈내적인 발달의 경향성들〉 — 만일 그러한 경향성들이 존재하는 것으로 입증된다면 — 이 지니는 의미를 간과해서는 안 됩니다.

　　그런데 성적 본능들과 자기 보존 본능Selbsterhaltungstrieb들이

10　뷜셰의 『자연의 애정 생활Das Liebesleben in der Natur』(1911~1913).

현실상의 역경에 대해서 동일한 방식으로 대처하지 않는다는 사실에 주목해야 합니다. 자기 보존 본능들과 이와 관련된 모든 다른 충동은 훨씬 쉽게 교육시킬 수 있습니다. 이 충동들은 일찍 역경에 적응하고, 자신의 발달 과정을 현실의 지침에 부합되도록 조정합니다. 그것은 납득할 만합니다. 왜냐하면 자기 보존 본능들은 자신에게 필요한 대상들을 어떤 다른 방식을 통해서 만들어 낼 수 없기 때문입니다. 그리고 이 대상들이 없다면 개인은 사멸할 수밖에 없습니다. 성 본능들은 교화시키기가 어렵습니다. 왜냐하면 성 충동은 처음에는 이러한 대상의 부족을 모르기 때문입니다. 성 충동은 신체의 다른 기능들에 기생하면서 자신의 몸을 통해 자가 성애적인 만족에 도달하기 때문에, 현실의 역경이라는 교육적 영향의 범위에서 일단 벗어나 있습니다. 그리고 이 충동들이 지닌 자기 본위적이고 남에게서 어떤 영향도 받지 않으려는 성질 — 우리는 이를 〈몰이해〉라고도 부릅니다 — 들은, 어떤 측면에서 보면 대부분의 사람에게 일생에 걸쳐 영향을 미칩니다. 청년기에 이르러 성적 욕구들이 결정적으로 강해지면, 더 이상 이들을 교육시키는 것도 불가능합니다. 교육자들도 이를 알고 있기 때문에 나름대로 대처를 합니다. 그러나 그들은 정신분석의 결과에 영향을 받아서, 교육을 통한 주된 압력을 최초의 유아기에, 즉 젖먹이 시절부터 행사하려고 시도할 수 있습니다. 이 조그마한 인간은 종종 네댓 살에 인격이 완성되어, 나중에 가서는 이미 그 속에 잠복하고 있던 것들이 서서히 겉으로 나타날 뿐입니다.

위에서 예시한 두 가지 본능 집단 간의 차이가 어떤 의미를 지니는지 완전하게 평가하기 위해서, 우리는 논의의 지평을 널리 확대해 이전에 〈경제적 관찰〉이라고 불렀던 내용을 소개해야겠습니다. 이로써 우리는 정신분석학의 영역에서 가장 중요하지만,

유감스럽게도 가장 어두운 영역으로 진입해 들어가는 것입니다. 우리의 물음은 심리적 장치의 주요 목적을 인식할 수 있는가의 여부였습니다. 그리고 정신 활동의 주요 목적은 쾌락의 획득을 겨냥한다는 견해에 기울어졌습니다. 우리의 모든 정신 활동은 쾌락의 획득을 지향하고 불쾌감을 피하려는 것처럼 보였으며, 이 활동은 자동적으로 〈쾌락 원칙Lustprinzip〉[11]에 의해서 조절됩니다. 이제 우리는 기꺼이 무슨 수를 써서라도 쾌락과 불쾌감을 일으키는 조건들이 무엇인지 알고 싶지만, 바로 이 점에 대해서 우리는 아는 바가 없습니다. 다만 우리가 감히 주장할 수 있는 것은, 쾌락이란 〈어떤 방식으로든〉 심리 기제 속에서 작용하는 자극의 양이 감소하거나 소멸하는 것에 달려 있다는 사실입니다. 그리고 마찬가지로 불쾌감의 경우, 자극의 증가와 관련되어 있습니다. 사람에게 가능한 가장 강렬한 쾌감, 즉 성행위의 과정에서 느끼는 쾌감을 연구해 보면, 이 점에 대하여 의심의 여지가 없습니다. 그러한 쾌락의 과정들에서 문제의 모든 운명적 관건은 심리적 자극의 양들, 즉 심리 에너지의 양에 달려 있기 때문에, 우리는 이런 유형의 관찰을 경제적 관찰이라고 표현했습니다. 우리는 심리적 장치의 과제와 역할에 대해서 쾌락의 획득을 강조하지 않는, 좀 더 일반적인 다른 방식으로 서술할 수 있다는 것을 알고 있습니다. 심리적 장치는 외부와 내부에서 닥쳐오는 자극의 양들이나 강도를 관장하거나 처리하려는 의도에 봉사한다고 말할 수 있습니다. 성적 충동들은 그 발달 과정의 처음부터 마지막에 이르기까지 쾌락의 획득을 위해서 활동한다는 것이 분명합니다. 이 충동들은 이 같은 원래의 기능을 변함없이 유지합니다. 다른 본능들, 즉 자아 본능들 역시 처음에는 같은 목적을 지향합니다. 그러

11 때때로 〈항상성의 원칙Konstanzprinzip〉이라고 표현되기도 한다.

나 현실의 역경이라는 교사의 영향으로, 자아 본능들은 곧 쾌락 원천을 변형된 원칙으로 대체하는 방법을 익힙니다. 자아 본능들에게 불쾌감을 모면해야 한다는 과제는 쾌락의 획득이라는 과제와 거의 같은 정도의 비중을 지닙니다. 자아는 직접적인 만족을 포기하거나, 쾌락의 획득을 지연시킬 수밖에 없다는 것을 압니다. 혹은 어느 정도의 불쾌감은 그냥 견디거나, 특정한 쾌락의 원천은 아예 완전히 포기할 수밖에 없다는 것을 체험합니다. 그 같은 교육을 받은 자아는 〈사려 깊은〉 사람이 됩니다. 자아는 더 이상 쾌락 원칙에 의해서 지배당하지 않고 〈현실 원칙Realitätsprinzip〉을 따릅니다. 현실 원칙 역시 근본적으로는 쾌락을 얻기 위해 노력하는데, 그때의 쾌락은 비록 지연되거나 감소된 것이지만 현실에 의해서 보장된 쾌락입니다.

쾌락 원칙에서 현실 원칙으로 이행하는 것은 자아의 발달 과정에서 가장 중요한 진보 중의 하나입니다. 우리는 성적 충동들이 자아의 이러한 발달 과정에 뒤늦게, 마지못해서 동참한다는 사실을 이미 알고 있습니다. 그리고 여러분은, 자신의 성생활을 외부의 현실과 느슨하게 연관 지으며 안주하고 있는 사람들에게 어떤 결과가 초래되는지 나중에 알게 될 것입니다. 그리고 결론적으로 여기에서 다루고 있는 주제와 관련된 한 가지 사실을 언급할 생각입니다. 인간의 자아가 리비도와 같은 발달 과정의 역사를 경험한다면, 여러분은 〈자아의 퇴행〉이 가능하다는 말을 들어도 놀라지 않을 것입니다. 그리고 여러분은 자아가 이처럼 초기의 발달 단계로 퇴행하는 것이 신경증적 질병에 어떤 역할을 담당하는지 알고 싶을 것입니다.

스물세 번째 강의

증상 형성의 길

　신사 숙녀 여러분! 문외한들은 병의 본질을 구성하는 것이 증상들이며, 치유는 증상들이 제거되는 것이라고 여깁니다. 의사는 증상들을 질병과 구별하는 것을 중시합니다. 그리고 증상들을 제거했다고 해서 아직 병이 치유된 것은 아니라고 말합니다. 그러나 증상들이 제거된 후에도 병에 관한 어떤 구체적인 흔적이 남았다면, 그것은 새로운 증상들을 형성할 수 있는 능력뿐입니다. 그래서 우리는 이제부터 문외한의 입장에 설 생각입니다. 그리고 증상들에 대한 탐구를 병에 대한 이해와 동일한 것으로 간주하겠습니다.

　물론 우리는 여기서 심리적인(혹은 심인성) 증상들과 심리적인 질병 상태만을 다룰 것입니다. 증상들은 생활 전체에 걸쳐서 받게 되는 최소한 해롭거나 무익한 행위들이며, 사람들을 괴롭히기 때문에 자주 불평하게 만듭니다. 즉 증상들은 불쾌감이나 고통과 연결되어 있는 것입니다. 증상들로 인한 중요한 손해들은 증상들 자체와 연관된 심리적 비용과, 더 나아가 증상들과 씨름하는 데 필수적으로 드는 심리적 비용에 있습니다. 이 두 가지 비용은 증상이 확산될 때 사람들이 사용할 수 있는 심리적 에너지를 엄청나게 고갈시키고, 그 결과 모든 중요한 인생의 과제를 해결하는 데 필요한 심적 에너지의 가동을 마비시킵니다. 이 같은

508

결과는 주로 증상 형성에 사용된 에너지의 양에 의해서 좌우되기 때문에, 여러분은 〈질병에 걸려 있는 상태〉라는 개념이 본질적으로 실질적인 개념임을 쉽게 인식할 수 있습니다. 그러나 만약 여러분이 이론적 관점에 입각해서 에너지의 양들을 무시하면, 우리 모두가 병들어 있는 것이라고, 즉 신경증 상태에 놓여 있다고 쉽게 말할 수 있습니다. 왜냐하면 증상 형성을 위한 전제 조건들이 정상인들에게서도 관찰될 수 있기 때문입니다.

우리는 신경증 증상들이 리비도를 새로운 방식으로 만족시키려고 할 때 생겨나는 심리적 갈등의 결과임을 이미 알고 있습니다. 둘로 나뉘었던 힘이 증상들 속에서 다시 뭉친 것입니다. 이 두 힘은 동시에 증상 형성이란 타협을 통해서 화해한 것입니다. 그래서 증상 역시 저항을 할 수 있습니다. 증상은 양쪽에서 지탱될 수 있습니다. 우리는 갈등을 빚어내는 두 당사자 가운데 하나가 현실에서 거부당한 불만족스러운 리비도이며, 이 리비도는 이제 자신의 만족을 위해서 다른 방법들을 강구해야만 한다는 것을 알고 있습니다. 현실이 너무도 가혹하면, 비록 리비도가 좌절당한 대상이 아닌 다른 대상을 받아들일 자세가 되어 있어도, 결국은 퇴행이라는 길을 택할 수밖에 없습니다. 그리고 리비도는 이미 극복했던 성적 조직 체계들 중의 한 단계에서 만족을 찾거나, 아니면 과거에 이미 포기했던 대상들 중에서 하나를 다시 추구해야만 합니다. 리비도는 퇴행하는 과정에서 자신의 발달 과정 뒤에 남겼던 고착에 의해 유혹을 받습니다.

이제 도착(倒着)에 이르는 길과 신경증으로 향하는 길이 나뉩니다. 이 같은 퇴행들이 자아의 반발을 불러일으키지 않으면 신경증으로 이어지지는 않습니다. 그리고 리비도는, 물론 더 이상 정상적인 만족은 아니지만, 모종의 현실적인 만족에 도달합니다.

반면에 자아는 비단 의식뿐만이 아니라 운동 신경의 자극을 좌우할 수 있으며, 이를 통해서 심리적으로 추구하는 것들을 실현할 수 있습니다. 그런데 자아가 이들 퇴행들에 대해 동의하지 않으면 갈등이 생겨납니다. 리비도는 이렇게 스스로 저지된 상태에서, 쾌락 원칙에 따라 충당된 에너지를 배출시킬 수 있는 어떤 다른 출구를 찾아야 합니다. 리비도는 자아에서 벗어나야만 합니다. 그렇게 회피함으로써 리비도는 현재 자신이 거슬러 가고 있는 발달 과정에 고착하는 것이 허용되지만, 한편으로 자아는 이러한 고착들에 맞서서 나름대로 억압의 방식을 통해서 자신을 보호해 왔던 것입니다. 리비도는 발달 과정을 거슬러 올라가는 과정에서 이런 억압되었던 지점들에 리비도를 집중함으로써, 자아와 자아의 법칙들의 영향권에서 벗어납니다. 그런데 여기서 리비도는 이 자아의 영향하에 획득했던 모든 교육의 가르침도 포기해야만 합니다. 만족이 눈짓하는 한 리비도는 조절할 수 있습니다. 안팎으로 좌절을 당하고, 그 이중적인 압박을 받는 리비도는 반항적이 되었으며, 과거의 좋았던 시절을 회상합니다. 이 모습이 근본적으로 변하지 않는 리비도의 성격이라고 할 수 있습니다. 지금 리비도가 자신의 에너지를 집중하면서 전이시키고 있는 표상들은 무의식의 조직에 속합니다. 그리고 이 표상들은 특히 압축과 전위라는, 바로 무의식에서만 가능한 과정들의 영향하에 놓이게 됩니다. 이로써 꿈-형성에서 나타나는 것과 완전히 동일한 관계들이 만들어집니다. 무의식적인 욕망 공상을 충족시켜 주는 역할을 하고 있는, 무의식 속에서 완성된 본래의 꿈이 검열의 과제를 수행하며 무의식과의 타협이란 형식을 빌려 외현적 꿈을 형성하는 (전)의식의 일부 활동과 서로 마주치게 되는 것처럼, 무의식 속에서 리비도를 대표하는 것은 전의식적인 자아의 힘을 계산에 넣지 않을 수 없습니다. 자아 속에서 리비도를 대표하는 것에 대해 일어난 반발은 〈리비도 반대 집중Gegenbesetzung〉[1]으로서 리비도를 좇아갑니다. 그리고 결국 리비도가 표현 방식을 선택하는 과정에서 자아의 반발도 동시에 나타낼 수 있는 표현이 선택됩니다. 그러므로 증상은 무의식적인 리비도의 욕망을 충족시키기 위한 것으로서 거듭된 왜곡의 결과입니다. 증상은 결국 두 개의 서로 완전히 모순된 의미를 지니고 있는, 인위적으로 선택된 모호함을 보여 줍니다. 그러나 바로 이 마지막 관점과 관련해서 꿈-형성과 증상 형성 과정 간의 차이를 유일하게 인식할 수 있습니다. 왜냐하면 꿈-형성에서 전의식의 의도는 잠을 계속 자는 것이며, 이를 방해하는 어떠한 내용도 의식으로 밀고 들어오지 못하도록 하는 것이지만, 무의식적인 욕망의 자극에 대해서 〈아니야, 그 반대야!〉라고 날카로운 경고를 해야만 하는 것은 아닙니다. 잠자는 사람의 상황은 그다지 위험하지 않기 때문에 전의식은 좀 더 관용적인 태도를 취할 수 있습니다. 현실로 향하는 출구는 수면 상태에 의해서만 차단되어 있습니다.

여러분은 이제, 갈등이란 조건들에서 리비도가 회피할 수 있었던 것은 고착들이 존재하기 때문이라는 사실을 알게 됩니다. 퇴행적인 리비도 집중, 즉 이 고착들은 억압을 우회해 가면서 리비도를 배출하거나 만족시킬 수 있습니다. 물론 이 과정에서 타협의 조건들은 준수되어야 합니다. 리비도는 무의식과 옛날 것에 대한 고착들이란 우회의 과정을 통해서 최종적으로, 매우 제한되고 거의 감지할 수도 없는 정도이기는 하지만 일단 현실적인 만족에 도달하는 데 성공합니다. 나는 이 최종적 결말에 관해 두 가지 사실만을 언급할 생각입니다. 첫째, 여러분은 여기서 한편으

1 즉 주요 본능 에너지에 반대하여 작용하는 힘.

로는 리비도와 무의식이, 또 다른 한편으로는 자아와 의식, 그리고 현실이 얼마나 긴밀하게 연결되어 있는지 주목하기 바랍니다. 물론 이들이 처음부터 서로 연결되었던 것은 전혀 아닙니다. 그리고 나아가서, 여기서 말한 모든 것과 나중에 말하게 될 내용들은 모두 히스테리성 신경증 환자들의 증상 형성에만 관련된다는 나의 말을 귀담아들어 주기 바랍니다.

그런데 리비도는 억압을 극복하고 넘어서는 데 필요한 고착을 어디서 찾아내는 것일까요? 리비도는 그것을 유아기의 성생활이나 그 당시의 성적 체험들 속에서 발견합니다. 즉 어린 시절에 버려졌던 부분적인 성적 만족을 위한 노력들이나, 포기했던 성적 대상들에서 발견하는 것입니다. 결국 리비도는 이런 것들로 다시 되돌아갑니다. 이 어린 시절의 의미는 이중적입니다. 한편으로는 이 시기에 어린아이들이 자신의 타고난 기질 속에 가지고 있는 충동의 방향성들이 처음 나타나며, 두 번째로 외부의 영향들이나 우연적인 체험들에 의해서 그가 지닌 다른 충동들이 처음으로 일깨워지고 활성화됩니다. 이 같은 두 가지 요인으로 구별하는 것이 정당하다는 데에는 의심의 여지가 없으리라고 생각합니다. 타고난 기질이 표현된다는 점에 대해서는 어떤 비판적인 반론도 있을 수 없지만, 분석적 경험에 의하면 우리는 어린 시절의 전적으로 우연한 체험들이 리비도 고착을 뒤에 흔적으로 남긴다는 사실을 바로 수용해야만 합니다. 나는 이런 가정에 대해서도 역시 어떠한 이론적인 난점도 발견하지 못했습니다. 기질적 요인들 역시 확실히 앞선 선조들이 겪은 체험들의 잔재인 것이며, 이 역시 한때는 습득된 형질이었던 것입니다. 그런 습득 과정이 없이는 유전이라는 것도 존재하지 않습니다. 그렇다면 이처럼 유전으로 이어지는 기질의 습득 과정이 바로 우리가 관찰한 세대에 이르러서 종결된다는 것이 가능합니까? 그러나 유아기 시절의 체험들이 지니는 의미는, 종종 사람들이 쉽게 생각하는 것처럼 선조들의 체험이나 성년기의 체험이 지니는 의미에 비해서 완전히 무시해 버릴 수 있는 것이 아닙니다. 오히려 유아기의 체험들은 그와는 반대로 각별한 평가를 받아야 합니다. 왜냐하면 그 체험들은 발달 과정이 완결되지 않은 상태에서 이루어진 것이기 때문에 더욱더 중요한 의미를 지닙니다. 그리고 바로 이런 정황에 의해서 외상적인 영향력을 행사하기에 적합하다고 볼 수 있습니다. 룩스W. Roux[2]와 다른 학자들의 발달 기제에 관한 연구들은, 세포가 분열하는 과정에 있는 수정란을 바늘로 찌를 경우 심각한 발달상의 장애를 가져온다는 점을 우리에게 보여 주었습니다. 애벌레나 다 자란 동물이 그런 상처를 입을 경우에는 별다른 장애 없이 견디어 낼 것입니다.

우리는 성인들의 리비도 고착을 기질적 요인을 대표하는 것으로 간주하고, 그것을 신경증 병인론을 정식화하는 과정에서 도입했습니다. 리비도 고착은 이제 두 가지 계기로 다시 나뉩니다. 하나는 유전적 기질이며, 다른 하나는 아주 어린 시절에 습득한 기질입니다. 우리는 학생에게 도식적인 설명이 항상 환영받는다는 사실을 알고 있습니다. 앞서 설명한 내용들 사이의 관계는 하나의 도식으로 다음과 같이 정리할 수 있습니다.[3]

---

2 빌렘 룩스(1850~1924). 독일의 해부학자.
3 독자들에게는 다음 도식이 더 이해하기 쉬울 것이다.
성적 기질(선사적 체험) + 유아기의 체험
|
리비도 고착에 의한 기질 + 우연적인 체험(외상적)
|
신경증

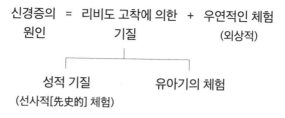

유전적인 성의 기질 구성 방식은 이러저러한 부분적인 충동들이 독립적으로 나타나기도 하며, 혹은 다른 충동들과 함께 특별히 강해질 수 있기 때문에 매우 다양한 양상을 보입니다. 유아기적 체험이라는 요인과 함께 성적 기질의 구성 방식이란 요인은 다시금 일종의 〈상보적 계열〉을 구축합니다. 이는 우리에게 처음 알려진 성인의 기질과 우연적 체험 사이에 형성된 상보적 계열과 아주 비슷합니다. 이 양쪽에서 모두 동일한 극단적인 사례들이 존재하며, 대리라고 하는 동일한 관계들이 나타납니다. 여기서 제기되는 물음은, 리비도 퇴행들 중에서 가장 현저하게 눈에 띄는 퇴행, 즉 성적 조직 체계의 초기 단계들로의 퇴행이 과연 유전적 기질이라는 계기에 의해서 전적으로 조건 지어질 수 있는 것인가 아닌가의 여부입니다. 그러나 이 물음에 대한 답변은, 우리가 신경증 질병의 좀 더 다양한 유형을 고찰한 다음에 시도하는 것이 좋습니다.

여기서 우리가 잠시 주목해야 하는 분석적 연구의 결과는, 신경증 환자들의 리비도가 자신들의 유아기적 성 체험들에 얽매여 있다는 것입니다. 유아기의 성적 체험들은 사람의 일생과 질병에 대해서 엄청난 중요성을 지니고 있는 듯합니다. 치료의 작업을 고려하더라도 그 중요성은 전혀 감소되지 않습니다. 그러나 이 같은 치료상의 과제를 고려하지 않는다면, 우리는 여기에 오해의 위험이 있다는 사실을 쉽게 알아차립니다. 다름 아니라, 우리는 인생을 너무 지나치게 일방적으로 신경증이라는 상황에만 입각해서 바라볼 수 있습니다. 결국 우리는 유아기의 체험들이 지니는 의미를 다음과 같이 제한해야만 합니다. 즉 리비도는 자신이 나중에 도달한 지점에서 추방된 다음, 퇴행적으로 유아기의 체험들로 되돌아갔다는 사실을 감안해야만 합니다. 그러나 입장을 정반대로 바꾸어서 보면, 리비도의 체험들이 그 당시에는 전혀 어떤 의미를 지니지 못했으며, 비로소 퇴행에 의해서 의미를 부여받는다는 결론이 설득력을 지니게 됩니다. 우리가 그런 대안들에 대해서 이미 오이디푸스 콤플렉스를 설명하는 기회에 입장을 표명했으며, 여러분은 이를 기억하실 것입니다.

이번에도 우리가 결단을 내리는 것은 그다지 어렵지 않습니다. 유아기의 체험들에 리비도가 집중되고, 병인으로서의 의미를 지니는 것은 대체로 리비도 퇴행에 의해서 강화됩니다. 이 같은 언급은 의심의 여지 없이 옳지만, 만약 이를 유일한 판단의 기준으로 채택한다면 잘못된 추론으로 연결된 가능성도 있습니다. 먼저 우리는 관찰을 통해서, 유아기의 체험들은 그 자체로 고유한 의미를 지니는 것이며, 이미 유년기에 그 의미가 입증된다는 사실을 의심의 여지 없이 분명히 확인할 수 있습니다. 물론 어린이의 신경증도 있습니다. 이 경우 질병은 외상적 체험들의 직접적인 결과로 나타나기 때문에, 시간적으로 거슬러 가는 지연의 계기는 필연적으로 매우 억제되어 있거나 완전히 누락됩니다. 이러한 유아기의 신경증에 대한 연구를 통해서, 우리는 성인 신경증에 관한 많은 위험한 오해를 방지할 수 있습니다. 이는 마치 아이들의 꿈이 성인들의 꿈을 이해하는 데 중요한 실마리를 제공해 주는 것과 같습니다.4 아이들의 신경증은 사람들이 생각하는 것보다 훨씬 자주 발생합니다. 아이들의 신경증은 종종 간과되기도 하며, 나쁜 버릇이나 무례함의 표시로 치부됩니다. 그래서 종종 가정 교육을 담당하는 권위 있는 사람들은 이를 일방적으로 억누르려고 하지만, 나중에 돌이켜 보면 그것이 신경증이었다는 사실을 쉽게 알 수 있습니다. 아이들의 신경증은 대개 〈불안 히스테리〉의 형태로 확인할 수 있습니다. 이것이 어떤 질병인지는 다른 기회에 알게 될 것입니다. 성장한 후에 나타난 성인의 신경증을 분석해 보면, 대체로 그것은 과거에 오직 희미하고 어렴풋한 형태로만 형성되었던 유아기적 질환에서 직접 비롯된 것임이 드러납니다. 하지만 이미 말한 것처럼, 이러한 유아기의 신경증 증세가 중단되지 않고 일생에 걸친 질환으로 지속되는 사례들도 있습니다. 소아 신경증의 몇 가지 사례를 아이들에게서 — 이들이 병에 걸린 상태에서 — 직접 분석할 수 있었습니다.5 하지만 우리를 만족시켜 주는, 더욱 자주 접할 수 있었던 사례들은 어디까지나 성인이 된 후에 병에 걸린 환자였습니다. 이들은 자신의 소아 신경증 증세를 추후에 확인시켜 주었는데, 그 경우에 우리는 일부 견해를 정정하고 몇 가지 사항을 유의해야만 했습니다.

그럼에도 불구하고 우리가 두 번째 말해야 하는 것은, 리비도를 끌어들일 만한 것이 없을 텐데도, 리비도가 그렇게도 규칙적으로 어린 시절로 되돌아간다는 이해하기 어려운 사실입니다. 우리는 발달 과정의 어느 특정한 단계들로 고착이 가능하다고 추정하고 있는데, 고착은 리비도적인 에너지의 일정한 양이 특정 단계에 압축·유지됨으로써만 성립됩니다. 결국 내가 여러분에게

---

4 「늑대 인간 ― 유아기 신경증에 관하여」 참조.
5 「다섯 살배기 꼬마 한스의 공포증 분석」 참조.

지적하고 싶은 것은, 유아기와 그 후의 체험들이 보여 주는 강도와 병인으로서의 의미 사이에는, 우리가 앞에서 탐구한 계열들과 유사한 상보적 관계가 성립한다는 사실입니다. 병의 중대한 원인이 유년기의 성적 체험들인 경우들도 있습니다. 여기서 이 시기의 인상들은 분명히 외상적인 영향력을 행사합니다. 또 이런 사례들의 경우, 환자가 평균적인 성적 기질을 갖고 있으며, 성적으로 아직 성숙하지 못했다는 사실들 외에 다른 말로 이 병의 원인을 보충 설명할 필요도 없습니다. 이외에도 다른 사례들이 있는데, 여기서는 모든 역점이 후년기의 갈등에 놓여집니다. 그리고 유년기의 인상들을 분석에서 강조할 경우, 그것은 대체로 퇴행의 결과로 이해됩니다. 따라서 〈발달 장애〉와 〈퇴행〉이라는 극단적인 사례들이 있으며, 이 극단들 사이에 두 가지 계기가 모든 가능한 비율로 함께 배합된 사례들이 존재합니다.

이런 사실들은 어린이의 성적 발달 과정에 일찍이 개입함으로써, 신경증을 예방하려는 교육학적 관심을 어느 정도 끌 수 있습니다. 사람들이 주로 유아기의 성적 체험들을 주목하는 한, 이 발달 과정을 지연시키고 그러한 체험들을 아이들이 하지 못하도록 배려함으로써 신경증 질병의 예방을 위한 모든 일을 다 했다고 생각하는 것이 보통입니다. 하지만 우리는 이미 신경증들의 원인으로 작용하는 조건들이 복잡하며, 단 하나의 요인만을 고려하는 것으로는 일반적으로 영향을 미칠 수 없다는 사실을 알게 되었습니다. 아이들의 어린 시절을 엄격하게 보호하는 것은 가치를 잃어버립니다. 왜냐하면 그런 조치는 아이들의 타고난 기질적 요인에 대해서는 무력할 뿐이기 때문입니다. 게다가 교육자들이 생각하는 것보다 실제로 시행하는 것은 매우 복잡하고 어려우며, 다음 두 가지 새로운 위험을 수반하는데, 이들은 그렇게 과소평가할 수 없는 것들입니다. 그런 엄격한 조치는 목표를 초과 달성하는 수도 있습니다. 다시 말해서, 결과적으로 오히려 아이에게 해를 끼칠 수 있는 정도로 과도한 성의 억압을 강요하는 경우를 말합니다. 그리고 아이는 사춘기에 밀어닥칠 것으로 예상되는 성적 요구들에 대해서 무기력하게, 저항할 수 없는 상태에서 인생을 맞이하게 됩니다.[6] 따라서 아이들을 성에서 어느 정도 예방해야 좋은지, 그리고 현실에 대한 인식 자체를 바꾸는 것이 신경증의 예방을 위한 더 나은 방책인지의 여부가 대체로 불확실합니다.

이제 증상들에 대해서 다시 살펴봅시다. 증상들은 좌절된 만족을 대체하는 것으로서, 이는 결국 리비도가 초기의 발달 단계로 퇴행함으로써 가능해집니다. 이러한 리비도 퇴행은 대상 선택이나 성적 조직 체계와 관련해서 초기의 발달 단계로 되돌아간다는 행위와 결부되어 있습니다. 우리는 앞에서 신경증 환자들이 자신의 과거 중에서 어느 특정한 시기에 고착되어 있다는 사실을 밝혀냈습니다.[7] 우리는 이제 그 시기가 리비도가 만족을 누렸던, 행복했던 시기임을 압니다. 신경증 환자는 그 같은 시기를 찾을 수 있을 때까지 계속 자신의 인생사를 뒤적입니다. 그는 자신이 기억하거나 혹은 후에 받은 자극들에 의해 연상될 수 있는 유아기까지도 거슬러 올라갑니다. 증상은 어떤 방식으로든 발달 초기의 유아기에 느꼈던 만족의 유형을 반복합니다. 그리고 이때의 증상은 갈등에서 기인하는 검열에 의해서 왜곡되고, 대체로 고통스러운 느낌으로 반전된 상태에 놓여 있습니다. 또한 이 증상은 신경

---

6 프로이트는 『새로운 정신분석 강의』 중 서른네 번째 강의에서 이러한 어려움에 대하여 상세히 설명하고 있다.

7 열여덟 번째 강의 도입부의 사례 참조.

증에 걸렸을 때 원인으로 작용한 요인들과 뒤섞인 모습으로 나타납니다. 증상이 가져다주는 만족감의 유형은 그 자체만으로도 상당히 낯설게 느껴집니다.

이 만족감이 환자 자신에게는 알려지지 않고, 그 자신은 만족을 오히려 고통으로 느끼고 불평하는데, 이런 정황들은 일단 고려하지 맙시다. 이처럼 만족을 고통으로 바꾸어 느끼는 현상 자체는, 증상을 형성하도록 압력을 행사했던 심리적 갈등에 속합니다. 한때 그 사람에게 만족을 주었던 것이, 오늘날에는 저항과 거부감을 불러일으킵니다. 그런 감성의 변화가 눈에 띄지는 않지만 많은 점을 시사해 주는 증상의 한 전형적 사례가 있습니다. 탐욕스럽게 어머니의 유방에서 젖을 빨던 아이가 몇 년 후에 우유를 먹지 않으려고 심하게 반발할 수 있는데, 이를 교육을 통해 극복하는 것은 상당히 어렵습니다. 만일 우유나 우유가 들어간 다른 음료 위에 피부와 같은 엷은 막이 형성되어 있으면, 아이의 반감은 혐오감으로까지 발전할 수 있습니다. 이 막이 언젠가 자신이 그다지도 원했던 어머니의 유방을 환기시킨다는 사실은 아마 부정하기 어려울 것입니다. 그 사이에는 물론 젖을 떼는 과정에서 외상적으로 작용했던 체험이 놓여 있습니다.

우리로 하여금 증상들을 이상하게 바라보도록 만들고, 또 리비도의 만족을 위한 수단으로서의 증상의 의미가 이해되지 않게 하는 다른 이유가 있습니다. 증상들은 우리가 정상적으로 만족이란 현상에서 흔히 기대하는 모든 것들을 전혀 연상시키지 않습니다. 증상들은 대개 대상들을 도외시하고, 외부 현실과의 관계를 포기합니다. 우리는 이를 현실 원칙에 등을 돌리고 쾌락 원칙으로 되돌아간 것으로 이해합니다. 그러나 이는 성적 충동에 최초의 만족들을 제공했던 더욱 확대된 형태의 자가 성애주의 *Autoerotismus*

같은 형태로 돌아가는 것입니다. 자가 성애주의란 외부의 세계를 변화시키는 대신에 자신의 몸을 바꾸는 것입니다. 따라서 외적인 행위를 대신해서 내적인 행위가 등장하는데, 달리 표현하면 행위가 아니라 단지 적응을 한다고 볼 수 있습니다. 이는 계통 발생적 견지에서 매우 중요한 현상인 퇴행과 상응합니다. 우리는 증상 형성에 관한 분석적 연구들에 의해서 새로운 사실을 경험하게 되는데, 앞의 현상은 이러한 새로운 사실들과의 관계 속에서 비로소 이해할 수 있습니다. 나아가서 우리는 증상이 형성되는 데 꿈-형성과 같은 동일한 무의식의 과정들인 압축과 전위가 함께 작용했다는 사실을 기억합니다. 증상은 꿈과 마찬가지로, 만족감을 충족시켜 준 모종의 내용을 담고 있습니다. 유아기와 흡사한 유형의 만족은, 극도의 압축에 의해서 단 하나의 유일한 감각이나 신경 자극을 통한 만족의 형태로 나타날 수 있습니다. 또 극단적인 전위에 의해서 전체적인 리비도 복합체*der libidinöse Komplex* 중에서 하나의 작은 개별적인 부분에 대한 만족으로 제한됩니다. 그래서 만약 우리가 증상들 속에서 미리 추정했고 또 매번 입증되었던 리비도의 만족을 발견하는 데 어려움을 겪는다 해도, 그것은 전혀 이상한 일이 아닙니다.

나는 여러분에게 우리가 아직도 무언가 새로운 사실들을 체험할 수 있을 것이라고 말했습니다. 그것은 실로 놀랄 만하고 혼란스러운 것이기도 합니다. 여러분은 우리가 증상들에 대한 분석에서 출발해 유아기의 체험들에 대한 인식에 도달했다는 사실을 알고 있습니다. 또 리비도는 유아기의 체험들에 고착하며, 이로부터 증상들이 형성된다는 사실도 알고 있습니다. 이제 놀라운 점은 이 유아기의 장면들이 더 이상 진실이 아니라는 데 있습니다.

그렇습니다. 그것들은 대부분의 사례에서 사실과 다른 내용을 담고 있습니다. 그리고 개별적인 사례를 살펴보면 개인의 역사적 진실과도 정면으로 배치됩니다. 여러분은 다른 발견도 아닌 바로 이 발견이야말로 그 같은 결과로 인도한 분석의 신빙성을 떨어뜨리거나, 아니면 환자의 신빙성을 떨어뜨린다고 생각하실 것입니다. 왜냐하면 분석과 신경증에 대한 모든 이해는 환자 자신의 언급들 위에 구축되었기 때문입니다. 이 밖에도 우리를 매우 혼란스럽게 만드는 사태가 아직 더 있습니다. 만약 분석에 의해서 겉으로 드러난 유아기의 체험들이 항상 사실이었다면, 우리는 확실한 토대 위에서 움직인다는 느낌을 가질 수 있었을 것입니다. 그러나 그런 체험들이 조직적으로 위조된 것으로, 환자가 꾸며 낸 것이거나 상상한 것으로 드러났다면, 우리는 이 같은 불안정한 토대를 떠나서 다른 연구의 기반을 찾아서 스스로를 구출해야만 할 것입니다. 그러나 둘 다 틀렸습니다. 사태 자체는 분명히 이렇습니다. 분석에 의해서 구성되거나 기억된 유아기의 체험들은 한편으로는 분명히 거짓입니다. 그러나 또 다른 한편으로는 틀림없는 사실이기도 합니다. 그리고 대부분의 사례에서 참과 거짓은 뒤섞여 있습니다. 한편으로 증상들은 결국 실제로 일어난 체험들을 표현한 것이며, 이런 체험들이 리비도 고착에 영향을 주었다고 볼 수 있습니다. 또 다른 한편으로 환자의 상상에 의한 표현들이 섞여 있는데, 이는 병인론에서 고려하기에는 적합하지 않은 것입니다. 그러한 서술들의 성격을 제대로 간파한다는 것은 어렵습니다. 우리는 아마도 문제 해결의 열쇠를 이와 유사한 다음과 같은 사실에서 찾을 수 있을 것입니다. 즉 사람들이 이전부터 지니고 있으며 모든 분석이 행해지기 전에 의식적으로 지니고 다니는 개별적인 유년기의 기억들 역시 허위로 꾸며진 것이거나, 아니면 최소한 진실과 거짓이 풍부하게 뒤섞여 있는 것입니다. 그런 기억의 오류를 입증하는 것은 별로 어렵지 않습니다. 그래서 우리는 이 같은 예상치 못한 실망은 분석 때문이 아니라, 어떤 형태로든 환자의 책임이라는 최소한의 안도감을 느끼게 됩니다.

좀 더 생각해 보면, 무엇이 이처럼 사태를 복잡하게 만들었는지 쉽게 이해할 수 있습니다. 현실을 경시한 것이 문제였습니다. 즉 현실과 환상의 차이를 무시했던 것입니다. 꾸며 낸 이야기들을 가지고 환자와 우리가 마주했다는 사실이 우리에게 모욕감을 줄 수도 있습니다. 현실과 허구는 하늘과 땅만큼이나 차이가 있습니다. 그리고 현실은 우리에게 전혀 다른 평가를 요구할 만합니다. 물론 환자도 자신이 정상적으로 사유할 때는 같은 관점을 유지합니다. 환자의 어린 시절의 체험들을 모사한 것이 욕망의 상황인데, 그는 증상들의 배후에 있는 이러한 상황들을 짐작케 해주는 자료를 제시할 수 있습니다. 물론 이 경우 우리는 처음에 그 자료가 과연 사실인지 아니면 상상에 불과한 것인지 의심하게 됩니다. 나중에 우리는 일정한 특징들에 의거해서 결정을 내릴 수 있습니다. 그리고 우리는 그 결과를 환자에게 통보해야 하는 과제를 지닙니다. 이런 작업은 늘 어려움을 야기시킵니다. 만약 우리가 처음부터, 마치 모든 종족이 전설을 만들어 냄으로써 그들의 잊혀졌던 선사 시대를 꾸며 대는 것처럼, 그의 유년기를 덮고 있던 환상들을 지금 들추어내고 있는 중이라고 말한다면, 대화의 주제에 대한 환자의 관심이 갑작스럽게 원하지 않았던 방향으로 사라져 버리는 것을 우리는 경험합니다. 그 역시 현실 자체에 대해서 알고 싶어 하며, 모든 〈꾸며 낸 이야기들〉을 경멸합니다. 그러나 만약 우리가 그를 이 부분의 작업이 종료될 때까지 내버려 둔다면, 다시 말해서 그의 어린 시절에 실제로 있었던 일들을 탐구하고 있는 중이라고 그가 믿도록 내버려 둔다면, 그는 나중에 우리의 오류를 비난하고 우리가 너무 쉽게 자신의 말을 믿어 버렸다고 우리를 조롱할 것입니다. 환상과 현실을 동등하게 다루고, 일단 규명하고자 하는 유년기의 체험들이 어느 것에 속하는지 개의치 말자는 제안을 그가 이해하는 데는 오랜 시간이 걸립니다. 그럼에도 불구하고 이렇게 대하는 것이 그런 심리적 산물에 대해 취할 수 있는 유일하게 옳은 태도입니다. 그러한 심리적 결과물 역시 일종의 현실성을 지닙니다. 환자가 그러한 환상의 결과를 만들어 냈다는 사실 자체는 남아 있습니다. 그리고 만약 그가 이런 환상들의 내용을 실제로 체험한 것처럼 느낀다면, 이런 사실은 그의 신경증과 관련해서 결코 적지 않은 의미를 지닙니다. 이러한 환상들은 〈물리적 materielle〉 실재와 대립하는 〈심리적psychische〉 실재들을 함축하고 있습니다. 그리고 우리는 서서히 〈신경증의 세계에서는 심리적 실재가 결정적〉이라는 사실을 이해하기 시작했습니다.

신경증 환자의 유년기에 항상 반복되고 단골로 등장하는 것들 가운데 몇 가지는 특히 중요합니다. 따라서 나는 이러한 것들은 다른 체험들과 달리 부각시킬 필요가 있다고 생각합니다. 그런 종류의 대표적 전형으로 다음과 같은 것들을 언급할 수 있습니다. 부모의 성행위를 목격했던 사건, 성인이 자기를 유혹했던 일, 그리고 성기를 거세하겠다는 위협 등입니다. 이런 사건들이 결코 어떤 현실적인 사건으로 실재하지 않았다고 주장한다면 아주 잘못 생각하고 있는 것입니다. 이런 사실들은 정반대로 종종 나이 많은 친척들에 대한 탐문 조사를 통해서 반론의 여지 없이 확인됩니다. 가령 조그만 남자아이는 자신의 음경을 가지고 버릇없이 장난을 치기 시작하면서도, 그런 행위는 드러내 놓고 해서는 안 된다는 것을 아직 모릅니다. 이때 부모나 보모가 그의 음경이나 죄를 저지른 손을 잘라 버리겠다고 위협하는 일이 드물지 않게 일어납니다. 나중에 부모에게 물어보면, 그들은 종종 다음과 같이 고백합니다. 즉 자신들은 그렇게 겁을 줌으로써 무언가 목적에 부합되는 행위를 했다고 스스로 믿었다는 것입니다. 많은 사람이 이런 위협에 대해서 정확하고 뚜렷하게 기억합니다. 특히 그 위협이 나이가 든 이후의 일인 경우에는 두말할 나위가 없습니다. 만약 어머니나 다른 여자가 위협할 경우, 이 여자들은 실제의 처벌은 대개 아버지나 의사가 담당할 것이라고 미루기도 합니다. 프랑크푸르트의 소아과 의사인 호프만Hoffmann의 유명한 작품 『더벅머리 페터Struwwelpeter』에서, 거세의 위협이 지독하게 손가락을 빠는 행위에 대한 벌로 엄지손가락을 잘라 버리겠다는 좀 더 완화된 형태의 협박으로 대체되었다는 것을 여러분은 발견합니다. 소아과 의사 호프만은 어린 시절의 성적인 콤플렉스나 다른 콤플렉스를 잘 파악하고 있는 것으로 유명해졌습니다. 거세 위협Kastrations-drohung이 신경증 환자들의 분석에서 나타나는 것만큼 아이들에게서 자주 발견된다는 것은 거의 불가능합니다. 우리는 이로써 아이가 그러한 위협을 여러 요인, 즉 암시나 자가 성애적인 만족이 금지되어 있다는 지식의 도움으로, 그리고 여성의 성 기관을 보았을 때 받은 인상 등을 바탕으로 환상 속에서 종합했다고 믿어 버립니다. 마찬가지로, 사람들은 대개 어린아이들이 사물을 이해하거나 기억할 수 없다고 여깁니다. 하지만 그런 아이들도 무산 계급에 속한 가정이 아닌 다른 가정에서 부모나 다른 성인들 간의 성행위를 목격할 수 있는 가능성은 얼마든지 있습니다. 그리고 아이가 〈추후에〉 이런 인상을 이해하고, 이에 대해 반응할 수도 있다는 사실 또한 배제할 수 없습니다. 그런데 만약 아이가 성교를 아주 자세하게, 관찰이 불가능한 부분에 이르기까지 서술할 경우, 혹은 아이가 성교를 동물들의 성교 행위처럼 *more ferarum* 뒤에서 행위하는 것으로 묘사할 경우에 ─ 이렇게 묘사하는 사례들은 압도적으로 많습니다 ─ 우리는 이 같은 환상이 동물들(개들)의 성교에 관한 관찰에 의존하는 것이라고 보아야만 합니다. 그리고 이런 상상의 동기는 사춘기 시절에 보고 싶은 것을 볼 수 없었기 때문에 충족시키지 못했던 호기심에 의해 발동한 것입니다. 이런 유형의 호기심 가운데 극단적인 것은, 자신이 아직 태어나지 않은 상태에서 자궁 속에 있는 동안 부모의 성교를 관찰했다는 환상입니다. 특별히 관심을 끄는 것은 자신이 유혹을 받았다는 환상인데, 왜냐하면 그것은 상상이 아니라 실제로 있었던 사건에 대한 기억인 경우가 종종 있기 때문입니다. 그러나 다행히도 그처럼 환상 속에서 유혹을 받는 일은, 현실 속에서는 분석의 결과들을 처음 접했을 때 예상했던 것보다 드물게 벌어집니다. 자기보다 나이가 많거나 동년배의 아이들에 의해서 유혹당하는 경우가 성인들에 의한 유혹보다 더 자주 발생합니다. 그리고 만약 소녀들이 자신들의 유년기 시절에 있었던 일들을 끄집어내면서 아버지가 자신을 유혹했다고 말한다면, 그런 비난은 환상에 불과하고, 또 그런 말을 하게끔 만드는 동기 역시 의심의 여지 없이 분명합니다.[8] 실제로 유혹받은 것도 아니면서 받았다고 여기는 환상을 통해서, 아이는 일반적으로 자신의 성적 행위의 단계에서 자가 성애적인 시기를 은폐합니다. 아이는 자신이 원했던 대상이 이와 같이 최초의 시기에 속하는 것이라고 상상함으로써 자위행위에 대한 수치심을 느끼지 않아도 됩니다. 또한 여러분은 가까운 남자 친척이 아이를 성적으로 학대하는 일들이 전적으로 환상에 속한다고 믿지 마십시오. 대부분의 분석가는 그런 관계가 실제로 일어

---

8 『새로운 정신분석 강의』 중 서른세 번째 강의 참조.

낳을 뿐만 아니라 확실하게 확인될 수 있었던 사례들을 다룬 적이 있었을 것입니다. 단지, 그런 사건들은 유년기의 후반부에 일어나지만 좀 더 이른 시기의 일들인 것처럼 기억되었을 뿐입니다.

우리는 아이들이 말하는 그 같은 사건들이 어떤 형태로든 필연적으로 신경증을 구성하는 필수적인 요건에 해당된다는 인상을 받습니다. 그런 일들이 현실 속에서 존재했다면 나름대로 괜찮습니다. 현실이 그런 일들을 허용하지 않았다면, 그것은 암시들에 의거해서 만들어지고 상상에 의해서 보완된 내용일 뿐입니다. 결과는 모두 마찬가지입니다. 이런 유년기의 사건들은 물론 상당 부분 환상의 결과일 수도 있고, 혹은 실제 사건일 수도 있습니다만, 환상과 현실의 차이가 결과적으로 어떤 의미가 있는지 우리는 오늘날까지 입증하지 못했습니다. 여기서 바로 우리가 그렇게도 자주 언급했던 상보적 관계들 중 하나가 성립합니다. 그렇지만 이 상보적 관계는 우리가 알고 있던 관계들 중에서 가장 이상한 것입니다. 이 같은 상상을 하고 싶어 하는 욕구나 상상의 재료들은 어디서 연유한 것입니까? 충동의 원천들이 무엇인지는 의심의 여지가 없습니다. 하지만 매번 같은 환상들이 동일한 내용과 함께 만들어지는 현상은 해명되어야 합니다. 여기서 나는 한 가지 답변을 준비하고 있습니다. 하지만 여러분은 이를 상당히 과감한 견해로 받아들일 것입니다. 나는 유년기의 환상과 몇 가지 다른 환상을 〈원초적 환상Urphantasie〉이라고 부를 생각입니다. 원초적 환상은 계통 발생적인 역사의 유산입니다. 개인의 체험이 지나치게 성숙하지 못한 상태에 놓여 있을 때, 개인은 원초적 환상들을 통해서 자신만의 체험을 넘어 태고 시대의 체험에 도달합니다. 우리는 분석하는 과정에서, 오늘날 상상에 지나지 않는 것으로 환자가 설명하는 다음과 같은 내용들을 접하게 됩니다. 그

중에는 아이들이 유혹을 받았다는 체험, 부모의 성교를 관찰함으로써 성적 자극이 촉발되는 체험, 거세해 버리겠다는 위협이나 거세당했다는 체험 등이 포함되는데, 이런 내용들은 사람들이 가족을 구성해서 살았던 태고 시대에는 한때 현실 그 자체였습니다. 그리고 상상을 하는 아이는 단지 개인적으로 모르고 있는 진실을 역사 이전*Vorgeschichte*의 사실로 채워 넣을 뿐입니다. 우리는 신경증 심리학이 인간의 발달 과정에 대해서 다른 그 모든 경로를 통해서 확보할 수 있는 것보다 많은 고대의 유산을 보존하고 있다는 의심에 직면합니다.[9]

여러분! 마지막에 언급한 사항들은 우리로 하여금 앞에서 〈환상〉이라고 부른 정신 활동의 생성 과정과 의미에 대해서 좀 더 자세히 살펴보도록 만듭니다.[10] 여러분이 알고 있는 것처럼, 환상이 정신 활동에서 어떠한 위상을 지니는지 규명된 것은 아닙니다만, 일반적으로 높이 평가되는 것은 사실입니다. 이에 대해서 나는 여러분에게 다음과 같은 말을 할 생각입니다. 여러분이 알다시피 인간의 자아는 외부 세계에서 닥치는 역경의 영향에 의해서 서서히 현실을 인정하고, 현실 원칙을 따르도록 교육을 받습니다. 그리고 여기서 그가 추구하는 쾌락은 성적인 것만은 아니며, 쾌락을 추구하는 과정에서 여러 대상이나 목표들을 잠정적으로 혹은 지속적으로 포기해야만 합니다. 그러나 쾌락을 포기한다는 것은 그 사람에게 항상 어렵게 받아들여집니다. 그는 일종의 보상을 받지 않은 상태에서는 쾌락을 포기하지 않습니다. 따라서 그는 자신이 포기했던 모든 쾌락의 원천과 쾌락 획득의 수단들을 계속 보존할 수 있는 정신 활동의 영역을 따로 마련해 놓습니다. 그러

9 프로이트는 「늑대 인간」에서 원초적 환상에 대하여 이야기한다.
10 「작가와 몽상」, 「히스테리성 환상과 양성 소질의 관계」 참조.

한 내용들이 보관된 영역에서는 현실에 뿌리를 둔 주장이 받아들여지지도 않고, 우리가 〈현실성 검사Realitätsprüfung〉[11]라고 부르는 절차가 적용되지 않습니다. 모든 충동은 곧바로 욕망이 성취되었다는 표상의 모습으로 나타납니다. 자신의 체험이 현실이 아닌 환상에 불과하다는 것을 뚜렷하게 인식하더라도, 환상에 의한 욕망의 충족에 계속 머물러 있음으로써 의심의 여지 없이 일종의 만족감을 느낄 수 있습니다. 따라서 상상의 행위에 의해서 사람들은 자신이 현실 속에서는 이미 오래전에 포기했던, 외적 강제로부터 지속적으로 자유로운 상태를 유지할 수 있습니다. 그는 가끔 쾌락의 동물이 되었다가, 또다시 이성적인 존재로 돌아오는 과정을 되풀이할 수 있습니다. 인간은 자신이 현실에서 취할 수 있는 보잘것없는 만족감만으로는 살아가기 곤란합니다. 언젠가 폰타네Th. Fontane는 〈보조해 주는 장치들이 없으면 되는 일이 없다〉고 말한 적이 있습니다.[12] 상상이라는 심리 세계의 창조물은 〈삼림 보호 구역〉이나 〈자연 보호 공원〉과 같은 지역을 설정하는 행위와 완전히 같습니다. 경작하는 행위나 자동차의 통행, 그리고 산업 시설에 의해서 땅의 원래 모습이 알아볼 수 없을 정도로 급격하게 변화할 수 있는데, 이런 위협에 처한 곳들을 보호 구역으로 설정합니다. 자연 보호 공원은 이런 오래된 상태를 유지하고 있습니다만, 그 밖의 다른 곳에서는 유감스럽게도 현실적 필요에 의해서 자연이 희생을 당했습니다. 모든 것은 그 구역 안에서 무성하게 자라고 성장하고 싶은 대로 성장할 수 있습니다. 그 가운데는 쓸모없거나 해로운 것조차 자랍니다. 그 같은 현실 원칙에서 벗어난 보호 구역이 환상이란 심리의 영역이기도 합니다.

11   사태가 실재인지 아닌지 판단하는 과정.
12   폰타네의 작품 『에피 브리스트Effi Briest』(1895).

상상이 만들어 내는 것 중에서 가장 유명한 것은, 우리가 이미 알고 있는 소위 〈백일몽〉입니다. 백일몽은 극심한 욕망, 터무니없이 과도한 성적 욕망들의 관념적인 만족으로서, 현실에 의해서 욕망을 절제하고 인내해야 할수록 더욱더 무성해집니다. 환상을 통해 느끼는 행복감의 본질은, 현실의 동의 없이도 쾌락에 도달할 수 있다는 자주성의 표현으로서, 백일몽을 통해서 뚜렷하게 나타납니다. 우리는 그런 백일몽들이 밤에 꾸는 꿈들의 핵심이며 전형이라는 사실을 압니다. 밤의 꿈들은 근본적으로는 왜곡된 백일몽에 지나지 않습니다. 꿈은 밤이 되어 자유로워진 본능 충동들에 의해 만들어진 정신 활동이 밤의 형식에 의해 왜곡된 백일몽일 뿐입니다. 우리는 이미 백일몽 역시 반드시 의식되지는 않으며, 무의식적인 백일몽들도 존재한다는 생각을 접한 바 있습니다. 따라서 그러한 무의식적인 백일몽들은 신경증 증상들의 원천이자 밤의 꿈들의 원천이기도 합니다.

다음과 같은 언급을 통해서 여러분은 증상 형성과 관련해서 환상이 지니는 의미를 명확하게 이해할 수 있습니다. 우리가 좌절할 경우, 리비도는 퇴행적으로 자신이 과거에 포기했던 지점들을 다시 점거한다고 말했습니다. 또 리비도는 과거의 포기했던 지점에 일정량의 심리적 에너지를 가지고 고착하고 있었던 것입니다. 이런 생각을 우리는 취소하거나 수정하지 않겠지만, 한 가지 중간에 첨가할 부분이 있습니다. 리비도는 자신이 고착할 수 있는 지점들을 어떻게 찾아 나설 수 있습니까? 모든 포기되었던 대상과 리비도의 방향들을, 리비도가 아직 모든 의미에서 완전히 포기하고 있었던 것은 아닙니다. 리비도나 리비도에서 파생된 것들은 아직 일정한 강도를 유지하면서 환상의 표상들 속에 보존되어 있었습니다. 따라서 리비도는 모든 억압된 고착들로 연결된 길을 발견하기 위해서, 단지 환상의 세계 속으로 후퇴하기만 하면 됩니다. 이러한 상상은 상당한 관용(寬容)을 누립니다. 왜냐하면 환상과 자아 사이의 대립이 아무리 첨예하더라도, 일정한 조건이 지켜지는 한 이들은 서로 갈등을 일으키지 않기 때문입니다. 그것은 〈양적인〉 성격의 조건이지만, 이제 리비도가 환상의 영역으로 다시 흘러들어 옴으로써 방해받습니다. 리비도의 도움으로 환상들에 의해 집중된 에너지의 양이 증가하는데, 그 결과 상상의 표상들은 자기주장이 강해져서 현실 속에서 자신을 관철시키려는 충동을 불러일으킵니다. 그러나 이로 인해서 환상들과 자아 사이의 갈등이 불가피해집니다. 그런 환상들은 과거에 전의식적이었든 의식적이었든 간에 관계없이, 이제는 모두 자아에 의해서는 억압을 당하고 무의식에 있어서는 유혹의 대상으로 전락합니다. 리비도는 현재 무의식적 상태로 존재하는 상상들에서 벗어나 무의식 속에 있는 자신들의 발원지, 즉 자기 자신이 고착했던 지점들로 되돌아갑니다.

리비도가 환상의 세계로 돌아가는 단계는 증상 형성 과정에 앞선 중간 단계이며, 특별히 다른 명칭을 부여받아야 합니다. 융C. G. Jung은 이에 대해서 매우 적절하게 〈내향성Introversion〉이라는 이름을 부여했습니다.[13] 그러나 그는 그 표현을 목적에 부합되지 않게 다른 의미로도 사용했습니다. 우리는 내향성의 의미를, 현실적인 만족의 가능성들을 외면하고 지금까지는 관용되었던 환상들에 대한 〈리비도 과잉 집중Überbesetzung〉[14] 현상으로 확정할 생각입니다. 내향적인 사람은 아직 신경증 환자가 아닙니다. 그

---

13 융은 〈내향적〉이라는 용어를 1910년 조발성 치매를 설명하면서 처음 소개했다. 융의 『리비도의 변형과 상징Wandlungen und Symbole der Libido』(1911~1912) 참조.
14 즉 과도하게 심리적 에너지를 부과하는.

러나 그는 병에 걸리기 쉬운 상태에 놓여 있습니다. 당장이라도 심리적 힘들 간의 균형이 깨지고, 만약 정체된 리비도의 다른 출구들을 찾지 못한다면, 그에게 증상들이 나타날 수밖에 없습니다. 내향적 단계에 머물러 있음으로 인해서 신경증에 의한 만족은 비현실적인 특성을 지니게 되고, 상상과 현실의 차이는 무시됩니다.

여러분은 내가 방금 설명한 내용들을 통해서 병인론의 체계적인 틀 속에 새로운 요인을 도입했다는 것을 확실히 알아차렸습니다. 그것은 바로 문제의 관건인 에너지들의 양, 즉 에너지의 크기라는 요인입니다. 우리는 이 요인을 도처에서 고려해야만 합니다. 병인론적 조건들에 대한 질적인 분석만으로는 충분하지 않습니다. 또 달리 표현한다면, 이 심리적 과정들을 단지 〈역동적인〉 관점에서 파악하는 것만으로는 부족합니다. 즉 〈경제적인〉 관점에 입각해서 파악할 필요가 있다는 것입니다. 우리는 에너지의 리비도 집중이 일정한 강도에 도달하기 전에는, 이 두 충동 간의 갈등이 분출되지 않는다고 말해야만 합니다. 물론 갈등의 내용적 조건은 이미 오래전부터 존재했을 수 있습니다. 마찬가지로 기질적 요인들이 지니는 병인으로서의 의미는, 기질 속에 존재하는 부분 충동들 가운데 어떤 부분 충동이 〈더 많은〉가에 달려 있습니다. 우리는 심지어 모든 사람의 기질이 질적으로는 동일하며, 단지 양적인 관계들만 서로 차이가 있다고 생각해 볼 수 있습니다. 신경증 질환에 대한 저항력과 관련해서도, 이 양적인 계기는 적지 않게 결정적인 의미를 지닙니다. 문제의 관건은, 사용되지 않은 리비도 중에서 〈어느 정도의 분량〉을 사용하지 않고 그대로 보유할 수 있는가의 여부입니다. 그리고 리비도 중에서 〈얼마나 많은 부분〉을 성이 아닌 승화라는 목표들을 지향하도록 조종할 수 있는가에 달려 있습니다. 질적인 관점에서 정신 활동의 궁극적 목표는, 쾌락을 구하고 불쾌감을 피하려는 충동으로 표현할 수 있습니다. 경제적인 관점에서 볼 때, 이 목표는 심리적 기제 속에서 작용하는 흥분의 양(자극의 양)을 통제하고, 불쾌감의 원인인 정체 현상을 지연시켜야 하는 과제를 의미합니다.[15]

따라서 나는 여러분에게 신경증 환자의 증상 형성에 대해 이 정도로만 언급할 생각입니다. 그렇습니다. 하지만 나는 다음과 같은 사실을 다시 한번 강조하고 싶습니다. 즉 내가 여기서 말한 모든 언급은 오직 히스테리 환자의 증상 형성에만 해당된다는 것입니다. 비록 원칙들은 계속 유지된다고 하더라도, 강박 신경증의 경우 많은 다른 사실이 발견됩니다. 충동의 요구에 반대하는 리비도 반대 집중을 우리는 이미 히스테리를 다루면서 언급했는데, 리비도 반대 집중 과정은 강박 신경증의 사례들에서 더욱 강하게 발견되며, 소위 〈반동 형성Reaktionsbildung〉을 통해서 임상의 상태를 좌우합니다. 우리는 이와 비슷한 편차를 보이거나 혹은 좀 더 폭넓은 편차를 보이는 다른 신경증들을 발견합니다. 다른 신경증들의 경우, 증상 형성의 기제에 관한 연구는 아직 어떤 관점에서 보더라도 완결되지 않은 상태입니다.

그러나 여러분은 나와 헤어지기 전에, 환상 활동이 지닌 한 측면에 대해서 잠시 동안 주목해 주기를 바랍니다. 환상 활동의 이 같은 측면은 일반의 폭넓은 관심을 끌 만한 가치가 있습니다. 다시 말해서 환상에서 다시 현실로 돌아갈 수 있는 길이 있다는 것이며, 그것은 바로 예술이라는 것입니다. 예술가는 기본적으로

15 프로이트는 여기에서 쾌락 원칙과 항상성 원칙을 동일한 것으로 다루고 있다. 그러나 이후에 둘 사이의 미묘한 차이에 대하여 언급한다. 「마조히즘의 경제적 문제」(프로이트 전집 11, 열린책들) 참조.

내향적인 사람이며, 이런 사람들은 신경증과 그다지 멀리 떨어져 있지 않습니다. 예술가는 매우 강한 충동의 욕구들에 의해서 움직이며, 명예, 권력, 부, 명성, 그리고 여성들의 사랑을 갈구합니다. 하지만 그에게는 이런 만족에 도달할 수 있는 수단이 없습니다. 그래서 예술가는 다른 불만족스러운 상태에 놓인 사람과 마찬가지로 현실에 등을 돌리고, 리비도를 포함하는 모든 자신의 관심을 자신의 환상에 의한 욕망의 형상화에 쏟게 되는데, 여기에서 신경증으로 통하는 길이 열릴 수 있는 것입니다. 물론 완전히 신경증으로 귀결되지 않도록 하기 위해서는 여러 가지 요인이 종합적으로 작용해야 합니다. 신경증이 예술가들의 작업 능력에 얼마나 자주 부분적인 장애를 일으키는지에 관해서는 이미 잘 알려져 있습니다. 아마도 거의 확실하게 예술가들의 기질에는 승화를 향한 강렬한 힘과 함께, 갈등을 좌우하는 억압에는 취약한 측면이 있는 것 같습니다. 그러나 예술가들이 현실로 되돌아가는 방식은 다음과 같습니다. 예술가들만이 환상 활동으로 살아가는 유일한 사람들은 아닙니다. 환상의 중간 영역은 인간의 보편적인 동의에 의해서 인정을 받아야 합니다. 그리고 스스로 궁핍하다고 느끼는 모든 사람은 그로부터 위안과 위로를 받을 수 있을 것으로 기대합니다. 그런데 예술가가 아닌 사람들에게는 환상이라는 원천에서 쾌락을 얻을 수 있는 통로가 매우 제한되어 있습니다. 그들을 억압하고 있는 엄격함은 그들로 하여금 가끔 찾아오는 백일몽들로 만족하도록 몰아갑니다. 그러나 백일몽들은 아직 의식될 수 없습니다. 그런데 그 사람이 진짜 예술가라면, 그는 더욱 많은 능력을 보유하고 있습니다. 그는 첫째로, 자신의 백일몽의 내용 가운데 다른 사람들이 이해할 수 없는 모든 개인적인 것을 걸러 내고, 다른 사람들도 함께 즐길 수 있는 형태로 가공하는 법을 알고 있습니다. 또한 예술가는 백일몽이 경멸스러운 원천들에서 연유했다는 사실이 쉽게 드러나지 않을 때까지, 그 내용을 완화시켜 표현할 줄도 압니다. 나아가서 그는 특정한 소재가 자신이 상상한 표상에 그대로 부합되는 형상을 갖출 때까지 가공할 수 있는 신비스러운 능력을 지니고 있습니다. 또 그는 자신의 무의식적 상상의 표현을 통해서 큰 기쁨을 느낍니다. 그래서 그런 예술적 표현들은 최소한 일시적이나마 억압들을 능가하고 지양합니다. 그가 이 모든 일을 해낼 수 있다면, 그는 다른 사람들도 자신이 접근할 수 없게 된 무의식이란 쾌락의 원천에서 다시 위로와 위안을 이끌어 낼 수 있게 만들어 줍니다. 이렇게 해서 예술가는 다른 사람들의 감사와 경탄을 불러일으킵니다. 그리고 자신의 상상을 〈통해서〉, 처음에는 오로지 상상 〈속에서〉만 달성할 수 있었던 것에 도달합니다. 즉 명예와 권력, 그리고 여성들의 사랑까지도.

스물네 번째 강의

일상적인 신경 질환

신사 숙녀 여러분! 우리는 지난 강의에서 아주 어려운 주제를 다루었는데, 이제 당분간 그 문제를 떠나서 여러분 자신의 문제로 관심을 돌려 볼 생각입니다.

나는 여러분이 불만족스러워한다는 것을 알고 있습니다. 여러분은 〈정신분석 입문〉에서 다른 것을 연상했을 것입니다. 여러분은 이론이 아니라, 인생의 풍부한 사례에 대해서 듣게 될 것으로 기대했습니다. 언젠가 한번 내가 여러분에게 『일층과 이층』이란 사례를 소개했을 때는, 신경증들의 원인에 대해서 무언가 이해할 수 있었다고 말할 것입니다. 다만 그 사례가 실제의 관찰에 근거한 것이고, 꾸며 낸 이야기가 아니었으면 좋았을 텐데라고 생각했을 것입니다. 혹은 내가 여러분에게 처음 두 가지 증상을 설명하면서, 그것을 해명하고 또 환자의 인생과 어떤 관계가 있는지 자세히 보여 주었을 때, 여러분은 증상들의 〈의미〉가 스스로에게 분명해졌다고 말했을 것입니다. 다만 여러분은 그 두 사례 역시 지어낸 것이 아니기를 바랄 것입니다. 여러분은 내가 이런 방식으로 계속 진행하기를 바랍니다. 그러나 그 대신에 나는 여러분에게 아주 포괄적이며, 전체적으로 가늠하기 어려운 이론들을 소개했습니다. 그 이론들은 결코 완전한 것들이 아니며, 아직 여러분에게 설명하지 않았던 개념들을 수단으로 진행될 때도 있었습니다. 또 이론들을 소개하는 과정에서 서술적 표현에서 벗어나 역동적인 관점으로 넘어갔으며, 여기서 다시 소위 〈경제적〉이라고 불리는 관점으로 이행해 갔습니다. 그리고 여러분은 여기서 사용된 기술적인 용어들 중에서 얼마나 많은 개념이 같은 의미를 지니는지, 그리고 단지 듣기 좋은 표현이라는 이유에서 이러한 표현들을 바꾸어 가며 사용했는지, 이해하기 어려울 것입니다. 또 쾌락 원천이나 현실 원칙과 같은 매우 포괄적인 관점들이 계통 발생적으로 습득한 것들과 함께 여러분 앞에 제시되었습니다. 여러분에게 어떤 내용을 소개하는 대신에, 나는 여러분의 기대와 항상 동떨어진 무언가를 여러분의 눈앞에서 그냥 스쳐 지나가게 했던 것입니다.

정신분석 입문에 대한 설명을 하면서 왜 내가 여러분 자신이 신경과민이라 알고 있고, 이미 오래전에 여러분의 관심을 끌어 모았던 것에서 시작하지 않았을까요? 이를테면, 신경질적인 사람들의 본래적인 성질들인 인간관계나 외부의 영향들에 대한 이해할 수 없는 반응들, 과민성, 예측 불가능성, 무능력함 등과 같은 것들 말입니다. 왜 여러분을 단계적으로 좀 더 단순하고 일상적인 신경질의 유형들에서 시작해서, 신경증적 상태의 난해하고 극단적인 현상들에 관한 문제들로 인도하지 않았는지 물을 것입니다.

그렇습니다. 여러분, 나는 여러분의 말이 절대 틀린 것이라고 할 수 없습니다. 나는 나 자신의 서술 기법에 바보같이 취해서, 서술상의 모든 결점도 보기에 따라서는 특별한 매력을 지니고 있다고 강변할 생각은 없습니다. 심지어 나는 여러분에게 득이 된다면 다른 방식으로 서술할 수도 있었다고 여깁니다. 또한 그렇게 하는 것이 원래 나의 의도였습니다. 그러나 사람은 자신이 처음 파악했던 의도대로 작업을 진행할 수는 없습니다. 다루는 소재들 자체 속에는 종종, 서술하는 사람들 자신을 조종하고 원래 갖고 있었던 의도들에서 벗어나게 만드는 그 무엇이 있습니다. 심지어 잘 알고 있는 자료들을 배열하는 것과 같은 거의 눈에 띄지 않는 작업도 저자의 의도대로 되는 것은 아닙니다. 자료들 자체의 속성에 의해서 저절로 자료들이 정돈될 수 있습니다. 그리고 사람들은 나중에 가서야, 어떻게 다른 방식이 아닌 이런 방식으로 서술되었는지 물을 수 있습니다.

이렇게 서술된 이유들 중의 하나는 〈정신분석 입문 강의〉란 제목이 신경증을 다루어야 하는 이 부분에 더 이상 들어맞지 않기 때문입니다. 정신분석 입문은 실수 행위나 꿈에 대한 연구 결과를 다루어야 합니다. 신경증론은 정신분석학 그 자체입니다. 나는 신경증론의 내용을 그렇게 짧은 시간 안에 지금처럼 축약된 형태가 아닌 다른 방식으로 소개할 수 있다고 믿지 않습니다. 문제의 관건은, 여러분에게 증상들의 의미와 증상의 의의를 증상 형성의 외적이며 내적인 조건들과 증상 형성의 기제와 관련해서 소개하는 것이었습니다. 나는 그 같은 작업을 시도했습니다. 그것은 상당 부분 정신분석이 오늘날 가르치고 있는 핵심적인 내용에 해당합니다. 여기서 리비도나 리비도의 발달 과정에 관해 많은 내용을 말해야 했으며, 자아에 대해서도 일부 언급해야 했습니다. 여러분은 이미 입문 과정을 통해서 우리가 사용하는 기법의 전제 조건들이나, 무의식과 억압(저항)을 포괄적으로 이해할 수 있는 준비가 된 상태였습니다. 여러분은 이어지는 강의들 중의 한 강의를 통해서, 정신분석 작업이 어느 부분에서 유기적으로 발전해 갈 수 있는지 알게 됩니다. 잠정적으로 나는 여러분에게, 이 모든 지식을 소위 전이 신경증이라고 불리는 신경과민성

감정들을 보이는 일부 집단의 연구에서 확보했다는 사실을 감추지 않았습니다. 심지어 나는 증상 형성의 기제를 오직 히스테리성 신경증의 경우에 국한해서 추적했습니다. 설혹 여러분이 확실한 지식을 확보하거나 모든 개별적인 사항을 기억하지 못하더라도, 최소한 정신분석이 어떤 수단들을 가지고 작업하며, 어떤 물음들을 공략하고, 또 어떤 결과들을 제공했는지에 관한 하나의 표상만이라도 지닐 수 있기 바랍니다.

나는 여러분에게 신경증에 대해 서술하는 과정에서 신경질적인 사람들의 태도부터 다루는 것이 좋겠다는 나의 희망을 밝혔습니다. 즉 그들이 어떻게 신경증에 의해서 고통을 받고, 어떻게 스스로를 신경증에서 방어하고 적응하는가에 대한 서술부터 시작할 수 있습니다. 그것은 확실히 흥미롭고, 알아볼 만한 가치가 있는 소재입니다. 게다가 그다지 다루기가 어렵지도 않습니다. 그러나 이로부터 시작하는 것이 문제가 없지는 않습니다. 왜냐하면 무의식을 발견하지 못할 위험 부담이 있기 때문입니다. 또한 그런 방식의 서술에서는 리비도의 중요한 의미가 간과되고, 모든 사태들을 신경증 환자의 자아에 나타나는 방식대로 판단할 위험이 있기 때문입니다. 이 자아라는 심판관이 내리는 판정은 전혀 신뢰할 수 없으며, 불공정합니다. 자아는 바로 무의식을 부정하고 억압된 것으로 밀쳐 내는 힘인데, 자아가 무의식을 공평하게 다룰 수 있으리라고 어떻게 믿을 수 있겠습니까? 이 억압된 것들 중에 일차적으로 성의 거부된 요구들이 속해 있습니다. 우리가 그 요구들의 범위와 의미에 대한 지식을, 자아의 입장에서는 전혀 알아낼 수 없음은 자명합니다. 억압의 관점이 부각된 순간부터 우리는 서로 싸우고 있는 두 당파들 중의 하나를 논쟁의 심판관으로 삼아서는 안 된다는 경고를 받았는데, 하물며 당사자들 중에서 더 우세한 쪽을 심판관으로 설정한다는 것은 말도 안 됩니다. 우리는 자아가 표명하는 내용들에 의해서 그릇된 길로 인도되지 않도록 준비되어 있습니다. 만약 우리가 자아의 말을 믿기 원한다면, 자아가 모든 영역에서 능동적이고 자아 자신이 증상들도 원하고 만들어 낸 것으로 이해해야 합니다. 우리는 자아가 상당한 정도로 수동적인 상황에 놓여 있을 수밖에 없었지만, 이를 숨기고 미화하기를 원했다는 것을 알고 있습니다. 물론 자아는 감히 이런 시도를 되풀이할 수는 없습니다. 강박 신경증의 증상들에서 자아는 무언가 낯선 것이 자기와 맞서고 있으며, 이를 오직 힘겹게 방어할 수 있을 뿐임을 고백해야만 합니다.

이러한 경고들을 가슴에 새기지 않고, 자아의 거짓된 증언을 사실 자체로 받아들이는 사람은 당연히 문제를 너무도 쉽게 처리해 버릴 수 있습니다. 그런 사람은, 정신분석학이 무의식과 성, 그리고 자아의 수동성을 강조할 때 직면했던 그 모든 저항을 피해 갈 수 있습니다. 그런 사람은 알프레트 아들러Alfred Adler처럼, 〈신경증적인 성격〉이 신경증의 결과가 아니라 원인이라고 주장할 것입니다.[1] 그러나 그 사람은 증상 형성의 단 한 가지 사항이나, 단 하나의 꿈에 대해서조차 설명할 수 없을 것입니다.

여러분은 물을 것입니다. 〈신경증과 증상 형성에 대해서 자아가 어느 정도의 영향력을 미쳤는지 정당하게 평가할 수 있어야 하지 않습니까? 물론 정신분석에 의해서 규명된 계기들을 거칠게 무시해서는 안 되겠지요?〉 나는 이렇게 답하겠습니다. 〈확실히 그것은 가능합니다. 그런 작업은 언젠가 수행될 수 있습니다.〉 하

---

1 아들러의 초기 논문 참조. 『신경증적 성격에 대하여 Über den nervösen Charakter』 (1912).

지만 그런 과제들에서 시작하는 것은 정신분석학이 작업하는 방향과 틀립니다. 이런 과제를 정신분석학이 언제쯤 다루어야 할지 예측할 수는 있습니다. 우리가 연구한 신경증 사례들보다 훨씬 더 긴밀하게 자아가 개입한 신경증의 사례들도 있습니다. 우리는 이를 〈나르시시즘적〉 신경증이라고 부릅니다. 이 질환들을 분석적으로 다루게 되면, 신경증의 질병에 자아가 참여하는 과정을 공정하고 신뢰할 만한 방식으로 판단할 수 있을 것입니다.2

그러나 신경증에 대해서 자아가 맺고 있는 관계들 중의 하나는 너무 뚜렷하게 나타나기 때문에 처음부터 고려할 수밖에 없었습니다. 그 관계는 어떤 경우에도 빠짐없이 나타나는 것처럼 보입니다. 그러나 그것은 오늘날에도 아직 우리가 이해할 수 있는 범위를 넘어선 〈외상성 신경증die traumatische Neurose〉이라는 질환에서 가장 분명하게 발견할 수 있습니다. 즉 여러분은 모든 가능한 신경증 형식의 원인과 기제 속에 항상 동일한 계기들이 활동한다는 사실을 알아야만 합니다. 단지 여기저기서 각기 다른 계기가 증상을 형성하는 주요 역할을 부여받습니다. 이는 마치 연극 배우들의 집단과 같습니다. 이 집단에 속한 모든 배우에게는 영웅, 막역한 친구, 음모꾼 등과 같은 고유한 역할이 자신에게 주어져 있습니다. 그러나 모든 배우는 자신의 자선 공연에서는 다른 것을 선택할 수 있습니다. 증상들로 모습을 바꾸는 상상들은 히스테리의 경우에서 가장 분명히 포착할 수 있습니다. 강박 신경증 환자의 모습을 지배하는 것도 리비도 반대 집중이거나, 혹은 자아에 의한 반동 형성들입니다. 우리가 꿈에 대한 설명에서 〈이차 가공〉이라고 부른 현상은, 편집증과 같은 신경증들에서 망상의 형태로 가장 현저하게 나타납니다.

2 프로이트는 스물여섯 번째 강의 이하에서 이 문제를 더 상세히 다루고 있다.

이처럼 외상적인 신경증들 중에서 특히 전쟁의 공포에 의해서 생긴 신경증의 경우, 자기 탐닉적이며 보호와 이익을 추구하는 자아의 동기가 뚜렷하게 나타납니다. 그러나 자아의 동기만으로 병에 걸리지는 않습니다. 하지만 병에 걸리는 것에 대해서 반대하지도 않으며, 일단 걸리게 되면 병적 상태를 그대로 유지하는 데 기여합니다. 이러한 동기는 자아를 위험한 계기들에서 보호하려는 데서 발동합니다. 위험한 사태들에서 제기된 협박은 질병의 계기로 작용합니다. 한편, 이런 위험이 반복되지 않을 것처럼 보이거나, 아니면 지나가 버린 위험에 대한 보상이 주어질 때까지는 자아가 치유되는 것도 허락하지 않습니다.

그러나 자아는 모든 다른 사례의 경우, 신경증이 발생하고 지속되는 것에 대해서 비슷한 관심을 기울입니다. 우리는 이미 증상 역시 자아에 의해서 지탱된다고 말했습니다. 왜냐하면 증상은 억압하는 자아의 경향성에 만족을 제공하는 측면이 있기 때문입니다. 게다가 증상 형성을 통해서 갈등을 처리하는 것은, 가장 편하고 쾌락 원칙에도 가장 잘 들어맞는 방법입니다. 증상 형성에 의해서 자아는 부담스럽고 고통스럽게 느껴지는 내적인 작업을 확실히 면제받습니다. 그렇습니다. 갈등이 신경증으로 발전하는 것이 덜 해롭고 사회적으로도 가장 감내할 만한 해결책으로 부각되는 그런 사례들이 있으며, 이는 의사들조차 시인할 수밖에 없습니다. 만약 의사 자신이 스스로 투쟁했던 질병의 입장에 서서 질병의 편을 드는 경우가 있다는 말을 들어도 놀라지 마십시오. 의사는 인생의 모든 상황에 반해서 사람들의 건강을 광적으로 지켜 주어야 하는 역할을 강요받을 수 없습니다. 그는 이 세상에 신경증과 같은 고통뿐만 아니라, 현실적이며 모면할 길 없는 고통도 있다는 것을 압니다. 또 현실의 필연성에 의해서 사람들은 자신의 건강을 대가로 치러야만 하는 경우도 있다는 것을 압니다. 그리고 의사는 한 개인의 그 같은 희생을 통해서 종종 다른 많은 사람의 엄청난 불행을 막을 수도 있다는 것을 체험합니다. 많은 신경증 환자가 매번 갈등에 직면할 때마다 〈질병으로 도피〉하는 길을 택한다고 말할 수 있으며, 많은 경우 이 같은 도피는 완전히 정당하다는 것을 인정해야만 합니다. 그리고 이런 사태를 인식한 의사는 침묵하면서 뒤로 물러설 것입니다.

그러나 우리는 다음 논의에서는 이런 예외적인 사례들을 고려하지 맙시다. 일상적인 상황에서 우리는, 신경증으로 도피함으로써 일종의 내부적인 〈질병에 의한 이득〉이 자아에게 주어진다는 것을 알았습니다. 인생의 여러 상황에서 질병에 의한 이러한 이득에는 구체적이며 외적인 이득이 포함되어 있습니다. 이런 유형들 가운데 가장 빈번한 사례를 살펴봅시다. 자신의 남편으로부터 거칠게 취급받고 무자비하게 이용당했던 한 여자가 있었습니다. 그 여자는 자신의 기질이나 상황이 허용하는 경우, 거의 규칙적으로 신경증이라는 탈출구를 찾아 나섰습니다. 이를테면, 그녀가 비밀리에 어떤 다른 남자에게서 위로를 받기에는 지나치게 겁이 많거나 도덕적인 경우, 그리고 그녀가 모든 방해를 무릅쓰고 남편과 헤어질 수 있을 만큼 강하지 못한 경우, 그녀는 신경증으로 도피합니다. 또 그녀가 자신의 생계를 스스로 유지하거나 더 나은 남자를 얻을 수 있는 전망이 없어도 그렇습니다. 게다가 그녀가 자신의 성적인 목적에 의해서 이 폭력적인 남편에게 아직 매달린다면, 그녀는 신경증이라는 탈출구를 찾아 나서게 됩니다. 그녀의 병은 이제 지나치게 강한 남편에 대한 투쟁에서 무기로 작용합니다. 이 무기를 그녀는 자신을 방어하기 위해 사용하지만, 복수를 위해서 잘못 사용할 수도 있습니다. 그녀는 아마도 자신의 결혼 생활에 대해서 불평할 수는 없겠지만, 자신의 질병에 대해서는 불평할 수 있습니다. 그녀는 의사에게서 자신을 도와주는 사람을 발견합니다. 그녀는 평소에는 아무 배려도 할 줄 모르는 남자로 하여금, 자신을 보호하고 자신을 위해 경비를 지출하도록 만듭니다. 그리고 외출도 허락받을 뿐만 아니라, 집 밖으로 외출하는 동안에는 결혼의 속박에서 벗어날 수도 있습니다. 병에 걸림으로써 얻어지는 외적인 이득이나 우연한 이득이 대단한 경우, 그리고 현실적으로 대체할 만한 것을 발견할 수 없는 경우, 여러분은 치료에 의해서 신경증에 영향을 미칠 수 있는 가능성을 너무 높게 설정해서는 안 됩니다.

내가 지금 질병의 이득에 대해 설명한 것은 바로 내가 좀 전에 배척했던 견해, 즉 자아 자체가 신경증을 원하고 또 만든다는 견해를 오히려 지지하는 결과를 초래하지 않느냐고 말하면서, 여러분은 나를 비난할 것입니다. 여러분, 서두르지 마십시오. 아마도 그 설명의 의미는 다음과 같은 것일 수 있습니다. 즉 자아는 신경증을 저지할 수 없는 상황에서 신경증을 그냥 감수하고 있는 것입니다. 다시 말해서 신경증에서 무언가 다른 상황을 이끌어 낼 수 있다면, 그로부터 최선의 상황을 만들어 내려는 시도로 이해됩니다. 다만 이는 사태의 한쪽 면에 지나지 않습니다. 물론 우리가 논한 것은 만족스러운 부분입니다. 신경증이 이득을 가져다주는 한, 아마도 자아는 신경증 상태에 대해서 동의할 것입니다. 그러나 이익만이 주어지는 것은 아닙니다. 대체로 자아가 신경증에 개입함으로써 손해를 보았다는 것이 곧 드러납니다. 갈등을 완화시키기 위해서 자아는 비싼 대가를 치렀습니다. 그리고 증상들에 수반하는 고통스러운 느낌들은, 아마 갈등에서 비롯하는 고뇌의 동등한 대리물로 간주될 수 있을 것입니다. 그러나 아마 불쾌감의 총량도 늘어났을 것입니다. 자아는 증상들에서 기인하는 이 불쾌감을 벗어 버리고 싶어 합니다만, 질병을 통해서 얻는 이득을 포기할 생각은 없습니다. 그리고 이런 일은 이루어질 수도 없습니다. 여기서 자아는 스스로 믿었던 것만큼 그렇게 능동적이지는 못했음이 드러납니다. 그리고 우리는 이를 잘 기억해 두어야 합니다.

여러분, 만약에 여러분이 의사로서 신경증 환자들을 접한다면, 자신의 질병에 대해서 가장 심하게 불평했던 사람들이 의사의 치료 요법에 대해서 가장 적극적으로 응하고, 저항도 가장 적게 할 것이라는 기대를 당장 포기해야 할 것입니다. 오히려 정반대입니다. 하지만 여러분은 질병의 이득을 가져오는 데 기여하는 모든 것들이, 억압의 저항을 강화하고 치료의 어려움을 더욱 가중시킨다는 사실을 쉽게 이해할 것입니다. 우리는 위의 증상에 수반하는 질병의 이득과 함께, 나중에 생기는 다른 형태의 이득을 첨가해야만 합니다. 만약 질병과 같은 심리적 조직 체계가 오랜 기간 동안 자리를 잡게 된다면, 그 질병은 마침내 일종의 자립적인 존재인 것처럼 행동합니다. 질병은 일종의 자기 보존 본능 같은 것을 나타냅니다. 또 질병과 정신의 다른 부분들 사이에는 일종의 공조 체제modus vivendi가 형성됩니다. 그 밑바탕에 질병에 대한 적의가 깔려 있을 때조차 그렇습니다. 질병이 나름대로 쓸모와 용도가 있는 것으로 입증되는 경우들이 분명히 존재합니다. 그래서 질병은 〈이차적 기능〉을 획득하게 되고, 자신의 위상을 더욱 강화시킵니다. 병리학의 사례를 검토하는 대신에, 일상생활에서도 뚜렷하게 발견할 수 있는 한 가지 사례를 들겠습니다. 한 유능한 노동자는 자신의 생계를 노동으로 유지했습니다만, 작업 중의 사고로 인해서 불구가 되었습니다. 더 이상 노동을 할 수 없게 된 것입니다. 사고를 당한 이 남자는 시간이 지나면서 상해 연금을 약간 받게 되었습니다. 그리고 자신의 불구 상태를 구걸하는 데 써먹을 수 있다는 것을 알았습니다. 비록 전보다 악화되기는 했지만, 그의 새로운 생활은 자신의 생계를 유지하도록 해주었던 능력을 앗아 간 바로 그것에 의해서 지탱됩니다. 만약 여러분이 그의 형편없는 몰골을 원 상태로 회복시켜 놓는다면, 여러분은 그의 생계 수단을 박탈하는 것입니다. 그가 이전에 했던 일을 다시 할 수 있을지 모르기 때문입니다. 신경증이라는 병에서 얻어 낼 수 있는 그 같은 〈이차적인〉 유용성과 상응하는 것은 〈질병을 통한 이차적 이득〉으로서, 일차적인 이득에 이를 첨가할 수 있습니다.[3]

하지만 나는 일반적인 관점에서 여러분이 질병에서 얻는 이득의 실질적인 의미에 대해서 과소평가하지 말기를 바랍니다. 그러나 이론적 관점에서 여러분이 지나치게 그 이득의 가치에 압도당할 필요는 없습니다. 앞에서 인정한 예외들은 제외하더라도, 질병의 이득은 항상 오버랜더Oberländer가 『플리겐데 블레터』에 실은 〈동물들의 지혜〉를 연상하게 합니다. 한 아랍인이 낙타를 타고 좁은 길을 가고 있었는데, 그 길의 한쪽 옆은 깎아지른 듯한 산비탈을 끼고 있었습니다. 길모퉁이를 돌아서자마자 그는 갑자기 당장 덤벼들 것 같은 기세로 웅크리고 있는 사자를 만났습니다. 그에게는 달리 피할 곳이 없었습니다. 한쪽은 깎아지른 산이었으며, 다른 쪽은 절벽이었습니다. 돌아갈 수도 도망갈 수도 없어서, 그는 어쩔 줄 몰라 했습니다. 그러나 낙타는 달랐습니다. 낙타는 등에 탄 사람과 함께 절벽으로 뛰어내렸습니다. 그리고 사자는 그 모습을 물끄러미 쳐다볼 도리밖에는 없었습니다. 신경증에 의해 제공되는 도움은 대체로 더 좋은 결과를 가져다주지 못합니다. 이는 증상 형성을 통해서 갈등을 해소하는 과정이 인생의 요구

3 병을 통해 얻는 이득에 대해서는 「도라의 히스테리 분석」을 참조하라.

사항들에 적절히 대처했다고 볼 수 없는 자동적 과정이기 때문이기도 하고, 인간이 자신의 가장 탁월하고 훌륭한 능력들을 사용하는 것을 포기했음을 뜻하기 때문일 것입니다. 만약 선택할 수만 있다면, 사람은 운명과의 정직한 투쟁을 통해서 패배하는 편이 더 나을 것입니다.

여러분! 내가 여러분에게 어떤 동기에서 신경증론을 일상적인 신경증에서부터 서술하지 않았는지 밝혀야 할 것 같습니다. 만약 내가 그런 방식으로 서술했다면, 신경증들의 성적인 원인을 입증하기가 상당히 어려웠을 것이라고 여러분은 간주할 수 있습니다. 그러나 여기서 여러분은 잘못 생각하고 있습니다. 그런 결론에 도달하려면, 전이 신경증들의 경우 증상에 대한 해석에서부터 착수해야 합니다. 소위 〈실제적 신경증〉이라고 불리는 일상적인 형식들의 경우, 성적 생활이 병인으로서 지니는 의미는 명백하게 관찰을 통해서 입증할 수 있습니다. 나는 이미 20년 전에 이런 통찰에 도달했습니다. 언젠가 나에게, 왜 사람들이 신경증 환자들을 검사하면서 한결같이 그들의 성생활에 대해서는 고려하지 않는가 하는 물음이 떠올랐습니다. 당시에 나는 이 문제를 탐구하는 과정에서 환자들이 내게 지녔던 호감을 대가로 치르었습니다. 그러나 나는 이 문제를 탐색한 지 얼마 되지 않아서 이미 〈정상적으로 성생활을 할 경우, 신경증이 발생하지 않는다〉는 명제를 제시할 수 있었습니다. 내가 여기서 염두에 둔 것은 실제적 신경증이었습니다.[4] 확실히 이 명제는 개인 간의 차이점들을 너무 쉽게

---

4 「신경증의 병인에서 성욕이 작용하는 부분에 대한 나의 견해」(프로이트 전집 10, 열린책들) 참조. 프로이트는 불안 신경증에 대한 그의 초기 논문에서 이러한 사항에 대하여 논하고 있다. 「신경 쇠약증에서 〈불안 신경증〉이라는 특별한 증후군을 분리시키는 근거에 관하여」 참조.

간과하고 있습니다. 이 명제 역시 불확실한 의미를 함축하는데, 그 이유는 〈정상적〉이라는 판단의 기준이 명확하지 않기 때문입니다. 그러나 이 명제가 전체적인 방향을 제시해 준다는 점에서는 아직도 나름대로의 가치를 지니고 있습니다. 당시에 나는 신경증의 일정한 형식들과 특정한 성적 장애들 사이에 성립하는 특수한 관계들까지도 파악할 수 있었습니다. 그리고 오늘날에도 나에게 만약 비슷한 환자들의 사례가 주어진다면, 동일한 결과가 반복되리라는 것은 의심의 여지가 없습니다. 나는 수음(手淫)과 같은, 일종의 불완전한 성적 만족에 그쳐야 했던 사람들이 일정한 유형의 실제적 신경증에 걸린 여러 사례를 종종 경험했습니다. 만약 그가 수음과 다르지만 역시 마찬가지로 문제가 있는 성적 행위에 빠지게 되면, 이 신경증은 즉각적으로 다른 형태의 신경증에 의해서 교체됩니다. 나는 이때 환자의 상태가 변화하면 그의 성적 생활 방식도 바뀌었다는 것을 짐작할 수 있었습니다. 나는 환자들의 정직하지 못한 부분을 간파해 내고, 그들이 자신의 잘못을 시인할 때까지 밀고 갔는데, 내가 당시에 배운 것은 이런 결과가 나올 때까지 나의 추정이 옳다는 생각을 고집해야 한다는 것이었습니다. 사실 환자들은 이럴 때 다른 의사들에게로 가버리곤 했습니다. 다른 의사들은 그들의 성생활에 대해서 그다지 열심히 캐묻지 않았던 것입니다.

당시에 나는 신경증적 질환이 항상 성생활에 의해서 비롯된 것은 아니라는 사실을 알았습니다. 물론 직접적으로 성적인 장애 때문에 병에 걸렸던 사람도 있습니다만, 어떤 다른 사람은 재산을 잃어버리거나 그를 기진맥진하게 만든 신체 기관의 질병을 겪었기 때문에 병에 걸릴 수도 있습니다. 이 같은 다양한 경우는 우리가 자아와 리비도 사이에 추정했던 상호 관계들을 파악한 후에야 설명할 수 있었습니다. 그리고 자아에 대해서 깊이 이해할수록 앞의 다양한 사례에 대한 설명도 더욱더 만족스러울 수 있었습니다. 어떤 사람이 신경증 질환에 걸리는 것은, 그의 자아가 리비도를 어떤 형태로든 수용할 수 있는 능력을 상실했기 때문입니다. 자아가 강하면 강할수록 그가 이 과제를 처리하는 것도 쉬워집니다. 어떤 이유에서든 자아가 약해지기만 하면 리비도의 요구가 엄청나게 많아지는 효과를 가져올 수밖에 없으며, 결국 신경증이라는 병에 걸리는 것입니다. 이 밖에도 자아와 리비도 사이에는 다른 더욱 밀접한 관계들이 존재합니다.[5] 그러나 이 관계들은 아직 우리의 시야에 포착되지 않았습니다. 그래서 나는 그것에 대해서는 여기서 설명하지 않을 생각입니다. 그리고 우리에게 본질적이며 사태를 확실하게 구명할 수 있도록 만들어 주는 것은, 어떤 경로로 병이 들었든 관계없이 모든 경우에 신경증의 증상들은 리비도에 의해서 일어나며, 이는 리비도의 비정상적인 사용을 보여 준다는 사실입니다.

그러나 이제 나는 여러분이 실제적 신경증의 증상들과 정신 신경증*Psychoneurose*의 증상들 사이의 결정적인 차이에 대해서 주목하기를 바랍니다. 정신 신경증의 첫 번째 집단인 전이 신경증에 대해서 우리는 지금까지 자세히 다루어 왔습니다. 두 가지 경우모두 증상은 리비도에서 발생하며, 결국 증상들은 리비도의 비정상적인 사용에 기인하는 대리 만족입니다. 그러나 실제적 신경증의 증상들인 두통, 고통스러운 감각, 특정 기관의 흥분 상태, 신체기능의 약화나 장애 등은 아무 〈의미〉가 없습니다. 즉 이런 증상들은 그 어떤 심리적 의미도 없습니다. 그 증상들은 히스테리 증상들처럼 단지 신체에 주로 나타날 뿐만 아니라, 그 자체가 신체의 물리적인 과정입니다. 이러한 과정이 전개될 때, 우리가 알았던 모든 복잡한 심리적 메커니즘은 고려하지 않아도 됩니다. 신체의 물리적 과정들은 실제로 우리가 정신 신경증의 증상들로 오랫동안 간주했던 것입니다. 그러나 신체의 증상들은 우리가 마음속에서 작용하는 힘으로 알고 있던 리비도의 사용 방식과 어떻게 대응될 수 있습니까? 여러분, 그것은 매우 단순합니다. 여러분은 정신분석학에 가해졌던 최초의 비난들 중에서 하나를 다시 상기해 주기 바랍니다. 당시에 사람들은, 정신분석이 신경증 현상들에 관한 순수 심리학적 이론을 추구한다고 말했으며, 그런 시도는 전적으로 불가능하다고 했습니다. 왜냐하면 심리학적 이론들이 결코 질병을 설명할 수 없다는 것이었습니다. 사람들은 성적인 기능이 순전히 심리적인 것도 아니며, 또 단순히 신체적인 현상도 아니라는 사실을 곧잘 망각합니다. 성 기능은 신체와 정신 활동 모두에 영향을 미칩니다. 만약 우리가 정신 신경증의 증상들을 통해서 심리적인 영향력과 관련한 장애가 발생했음을 알았다면, 실제적 신경증에서 성 기능의 직접적이며 신체적인 결과가 나타나더라도 놀라지 않을 것입니다.

실제적 신경증의 이해와 관련해서 임상 의학은 가치 있고 또 여러 연구자가 인정한 지침들을 우리에게 제시해 줍니다. 실제적 신경증들은 그 증상의 세부 모습에서나, 그리고 모든 신체 기관의 조직들과 기능들에 미치는 영향의 특성에서, 신체 외부의 독극물에 의한 만성적인 영향이나 독극물의 주입이 갑자기 중단되었을 때 보이는 중독, 즉 금단 증상과 같은 병의 상태들과 분명히 비슷합니다. 바제도병은 낯선 물질이 몸 안에 유입돼서 생기는 것이 아니라, 자기 몸 자체의 신진대사 과정에서 생기는 독성 물질의 영향으로 간주할 수 있는데, 이 병의 발생 조건과 대조해 보면, 앞서 언급한 두 가지 형태의 질환은 뚜렷한 관련성을 보입니다. 나는 이러한 유추 해석에 의해서, 신경증을 성적인 물질대사 과정에 장애가 발생한 결과로 볼 수밖에 없다고 생각합니다. 예를 들면 한 사람이 감당할 수 있는 것보다 많은 성적 독성 물질이 생산될 수 있거나, 혹은 내적이며 외적인 심리적 상태들에 의해서 이 물질들을 올바르게 사용할 수 없는 경우도 있는데, 여기서는 아무 상관이 없습니다. 예로부터 일반 사람들은 성적인 요구의 본성을 흔히 그런 식으로 해석해 왔습니다. 그들은 사랑을 〈도취 상태〉로 부릅니다. 그리고 사랑에 빠지는 것은 〈사랑의 묘약〉을 마셨기 때문이라는 것입니다. 여기서 사랑의 효과를 불러일으키는 것은 확실히 외부적인 요인으로 옮겨져 있습니다. 우리는 여기서, 성적인 자극이 아주 다양한 기관을 통해서 발생한다는 우리의 주장과 성감대의 영역에 대해서 상기해 볼 필요가 있습니다. 그러나 한편으로는 우리에게 〈성적 물질대사〉나, 〈성의 화학 작용〉이라는 말은 별 내용이 없는 것으로 여겨집니다. 우리는 이에 대해서 아는 바가 없습니다. 그리고 우리가 〈남성적〉이거나 〈여성적〉인 것으로 불리는 두 가지 성 물질을 전제해야 하는지,[6] 아니면 우리가 리비도의 모든 자극을 전달하는 물질로서 〈단 하나의〉 성적 독성 물질을 설정하는 것으로 만족해야 하는지, 전혀 결정할 수 없습니다. 우리가 구성한 정신분석학의 학설 체계는 사실상 상부 구조에 해당하며, 언젠가는 이를 뒷받침할 토대가 신체 기관에 대한 이론을 통해서 제시되어야 합니다.

정신분석학을 학문으로 규정짓는 것은, 그것이 다루고 있는 재료가 아니라 작업의 기술적 방식입니다. 우리는 정신분석학을 신

6 프로이트는 『새로운 정신분석 강의』에서 이러한 견해에 대하여 강하게 반발하고 있다.

경증론에 적용한 것처럼, 문화사나 종교, 과학, 그리고 신화학 등에 적용할 수 있습니다. 그런다고 해서 이들 학문들의 내용에 손상이 가지는 않습니다. 정신분석은 정신 활동에서 무의식을 발견하는 작업에 지나지 않고, 또 그런 의도만을 지니고 있습니다. 실제적 신경증의 증상들은 거의 확실하게 직접적인 독성 물질의 나쁜 영향으로 발생하는 것으로 생각되는데, 이 실제적인 신경증들의 문제가 정신분석학을 공격하기 좋게 하는 구실이 될 수는 없습니다. 정신분석학은 실제적 신경증을 규명하는 데 약간만 기여할 수 있을 따름이며, 그것을 규명하는 것은 생물학적이며 의학적인 연구의 과제로 넘어갔습니다.

이제 여러분은, 내가 왜 강의의 자료들을 다른 방식이 아닌 이와 같은 형태로 선택했는지 더 잘 이해하게 되었을 것입니다. 만약 내가 여러분에게 〈신경증론의 입문〉을 약속했다면, 실제적 신경증들의 단순한 형식들에서 시작해 리비도의 장애로 인해 발생하는 더욱 복잡한 심리적 질환들로 넘어가는 방식이 의심의 여지없이 올바른 길이었을 것입니다. 내가 이 첫 번째 방식을 택했더라면, 우리가 다양하게 체험한 내용이나 혹은 스스로 알고 있다고 믿어 온 사실들을 모두 종합했을 것입니다. 그리고 정신 신경증의 상태를 규명하기 위해서는 정신분석이 가장 중요한 기술적인 보조 수단으로 채택될 수 있다고 말했을 것입니다. 그러나 나는 〈정신분석 입문〉을 의도했으며, 또 그런 뜻으로 제목을 공표했습니다. 신경증에 대한 일정한 지식을 확보하는 것보다 중요한 것은, 여러분이 정신분석이 어떤 학문인가를 이해하는 것입니다. 그래서 나는 정신분석을 설명하는 데 그다지 도움이 되지 않는 실제적 신경증을 처음부터 전면에 부각시키지 않았습니다. 나는 여러분이 좀 더 유리한 선택을 했다고 믿습니다. 왜냐하면 정신분석은 심충적인 의미를 지닌 전제들이나 포괄적인 연관성으로 인해서 모든 교양인의 관심을 끌 만한 가치가 있기 때문입니다. 그러나 신경증론은 다른 이론들과 마찬가지로 의학의 한 장(章)에 불과합니다.

반면에 여러분은 우리가 실제적 신경증에 대해서도 어느 정도 관심을 쏟기를 기대합니다. 그것은 정당한 기대입니다. 정신 신경증이 실제적 신경증과 맺고 있는 내밀한 임상적인 관련성만 생각해 보더라도, 우리는 마땅히 그것에 관심을 가져야만 합니다. 따라서 나는 여러분에게 실제적 신경증은 세 가지 순수한 형식으로 구별된다고 설명할 생각입니다. 〈신경 쇠약Neurasthenie〉, 〈불안 신경증Angstneurose〉, 〈심기증(心氣症, Hypochondrie)〉 등이 그것입니다. 이러한 분류 방식에 대해서 반론이 없지는 않습니다. 이 명칭들은 모두 일상적으로 사용되지만, 그 내용 자체는 명확하지도 않고 항상 뒤바뀝니다. 어떤 의사들은 신경증 현상들의 현기증 나는 세계를 구획 지어 분류하거나, 임상적인 개별 사례들이나 개개의 환자들을 특별히 따로 구별하는 행위들을 거부합니다. 그리고 심지어 실제적 신경증과 정신 신경증의 구별조차 인정하지 않습니다. 나는 그들의 태도가 너무 지나치며, 학문의 진보를 위한 길을 포기한 것이라고 생각합니다. 위에서 언급한 신경증의 형식들은 가끔 순수한 형태로 나타나는 일이 많습니다. 그러나 이들은 좀 더 자주 서로 뒤섞이고, 정신 신경증의 증상들과 함께 나타납니다. 이런 현상이 출현한다고 해서 우리의 분류 방식을 포기할 필요는 없습니다. 광물학에서 광석학과 암석학의 차이를 생각해 보십시오. 광물들은 개체로서 서술됩니다. 여기서는 물론 광물들이 종종 결정체의 형태로, 주변 환경과 확연하게 구별되어 나타나는 정황을 염두에 둔 것입니다. 암석은 광물들이 뭉쳐진 것인데, 확실하게 말하면 우연히 결합한 것이 아니라 암석의 일정한 생성 조건들에 의해서 형태를 갖춥니다. 신경증의 발달 과정에 대한 신경증론의 설명은, 아직 암석학의 경우와 비슷한 수준에 도달하지 못했습니다. 하지만 만약 우리가, 광물들과 비교되고 또 식별이 가능한 개개의 임상 사례들을 전체 집단에서 일단 분리한다면 확실히 올바른 작업을 시작한 것입니다.

실제적 신경증과 정신 신경증의 증상들 사이에는 주목할 만한 연관성이 있는데, 이는 정신 신경증의 증상이 형성되는 과정을 이해하는 데 아주 중요한 공헌을 하게 됩니다. 즉 실제적 신경증의 증상은 종종 정신 신경증의 핵심이자 전 단계입니다. 그런 관계는 가장 분명하게, 신경 쇠약과 전환 신경증*Konversionsneurose*으로 불리는 전이 신경증 사이에서, 그리고 불안 신경증과 불안 히스테리 사이에서 관찰할 수 있습니다. 그러나 후에 다루게 될, 조발성 치매와 편집증을 포괄하는 이상 정신*Paraphrenie* 같은 신경증의 형식들과 심기증 사이에서도 그런 관계를 아주 뚜렷하게 관찰할 수 있습니다. 우리가 검토할 사례는 히스테리성 두통과 요통입니다. 분석을 해보면, 이 증세가 압축과 전위를 통해서 일련의 리비도적인 상상들이나 기억들을 대리 만족시켜 준다는 사실이 드러납니다. 그러나 이 같은 고통은 한때 현실로 나타났던 것들입니다. 그리고 당시 이 고통은 직접적인 성적 독성 물질에 의한 증상으로서, 리비도적 자극이 신체를 통해서 표현된 것입니다. 우리는 모든 히스테리의 증상이 그런 핵심적 요인을 지닌다고 주장할 생각은 전혀 없습니다. 그러나 이런 경우가 아주 자주 일어나며, 리비도적 자극이 — 그것이 정상적으로 작용하든, 아니면 병의 원인으로 작용하든 관계없이 — 신체에 주는 모든 영향들이 바로 히스테리의 증상을 형성하도록 도와준다는 사실은 분명합니다. 신체에 미치는 모든 영향은, 마치 조개가 진주모(眞珠母)의 각질층을 두껍게 감쌀 때 사용하는 모래의 역할을 담당합니다. 성행위에 수반되는 일시적인 성적 자극의 증후들은, 정신 신경증에 의해서 이와 비슷하게 증상 형성의 가장 편리하고 적절한 재료로 사용됩니다.

　이와 유사한 과정은 진단 및 치료와 관련해서 특별한 관심을 불러일으킵니다. 급격한 신경증의 확산에 의해서 고통을 받지 않더라도, 신경증의 기질을 지닌 사람들에게 병적인 신체상의 변화 — 가령 염증이나 상처 — 는 증상 형성을 자극합니다. 이러한 증상 형성은 재빨리, 현실에서 주어지는 증상을 오직 자신을 표현할 수 있는 수단을 자극하기 위해서 기다려 왔던 모든 무의식적인 상상들의 대표자로 만들어 버릴 수 있게 되는 것입니다. 그런 경우에 의사는 이러저러한 치료 요법을 번갈아 가며 동원할 수 있습니다. 그는 신경증이 소란스럽게 활동하는 것을 내버려 둔 채, 신체 기관상의 병인만을 제거할 수 있습니다. 아니면 일시적으로 나타나는 신경증을 치료하면서도 신체 기관상의 병인은 무시할 수도 있습니다. 이러저러한 치료의 방법들은 때에 따라 더 좋은 결과를 가져올 수도 있고 나쁜 결과를 가져올 수도 있습니다. 그런 복합적인 증세에 대해서는 일반적인 지침들을 거의 제시할 수 없습니다.

스물다섯 번째 강의

불안[1]

신사 숙녀 여러분! 여러분은 분명히 내가 지난 강의에서 일반적 신경증에 대해 말한 내용은, 지금까지의 강의 내용들 중에서 가장 불완전하고 가장 불충분한 것이었다고 간주하실 것입니다. 나는 그 점을 알고 있습니다. 그리고 내가 무엇보다 지난 강의에서 불안*Angst*[2]에 대해 언급하지 않았다는 사실을 여러분이 가장 의아스럽게 여기리라 생각합니다. 물론 대부분의 신경증 환자는 불안을 호소합니다. 그들은 불안 자체를 가장 끔찍한 고통으로 지적합니다. 실제로 불안은 그들에게 가장 엄청난 강도로 엄습하며, 그들로 하여금 아주 바보 같은 예방 조치들을 취하도록 강요합니다. 그러나 최소한 이 불안에 대해서는 여러분에게 축약된 형태로 말하고 싶지 않았습니다. 반대로 나는 신경증 환자에게 나타나는 불안의 문제를 특히 분명하게 부각시키고, 그것에 대해 여러분 앞에서 자세하게 설명할 작정이었습니다.

불안 자체가 무엇인지에 대해서 내가 여러분에게 소개할 필요는 없을 것입니다. 우리 모두는 이런 느낌을 갖고 있습니다. 혹은

---

1 프로이트의 「신경 쇠약증에서 〈불안 신경증〉이라는 특별한 증후군을 분리시키는 근거에 관하여」, 「억압, 증상 그리고 불안」, 『새로운 정신분석 강의』 중 서른두 번째 강의를 참조하라.

2 〈공포〉, 〈두려움〉, 〈경악〉 등으로 해석할 수 있다.

좀 더 정확하게 말하면, 이런 감정 상태는 언젠가 자신의 체험을 통해서 직접 알고 있던 것입니다. 그러나 나는, 왜 신경증 환자들이 다른 사람들과 달리 그렇게도 여러 가지의 강렬한 불안을 느끼는지에 대해서, 사람들이 그다지 심각하게 묻지 않았다고 생각합니다. 아마도 사람들은 이를 당연한 일로 간주했을 것입니다. 사람들은 물론 일상적으로 〈신경질적 nervös〉이란 말과 〈불안스러운 ängstlich〉이란 말이 같은 의미를 지닌 것처럼 서로 바꾸어서 사용합니다. 그러나 그럴 수 있는 권리가 우리에게는 없습니다. 전혀 신경질적이지 않은 사람도 지극히 불안해할 수 있습니다. 그 밖에도 불안에 대한 경향이 발견되지 않는 많은 증상에 시달리는 신경증 환자들도 있습니다.

　상황이 어떠하든, 불안의 문제는 아주 다양하고 중요한 물음들이 서로 만나는 일종의 접합점임이 분명합니다. 불안의 문제는 수수께끼와 같으며, 이 문제만 해결할 수 있다면 우리의 모든 정신 생활의 문제들도 투명하게 밝혀질 수 있습니다. 나는 여러분에게 이 문제에 대한 완전한 해답을 제공할 수 있다고 주장하지 않습니다. 그리고 여러분은 확실히, 정신분석이 이 주제에 대해서도 대학의 강단 의학이 접근하는 방식과는 다른 방식으로 접근하리라고 기대할 것입니다. 강단 의학은 무엇보다도 먼저 불안 상태가 어떤 해부학적인 경로를 통해서 촉발되는가에 대해서 관심을 가집니다. 그들은 골수의 한 부분인 연수(延髓, Medulla oblongata)가 자극을 받은 상태라고 말합니다. 그리고 환자는 자신이 미주신경(迷走神經, Nervus vagus)에 의해서 고통을 받고 있다는 말을 듣게 됩니다. 연수는 매우 중요하고 아름다운 대상입니다. 그것을 연구하기 위해서 나는, 몇 년 전에 얼마나 많은 시간과 노력을 바쳤는지 아주 정확하게 기억할 수 있습니다. 그러나 오늘날에 와서 나는, 불안을 심리학적으로 이해하는 과정에서 그 같은 자극을 전달하는 신경계에 대한 지식보다 더 쓸모가 없는 어떤 다른 지식을 찾기란 어렵다고 생각합니다.

　신경증에 대해서는 전혀 생각하지 않고도, 불안에 대해서만 일단 어느 정도 다룰 수 있을 것으로 봅니다. 여러분은 내가 이 불안을 〈신경증성〉 불안과는 반대로, 〈현실〉 불안Realangst으로 표현해도 무리 없이 이해할 수 있을 것입니다. 현실적 불안은 우리에게 아주 합리적이며 이해할 수 있는 불안으로 여겨집니다. 우리는 이 불안이 외부의 위험, 다시 말해서 예상했거나 예견했던 위협을 감지했을 때의 반응이며, 도망갈 때 나타나는 반사 작용 Fluchtreflex과 연결되어 있다고 볼 수 있습니다. 즉 자기 보존 본능이 표현된 것이라고 볼 수 있습니다. 불안이 어떤 경우에, 즉 어떤 대상들과 어떤 상황에 직면했을 때 나타나는가는, 자연히 외부 세계에 대한 우리의 지식 수준과 함께 외부 세계를 제어할 수 있는 우리의 힘에 대한 느낌에 대부분 달려 있습니다. 우리는 미개인이 대포 앞에서 공포를 느끼고, 일식(日蝕)에 대해서 불안해하는 모습을 충분히 이해합니다. 또 이와는 반대로 도구들을 다루고 일식과 같은 현상을 미리 예측할 수 있는 백인이 같은 조건하에서 불안해하지 않는 것도 이해합니다. 또 어떤 경우에는 더 많은 지식을 가지고 있음으로 인해서 불안이 촉발될 수 있습니다. 이는 위험을 사전에 인지하기 때문입니다. 그래서 한 미개인이 숲속에 난 짐승의 발자국을 보고 경악하는 반면, 야생 동물에 대해 전혀 모르는 사람에게는 발자국이 아무 의미가 없습니다. 미개인은 발자국을 통해서 맹수가 근처에 있다는 사실을 알아차리기 때문입니다. 그리고 경험이 풍부한 선원은 하늘에서 작은 구름 떼만 보고도 놀랄 수 있지만, 무심한 승객에게는 마치 아무것도 보이지 않는 듯합니다. 왜냐하면 그 구름은 선원에게 폭풍이 다가오고 있다는 것을 알려 주기 때문입니다.

계속 생각해 보면, 현실 불안이 합리적이고 목적에도 부합한다는 판단은 근본적으로 수정되어야 합니다. 임박한 위기에 처했을 때 유일하게 목적에 부합하는 행동은 바로 위협의 정도를 자신의 힘과 냉철하게 견주어 보고, 이에 따라 도망할 것인가 방어할 것인가 혹은 가능하면 공격할 것인가의 여부를 결정하는 것이며, 게다가 여기서 좋은 결과를 더욱 많이 기대하게 해주는 결정을 내리는 것입니다. 그러나 이 상황에서 불안이 들어설 자리는 없습니다. 모든 일들은 어쨌든 일어나게 되어 있는 것이고, 만약 불안을 느끼지 않는다면 이 모든 일들은 아마도 좀 더 잘 처리될 수 있을 것입니다. 여러분은, 물론 불안을 지나치게 강하게 느낄 경우 목적에도 전혀 부합되지 않는다는 사실을 알고 있습니다. 이 때 불안은 도망가는 행위를 포함해서 모든 행동을 마비시킵니다. 대개 위험에 대한 반응은 불안의 효과와 방어 작용으로 구성됩니다. 놀란 동물은 불안해하면서 도망합니다. 그러나 여기서 목적에 부합된 행동은 〈도망〉이지, 〈불안에 떠는〉 것은 아닙니다.

따라서 사람들은, 불안의 발생이 결코 목적에 부합되지 않는 무엇이라고 주장하고 싶은 생각이 들 것입니다. 아마도 불안의 상황을 자세히 분석한다면 좀 더 나은 통찰을 하는 데 도움이 될 수 있습니다. 불안한 상황의 첫 번째 요소는 위험에 대한 준비 상태*Bereitschaft*입니다. 이런 태도는 고조된 감각으로 예의 주시하는 행위와 운동 신경을 곤두세우는 데서 나타납니다. 이런 위험에 대한 준비 태세는 이론의 여지 없이 이익을 가져다주는 것으로 인정됩니다. 그렇습니다. 오히려 준비 태세가 결여되어 있을 때,

심각한 결과에 대해서 책임을 져야 할지 모릅니다. 한편 이 준비 태세에서 이제 운동 신경을 통한 행동이 촉발됩니다. 일단은 도망을 고려하지만, 더 높은 단계에서는 능동적 방어 태세가 갖추어집니다. 다른 한편으로는 우리가 불안 상태로 느끼는 현상이 나타납니다. 불안의 전개 과정이 단순한 징후나 신호를 포착하는 차원에 국한되면 될수록, 불안을 단지 예비하는 단계를 넘어서 직접 행동으로 이행해 가는 과정이 더욱더 거침없이 진행되며, 나아가서는 불안의 감정이 전체적으로 전개되는 과정도 목적에 더욱더 잘 부합하게 됩니다.[3] 따라서 나는 불안에 대한 준비 태세는 목적에 부합되지만, 불안의 감정이 진행되는 과정은 불안이라고 불리는 현상들에서 목적과 배치되는 요인이 아닌가 생각합니다.

나는 불안*Angst*과 공포*Furcht*, 경악*Schreck*과 같은 언어 사용의 방식들이 같은 의미를 지니는지 아닌지의 여부에 대해서 자세히 묻고 싶은 생각은 없습니다. 나는 단지 불안은 상태와 관계하고, 그 대상과는 무관하다고 생각합니다. 반면에 공포는 특정 대상에 대한 경각심을 뜻합니다. 경악은 이와 달리 특별한 의미를 지닌 것처럼 보입니다. 즉 경악은 불안의 준비 태세를 통해서는 감당할 수 없는 위험의 효과를 부각시키는 것입니다. 그래서 사람들은 불안을 느낌으로써 오히려 자신이 경악의 상태에 빠지는 것을 모면하려 한다고 말할 수도 있습니다.

〈불안〉이라는 말을 사용하는 데 어느 정도의 다의성과 모호성이 불가피하다는 사실을 여러분도 간파했습니다. 대개 사람들은 불안을 주관적인 상태로 이해하는데, 이런 상태에 빠지게 되는 것은 〈불안한 감정이 발생했음〉을 사람들이 느끼기 때문입니다.

3 〈신호〉로서의 불안에 대한 프로이트의 견해는 「억압, 증상 그리고 불안」, 『새로운 정신분석 강의』를 참조하라.

그리고 이 상태는 감정*Affekt*이라고 불립니다. 그렇다면 이제 역동적인 의미에서 이 감정이란 무엇을 말합니까? 어쨌든 여러 가지가 복합되어 있는 복합체일 것입니다. 감정은 첫째, 특정한 운동 기관의 신경 자극이나 방출 등을 포함합니다. 둘째로 특정한 감각들을 함축합니다. 이 감각들에는 두 가지 유형이 존재하는데, 하나는 이미 발동한 운동성의 행위들에 대한 지각이며 다른 하나는 직접적인 쾌감이나 불쾌감입니다. 이 쾌감과 불쾌감이 사람들이 말하는 것처럼 감정의 기본적인 정서입니다. 그러나 나는 이렇게 나열함으로써 감정의 본질을 적중시켰다고 믿지 않습니다. 어떤 감정들의 경우, 그것을 깊이 통찰하고 인식할수록 그 감정의 틀을 유지해 주는 핵심은 특정하고 의미심장한 체험의 반복임이 드러납니다. 이 체험은 보편적인 성격을 띤, 한 개인이 아니라 그 개인이 속한 종족 자체의 태곳적 역사로 거슬러 가는, 아주 오래전의 인상에 해당할 수 있습니다. 여러분이 좀 더 잘 이해할 수 있게 말한다면, 감정 상태는 히스테리성 발작과 같은 방식으로 구성될 수 있다는 것입니다. 즉 이들은 과거에 대한 기억의 잔재입니다. 따라서 히스테리성 발작은 새롭게 형성된 개인적인 감정과 비교할 만합니다. 그리고 정상적인 감정은 일반적이며 유전적으로 이어받은 히스테리의 표현과 비교할 수 있습니다.4

여러분은 내가 여기서 감정들에 대해 말한 내용들이 정상적인 심리학도 인정하고 있는 것이라고 간주하지 마십시오. 반대로 이 견해들은 정신분석학의 토대 위에서 나왔으며, 오직 이곳에서만 통용됩니다. 여러분이 심리학을 통해서 감정들에 대해 알고 있는

---

4 히스테리의 발작에 대한 설명은 「히스테리 발작에 관하여」(프로이트 전집 10, 열린책들)를 참조하라. 〈감정〉에 대한 그의 견해는 다윈의 학설에 기초한다. 다윈의 『동물과 인간의 감정 표현*The Expression of the Emotions in Man and Animals*』(1872) 참조.

내용은, 예를 들어 제임스-랑게의 이론 같은 것이 있는데, 그것은 정신분석학자에게 거의 이해도 안 되고, 따라서 여기서 논의할 만한 가치도 없습니다. 그러나 감정들에 대해서 우리가 알고 있는 지식도 그다지 확실하지는 않습니다. 그것은 이 어두운 영역 속에서 방향을 설정하기 위한 최초의 시도입니다. 이제 나는 계속 설명하겠습니다. 불안의 감정이 인생 초기의 어떠한 체험을 반복이란 형태로 다시 되풀이하는지, 우리는 알고 있다고 여깁니다. 우리는 그것이 〈출산 행위Geburtsakt〉라고 말합니다. 출생의 과정에서는 불쾌감들과 분만 당시의 자극, 신체의 감각들이 무리 지어 나타납니다. 이는 생명의 위협을 초래하는 모든 경우의 전형이 되었으며, 이후부터 불안 상태로서 우리 자신에게 되풀이되어 나타납니다. 출생 당시에 새로운 혈액의 공급(내적 호흡)이 중단됨으로써 엄청난 강도의 자극이 가해지는데, 이는 불안 체험의 원인이자 독성을 가진 최초의 불안이기도 합니다. 〈불안〉이란 이름은 — 〈angustiae〉, 〈Enge〉[5] — 호흡할 때 기도가 좁아지는 현상을 강조하고 있습니다. 이는 출생 시에 현실적 상황의 결과로 존재했고, 오늘날에는 감정 속에서 거의 규칙적으로 재생됩니다. 우리는 어머니에게서 분리될 때 발생하는 최초의 불안 상태가 많은 사실을 암시한다고 여깁니다. 우리는 또, 최초의 불안 상태를 반복하려는 기질이 일련의 수많은 세대를 거쳐 유기체의 기관에 너무도 철저하게 체화된 나머지, 한 개인이 불안의 감정에서 벗어날 수는 없다고 확신합니다. 〈어머니의 배를 가르고 나온〉 전설적인 맥더프Macduff처럼,[6] 분만 과정을 직접 체험하지 않은 경우

---

5 〈좁은 장소〉, 〈해협〉을 의미하는 이 라틴어와 독일어 단어들은 불안Angst과 어원이 같다.
6 셰익스피어의 『맥베스』 제5막 7장.

도 예외는 아닙니다. 포유동물들을 제외한 다른 동물들의 경우에는 불안 상태의 전형이 무엇인지 말할 수 없습니다. 이와 함께 우리는 이 동물들의 경우, 어떤 감각의 복합체가 우리의 불안에 해당하는지 모릅니다.

아마도 여러분은, 어떻게 사람들이 그런 생각을 하게 되었는지, 그리고 어떻게 출생의 과정이 불안 감정의 원천이자 전형이 될 수 있는지에 대해 듣고 싶어 할 수 있습니다. 사변은 여기서 아무 역할도 하지 않았습니다. 나는 오히려 일반 민중의 소박한 생각에서 그것을 빌려 왔습니다. 여러 해 전에 병원의 젊은 의사들과 한 식당에서 점심을 한 적이 있는데, 분만실의 한 조수가 지난번에 산파 시험을 치를 때 일어났던 재미있는 일화를 말해 주었습니다. 만약 분만 시에 아이의 태변(胎便)이 양수에 보인다면 무엇을 뜻하는가 하는 질문이 한 응시생에게 던져졌습니다. 그녀는 바로 답했습니다. 〈그건 아기가 불안해한다는 것을 뜻합니다.〉 그녀는 웃음거리가 되었고 시험에 떨어졌습니다. 그러나 나는 조용히 그녀의 편을 들었습니다. 그리고 꾸밈없이 정확한 생각을 하고 있는 그 불쌍한 여자가 사태의 중요한 연관성을 들추어냈다고 추측하기 시작했습니다.

이제 신경증적 불안die neurotische Angst을 다루기로 합시다. 신경증 환자에게 불안은 어떤 새로운 유형의 현상들과 연관성을 보여 줍니까? 이에 대해서는 설명할 내용이 많습니다. 우리는 일단 일반적인 불안증으로서, 소위 부동성(浮動性) 불안frei flottierende Angst을 발견합니다. 이 불안은 어떤 방식으로든 모든 형태의 적합한 표상 내용에 그대로 달라붙을 준비가 갖추어져 있습니다. 또 판단에 영향을 미치거나 특정한 기대감을 품게 만들고, 자신을 정당화할 수 있는 모든 기회를 엿보기도 합니다. 우리는 이런 상황을 〈기대 불안Erwartungsangst〉, 혹은 〈불안한 기대감〉이라고 부릅니다. 이런 유형의 불안을 호소하는 사람들은 모든 가능성 중에서 항상 가장 끔찍한 가능성을 예상합니다. 이들은 모든 우연을 불길한 사태의 조짐으로 해석하고, 모든 불확실성을 좋지 못한 의미로 이용합니다. 그 같은 불길함을 기대하고 싶어 하는 충동은 많은 사람의 성격적 특징으로 나타나는데, 이런 성격만을 제외하면 그 사람들은 모두 정상입니다. 사람들은, 이들이 지나치게 겁이 많다거나 비관적이라고 흠을 봅니다. 그러나 현저하게 눈에 띄는 기대 불안은 대체로 신경증의 질환에 속합니다. 이를 나는 〈불안 신경증〉으로 명명하고, 실제적 신경증에 속하는 것으로 규정했습니다.

불안의 두 번째 형식은 방금 설명한 것과 달리 오히려 심리적인 요인과 결부되어 있으며, 특정한 대상들이나 상황들과 연결되어 있습니다. 이는 매우 다양하고 종종 특이한 형태로 나타나는 〈공포증Phobie〉입니다. 미국의 저명한 심리학자인 스탠리 홀 Stanley Hall은 얼마 전에 이 같은 일련의 공포증들에 화려한 그리스어로 된 명칭을 부여하는 수고를 했습니다.[7] 그것은 마치 이집트 사람들이 열거한 열 가지의 재앙과 흡사하게 들렸는데, 다만 그 숫자만 열을 넘었다는 차이가 있습니다.[8] 자 여러분, 공포의 대상이나 내용이 될 만한 모든 것을 들어 보십시오. 암흑, 바깥의 공기, 광장들, 고양이들, 거미들, 작은 벌레들, 뱀들, 쥐들, 벼락, 끝이 날카로운 물건들, 피, 닫힌 공간들, 인파, 고독, 다리를 건너는 일, 배와 기차로 여행하는 일 등입니다. 이 혼잡한 공포의 대상들

---

7 스탠리 홀의 「공포에 대한 종합적 유전적 연구A Synthetic Genetic Study of Fear」 (1914) 참조.
8 스탠리 홀은 132가지 이름을 제시했다.

을 정리하기 위한 첫 번째 작업을 통해서 세 가지 유형으로 구별됩니다. 공포심을 자아내는 많은 대상과 현상들은, 우리같이 정상적인 사람들에게도 무언가 불길하고 위험과 관련이 있는 대상들입니다. 그래서 이런 공포심들은 우리가 전혀 이해할 수 없는 것들은 아니지만, 그 정도는 매우 과장되어 있습니다. 우리 대부분은 뱀과 마주칠 때 꺼림칙한 느낌을 가집니다. 뱀에 대한 공포심은 인간에게 보편적인 감정이라고 말할 수 있습니다. 다윈은 비록 그가 두꺼운 유리창 덕분에 자신을 뱀에게서 보호할 수 있었음에도 불구하고, 자기에게 다가오는 뱀 앞에서 억누를 수 없었던 공포감을 매우 인상적으로 묘사했습니다.[9] 두 번째 공포심의 유형들로는 다음 사례들이 있습니다. 이 공포심은 위험과 관련이 있기는 하지만, 이미 그것에 익숙해져서 과소평가하거나 항상 염두에 두지는 않는 경우들이 해당합니다. 여기에는 대부분의 상황 공포증*Situationsphobie*이 속합니다. 우리는 집에 있을 때보다 기차 여행 중에 충돌 사고와 같은 일을 당할 가능성이 더 많다는 것을 압니다. 또 배가 침몰해서 타고 가던 사람들 대부분이 익사하는 일도 가능하다는 것을 압니다. 그러나 우리는 이런 위험들에 대해서 별로 생각하지 않으며, 불안을 느끼지 않고도 기차와 배로 여행을 다닙니다. 또한 다리를 건너는 순간에 다리가 무너져서 그 밑의 강물로 추락할 수도 있다는 것을 부인하지 않습니다. 그러나 그런 일은 아주 드물게 일어나서 위험으로조차 고려되지 못합니다. 고독하게 혼자 있는 동안 위험한 상황에 처할 수도 있습니다. 그리고 우리도 일정한 상황에서는 혼자 있는 것을 피합니다. 그러나 우리가 특정한 조건에서 한순간도 혼자 있지 못한다고 말할 수는 없습니다. 인파나 닫힌 공간, 천둥이나 번개가 치는 날씨 등에

9 다윈의 『동물과 인간의 감정 표현』 참조.

대해서도 같은 말을 할 수 있습니다. 신경증 환자들의 공포증이나 우리가 이상하게 느끼는 부분은, 공포증의 내용이 아니라 강도입니다. 공포증의 불안은 정말로 불가항력적인 것입니다! 그리고 우리는 신경증 환자들이 어떤 상황에서는, 우리에게 불안을 일으키고 그들도 같은 이름을 부여하는 그런 사물이나 상황에 대해서 전혀 불안해하지 않는다는 인상을 자주 받았습니다.

공포증들 중 세 번째 유형이 남아 있는데, 우리는 이를 전혀 이해할 수 없습니다. 만약 어떤 건장하게 생긴 성인이 불안에 떨면서 자신이 태어나고 자란 도시의 거리와 광장에 나다니지 못하는 경우, 또한 건강하고 튼튼한 부인이 고양이가 자신의 옷자락을 스치거나 생쥐가 방을 가로질러 갔다고 해서 넋이 나갈 정도로 불안에 빠질 경우, 우리는 어떻게 이 공포증들과 이를 성립시킨 위험과의 연관성을 밝혀낼 수 있겠습니까? 이 세 번째 유형에 속한 동물 공포증*Tierphobie*의 경우, 동물에 대해 사람들이 일반적으로 반감을 품고 있기 때문이라고 볼 수는 없습니다. 왜냐하면 고양이를 만나기만 하면 꼭 유혹하거나 쓰다듬지 않고서는 그냥 지나칠 수 없는 사람들이 수없이 많다는 반증도 있기 때문입니다. 여자들이 그렇게나 두려워하는 쥐도, 동시에 사람들이 부르는 애칭들의 순위에서 첫 번째를 차지합니다. 자기 애인에게 〈생쥐 같다〉는 말을 들을 때는 만족스러운 표정을 짓는 많은 처녀들도, 정작 같은 이름의 조그마한 동물을 목격하면 놀라서 소리칩니다. 거리 공포증*Straßenangst*이나 광장 공포증을 지닌 남자에 대해서, 우리는 마치 그가 어린아이와 같이 행동한다는 설명밖에 할 수 없습니다. 어린아이는 교육을 통해서 직접 그런 상황들은 위험하기 때문에 피해야 한다는 것을 배웁니다. 그리고 광장 공포증에 걸린 남자는 누군가 그와 함께 동반하여 광장에 나가면, 사실 불안을 느끼지 않습니다.

여기 서술한 불안의 두 가지 유형, 즉 유동적인 기대 불안과 공포증들과 결부된 불안은 서로 전혀 관계가 없습니다. 가령 불안의 한 유형이 다른 유형보다 더 높은 단계의 불안은 아닙니다. 이 불안의 유형들은 단지 예외적으로 우연히 함께 나타나기도 합니다. 가장 강한 일반적인 불안의 감정이 반드시 공포증의 형태로 표현되지는 않습니다. 일생 동안 광장 공포증으로 생활의 제한을 받는 사람들도, 비관주의적인 기대 불안에서는 완전히 자유로울 수 있습니다. 예를 들어 광장 불안이나 기차 불안과 같은 많은 공포증은 성장한 다음에야 분명히 나타납니다. 다른 불안들, 가령 암흑과 천둥과 번개가 치는 날씨, 동물들에 대한 불안 등은 어린 시절부터 계속 존재합니다. 앞에서 거론한 유형의 불안은 심각한 질병으로서의 의미를 지닙니다. 후자의 경우는 특이한 성격이나 기분 상태로 인한 것으로 생각됩니다. 후자의 유형에 해당하는 사람들은 한 가지 대상이나 상황뿐만 아니라, 대체로 다른 비슷한 것들에 대해서도 불안해한다고 볼 수 있습니다. 나는 이 공포증들이 모두 〈불안 히스테리*Angsthysterie*〉에 속한다고 첨언해야 하겠습니다. 다시 말해서, 이들은 잘 알려진 전환 히스테리와 가까운 감정들 중 하나로 간주해야 합니다.[10]

신경증적 불안의 세 번째 유형은 우리에게 수수께끼처럼 보입니다. 왜냐하면 이 경우에 우리는 불안과 임박한 위험 사이의 연관성을 전혀 찾아볼 수 없기 때문입니다. 이 불안은, 예를 들어 히스테리 증상들에 수반하는 히스테리성 불안이거나, 혹은 흥분 상태의 여러 임의적인 조건에서 발생하는 불안입니다. 예를 들어 우

10 프로이트는 「다섯 살배기 꼬마 한스의 공포증 분석」에서 불안 히스테리에 관하여 논하고 있다.

리는 흥분 상태에서 감정이 어떤 형태로든 표현될 것이라고 기대하지만, 정작 불안의 감정이 나타날 줄은 거의 예상하지 못한 상태에서 불안이 표출되는 수가 있습니다. 또 다른 예는, 우리도 환자 자신도 이해할 수 없는 불안의 발작으로서, 모든 조건과 관계없이 무작정 불안해하는 경우입니다. 어떤 위험이나 동기가 있는데 다만 환자가 이를 과장되게 받아들인 나머지 불안해한다고 해석할 만한 요인들은, 주변에서 아무리 찾아보아도 없습니다. 이런 자발적인 발작들의 경우, 불안 상태라고 지칭할 수 있는 감정의 복합체는 여러 가지 요인으로 분해될 수 있음을 우리에게 보여 줍니다. 발작의 전체적인 모습은 하나하나 개별적이며 강렬하게 나타나는 증상에 의해서 대표될 수 있습니다. 즉 이 증상은 경련, 현기증, 심장의 맥박이 강하게 뛰는 심계 항진(心悸亢進), 호흡 곤란 등으로 대표될 수 있습니다. 그리고 우리가 불안으로 인식할 만한 일반적인 감정들은 여기에서 나타나지 않거나 모호한 형태로 나타납니다. 그러나 우리가 〈불안의 등가물들Angstäquivalente〉이라고 표현하는 상태들은, 모든 임상적이며 병인론적인 맥락에서 불안과 같이 취급할 수 있습니다.

이제 두 가지 물음이 떠오릅니다. 위험이 전혀 역할을 하지 않거나 아주 사소한 역할만을 담당하는 신경증적 불안은, 전반적으로 위험에 대한 반응으로 간주되는 현실 불안과 어떤 연관성이 있습니까? 그리고 신경증적 불안을 어떻게 이해해야 합니까? 일단 우리는 다음과 같이 기대할 수 있습니다. 불안이 있는 곳에는 사람들을 불안하게 만드는 무엇이 존재하리라는 것입니다.

신경증성 불안을 이해할 수 있는 여러 가지 암시가 임상적인 관찰을 통해 제시됩니다. 나는 이제 그 의미를 여러분 앞에서 설명할 생각입니다.

　(1) 기대 불안이나 일반적인 불안은 성생활의 특정한 과정들과 깊이 관련한다는 사실을 어렵지 않게 확인할 수 있습니다. 다시 말하면, 리비도의 일정한 사용 방식과 관련한다는 것입니다. 이런 유형의 가장 단순하고 많은 것을 시사하는 사례로, 소위 욕구 불만 상태의 성적 자극에 시달리는 사람들이 있습니다. 즉 이들은 자신들의 강렬한 성적 자극들을 충분히 배출해 낼 수 없었으며, 성행위를 만족스럽게 마무리하지 못합니다. 결국 약혼 상태의 남자들이나, 성적 능력이 부족하거나 지나친 조심성 때문에 성행위를 제대로 하지 못하는 남편을 둔 여자들도 마찬가지 경험을 합니다. 이런 상황에서는 리비도적 자극은 사라지고, 그 대신에 불안이 등장합니다. 불안은 기대 불안이나 발작, 혹은 발작과 동등한 의미를 지닌 감정의 표현으로 나타납니다. 임신 같은 것을 우려해서 성행위를 중단하는 행위가 성생활의 일반적 관행으로 굳어질 경우, 일반적으로 불안 신경증을 일으키는 원인으로 작용하는데, 특히 여성의 경우가 더 심각합니다. 그와 같은 사례들을 접한 임상 의사들에게는, 일차적으로 병의 원인을 찾아야 한다고 충고할 수 있습니다. 사람들은, 잘못된 성생활이 교정될 경우 불안 신경증도 사라지는 사례들을 무수히 체험할 수 있습니다.

　내가 아는 한, 성적인 억제와 불안 상태들 사이에 관계가 있다는 사실은, 정신분석과 거리가 먼 의사들도 더 이상 부인하지 않습니다. 하지만 나는 이 관계를 뒤집어서 이해하려는 시도들도 계속 나타날 것으로 생각합니다. 다시 말해서, 처음부터 불안한 감정에 기울어지는 사람들이 있으며, 이들은 바로 그런 이유 때문에 성적인 문제에 대해서도 주저한다는 견해가 있습니다. 그러나 본질적으로 수동적인 성질을 지녔다고 할 수 있는 여성들의 성생활, 남자의 태도에 따라 결정되는 여성의 성생활은 결정적으로 그런 견해와 배치됩니다. 여자의 성격이 열정적일수록 성에 대해서도 더 적극적이고 더욱더 많은 만족을 느끼는데, 이런 여자일수록 남자의 성적 무능력이나 중절 성교(中絶性交, *Coitus interruptus*)에 대해서 더욱 확실하게 불안을 표현함으로써 반응합니다. 반면에 불감증에 걸린 여자나 리비도적 충동을 덜 느끼는 여자들에게는 그런 잘못된 취급이 거의 영향을 미치지 않습니다.

오늘날 의사들이 그렇게도 열심히 권하는 성적인 금욕은, 만족스럽게 배출되지 못한 리비도가 강력하고 대부분이 승화를 통해서 처리되지 못했을 경우에만 불안 상태가 발생하는 데 나름대로의 중요한 역할을 담당합니다. 어떤 사람이 병에 걸리는가의 여부는 항상 양적인 요인들에 달려 있습니다. 병이 아니라 성격이 형성되는 과정을 보더라도, 사람들은 성적인 억제가 어느 정도의 불안이나 조심성과 함께 나타난다는 사실을 쉽게 알아차릴 수 있습니다. 반면에 두려움을 느끼지 않거나 용감한 성격은 성적인 욕구를 자유롭게 방임하는 태도를 수반합니다. 물론 이런 관계들이 상당 부분 다양한 문화적 영향력에 의해서 바뀌고 복잡해질 수 있겠지만, 대부분의 평범한 사람들에게 불안은 성적인 제약과 같은 맥락 속에 놓여 있습니다.

앞에서 우리는 리비도와 불안 사이에 발생학적 관계가 있다고 주장했는데, 이를 입증하는 모든 관찰 결과에 대해서는 아직 말하지 않았습니다. 예를 들어 사춘기나 폐경기처럼 불안 증세를 촉발시키는 인생의 일정한 단계들이 있는데, 그런 시기에는 리비도가 급격하게 많이 생산됩니다. 대부분의 흥분 상태에서는 리비도와 불안이 섞여 있는 현상을 관찰할 수 있습니다. 그러나 결국 불안에 의해서 리비도가 대체되는 것도 직접 관찰할 수 있습니다.

이 모든 사실을 보면서 우리가 받는 인상은 두 가지입니다. 첫 번째는 정상적인 사용이 억제된 리비도가 쌓이는 현상이 문제라는 것이고, 두 번째는 대체로 여기서는 신체적인 과정들을 문제 삼을 수밖에 없다는 사실입니다. 어떻게 불안이 리비도에서 발생하는지, 일단은 파악할 수 없습니다. 단지 리비도가 사라지고 불안만이 그 자리에서 관찰된다는 것을 알 수 있을 뿐입니다.

(2) 우리는 특히 히스테리와 같은 정신 신경증의 분석을 통해서 두 번째 암시를 받습니다. 이 신경증 감정의 상태에 놓여 있을 때에는 불안이 증상들을 동반한 채 나타납니다. 그런데 증상과 결부되지 않은 발작성 불안이나 지속적인 불안 상태도 가능합니다. 환자들은 무엇 때문에 자신들이 불안해하는지 말할 수 없습니다. 그들은 명백하게 이차적인 처리 과정을 통해서 죽는다거나, 미쳐 버린다거나, 쓰러질 것 같다는 등의 자기 신변의 공포증들과 자신들의 불안을 결부시킵니다. 만약 우리가 불안이나 불안이 수반된 증상들이 발생하는 상황을 분석해 보면, 어떤 정상적인 정신 과정이 빠져 버리고 그 자리가 불안 현상에 의해서 대체되었는지 대체로 제시할 수 있습니다. 이를 달리 표현한다면, 무의식적 과정이라는 것은 마치 아무 억압도 체험하지 않은 듯 거침없이 의식의 영역으로 나아가는 과정으로 구성할 수 있습니다. 이 과정은 특정한 감정에 의해서 수반될 수 있습니다. 그리고 우리는 이제 놀랍게도 이 정상적인 과정을 수반하는 감정이 억압을 경험하게 된 후에는, 자신의 원래 성질과 무관하게 항상 불안으로 대체된다는 것을 알게 되었습니다. 우리가 히스테리성 불안 상태를 직접 대면하게 될 때, 이 상태와 무의식적으로 연결된 것은 비슷한 성격의 자극들입니다. 여기에는 불안과 수치심, 당혹감 등과 함께 긍정적인 리비도의 흥분 상태는 물론, 격분과 불쾌감 같은

적대적이며 공격적인 감정도 포함됩니다. 만약 감정에 속한 연상의 내용들이 억압을 받게 되면, 흥분 상태의 감정들은 결국 모두 불안으로 대체되거나 대체될 수 있으며, 이로써 불안은 마치 어디서나 교환 가능한 화폐와 같은 의미를 지니게 됩니다.[11]

(3) 강박 행위로 고통받는 환자들은 특이하게도 불안을 전혀 느끼지 못하는 것처럼 보이는데, 우리의 세 번째 경험은 이들에 관한 것입니다. 만약 그들이 손을 씻거나 일정한 의식에 집착하는 등의 강박 행위를 할 때 우리가 방해하려고 노력한다면, 혹은 그들 자신이 이런 강박증에 속하는 행위들 중 하나를 포기하려고 시도한다면, 그들은 끔찍하게 불안해하면서 강박 행위를 계속하지 않고서는 못 배깁니다. 우리는 불안이 강박 행위에 의해서 은폐되었고, 단지 불안을 모면하기 위해서 강박 행위를 했다는 것을 압니다. 따라서 강박 신경증의 경우, 평소 같으면 나타났어야 할 불안이 증상 형성됨으로써 대체됩니다. 또 우리가 히스테리를 보게 되면, 이런 형태의 신경증에서도 같은 관계가 성립한다는 것을 확인할 수 있습니다. 억압 과정의 결과는, 순전히 불안의 감정만을 발생시키거나 아니면 증상 형성을 수반하는 불안을 유발시킬 수도 있고, 이것도 아니면 불안이 없는 상태에서 더욱 완전한 증상을 형성하게 만들 수도 있습니다. 추상적인 의미에서 보자면 증상들 자체가 발생하는 것은 오직, 다른 방법으로는 모면할 수 없는 불안의 감정을 피해 가기 위해서입니다. 이 같은 견해를 따른다면, 불안은 신경증 문제들에 대한 우리 관심의 한복판에 놓이게 됩니다.

우리는 불안 신경증에 대한 관찰을 통해서 리비도가 정상적인

11 「억압에 관하여」 참조.

사용 방식에서 벗어남으로써 불안이 발생하고, 또 그런 현상은 육체적인 과정의 토대 위에서 나타난다는 결론을 내렸습니다. 히스테리와 강박 신경증의 분석을 통해 우리가 추가로 확인한 것은, 같은 결과를 낳는 동일한 회피의 과정은 정신 과정을 관장하는 다른 기관의 거부 작용에 의해서도 비롯한다는 사실입니다. 우리가 신경증적 불안에 대해서 알고 있는 것은 이 정도입니다. 물론 아직도 우리의 견해는 불확실하게 들립니다. 그러나 나는 더 발전시켜 나갈 수 있는 다른 길을 아직 발견하지 못했습니다. 우리가 설정한 두 번째 과제는, 비정상적으로 사용된 리비도인 신경증적 불안과, 위험에 대한 반응과 상응하는 현실 불안이 어떻게 서로 연결되는지를 규명하는 일인데, 이 과제의 해결은 좀 더 어려워 보입니다. 사람들은 이 두 가지 사태가 서로 무관하다고 여깁니다. 더구나 우리에게는 현실 불안의 감정과 신경증적 불안을 느끼는 감정을 서로 구별할 수 있는 그 어떤 수단도 없다는 것입니다.

우리는 종종 자아와 리비도가 서로 대립한다고 주장했는데, 만약 이 대립을 전제한다면 우리가 추구한 연결을 궁극적으로 확인할 수 있습니다. 우리가 알고 있는 대로, 불안은 자아가 위험에 반응할 때 발생하고 도피로 이어지는 신호입니다. 신경증적 불안의 경우, 자아도 같은 식으로 도피를 시도하며, 그것은 자기 내부에서 발생한 위험을 마치 외부의 위험인 것처럼 취급하는 리비도의 요구로부터 도주하는 것과 같다는 견해가 상당히 타당한 것으로 여겨집니다. 이로써 불안이 나타나는 곳에는 사람들을 불안하게 만드는 어떤 무엇이 존재할 것이라는 우리의 기대는 충족되었다고 여겨집니다. 그런데 이런 유추 해석은 계속 확대 적용될 수 있습니다. 외부의 위험에서 도망치려는 시도는 위험을 견디어 내고 방어하기 위한 목적에 부합하는 조치들에 의해서 대체될 수 있는 것처럼, 신경증적 불안은 불안을 묶어 놓는 증상 형성에 의해서 대체됩니다.

이해를 어렵게 만드는 요인은 이제 다른 데 있습니다. 자아가 자신의 리비도에서 도피하는 것을 의미하는 불안은, 바로 이 리비도 자체에서 발생한 것일 수밖에 없습니다. 이 같은 언급은 모호하지만, 한 사람의 리비도가 근본적으로는 그 사람 자신에게 속하며, 그 사람의 외부에 있는 어떤 것처럼 대립되는 것이 아니라는 점을 잊지 말도록 주지시키고 있습니다. 불안이 발생하는 과정의 위상학적 역동성은 아직 우리에게 불투명합니다. 다시 말해, 여기서 어떠한 형태의 심리적 에너지들이 사용되는지, 그리고 어떠한 심리적 조직들에서 에너지들이 분출되는지 모호합니다. 나는 여러분에게 이 물음에 대해서도 답변하겠다는 약속을 할 수 없습니다. 그러나 우리는 두 가지 다른 실마리를 포기하지 않고 추적할 작정입니다. 그리고 여기서 직접 관찰한 내용과 분석적 연구를 활용해서 우리의 사변적인 주장을 변호할 생각입니다. 우리는 어린아이에게 불안이 발생하는 과정과, 공포증들과 연결된 신경증적 불안에 대해 주목할 생각입니다.

어린아이의 불안은 매우 일반적인 것입니다. 그리고 그것이 신경증적 불안인지 현실 불안인지 구별하기가 정말 어려운 듯이 보입니다. 그렇습니다, 이런 구별의 가치는 아이들 자신의 행동에 의해서 의문스러워집니다. 왜냐하면 우리는 한편으로 아이가 모든 낯선 사람들이나 새로운 상황들, 그리고 새로운 물건들을 대할 때 불안해하더라도 이상하게 생각하지 않기 때문입니다. 그리고 이런 반응을 아주 쉽게 아이의 허약함이나 무지에서 비롯하는 것으로 설명합니다. 우리는 결국 아이에게 현실 불안의 강한 경향성이 있다고 봅니다. 아이가 이런 불안을 천성적인 유산으로 가지고 태어났다 하더라도, 그 행동을 합목적적인 것으로 간주합니다. 아이는 아마도 그런 상황 속에서 단지 태곳적의 원시인이나 오늘날에도 존재하는 미개인의 행위를 반복하는 것처럼 보인다는 말입니다. 원시인이나 미개인들은 자신들이 무지하고 무기력하기 때문에 모든 새로운 것들은 물론, 오늘날 우리에게는 더 이상 불안을 발생시키지 않는 친숙한 것에 대해서도 불안을 느낍니다. 만약 아이의 공포증들 중에서 최소한 일부라도, 우리가 인류의 발달 과정에서 시원적 단계에 속한다고 여겼던 공포증들과 같은 것임이 드러난다면, 우리가 기대했던 내용과 일치하는 것입니다.

다른 한편으로 우리는 모든 아이들이 동일한 정도로 불안을 느끼지는 않는다는 사실과, 모든 가능한 대상들과 상황들에 처해서 특별히 수줍어하는 아이들은 나중에 신경증의 증상을 보인다는 사실도 간과할 수 없습니다. 신경증의 기질은 결국 현실 불안에 대한 뚜렷한 경향성으로 모습을 드러냅니다. 불안이 더 우선적으로 나타납니다. 그리고 아이로 있을 때나 성인이 된 후에도 리비도가 증가하는 것에 대해서 불안해하는데, 그 이유는 단지 이들이 모든 것에 대해서 불안해하기 때문이라고 결론을 내릴 수 있습니다. 불안이 리비도에서 발생한다는 견해는 이로써 거부됩니다. 그리고 현실 불안의 조건들을 계속 추적해 들어가면, 자기 자신의 허약함과 무기력에 대한 의식이 — 아들러의 표현을 따르면 열등감을 의미합니다 — 유년기에서부터 좀 더 성숙한 인생의 단계에 이르기까지 지속되는 경우, 결과적으로 신경증의 최종적인 근거라는 결론에 도달합니다.

이런 결론은 매우 단순하고 설득력이 있는 것처럼 들리기 때문에 우리의 주목을 끌 만합니다. 무엇보다 이런 견해는 신경증이라는 수수께끼 같은 문제를 달리 설정하도록 만들 수 있습니다. 열등감과 함께 불안의 조건과 증상 형성이 어른이 되어서까지도 지속된다는 것이 거의 확실함에도, 예외적으로 건강한 상태가 가능해진다면 오히려 이런 현상이 설명을 요하는 것이 아니겠습니까? 그러나 아이들의 불안을 세심하게 관찰해 본 결과 무엇을 알 수 있습니까? 어린아이는 무엇보다도 낯선 사람들에 대해서 불안해합니다. 낯선 상황들은 오직 그 속에 사람들이 등장할 때만 의미가 있습니다. 그리고 대상들은 훨씬 나중에 고려됩니다. 그러나 이 낯선 사람들 앞에서 아이가 불안을 느끼는 이유는, 그들이 나쁜 의도를 갖고 있다고 여기거나, 자신의 약함과 그들의 강함을 비교하고서 그들이 자신의 존재와 안전, 그리고 고통으로부터의 자유를 위협한다고 확인했기 때문이 아닙니다. 어린아이를 그처럼 사람들을 불신하고 세계를 지배하는 공격적 충동에 대해서 경악하는 존재로 묘사한다면, 그것은 실로 황당한 이론적 구성에 지나지 않습니다. 이와는 달리 아이는 낯선 형상에 대해서 놀랍니다. 왜냐하면 아이는 어머니 같은 친숙하고 사랑하는 사람을 바라보는 데 익숙해져 있기 때문입니다. 불안으로 변형된 것은 사실 아이의 실망감과 바람입니다. 결국 사용할 수 없게 된 아이의 리비도는 더 이상 유동 상태에 남아 있을 수 없는 상황에서 불안의 감정으로 배출됩니다. 어린아이가 이처럼 불안을 느끼는 전형적인 상황을 통해서, 아이가 출생 시에 최초로 겪었던 불안 상태의 조건, 즉 어머니에게서 분리되는 과정이 반복되는데, 이는 결코 우연일 수 없습니다.[12]

아이들이 갖는 최초의 상황 공포증은 암흑과 고독함에 직면했

---

12 불안의 근원을 파악함에 있어서 어머니에게서 분리되는 상황의 중요성은 「억압, 증상 그리고 불안」을 참조하라.

을 때 발생합니다. 전자는 종종 일생 동안 남아 있습니다. 이 두 가지 경우에 모두 해당되는 것은, 자신이 사랑하고 자신을 보살펴주는 사람, 즉 어머니가 없다는 것입니다. 어둠 속에서 두려워하는 어린이가 옆방에서 외치는 소리를 들은 적이 있습니다. 〈아줌마, 제발 나에게 이야기를 해주어요. 나는 무서워요.〉〈하지만 그렇게 한다고 네게 무슨 도움이 되겠니? 너는 나를 보지 못하잖아.〉아이가 답합니다. 〈누군가 말을 해주면 주위가 밝아져요.〉어둠 속에서의 동경은 결국 어둠에 대한 불안으로 변형됩니다. 우리는 이제, 신경증적 불안은 단지 이차적인 것에 불과하고 현실적인 불안의 특수한 사례에 해당한다는 견해를 멀리할 수 있게 되었습니다. 반대로 어린아이에게서 현실 불안처럼 나타나는 증상이 사용되지 않은 리비도에서 비롯된 신경증적 불안의 본질적 특성을 공유하고 있는 것을 보게 됩니다. 아이가 제대로 된 현실 불안을 지니고 세상에 나오는 것 같지는 않습니다. 나중에 공포증의 조건들이 될 만한 모든 상황, 가령 높은 곳이나 강물 위에 걸쳐진 좁은 다리들, 기차나 배를 타고 있는 경우 등에 대해서 아이는 전혀 불안을 드러내지 않습니다. 아이는 모르면 모를수록 불안을 덜 느낍니다. 만약 생명을 보호하기도 하는 그런 본능들이 좀 더 많이 유전되었더라면 훨씬 바람직했을 것입니다. 그러했다면 아이가 이러저러한 위험에 방치되지 않도록 감시해야 하는 과제는 아주 쉬워졌을 것입니다. 그러나 사실 아이는 처음에 자신의 힘을 과대평가하고, 불안도 느끼지 않고 멋대로 행동합니다. 왜냐하면 아이는 위험을 모르기 때문입니다. 아이는 물가에서 뛰어놀기도 하고, 창문의 난간을 타고 오르며, 끝이 날카로운 물건이나 불을 가지고 장난합니다. 간략하게 말해서 아이는 자신에게 해를 입히고, 자신을 보살피는 사람에게 걱정을 끼치는 모든 일을 벌입니다. 마침내 현실 불안이 그에게서 발동한다면, 그것은 교육의 성과입니다. 왜냐하면 사람들은 그에게 교훈을 주는 체험을 아이 스스로 해보도록 허락할 수 없기 때문입니다.

만약 불안에 대한 교육을 적극적으로 수용하고, 남들이 그들에게 경고하지 않았던 위험들도 스스로 발견할 수 있는 아이들이 있다면, 그런 아이들은 리비도적인 욕구의 상당 부분을 기질적으로 타고났거나 아주 일찍 리비도적인 만족에 잘못 길들여졌다고 충분히 해명할 수 있습니다. 이런 아이들 가운데 나중에 신경증 환자들이 나온다고 해도 전혀 이상할 것이 없습니다. 신경증의 발생을 제일 용이하게 만드는 요인은, 리비도가 상당히 많이 적체되어 있는 상태를 오랜 기간 동안 버틸 수 없기 때문이라는 사실을 우리는 잘 알고 있습니다. 여러분은 여기서 기질적 요인도 적절하게 고려되어야 한다는 것을 알고 있으며, 우리도 그런 요인이 작용한다는 사실을 부정하고 싶지 않습니다. 우리가 반대하는 경우는, 다만 이 요인의 중요성만을 지나치게 주장하고 다른 모든 요인을 무시할 때, 그리고 관찰과 분석을 종합한 결과 기질적 요인이 해당되지 않거나 제일 나중에 고려되어야 하는 곳에서도 기질적 요인을 끌어들일 때입니다.

여러분, 아이들의 불안에 대한 관찰에서 나온 결론을 종합해봅시다. 유아기의 불안은 현실 불안과는 거의 관련이 없지만, 성인들의 신경증적 불안과는 매우 가깝습니다. 후자와 마찬가지로 유아기의 불안은 사용되지 않은 리비도에서 발생하며, 잃어버린 사랑의 대상을 외부의 사물이나 상황으로 대체합니다.

이제 여러분은 〈공포증〉의 분석에서 우리가 배워야 하는 새로운 내용들이 더 이상 없다는 말을 듣고 싶어 할 것입니다. 공포증의 경우에도 아이들의 불안과 같은 상황이 되풀이됩니다. 사용되지 않은 리비도가 계속해서 겉으로는 현실적 불안과 흡사한 모양으로 변형됩니다. 그래서 아주 조그마한 위험도 리비도의 요구들을 대신하는 것으로 간주됩니다. 이런 일치는 그다지 낯설지 않습니다. 왜냐하면 유아기의 공포증들은 〈불안 히스테리〉로 분류되는 이후의 공포증들의 원형일 뿐만 아니라, 그 직접적인 전제 조건이자 전주곡이기 때문입니다. 모든 히스테리성 공포증은 유아기의 불안에서 비롯합니다. 비록 그 내용이 서로 다르고, 따라서 당연히 다른 명칭으로 불려야 하지만, 히스테리성 불안은 유아기의 불안이 지속된 것입니다. 이 두 가지 감정은 메커니즘이 서로 다릅니다. 성인들의 경우, 리비도가 불안으로 바뀌기 위해서는 희구의 대상인 리비도를 단지 한순간 사용할 수 없게 되는 것만으로는 충분치 않습니다. 성인들은 그런 리비도의 사용을 일시적으로 유보하면서 보존하거나, 달리 사용하는 법을 이미 오래 전에 배웠습니다. 그러나 만약 리비도가 억압을 체험했던 심리적인 자극에 속한다면, 아직 의식적인 것과 무의식적인 것을 구별하지 못하는 어린아이와 같은 상황들이 재현됩니다. 그리고 동시에 유아적인 공포증으로 퇴행함으로써, 리비도에서 불안으로 편안하게 넘어갈 수 있는 길이 열립니다. 여러분이 기억하듯이, 우리는 억압을 많이 다루었지만 항상 억압된 표상의 문제에 대해서만 관심을 갖고 추적했습니다. 왜냐하면 이 문제는 쉽게 인식하고 서술할 수 있기 때문입니다. 우리는 억압된 표상에 매달려 있는 감정에 어떤 변화가 일어났는지에 관한 물음은 항상 제쳐 놓았습니다. 그리고 이제 우리는, 이 감정이 평소 정상적인 상태에서 항상 어떤 특질을 보여 왔는가와 관계없이, 일단은 불안으로 변화될 수밖에 없는 운명에 처해 있다는 사실을 알게 되었습니다.

그런데 이런 감정의 변화는 억압 과정 전반에 걸쳐서 아주 중요한 부분에 속합니다. 하지만 이에 대해서 그렇게 쉽게 말하기는 어렵습니다. 왜냐하면 우리는 무의식적인 표상들의 존재에 대해 말하는 것과 같은 의미에서 무의식적인 감정들도 존재한다고 주장할 수 없기 때문입니다.[13] 하나의 표상은 그것이 의식적인 것인지 무의식적인 것인지의 차이를 제외하면 동일한 형태로 존재합니다. 즉 우리는 무엇이 무의식적 표상에 상응하는지 제시할 수 있습니다. 그러나 감정은 일종의 배출 과정으로서, 표상과는 전혀 달리 판단해야 합니다. 무의식 속에서 감정에 상응하는 것이 무엇인지는, 정신 과정들에 대한 우리의 전제들을 심층적으로 고찰하고 규명하지 않고서는 말할 수 없습니다. 여기서 이런 작업을 수행할 수는 없습니다. 그러나 우리는 불안의 발전이 무의식의 조직과 긴밀하게 연결되어 있다는 인상을 받았는데, 이런 인상은 계속 소중하게 간직할 생각입니다.

불안으로 변화된다는 것은, 좀 더 정확하게 말해서 불안이란 방식을 빌려 리비도가 배출된다는 뜻이며, 나는 이것이 억압을 당한 리비도가 곧 겪게 될 운명이라고 말했습니다. 그러나 이것이 리비도가 처한 유일하고 최종적인 운명은 아니라는 사실을 첨가하고 싶습니다. 신경증에서는 이 같은 불안의 발전을 제어하려는 심리적 과정들이 발동하며, 이런 시도들은 여러 가지 경로를 통해서 성공합니다. 가령 공포증들의 경우, 신경증 과정의 두 단계가 분명히 구별됩니다. 첫 단계는 억압을 관장하며, 리비도가 외부의 위험과 연결된 불안으로 배출되도록 합니다. 두 번째 단계는, 마치 외부의 사태에 속한 것처럼 취급되는 리비도와의 접

---

13 이 이상의 정보에 대해서는 프로이트의 초심리학적 논문 「무의식에 관하여」
와 「자아와 이드」를 참조하라.

촉을 막기 위해 가능한 모든 예방과 안전 조치를 구축하는 일을 떠맡습니다. 억압은 자아가 위험스럽게 느끼는 리비도에서 도피하려는 시도와 상응합니다. 공포증은 외부의 위험에 대한 방호 조치와 비교될 수 있으며, 이때 외부의 위험은 두려움의 대상인 리비도를 대신합니다. 당연히 공포증의 형태로 구축된 방어 체계가 지닌 약점은, 외부 세계의 공격에 대비해서 철저히 강화된 요새라 하더라도 내부에서는 쉽게 공격받을 수 있다는 사실에 있습니다. 리비도의 위험을 외부로 투사하는 것은 불가능합니다.[14] 따라서 다른 신경증들의 경우, 불안이 발생할 수 있는 가능성을 차단하기 위한 다른 방어 체계들이 작동됩니다. 이 부분은 신경증 심리학의 아주 흥미로운 부분입니다. 다만 이에 대한 논의는 우리가 설정한 강의의 성격을 훨씬 벗어나고, 또 더욱 심층적인 전문 지식을 전제합니다. 나는 단지 한 가지 사실에 대해서만 언급하겠습니다. 나는 여러분에게 이미 〈리비도 반대 집중〉에 대해서 말했습니다. 자아는 리비도 반대 집중을 억압 과정에서 지속적으로 유지해야 하는데, 이렇게 함으로써 억압 상태도 존속됩니다. 이 같은 리비도 반대 집중의 과제는, 억압이 지나간 후에 불안의 발생에 대비하기 위한 다양한 형태의 방호 조치들을 강구하는 일입니다.

이제 공포증들에 대해 살펴봅시다. 만약 사람들이 공포증의 내용에 대해서만 설명하고자 한다면, 여러분은 그 같은 설명이 당연히 불충분할 수밖에 없다는 것을 알게 됩니다. 즉 이러저러한 물건이나 임의의 상황이 공포의 대상으로 설정된 연유가 무엇인지에 대해서만 관심을 가지게 됩니다. 공포증의 내용은, 대강 꿈에 대해서 외현적인 꿈의 전경(前景)이 지닌 것과 같은 의미를 지

14 「억압에 관하여」, 「무의식에 관하여」 참조.

닙니다. 물론 예외도 있다는 사실을 반드시 언급해야 하겠지만, 공포증들의 내용 가운데는 스탠리 홀이 강조한 대로 계통 발생적인 유전에 의해서 불안의 대상들로 채택된 것들이 상당수 있다는 사실을 시인해야 합니다. 그렇습니다. 우리는 불안의 대상들 가운데 많은 것이, 오직 그것이 암시하는 상징적인 관계들로 인해서 위험과 결부될 수 있음을 시인합니다.

이렇게 해서 우리는 신경증 심리학의 물음들 중에서 불안의 문제가 얼마나 핵심적인 위치를 차지하는지 확신하게 되었습니다. 우리는 불안의 발생이 리비도의 운명들이나 무의식의 체계와 어떻게 연결되어 있는지 확인하고서, 이에 대해서 강한 인상을 받았습니다. 우리가 관련성을 찾지 못한 한 가지 사항이 있는데, 이는 우리가 아직 해석을 통해 채우지 못한 부분입니다. 하지만 이것은 거의 논쟁의 여지가 없는 사실로, 현실 불안은 자아의 자기 보존 본능들이 표현된 것으로 평가되어야만 한다는 것입니다.

스물여섯 번째 강의

리비도 이론과 나르시시즘

신사 숙녀 여러분! 우리는 자아 본능과 성 본능 사이의 차이에 대해 되풀이해서 논했고, 바로 앞에서도 거론한 바 있습니다. 무엇보다 억압은 이 두 가지 본능이 서로 대립해서 나타날 수 있다는 사실을 보여 주었습니다. 그리고 성적 본능들이 형식적으로는 뒷전으로 내몰리지만 퇴행이라는 우회 방식을 통해서 만족을 추구하는데, 여기서 성적 본능은 결코 공략될 수 없으며 자신의 패배에 대한 보상을 받는다는 사실도 드러났습니다. 이와 함께 우리는, 이 두 본능이 처음부터 현실에서 제기되는 역경이란 이름의 교사(教師)에 대해서도 서로 다른 관계를 유지한다는 것도 알았습니다. 그래서 이들은 같은 형태의 발달 과정을 밟지 않고 현실 원칙에 대해서도 동일한 관계를 맺지 않습니다. 결국 우리는 성 본능들이 자아 본능들보다 더 불안의 감정 상태와 아주 긴밀하게 밀착된 것으로 간주했습니다. 이 결과는 오직 단 하나의 중요한 사항과 관련해서 불완전한 것처럼 여겨집니다. 따라서 우리는 이 점을 보강하기 위해 다음과 같은 주목할 만한 사실을 강조할 생각입니다. 즉 허기나 갈증과 같은 불만족은 가장 기본적인 두 가지의 자기 보존 본능인데, 이는 결코 불안의 감정으로 전환되지는 않습니다. 반면에 우리가 이미 들었던 것처럼, 불만족스러운 리비도가 불안으로 전환되는 것은 가장 잘 알려지고 자주 관찰할 수 있는 현상에 속합니다.

그럼에도 불구하고 자아 본능들과 성 본능들을 구별할 수 있는 우리의 정당한 권리는 전혀 흔들릴 수 없습니다. 그렇습니다. 개인의 특수한 활동성으로 간주되는 성생활의 존재와 함께 그런 구별도 이미 성립합니다. 단지 우리가 이 구별에 어떤 의미를 부여할 것인가 하는 점만이 문제입니다. 그러나 이 물음은 성 본능들이 신체적이며 심리적인 표현 속에서, 우리가 이와 대립시킨 다른 본능들과 어떤 점에서 다른 모습을 보여 주는지, 그리고 이런 차이들에서 발생하는 결과들이 얼마나 중요한지에 관한 탐구의 결과에 따라서 답변될 수 있습니다. 물론 우리가 이 두 본능 사이에 정확하게 포착할 수 없는 본질적 차이가 있다고 주장해야 할 이유는 전혀 없습니다. 우리는 이 두 본능을 단지 개인의 에너지 원천들을 지칭하는 것으로 간주합니다. 또 이들이 근본적으로 하나인가, 아니면 본질적으로 다른가, 그리고 만약 하나라면 어디서부터 나뉘는가와 같은 논쟁은 개념적 차원에서 수행될 수 없으며, 이들의 배후에 있는 생물학적 사실들 위에서 전개되어야만 합니다. 우리는 이에 대해서 현재로는 아는 바가 적습니다. 우리가 설령 좀 더 많이 알고 있다고 하더라도, 우리의 분석적 과제를 수행하는 과정에서 별로 참작할 필요는 없는 것 같습니다.

만약 우리가 융이 시도했던 대로 모든 본능의 원초적 통일성을 강조하면서, 이 모든 본능 속에서 스스로를 표출하는 에너지를 〈리비도〉라고 명명한다 해도, 우리는 분명히 거의 아무것도 얻지 못합니다. 성적 기능은 그 어떤 인위적인 장치에 의해서도 정신 활동에서 배제될 수 없기 때문에, 우리는 성적 리비도와 성과 관련이 없는 리비도에 대해서 말할 수밖에 없습니다. 그러나 리비도란 명칭은, 우리가 지금까지 익숙하게 사용한 대로 성생활을 추동하는 힘들로 계속 간주하는 것이 마땅합니다.[1]

성 본능과 자기 보존 본능 사이의 구별은 의심의 여지 없이 타당한 것이지만, 이런 구별을 어느 정도까지 적용할 수 있는지에 관한 물음이 제기됩니다. 그런데 나는 이 같은 물음이 정신분석학에서는 그다지 중요하지 않다고 생각합니다. 또한 정신분석학은 이런 물음을 다룰 수 있는 능력도 없습니다. 물론 생물학의 영역에서 그 같은 구별이 무언가 중요한 것이라는 여러 단초가 나오고 있습니다. 분명히 성은, 살아 있는 유기체가 자신의 개체적 존재를 넘어서 종과의 연관성을 보장받을 수 있는 유일한 기능입니다. 분명히 개체는 성의 기능을 발휘함으로써, 자신의 다른 행위들을 통해서 얻는 것과 같은 유익한 효과만을 얻게 되는 것은 아닙니다. 개체가 예외적으로 강렬한 성 본능의 쾌감을 누리는 대가로 자신의 생명을 위협받거나 종종 목숨도 희생해야 한다는 것은 분명합니다. 또한 개체가 후손을 위해 자신의 생명을 구성하는 것 중에서 일부를 비축해 놓으려면, 모든 다른 정상적인 경우와 구별되는 특이한 신진대사 과정이 필요해집니다. 그리고 마침내 개체는 자기 자신을 중심에 놓고 자신의 성을 다른 것과 마찬가지로 만족을 위한 수단으로 간주하지만, 결과적으로 생물학적 관점에서 보면 일련의 연속적인 세대 계열 가운데 하나의 삽화로 간주됩니다. 개체는 결국 실질적으로 영원불변하게 생존할 수 있는 능력을 지닌 유전 형질에 잠시 붙어 있는 부수 존재에 지나지 않습니다. 다시 말해서 개체는, 마치 자신을 초월해서 영속적으로 존재하는 세습 재산을 관리하는 일시적인 소유자와 같은

1 융의 『리비도의 변형과 상징』 참조.

존재에 불과합니다.[2]

한편 신경증을 정신분석학적으로 규명하는 데 그렇게 포괄적인 관점들이 요구되지는 않습니다. 성적 본능과 자아 본능을 제각기 추적함으로써, 우리는 일단의 전이 신경증을 이해하기 위한 열쇠를 확보했습니다. 우리는 전이 신경증을 성적 본능이 자기 보존 본능과 불화를 빚기 때문에 생기는 것이라고 설명할 수 있었습니다. 이를 달리 생물학적으로 표현하면 — 사실은 덜 정확한 표현이지만 — 자립적인 개체로서의 자아가 지닌 입장과 연속되는 세대 중의 한 구성원으로서 자아가 지닌 입장들 사이의 갈등이라는 근본적인 상황에 의해서 전이 신경증이 발생한다고 설명했습니다. 아마도 그런 분열은 인간에게만 나타날 것입니다. 그렇기 때문에 신경증은, 일반적으로 인간이 동물보다 앞설 수 있는 특권일지도 모릅니다. 인간의 리비도가 지나치게 발달하고, 아마도 바로 이를 통해서 정신생활이 풍부하게 짜여짐으로써 그같은 갈등이 발생할 수 있는 조건들이 만들어졌던 것처럼 여겨집니다. 이 점이 또한 인간이 동물들과 함께하는 공동체적 관계를 넘어서 위대하게 진보할 수 있는 조건으로 작용했음을 확인할 수 있습니다. 그래서 신경증에 걸릴 수 있는 것은 인간이 지닌 다른 재능들의 이면에 불과한 것인지도 모릅니다. 하지만 그런 생각도 단지 궤변에 불과하며, 우리의 다음 과제에 대한 관심을 어긋나게 만들 뿐입니다.

지금까지 우리는 자아 본능과 성 본능의 표현 방식들에 따라서 이들을 서로 구별할 수 있다고 전제하고서 작업했습니다. 전이

---

2 프로이트는 이러한 생물학적 논의에 대하여 「쾌락 원칙을 넘어서」에서 발전적으로 언급하고 있다.

신경증의 경우, 이 전제는 어려움 없이 적용되었습니다. 우리는 자아가 자신의 성적 욕구의 대상들에 쏟는 에너지의 집중을 〈리비도〉라고 불렀습니다. 자기 보존 본능에서 촉발되는 모든 다른 에너지의 집중은 〈관심Interesse〉이라고 불렀습니다.[3] 또한 우리는 리비도 집중과 그 전환 과정, 그리고 최종적인 결말을 추적함으로써 심리적 힘들의 작동 방식을 처음으로 이해할 수 있었습니다. 전이 신경증들은 우리가 이를 탐구하는 과정에서 가장 유리한 소재를 제공해 주었습니다. 그러나 우리는 자아가 다른 조직 체계들과 어떻게 연결되어 있으며, 어떻게 구성되고 기능하는가에 관해서 모릅니다. 그리고 우리는 다른 신경증의 장애들을 분석함으로써 자아의 그 같은 문제들에 대한 통찰이 가능할 것으로 추측할 뿐입니다.

우리는 일찍부터 정신분석적 관점들을 다른 감정들에 대해서도 확대 적용해 왔습니다. 이미 1908년에 아브라함은 나와 대화한 후에, (정신병으로 간주되는) 조발성 치매에서 나타나는 주된 특징은 〈대상들에 대한 리비도 집중이 사라지는 것〉이라고 말했습니다.(「히스테리와 조발성 치매의 성 심리적 차이」). 이제 대상들에서 등을 돌린 치매 환자의 리비도는 어떻게 되었는가 하는 물음이 제기됩니다. 아브라함은 망설이지 않고 〈그것은 다시 자아를 지향한다〉고 답했습니다. 그리고 〈이 같은 재귀적 복귀〉는 조발성 치매 환자에게 〈과대망상을 불러일으키는 원천〉이라고 말했습니다. 과대망상은 대체로 애정 생활에서 성적 대상들을 과대평가하는 행위와 비교됩니다.[4] 우리는 처음으로 정신병 감정이 지닌 한 특징을 정상적인 애정 생활과의 관계를 통해서 이해할

---

3 「쾌락 원칙을 넘어서」와 『새로운 정신분석 강의』 중 서른두 번째 강의 참조.
4 이 사실은 프로이트의 「성욕에 관한 세 편의 에세이」에서 처음 논의되었다.

수 있음을 알았습니다.

동시에 나는 여러분에게, 아브라함이 처음 언급한 견해들이 정신분석학에서 계속 인정되고 있으며 정신병에 대한 우리 입장의 토대가 되었다는 점을 말하고 싶습니다. 따라서 사람들은 우리가 대상들에 집중하고 있는 것으로 본 리비도가, 한편으로는 이런 대상들을 통해서 만족을 획득하려는 시도의 표현으로 간주되지만, 다른 한편으로는 이 대상들을 포기하고 그 대신에 자기 자신을 설정할 수 있다는 생각에 서서히 익숙해졌습니다. 그리고 사람들은 이런 생각을 점차 일관되게 발전시켰습니다. 리비도를 이같이 처리하는 방식에 〈나르시시즘Narziβmus〉이라는 명칭을 부여했으며, 우리는 이를 네케P. Näcke가 서술한 도착증들 중의 하나에서 빌려 왔습니다.[5] 이 도착증의 경우, 성장한 개인은 자신의 몸에 대해서 가능한 한 모든 섬세한 방법을 동원해서 배려하는데, 대개 그런 배려는 다른 성적인 대상에 대해서 행해지는 것이 보통입니다.[6]

이 경우 사람들은 그처럼 리비도가 다른 대상이 아닌 자기 몸과 자신에 대해 집착한다면, 그런 현상은 예외적이거나 사소한 사태는 아닐 수 있다는 것을 인정하게 되었습니다. 오히려 이런 나르시시즘이 일반적이고 근원적인 상태일 것이라는 주장을 했습니다. 즉 나르시시즘이 먼저 나타나고 나중에 가서야 그로부터 대상에 대한 사랑이 형성되는데, 그렇다고 해서 나르시시즘이 사라지는 것도 아니라는 말이었습니다. 대상에 대한 리비도의 발생사는, 많은 성적 본능이 처음에는 자신의 몸을 통한 만족감에서 비롯한다는 사실을 확인시켜 주었는데, 사람들은 이 점을 다시

5 네케의 「정상적이거나 병리학적인 성욕에 대한 비평적 연구Kritisches zum Kapitel der normalen und pathologischen Sexualität」(1899) 참조.
6 나르시시즘에 대한 프로이트의 견해는 「나르시시즘 서론」(프로이트 전집 11, 열린책들)을 참조하라.

상기해야만 합니다. 이를 우리는 〈자가 성애적〉이라고 불렀습니다. 그리고 자가 성애의 능력을 지니고 있기 때문에 현실 원칙에 적응하도록 사람들을 교육시키는 과정에서 성이 발달하지 못하게 된다는 사실도 상기해야만 합니다. 따라서 자가 성애는 나르시시즘적인 단계에서 리비도가 처리되는 성적 활동이었습니다.

간략하게 정리하면, 우리는 자아 리비도*Ichlibido*와 대상 리비도*Objektlibido* 사이에 모종의 관계가 성립한다고 상정해 볼 수 있습니다. 그리고 나는 이를 여러분에게 동물학과의 비교를 통해서 설명하려고 합니다. 여러분은 거의 분화되지 않은 원형질 덩어리 같은 아주 단순한 생물을 생각해 보십시오. 이 생물은 위족(僞足, *Pseudopodien*)이라고 부르는 돌기(突起)를 통해서 자기 몸의 원형질을 흘려 내보냅니다. 그러나 이 생물은 돌기들을 다시 몸속으로 집어넣어 몸을 공처럼 둥글게 만들 수 있습니다. 돌기들을 펼치는 동작을 우리는 리비도가 대상들을 향하는 것과 비교할 수 있습니다. 반면에 대부분의 리비도는 자아의 내부에 머물 수 있습니다. 그리고 우리는 정상적 상황에서는 자아 리비도가 거침없이 대상 리비도로 전환하며, 이를 다시 자아의 내부로 흡수, 수용할 수도 있다고 간주합니다.

이런 견해들에 근거해서, 우리는 이제 일련의 여러 심리 상태를 설명할 수 있습니다. 아니, 좀 더 겸손하게 표현한다면, 우리가 정상적인 생활에 속하는 것으로만 보았던 상태들, 이를테면 사랑에 빠진 상태나 신체상의 질병 상태, 수면 상태의 심리적 태도를 리비도 이론의 언어로 서술할 수 있다는 말입니다. 우리는 수면 상태를 외부 세계에서 벗어나서 수면이라는 욕구를 지향하는 것으로 추정했습니다. 우리는 밤의 정신 활동으로서 꿈속에 나타나는 내용들을 수면의 욕구에 봉사하기 위한 것이며, 전반적으로

이기적 동기에 의해 지배받는 것으로 여겼습니다. 이제 우리는, 잠자는 동안에 대상에 대한 리비도 집중과 이기적인 대상 리비도 집중들이 모두 다 포기되고, 자아로 복귀하는 과정이 진행된다는 사실을 리비도 이론의 의미에서 밝혔습니다. 이로써 수면을 통한 피로의 회복과 피로 자체의 성격을 새롭게 조명할 수 있게 된 것이 아닐까요? 우리는 매일 밤 잠잘 때마다 자궁의 내부에서 행복하게 고립되어 있는 상황을 떠올리는데, 이런 그림은 이제 심리적 관점에서 완성됩니다. 잠자는 사람에게는 완전한 나르시시즘이라고 할 수 있는 리비도 분배의 원초적 상태가 재현됩니다. 즉 이때 스스로 만족하고 있는 자아의 내부에도 리비도와 자아의 관심이 합치된 상태에서 서로 구별될 수 없는 완전한 나르시시즘의 상태를 재현하는 것입니다.

이곳에서는 다음 두 가지 사항에 대해 언급해야겠습니다. 첫째, 나르시시즘과 이기주의는 개념적으로 어떻게 구별되느냐 하는 것입니다. 이제 나는, 나르시시즘은 이기주의에 대한 리비도 보충이라고 생각합니다. 사람들이 이기주의에 대해서 말할 때는 단지 개인을 위한 이익만을 염두에 두고 있습니다. 나르시시즘에 대해 말할 때, 사람들은 물론 리비도의 만족을 고려합니다. 이 두 가지를 실제적인 동기들로 제각기 분리해서 검토할 수 있습니다. 사람들은 절대적으로 이기적일 수도 있지만, 대상에 대한 리비도적인 만족이 자아가 원하는 것에 속할 경우, 집요하게 대상 리비도 집중을 계속할 수 있습니다. 따라서 이기주의는 대상을 추구하는 과정에서 자아가 그 어떤 손상도 입지 않도록 유의합니다. 사람들은 이기주의적인 동시에 대상에 대한 욕구를 거의 지니지 않음으로써, 아주 강한 나르시시즘에 빠질 수 있습니다. 그리고 이는 다시 직접적인 성적 만족을 추구하는 유형과, 성적 욕구에서 도출되었지만 좀 더 고상한 충동, 즉 우리가 종종 〈감각적인 것〉과 대립시키는 〈사랑〉의 충동으로 분류됩니다. 이기주의는 이 모든 관계 속에서 당연하고 변함없는 요소로 작용하지만, 나르시시즘은 가변적인 요소입니다. 이기주의와 대립하는 〈이타주의 Altruismus〉는 개념적으로 대상 리비도 집중과 일치하지 않습니다. 이타주의는 성적인 만족을 더 이상 추구하지 않는다는 점에서 후자와 구별됩니다. 그러나 완전히 사랑에 빠진 상태에서 이타주의는 대상 리비도 집중과 일치합니다. 성적인 대상은 대체로 자아의 나르시시즘 중에서 일부를 자신에게로 향하게 만드는데, 이는 소위 대상에 대한 〈성적 과대평가〉와 같은 현상으로 드러납니다. 만약 이기주의에서 벗어나 성적인 대상을 향한 이타주의가 첨가된다면, 성적 대상의 힘은 지나치게 강해집니다. 즉 성적 대상은 자아를 흡수해 버립니다.

나는 지금까지 본질적으로 과학의 무미건조한 상상력을 통해 설명했습니다. 하지만 이제 그런 설명을 뒤로 하고, 내가 여러분에게 나르시시즘과 사랑에 빠진 상태의 리비도의 경제적 대립에 대한 시적 묘사를 소개하게 되면, 여러분의 기분도 전환될 것입니다. 나는 괴테의 『서동 시집(西東詩集, *Westöstlicher Diwan*)』에 실린 시를 빌려 오겠습니다.

줄라이카
민중도 노예도 승리자도,
그들은 항상 고백한다.
대지의 자녀들에게 허용된 최대의 행복은
오직 자신의 개성에 달려 있다고.

어떠한 인생도 살아갈 만하다,

만약 사람이 자신을 상실하고 애태우지만 않는다면.

모든 것을 잃어버려도 좋을 것이다,

만약 사람이 생긴 대로 남아 있을 수만 있다면.

하템

그럴 수도 있겠지! 그렇게 여길 수도 있겠지.

하지만 나는 다른 길을 걷고 있어.

모든 지상의 행복을 하나로 만들어 주는 것을

나는 찾았어, 오직 줄라이카에게서.

그녀가 자신을 나에게 아낌없이 내줄 때,

나 자신은 스스로에게 가치 있는 사람이 되었지.

그녀가 만약 나를 외면한다면,

순간이나마 나는 자신을 잃어버리지.

이제 하템과는 모든 것이 끝장이야.

그러나 나는 이미 마음을 바꾸었으니

나는 서둘러서 그녀가 사랑하는

우아한 사람이 되어야겠지.

두 번째 고찰은 꿈-이론을 보완해 주는 것입니다. 자아에 종속된 모든 대상 리비도 집중이 수면을 취하기 위해 불러들여질 때조차, 억압된 무의식이 자아에서 일정한 독립성을 확보함으로써 수면의 욕구에 순응하지 않고 자신의 리비도 집중 상태를 보존한다는 가정을 취하지 않으면, 꿈-발생 *Traumentstehung*은 설명될 수 없습니다. 비로소 그런 사실을 받아들일 때, 무의식이 밤 동안에 검열이 폐지되거나 느슨해지는 현상을 이용하고, 또 금지된 꿈의 욕망을 달성하기 위해서 낮 동안의 기억 가운데 남아 있는 잔재들을 활용할 수도 있다는 사실이 이해됩니다. 다른 한편으로 낮 동안의 잔재들과 이 무의식이 이미 서로 연결되어 있기 때문에, 잠자고 싶은 욕망에 의해서 리비도를 불러들이는 것에 대해 어느 정도 저항할 수 있습니다. 결국 우리는 이런 역동적 관점에서도 중요한 특징을 꿈-형성에 대한 우리의 견해에 첨가할 생각입니다.[7]

기질적인 질환과 고통스러운 자극, 그리고 신체 기관상의 염증 등은 리비도를 뚜렷하게 그 대상들에서 분리하는 결과를 가져옵니다. 이처럼 분리된 리비도는 다시 자아의 내부에서 병든 신체의 부분에 확실하게 집중합니다. 그렇습니다. 이런 조건들에서는 리비도가 자신의 대상들에게서 물러서는 작용이, 이기주의적 관심이 외부 세계에 등을 돌리는 현상보다 더 뚜렷하게 나타난다고 감히 주장할 수 있습니다. 이로부터 심기증을 이해할 수 있는 길이 열리는 것처럼 보입니다. 심기증의 경우, 우리가 보기에는 병든 것 같지 않은 기관이 동일한 방식으로 자아의 염려를 불러일으킵니다.

그러나 나는 여기서 계속 설명하고 싶은 유혹에 저항할 생각입니다. 또 대상 리비도가 자아로 옮겨 갔다는 가설에 의해서 이해할 수 있거나 혹은 서술할 수 있는 다른 상황들도 있습니다만, 이에 대해서도 설명할 생각이 없습니다. 왜냐하면 나는 다음 두 가지 반론에 대해서 대응할 수밖에 없는데, 이들에 대해서는 내가 아는 한 여러분도 익히 들어 왔을 것입니다. 여러분은 첫째로, 왜 내가 잠잘 때나 병들어 있을 때, 그리고 비슷한 상황들에서 일관되게 리비도와 관심을 구별하고, 성적 본능들과 자아 본능들을 서로 구별하는지 대답해 달라고 할 것입니다. 여러분이 관찰하기

---

7 「꿈-이론과 초심리학」(프로이트 전집 11, 열린책들) 참조.

에는, 여기에서 전반적으로 단 하나의 통일적인 에너지가 존재하는 것으로 전제해도 문제없다는 것입니다. 또 이 에너지는 자유롭게 유동하며 어떤 때는 대상에, 어떤 때는 곧바로 자아에 집중함으로써, 이러저러한 충동들에 모두 봉사할 수 있다고 여러분은 반박할 수 있을 것입니다. 그리고 두 번째 반론은, 어떻게 내가 감히 리비도가 대상들에게서 떨어져 나오는 것을 병리적 상태의 원인으로 취급할 수 있는가 하는 주장입니다. 다시 말해서 대상 리비도가 자아 리비도나 자아의 에너지로 전환되는 현상은, 심리의 역동적 세계의 정상적인 일상에서 매일 밤마다 되풀이되는 과정들에 속한다는 반론이 제기됩니다.

이상에 대해서 다음과 같이 답변할 수 있습니다. 여러분의 첫 번째 반론은 훌륭한 주장처럼 들립니다. 잠자거나 병들어 있거나, 혹은 사랑에 빠진 상태들에 대한 설명이 그 자체로서는 자아 리비도와 대상 리비도, 혹은 관심들에 대한 리비도를 서로 완전히 구별할 수 있도록 만들어 주지는 않는다는 것입니다. 그러나 여러분은 여기서 우리의 견해를 뒷받침했던 연구 결과를 간과했습니다. 우리는 그 연구 결과에 기초해서 이제 문제가 되고 있는 심리적 상황들을 살펴볼 생각입니다. 전이 신경증을 발생시키는 갈등을 이해하자마자, 리비도와 관심, 즉 성적 본능과 자기 보존 본능을 구별할 수밖에 없었습니다. 그 이후로 우리는 이런 구별을 다시는 포기할 수 없습니다. 대상 리비도가 자아 리비도로 전환될 수 있다는 전제, 즉 자아 리비도를 함께 고려해야만 한다는 가정은 소위 나르시시즘적인 신경증들, 가령 조발성 치매의 수수께끼를 풀 수 있는 유일한 가능성으로 여겨졌습니다. 즉 이런 전제에 근거해서 우리는 나르시시즘적 신경증이 히스테리와 강박 신경증 등과 어떤 점에서 비슷하고, 또 어떤 점에서 서로 다른지 파악할 수 있습니다. 우리가 다른 곳에서 의심의 여지 없이 확실한 것으로 입증한 내용들을 이제 질병과 수면, 그리고 사랑에 빠진 상태 등에 적용해 봅시다. 그 같은 적용의 가능성을 계속 검토해 나가는 과정에서, 그런 견해가 적용될 수 있는 범위에 대해서도 알 수 있게 됩니다. 우리의 분석적 체험에 의해서 직접 도출되지 않은 유일한 주장은, 리비도가 대상들을 향하건 아니면 자신의 자아를 지향하건 변함없이 존재하며, 결코 이기주의적인 관심으로 전환되거나 이와 반대되는 사태가 발생할 수 없다는 것입니다. 그러나 이런 주장은 이미 비판적으로 평가했던, 성 본능들과 자아 본능들을 구별했던 것과 같은 의미를 지닙니다. 이 구별이 설령 더 이상 적용될 수 없는 상황에 직면하게 되더라도, 우리는 새로운 탐구를 계속해 나가기 위해서라도 일단 이를 타당한 전제로 견지할 생각입니다.

여러분의 두 번째 반론 역시 정당한 물음을 제기하고 있습니다. 그러나 물음의 방향이 잘못되었습니다. 대상에 대한 리비도가 자아를 향함으로써 직접적인 의미에서의 병인이 발생하는 것은 분명히 아닙니다. 우리는 물론 그런 현상이 취침하기 전에 항상 일어나고, 깨어날 때에는 다시 원상태로 돌아간다는 것을 압니다. 위에서 언급했던 작은 원형질로 된 생물은 자신의 위족을 몸속으로 집어넣지만, 다른 기회가 주어지면 다시 몸 밖으로 밀어냅니다. 그러나 만약 어떤 특정하고 강력한 과정이 대상들에서 리비도의 분리를 강요할 때에는 상황이 완전히 달라집니다. 나르시시즘적이 된 리비도는 이때 대상들로 돌아가는 방법을 모릅니다. 그리고 이러한 리비도의 유동성 장애는 병의 요인으로 작용합니다. 다시 말하면, 나르시시즘적인 리비도가 일정 정도 이상으로 쌓이는 것을 견디어 내지 못하는 것입니다. 바로 그런 이유로 인해서 대상 리비도 집중이 나타나게 되고, 자아는 리비도가 적체됨으로써 병에 걸리는 것을 모면하기 위해서 자신의 리비도를 내보낼 수밖에 없다고 생각합니다. 만약 우리가 조발성 치매에 대해 자세히 다룰 예정이었다면, 나는 여러분에게 리비도를 대상들에서 분리시키고 다시 그곳으로 돌아가지 못하도록 만드는 과정이 억압의 과정과 비슷하고, 또 억압 과정의 한 측면으로 간주될 수 있다는 사실을 보여 주었을 것입니다. 그러나 무엇보다 여러분은 이런 과정의 조건들이 — 우리가 지금까지 알고 있는 한 — 억압의 조건들과 거의 동일하다는 사실을 경험함으로써, 이미 여러분에게 익숙한 토대 위에 자신이 서 있음을 알게 됩니다. 동일한 갈등이 같은 힘들 사이에서 빚어집니다. 그 갈등의 결과가 가령 히스테리의 경우와 다른 양상을 보이더라도, 그 이유는 오직 기질상의 차이 때문입니다. 이 환자의 리비도가 발달하는 과정에서 취약한 부분은 다른 단계, 이를테면 결정적 의미를 지니는 고착입니다. 여러분이 기억하는 것처럼, 고착은 증상을 형성할 수 있는 길을 터주는 역할을 담당하는데, 이는 다른 장소에서 발원하는 것으로서 그곳은 아마도 원초적인 나르시시즘의 단계일 것이라고 간주됩니다. 그리고 조발성 치매의 증세는 결과적으로 이 원초적인 나르시시즘의 단계로 되돌아갑니다. 우리가 모든 나르시시즘적인 신경증을 분석하면서, 리비도가 고착하고 있는 지점들이 히스테리나 강박 신경증의 경우보다 훨씬 더 거슬러 올라가는 발달 단계에 놓여 있다고 전제해야만 한다는 것은 매우 중요합니다. 그러나 여러분은 우리가 전이 신경증을 탐구하는 과정에서 확보한 개념들이, 실제로는 훨씬 더 심각한 나르시시즘적인 신경증도 충분히 파악할 수 있게 해준다는 것을 알게 되었습니다. 이들 사이에는 훨씬 더 많은 공통점이 있으며, 모두 같은 계통에 속한 것들입니다. 그러나 여러분은 이미 정신 의학에 속하는 이 감정들을 전이 신경증들에 대한 분석적 지식을 겸비하지 않은 상태에서 규명하려는 시도가 얼마나 무모한지 가늠할 수 있습니다.

조발성 치매의 증상이 나타나는 모습은 매우 변화무쌍하고, 리비도가 대상들에서 강제로 분리되고, 자아의 내부에서 나르시시즘적인 리비도의 형태로 축적될 때 발생하는 증상들에 의해서만 결정되지는 않습니다. 오히려 더욱 광범위하게 나타나는 다른 현상들이 있는데, 이들은 리비도가 다시 대상들로 돌아가려는 노력에서 연유합니다. 이런 리비도의 노력은 결국 회복이나 치유하려는 시도와 상응합니다. 이런 증상들은 심지어 가장 눈에 띄고 요란한 모습으로 나타나는데, 히스테리의 증상들과 확실히 비슷합니다. 혹은 아주 드물게 강박 신경증과도 흡사한 양상을 보이기는 하지만, 사실은 어느 모로 보나 다른 것들입니다. 조발성 치매의 경우 리비도는 다시 대상들로 되돌아가려고 시도하는데, 이런 노력을 통해서 리비도는 대상들에 대한 관념을 형성하고, 또 대상들에서 무언가를 실제로 얻어 내려는 것처럼 보입니다. 하지만 동시에 리비도가 붙잡고 있는 것은 단지 대상들의 그림자에 불과한 것으로, 대상에 속한 언어 표상Wortvorstellung들에 지나지 않습니다. 나는 여기서 이에 대해 더 이상 말할 수 없습니다만, 대상으로 다시 돌아가려는 리비도의 태도는 의식적인 표상과 무의식적인 표상의 차이를 실제로 통찰할 수 있도록 해주었다고 생각합니다.[8]

나는 이제 여러분을 분석적 작업의 성과가 곧 드러나게 될 영역으로 인도하겠습니다. 우리가 자아 리비도의 개념을 감히 사용

8 프로이트의 의식적인 표상과 무의식적인 표상 사이의 기본적 차이에 대한 견해는 「무의식에 관하여」를 참조할 것.

하기로 한 다음부터 나르시시즘적인 신경증들을 이해할 수 있게 되었습니다. 이 감정들을 역동적으로 규명하고, 동시에 자아의 이해를 통해서 정신생활에 대한 지식을 완성해야 한다는 과제가 부각되었습니다. 우리가 추구하는 자아 심리학의 근거는 자아의 지각에서 제공되는 자료가 아니라, 리비도의 경우처럼 자아의 장애와 파괴를 분석함으로써 확보됩니다. 우리가 리비도의 운명에 대해서 지금까지 알고 있는 지식은 전이 신경증들에 대한 연구를 통해서 확보한 것입니다. 그런데 만약 위에서 언급한 좀 더 포괄적인 작업이 완성될 경우, 우리가 지금 알고 있는 내용을 아마도 보잘것없다고 생각할 수 있습니다. 그러나 우리의 작업이 아직 그 정도로 진척되지는 않았습니다. 전이 신경증을 분석하는 데 동원되었던 기술로 나르시시즘적인 신경증들을 공략할 수는 없습니다. 여러분은 곧 그 이유에 대해서 알게 될 것입니다. 나르시시즘적 신경증을 어느 정도 탐구해 들어가자마자, 우리는 더 이상 나아갈 수 없는 장벽과 항상 마주치게 됩니다. 여러분은 전이 신경증의 경우에도 그처럼 저항하는 장벽과 같은 한계에 직면했지만, 그런 한계를 하나씩 제거해 나갔습니다. 그러나 나르시시즘적인 신경증의 저항은 극복할 수 없습니다. 우리는 기껏해야 장벽 너머에서 무슨 일이 벌어지는지 호기심 어린 눈길을 던질 수밖에 없습니다. 따라서 우리의 기술적 방법들은 다른 방법들에 의해서 대체되어야 합니다. 이처럼 다른 분석 방법으로 대체하는 것이 성공할지는 아직 모릅니다. 물론 우리에게 이 환자들에 대한 자료가 부족하지는 않습니다. 환자들은 여러 가지 형태로 자신을 표현하지만, 우리의 물음에 대한 답변으로 볼 수는 없습니다. 우리는 이런 표현들을, 전이 신경증 증상을 통해서 확보한 인식에 근거해서 잠정적으로 해석할 수밖에 없습니다. 이들은 연구의 초기 단계에서도 성과를 약속해 줄 만큼 서로 많은 점에서 일치합니다. 그러나 어느 정도까지 이런 기술적 방법이 적용될 수 있을지는 모릅니다.

우리가 연구를 계속하는 과정에서 예상되는 또 다른 어려움들을 추가로 언급할 수 있습니다. 나르시시즘적인 감정들과 함께 이와 관련된 정신병들은, 오직 전이 신경증들에 대한 분석적 연구에 의해서 훈련된 관찰자들을 통해서만 해명될 수 있습니다. 그러나 정신과 의사들은 정신분석을 연구하지 않고, 우리 정신분석가들은 정신병의 사례들을 별로 다루지 않습니다. 예비적인 과학으로서 정신분석학을 학습한 정신과 의사들의 새로운 세대가 비로소 자라나야 합니다. 그와 같은 시도는 현재 미국에서 처음 이루어지고 있습니다. 거기서는 아주 많은 지도적인 정신과 의사가 학생들에게 정신분석학을 강의했으며, 정신 병원의 원장들이나 감독자들은 자신의 환자들을 정신분석적 관점에서 관찰하려고 노력했습니다. 물론 여기에서 우리는 몇 번에 걸쳐서 나르시시즘의 벽 너머를 들여다볼 수 있는 행운을 누렸습니다. 그리고 나는 여러분에게 우리가 확보했다고 믿는 몇 가지 사실에 대해 다음과 같이 보고할 생각입니다.

편집증은 만성적·계통적 정신 착란인데, 이 질병의 유형들은 현재의 정신 의학이 시도한 분류 방식에 따르면 그 위상이 불투명합니다. 여하튼 이 질병이 조발성 치매와 유사하다는 것은 의심의 여지가 없습니다. 나는 언젠가 편집증과 조발성 치매를 〈이상 정신〉이라는 공통의 명칭으로 부를 것을 제안한 바 있습니다.[9] 편집증의 형식들은 그 내용에 따라서 과대망상, 피해망

9 「편집증 환자 슈레버 — 자서전적 기록에 의한 정신분석」 참조.

상,[10] 애정 망상, 질투 망상 등으로 서술됩니다. 우리는 정신병에 대한 설명이 정신 의학에 의해서 시도되고 있을 것으로 기대해서는 안 됩니다. 물론 오래되고 완전히 신뢰할 만한 가치가 없는 시도를, 하나의 사례로서 여러분에게 언급할 수는 있습니다. 즉 하나의 증상이 지적인 합리화 과정을 매개로 해서 다른 증상들에서 도출될 수 있다는 설명이 시도되었습니다. 다시 말해서, 본래적인 성격적 경향에 의해서 자신이 남에게 박해를 받고 있다고 믿는 환자는, 이로부터 그가 아주 중요한 사람임에 틀림없다는 결론을 이끌어 낸다는 것입니다. 그리고 이로 인해서 과대망상이 나타난다는 것입니다. 우리의 분석적인 관점에 따르면, 과대망상은 대상 리비도 집중이 퇴각함으로써 직접적으로 파생된 자아의 확대로 간주되며, 또 근원적인 유아 초기의 단계로 돌아가는 이차적인 나르시시즘으로도 이해됩니다. 그러나 우리는 피해망상의 사례들에서 사태의 단서가 될 만한 몇 가지 사실을 관찰했습니다. 우선 대부분의 사례에서, 박해하는 사람은 박해를 받고 있는 사람과 동성이란 사실이 우리의 눈에 띄었습니다. 그런 사실은 별 문제없이 설명할 수 있습니다. 하지만 몇 가지 사례를 잘 연구해 보면, 환자가 정상이었을 당시 제일 사랑했던 동성의 사람이 병에 걸린 후에는 자신을 박해하는 사람으로 뒤바뀐다는 사실이 명백하게 드러났습니다. 사랑하는 사람이 비슷한 특징을 지닌 다른 사람으로 대체됨으로써 병은 계속 진전될 수 있습니다. 예를 들어 아버지는 선생이나 직장 상사로 대체됩니다. 우리는 이와 같이 점증하는 사례들을 근거로, 박해 편집증*Paranoia persecutoria*은 개인이 자신의 매우 강렬한 동성애적 자극에 저항하는 것이라는 결론을 내렸습니다. 애정이 증오로 바뀔 경우, 그

10 혹은 추적 망상이라고 할 수도 있다.

것은 잘 알려진 것처럼 사랑했으나 이제는 증오하는 대상의 생명을 심각하게 위협할 수 있으며, 리비도적인 자극이 억압 과정의 일반적인 결과인 불안으로 전환하는 것과 상응합니다. 여러분은 내가 이와 관련해서 관찰했던 최근의 사례를 다시 한번 들어 보기 바랍니다.

한 젊은 의사가 자신의 고향에서 추방되었는데, 그 이유는 지금까지 자신의 가장 좋은 친구였으며 같은 도시의 대학교수 아들이었던 사람을 죽이겠다고 위협했기 때문입니다. 그는 한때 자기 친구였던 사람이 아주 악한 의도와 악마적인 힘을 지니고 있으며, 최근 몇 년 동안 환자가 당했던 모든 불행이나 모든 가족 내의 불운과 사회적 불운에 대해서도 그가 책임을 져야 한다는 것이었습니다. 그러나 이것이 전부는 아니었습니다. 자신의 사악한 친구와 교수인 그의 아버지가 전쟁을 일으키고, 러시아군을 국내로 불러들였다는 것이었습니다. 그는 수천 번씩 자신의 생명을 바쳐도 모자랄 지경이라는 말도 했습니다. 우리의 환자는 그 악인이 죽음으로써 모든 불행도 종식된다고 확신했습니다. 하지만 그에 대한 오랜 우정은 너무도 강렬해서, 심지어 언젠가 자신의 적을 가까이서 쏠 수 있는 기회가 주어졌을 때에도 환자의 손이 마비되고 말았을 정도였습니다. 내가 환자와 나눈 짧은 대화에서, 이 두 사람 사이의 우정은 김나지움 시절로 거슬러 올라간다는 사실이 드러났습니다. 최소한 한 번은 우정의 한계를 넘어서는 일이 발생했습니다. 하룻밤을 같이 보내는 기회에 그들은 완전히 성적인 관계를 맺게 되었습니다. 우리 환자는 한 번도, 자신의 나이와 매력적인 인품에 걸맞는 여성들에 대해서 연애 감정을 품어 본 적이 없었습니다. 그는 언젠가 아름답고 품위 있는 한 처녀와 약혼을 한 적이 있었지만 곧 파혼하고 말았는데, 그 까닭은 그녀가 약혼자에게는 그 어떤 애정의 감정도 없다는 것을 알게 되었기 때문입니다. 몇 년이 흐른 후에 그의 병은, 바로 그가 처음으로 한 여자를 완전히 만족시킬 수 있게 되었던 순간에 도졌습니다. 이 여자가 그에 대한 감사의 표시로 그를 껴안았을 때, 그는 갑자기 자신의 머리를 날카롭게 절단하는 듯한 영문 모를 고통을 받았습니다. 그는 이 느낌을 나중에 마치 뇌를 끄집어내기 위해 절개하는 과정에서 겪는 고통과 같다고 해석했습니다. 마침 그의 친구가 병리 해부학자가 되었기 때문에, 그는 바로 자기 친구가 이 여자를 보내 자기를 유혹하도록 사주했다는 생각을 서서히 하게 되었습니다. 이로부터 그는 자신을 못살게 구는 다른 요인들을 발견해 냈습니다. 그는 옛 친구의 수작에 의해서 희생될 수밖에 없다는 생각이 들었던 것입니다.

그러나 박해하는 사람이 박해받는 사람과 다른 성을 지닌 사례들은 어떻게 설명해야 됩니까? 그런 사례들은 동성애적인 리비도에 저항하기 위해서 피해망상증에 걸리게 된다는 우리의 설명과 배치되는 것처럼 보이지 않습니까? 나는 얼마 전에 그런 사례를 하나 연구할 수 있었습니다. 그리고 외견상의 모순에서 한 가지 확실한 사실을 포착했습니다. 두 번에 걸쳐 사랑을 나누었던 한 남자로부터 박해받고 있다고 믿었던 한 젊은 처녀는, 사실 그에 앞서 그녀 어머니의 대체물로 간주될 수 있는 여자에 대해 망상의 관념을 가지고 있었던 것입니다. 그 남자와 두 번째 만남을 가진 이후 그녀의 병은 양상을 달리해서, 그 여자에게로 향했던 망상을 이제는 남자에게 적용하기 시작했습니다. 박해하는 사람이 동성이라는 조건은 결국 이 사례에서도 원래대로 적용되었습니다. 변호사나 의사에게 호소하는 과정에서 그 처녀 환자는 자기 병의 이런 초기 단계에 대해서 언급하지 않았으며, 결국 편집증에 대한

우리의 이해와 모순되는 듯한 인상을 불러일으켰던 것입니다.11

　동성애자들이 성적 대상을 선택하는 방식은 원래 이성 사이의 사랑보다는 나르시시즘에 더 가깝습니다. 만약 원치 않는 강렬한 동성애 충동을 몰아내는 것이 문제일 때, 나르시시즘으로 돌아가는 과정은 아주 쉬워집니다. 나는 지금까지 여러분에게 애정 생활의 근거에 대해 우리가 아는 한에서 말할 수 있는 기회가 별로 없었습니다. 하지만 지금도 이에 대해 계속해서 다룰 수는 없습니다. 내가 강조하고 싶은 것은 단지, 대상 선택이라는 것은 나르시시즘적인 단계를 거친 후에 리비도가 발달하는 과정으로서 두 가지 상이한 유형을 따른다는 사실입니다. 자신의 자아를 대신해서 그와 가장 비슷한 대상이 등장함으로써 〈나르시시즘적인 유형 der narzißtische Typus〉을 따르거나, 아니면 다른 인생의 욕구들을 만족시키는 데 쓸모 있게 된 사람들이 리비도의 대상으로도 선택되는 〈의존적 유형Anlehnungstypus〉을 따르게 됩니다. 리비도가 대상을 선택하면서 강하게 나르시시즘적인 유형에 집착하는 경우 역시, 우리는 명백한 동성애의 기질이 있는 것으로 분류합니다.12

　내가 이번 학기의 첫 번째 강의에서 한 여자의 질투 망상을 설명한 적이 있는데, 여러분은 이를 기억할 것입니다. 이제 거의 학기가 끝날 시기이기 때문에 여러분은 망상에 대해서는 우리가 정신분석학적으로 어떻게 설명할지 분명 궁금해할 것입니다. 그러나 나는 이에 대해서 여러분이 기대한 것만큼 말할 수 없습니다. 망상은 논리적인 논변들이나 현실적인 경험들에 의해서 파악할 수 없는데, 이는 무의식과 관련되어 있음으로 인해서 강박 관념

11　프로이트는 이러한 사례에 대해서 「정신분석 이론에 반하는 편집증의 사례」(프로이트 전집 10, 열린책들)에서 자세히 논하고 있다.

12　「나르시시즘 서론」 참조.

을 파악하기 어려운 것과 마찬가지로 이해할 수 있습니다. 무의식은 망상이나 강박 관념을 대신해서 표현해 주지만, 동시에 억압당합니다. 이 둘 사이의 차이는 두 가지 감정이 서로 다른 위상과 역학적 특징을 지니는 데 기인합니다.

한편 우울증Melancholie에 대해서는 아주 다양한 임상적 유형들이 나타나는데, 우리는 편집증에서처럼 우울증의 경우에도 감정의 내적 구조를 통찰할 수 있는 가능성을 발견했습니다. 이 우울증 환자들은 자신을 가차 없이 고문하면서 스스로를 비난하는데, 우리는 이런 비난들이 원래는 다른 사람, 즉 그들이 잃어버렸거나 그의 잘못으로 인해서 자신에게 무가치해진 성적 대상들에 해당한다는 사실을 알았습니다. 이로부터 우리는 우울증 환자가 비록 자신의 리비도를 대상으로부터 불러들였지만, 〈나르시시즘적인 동일시〉라고 부를 수밖에 없는 정신 과정에 의해서 그 대상을 자아 자체의 내부에 설정하고, 동시에 자아에 투사한다는 결론을 내렸습니다. 나는 여기서 여러분에게 단지 대강의 모습만 서술할 수 있을 뿐이며, 위상학적이며 심리의 역학적 관점에 입각한 정돈된 설명을 할 수는 없습니다.[13] 이제 자신의 자아는 마치 포기된 대상처럼 취급되고, 대상에게 가해져야 할 온갖 공격들과 복수심의 표현들로 고통을 받습니다. 우울증 환자들의 자살 충동 역시, 환자가 애증이 섞여 있는 대상에 대한 분노만큼이나 자신의 자아에 대해서도 동시에 절망한다는 사실을 고려한다면, 더욱 잘 이해됩니다. 다른 나르시시즘적인 감정들과 마찬가지로, 우울증의 경우에도 감정 생활의 한 특징이 아주 뚜렷하게 나타납니다. 우리는 이를 블로일러가 명명한 이래로 양가감정으로 표현하는 데 익숙해졌습니다. 우리는 이를 통해서 서로 대립하는, 즉

13 「슬픔과 우울증」 참조.

애정이나 증오와 같은 감정들을 동일한 사람에 대해서 품는 경우를 염두에 두었습니다. 나는 이번 강의에서 유감스럽게도 여러분에게 양가감정에 대해 설명할 수 없었습니다.

나르시시즘적인 동일시 외에도 히스테리성 동일시가 있는데, 이는 우리에게 이미 오래전에 알려진 것입니다.[14] 나는 이 두 가지 동일시의 차이점에 대해서 몇 가지 명확한 규정에 의거하여 설명할 수 있을 것이라고 생각했습니다. 우울증의 주기적이며 순환적인 형식들에 대해서는, 여러분이 기꺼이 듣기를 원하는 일부 내용들을 설명할 생각입니다. 만약 상황이 유리하다면, 증상이 잠시 나타나지 않는 휴지(休止) 기간에 분석적 치료를 통해서 동일한 감정 상태나 혹은 이와 대립하는 감정의 상태가 재현되지 않도록 예방할 수 있는데, 우리는 이런 사례를 두 번에 걸쳐서 경험했습니다. 여기서 우울증이나 조병(躁病)[15]의 경우에도, 문제의 관건은 갈등을 특수한 방식으로 처리하는 것입니다. 여기서 갈등의 전제 조건들은 대체로 다른 신경증들과 일치합니다. 여러분은 이 영역에서 정신분석학이 아직 더 경험해야만 하는 사실들이 얼마나 많은지 짐작할 수 있습니다.

나는 또한 여러분에게, 나르시시즘적인 장애들을 분석함으로써 자아가 어떤 요소에 의해 구성되었는지, 또 여러 개의 심급으로 이루어진 그 구조를 알아낼 수 있기를 희망한다고 말했습니다. 강의의 한 부분에서 우리는 이런 작업의 단초를 마련했습니다. 관찰 망상Beobachtungswahn의 분석을 통해서 우리는 자아의 내부에 실제로 이를 관장하는 기관이 존재한다는 결론을 내렸습니다. 이 기관은 지속적으로 관찰하고 비판하고, 또 비교하는 역할을 함

---

14 이 두 가지 동일시의 차이에 대해서는 「슬픔과 우울증」을 참조할 것.
15 *Manie.* 침착하지 못하고 과도하게 흥분하는 정신병의 한 증상.

으로써 자아의 다른 부분과 대치합니다. 환자가 모든 자신의 행동이 감시와 관찰의 대상이 되고, 모든 자신의 생각이 보고되거나 비판받는다고 불평할 때, 환자는 우리에게 아직 그 의미가 충분히 평가되지 못한 진리를 드러내 보여 준다고 생각합니다. 그는 단지 자신을 불편하게 만드는 이런 힘을 자신에게 낯선 무엇으로서 외부에 설정하는 오류를 범할 뿐입니다. 그는 자신을 관장하는 기관이 자아의 내부에서 작용한다는 것을 느낍니다. 그 힘은 현재의 자아와 그의 모든 행위를 〈이상적 자아Ideal-Ich〉에 견줍니다. 그는 자신이 성장하는 동안 이와 같은 이상적 자아를 창조합니다. 또한 우리는 이런 창조물이 원초적인 유아기의 나르시시즘과 관련된 자기만족감을 다시 회복시키기 위해서 만들어진 것이라고 생각합니다. 그러나 그에 대한 만족감은, 유아기 이후부터 계속해서 그토록 많은 장애와 질병에 의해서 침해당해야만 했던 것입니다. 자신을 관찰하는 기관을 우리는 자아의 검열관, 즉 양심으로 알고 있습니다. 이것은 밤 동안에 꿈을 검열하는 일을 수행하며, 이로부터 용인될 수 없는 욕망의 자극들에 대한 억압이 발생합니다. 관찰 망상에서 이런 기능은 마비됩니다. 그래서 우리는 그 기능이 부모와 선생, 그리고 사회 환경 등의 영향에 의해서 비롯한다는 사실을 발견합니다. 즉 이들처럼 모범적인 사람들 개개인과 자신을 동일시함으로써 그런 기관이 만들어집니다.

　이는 우리가 정신분석을 나르시시즘적인 감정들에 적용함으로써 지금까지 확보했던 결과들 중의 일부입니다. 이런 지식들이 확실히 대단한 것은 아닙니다. 그리고 그것은 새로운 지식의 영역에서 어느 정도 친숙해진 다음에야 달성할 수 있는 정확성을 종종 결여하고 있는 것도 사실입니다. 우리의 이러한 모든 통찰은 자아 리비도나 나르시시즘적인 리비도의 개념을 사용함으로써 얻어진 것들입니다. 이 개념들의 도움으로 우리는 전이 신경증을 통해서 검증되었던 견해들을 나르시시즘적인 신경증들에 대해서도 확대 적용할 수 있었습니다. 그러나 이제 여러분은 다음과 같이 물을 것입니다. 나르시시즘적인 감정들이나 정신 이상의 장애들을 모두 리비도 이론에 의해서 성공적으로 설명할 수 있는지, 그리고 정신생활의 리비도적인 요인을 모든 경우에 질병의 원인으로 인정하고, 자기 보존 본능이란 기능상의 변화는 전혀 발병에 대해 책임이 없는 것인지에 대해 질문하게 될 것입니다. 신사 숙녀 여러분, 이에 대한 결정은 나에게 그다지 급한 것처럼 보이지 않습니다. 그리고 무엇보다 그런 결정을 내릴 만한 시점에 도달하지도 않았습니다. 우리는 조용히 그 결정을 학문적 연구가 진전되는 대로 내맡겨 놓을 수 있습니다. 나는 리비도적 본능들만이 병인으로 작용할 수 있는 특권을 지니며, 그 결과 리비도 이론이 아주 단순한 실제적 신경증에서부터 개인의 의식을 앗아 가는 가장 심각한 정신 착란증에 이르기까지 자신의 승리를 구가할 수 있다 해도 놀라지 않을 것입니다. 물론 우리는 리비도의 성격을 보여 주는 특징이, 필연성이라는 세계의 현실 밑에 종속되지 않으려고 저항하는 것임을 압니다. 그러나 나는 자아의 본능들이 리비도의 병인으로 작용하는 자극들에 이차적으로 영향을 받아 불가피하게 기능 장애를 일으킬 가능성이 매우 높다고 생각합니다. 여기서 만약 아주 중한 정신병 환자의 경우, 자아 본능 자체가 일차적으로 착란을 일으킨다는 사실이 눈앞에서 드러나더라도, 나는 우리의 연구 방향이 잘못되었다고 생각하지 않습니다. 하여튼 미래가 여러분에게 그 해답을 알려줄 것입니다.

그러나 여러분은 내가 지난번에 남겨 두었던 의혹을 규명하기 위해서 잠시 동안 다시 불안의 문제로 돌아가는 것을 양해하기 바랍니다. 위험에 처한 상태에서 느끼는 현실 불안은 자기 보존 본능들이 표현된 것임에 틀림없으며, 이는 결코 부인할 수 없는 사실입니다. 하지만 이런 사실은 불안과 리비도의 관계에 대해서 우리가 익히 알고 있는 내용과 일치하지는 않는다고 말했던 적이 있습니다. 그런데 만약 불안의 감정이 이기주의적인 자아 본능에서가 아니라, 자아 리비도에 의해서 촉발된다면 어떻게 되겠습니까? 물론 불안한 상태는 모든 경우에서 목적에 부합되지 않습니다. 그리고 그 부적합성은 불안의 상태가 고조될 때 너무도 명백하게 드러납니다. 불안 상태는 이때 유일하게 목적에 부합되고, 자기 보존에도 도움이 되는 도망을 가거나 방어하는 행동을 방해합니다. 따라서 만약 우리가 현실 불안의 감정적 부분은 자아 리비도에 기인하는 것이며, 여기서 이루어지는 행동은 자기 보존 본능에 기인하는 것으로 본다면, 모든 이론적인 어려움은 제거됩니다. 한편 여러분은 사람이 불안을 느끼기 〈때문에〉 도망을 가는 것이라고 정말 믿습니까? 아닙니다. 사람은 불안을 느끼고, 〈그리고〉 위험을 감지함으로써 일깨워진 공통적인 동기에 의해서 도망을 칩니다. 커다란 생명의 위험들을 견디어 냈던 사람들은, 자신들이 전혀 불안해하지도 않았으며 단지 맹수를 상대로 총을 겨냥하는 것과 같은 행동을 했을 뿐이라고 말합니다. 그리고 이는 확실히 목적에 가장 잘 부합하는 행동입니다.

스물일곱 번째 강의
전이

　신사 숙녀 여러분, 이제 우리의 강의가 거의 끝나 가는 시점에서 여러분에게는 일정한 기대감이 고조될 수 있습니다. 하지만 그런 기대에 의해서 여러분이 잘못된 길로 인도되어서는 안 됩니다. 여러분은 내가 정신분석학적 소재들이 함축하는 모든 난점을 자세히 소개하지 않았다고 생각할 수 있습니다. 여러분에게 치료에 관해서는 한마디도 언급하지 않고 그대로 강의를 마치려 한다고 여길 수 있습니다. 물론 정신분석 자체를 수행할 수 있는 가능성은 바로 치료에 달려 있는 것입니다. 나 역시 여러분과 이 주제를 다루지 않을 수가 없는데, 왜냐하면 여러분은 이 주제의 관찰을 통해서 새로운 하나의 사실을 알게 되기 때문입니다. 그리고 이 새로운 사실을 모른다면, 우리가 탐색한 질병들에 대해서 거의 확실하게 이해하지 못한 상태에 머물고 말 것입니다.

　나는 여러분이 치료의 목적들을 위해서 정신분석을 어떻게 사용해야 하는지에 관한 기술적 지침을 기대하지는 않는다는 것을 압니다. 여러분이 가장 일반적으로 알고 싶어 하는 것은 단지, 정신분석학적 요법이 어떤 경로를 통해서 작용하고, 어떤 일을 수행할 수 있는지의 여부입니다. 그리고 여러분에게는 마땅히 그런 사실들을 경험할 수 있는 권리가 주어져 있습니다. 그러나 나는 여러분에게 직접 그것에 대해 말해 주지 않고, 여러분 스스로 직접 알아내라고 할 것입니다.

여러분, 생각해 보십시오! 여러분은 질병의 조건들에 대한 모든 본질적 내용은 물론, 병에 걸린 사람들에게 나타나는 모든 요인에 대해서도 알았습니다. 여기서 치료의 효과를 가져올 수 있는 여지는 어디에 있습니까? 우선 유전적인 기질이 있습니다. 이에 대해서 우리는 그렇게 자주 언급하지 않았는데, 그 이유는 유전적인 기질에 관해서는 다른 학문의 영역에서 집중적으로 강조하고 있으며, 우리가 거기에 대해 새로운 내용을 첨가할 만한 것이 없기 때문입니다. 그러나 여러분은 우리가 이 요인을 과소평가한다고는 생각하지 마십시오. 치료하는 사람으로서 우리는 유전적 기질의 영향력을 분명하게 느끼고 있습니다. 어떤 경우에도 우리는 이 유전적 요인을 바꿀 수 없습니다. 우리 역시 이를 주어진 조건으로, 다시 말해 우리의 노력에 한계를 설정하는 것으로 받아들여야 합니다. 그다음으로 우리가 분석 작업 속에서 최우선 순위를 부여하려고 했던, 이른 유년기에 겪은 체험들의 영향이 있습니다. 이는 과거에 속하며, 우리가 일어나지 않았던 사태인 것처럼 만들 수도 없는 요인입니다. 그리고 또 우리가 〈현실적 좌절〉이란 표현으로 정리했던 모든 사태들이 있습니다. 여기에는 사랑의 결핍, 빈곤, 가정불화, 잘못된 배우자 선택, 불리한 사회적 상황들, 개인들을 그 압박 속에 가두는 엄격한 윤리적 기준 등 삶의 불행을 일으키는 모든 것들이 속해 있습니다. 물론 여기에서 효과가 강력한 치료의 필요성이 제기되고 있지만, 그런 요법은 빈에 사는 사람들이 말하는 요제프 황제의 전면적인 개혁과 마찬가지로,[1] 사람들이 그 의지에 복종하고 그 의지 앞에서 모든 곤란

---

1 요제프 2세는 별난 방법으로 구호품을 나누어 주는 것으로 악명이 높았다.

을 사라지게 만들 강력한 인물의 호의적인 개입을 요구합니다. 그러나 만약 우리가 실시하는 치료 요법의 수단으로 그와 같은 자선 행위를 끌어들인다면, 우리는 도대체 어떤 존재들입니까? 우리 자신은 가난하고, 사회적으로도 무기력할 뿐만 아니라, 의료 행위를 통해서 우리의 생계를 유지해야만 합니다. 다른 의사들은 다른 방법으로 치료하면서 의료비가 없는 사람들을 도울 수 있겠지만, 우리는 결코 그런 사람들을 치료할 수 있는 입장에 놓여 있지 않습니다. 그 대신에 우리의 요법은 시간이 많이 걸리고 오랜 노력을 기울일 필요가 있습니다. 그러나 여러분은 아마도 위에서 설명한 질병의 요인들 중의 하나에 집착하면서, 바로 그 요인이 우리의 영향력이 미치는 공격 지점이 될 수 있다고 간주할 것입니다. 만약 사회가 도덕적인 절제를 요구함으로써 환자가 박탈감을 느낀다면, 치료의 방법으로 그런 한계들을 넘어서 환자가 행동하도록 용기를 주거나, 직접 그에 해당하는 지침을 줄 수도 있습니다. 그렇게 해서 사회가 매우 높게 평가하지만 상당히 자주 침해받는 도덕적 이상을 충족시키려는 시도를 포기하고, 환자에게 만족감과 쾌유를 가져다줄 수 있습니다. 따라서 사람들은 성적으로 충분히 〈즐김으로써〉 건강해질 것입니다. 물론 여기서 분석적 치료 방법은 보편적인 도덕성에 봉사하지 않는다는 질책을 받게 됩니다. 분석 요법이 환자 개개인들에게 베풀어 주는 것은 보편적인 영역에서 앗아 온 것이라는 주장입니다.

그러나 신사 숙녀 여러분, 누가 그처럼 엉터리 같은 이야기를 했습니까? 성적으로 즐기라는 충고는 분석적 요법에서 그 어떤 역할도 하지 않습니다. 왜냐하면 우리 자신이 이미 환자가 리비도적인 자극과 성적인 억압 사이에서, 즉 감성적인 경향성과 금욕적인 경향성 사이에서 심하게 갈등한다고 천명했기 때문입니다. 이 두 경향성 중에서 하나가 상대방을 지배하고 승리하도록 도와주더라도 이 갈등이 없어지는 것은 아닙니다. 우리는 물론 신경증 환자들에게서 금욕적 경향이 우위를 차지한다는 것을 압니다. 그 결과는 바로, 억압된 성적 충동이 증상들을 통해서 배출될 수 있다는 것입니다. 만약 우리가 지금 이와는 반대로 감성이 승리하도록 조치한다면, 배제되었던 성적인 억압은 증상들에 의해서 대체됩니다. 이 두 가지 결정 중에서 어느 것도 내적인 갈등을 종식시킬 수 없습니다. 항상 어느 한 부분은 불만족스러운 상태에 머물게 됩니다. 의사가 개입해서 결정적인 변화를 가져올 수 있을 만큼 불안정한 갈등의 양상을 보이는 사례들은 아주 적습니다. 그리고 이런 사례들은 원래 분석적 치료 자체가 불필요합니다. 의사에 의해서 그런 영향을 받을 만한 사람들은, 의사의 도움이 없더라도 같은 방책을 발견했을 것입니다. 여러분은 물론 어떤 금욕적인 젊은이가 불법적인 성관계를 맺으려 하거나, 성적인 욕구 불만을 느낀 여자가 다른 남자에게서 보상을 받기 원할 때, 대체로 의사나 혹은 심지어 정신분석가가 허락할 때까지 기다리지 않는다는 사실을 잘 알고 있습니다.

이런 상황에서 사람들은 대개 하나의 본질적인 사항을 간과합니다. 즉 신경증 환자들에게 병인으로 작용하는 갈등은, 동일한 심리학적 토대 위에 놓여 있는 심리적 자극의 정상적인 투쟁과 다르다는 사실을 혼동하고 있습니다. 갈등하는 힘들 중에 하나는 전의식(前意識)과 의식의 단계로 내보내졌지만, 다른 힘은 무의식의 단계에 얽매여 있는 상태입니다. 따라서 갈등은 결코 해결될 수 없습니다. 투쟁하는 당사자들은 마치 잘 알려진 북극곰과 고래의 예처럼, 서로 거의 만날 수가 없습니다. 만약 이 두 당사자가 동일한 지반 위에서 서로 만난다면, 실제로 결판이 날 수 있습니다. 나는 이를 가능케 하는 것이 치료 요법의 유일한 과제라고 생각합니다.

그리고 만약 여러분이 인생의 중요한 상황에서 자문을 해주고 인도해 주는 것이 분석의 역할에 포함된다고 생각한다면, 잘못된 이야기를 들은 것이라고 나는 확신합니다. 오히려 그와는 반대로, 우리는 가능한 한 인생의 교사와 같은 역할을 맡을 생각이 없습니다. 그리고 환자가 스스로 결단을 내릴 수 있는 정도 이상의 것을 원하지도 않습니다. 이런 관점에서 우리 역시 환자가 직업의 선택이나 경제적인 계획들, 결혼의 결정, 혹은 이혼 등과 같은 인생에서 중요한 모든 결단을, 치료가 진행되는 동안에는 뒤로 미루고 치료가 완료된 후에 결정하라고 요구합니다. 이런 견해는 여러분 자신이 예상했던 바와 아주 다르다고 고백할 것입니다. 아주 어린 사람들이나 도움이 필요하고 연고가 없는 사람들의 경우에는, 우리가 원하는 바대로 치료에 한계를 둘 수 없습니다. 이들의 경우, 우리는 의사로서의 역할을 교육자로서의 역할과 결합해서 수행해야 합니다. 이때 우리가 짊어지는 책임을 잘 의식해야 하며, 우리는 반드시 필요한 조심성을 지니고 행동해야 합니다.[2]

신경증 환자들이 분석적 치료를 받는 과정에서 성의 자유를 누리라는 권고를 받고 있다는 혐의를 내가 열심히 부인한다고 해서, 여러분은 그로부터 우리가 관습적인 가치를 옹호하기 위해서 환자에게 영향력을 행사한다는 식으로 정반대로 결론을 내려서는 안 됩니다. 이 역시 우리의 의도와는 거리가 멉니다. 물론 우리는 어떤 사회 개혁을 하려는 사람들이 아니며, 단지 관찰자일 뿐입니다. 그러나 우리는 비판적인 시각에서 관찰할 수밖에 없으며, 관습적인 성도덕의 편을 드는 것도 불가능하다고 생각합니다. 즉

2 『새로운 정신분석 강의』 중 서른네 번째 강의 참조.

사회가 성생활의 문제들을 실제로 다루는 방식에 대해서도 높게 평가할 수 없었습니다. 우리는 사회가 인륜으로 부르는 것이 필요 이상의 희생을 요구하며, 성에 관한 사회적 관행은 진실성에 바탕을 두지도 않으며, 현명한 것처럼 보이지도 않는다는 사실을 솔직하게 지적할 수 있습니다. 우리는 우리의 환자들이 이런 비판을 접하지 못하도록 할 생각이 없으며, 다른 모든 사태와 마찬가지로 성적인 문제에 대해서도 편견에서 해방된 사고에 익숙하도록 만들 생각입니다. 그리고 만약 그들이 치료 요법이 완결된 후에 자주적으로, 자기 스스로의 판단에 의거해서 완전한 성적인 자유분방함과 절대적인 금욕 사이의 중간적인 입장을 택하게 된다면, 우리는 치료의 결과에 대해서 아무런 양심의 부담을 느끼지 않을 것입니다. 자시 자신을 제대로 이해하는 교육을 성공적으로 받은 사람은 반인륜적인 행동의 위험에서 자신을 계속 지킬 수 있습니다. 물론 그가 지닌 도덕의 기준은 사회의 일반적 관행과는 무언가 다를 수도 있습니다. 또한 우리는 신경증에 대한 금욕의 영향력을 과대평가하지 않도록 조심해야 합니다. 성적 좌절과 같은 상황은 리비도가 배출되지 못하고 적체되는 결과를 가져오는데, 오직 이런 경우에만 성행위와 같은 최소한의 노력을 통해서 병인이 되는 상황을 종식시킬 수 있습니다.

따라서 성적인 자유분방함을 허락하는 조처를 통해서 정신분석의 치료 효과를 설명할 수 없습니다. 여러분은 다른 요인들에 대해서 알아보아야 합니다. 나는 여러분의 잘못된 추측은 받아들이지 않았지만, 하나의 사실을 언급함으로써 여러분을 올바른 길로 이끌었다고 생각합니다. 우리에게 쓸모가 있는 것은 아마도 무의식을 의식으로 대체하는 일이며, 이는 무의식을 의식의 언어로 번역하는 일과 같습니다. 이는 당연히 옳은 말입니다. 우리는 무의식을 의식의 차원으로 끌어올림으로써 억압들과 함께 증상을 형성하도록 만드는 조건들을 제거할 수 있으며, 나아가서 병인으로 작용하는 갈등 역시 어떤 형태로든 해결책이 강구될 수 있는 정상적인 갈등으로 전환시킬 수 있습니다. 우리는 환자의 다른 상태들이 아닌 심리 상태만을 변화시킬 수 있습니다. 이런 변화의 영향력이 미치는 만큼 우리도 환자를 도울 수 있습니다. 억압 혹은 억압과 유사한 정신 과정을 되돌릴 수 없다면, 우리의 치료를 적용할 대상도 없어지는 것입니다.

우리의 노력이 지향하는 목표는 다양한 공식으로 표현할 수 있습니다. 무의식을 의식화하는 작업이나 억압들의 제거, 그리고 상실된 기억의 복원 등과 같은 요인들은 모두 동일한 결과를 지향합니다. 그러나 여러분은 아마도 이 같은 솔직한 고백에 대해서 불만족스러울 것입니다. 여러분은 신경증 환자가 건강해지는 과정을 달리 이해할 수 있습니다. 즉 건강해진다는 것은 환자가 정신분석의 힘겨운 작업을 거친 후에 어떤 다른 사람이 되는 과정으로 생각할 수 있습니다. 환자는 자신의 내부에 무의식적인 요소를 전보다 덜 지니는 대신 의식적인 것은 더욱 많이 지니게 되며, 이것이 치료가 가져온 모든 결과라고 여러분은 생각할 수 있습니다. 하지만 여러분은 아마도 그런 내적인 변화의 의미를 과소평가하고 있는 것처럼 보입니다. 치유된 신경증 환자는 실제로 다른 사람이 되지만, 근본적으로는 동일한 사람으로 남아 있습니다. 즉 환자의 상태는 가장 유리한 조건들에서 되어 있을 법한 상태로 변화되는 것입니다. 하지만 그것만으로도 상당한 성과입니다. 만약 여러분이, 환자의 정신생활에 그처럼 사소한 듯이 보이는 변화를 불러일으키기 위해서 얼마나 많은 노력이 경주되어야 하는지 알게 된다면, 심리적인 수준에서 나타나는 그만한 차이가 어떤 의미를 지니는지에 대해서도 납득하게 될 것입니다.

여러분이 인과적인 요법의 의미에 대해 아는지 물어보기 위해서, 나는 잠시 동안 본래의 주제에서 벗어나겠습니다. 즉 이 치료 요법은 질병의 현상들을 공략의 대상으로 설정하지 않고, 질병의 원인들을 제거하고자 합니다. 그렇다면 우리의 정신분석은 일종의 인과적 요법입니까? 아니면 그렇지 않습니까? 이 물음에 대한 대답은 단순하지 않습니다만, 그런 물음을 제기하는 것 자체가 무가치하다는 확신을 심어 주는 기회를 제공해 주기는 합니다. 분석적 요법은 증상들의 제거를 우선적인 과제로 설정하지 않는 한, 인과적인 요법인 것처럼 보입니다. 다른 관점에서 여러분은 정신분석이 인과 요법은 아니라고 말할 것입니다. 우리는 이미 억압들을 넘어서 전개되는 인과 관계들을 계속 추적한 결과 본능적 소질에까지 도달했으며, 그 구성과 발달 과정에서 상대적으로 변화되는 충동의 강도들이나 일탈 현상들까지도 검토할 수 있었습니다. 만약 우리가 모종의 화학적인 방식들을 통해서 이런 심리적 기제에 개입할 수 있다고 가정해 봅시다. 그래서 그때마다 주어진 리비도의 양을 증가시키거나 혹은 감소시킬 수도 있고, 하나의 충동을 다른 충동들을 대신해서 강화한다고 가정해 보십시오. 이런 방식이 본래적인 의미에서의 인과적 요법입니다. 이를 위해서 우리의 분석은 병인의 탐색에 선행되는 재인식이라는 필수적인 작업을 수행해 왔습니다. 여러분이 알다시피, 리비도의 과정들에 그 같은 영향력을 행사할 수 있는지, 현재로서는 언급할 수 없습니다. 우리의 심리적인 요법으로 접근할 수 있는 인과 관계의 다른 부분들이 있습니다. 그곳은 바로 우리가 감지할 수 있는 현상들의 근원들은 아니지만, 증상들에서는 꽤 멀리 떨어져 있는 부분입니다. 즉 매우 특이한 상황들에 의해서 우리에게 알려진 부분들입니다.

결국 우리는 환자의 무의식을 의식으로 대체하기 위해 무엇을 해야만 합니까? 우리는 언젠가 그 작업이 아주 단순하다고 생각했습니다. 우리는 단지 무의식을 규명해 낸 다음에, 이를 환자에게 알려만 주면 된다고 생각했습니다. 그러나 우리는 바로 그것이 근시안적인 오류임을 알아차렸습니다. 무의식에 대한 우리의 지식은, 그들이 알고 있는 지식과 같은 가치를 갖고 있는 것이 아닙니다. 만약 우리가 그들에게 우리의 지식을 알려 준다면, 그 지식으로 자신의 무의식을 〈대신해서〉 교체하는 것이 아니라 그 〈옆에〉 가져다 놓습니다. 그럼으로써 실제로 변화되는 것은 거의 없습니다. 우리는 오히려 이와 같은 무의식을 〈지형학적〉으로 연상할 수밖에 없습니다. 무의식은 기억 속에서 억압에 의해 그것이 발생했던 곳에서 발견되어야 합니다. 이 억압이 제거될 경우, 무의식이 의식으로 대체되는 과정은 순탄하게 진행될 수 있습니다. 이제 그런 억압을 어떻게 제거할 수 있겠습니까? 우리의 과제는 여기서 두 번째 단계로 이행합니다. 먼저 억압을 찾아내고, 이 억압을 유지하는 저항을 제거하는 일이 그것입니다.

그러면 어떻게 저항을 제거합니까? 다음과 같은 방식이 가능합니다. 억압을 일단 들추어내고, 환자에게 제시하는 것입니다. 저항은 물론 우리가 해소하려고 시도하거나 과거에 발생했던 것과 동일한 억압에서 비롯합니다. 그것은 바로 불쾌한 자극을 억압하기 위해서 등장하는 리비도 반대 집중에 의해서 만들어집니다. 따라서 우리가 이미 처음에 하려고 했던 일을 이제서야 하는 것입니다. 그것은 억압을 해석하고 발견해 내서 환자에게 알려 주는 일이지만, 이번에는 올바른 장소에서 그런 일을 수행하는 것입니다. 리비도 반대 집중이나 저항은 무의식에 속하는 것이 아니라 자아에 속합니다. 이런 정황이 자아에게 의식되지는 않더라도, 자아는 우리를 도와주는 존재입니다. 우리는 여기서 〈무의식〉이란 이중적인 의미가 문제되고 있음을 압니다. 즉 무의식은 한편으로는 현상으로서 이해되며, 또 다른 한편으로는 체계로서 이해됩니다. 이는 매우 난해하고 불투명한 것처럼 보입니다. 그러나 이런 언급 역시 앞에서 말한 내용의 반복이 아닙니까? 우리는 이미 오래전에 이에 대해서 준비해 왔습니다. 우리는 이런 저항이 포기되고 리비도 반대 집중된 상태가 다시 사라질 것으로 기대하는데, 이는 해석을 통해 자아가 동일한 사태에 대해서 알 수 있도록 만들 때 가능합니다. 그런 경우에 우리는 어떤 충동의 힘들을 움직여야 합니까? 첫째로 건강해지고 싶어 하는 환자의 노력이 있으며, 이 노력이 환자로 하여금 우리와 함께하는 공동 작업에 참여하게 만듭니다. 그리고 둘째로 우리가 해석을 통해서 뒷받침하는 환자의 지적 능력의 도움을 받아야 합니다. 환자의 지성을 통해서 저항을 더욱 쉽게 인식하고, 억압된 것과 상응하며 무의식의 언어로 번역된 대응물도 더 용이하게 발견할 수 있습니다. 물론 이때 그것에 적합한 환자의 기대감을 불러일으킬 수 있는 관념들이 제공되어야 합니다. 만약 내가 여러분에게 〈하늘을 보십시오. 저기 풍선이 보입니다〉라고 말한다면, 단지 여러분에게 〈무언가 있는지 둘러보십시오〉라고 요구할 때보다 더 쉽게 그것을 발견할 수 있습니다. 마찬가지로 처음 현미경을 쳐다보는 학생 역시, 그가 관찰해야만 하는 것에 대해서 선생에게 가르침을 받습니다. 그렇지 않으면 그는 현미경 속에 들어 있는 잘 보이는 것도 전혀 보지 못합니다.

이제 사실 자체에 대해 언급합시다. 히스테리들과 불안의 상태들, 강박 신경증들과 같은 신경증 질환의 많은 형식에도 우리의 전제들은 들어맞습니다. 그와 같은 방식으로 억압을 규명하거나 저항들을 발견해 내고, 또 억압된 것을 해석함으로써 실제로 우리가 설정했던 과제들, 즉 저항들을 극복하고 억압을 제거하며, 또 무의식을 의식으로 전환하는 과제들이 해결됩니다. 여기서 우리는 모든 개개의 저항을 극복하기 위해서 환자의 심리 속에서 얼마나 심각한 투쟁이 전개되는지에 관한 명확한 인상을 지니게 됩니다. 즉 여러분은 리비도 반대 집중 상태를 유지하려는 동기와 이를 포기할 준비가 되어 있는 동기들 사이에, 동일한 심리적인 토대 위에서 전개되는 정상적인 심리적 갈등에 대해서 뚜렷한 인상을 받게 됩니다. 전자는 과거에 억압을 관철시켰던 오래된 동기들입니다. 후자에는 나중에 새롭게 첨가된 동기들이 포함되어 있으며, 우리가 원하는 바대로 갈등을 해결해 주기를 바라는 그러한 동기들이기도 합니다. 우리는 이로써 오랜 억압의 갈등을 다시 새롭게 부각시켜서, 당시에 이미 결판이 났던 갈등의 해결 방식을 수정할 수 있습니다. 첫째, 우리가 새로운 자료로 언급할 내용은 과거와 같은 해결의 방식이 질병을 초래했다는 충고와 함께, 다른 방식으로 갈등을 해결할 경우에는 치료의 길이 열린다고 약속하는 것입니다. 둘째로, 과거에 처음 충동들을 거부한 다음부터 모든 정황이 엄청나게 변화되었다는 사실을 언급해야 합니다. 당시에 자아는 연약하고 어렸으며, 아마도 리비도의 요구를 위험한 것으로 비난할 만한 이유가 있었다고 짐작됩니다. 하지만 오늘에 이르러서 자아는 강해지고 경험도 풍부해졌습니다. 그리고 자아는 의사라는 조력자를 곁에 두고 있습니다. 그래서 우리는 새롭게 재생된 갈등이 억압보다 나은 결과로 이어지기를 기대합니다. 그리고 이미 말한 대로 히스테리와 불안 신경증, 그리고 강박 신경증 등을 치료해서 성공할 경우, 우리가 원칙적으로 옳다는 것이 입증됩니다.

그러나 또 다른 질병의 유형들도 있습니다. 이들의 경우 동일한 상황에도 불구하고 우리의 치료 요법은 전혀 효과를 거둘 수 없습니다. 여기서는 자아와 리비도 사이의 원천적인 갈등이 문제가 되며, 이 갈등이 억압으로 연결됩니다. 물론 이 억압은 위상학적으로 달리 규정할 수 있습니다. 여기서도 환자의 인생에서 억압이 발생한 시점들을 추적할 수 있습니다. 우리는 동일한 절차를 적용하고, 같은 약속을 할 준비가 되어 있습니다. 또 환자 스스로 기대하고 있는 관념들을 알려 줌으로써 도움을 베풀 수도 있습니다. 그리고 여기서도 다시 현재와 과거에 억압이 발생했던 시기가 시간적인 차이가 남으로써, 갈등이 다른 방식으로 귀결되는 데 유리하게 작용합니다. 그럼에도 불구하고 우리는 저항이나 억압을 제거하지 못합니다. 편집증 환자들, 우울증 환자들, 그리고 조발성 치매에 걸린 환자들은 전반적으로 다루기가 불가능하며, 전혀 정신분석의 치료 대상이 될 수 없습니다. 어떤 이유에서 그런 일이 발생합니까? 그것은 지적 능력이 부족하기 때문은 아닙니다. 어느 정도의 지적인 수행 능력은 우리 환자들에게 자연히 요구되며, 예를 들어 그렇게도 예민하게 여러 사실을 결합해서 추리할 수 있는 편집증 환자들의 경우, 지능을 결여하고 있는 것이 아닙니다. 마찬가지로 환자들은 지적인 능력을 제외한 다른 능력들 역시 겸비하고 있습니다. 가령 우울증 환자들은 자신이 병에 걸려 있으며, 이 때문에 심하게 고통을 받고 있다는 의식을 ─ 이런 의식을 편집증 환자들에게서 발견할 수는 없습니다. ─ 아주 높은 수준에서 지니고 있습니다만, 그렇다고 해서 우울증 환자를 더 쉽게 치료할 수는 없습니다. 우리는 여기에서 이해할 수 없는 사실과 직면합니다. 그래서 우리가 다른 신경증 환자들에게서 거둔 성과를 실제로 그 모든 조건과 관련해서 제대로 이해했는지 의심스럽습니다.

우리가 검토한 히스테리 환자들과 강박 신경증 환자들을 계속 살펴봅시다. 그러면 곧 우리가 전혀 예비하지 못했던 두 번째 사실이 드러납니다. 어느 정도 시간이 지나면 우리는 곧바로, 이 환자들이 우리에 대해서 아주 특이한 방식으로 행동한다는 사실을 알 수 있습니다. 우리는 물론 치료 과정에서 관찰 대상으로 부각되었던 모든 충동의 힘을 참작했다고 믿었습니다. 그리고 우리와 환자 사이에 전개되는 상황에 대해서도 완전하게 이해했기 때문에, 마치 수학의 계산처럼 정확하게 파악한 것과 마찬가지라고 여겼습니다. 그런데 계산하는 과정에서 고려하지 않았던 다른 무엇이 여기에 끼어들었습니다. 이같이 예상하지 못했던 새로운 것 자체는 여러 모습으로 나타납니다. 나는 일단 가장 자주 등장하고 또 더욱 쉽게 이해될 수 있는 유형을 서술하고자 합니다.

우리는 결국 자신의 고통스러운 갈등에서 벗어나는 것에 대해서만 신경을 쓰는 환자가, 한 인간으로서의 의사에 대해서 아주 특이한 관심을 보이기 시작한다는 것을 압니다. 이 사람과 관련된 모든 사항이 그에게는 자기 자신의 문제들보다 더 중요하게 여겨지며, 그 결과 환자는 자신이 아프다는 사실을 잊어버립니다. 따라서 일정 기간 동안 의사와의 관계는 아주 순탄하게 형성됩니다. 그는 특별히 상냥하고 자신이 할 수 있는 한 감사의 표시를 하려고 합니다. 또 환자는 세련되게 행동하고, 아마도 우리가 그에게서 전혀 기대하지도 않았던 장점들을 보입니다. 의사 역시 이때 환자에 대해서 좋은 생각을 지니게 되고, 이처럼 아주 훌륭한 사람에게 도움을 베풀 수 있는 우연한 기회가 주어진 것을 다행으로 생각합니다. 만약 의사가 환자의 가족을 면담하게 될 경우, 그는 이 같은 호감을 자신과 환자 모두 느끼고 있다는 사실을 듣고 만족감을 느낍니다. 환자는 집에서도 계속해서 의사를 칭찬하며, 항상 그에게서 새로운 장점들이 발견된다고 추켜세웁니다. 환자의 가족은 〈그는 선생님에게 완전히 빠졌습니다. 그는 선생님을 절대적으로 신뢰합니다. 선생님이 말씀하시는 모든 내용은 그에게 일종의 계시와도 같습니다〉라고 말합니다. 이런 말들로 환자의 가족이 합창을 하는 가운데, 여기저기서 사태를 좀 더 예민하게 주시하는 사람들의 다른 목소리가 나옵니다. 즉 그가 다른 모든 일에 대해서는 무관심하고 오직 선생님에 관한 말만 하고 있기 때문에, 이미 주위 사람들이 지겨워하고 있다는 것입니다.

우리는 의사가 자신에 대한 환자의 이런 평가를 겸손하게 받아들이기를 바랍니다. 즉 그런 평가는 환자가 의사에 대해서 품는 희망에도 기인하지만, 치료가 진행됨에 따라 자신의 지적인 차원이 놀라울 정도로 넓어지고 해방되는 체험을 하기 때문입니다. 분석은 이런 조건들에서 아주 탁월한 진전을 보입니다. 환자는 사람들이 자신에게 암시하는 말을 잘 이해하고, 치료 요법이 지시하는 과제들을 해결하기 위해서 골몰합니다. 기억하고 있는 내용들이나 돌연한 착상들이 그에게 샘솟듯 떠오르고, 사실에 정확하게 부합하는 자신의 해석을 통해서 의사를 놀라게 만듭니다. 바깥 세상의 건강한 사람들에게는 그다지도 맹렬한 반발을 불러일으키곤 했던 모든 심리학적인 새로운 사실을 환자가 기꺼이 수용하는 것을, 의사는 만족감을 느끼면서 확인하게 됩니다. 분석적인 작업이 진행되는 도중에 의사와 환자 사이의 협조가 잘 이루어진다는 것은, 질병의 상태가 어느 모로 보더라도 나아졌다는 객관적인 정황을 말해 줍니다.

그러나 이처럼 좋은 날씨가 항상 계속되리라는 법은 없습니다. 언젠가는 궂은날이 오게 마련입니다. 치료하는 과정에서 이제 어려운 점들이 나타나기 시작합니다. 환자는 자신에게 이제 더 이상 아무 생각도 떠오르지 않는다고 말합니다. 환자는 더 이상 분석 작업을 충실하게 수행하는 데 관심을 기울이지 않습니다. 환자는 그의 머리에 떠오르는 모든 생각을 말하고 절대 자신의 그런 행동을 스스로 비판하고서 말하기를 꺼려해서는 안 된다는 지침들을 쉽게 위반해 버립니다. 환자는 마치 자신이 치료를 받고 있지 않은 것처럼 행동하며, 의사와 앞서 맺은 계약 자체를 부정하는 듯이 보입니다. 분명히 환자는 자신만을 위해서 간직하고 싶어 하는 생각으로 가득합니다. 이는 치료를 위해서는 위험한 상황입니다. 분명히 우리는 엄청난 저항에 직면하고 있는 것입니다. 그러나 도대체 무슨 일이 일어난 것입니까?

만약 우리가 다시 한번 상황을 규명할 수 있는 위치에 있다면, 환자가 강렬하고 애정 어린 감정들을 의사에게 전이시킴으로써 장애 요인이 발생했다는 사실이 드러납니다. 의사의 태도나 치료 과정에서 형성된 관계 등이 환자가 그런 감정들을 가지도록 허용하지는 않습니다. 이런 감정이 표현되는 방식이나 그런 애정 어린 감정을 품게 된 목적들은, 두 당사자 사이의 개인적인 관계에 따라 달라집니다. 만약 젊은 처녀 환자와 젊은 의사의 관계라면 정상적인 연인 관계와 같다는 인상을 받을 수 있습니다. 또 한 처녀가 젊은 남자와 단둘이 오랜 시간을 보내며 자신의 내밀한 세계를 말할 수 있는 상황에서, 자신보다 우월하고 유리한 위치에 서서 도움을 베푸는 남자에게 빠지는 것은 충분히 이해가 갑니다. 그러나 그럼으로써 신경증에 걸린 처녀에게는 사랑할 수 있는 능력의 장애가 문제된다는 사실이 간과될 수 있습니다. 그런데 의사와 환자의 개인적인 관계들이 여기서 가정하고 있는 사례와는 동떨어진 경우에도 동일한 감정적 관계들이 형성되는 것을 볼 수 있는데, 만약 그런 경우가 발생한다면 더욱더 우리에게 이상하게 여겨질 것입니다. 만약 불행한 결혼 생활을 하고 있는 부인이 아직 독신으로 있는 의사에 대해 심각한 연정을 품게 되면, 그녀는 의사의 여자가 되기 위해서 이혼을 결심하거나, 혹은 사회적인 장애가 작용할 경우에도 망설이지 않고 그와 비밀스러운 애정 관계를 맺으려 할 수 있습니다. 그런 일들은 물론 정신분석을 제외한 다른 경우에서도 발생합니다. 그러나 사람들은 이런 상황에서 여자들과 소녀들이 하는 말을 듣고서 놀랄 수밖에 없습니다. 이들은 치료상의 문제에 대해서 아주 특이한 입장을 표명합니다. 이들은 오직 사랑에 의해서만 건강해질 수 있다는 사실을 알고 있었던 것처럼 말합니다. 치료의 초기 단계에서부터 이들은, 의사와의 교류를 통해서 자신들에게 지금까지의 인생이 가져다주지 않았던 선물을 받을 것으로 기대했다고 말합니다. 단지 이런 희망 때문에 그들은 치료 과정에서 그렇게도 많은 수고를 들이고, 자신의 생각을 전달하는 과정에서의 어려움을 극복할 수 있었다는 것입니다. 우리 쪽에서는 다음과 같은 말을 추가할 수 있습니다. 바로 그러한 이유에서 믿기 어려웠을 모든 내용이 그렇게도 쉽게 이해될 수 있었다는 것입니다. 그러나 그 같은 고백은 우리를 놀라게 만듭니다. 그런 고백은 우리의 계산을 뒤집어엎는 것입니다. 우리가 이 문제를 다루는 과정에서 어떻게 그렇게도 중요한 요인을 고려하지 않을 수 있었던 것일까요?

더 많은 경험을 할수록, 우리는 학문성과 관련해서 수치스럽다고 할 정도로 자신들의 견해를 수정해야만 하는 상황에 직면하게 됩니다. 사람들은 그런 사례들을 처음 접했을 때, 분석적 치료가 원래부터 의도하지도 촉발시키지도 않은 우연한 결과에 의해서 장애를 받고 있다고 생각합니다. 그러나 만약 환자가 의사에게 그런 애정을 품는 일이 규칙적으로 모든 새로운 사례에서 반복된다면, 그리고 만약 전혀 그런 일이 일어날 법하지 않은 망측스러운 상황에서도 계속 되풀이된다면, 가령 우리의 판단에 따르면 전혀 유혹 운운할 수도 없는 나이가 많은 여자 환자나 수염이 하얗게 난 남자에게도 그 같은 애정 관계가 발생한다면, 우리는 이를 치료의 장애를 가져오는 우발적인 요인으로만 볼 수는 없으며, 질병 상태의 본질 자체와 아주 내밀하게 연결된 하나의 현상이 문제가 되고 있음을 인식하게 됩니다.

우리가 결국 인정하기를 꺼려했던 새로운 사실은 〈전이*Über-tragung*〉라고 불립니다. 우리는 한 사람으로서의 의사에게 감정들이 전이되는 것을 염두에 두고 있습니다. 왜냐하면 치료 상황에 의해서 그런 감정들이 발생한다고 보지 않기 때문입니다. 오히려 우리는, 환자의 그런 감정 상태가 모두 다른 곳에서부터 유래한 것이며, 환자가 미리 준비하고 있는 상황에서 분석적 치료를 받을 수 있는 기회가 주어지자 바로 의사에게 그 감정을 전이시켰던 것으로 봅니다. 전이는 격정적인 사랑의 요구로 나타나거나, 혹은 좀 더 온건한 형태로도 나타납니다. 어린 처녀와 노인 사이에는 애인이 되고 싶어 하는 욕망을 대신해서, 의사가 자신을 사랑받는 딸로서 받아 주기를 바라는 욕구가 등장할 수도 있습니다. 그런 경우 리비도적인 충동은 떨어질 수 없는, 그러나 이상적이며 감성을 초월한 우정의 관계를 맺자는 제안과 같은 완화된 형태로 나타날 수 있습니다. 많은 여성들은 전이의 감정 상태가 지속적으로 유지될 때까지 승화시키거나 변형시킬 수 있습니다. 다른 여자들은 그런 감정을 거칠고 가다듬어지지 않은 형태로, 그리고 대개는 달성될 수 없는 방식으로 표출합니다. 그러나 이들은 모두 근본적으로는 항상 동일할 것이며, 같은 연원에서 유래되었다는 사실은 숨길 수 없습니다.

우리는 전이라는 새로운 사실을 어떻게 분류해야 하는지 묻기 전에, 이를 더욱 완전하게 서술할 필요가 있습니다. 그렇다면 남자 환자들의 경우는 어떻게 되는 것입니까? 이 경우에 사람들은 성적인 차이와 성적인 매력을 혐오스럽게 혼동함으로써 빚어지는 사태를 모면할 수 있을 것이라고 생각합니다. 그런데 여기서도 여자들의 경우와 크게 다를 바가 없다는 대답이 나옵니다. 가령 의사에 대해 집착하거나 그의 성격적인 장점들을 과대평가하는 것은 모두 같습니다. 또 의사가 관심을 갖는 것에 대해서 같은 관심을 보이거나 의사의 삶에 더욱 밀착된 모든 사람에 대해서 질투심을 보이는 현상도 동일합니다. 남자와 남자 사이에서는 전이의 승화된 형태들이 훨씬 자주 나타나는 만큼, 직접적인 성적 요구는 더욱 드물게 나타납니다. 여기서는 충동의 요소들이 다른 방식으로 사용되며, 오히려 명시적인 동성애로 나타나는 경우는 드뭅니다. 의사는 전이의 한 특정한 형식이 여자 환자보다 남자 환자에게서 더 자주 나타나는 것을 관찰합니다. 이는 언뜻 보기에 지금까지 서술했던 내용과 배치되는 것처럼 보이는, 적대적이거나 〈부정적인〉 전이입니다.

일단 우리는 전이가 치료의 초기 단계에서부터 환자에게 발생했다는 사실과 함께, 한동안은 분석 작업을 가장 강력하게 추진하는 힘으로 작용한다는 사실을 분명하게 인식해야 합니다. 처음에는 전이의 존재 자체를 감지할 수 없으며, 전이가 환자와 공동으로 추진하는 분석에 좋은 영향을 미치는 한 그것에 대해서 염려할 필요도 없습니다. 전이가 저항으로 전환될 경우 우리는 이를 주목하게 되고, 두 가지의 서로 다르며 상반된 조건하에서 치료에 대한 자신의 관계에 변화를 가져온다는 사실을 인식하게 됩니다. 첫째, 전이가 애정의 충동으로 지나치게 강렬하게 표출될 경우, 환자의 내부에서 이에 반대하는 충동이 촉발됨으로써 전이가 성적인 욕구에서 비롯된다는 증거가 노출됩니다. 그리고 둘째, 전이는 애정 충동이 아닌 적대적인 충동에서 비롯될 수 있습니다. 적대적인 감정들은 대체로 애정의 감정보다 나중에 등장하고, 애정의 배후에서 나타납니다. 이 두 감정은 동시에 병존함으로써, 우리 대부분이 다른 사람들과 친밀한 관계를 맺을 때 지니는 지배적인 감정의 이중성을 훌륭하게 반영합니다. 적대적인 감정들은 애정 어린 감정들과 마찬가지로 감정적인 집착을 의미합니다. 이는 복종심과 마찬가지로 반항심의 감정적인 종속을 의미하며, 단지 후자와는 정반대되는 모습으로 나타난다는 사실만 다를 뿐 사태는 동일합니다. 의사에 대한 적대적인 감정들이 〈전이〉로 불릴 만하다는 것은 의심의 여지가 없습니다. 왜냐하면 치료 상황에 의해서 적대적 전이가 발생할 만한 충분한 동기가 주어지는 것은 분명 아니기 때문입니다. 부정적인 전이가 필연적으로 나타난다는 견해를 표명함으로써, 우리는 긍정적인 전이나 애정 어린 전이에 대한 지금까지의 평가도 잘못되지 않았다는 확신을 가지게 되었습니다.

전이는 어디서 비롯하며 어떤 어려움을 안겨 주는가, 그리고 어떻게 이를 극복할 것이며 어떤 유용한 결과들을 이로부터 궁극적으로 이끌어 낼 수 있는가에 관한 모든 문제는, 분석의 기술적 지침들을 논하는 과정에서 상세하게 다룰 수 있으며, 오늘은 다만 가볍게 언급하고 넘어갈 수밖에 없습니다. 우리가 전이에서 비롯하는 환자의 요구 사항들에 굴복해야 한다는 주장은 일고의 가치도 없습니다. 그런 요구들에 대해 불친절하게 대하거나, 혹은 화를 내면서 거부한다는 것도 사리에 맞지 않습니다. 우리는 환자가 품고 있는 감정들이 현재의 상황에서 발생하거나 의사라는 개인에 해당하는 것이 아니라, 이미 오래전에 나타났던 것의 반복에 불과하다는 사실을 그 자신에게 입증해 보임으로써 전이를 극복할 수 있습니다. 우리는 그 같은 방식으로 환자가 지닌 감정들의 반복이 회상의 형태로 바뀔 수 있도록 만들어야 합니다. 애정의 감정으로 나타나든 적대적인 감정으로 나타나든 관계없이, 그 어떤 경우에도 치료를 어렵게 하는 가장 강력한 위협으로 여겨졌던 전이가, 바로 치료의 가장 훌륭한 수단으로서 정신생활의 닫혀진 부분들을 여는 데 기여할 수 있는 것입니다. 그러나 나는 이 같은 예상치 못했던 현상이 등장함으로써 여러분이 느꼈던 당혹감을 해소시켜 주기 위해서 몇 마디 첨가할 생각입니다. 우리가 분석하려 했던 환자의 질병은 완결되거나 경직된 상태에 놓여 있는 것이 아니라, 계속 성장하면서 마치 일종의 살아 있는 생물처럼 계속 진전된다는 사실을 망각해서는 안 됩니다. 치료가 시작되었다고 해서 이 같은 진전이 멈추는 것은 아닙니다. 그러나 만약 치료에 의해서 환자가 제압을 당한 후에는, 질병의 모든 새로운 결과물은 오직 단 하나의 부분, 즉 의사와의 관계에 집중됩니다. 전이는 그렇게 해서 나무의 목질(木質)과 피질(皮質) 사이에 있는 형성층과 같은 것으로 비교할 수 있습니다. 이 형성층에서부터 조직들이 새로 생겨나고, 나무둥치가 두꺼워집니다. 전이의 의미가 이처럼 확장되어야 환자의 기억들을 소재로 하는 작업이 뒷전으로 밀려납니다. 더 이상 환자의 오래된 질병이 문제가 아니라, 이를 대체하며 새롭게 형성되고 변형된 신경증이 문제가 된다고 말하는 것은 틀리지 않습니다. 우리는 오래된 감정이 새로운 형태로 등장하는 과정을 처음부터 추적한 결과, 그 감정이 발생해서 계속 성장하는 과정을 관찰할 수 있었으며, 게다가 분석하는 사람 자신이 대상으로서 그 질병의 중심에 놓여 있기 때문에 그 질병을 더 잘 이해할 수 있었습니다. 환자의 모든 증상은 그 본래적인 의미를 상실했으며, 전이와 관계가 있는 새로운 의미를 지향하게 됩니다. 혹은 그와 같이 성공적으로 자신의 모습을 바꿀 수 있었던 증상들만 남게 됩니다. 그러나 이 새롭게 인위적으로 만들어진 신경증을 해결하는 과정은 치료 요법에 의해서 비로소 그 존재가 알려진 질병을 치료하면서, 동시에 우리의 치료 요법이 설정한 과제를 해결하는 작업과 동일합니다. 의사와 정상적인 관계를 지니면서 억압된 충동의 자극들에서 자유로워진 사람은, 의사가 만약 다시 개입하지 않더라도 자신의 삶을 그대로 변함없이 유지할 수 있습니다.[3]

히스테리와 불안 히스테리, 그리고 강박 신경증에서 나타나는 전이는 치료하는 과정에서 이처럼 특이하고 핵심적인 의미를 지니며, 바로 그런 이유로 인해서 〈전이 신경증〉이라고 불릴 만한 정당한 근거가 있습니다. 분석적 작업을 통해서 전이의 사실에 대한 완전한 인상을 확보한 사람은, 억압된 자극들이 어떤 유형에 속하는 것들인지 더 이상 의심할 필요가 없습니다. 억압된 자극들은 이런 신경증들의 증상들 속에서 모습을 드러내며, 자신들이 리비도적인 본성을 지니고 있다는 사실을 더 이상 뚜렷하게 입증해 보일 수 없습니다. 리비도적인 대리 만족들로서 증상이 지니는 의미에 대해서 우리가 결정적으로 확신할 수 있었던 계기

3 『새로운 정신분석 강의』 중 서른네 번째 강의 참조.

는, 전이라는 현상의 소속을 분명히 한 다음부터였습니다.

　이제 우리는 치유 과정에 대해서 지난날 지녔던 역동적인 관점을 개선하고, 새로운 통찰과 조화시켜야 하는 충분한 근거를 갖고 있습니다. 만약 환자가 저항들과 정상적인 방식으로 갈등해야만 한다면, 우리도 원하고 있을 뿐만 아니라 치유의 길로 이어질 수 있는 방향으로 결정이 내려지도록 매우 강력한 추진력을 필요로 할 것입니다. 만약 그렇지 못하다면 환자는 자신의 과거 상태를 반복하려고 마음먹고, 의식에 떠오른 것을 다시 억압할 수도 있습니다. 이 투쟁에서 결정적인 요소는, 환자 자신의 지적인 통찰이 아니라 환자가 의사에 대해서 지니는 관계일 뿐입니다. 환자 자신은 그런 일을 할 만큼 충분히 강하지도 자유롭지도 못하기 때문입니다. 환자의 전이가 양성으로 나타날 경우, 그것은 의사를 권위 있는 존재로 만들고 의사의 말이나 견해에 대한 믿음으로 전환됩니다. 만약 그런 전이가 발생하지 않거나 음성적인 형태로만 남아 있다면, 환자는 의사나 그의 논변들에 대해 전혀 귀를 기울이지 않게 됩니다. 의사에 대한 믿음은 여기에서 나름대로의 고유한 역사를 반복합니다. 그 믿음은 사랑에서 파생된 것이며, 일단 논변들에 의해서 뒷받침되거나 할 필요도 없습니다. 훨씬 나중에 가서야 그런 논변들은, 만약 자신에게 사랑스러운 사람이 제기할 때 비로소 검토의 대상으로 채택됩니다. 이처럼 지지해 주는 힘이 없을 경우, 논변들도 전혀 효력을 지니지 못합니다. 즉 그런 논변들은 대부분의 사람들의 인생에서 한 번도 영향력을 행사하지 못합니다. 따라서 일반적으로 사람은 오직 리비도적인 대상 집중을 할 수 있는 한에서만 지적인 측면에서 영향을 받습니다. 그리고 우리는 최상의 분석적 기술을 사용하는 경우에도 환자의 나르시시즘이 형성된 정도에 비례해서 환자에 대한 영향력을 행사하는 데 한계가 있다는 사실을 인식하며, 또 이를 염려할 만한 근거가 있는 것입니다. 대상 리비도 집중을 다른 사람들에게로 돌릴 수 있는 능력은, 물론 모든 사람에게 분명히 주어져 있습니다. 이미 언급한 신경증 환자들의 전이에 대한 충동은 단지 이런 일반적인 성질이 특이하게 강화된 것에 불과합니다. 만약 그처럼 널리 퍼져 있고 또 중요한 인간의 특징이 전혀 알려지지 않은 채 사용되지도 않았다면 매우 기이한 일일 것입니다. 물론 그런 일은 실제로 일어났습니다. 베르넴은 최면 현상들에 대한 이론의 근거를 현혹되지 않는 날카로운 통찰력으로 다음과 같은 명제로 표현했습니다. 〈모든 사람은 어떤 방식으로든 암시에 걸릴 수 있다.〉 그가 말한 암시란 전이에 대한 충동에 지나지 않습니다. 그는 이 암시를 너무 좁게 해석한 결과, 음성적인 전이를 고려의 대상에서 배제해 버렸습니다. 그러나 베르넴은 암시가 본래 무엇을 의미하며 어떻게 발생하는지 전혀 말할 수 없었습니다. 암시는 그에게 일종의 근본적인 사태로서 받아들여졌지만, 그 연원이 무엇인지에 대해서는 전혀 입증할 수 없었습니다. 그는 암시에 반응하는 능력*suggestibilité*이 성과 리비도의 활동에 종속되어 있다는 사실을 인식하지 못했습니다. 그리고 분석의 기술에 최면술을 포함시키지 않았던 이유는, 단지 전이의 모습 속에서 암시를 다시 발견하려고 했기 때문이라는 사실을 우리는 깨달아야만 합니다.

그러나 이제 나는 잠시 강의를 중단하고 여러분이 발언할 기회를 주겠습니다. 나는 여러분의 내부에서 반대의 목소리가 거세게 밀고 올라온 나머지, 스스로 발언할 수 있는 기회가 주어지지 않는다면 강의가 귀에 들어갈 수도 없다는 것을 느낍니다. 〈마침내 선생님도 최면술사들처럼 암시의 조력을 빌려서 작업한다는 사실을 인정하고 말았습니다. 물론 우리는 이미 오래전에 그럴 것이라고 생각해 왔습니다. 그러나 만약 암시만이 유일하게 효과가 있다면, 도대체 왜 번거롭게 과거에 대한 기억들을 통해서 우회를 하거나, 무의식을 발견하려 애쓰고, 또 왜곡을 해석하거나 재번역하려 했는지, 그리고 왜 그렇게 엄청난 노력과 시간, 돈 등을 사용했는지 모르겠습니다. 왜 선생님은 다른 사람들, 가령 정직한 최면술사가 하는 것처럼 증상들에 대해서 직접 최면을 사용하지 않습니까? 그리고 나아가서 선생님이 밟았던 우회의 과정에서 확보한 수많은 심리학적인 발견은 직접적인 암시를 통해서는 드러나지 않는 것들인데, 이를 근거로 선생님이 사람들에게 양해를 구하려고 하신다면, 그런 발견 자체의 확실성은 누가 보증해 줄 수 있습니까? 그런 발견들 역시 암시의 결과, 즉 의도하지 않았던 암시의 결과가 아닙니까? 선생님은 이 부분에서 스스로 원하기도 했고 또 옳다고 여긴 내용들을 환자에게 강요한 것이 아니겠습니까?〉

여러분이 나에게 제기한 비판은 아주 흥미로우며, 이에 대해서 대답을 제시해야 할 것입니다. 그러나 오늘은 시간이 없기 때문에 더 이상 답변할 수가 없습니다. 결국 다음에 하는 수밖에 없습니다. 내가 해명할 수 있다는 것을 여러분은 곧 확인할 수 있습니다. 오늘은 단지 말을 꺼냈던 내용만이라도 마쳐야겠습니다. 나는 전이라는 사실에 근거해서, 치료를 위한 우리의 노력이 왜 나르시시즘적인 신경증에 대해서는 전혀 효과가 없는지 여러분에게 납득시킬 수 있을 것이라고 확언했습니다.

이것은 몇 마디의 말로 충분히 설명할 수 있습니다. 여러분은 수수께끼가 얼마나 쉽게 풀리는지, 그리고 얼마나 모든 내용이 서로 잘 들어맞는지 보게 될 것입니다. 관찰을 통해서 우리는, 나르시시즘적인 신경증에 걸린 환자들은 전혀 전이의 능력을 지니지 못하거나, 지닌다 하더라도 단지 부족한 일부 능력만을 지니고 있음을 알게 됩니다. 그들은 의사를 적대감 때문이 아니라 단지 무관심하기 때문에 거부합니다. 따라서 환자들은 의사에 의해서 영향을 받지 않습니다. 의사가 말한 내용에 대해서 냉담하며, 그 어떤 인상도 받지 않습니다. 그래서 우리가 다른 환자들에게서는 관철시킬 수 있는 치유의 메커니즘, 즉 병인이 되는 갈등을 새롭게 부각시키고 억압의 저항을 극복하는 일련의 조치를 그들에게는 적용할 수 없습니다. 그들은 변함없이 그대로 남아 있습니다. 그들은 종종 자기 혼자만의 힘으로 병의 치유를 시도하지만 병적인 결과만을 낳을 뿐입니다. 우리는 여기서 그 어느 것도 변경시킬 수 없습니다.

이 환자들에 대한 임상적인 인상들에 근거해서, 우리는 이들이 대상 리비도 집중을 포기하고 대상 리비도를 자아 리비도로 대체했음이 분명하다고 주장했습니다. 이런 성질 때문에 우리는 이 환자들을 신경증 환자들의 첫 번째 집단들(히스테리, 불안 히스테리, 강박 신경증)과 구별했습니다. 치료를 시도하는 과정에서 환자들이 보이는 태도를 보면 이 같은 추측이 옳다는 것이 입증됩니다. 이들은 전이 현상을 보이지 않습니다. 그래서 우리가 노력해도 이들에게 영향을 미칠 수 없으며, 치유할 수도 없습니다.

스물여덟 번째 강의
분석 요법

신사 숙녀 여러분! 여러분은 오늘 우리가 무엇에 대해서 논의할지 알고 있습니다. 만약 우리의 영향력이 본질적으로 전이, 즉 암시에서 비롯한다고 우리가 시인한다면, 여러분은 직접적인 암시를 정신분석학적 요법에서 사용하지 않는 이유가 무엇인지 내게 물을 것입니다. 그리고 여러분은 암시가 그처럼 지배적인 의미를 지닌다면, 우리의 심리학적인 발견이 과연 계속 객관성을 유지할 수 있는지도 의심스럽다고 덧붙였습니다. 나는 여러분에게 자세히 대답하겠다고 약속했습니다.

직접적인 암시는 증상들의 표현과 대립하는 암시이며, 여러분의 권위와 병적 상태의 동기들 사이에서 전개되는 투쟁을 의미합니다. 여러분은 여기서 이 동기들 자체를 문제시하지 않고, 단지 환자들이 증상들을 통해서 그것을 표현하지 못하도록 요구할 뿐입니다. 이때 여러분이 환자에게 최면을 걸거나 아니면 그냥 두거나 원칙적으로 아무런 차이가 없습니다. 베르넴은 여기서 다시 그 특유의 날카로운 안목을 가지고, 암시는 최면술이란 현상의 본질에 해당하지만, 최면 자체는 암시가 성공해서 이미 암시된 상태임을 말해 준다고 주장했습니다.[1] 그는 특히 깨어 있는 상태

---

1 「집단 심리학과 자아 분석」(프로이트 전집 12, 열린책들) 참조.

에서 암시를 걸었는데, 이는 최면 상태에서의 암시와 같은 역할을 수행할 수 있었습니다.

여러분은 이 물음과 관련해서 나의 경험담을 먼저 듣고 싶습니까, 아니면 이론적인 고찰을 먼저 듣고 싶습니까?

전자부터 다루기로 합시다. 나는 과거에 베르넴의 제자였습니다. 나는 1889년에 낭시로 그를 찾아갔으며, 암시에 관한 그의 책을 독일어로 번역했습니다.[2] 나는 여러 해에 걸쳐서 최면술 요법을 익혔으며, 처음에는 금지의 암시와 결합시켰으나 나중에는 브로이어가 시도했던 환자에 대한 탐문 조사법과 결합시켰습니다. 따라서 나는 최면술이나 암시 요법의 성과들에 대해서 자신의 풍부한 경험에 근거해서 언급할 수 있습니다. 오래전부터 전해 오는 의사들의 말에 의하면, 이상적인 치료 요법이란 신속하고 신뢰할 만하며, 환자를 불편하게 만들지 말아야 한다는 것이었습니다. 베르넴의 방법은 물론 이들 요구 사항들 가운데 두 가지를 충족시켰습니다. 그 방법은 신속하게, 분석적 방법에 비하면 실로 말할 수 없을 정도로 빠른 효과를 보였습니다. 그리고 최면 요법은 환자에게 힘도 들지 않고 불편을 안겨 주지도 않았습니다. 의사에게 그 방법은 장기적으로 볼 때 단조롭게 받아들여졌습니다. 모든 사례에서 동일한 방법이 적용되었습니다. 즉 항상 같은 의식을 통해서, 극단적으로 상이한 증상들을 그 의미나 내용이 무엇인지는 파악하지 못한 채, 사라지게만 하면 그만입니다. 그것은 단순 작업으로서 결코 과학적인 행위라고 볼 수는 없었습니다.

2 프로이트는 베르넴의 책 『임상학에서 암시와 그 응용-De la suggestion et de ses applications à la thérapeutique』(1886)과 『최면술, 암시 그리고 정신 치료학Hypnotisme, suggestion et psychothérapie: études nouvelles』(1891)을 번역했다.

또 그것은 마술이나 주술, 그리고 주문(呪文)을 연상시켰지만 환자의 이해관계를 고려했을 때 문제시되지 않았습니다. 세 번째로 최면 요법은 그 어떤 관점에서도 신뢰할 수 없다는 결함을 가지고 있습니다. 어떤 사람에게는 그 방법이 적용되지만, 다른 사람에게는 그렇지 못합니다. 또 어떤 사람에게는 너무 잘 듣지만 다른 사람에게는 거의 듣지 않습니다. 그러나 그 이유가 무엇인지도 전혀 모릅니다. 이런 치료 과정상의 기복보다 우리를 더 짜증나게 하는 것은 치료의 효과가 지속적이지 못하다는 사실입니다. 환자의 말을 나중에 다시 들어 보면, 일정한 기간이 지난 후에는 같은 고통이 반복되거나 새로운 고통이 대신 나타난다는 것이었습니다. 이럴 경우 다시 최면을 걸 수가 있었습니다. 하지만 이런 조치의 배경에는 경험이 풍부한 사람이 제기하는 경고가 가로놓여 있습니다. 즉 환자에게 자주 최면 요법을 반복 사용함으로써 그의 자주성을 침해하거나, 마치 마약처럼 치료 요법에 길이 들도록 해서는 안 된다는 경고였습니다. 확실히 여러 번에 걸쳐서 우리가 원하는 대로 성공한 적도 있습니다. 몇 번 시도하지도 않았지만, 완전하고 지속적인 성과를 거둔 경우도 있습니다. 그러나 그런 유리한 결과가 나온 조건들이 무엇인지는 알려지지 않은 채 남아 있었습니다. 언젠가 나는 최면 요법을 단기간 사용해서 환자의 심각한 증세를 완전히 제거한 적이 있었습니다. 그런데 그 여자 환자는 내가 어떻게 한 것도 아닌데 나를 원망하기 시작했으며, 그다음부터 환자의 증세는 전혀 변화되지 않은 채 다시 나타났습니다. 그러나 그녀와 다시 화해하고 난 다음에 나는 그 증세를 훨씬 더 철저하게 제거할 수 있었습니다만, 그녀가 두 번째로 나에 대한 소외감을 느끼자마자 심각한 상태가 다시 반복되어 발생했습니다. 또 다른 사례에 대한 경험을 말하면, 나는 한 여자 환자의 신경증적 상태를 최면을 통해서 수차에 걸쳐 반복해서 도와준 적이 있는데, 내가 그녀의 아주 완강한 발작적 상태를 치료하는 도중에 갑자기 그녀는 나의 목을 자신의 팔로 감싸 버렸습니다. 이런 사실은 사람들이 원하든 그렇지 않든 관계없이, 암시적인 권위의 성격과 연원에 대한 물음과 씨름하도록 만듭니다.

나의 경험에 대한 언급은 이 정도로 충분합니다. 이 경험들은 우리가 직접적인 암시를 포기했다고 해서 다른 것으로 대체할 수 없는 무엇을 포기한 것과 마찬가지는 아니라는 점을 보여 줍니다. 이제 우리는 몇 가지 언급을 첨가할 생각입니다. 최면술 요법을 시행하는 데에는 환자나 의사의 아주 사소한 노력만으로도 충분합니다. 이 요법은 아직도 의사들의 대부분이 수용하는 신경증에 대한 평가와 아주 잘 들어맞습니다. 의사는 신경증 환자에게 말합니다. 〈당신에게 부족한 것은 없습니다. 단지 신경증에 걸려 있을 뿐입니다. 그렇기 때문에 나 역시 당신의 불편을 몇 마디의 말로 불과 몇 분 안에 제거할 수 있습니다.〉 그러나 이런 말은, 다른 적절한 장치의 간접적인 도움을 빌리지 않고 직접적으로 최소한의 힘을 사용함으로써 무거운 짐을 움직일 수 있다는 주장으로 이해되며, 이런 주장은 역학에 대한 우리의 일반적인 견해와 배치되는 것입니다. 이런 상황들을 서로 비교할 수 있다면, 우리는 경험을 통해서 앞서 언급한 재주가 신경증 환자에게는 효과가 없다는 사실을 알 수 있습니다. 그러나 나는 이런 논변 자체가 전혀 허점이 없지 않다는 점도 알고 있습니다. 왜냐하면 〈감정의 폭발〉과 같은 현상이 나타날 수 있기 때문입니다.

정신분석학을 이용해 확보했던 인식을 통해서 우리는 최면술의 암시와 정신분석학의 암시가 서로 어떻게 차이나는지 다음과 같이 서술할 수 있습니다. 최면술 요법은 정신생활 속에 있는 무엇인가를 은폐하고 덮어씌웁니다. 분석적 요법은 그 무엇인가를 펼쳐 보이고 제거하려고 합니다. 전자는 화장술과 같은 방식으로 작업하고, 후자는 외과 의사의 시술 방식과 같습니다. 전자는 증상들의 발생을 금지하기 위해 암시의 방법을 사용하고, 억압을 강화합니다. 증상 형성으로 이어지는 그 밖의 다른 모든 과정들은 그대로 변함없이 남아 있습니다. 분석 요법은 증상들이 발생하는 갈등에 이르기까지 질병의 근원을 계속 추적해 들어갑니다. 그리고 이런 갈등이 해소되는 결과 자체에 변화를 주기 위해서 암시를 사용합니다. 최면술 요법은 환자 스스로는 활동하지 않도록 내버려 두고 환자를 변화시키지도 않습니다. 그래서 새로운 질병의 계기가 주어질 때마다 저항하지 못하고 항상 같은 방식으로 굴복할 수밖에 없습니다. 분석적 치유를 위해서는 의사나 환자 모두 열심히 작업해야만 합니다. 이런 집요한 작업을 통해서 내적인 저항들을 제거할 수 있습니다. 이 저항들을 극복함으로써 환자의 정신생활은 지속적으로 변화되어 더욱 고양된 차원에서 계속 발전하며, 나아가서 새로운 질병의 가능성들에서 자신을 계속 보호할 수 있습니다. 이처럼 질병을 극복할 수 있는 작업은 분석적 치유의 본질적인 역할이며, 환자 자신이 그런 작업을 수행해야만 합니다. 그리고 의사는 마치 〈교육〉과 같은 작용을 하는 암시의 도움을 빌려 환자가 그런 작업을 수행하게 합니다. 따라서 정신분석적 치료는 일종의 〈재교육〉과 같다는 말은 옳습니다.

나는 여러분이 암시를 치료의 수단으로 사용하는 방식이, 최면술 요법만을 사용함으로써 가능한 방식과 어떤 점에서 다른지 분명히 이해했기를 바랍니다. 여러분은 또한 암시를 전이로 전환시킴으로써 최면술 요법에서 눈에 띈 감정의 기복을 이해했습니다.

반면에 분석적 치료는 나름대로 설정된 한계의 내부에서는 예측이 가능한 요법이라는 사실도 이해했습니다. 최면을 사용함으로써 우리의 치료는 환자의 전이 능력이 어떤 상태에 있는지의 여부에 의해서 좌우되는데, 우리 자신이 이에 대해 영향력을 행사할 수는 없을 것입니다. 최면술을 적용하는 환자의 전이는 음성적이거나, 아니면 대부분의 경우처럼 이중적일 수 있습니다. 그는 특이한 태도를 유지함으로써 전이에서 자신을 보호할 수도 있는데, 우리는 이에 대해서 아무것도 모릅니다. 정신분석에서 우리는 전이 자체와 씨름하고 전이와 맞서는 것을 해소시킵니다. 그리고 우리는 영향력을 발휘할 수 있는 수단들을 갖추고 있습니다. 이처럼 우리는 암시의 힘을 이용해서 전혀 다른 효용성을 이끌어 낼 수 있는데, 그것은 우리 자신이 장악하고 있는 것입니다. 즉 환자가 자신의 임의대로 자기 암시를 하지 않고, 우리가 환자에게 접근할 수 있는 한에서 우리 자신이 그의 암시를 조종하는 것입니다.

이제 여러분은 우리 분석의 추동하는 힘을 전이라고 부르든 암시라고 부르든 상관없다고 말할 것입니다. 하지만 환자들에게 미치는 우리의 영향력으로 인해서 우리가 발견한 사실들 자체의 객관성이 의심을 받게 된다고도 말할 것입니다. 치료에는 도움이 되는 것이 연구에서는 장애 요인으로 작용합니다. 이는 정신분석에 대해서 가장 자주 제기된 반론입니다. 그리고 우리는 비록 그런 비난이 적절하지는 않더라도, 전혀 이해가 안 가는 것은 아니라는 점을 납득해야만 합니다. 그러나 만약 그런 비난이 정당하다면 정신분석학은 아주 특별히 잘 포장된, 매우 효과적인 암시의 기법에 지나지 않을 것입니다. 그리고 우리는 생활에 대해 영향력을 미치는 요인들이나 심리적인 역동성, 무의식 등에 대한 정신분석학의 주장들을 가볍게 받아들이고 말 것입니다. 정신분석학에 반대하는 사람들도 마찬가지로 생각합니다. 특히 우리 자신의 타락한 상상 속에서 성적인 체험들의 의미와 관련하는 모든 연상 내용들을 성과 결부시킨 후에, 비록 그런 체험 자체를 권고한 것은 아닐지라도, 환자에게 그것을 마치 사실처럼 〈믿도록 설득했다〉는 것입니다. 이런 비난들을 반박하는 데는 이론의 도움을 받는 것보다는 경험에 근거하는 것이 더 용이합니다. 정신분석을 직접 시행하는 사람은 환자에게 그런 방식으로 암시를 거는 것이 불가능하다는 사실을 수도 없이 확인합니다. 물론 환자를 어떤 특정한 이론의 신봉자로 만들어서, 의사가 범할 수 있는 오류를 그도 범하게 내버려 두는 것은 쉽습니다. 이때 환자는 환자가 아닌 다른 사람, 이를테면 학생처럼 행동합니다. 그러나 이를 통해서 환자의 지적인 차원에 영향을 줄 수는 있으나, 그의 질병 자체는 영향을 받지 않습니다. 그가 지닌 갈등을 해결하고 저항들을 성공적으로 극복하기 위해서는, 그 자신의 내부에 존재하는 현실 감각과 일치할 수 있는 기대의 관념들을 제공해 주어야만 합니다. 의사가 추측하는 것들 가운데 들어맞지 않는 사항은, 분석 과정에서 다시 제거되거나 철회되어서 더욱 정확한 가설에 의해서 대체되어야만 합니다. 그와 같은 세밀한 기술을 사용해서 암시가 잠정적으로라도 성공적인 결과를 가져오지 못하도록 해야 합니다. 그러나 만약 그런 결과가 나타나더라도 문제될 것은 없습니다. 왜냐하면 사람들은 최초의 결과만으로 만족하지 않기 때문입니다. 만약 사례 자체의 모호한 내용들이 밝혀지지 않거나 결손된 기억들이 메워지지 않는다면, 그리고 나아가서 억압을 가져온 계기들이 발견되지 않는다면, 사람들은 분석이 완료되었다고 여기지 않습니다. 사람들은 너무 일찍 나타난 치료의 성과들이 분석적 작업을 촉진시키기보다는 오히려 방해한다는 점을 간파하고 있으며, 그런 성과를 낳게 만든 전이를 계속 되풀이해서 해체시킴으로써 성과들 역시 반복해서 무산시켜 버립니다. 이 마지막 특징이 사실상 분석적 치료의 방법을 순진한 암시적 치료와 구별하도록 해주고, 분석적 작업의 결과들이 암시에 의한 성과라는 의심을 받지 않도록 만들어 주는 요인입니다. 모든 다른 암시적 치료에서 전이는 조심스럽게 보호받고, 있는 그대로 보존되어야 합니다. 반면 분석적 치료에서는 전이 자체가 치료의 대상이며, 전이가 나타나는 모든 형식이 해체됩니다. 분석적 치유의 마지막 단계에 가서야 전이는 제거됩니다. 그리고 성과가 그제서야 나타나거나 지속된다면, 그것은 암시에 의한 것이 아니라 암시의 도움으로 내적 저항들을 극복하는 데 성공했기 때문입니다. 즉 환자 자체의 내부에서 내적인 변화를 일으키는 데 성공했기 때문인 것입니다.

개별적인 암시들이 발생하는 과정에서 받는 방해는, 아마도 우리가 치료하는 도중에 지속적으로 저항들과 싸울 수밖에 없기 때문이며, 그런 저항들은 음성적이며 (적대적인) 전이들로 변형된다는 사실을 알고 있습니다. 사람들이 대개 암시의 산물로 의심하는 분석의 개별적인 결과들 중에 상당수는 논란의 여지가 전무한 다른 사실들에 의해서도 입증됩니다. 이러한 사실을 뒷받침해 주는 사람들은 이 경우에 조발성 치매와 편집증 환자들이며, 이들은 당연히 암시의 영향을 받아 치료의 성과가 나타났다는 의혹과 전혀 무관하게 우리의 견해를 입증해 줍니다. 이 환자들이 그들의 의식의 차원에 떠올려진 상징 번역*Symbolübersetzung*이나 상상 등을 통해서 우리에게 설명해 주는 내용들은, 전이 신경증 환자들의 무의식에 대해 우리가 조사한 결과와 잘 들어맞을 뿐만 아니라, 종종 의심을 받아 온 우리 해석의 객관적 타당성을 강화시켜 줍니다. 나는 여러분이 이 점들에 대해서는 분석을 신뢰해도 좋다고 믿습니다.

우리는 이제 치유의 메커니즘에 대한 우리의 서술을 리비도 이론의 형식을 빌려 설명함으로써 완결 지어야겠습니다. 신경증 환자들은 즐거움도 느낄 수 없으며 행위 능력도 없습니다. 즐거움을 느낄 수 없는 이유는, 그의 리비도가 그 어떤 실제상의 대상을 지향하지 않기 때문입니다. 그가 일을 할 수 없는 이유는, 리비도를 억압의 상태에서 유지하고 리비도가 밀려오는 것을 방어하기 위해서 그의 다른 에너지들을 상당 부분 동원해야 하기 때문입니다. 만약 그의 자아와 리비도 사이의 갈등이 종식된다면, 그리고 그의 자아가 다시 리비도를 장악할 수 있다면, 그는 다시 건강해질 수 있습니다. 치료의 과제는 결국, 리비도가 그 시점에 자아에서 분리되어 있는 속박으로부터 벗어나서 다시 자아에 봉사할 수 있도록 만드는 것입니다. 그렇다면 신경증 환자의 리비도는 어디에 숨어 있습니까? 그것은 쉽게 발견할 수 있습니다. 리비도는 증상들에 묶여 있습니다. 증상들은 리비도에게 당시에는 유일하게 가능했던 대리 만족을 보장해 줍니다. 따라서 사람들은 증상들을 정복하고 해소할 필요가 있으며, 이는 바로 환자가 우리에게 요구하는 것이기도 합니다. 증상들을 해소하기 위해서는 그 발생의 연원으로 거슬러 올라가야만 하며, 증상들을 불러일으킨 갈등을 새롭게 부각시키고, 당시에는 마음대로 할 수 없었던 본능의 힘들을 동원해서 증상이 아닌 다른 방식으로 갈등이 해결되도록 조종해야 합니다. 억압 과정들을 이와 같이 변경하는 작업은 부분적으로 오직 억압으로 이어졌던 이 과정들에 대한 기억 흔적Erinnerungsspur을 따라감으로써만 수행될 수 있으며, 이런 작업에서 결정적인 요인은 사람들이 의사와의 관계에서 〈전이〉란 방식을 통해 오랜 과거의 갈등을 새롭게 만들어 내고, 그런 관계 속에서 환자는 당시에 자신이 행동하고 싶었던 대로 행동하려고 의도합니다. 반면에 의사는 환자가 자신의 모든 동원 가능한 심리적인 힘을 통해서 갈등이 다른 방식으로 결말이 나도록 요구합니다. 전이는 결국 상호 투쟁하는 모든 힘이 서로 겨루는 전투장을 방불케 합니다.

모든 리비도는 리비도에 대한 모든 저항과 마찬가지로 의사와의 어느 특정한 관계에 집중됩니다. 여기서 증상들은 불가피하게 리비도에서 해방됩니다. 환자 자신이 갖고 있는 질병을 대신해서 인위적으로 만들어진 감정 전이성 질환이 등장합니다. 즉 아주 다양하게 비현실적인 리비도의 대상들을 대신해서, 한 인간으로서의 의사가 공상적인 대상으로서 다시 등장하는 것입니다. 그러나 이 대상을 둘러싸고 진행되는 새로운 투쟁은 의사의 암시에 힘입어 최상의 심리적인 단계로까지 고조되며, 정상적인 심리적 갈등과 마찬가지 형태로 전개됩니다. 새롭게 등장한 억압을 모면함으로써 자아와 리비도 사이의 괴리도 종식되고, 인격체로서의 심리적 통일성도 다시 회복됩니다. 만약 리비도가 일시적으로 한 인간으로서의 의사라는 대상에서 다시 벗어나게 되더라도, 다시 과거의 대상인 증상들로 돌아갈 수는 없습니다. 리비도는 이제 자아의 영향권에 놓이게 됩니다. 이런 치료 작업이 진행되는 동안 사람들이 씨름해야 할 힘들은, 한편으로는 리비도의 특정한 경향성들에 반하는 자아의 혐오감으로서, 이는 억압의 충동으로 표현됩니다. 다른 한편으로는 리비도의 강인함이나 끈기와 같은 것을 가리키며, 이는 한때 대상에 집중하여 기꺼이 놓아 주지 않으려는 경향성을 의미합니다.

치료 작업은 두 단계로 분리됩니다. 첫 번째 단계에서 모든 리비도는 증상에서 나와 전이를 향해 밀치고 들어가서, 그곳에서 압축됩니다. 두 번째 단계는 이 새로운 대상을 둘러싼 투쟁이 벌어지는 과정이며, 리비도는 이 대상에서 풀려납니다. 갈등이 좋은 결말을 맺기 위해서 결정적으로 요구되는 변화는, 이 새롭게 만들어진 갈등에서 억압을 배제하는 것입니다. 그렇게 해서 리비도는 무의식 속으로 도망침으로써 다시 자아의 영향권에서 멀어질 수 없습니다. 이는 자아가 의사의 암시에 영향을 받아서 변화됨으로써만 가능합니다. 자아는 무의식을 의식으로 바꾸는 해석 작업에 의해서 무의식을 대가로 점차 확장됩니다. 자아는 가르침에 의해서 리비도에 대해 좀 더 유화적이 되고, 리비도에게 일정한 만족을 허용할 정도로 융통성을 발휘합니다. 그리고 자아는 리비도의 요구들에 대해서도 리비도의 에너지 중에서 일부를 승화에 의해서 처리할 수 있는 가능성이 있기 때문에 과거보다는 덜 주저하게 됩니다. 치료의 과정들이 이같은 이상적인 서술과 잘 부합될수록 정신분석적인 치료 역시 더 큰 성과를 거둘 수 있습니다. 치료는 리비도가 운동성을 결여하고 있음으로 해서 한계에 봉착할 수도 있습니다. 리비도는 자신의 대상들에서 벗어나려고 하지 않습니다. 치료의 또 다른 장애 요인은, 대상에 대한 전이가 어느 정도 이상으로는 진전되지 못하도록 만드는 나르시시즘의 경직성입니다. 아마도 우리는 다음과 같은 언급을 통해서 치유의 과정이 보여 주는 역동성을 좀 더 자세히 조명할 수 있을 것입니다. 즉 우리는 전이에 의해서 리비도의 한 부분을 우리 쪽으로 끌어당김으로써 자아를 벗어난 리비도의 모든 것을 포착할 수 있다는 것입니다.

또한 치료 도중에, 그리고 치료에 의해 이루어진 리비도의 분배로부터 우리 몸이 아플 때 리비도가 어떻게 분배되었는지에 관하여 직접적인 결론을 도출해서는 안 된다는 경고는 적절합니다. 만약 아버지에 대한 강한 전이의 감정을 의사에게 품는 환자의 상황을 재현한 다음 다시 해소함으로써 질병 자체를 성공적으로 치유했다고 가정합시다. 그러나 이로부터 환자가 과거에도 자신의 리비도를 아버지에 대해 무의식적으로 결부시킴으로써 고통을 받은 적이 있다는 결론을 내린다면 잘못입니다. 아버지에 대한 전이는 단지 전쟁터에 지나지 않으며, 이 바탕 위에서 우리는 리비도를 정복하는 것입니다. 환자의 리비도는 다른 지점들에서 이쪽을 향해서 옮겨져 있습니다. 이 전쟁터가 반드시 적의 가장 중요한 요새일 필요는 없습니다. 적의 주요 도시에 대한 방어는 수도의 성문 앞에서 이루어질 필요가 없는 것입니다. 전이를 다시 해소한 다음에서야 비로소, 질병을 앓고 있는 동안에도 유지되었던 리비도의 분배 방식을 머릿속에서 다시 재구성할 수 있습니다.

리비도 이론의 관점에서 우리는 다시 한번 꿈에 대한 마지막 언급을 할 수 있습니다. 신경증 환자들의 꿈은 그들의 잘못된 행위들이나 자유로운 연상들처럼 증상들의 의미를 알아내고, 리비도의 소재를 규명하는 데 도움이 됩니다. 꿈들은 욕망 충족이란 형태로 나타나서 우리에게 어떤 욕망의 자극들이 억압되어 있으며, 자아에서 벗어난 리비도가 어떤 대상들에 매달려 있는지 보여 줍니다. 따라서 꿈들을 해석하는 것은 정신분석적 치료에서 큰 역할을 합니다. 그리고 많은 사례에서 오랜 기간에 걸쳐 정신분석적 작업의 가장 중요한 수단이 되었습니다. 우리는 이미 수면 상태 자체가 억압을 어느 정도 느슨하게 만든다는 사실을 알고 있습니다. 억압에 가해진 압력이 이처럼 완화됨으로써, 꿈속에서 억압되었던 자극은 낮 동안에 증상을 통해서 가능한 정도보다 훨씬 더 분명하게 표현됩니다. 꿈을 연구함으로써 억압된 무의식을 이해할 수 있는 가장 편안한 길이 열리는데, 자아에서 벗어난 리비도는 바로 이 무의식에 속해 있습니다.

그러나 신경증 환자들의 꿈들은 그 어떤 본질적인 측면에서 보더라도 정상인들의 꿈과 전혀 다를 바가 없습니다. 그렇습니다, 아마도 그 꿈들은 서로 전혀 구별될 수도 없을 것입니다. 신경증 환자들의 꿈을, 정상인들의 꿈을 해석하는 데에도 별로 쓸모가 없는 그런 방식을 사용해서 파악한다는 것은 이치에 맞지 않을 수 있습니다. 우리는 결국 신경증과 건강한 상태의 차이가 오직 낮 동안에만 적용되며, 꿈-생활에 이르기까지 지속되지는 않는다고 말해야만 합니다. 우리는 신경증 환자들의 꿈들과 그들의 증상들 사이의 연관을 추적하여 일련의 가설들을 확인할 수 있었는데, 이 가설들은 건강한 사람들에게도 적용될 수 있다고 말할 수밖에 없습니다. 우리는 건강한 사람 역시 자신의 정신생활에서 증상 형성의 요인으로 작용하는 것과 같은, 꿈-형성을 가능케 하는 요인을 지니고 있음을 간과할 수 없습니다. 그리고 우리는 건강한 사람도 억압을 만들어 내며, 이를 유지하기 위해서 일정한 양의 심리적 에너지를 동원한다는 것, 그의 무의식의 조직은 억압되고 아직 에너지에 의해 리비도 집중된 자극들도 은폐되어 있다는 것, 그리고 〈그의 리비도의 한 부분이 자아의 관할 영역에서 제외되었다〉는 등의 결론을 내려야만 합니다. 즉 건강한 사람도 잠재적인 신경증 환자들이라는 것입니다. 반면에 꿈은 그가 형성할 수 있는 유일한 증상인 것처럼 보입니다. 사람들이 스스로 각성하고 있는 상태에서 생활하는 모습을 면밀하게 검토해 보면,

분명 겉으로는 건강한 생활처럼 보이지만 그 같은 외관과 배치되는 현상, 즉 일련의 사소하고 실제로는 거의 중요하지 않은 신경증의 증상들이 도처에서 형성되고 있다는 사실을 발견합니다.

따라서 신경증을 동반한 건강함과 신경증 사이의 차이는 실용적 차원에만 국한되며, 그 사람이 충분한 정도로 인생의 즐거움을 느끼고 또 정상적인 생활을 할 수 있는 힘이 남아 있는지의 여부에 따라서 결정됩니다. 그 차이는 아마도 자유롭게 남아 있는 심리 에너지의 양과 억압에 의해서 묶여 있는 에너지의 양 사이의 상대적인 관계로 환원할 수 있으며, 질적인 차이가 아닌 양적인 차이로 간주됩니다. 이 같은 통찰은 신경증이 비록 기질적인 요인에 의해서 발생하지만 원칙적으로 치유될 수 있다는 확신을 이론적으로 뒷받침하며, 내가 이런 사실을 여러분에게 새삼 강조할 필요는 없습니다.

우리는 건강한 사람과 신경증 환자의 꿈들이 같다는 사실에서, 건강의 특징에 관한 이상과 같은 내용들을 도출해 낼 수 있습니다. 그러나 우리는 꿈 자체에 대해서 다음과 같은 결론을 내릴 수 있습니다. 즉 꿈은 신경증 증상들과의 관련성을 떠나서 이해되어서는 안 되며, 꿈의 본질은 꿈에서 생각한 내용들을 시원적인 표현의 형태로 번역함으로써 해결된다고 생각해서도 안 된다는 결론입니다. 또 우리는 꿈이 실제로 존재하는 리비도가 처리되는 방식이나 대상에 대한 리비도 집중 등을 보여 준다고 간주해야만 합니다.[3]

우리의 강의는 이제 곧 끝나게 될 것입니다. 아마도 여러분은, 내가 정신분석학의 치료라는 제목의 장에서 이론적인 내용에 대

3 「질투, 편집증 그리고 동성애의 몇 가지 신경증적 메커니즘」(프로이트 전집 10, 열린책들) 참조.

해서만 설명하고, 치료가 진행될 때 요구되는 조건들이나 치료에 의해서 달성되는 결과들에 대해서는 전혀 설명하지 않았기 때문에 실망했을 수도 있습니다. 하지만 나는 이 두 가지 사항을 일부러 배제했습니다. 첫 번째 사항을 다루지 않은 것은, 내가 여러분에게 정신분석을 시술하기 위한 실용적인 처방을 제시할 생각이 없었기 때문입니다. 후자에 관해서는, 이를 다루지 않도록 만든 여러 가지 복합적인 동기가 작용했습니다. 나는 강의를 시작하면서 여러분에게, 우리가 유리한 조건에서는 가장 탁월한 성과를 보이는 내과 치료의 영역과 비교해도 전혀 손색이 없는 치료의 성과를 보일 수 있다는 사실과 함께, 그 어떤 다른 방법을 통해서도 동일한 결과가 나오지는 않을 것이라는 점도 강조했습니다. 만약 내가 이에 대해 좀 더 장황하게 설명할 경우, 정신분석학을 깎아내리려는 목소리가 높아진 시점에서, 내가 정신분석학을 대중들에게 선전함으로써 그런 반론을 상쇄하려 한다는 오해를 받을 수 있습니다. 정신분석가를 겨냥한 반론은 공개적인 학술 회의 석상에서도 거듭 제기되었으며, 이는 의사인 〈동료들〉에 의해서 다음과 같은 위협의 형태로 나타났습니다. 즉 분석적 방법의 실패나 해악들을 종합해 볼 때, 고통받는 대중들이 이 같은 치료 방법이 무가치하다는 사실에 대해 눈을 뜰 수 있도록 해주어야 한다는 것입니다. 그러나 그런 사례들만을 종합하는 방식은, 그 같은 조치 자체가 악의적이며 공개적으로 비방하려는 데 목적이 있다는 점은 제외하고라도, 분석의 치료 효과에 대한 올바른 판단을 내리기에는 전혀 적합하지 않습니다. 분석적 치료는, 여러분이 알다시피, 아직 연륜이 짧습니다. 분석적 치료의 기술을 확정할 수 있을 때까지는 오랜 시간이 필요합니다. 그리고 이는 오직 분석 작업을 진행하면서 확정할 수밖에 없으며, 경험을 쌓아

가고 그 영향을 받아 가면서 확정되는 것입니다. 정신분석학을 전수하는 과정에서 나타난 난점들에 의해서, 이 분야의 초보자는 다른 분야의 전문가들보다 훨씬 더 자기 자신의 힘에 의지해서 지속적인 학습을 해야만 합니다. 그리고 처음 몇 해 동안의 성과에 의해서 분석적 치료의 능력에 대한 판단을 내릴 수는 없습니다.

치료하는 과정에서 시도된 많은 방법은 분석의 초기 단계에서 실패로 끝났는데, 그 이유는 분석의 방법이 전혀 적용될 수 없는 사례들을 대상으로 삼았기 때문이며, 그런 사례들은 오늘날 우리의 분석 요건에 맞지 않기에 치료 대상에서 제외됩니다. 그러나 이런 분석에 적합한 요건들 역시 시행착오의 과정을 통해서만 확보됩니다. 한참 진행된 편집증이나 조발성 치매의 사례들은 치료할 수 없다는 것을 사람들은 처음부터 몰랐습니다. 그러나 분석의 방법을 모든 종류의 감정에 실험적으로 적용할 수 있는 권리를 가진다는 것은 움직일 수 없는 사실입니다. 그러나 초창기의 몇 년 동안 겪었던 실패들 가운데 대부분은, 의사가 잘못했거나 적절치 못한 대상을 선택했기 때문이 아니라, 외부의 조건들이 불리했기 때문입니다. 우리는 오직 불가피하고 극복할 수 없는 환자의 내적 저항에 대해서만 다루어 왔습니다. 분석에 대한 외적 저항들은 환자를 둘러싼 조건들이나 환경들에 의해서 생겨나는데, 이는 별로 이론적인 관심의 대상이 되지 못했지만 실제로는 가장 중요한 의미를 지닙니다. 정신분석적 치료는 외과 수술에 비견될 수 있습니다. 그리고 정신분석적 치료는 외과 수술과 마찬가지로, 성공적인 수술 결과가 나오기에 유리한 조건들에서 시술되어야 한다고 주장할 수 있습니다. 여러분은 외과 의사가 수술하기 전에 어떤 조치들을 관례적으로 취하는지 알고 있습니다. 적절한 공간과 충분한 조명, 수술을 보조하는 인적 자원, 수술

받는 사람의 가족이 수술실에 들어오지 못하게 하는 등의 조치들이 거론될 수 있습니다. 그런데 만약 환자의 모든 가족이 함께 있고, 이들이 수술하는 장면을 코가 닿을 정도로 가까이서 지켜보며, 수술용 칼을 환자에게 들이댈 때마다 큰 소리로 비명을 지른다면, 그런 상황에서 수술이 진행될 때 얼마나 많은 수술들이 성공적으로 끝날 수 있을지 여러분이 한번 상상해 보십시오. 정신분석적 치료에서 환자의 가족이 중간에 끼어드는 것은 특히 위험합니다. 게다가 이때 우리가 직면하는 위험은 어떻게 대처할 수도 없습니다. 우리는 환자 자신의 내부에서 일어나는 저항은 필연적으로 나타날 수밖에 없다고 여기면서 이에 대해 대처할 방도를 강구했습니다. 그러나 앞서 말한 외부의 저항들에 대해서는 어떻게 대비해야겠습니까? 환자의 가족들에 의해서 생기는 문제는 우리가 아무리 설명을 해주어도 해결되지 않습니다. 환자와 관련된 모든 사태에 대해서 거리를 두도록 그들을 설득할 수 없습니다. 그리고 우리는 환자의 가족과 함께 공조 체제를 가지려해서도 안 됩니다. 왜냐하면 그럴 경우 환자가 의사를 불신할 수 있는 위험이 생기기 때문입니다. 환자는 자신이 신뢰하는 사람이 자신의 편에 서기를 요구할 수 있으며, 이는 정당한 것입니다. 한 가족이 종종 어떤 불화에 의해서 분열되어 있는지 알고 있는 정신분석가의 입장에서, 환자와 가장 가까운 사람들이 환자가 그대로 병에 걸려 있는 상태보다 건강해지는 것에 대해 그다지 큰 관심을 보이지 않는다는 것을 알게 되더라도 놀라지 않을 것입니다. 신경증이 환자의 가족들 사이의 갈등과 연관된 경우 ─ 이런 사례들은 자주 발견됩니다 ─ 건강한 사람은 자신의 이해와 환자의 회복 중 하나를 선택하는 과정에서 망설이지 않고 신속하게 결정합니다. 만약 남편이 치료 과정을 기꺼이 관찰하려 들지 않는다면, 그 이유는 아마도 이 기회에 자신의 잘못들이 계속해서 들추어질 것으로 그 자신이 옳게 예측하고 있기 때문이며, 이는 이상한 일이 아닙니다. 우리 역시 이런 사례에 대해 놀라지는 않지만, 만약 우리의 노력이 수포로 돌아가고 예정보다 일찍 중단된다 해도 자신을 비난할 수는 없습니다. 왜냐하면 이 경우, 병에 걸린 부인의 저항에 남편의 저항이 함께 작용하기 때문입니다. 우리는 주어진 상황에서 도저히 수행할 수 없는 일을 착수했던 것입니다.

　나는 여러분에게 여러 사례를 소개하는 대신에, 의사로서 환자를 배려해야 했기에 난처한 입장에 빠질 수밖에 없었던 단 하나의 사례만을 설명하겠습니다. 나는 여러 해 전에 한 젊은 처녀를 분석 요법으로 치료한 적이 있습니다. 이 처녀는 이미 오래전부터 불안감으로 인해서 거리에 나가지도 못하고 집에서도 혼자 머물러 있지 못했습니다. 이 환자는 서서히 자신의 사연을 고백하기 시작했습니다. 그녀의 상상은, 자신의 어머니와 집안끼리 알고 지내는 한 부유한 남자 사이의 성관계를 우연히 목격함으로써 촉발되었다는 것입니다. 그러나 그녀는 그다지 현명하게 대처하지 못했거나, 아니면 매우 교묘하게 행동했었다고 볼 수 있습니다. 왜냐하면 그녀는 자신이 집에 혼자 남아 있는 동안에 느끼는 불안감에서 자신을 지켜 줄 사람은 어머니밖에 없다고 고집했으며, 그녀가 외출을 하려고 시도하자 불안해하면서 문을 가로막고 어머니에 대한 다른 태도를 보이기 시작했습니다. 이런 일련의 행동을 통해서 그녀는, 자신이 분석 요법을 받으면서 나에게 말했던 사실을 어머니에게 암시했습니다. 어머니 자신도 과거에 신경증에 걸린 적이 있었지만, 몇 년 전에 한 수치법(水治法) 요양원에 다닌 후에 치유된 적이 있습니다. 바로 이 요양원에서 그녀가 문제의 남자를 알게 되었다고 감히 추정해도 좋습니다. 그녀는 이 남자를 통해서 어떤 관점에서 보더라도 만족스러운 관계를 맺을 수 있었습니다. 그녀는 자기 딸의 불길 같은 성화에 놀란 나머지 딸의 불안이 무엇을 의미하는지 〈갑자기〉 깨달았습니다. 딸은 어머니를 붙잡아 놓고, 그녀가 자신의 애인과 관계하는 데 필수적으로 요구되는 행동의 자유를 앗아 가기 위해서 병에 걸렸던 것입니다. 어머니는 이 해로운 분석 치료를 더 이상 딸이 받지 못하도록 조치함으로써 속히 결단을 내렸습니다. 그 처녀는 신경증 요양소로 보내졌고, 여러 해 동안 〈정신분석 요법에 의해서 불쌍하게 희생당한 사람〉으로 알려졌습니다. 그로부터 오랫동안 이 처녀에 대한 치료가 좋지 못한 결과로 끝나게 되었다는 이유로 나에 대해서도 나쁜 험담이 가해졌습니다. 나는 의사로서 환자의 사생활을 보호해야 하는 책무를 지켜야 한다는 믿음 때문에 계속 침묵해 왔습니다. 그로부터 많은 시간이 흐른 후에 나는 바로 그 요양소를 방문해서, 광장 공포증에 걸려 있던 처녀를 관찰했던 한 동료에게 다음과 같은 사실을 전해 들었습니다. 즉 그 처녀의 어머니와 부유한 남자 친구 사이의 관계는 도시 전체에 알려졌으며, 아마도 처녀의 아버지인 그녀의 남편도 그 관계를 알면서 못 본 체했다는 것입니다. 결국 비밀 아닌 〈비밀〉로 인해서 치료가 희생되었습니다.

전쟁이 일어나기 전에는 수많은 나라에서 환자들이 나에게 몰려옴으로써, 나는 고향 사람들의 평판이 어떻든 별 신경을 쓰지 않을 수 있었습니다. 당시 나는 자신의 중요한 기본 생활과 관련해서 법적으로 독립적이지 않은 환자, 즉 타인에게 의존적인 환자는 치료하지 않는다는 규칙을 따랐습니다. 물론 그런 규칙을 모든 정신분석가가 따르도록 할 수는 없습니다. 여러분은 아마도 환자의 가족에 대한 나의 경고를 들은 후에 다음과 같은 결론을 내릴 수도 있습니다. 즉 환자들은 정신분석이란 목적을 달성하기 위해 그들의 가족에게서 격리되어야 하며, 결국 이 치료 요법은 신경증 환자를 치료하기 위해서 요양원에서 거처하고 있는 환자들에게만 적용되어야 한다는 결론을 내릴 수 있습니다. 그러나 나는 여러분의 그런 결론에 동의하지는 않을 것입니다. 만약 환자들의 심신이 극도로 허약한 상태에 놓여 있지 않다면, 환자 스스로 씨름해야만 하는 인간관계가 유지되는 상황에서 치료받는 것이 훨씬 낫습니다. 다만 환자의 가족이 다른 행동을 함으로써 이런 장점을 상쇄시키거나, 의사들의 노력에 맞서서는 절대로 안됩니다. 그러나 여러분은 우리의 영향력이 미치지 않는 이 같은 요인들을 앞서 말한 방침에 맞도록 어떻게 조정할 수 있습니까! 당연히 여러분 역시, 치료의 성과가 얼마나 환자의 사회적 환경이나 가족의 문화적 생활 수준 등에 의해서 좌우되는지 알게 될 것입니다.

치료가 실패로 끝난 사례들의 대부분을 장애 요인으로 작용하는 외부의 계기들에 의해서 설명할 수 있다고 하더라도, 이 같은 상황에서는 정신분석학의 치료 효과에 대한 전망 자체도 불투명해지지 않습니까! 정신분석학에 대해 호의적인 사람들은 우리에게, 실패한 사례들과 함께 성공적인 사례들에 대한 통계를 제시함으로써 그런 비난을 상대해야 한다고 충고했습니다. 나는 그 충고를 아직 따르지 않았습니다. 만약 그런 통계가 서로 성질이 다른 일련의 사례들을 정리해 놓은 것이라면 별로 가치가 없다고 나는 밝혔습니다. 그리고 치료의 대상이었던 신경 질환의 사례들은 실제로 아주 다양한 관점에서 서로 같은 성질의 것이 아니었습니다. 게다가 사태 전체를 포괄적으로 검토할 만한 시간적인 여유도 없었습니다. 즉 치유된 상태가 어느 정도 지속될지 판단하기에는 너무 시간이 짧았습니다.[4] 그리고 많은 사례에 대해서는 그 경과에 대해 보고조차 할 수도 없었습니다. 그런 경우는 자신의 병은 물론 치료받는다는 사실조차 밝힐 수 없었던 사람들이 해당하며, 이들이 회복되었다는 사실도 마찬가지로 공표될 수 없었습니다. 하지만 내가 그런 일을 하지 않은 가장 중요한 까닭은, 사람들이 치료 요법이란 사안과 관련해서 전적으로 불합리하게 행동한다는 것을 나 자신이 잘 알고 있으며, 그 결과 합리적인 수단을 통해서 그들에게 무언가 영향력을 행사할 수 있다는 전망이 전혀 없기 때문입니다. 사람들은 새로운 치료 요법이 등장하면, 코흐Koch가 최초로 투베르쿨린을 결핵에 대한 처방으로 공개했을 때와 같이 열광적으로 환영하거나, 아니면 실제로는 하늘의 축복과도 같은 의미를 지니는 제너Jenner의 면역 요법이 오늘날에도 화해가 불가능한 적대자들에게 둘러싸인 것처럼 뿌리 깊은 불신을 받을 수도 있습니다. 정신분석학에 대해서도 명백하게 일종의 선입견이 가로놓여 있습니다. 아주 심각한 사례를 치료할 경우, 우리는 다음과 같은 투의 말을 접하게 됩니다. 〈그 사례가 정신분석학의 타당성을 입증해 주는 것은 아니야. 그 사람은 시간이 지나면 원래 저절로 낫게 되어 있었어.〉 언젠가 이미 네 번에 걸쳐 의기소침한 상태와 조병을 번갈아 겪었던 한 여자 환자가 우울증이 막 지나간 다음의 휴지 기간 동안 나의 치료를 받으러 온 적이 있었습니다. 3주가 지난 다음 그녀가 다시 조병에 걸리자, 모든 환자의 가족과 함께 도움을 요청받은 의료계의 한 권위 있는 의사마저도, 이 새로운 발작은 오직 그녀에 대한 정신분석의 결과가 잘못되었기 때문에 발생할 수밖에 없었다고 굳게 믿었습니다. 선입견에 직면했을 때는 아무런 대책도 세울 수 없습

4 『새로운 정신분석 강의』 참조.

니다. 또다시 여러분은 전쟁 중에 있는 민족들의 한 집단이 다른 집단에 대해서 품고 있는 선입견을 목격하고 있습니다. 이런 상황에서 가장 이성적인 방책은, 기다리면서 그런 선입견들이 저절로 사라지도록 시간에 내맡겨 놓는 것입니다. 언젠가 같은 사람들이 동일한 사태에 대해서 지금까지와는 전혀 다른 생각을 할 수 있습니다. 왜 그들이 지금 바로 그런 생각을 하지 않는지, 그 이유는 어두운 비밀로 남아 있습니다.

분석적 치료 요법에 반대하는 선입견은 현재 사그라들고 있는 지도 모릅니다. 분석적 이론들이 계속 확산되고, 많은 나라에서 분석적으로 치료하는 의사들이 증가한다는 것이 그런 전망을 보장해 줍니다. 내가 젊은 의사였을 때, 최면술의 암시 요법에 반대하는 의사들이 느꼈던 분노와 유사한 감정에 휩싸인 적이 있습니다. 최면 요법은 오늘날 〈명철한 생각을 지닌 사람들〉에 의해서 정신분석과 배치되는 것으로 간주되고 있습니다. 그런데 최면술은 치료의 수단으로서 처음에 약속했던 바를 지키지 못했습니다. 우리 정신분석가들은 최면 요법의 적법한 후계자로 자처할 수 있으며, 그로부터 우리 자신이 얼마나 많은 자극과 이론적인 계몽을 받았는지 잊어버려서는 안 됩니다. 사람들이 정신분석학의 해로움이라고 말하는 것들은 사실, 분석이 숙달되지 않은 방식으로 수행되거나 치료가 도중에 갑자기 중단됨으로써 일시적으로 심리적 갈등이 고조되는 현상에 국한됩니다. 우리가 환자들에게 조치하는 내용들에 대해서 여러분은 이미 들었으며, 우리의 노력이 환자에게 지속적인 피해를 입히는지의 여부에 대해서 여러분 자신이 판단할 수 있습니다. 분석을 악용할 수 있는 여러 가지 가능성들이 있습니다. 게다가 특히 전이라는 치료 수단이 양심적이지 못한 의사의 손안에 놓이게 된다면 위험합니다. 그러나 의료 수단이나 절차도 악용의 가능성을 차단시킬 수 없습니다. 잘 듣지 않는 칼은 수술용으로도 적합하지 않습니다.

신사 숙녀 여러분, 나의 강의도 이제 끝나 갑니다. 만약 내가 여러분 앞에서 행한 강의의 많은 결함이 나의 마음을 심각하게 짓누른다고 고백한다면, 이는 단순히 늘상 하는 말 이상의 의미를 지니고 있습니다. 무엇보다 내가 유감스럽게 느낀 것은, 내가 한 곳에서 짧게 언급한 주제를 다른 곳에서 다시 다루겠다고 그렇게도 자주 약속했건만, 그 약속을 지킬 수 있는 체계적인 연관성이 부각되지 않았기 때문입니다. 나는 여러분에게 아직 완성되지 않은 상태로 현재 진행 중인 사안에 대해서 보고할 생각이었습니다. 그리고 내가 짤막하게 정리한 내용 자체도 완결되지 않았습니다. 여러 곳에서 나는 결론을 내릴 수 있는 자료를 이미 제시했습니다만, 내가 직접 결론을 내리지는 않았습니다. 그러나 나는 여러분을 전문가로 만들 수 있다고 여기지는 않았습니다. 나는 단지 여러분에게 정신분석학을 이해시키고, 자극을 주려고 했을 뿐입니다.

프로이트의 삶과 사상

— 제임스 스트레이치

지크문트 프로이트Sigmund Freud는 1856년 5월 6일, 그 당시에는 오스트리아-헝가리 제국의 일부였던 모라비아의 소도시 프라이베르크에서 출생했다. 83년에 걸친 그의 생애는 겉으로 보기에는 대체로 평온무사했고, 따라서 장황한 서술을 요하지 않는다.

그는 중산층 유대인 가정에서 두 번째 부인의 맏아들로 태어났지만, 집안에서 그의 위치는 좀 이상했다. 프로이트 위로 첫 번째 부인 소생의 다 자란 두 아들이 있었기 때문이다. 그들은 프로이트보다 스무 살 이상 나이가 많았고, 그중 하나는 이미 결혼해서 어린 아들을 두고 있었다. 그랬기에 프로이트는 사실상 삼촌으로 태어난 셈이었지만, 적어도 그의 유년 시절에는 프로이트 밑으로 태어난 일곱 명의 남동생과 여동생 못지않게 조카가 중요한 역할을 했다.

그의 아버지는 모피 상인이었는데, 프로이트가 태어난 후 얼마 지나지 않아 사업이 어려워지기 시작했다. 그래서 프로이트가 겨우 세 살이었을 때 그는 프라이베르크를 떠나기로 결심했고, 1년 뒤에는 온 가족이 빈으로 이주했다. 이주하지 않은 사람은 영국 맨체스터에 정착한 두 이복형과 그들의 아이들뿐이었다. 프로이트는 몇 번인가 영국으로 건너가서 그들과 합류해 볼까 하는 생각을 했지만, 그것은 거의 80년 동안 실행에 옮겨지지 못했다.

프로이트가 빈에서 어린 시절을 보내는 동안 그의 집안은 몹시 궁핍한 상태였지만, 어려운 형편에도 불구하고 그의 아버지는 언제나 셋째 아들의 교육비를 최우선으로 꼽았다. 프로이트가 매우 총명했을 뿐 아니라 공부도 아주 열심히 했기 때문이다. 그 결과 그는 아홉 살이라는 어린 나이에 김나지움에 입학했고, 그 학교에서 보낸 8년 가운데 처음 2년을 제외하고는 자기 학년에서 수석을 놓친 적이 없었다. 그는 열일곱 살 때 아직 어떤 진로를 택할 것인지 결정을 하지 못한 채 김나지움을 졸업했다. 그때까지 그가 받았던 교육은 지극히 일반적인 것이어서, 어떤 경우에든 대학에 진학할 것으로 보였으며, 서너 곳의 학부로 진학할 길이 그에게 열려 있었다.

프로이트는 수차례에 걸쳐, 자기는 평생 동안 단 한 번도 〈의사라는 직업에 선입관을 가지고 특별히 선호한 적이 없었다〉고 주장했다.

나는 그보다는 오히려 일종의 호기심을 느꼈다. 하지만 그것은 자연계의 물체들보다는 인간의 관심사에 쏠린 것이었다.[1]

그리고 어딘가에서는 이렇게 적었다.

어린 시절에 나는 고통받는 인간을 도우려는 어떤 강한 열망도 가졌던 기억이 없다. (……) 그러나 젊은이가 되어서는 우리가 살고 있는 세상의 수수께끼들 가운데 몇 가지를 이해하고, 가능하다면 그 해결책으로 뭔가 기여도 하고 싶은 억누를 수 없는 욕망을

---

1 「나의 이력서」(1925) 앞부분 참조.

느꼈다.[2]

또 그가 만년에 수행했던 사회학적 연구를 논의하는 다른 글에서는 이렇게 적기도 했다.

　나의 관심은 평생에 걸쳐 자연 과학과 의학과 심리 요법을 두루 거친 뒤에 오래전, 그러니까 내가 숙고할 수 있을 만큼 충분히 나이가 들지 않았던 젊은 시절에 나를 매혹시켰던 문화적인 문제들로 돌아왔다.[3]

　프로이트가 자연 과학을 직업으로 택하는 데 직접적인 계기가 되었던 사건은 — 그의 말대로라면 — 김나지움을 졸업할 무렵 괴테가 썼다고 하는(아마도 잘못된 것으로 보인다) 〈자연〉에 관한 매우 화려한 문체의 에세이를 낭독하는 독회에 참석한 일이었다고 한다. 하지만 그 선택이 자연 과학이긴 했지만, 실제로는 의학으로 좁혀졌다. 그리고 프로이트가 열일곱 살 때인 1873년 가을, 대학에 등록했던 것도 의과대 학생으로서였다. 하지만 그는 서둘러 의사 자격을 취득하려고 하지는 않았다. 한두 해 동안 그가 다양한 과목의 강의에 출석했던 것만 보더라도 이를 알 수 있다. 그러나 차츰차츰 관심을 기울여 처음에는 생물학에, 다음에는 생리학에 노력을 집중했다. 그가 맨 처음 연구 논문을 쓴 것은 대학 3학년 때였다. 당시 그는 비교 해부학과 교수에게 뱀장어를 해부해서 세부 사항을 조사하라는 위임을 받았는데, 그 일에는 약 4백 마리의 표본을 해부하는 일이 포함되었다. 그로부터 얼마 지

2　「비전문가 분석의 문제」(1927)에 대한 후기 참조.
3　「나의 이력서」에 대한 후기 참조.

나지 않아서 그는 브뤼케Brücke가 지도하는 생리학 연구소로 들어가 그곳에서 6년 동안 근무했다. 그가 자연 과학 전반에 대해 보이는 태도의 주요한 윤곽들이 브뤼케에게서 습득되었다는 것은 의심할 여지가 없는 일이다. 그 기간 동안 프로이트는 주로 중추 신경계의 해부에 대해서 연구했고, 이미 책들을 출판하고 있었다. 그러나 실험실 연구자로서 벌어들이는 수입은 대가족을 부양하기에는 충분하지 못했다. 그래서 마침내 1881년 그는 의사 자격을 따기로 결정했고, 그로부터 1년 뒤에는 많은 아쉬움을 남긴 채 브뤼케의 연구소를 떠나 빈 종합 병원에서 근무하기 시작했다.

그러나 결국 프로이트의 삶에 변화를 가져다준 결정적인 계기가 있었다면, 그것은 생각보다도 더 절박한 가족에 대한 것이었다. 1882년에 그는 약혼을 했고, 그 이후 결혼을 성사시키는 데 모든 노력을 기울였다. 그의 약혼녀 마르타 베르나이스Martha Bernays는 함부르크의 이름 있는 유대인 집안 출신으로, 한동안 빈에서 지내고 있었지만 얼마 안 가서 곧 머나먼 독일 북부에 있는 그녀의 집으로 돌아가야 했다. 그 뒤로 4년 동안 두 사람이 서로를 만나 볼 수 있었던 것은 짧은 방문이 있을 때뿐이었고, 두 연인은 거의 매일같이 주고받는 서신 교환으로 만족해야 했다. 그 무렵 프로이트는 의학계에서 지위와 명성을 확립해 가고 있었다. 그는 병원의 여러 부서에서 근무했지만, 얼마 지나지 않아 곧 신경 해부학과 신경 병리학에 몰두하기 시작했다. 또 그 기간 중에 코카인을 의학적으로 유용하게 이용하는 첫 번째 연구서를 출간했고, 그렇게 해서 콜러에게 그 약물을 국부 마취제로 사용하도록 제안하기도 했다. 바로 뒤이어 그는 두 가지 즉각적인 계획을 수립했다. 하나는 객원 교수 자리에 지명을 받는 것이었고, 다른 하나는 장학금을 받아 얼마 동안 파리로 가서 지내려는 것이었다. 그곳에서는 위대한 신경 병리학자 샤르코Charcot가 의학계를 주도하고 있었다. 프로이트는 그 두 가지 목적이 실현된다면 자기에게 커다란 도움이 될 것이라고 생각했고, 열심히 노력한 끝에 1885년에 두 가지 모두를 얻어 냈다.

프로이트가 파리 살페트리에르 병원(신경 질환 치료로 유명한 병원)의 샤르코 밑에서 보냈던 몇 달 동안, 그의 삶에는 또 다른 변화가 있었다. 이번에는 실로 혁명적인 변화였다. 그때까지 그의 일은 전적으로 자연 과학에만 관련되었고, 파리에 있는 동안에도 그는 여전히 뇌에 관한 병력학(病歷學) 연구를 계속하고 있었다. 그 당시 샤르코의 관심은 주로 히스테리와 최면술에 쏠려 있었는데, 빈에서는 그런 주제들이 거의 생각할 만한 가치가 없는 것으로 여겨졌다. 그러나 프로이트는 그 일에 몰두하게 되었다. 비록 샤르코 자신조차 그것들을 순전히 신경 병리학의 지엽적인 부문으로 보았지만, 프로이트에게는 그것이 정신의 탐구를 향한 첫걸음인 셈이었다.

1886년 봄, 빈으로 돌아온 프로이트는 신경 질환 상담가로서 개인 병원을 열고, 뒤이어 오랫동안 미루어 왔던 결혼식을 올렸다. 하지만 그렇다고 해서 그가 당장 자기가 하던 모든 신경 병리학 업무를 그만둔 것은 아니었다. 그는 몇 년 더 어린아이들의 뇌성 마비에 관한 연구를 계속했고, 그 분야에서 주도적인 권위자가 되었다. 또 그 시기에 실어증에 관해서 중요한 연구 논문을 쓰기도 했지만, 최종적으로는 신경증의 치료에 더욱 노력을 집중했다. 전기 충격 요법 실험이 허사로 돌아간 뒤 그는 최면 암시로 방향을 돌려서, 1888년에 낭시를 방문하여 리에보Liébeault와 베르넴Bernheim이 그곳에서 괄목할 만한 성공을 거두는 데 이용한 기법을 배웠다. 하지만 그 기법 역시 불만족스러운 것으로 밝혀지자, 또 다른 접근 방법을 강구하지 않을 수 없었다. 그는 빈의 상담가이자 상당히 손위 연배인 요제프 브로이어Josef Breuer 박사가 10년 전쯤 아주 새로운 치료법으로 어떤 젊은 여자의 히스테리 증세를 치료했다는 사실을 알고 있었다. 그는 브로이어에게 그 방법을 한 번 더 써보도록 설득하는 한편, 그 스스로도 새로운 사례에 그 방법을 몇 차례 적용해서 가망성 있는 결과를 얻었다. 그 방법은 히스테리가 환자에게 잊힌 어떤 육체적 충격의 결과라는 가정에 근거를 둔 것이었다. 그리고 치료법은 잊힌 충격을 떠올리기 위해 적절한 감정을 수반하여 환자를 최면 상태로 유도하는 것으로 이루어져 있었다. 얼마 지나지 않아 프로이트는 그 과정과 저변에 깔린 이론 모두에서 변화를 일으키기 시작했고, 마침내는 그 일로 브로이어와 갈라설 정도까지 되었지만, 자기가 이루어 낸 모든 사상 체계의 궁극적인 발전에 곧 정신분석학이라는 이름을 붙였다.

그때부터 — 아마도 1895년부터 — 생을 마감할 때까지 프로이트의 모든 지성적인 삶은 정신분석학의 발전과 그 광범위한 언외(言外)의 의미, 그리고 그 학문의 이론적이고 실제적인 영향을 탐구하는 데 바쳐졌다. 프로이트의 발견과 사상에 대해서 몇 마디 말로 일관된 언급을 하기란 물론 불가능하겠지만, 그가 우리의 사고 습관에 불러일으킨 몇 가지 주요한 변화를 단절된 양상으로나마 지적하기 위한 시도는 얼마 안 가서 곧 이루어질 것이다. 그러는 동안 우리는 그가 살아온 삶의 외면적인 과정을 계속 좇을 수 있을 것이다.

빈에서 그가 영위했던 가정생활에는 본질적으로 에피소드가 결여되어 있다. 1891년부터 47년 뒤 그가 영국으로 떠날 때까지 그의 집과 면담실이 같은 건물에 있었기 때문이다. 그러나 행복한 결혼 생활과 불어나는 가족 ─ 세 명의 아들과 세 명의 딸 ─ 은 그가 겪는 어려움들, 적어도 그의 직업적 경력을 둘러싼 어려움들에 견실한 평형추가 되어 주었다. 의학계에서 프로이트에 대해 편견을 가지고 있었던 이유는 그가 발견한 것들의 본질 때문만이 아니라, 어쩌면 그에 못지않게 빈의 관료 사회를 지배하고 있던 강한 반유대 감정의 영향 때문이기도 했을 것이다. 그가 대학교수로 취임하는 일도 정치적 영향력 탓으로 끊임없이 철회되었다.

그러한 초기 시절의 특별한 일화 한 가지는 그 결과 때문에 언급할 필요가 있다. 그것은 프로이트와, 명석하되 정서가 불안정한 베를린의 의사 빌헬름 플리스Wilhelm Fließ의 우정에 관한 것이다. 플리스는 이비인후과를 전공했지만 인간 생태학과 생명 과정에서 일어나는 주기적 현상의 영향에 이르기까지 관심 범위가 매우 넓었다. 1887년부터 1902년까지 15년 동안 프로이트는 그와 정기적으로 편지를 교환하면서 자기의 발전된 생각을 알렸고, 자기가 앞으로 쓸 책들의 윤곽을 개술한 긴 원고를 그에게 미리 보냈다. 그리고 무엇보다도 중요한 것은 「과학적 심리학 초고」라는 제목이 붙은 약 4만 단어짜리 논문을 보낸 것이었다. 이 논문은 프로이트의 경력에서 분수령이라고도 할 수 있는, 즉 그가 어쩔 수 없이 생리학에서 심리학으로 옮겨 가고 있던 1895년에 작성된 것으로, 심리학의 사실들을 순전히 신경학적 용어들로 서술하려는 시도였다. 다행스럽게도 이 논문과 프로이트가 플리스에게 보낸 다른 편지들도 모두 보존되어 있는데, 그것들은 프로이트의 사상이 어떻게 발전되었는가에 대해 매혹적인 빛을 던질 뿐 아니라, 정신분석학에서 나중에 발견된 것들 중 얼마나 많은 것이 초기 시절부터 이미 그의 마음속에 있었는지를 보여 준다.

플리스와의 관계를 제외한다면, 프로이트는 처음에는 외부의 지원을 거의 받지 못했다. 빈에서 점차 프로이트 주위로 몇몇 문하생이 모여들었지만, 그것은 대략 10년쯤 후인 1906년경, 즉 다수의 스위스 정신 의학자가 그의 견해에 동조함으로써 분명한 변화가 이루어진 뒤의 일이었다. 그들 가운데 중요한 인물로는 취리히 정신 병원장인 블로일러E. Bleuler와 그의 조수인 융C. G. Jung이 있었는데, 그것으로 우리는 정신분석학이 처음으로 확산되기 시작했음을 알 수 있다. 1908년에는 잘츠부르크에서 정신분석학자들의 국제적인 모임이 열린 데 이어, 1909년에는 미국에서 프로이트와 융을 초청해 여러 차례의 강연회를 열어 주었다. 프로이트의 저서들이 여러 나라 말로 번역되기 시작했고, 정신분석을 실행하는 그룹들이 세계 각지에서 생겨났다. 그러나 정신분석학의 발전에 장애가 없지는 않았다. 그 학문의 내용이 정신에 불러일으킨 흐름들은 쉽게 받아들이기에는 너무 깊이 흐르고 있던 것이다. 1911년 빈의 저명한 프로이트 지지자들 중 한 명인 알프레트 아들러Alfred Adler가 그에게서 떨어져 나갔고, 이삼 년 뒤에는 융도 프로이트와의 견해 차이로 결별했다. 그 일에 바로 뒤이어 제1차 세계 대전이 발발하자, 정신분석의 국제적인 확산은 중단되었다. 그리고 얼마 안 가서 곧 가장 중대한 개인적 비극이 닥쳤다. 딸과 사랑하는 손자의 죽음, 그리고 삶의 마지막 16년 동안 그를 가차 없이 쫓아다닌 악성 질환의 발병이었다. 그러나 어떤 질병도 프로이트의 관찰과 추론의 발전을 막을 수는 없었다. 그의 사상 체계는 계속 확장되었고, 특히 사회학 분야에서 더욱더 넓은 적용 범위를 찾았다. 그때쯤 그는 세계적인 명사로서 인정받는 인물이 되어 있었는데, 1936년 그가 여든 번째 생일을 맞던 해에 영국 왕립 학회Royal Society의 객원 회원으로 선출된 명예보다 그를 더 기쁘게 한 일은 없었다. 1938년 히틀러가 오스트리아를 침공했을 때 국가 사회주의자들의 가차 없는 박해로부터 그를 보호해 주었던 것도 — 비록 그들이 프로이트의 저서들을 몰수해서 없애 버리기는 했지만 — 들리는 말로는 루스벨트 대통령까지 포함된, 영향력 있는 찬양자들의 노력으로 뒷받침된 그의 명성이었다. 그렇다 하더라도 프로이트는 어쩔 수 없이 빈을 떠나 그해 6월 몇몇 가족과 함께 영국으로 건너갔고, 그로부터 1년 뒤인 1939년 9월 23일 그곳에서 세상을 떠났다.

프로이트를 현대 사상의 혁명적인 창립자들 중 한 사람으로 일컬으며, 그의 이름을 아인슈타인Albert Einstein에 결부시켜 생각하는 것은 신문이나 잡지에 실릴 법한 진부한 이야기가 되었다. 그러나 대부분의 사람은 그나 아인슈타인에 의해 도입된 변화들을 간략하게 설명하기가 매우 어려울 것이다.

프로이트의 발견들은 물론 서로 연관되어 있기는 하지만 크게 세 가지로 묶을 수 있다. 연구의 수단, 그 수단에 의해 생겨난 발견들, 그리고 그 발견들에서 추론할 수 있는 이론적 가설들이 그것이다. 그런데 여기서 우리는 프로이트가 수행했던 모든 연구 이면에 결정론 법칙의 보편적 타당성에 대한 믿음이 있었다는 사실을 인정해야 한다. 자연 과학 현상과 관련해서는 이 믿음이 아마도 브뤼케의 연구소에서 근무한 경험에서 생겨났을 것이고, 궁극적으로는 헬름홀츠Helmholtz 학파로부터 생겨났을 것이다. 그러나 프로이트는 단호히 그 믿음을 정신 현상의 분야로 확장시켰는데, 그러는 데는 자기의 스승이자 정신 의학자인 마이네르트Meynert에게서, 그리고 간접적으로는 헤르바르트Herbart의 철학에서 영향을 받았을 수도 있다.

무엇보다도 먼저 프로이트는 인간의 정신을 과학적으로 탐구하기 위한 첫 번째 도구를 찾아낸 사람이었다. 천재적이고 창조적인 작가들은 단편적으로 정신 과정을 통찰해 왔지만, 프로이트 이전에는 어떤 체계적인 탐구 방법도 없었다. 그는 이 방법을 단지 점차적으로 완성시켰을 뿐인데, 그것은 그러한 탐구에서 장애가 되는 어려움들이 점차적으로 분명해졌기 때문이다. 브로이어가 히스테리에서 설명한 잊힌 충격은 가장 최초의 문제점을 제기했고, 어쩌면 가장 근본적인 문제점을 제기했을 수도 있다. 관찰자나 환자 본인 모두에 의해서 검사에 즉각적으로 개방되지 않는, 정신의 활동적인 부분들이 있다는 것을 결정적으로 보여 주었기 때문이다. 정신의 그러한 부분들을 프로이트는 형이상학적 논쟁이나 용어상의 논쟁을 고려하지 않고 〈무의식〉이라고 기술했다. 무의식의 존재는 최면 후의 암시라는 사실로도 증명되는데, 이 경우 환자는 암시 그 자체를 완전히 잊었다 하더라도 충분히 깨어 있는 상태에서 조금 전 그에게 암시되었던 행동을 수행한다. 그러므로 어떠한 정신의 탐구도 그 범위에 이 무의식적인 부분이 포함되지 않고는 완전한 것으로 여겨질 수 없었다. 그렇다면 이것이 어떻게 완전해질 수 있었을까? 명백한 해답은 〈최면 암시라는 수단에 의해서〉인 것처럼 보였다. 그리고 이 방법은 처음엔 브로이어에 의해, 다음에는 프로이트에 의해 이용된 수단이었다. 그러나 얼마 안 가서 곧 그 방법은 불규칙하거나 불명확하게 작용하고, 때로는 전혀 작용하지 않는 불완전한 것임이 밝혀졌다. 따라서 프로이트는 차츰차츰 암시의 이용을 그만두고 나중에 〈자유 연상〉이라고 알려진 완전히 새로운 방법을 도입했다. 즉 정신을 탐구하려는 상대방에게 단순히 무엇이든 머릿속에 떠오르는 것을 말하라고 요구하는, 전에는 들어 보지 못했던 계획을 채택했다. 이 중대한 결정 덕분에 곧바로 놀라운 결과가 도출되었다. 프로이트가 채택한 수단이 초보적인 형태였음에도 불구하고 그것은 새로운 통찰력을 제시했던 것이다. 한동안은 이런저런 연상들이 물 흐르듯 이어진다 하더라도 조만간 그 흐름은 고갈되기 마련이고, 환자는 더 말할 것을 아무것도 생각하지 않거나 또는 할 수 없게 된다. 그렇게 해서 저항의 진상, 즉 환자의 의식적인 의지와 분리되어 탐구에 협조하기를 거부하는 힘의 진상이 드러난다. 여기에 아주 근본적인 이론의 근거, 즉 정신을 뭔가 역동적인 것으로, 일부는 의식적이고 일부는 무의식적이며, 때로는 조화롭게 작용하고 때로는 서로 상반되는 다수의 정신적인 힘들로 이루어져 있다고 가정할 근거가 있었다.

그러한 현상들은 결국 보편적으로 생겨난다는 것이 밝혀지기는 했지만, 처음에는 신경증 환자들에게서만 관찰 연구되었고, 처음 몇 년 동안 프로이트의 연구는 주로 그러한 환자들의 〈저항〉을 극복하여 그 이면에 있는 것을 밝혀낼 수단을 발견하는 일과 관련되었다. 그 해결책은 오로지 프로이트 편에서 극히 이례적인 자기 관찰 — 지금에 와서는 자기 분석이라고 기술되어야 할 — 을 함으로써만 가능해졌다. 다행스럽게도 우리는 앞에서 얘기한, 그가 플리스에게 보냈던 편지로 그 당시의 상황을 직접적으로 알 수 있다. 즉 그는 분석 덕분에 정신에서 작용하는 무의식적인 과정의 본질을 발견하고, 어째서 그 무의식이 의식으로 바뀔 때 그처럼 강한 저항이 있는지를 이해할 수 있었다. 또 그의 환자들에게서 저항을 극복하거나 피해 갈 기법을 고안할 수 있었고, 무엇보다도 중요한 것, 즉 그러한 무의식적인 과정의 기능 방식과 익히 알려진 의식적인 과정의 기능 방식 사이에 아주 큰 차이점이 있음을 알아낼 수 있었다는 것이다. 다음 세 가지는 그 하나하나에 대해서 언급이 좀 필요할 것 같다. 왜냐하면 사실 그것들은 정신에 관한 우리의 지식에 프로이트가 미친 공적들의 핵심을 구성하고 있기 때문이다.

정신의 무의식적인 내용들은 대체로 원초적인 육체적 본능에서 직접 그 에너지를 이끌어 내는 능동적인 경향의 활동 — 욕망이나 소망 — 으로 이루어져 있는 것으로 보인다. 이 무의식은 즉각적인 만족을 얻는 것 외에는 전혀 아무것도 고려하지 않고 기능하며, 따라서 현실에 적응하고 외부적인 위험을 피하는 것과 관련된, 정신에서 더욱더 의식적인 요소들과 동떨어져 있기 마련이다. 더군다나 이러한 원초적인 경향은 훨씬 더 성적이거나 파괴적인 경향을 지니며, 좀 더 사회적이고 개화된 정신적인 힘들과 상충할 수밖에 없다. 이것을 계속 탐구함으로써 프로이트는 오랫동안 숨겨져 있던 어린아이들의 성적인 삶과 오이디푸스 콤플렉스의 비밀을 알아낼 수 있었다.

두 번째로, 그는 자기 분석을 함으로써 꿈의 본질을 탐구하기 시작했다. 이 꿈들은 신경증 증상들과 마찬가지로 원초적인 무의식적 충동과 2차적인 의식적 충동 사이에서 생겨나는 갈등과 타협의 산물임이 밝혀졌다. 그것들을 구성 요소별로 나누어 분석함으로써 프로이트는 숨어 있는 무의식적인 내용들을 추론할 수 있었으며, 꿈이 거의 모든 사람들에게 보편적으로 일어나는 공통된 현상인 만큼 꿈의 해석이 신경증 환자의 저항을 간파하기 위한 기술적 도구 중의 하나임을 밝혀냈다.

마지막으로, 꿈에 대해 면밀하게 고찰함으로써 프로이트는 그가 생각의 1차적 과정과 2차적 과정이라고 명명한 것, 즉 정신의 무의식적 영역에서 일어나는 일과 의식적 영역에서 일어나는 일

사이의 엄청난 차이점들을 분류할 수 있었다. 무의식에서는 조직이나 조화는 전혀 발견되지 않고, 하나하나의 독립적인 충동이 다른 모든 충동과 상관없이 만족을 추구한다. 그 충동들은 서로 영향을 받지 않고 진행되며, 모순은 전혀 작용하지 않고 가장 대립되는 충동들이 아무런 갈등 없이 병존한다. 그러므로 무의식에서는 또한 생각들의 연상이 논리와는 아무런 관련도 없는 노선들을 따라 진행되며, 유사한 것들은 동일한 것으로, 반대되는 것들은 긍정적으로 동등하게 다루어진다. 또 무의식에서는 능동적인 경향을 수반한 대상들이 아주 이례적으로 가변적이어서, 하나의 무의식이 아무런 합리적 근거도 없는 온갖 연상의 사슬을 따라 다른 무의식으로 대체될 수도 있다. 프로이트는 원래 1차적 과정에 속하는 심리 기제가 의식적인 생각으로 침투하는 것이 꿈뿐만 아니라 여러 가지 다른 정상적 또는 정신 병리학적인 정신적 사건의 기이한 점을 설명해 준다는 사실도 분명히 알아냈다.

프로이트가 했던 연구의 후반부는 모두 이러한 초기의 사상들을 무한히 확장하고 정교하게 다듬는 데 바쳐졌다고 해도 과언이 아닐 것이다. 그러한 사상들은 정신 신경증과 정신 이상의 심리 기제뿐 아니라 말이 헛나온다거나 농담을 한다거나 예술적 창조 행위라거나 정치 제도 같은 정상적인 과정의 심리 기제를 설명하는 데도 적용되었고, 여러 가지 응용과학 — 고고학, 인류학, 범죄학, 교육학 — 에 새로운 빛을 던지는 데도 일익을 담당했다. 그리고 정신분석 요법의 효과를 설명하는 데도 도움이 되었다. 마지막으로, 프로이트는 이러한 근본적인 관찰들을 근거로 해서 그가 〈초심리학〉이라고 명명한 좀 더 일반적인 개념의 이론적인 구조를 세우기도 했다. 그러나 많은 사람들이 이 일반적 개념을 매혹적이라고 생각할지라도, 프로이트는 언제나 그것이 잠정적인 가설의 속성을 띤다고 주장했다. 만년에 그는 〈무의식〉이라는 용어의 다의성과 그것의 여러 가지 모순되는 용법에 많은 영향을 받아 정신에 대한 새로운 구조적 설명 — 여러 가지 문제점을 해명하기 위해 만들어진 것이 분명한 새로운 설명 — 을 제시했는데, 거기에서는 조화되지 않은 본능적인 경향은 〈이드〉로, 조직된 현실적인 부분은 〈자아〉로, 비판적이고 도덕적인 기능은 〈초자아〉로 불렸다.

지금까지 훑어본 내용으로 독자들은 프로이트의 삶에 있었던 외면적인 사건들의 윤곽과 그가 발견한 것에 대해 어느 정도 조망했을 것이다. 그런데 더 많은 것을 요구하는 것이, 좀 더 깊이 파고들어 가서 프로이트가 어떤 부류의 사람이었는지를 알아보는 것이 과연 적절할까? 아마도 그렇지 않을 것이다. 그러나 위인에 대한 사람들의 호기심은 만족할 줄 모르며, 그 호기심이 진실된 설명으로 충족되지 않으면 필연적으로 꾸며 낸 이야기라도 붙잡으려고 할 것이다. 프로이트는 초기에 낸 두 권의 책(『꿈의 해석』과 『일상생활의 정신 병리학』)에서 그가 제기한 논제로 인해 개인적인 사항들을 예외적으로 많이 제시하지 않을 수 없었다. 그럼에도 불구하고, 또는 바로 그런 이유로 그는 자기의 사생활이 침해당하는 것을 완강히 거부했으며, 따라서 여러 가지 근거 없는 얘깃거리의 소재가 되었다. 일례로 처음에 떠돌았던 아주 단순한 소문에 따르자면, 그는 공공 도덕을 타락시키는 데 온 힘을 쏟는 방탕한 난봉꾼이라는 것이었다. 또 이와 정반대되는 터무니없는 평가도 없지 않았다. 그는 엄격한 도덕주의자, 가차 없는 원칙주의자, 독선가, 자기중심적이고 웃지도 않는 본질적으로 불행한 남자로 묘사되었다. 그를 조금이라도 알고 있는 사람들이라면 누구에게나 위의 두 가지 모습은 똑같이 얼토당토않은 것으로 보일 것이다. 두 번째 모습은 분명히 부분적으로는 그가 말년에 육체적으로 고통받았다는 것을 아는 데서 기인한 것이다. 그러나 또 한편으로는 가장 널리 퍼진 그의 몇몇 사진이 불러일으킨 불행해 보이는 인상에 기인한 것일 수도 있다. 그는 적어도 직업적인 사진사들에게는 사진 찍히기를 싫어했으며, 그의 모습은 때때로 그런 사실을 드러냈다. 화가들 역시 언제나 정신분석학의 창시자를 어떻게든 사납고 무서운 모습으로 표현할 필요를 느꼈던 것처럼 보인다. 그러나 다행히도 좀 더 다정하고 진실한 모습을 보여 주는 다른 증거물들도 있다. 예를 들면 그의 장남이 쓴 아버지에 대한 회고록(마르틴 프로이트Martin Freud, 『명예로운 회상』, 1957)에 실려 있는, 휴일에 손자들과 함께 찍은 스냅 사진 같은 것들이다. 이 매혹적이고 흥미로운 책은 실로 여러 가지 면에서 좀 더 형식적인 전기들 ― 그것들도 매우 귀중하기는 하지만 ― 의 내용에서 균형을 회복하는 데 도움을 주는 한편, 일상생활을 하는 프로이트의 모습도 얼마간 드러내 준다. 이러한 사진들 가운데 몇 장은 그가 젊은 시절에 매우 잘생긴 용모였다는 것을 보여 준다. 하지만 나중에 가서는, 그러니까 제1차 세계 대전 뒤 병이 그를 덮치기 얼마 전부터는 더 이상 그렇지 못했고, 그의 용모는 물론 전체적인 모습(대략 중간 키 정도인)도 주로 긴장된 힘과 빈틈없는 관찰력을 풍기는 인상으로 널리 알려졌다. 그는 공식적인 자리에서는 진지하되 다정하고 사려 깊었지만, 사사로운 곳에서는 역설적인 유머 감각을 지닌 유쾌하고 재미있는 사람이기도 했다. 그가 가족에게 헌신적인 애정을 기울인 사랑받을 만한 남자였다는 것을 알아보기란 그리 어려운 일이 아니다. 그는 다방면으로 여러 가지 취미가 있었고 ― 그는 외국 여행과 시골에서 보내는 휴일, 그리고 등산을 좋아했다 ── 미술, 고고학, 문학 등 좀 더 전념해야 하는 주제에도 관심이 많았다. 프로이트는 독일어 외에 여러 외국어에도 능통해서 영어와 프랑스어를 유창하게 구사했을 뿐 아니라, 스페인어와 이탈리아어에도 상당한 지식을 갖고 있었다. 또 그가 후기에 받은 교육은 주로 과학이었지만(대학에서 그가 잠시 철학을 공부했던 것은 사실이다), 김나지움에서 배웠던 고전들에 대한 애정 또한 잃지 않았다. 우리는 그가 열일곱 살 때 한 급우[4]에게 보냈던 편지를 가지고 있는데, 그 편지에서 그는 졸업 시험의 각기 다른 과목에서 거둔 성과들, 즉 로마의 시인 베르길리우스에게서 인용한 라틴어 구절, 그리고 무엇보다도 『오이디푸스왕』에서 인용한 30행의 그리스어 구절을 적고 있다.

한마디로 우리는 프로이트를, 영국에서라면 빅토리아 시대 교육의 가장 뛰어난 산물과 같은 인물로 볼 수도 있을 것이다. 그러므로 프로이트의 문학과 예술에 대한 취향은 분명 우리와 다를 것이며, 윤리에 대한 견해도 자유롭고 개방적일지언정 프로이트 이후 세대에 속하지는 않을 것이다. 그러나 우리는 그에게서 많은 고통을 겪으면서도 격한 태도를 보이지 않는, 충만한 감성을 지닌 인간형을 본다. 그에게서 두드러지는 특징들은 완전한 정직과 솔직성, 그리고 아무리 새롭거나 예외적이더라도 자기에게 제시된 사실을 어떤 것이든 기꺼이 받아들여 숙고할 준비가 되어 있는 지성이다. 그가 이처럼 놀라운 면을 지니게 된 것은, 아마도 표면적으로 사람들을 싫어하는 태도가 숨기지 못한 전반적인 너그러움을 그러한 특징들과 결합하여 확장시킨 필연적인 결과일 것이다. 미묘한 정신을 지녔음에도 불구하고 그는 본질적으로 순

4 에밀 플루스Emil Fluss. 이 편지는 『프로이트 서간집』(1960)에 들어 있다.

박했으며, 때로는 비판 능력에서 예기치 않은 착오를 일으키기도 했다. 예를 들어 이집트학이나 철학 같은 자기 분야가 아닌 주제에서 신빙성이 없는 전거(典據)를 받아들이는 실수를 한다든가, 그리고 무엇보다도 이상한 것은 그 정도의 인식력을 지닌 사람으로 믿기 어려울 만큼 때로는 그가 알고 있는 사람들의 결점을 보지 못한 것 등이 그렇다. 그러나 프로이트가 우리와 같은 인간이라고 단언함으로써 허영심을 만족시킬 수 있다 하더라도, 그 만족감은 쉽사리 도를 넘어설 수 있다. 이제까지는 정상적인 의식에서 제외되었던 정신적 실체의 모든 영역을 처음으로 알아볼 수 있었던 사람, 처음으로 꿈을 해석하고, 유아기의 성욕이라는 사실을 처음으로 인정하고, 사고의 1차적 과정과 2차적 과정을 처음으로 구분한 사람 ── 우리에게 무의식을 처음으로 현실로 제시한 사람 ── 에게는 사실상 매우 비범한 면들이 있었을 것이다.

프로이트 연보

1856년 5월 6일, 오스트리아 모라비아의 프라이베르크에서 태
어남.

1860년 가족들 빈으로 이주, 정착.

1865년 김나지움(중등학교 과정) 입학.

1873년 빈 대학 의학부에 입학.

1876년 1882년까지 빈 생리학 연구소에서 브뤼케의 지도 아래
연구 활동.

1877년 해부학과 생리학에 관한 첫 번째 논문 출판.

1881년 의학 박사 과정 졸업.

1882년 마르타 베르나이스와 약혼. 1885년까지 빈 종합 병원에
서 뇌 해부학을 집중 연구, 논문 다수 출판.

1884년 1887년까지 코카인의 임상적 용도에 관한 연구.

1885년 신경 병리학 강사 자격(프리바트도첸트) 획득. 10월부터
1886년 2월까지 파리의 살페트리에르 병원(신경 질환
전문 병원으로 유명)에서 샤르코의 지도 아래 연구. 히
스테리와 최면술에 대해 소개하기 시작.

1886년 마르타 베르나이스와 결혼. 빈에서 개업하여 신경 질환
환자를 치료하기 시작. 1893년까지 빈 카소비츠 연구소

에서 계속 신경학을 연구. 특히 어린이 뇌성 마비에 관심을 가지고 많은 출판 활동을 함. 신경학에서 점차 정신 병리학으로 관심을 돌리게 됨.

1887년 장녀 마틸데 출생. 1902년까지 베를린의 빌헬름 플리스와 교분을 맺고 서신 왕래. 이 기간에 프로이트가 플리스에게 보낸 편지는 프로이트 사후인 1950년에 출판되어 그의 이론 발전 과정에 많은 시사점을 주고 있음. 최면 암시 요법을 치료에 사용하기 시작.

1888년 브로이어를 따라 카타르시스 요법을 통한 히스테리 치료에 최면술을 이용하기 시작. 그러나 점차 최면술 대신 자유 연상 기법을 시도하기 시작.

1889년 프랑스 낭시에 있는 베르넴을 방문. 그의 〈암시〉 요법을 연구. 장남 마르틴 출생.

1891년 실어증에 관한 연구 논문 발표. 차남 올리버 출생.

1892년 막내아들 에른스트 출생.

1893년 브로이어와 함께 히스테리의 심적 외상(外傷) 이론과 카타르시스 요법을 밝힌 『예비적 보고서』 출판. 차녀 소피 출생. 1896년까지 프로이트와 브로이어 사이에 점차 견해차가 생기기 시작. 방어와 억압의 개념, 그리고 자아와 리비도 사이의 갈등의 결과로 생기는 신경증 개념을 소개하기 시작. 1898년까지 히스테리, 강박증, 불안에 관한 연구와 짧은 논문 다수 발표.

1895년 브로이어와 함께 치료 기법에 대한 증례 연구와 설명을 담은 『히스테리 연구』 출판. 감정 전이 기법에 대한 설명이 이 책에서 처음으로 나옴. 『과학적 심리학 초고』 집필. 플리스에게 보내는 편지 속에 그 내용이 포함되어 있는 이 책은 1950년에야 비로소 첫 출판됨. 심리학을 신경학적인 용어로 서술하려는 이 시도는 처음에는 빛을 보지 못했지만 프로이트의 후기 이론에 관한 많은 시사점을 담고 있음. 막내딸 아나 출생.

1896년 〈정신분석〉이란 용어를 처음으로 소개. 부친 향년 80세로 사망.

1897년 프로이트의 자기 분석 끝에 심적 외상 이론을 포기하는 한편, 유아 성욕과 오이디푸스 콤플렉스에 대해 인식하게 됨.

1900년 『꿈의 해석』 출판. 책에 표시된 발행 연도는 1900년이지만 실제로 책이 나온 것은 1899년 11월임. 이 책의 마지막 장에서 정신 과정, 무의식, 〈쾌락 원칙〉 등에 대한 프로이트의 역동적인 관점이 처음으로 자세하게 설명됨.

1901년 『일상생활의 정신 병리학』 출판. 이 책은 꿈에 관한 저서와 함께 프로이트의 이론이 병적인 상태뿐만 아니라 정상적인 정신생활에까지 적용된다는 것을 분명히 보여주고 있음.

1902년 특별 명예 교수에 임명됨.

1905년 「성욕에 관한 세 편의 에세이」 발표. 유아에서 성인에 이르기까지 인간의 성적 본능의 발전 과정을 처음으로 추적함.

1906년 융이 정신분석학의 신봉자가 됨.

1908년 잘츠부르크에서 제1회 국제 정신분석학회가 열림.

1909년 프로이트와 융이 미국으로부터 강의 초청을 받음. 〈꼬마한스〉라는 다섯 살 어린이의 병력(病歷) 연구를 통해 처음으로 어린이에 대한 정신분석을 시도. 이 연구를 통해 성인들에 대한 분석에서 수립된 추론들이 특히 유아의 성적 본능과 오이디푸스 콤플렉스 및 거세 콤플렉스에까지 적용될 수 있음을 확인함.

1910년 〈나르시시즘〉 이론이 처음으로 등장함.

1911년 1915년까지 정신분석 기법에 관한 몇 가지 논문 발표. 아들러가 정신분석학회에서 탈퇴. 정신분석학 이론을 정신병 사례에 적용한 슈레버 박사의 자서전 연구 논문이 나옴.

1912년 1913년까지 『토템과 터부』 출판. 정신분석학을 인류학에 적용한 저서.

1914년 융의 학회 탈퇴. 「정신분석 운동의 역사」라는 논문 발표. 이 논문은 프로이트가 아들러 및 융과 벌인 논쟁을 담고 있음. 프로이트의 마지막 주요 개인 병력 연구서인 『늑대 인간』(1918년에 비로소 출판됨) 집필.

1915년 기초적인 이론적 의문에 관한 〈초심리학〉 논문 12편을 시리즈로 씀. 현재 이 중 5편만 남아 있음. 1917년까지 『정신분석 강의』 출판. 제1차 세계 대전까지의 프로이트의 관점을 광범위하고도 치밀하게 종합해 놓은 저서임.

1919년 나르시시즘 이론을 전쟁 신경증에 적용.

1920년 차녀 사망. 『쾌락 원칙을 넘어서』 출판. 〈반복 강박〉이라는 개념과 〈죽음 본능〉 이론을 처음 명시적으로 소개.

1921년 『집단 심리학과 자아 분석』 출판. 자아에 대한 체계적이고 분석적인 연구에 착수한 저서.

1923년 『자아와 이드』 출판. 종전의 이론을 크게 수정해 마음의 구조와 기능을 이드, 자아, 초자아로 나누어 설명. 암에 걸림.

1925년 여성의 성적 발전에 관한 관점을 수정.

1926년 『억압, 증상 그리고 불안』 출판. 불안의 문제에 대한 관점을 수정.

1927년 『어느 환상의 미래』 출판. 종교에 관한 논쟁을 담은 책. 프로이트가 말년에 전념했던 다수의 사회학적 저서 중 첫 번째 저서.

1930년 『문명 속의 불만』 출판. 이 책은 파괴 본능(〈죽음 본능〉의 표현으로 간주되는)에 대한 프로이트의 첫 번째 본격적인 연구서임. 프랑크푸르트시로부터 괴테상(賞)을 받음. 어머니 향년 95세로 사망.

1933년 히틀러 독일 내 권력 장악. 프로이트의 저서들이 베를린에서 공개적으로 소각됨.

1934년 1938년까지 『인간 모세와 유일신교(有一神敎)』 집필. 프로이트 생존 시 마지막으로 출판된 책.

1936년 80회 생일. 영국 왕립 학회의 객원 회원으로 선출됨.

1938년 히틀러의 오스트리아 침공. 빈을 떠나 런던으로 이주. 『정신분석학 개요』 집필. 미완성의 마지막 저작인 이 책은 정신분석학에 대한 결정판이라 할 수 있음.

1939년 9월 23일 런던에서 사망.

급진적 계몽주의자로서의 프로이트

〈나는 유대인이기 때문에, 다른 사람들이 자신의 지성을 사용할 때 제한을 받게 되는 많은 편견에서 벗어날 수 있었으며, 또 나자신이 그 같은 상황에 처해 있음을 알고 있었습니다. 나는 유대인으로서 사회의 주된 흐름에 반대하는 입장에 서서, 《집단으로 뭉쳐 있는 대다수 사람》의 동의를 구해야만 한다는 생각도 포기할 준비가 되어 있었습니다.〉 좀처럼 자기 자신의 내밀한 세계를 드러내지 않는 프로이트로서는 자신의 심경을 상당히 솔직하게 토로하고 있는 셈이다. 프로이트는 자신의 70회 생일을 축하하는 모임에서, 유대인으로서의 체험이 정신분석학에 어떤 영향을 미쳤는지 밝히고 있는 것이다.[1]

그러나 정신분석학이 직면했던 편견은 단지 그 창시자인 프로이트가 유대인이었다는 사실에만 근거해서 설명될 수는 없다. 정신분석학에 대한 오해는 무엇보다, 당시의 사회가 성에 대한 논의 자체를 금기시했다는 정황과 무관하지 않다. 바꾸어 말하면 성을 공개적으로, 그리고 무엇보다 유아기의 성을 담론의 대상으로 삼으려는 시도는 일종의 사회적 스캔들로 받아들여졌던 것이

---

1 S. Freud, "Ansprache an die Mitglieder des Vereins B'nai B'rith"(1926), 『전집 *Gesammelte Werke*』 17권 p. 52 참조.

다. 정신분석학에 대한 거부 반응은 특히 1905년 발표된 「성욕에 관한 세 편의 에세이」를 계기로 더욱 거세진다. 물론 요즘에는 심리학자나 정신 의학자의 서술에서 프로이트에 대한 더욱 정돈된 입장을 그다지 어렵지 않게 발견할 수 있지만, 당시에는 그렇지 못했다. 당시의 의학계는 정신분석의 방법론이나 전제들에 대해서 배타적일 수밖에 없었는데, 그 이유의 상당한 부분은 정신분석학의 학문적 정체성이 모호하게 받아들여졌기 때문이다.

프로이트에 대한 편견은 우선 정신분석학을 좁은 의미의 실증 과학으로 규정하려는 데서 발생한다. 즉 프로이트를 둘러싼 논란들 가운데 상당 부분은 〈정신분석〉을 기존의 학문적 분류 체계에 의해서 손쉽게 정리하려는 관습적 태도에서 비롯했다. 반면에 정신분석학은 그 전개 과정에서 생리학과 심리학, 문화, 과학, 종교, 신화학 등을 포괄하는 연구 성과들에 의해서 — 혹은 라캉에 따르면 당연히 언어학이 포함되어야 할 것이다 — 다양하게 뒷받침되고 있기 때문에, 단순히 〈자연 과학〉 대 〈정신과학〉의 구별과 같은 이분법적인 학문의 분류 방식을 적용하기 어렵다. 예를 들어 무의식을 이해하기 위해서는, 심리적 힘들 사이의 생리학적이며 역학적인 관계를 중심으로 하는 설명들과 사변적으로 간주될 수도 있는 해석학적 개념들이 동시에 동원되어야 한다. 굳이 정신분석학의 학문적 성격을 규정한다면, 그것은 오히려 지속적인 비판과 연구에 의해서 재구성되어 가는 〈경험적 과학〉에 가깝다.[2]

여기서 경험이란 개념은 시행착오를 통해서 이론 자체의 수정이 가능하다는 사실을 가리킨다. 경험적 학문은 완결된 이론으로서의 형이상학과 구별되는 개념이며, 새로운 이론의 재구성이 가능한 정신분석학의 개방성을 가리킨다. 따라서 프로이트 자신이

2 프로이트, 「〈정신분석학〉과 〈리비도 이론〉」(프로이트 전집 15, 열린책들) 참조.

「〈정신분석학〉과 〈리비도 이론〉」이란 짧은 글에서 언급한 〈경험적 과학〉의 개념은, 경험할 수 있는 사실 자체를 모든 지식의 궁극적인 검증 기준으로 설정한 〈실증주의〉의 개념과 동일시될 수 없다.

바로 이러한 특성으로 인해서 프로이트의 사상은 다양한 관점에서 접근할 수 있을 뿐만 아니라, 무엇보다 인문학적 관심을 불러일으키는 것이다. 다시 말해서, 프로이트는 좁은 의미의 자연과학적 시각을 넘어서는 인문적 해석을 요구하며, 이는 그 자신의 〈정신분석학〉에 대한 이해와도 배치되지 않는다. 실제로 그는 언젠가 〈정신분석학 대학〉을 구상하면서 인문학적 전통과 정신분석학의 관계에 대해서 언급한 바 있다. 정신분석가를 양성하기 위한 가상(假想) 대학의 교과목에는 의과 대학에서 일반적으로 가르치는 과목들이나 심층 심리학 외에도, 〈문화사, 신화학, 종교 심리학, 문학〉 등이 포함되어야 한다는 것이 그의 제안이다.[3] 물론 이러한 교육 기관이나 제도는 그 자신이 말한 대로 예나 지금이나 경제적인 부담과 같은 이유들로 인해서 실현 불가능한 환상적인 주장에 불과할 것이다. 그럼에도 불구하고 프로이트는, 정신분석가가 이상의 분야들에 대한 사전 지식을 지니고 있지 않다면 신경증 환자들을 이해하고 치료한다는 것은 거의 불가능하다고 단언한다. 예컨대 꿈에서 나타나는 상징들을 해석하기 위해서는 이를 유추할 수 있는 신화나 민속학, 언어 습관의 역사 등에 대한 분석이 필요하다는 말이다. 분명히 분석가들이 꿈의 상징들을 〈번역〉할 때, 심리적 충동들의 역학 관계나 단순한 자극과 반응의 이론 모형에만 의존할 수는 없을 것이다. 이처럼 과제 자체의 특성에 근거하는 방법적 요구에 의해서 정신분석학은 과학주의의

3 프로이트, 「비전문가 분석의 문제」 참조.

좁은 한계를 벗어날 수밖에 없었던 것이다. 프로이트는『정신분석 강의』를 탈고한 이후에도 문화와 신화 등의 영역으로 연구의 폭을 확장시켜 나갔는데, 이는 그 자신의 주관적인 결단이라기보다 그가 추구한 주제 자체의 특성에서 연유한 것으로 간주된다.

한편 프로이트는 흔히 비합리주의나 반계몽주의를 지지하는 사상가로 각색되는 경향이 있다. 지난 세기말에 등장했던 낭만주의자들이나 니체, 쇼펜하우어 등의 철학자들이 프로이트와 함께 거론되는 이유도 그 때문이다. 그러나 비록 프로이트가 이성이나 의식을 토대로 자신의 인격을 만족스럽게 이해할 수는 없다고 본 것은 사실이지만, 탈근대론자들이나 후기 구조주의자들이 시도하고 있는 것처럼 주체(主體)와 이성 자체의 허구성을 주장하거나 아예 해체하려는 의도를 지니고 있는 것은 아니다. 그는 단지 인간의 이성이나 사회적·문화적 합리성이 어떠한 〈고고학적〉, 〈발생사적〉 연원에서 비롯하는지 보여 줌으로써, 인간이 더욱 균형 잡힌, 그리고 건강한 주체로서의 인격을 회복할 수 있는가에 대해 〈계몽〉하고자 했던 것이다. 그는 특히 제1차 세계 대전의 야만성을 체험하면서 인간에 대해 회의하고, 인간과 문명의 폭력성에 대해 고민했지만, 앞서 말한 학문적 관심 자체를 포기하지는 않았다. 의식의 배후에서 작용하는 비논리적인 힘들의 기원을 분석·서술한다고 해서 자동적으로 비합리주의자나 반계몽주의자, 혹은 성 해방론자가 되는 것은 아니다. 이렇게 보면 프로이트는 니체, 아도르노 등과 함께 계몽의 제2단계에 속하는 후기 근대의 대표적 지성으로 간주될 수 있다. 계몽의 제1단계를 중세 이후 지속된 전통의 권위나 화석화된 기독교 체제에 대한 비판으로 이해할 수 있다면, 계몽의 제2단계는 그 같은 계몽적 이성이나 계몽주의적 주체의 비판이 과연 어떤 근거에서 타당한지 자기반성적으로 검증하는 작업이다. 물론 이성의 자기반성이나 한계에 대한 인식은 여러 형태로 모색되어 갔다. 한편으로는 인간적인 이성이 알 수 있는 영역의 한계를 설정함으로써 신앙과 도덕의 차원을 옹호하려는 입장도(칸트) 제시되었지만, 또 다른 한편으로는 이성의 보편성은 결코 역사와 시간을 초월할 수 없으며 오직 역사 속에서 이성은 단계적으로 실현된다는 역사주의적 견해도(헤겔) 나름대로 제기되었다. 프로이트는 이 같은 자기반성적인 서구 문화의 정점에 서 있다. 그는 무의식과 성의 일차적인 의미를 부각시킴으로써, 주체의 의식과 이성이 단지 이차적인 의미만을 지닌다는 사실을 적나라하게 보여 주었다. 또 종래에 금기시되었던 성적 체험에 대한 분석은 유아기의 체험을 재발견했을 뿐만 아니라, 인류의 계통 발생사적인 체험으로까지 거슬러 올라간다. 프로이트는 성을, 특히 신경증이나 인간의 본성 및 문화의 공격성들을 이해하기 위해 연구의 중심에 설정했지만, 성 자체를 미화하거나 심지어 성의 해방을 정당화하려는 의도를 품었던 것은 아니다. 이 점에서 우리 사회의 일부 지식인들이나 사이비 문필가들이 성 해방론을 합리화하기 위해, 혹은 자신들의 상업적인 이해관계를 충족시키기 위해서 프로이트(혹은 프로이트주의)를 들먹이는 것은 천박한 태도에 불과하다. 사실상 무의식과 성에 관한 프로이트의 이론은 〈합리성의 심층적 의미론〉에 가까우며, 성에 대한 이론적 관심은 신경증과 같은 정신적 결함을 극복하기 위한 시도에서 비롯한 것이다.

　　여기 소개한 『정신분석 강의』는 프로이트의 다른 텍스트들과 함께 인류의 중요한 문화적 기록이자 고전으로 평가되어도 무방할 것이다. 프로이트의 텍스트들은 과연 어떠한 의미에서 고전으로 평가될 수 있는가? 프로이트에 대해 보이는 일반인들의 관심은 일차적으로 정신분석의 기술이나 요법 등을 지향하지 않는 것처럼 보인다. 살아 있는 고전들은 항상 인간과 사회, 문명에 대한 새로운 이해를 촉발시킨다. 프로이트의 이론을 배제한 채, 인간의 죄, 악, 자유 의지, 도덕 등의 문제를 심층적으로 규명할 수 있을까? 고전을 어떻게 규정할 것인가를 둘러싸고 논란이 분분한 것은 사실이다. 일단 나는 고전이란 어떤 흠결이 없는 논리적으로 완전무결한 일관성 있는 글이라기보다는, 세계와 인간을 항상 달리 보고 해석하도록 부추기는 글들이 아닌가 생각한다. 논리적인 완결성이나 이론적 체계성 등은, 특히 일부 문학적 형식을 제외한 모든 학술서의 저자들이 성실하게 추구해야 할 방법적 원칙이기는 하지만, 고전을 고전으로 만들어 주는 충분 조건이 될 수는 없다. 인간에 대한 이해와 관련해서 프로이트 이전과 이후의 상황은 분명 달라졌다. 그의 텍스트는 문화적 사건이며, 그 파장은 다양한 형태로 20세기 사상의 지평을 뒤흔들어 놓았다.

프로이트 자신이 서문에서 밝힌 대로 『정신분석 강의』에는 제1차 세계 대전까지의 정신분석학의 연구 성과가 집대성되어 있다. 일부 내용들은 후에 수정될 수밖에 없었지만, 신경증에 대한 해석과 무의식의 존재, 오이디푸스 콤플렉스, 유아기의 성적 체험 등을 중심으로 하는 근본적 입장들은 변함없는 타당성을 지닌다. 『정신분석 강의』는 더 이상 의심의 여지가 없는 학설이나 지식들을 정리해 놓은 교과서라기보다, 정신분석학의 세계를 독자들에게 친숙하게 만들려는 〈입문서〉 같은 인상을 준다. 그래서 『정신분석 강의』의 원래 제목은 〈정신분석 입문을 위한 강의들〉이다. 그러나 이 책이 단순한 〈입문서〉에 그치지 않고, 당시의 정신분석학에서 연구된 내용들 자체를 직접 집대성해 놓은 것이기에 〈입문〉이란 표현을 누락시켜도 무방할 것이다. 〈입문〉을 누락시킨 한국어판 제목은 프로이트 자신의 언급에 의해서 어느 정도 뒷받침된다. 1930년 프로이트는 히브리어판 『정신분석 강의』의 서문에서, 자신의 책이 단순한 입문서가 아님을 강조하고 있다.[4] 물론, 1920년대에 걸쳐서 정신분석학은 더욱 풍부해지고 본능과 불안 등에 대한 새로운 설명이 모색된다. 또한 자아와 초자아, 이드 등으로 인격의 세 차원이 새롭게 분류되고, 양심과 죄의식의 기원에 대한 새로운 통찰들이 후에 추가되었던 것이다. 『정신분석 강의』의 기본적인 내용들은 지속적으로 중요한 성과로 남아 있기 때문에, 이 작품을 우회하면서 정신분석학을 이해하기는 곤란하다.

만약 상징이나 불안, 실수, 꿈, 신경증 등과 같은 주제들을 『정신분석 강의』를 고려하지 않고 이해하려는 사람들이 있다면, 이들을 비록 무모하다고 평할 수는 없겠지만, 상당한 이론적 손실을 그들이 감수할 수밖에 없다는 것은 자명하다. 인간에 대한 더욱 풍부한 이해의 가능성을 스스로 차단할 필요는 없을 것이다. 참고로 열 번째 강의에서 다루어진 상징의 문제는 후에 정신분석가인 존스Ernest Jones,[5] 리쾨르Paul Ricoeur[6] 등에 의해서도 자세히 논의된 바 있음을 밝힌다. 마찬가지로 독자들은 스물여섯 번째 강의의 불안에 대한 해석을 프로이트가 1932년에 가상의 청중들을 대상으로 발표한 『새로운 정신분석 강의』와 비교함으로써, 인간의 감정에 대한 더욱 풍부한 이해를 시도할 수 있을 것이다.[7]

4 S. Freud, "Vorrede zur hebräischen Ausgabe der 'Vorlesungen zur Einführung in die Psychoanalyse'", 『전집』 16권 p. 274 참조.

5 Ernest Jones, "The Theory of Symbolism"(1916) in *Papers on Psychoanalysis*, London 1948, pp. 87~145.

6 Paul Ricoeur, *Die Interpretation*, Frankfurt / M., 1974, pp. 507~517 참조.

7 프로이트, 『새로운 정신분석 강의』 참조.

우리는 『정신분석 강의』에서 자세하게 전개된 불안, 실수, 꿈 등에 대한 분석을 통해서 인간적인 체험의 복잡한 지층의 구조들이 드러날 것이라는 정당한 기대를 품을 수 있다. 그런데 여기서 그같은 해석 자체가 타당한가의 여부를 떠나서 더욱 인상적으로 다가오는 것은 프로이트의 지적인 성실성이다. 그는 지루할 정도로 자신의 해석에 대한 모든 가능한 반론에 대해 일일이 대응하고 있다. 가령 제1부의 실수 행위들이나 제2부의 꿈에 대한 분석은 얼핏 보기에 난삽하고 같은 내용을 반복하고 있는 것 같지만, 실제로는 입체적인 설명을 통해서 강의를 듣는 사람이 스스로 그 내용을 깨우치도록 배려하고 있다. 이 점에서도 프로이트의 서술 방식은 철저하게 〈반권위주의적〉이다. 이미 여러 사람이 지적한 적이 있지만, 『정신분석 강의』가 강의의 형식을 빈 〈대화체〉의 구조로 짜여 있다는 사실과 인간의 자기 성찰의 가능성에 대한 프로이트의 신념은 서로 무관하지 않다. 정신분석은 자기 분석을 전제하기 때문에 어떤 면에서 프로이트는 소크라테스적인 전통을 계승하고 있다고도 볼 수 있다. 즉 대화체의 〈민주주의적인〉 방식의 서술을 채택함으로써, 프로이트는 일방적으로 강단에서 선포되는 교리나 학설로서 정신분석학을 소개하려고 시도하지 않았던 것이다.

끝으로 이 책의 대본은 피셔 출판사에서 나온 *Vorlesungen zur Einführung in die Psychoanalyse*(1940)를 사용했다.

1997년 여름
임홍빈 · 홍혜경

참고 문헌

프로이트의 저술은 『표준판 전집』에 있는 논문 제목과 권수를 표시하고 열린책
들 프로이트 전집의 권수를 병기했다. *표로 표시한 문헌은 『표준판 전집』의 편집자들
이 확인할 수 없었던 문헌을 가리킨다.

Abel, K. (1884) *Über den Gegensinn der Urworte*, Leipzig.

Abraham, K. (1908) "Die psychosexuellen Differenzen der Hysterie und der
Dementia praecox", *Zentbl. Nervenheilk*, N. F. 19, 521.

(1916) "Untersuchungen über die früheste prägenitale Entwicklungsstufe der
Libido", *Int. Z. ärztl. Psychoanal.*, 4, 71.

Adler, A. (1910) "Der psychische Hermaphroditismus im Leben und in der
Neurose", *Fortschr. Med.*, 28, 486.

(1912) *Über den nervösen Charakter*, Wiesbaden.

Andreas-Salomé, L. (1916) "'Anal' and 'Sexual'", *Imago*, 4, 249.

Aristotle, *De somniis and De divinatione per somnum*.

Artemidorus of Daldis, *Oneirocritica*.

Bernheim, H. (1886) *De la suggestion et de ses applications à la thérapeutique*, Paris.

(1891) *Hypnotisme, suggestion et psychothérapie: études nouvelles*, Paris.

Binet, A. (1888) *Études de psychologie expérimentale: le fétichisme dans l'amour*,
Paris.

Binz, C. (1878) *Über den Traum*, Bonn.

Bloch, I. (1902-3) *Beiträge zur Ätiologie der Psychopathia sexualis* (2vols),
Dresden.

Bölsche, W. (1911-13) *Das Liebesleben in der Natur* (2 vols), Jena.

Brill, A. A. (1912) *Psychoanalysis: its Theories and Practical Application*,
Philadelphia and London. (2nd ed., 1914; 3rd ed., 1922.)

Darwin, C. (1872) *The Expressions of the Emotions in Man and Animals*, London.

(1958) *The Autobiography of Charles Darwin 1809-1892. With Original Omissions
Restored* (ed. N. barlow), London.

Du prel, C. (1885) *Die Philosophie der Mystik*, Leipzig.

Fechner, G. T. (1860) *Elemente der Psychophysik*, Leipzig. (2nd ed., 1889.)

Federn, P. (1914) "Über zwei typische Traumsensationen". *Jb. Psychoanalyse*, 6, 89.

Ferenczi, S. (1913) "Entwicklungsstufen des Wirklichkeitssinnes", *Int. Z. ärztl. Psychoanal.*, I, 124.

Fließ, W. (1906) *Der Ablauf des Lebens*, Wien.

Freud, M. (1957) *Glory Reflected*, London.

Freud, S. (1891b) *On Aphasia*, London and New York, 1953.

    (1893a) & Breuer, J., "On the Psychical Mechanism of Hysterical Phenomena: Preliminay Communication", in *Studies on Hysteria, Standard Ed.*, 2, 3; 열린책들 3.

    (1895b[1894]) "On the Grounds for Detaching a Particular Syndrome from Neurasthenia under the Description 'Anxiety Neurosis'", *Standard Ed.*, 3, 87; 열린책들 10.

    (1895d) & Breuer, J., *Studies on Hysteria*, London, 1956; *Standard Ed.*, 2; 열린책들 3.

    (1897b) *Abstracts of the Scientific Writing of Dr. Sigm. Freud* (1877–1897), *Standard Ed.*, 3, 225.

    (1900a) *The Interpretation of Dreams*, London and New York, 1955; *Standard Ed.*, 4-5; 열린책들 4.

    (1901b) *The Psychopathology of Everyday Life*, *Standard Ed.*, 6; 열린책들 5.

    (1905c) *Jokes and their Relation to the Unconscious*, London, 1960; *Standard Ed.*, 8; 열린책들 5.

    (1905d) *Three Essays on the Theory of Sexuality*, London, 1960; *Standard Ed.*, 7, 125; 열린책들 7.

    (1905e[1901]) "Fragment of an Analysis of a Case of Hysteria", *Standard Ed.*, 7, 3.

    (1906a[1905]) "My Views on the Part played by Sexuality in the Aetiology of the Neuroses", *Standard Ed.*, 7, 271; 열린책들 10.

    (1907b) "Obsessive Actions and Religious Practices", *Standard Ed.*, 9, 116; 열린책들 13.

    (1908a) "Hysterical Phantasies and their Relation to Bisexuality", *Standard Ed.*, 9, 157; 열린책들 10.

    (1908b) "Character and Anal Erotism", *Standard Ed.*, 9, 169; 열린책들 7.

    (1908c) "On the Sexual Theories of Children", *Standard Ed.*, 9, 207; 열린책들 7.

(1908d) "'Civilized' Sexual Morality and Modern Nervous Illness", *Standard Ed.*, 9, 179; 열린책들 12.

(1908e[1907]) "Creative Writers and Day-Dreaming", *Standard Ed.*, 9, 143; 열린책들 14.

(1909a[1908]) "Some General Remarks on Hysterical Attacks", *Standard Ed.*, 9, 229, 열린책들 10.

(1909b) "Analysis of a Phobia in a Five-Year-Old Boy", *Standard Ed.*, 10, 3; 열린책들 8.

(1909d) "Notes upon a Case of Obsessional Neurosis", *Standard Ed.*, 10, 155; 열린책들 9.

(1910a[1909]) *Five Lectures on Psycho-Analysis*, *Standard Ed.*, II, 3; in *Two Short Accounts of Psycho-Analysis*, Penguin Books, Harmondsworth, 1962.

(1910i) "The Psycho-Analytic View of Psychogenic Disturbance of Vision", *Standard Ed.*, II, 211; 열린책들 10.

(1911c[1910]) "Psycho-Analytic Notes on an Autobiographical Account of a Case of Paranoia (Dementia Paranoides)", *Standard Ed.*, 12, 3; 열린책들 9.

(1912c) "Types of Onset of Neurosis", *Standard Ed.*, 12, 229; 열린책들 10.

(1912-13) *Totem and Taboo*, London, 1950; New York, 1952; *Standard Ed.*, 13, 1; 열린책들 13.

(1913a) "An Evidential Dream", *Standard Ed.*, 12, 269.

(1914c) "On Narcissism : an Introduction", *Standard Ed.*, 14, 69; 열린책들 11.

(1914d) "On the History of the Psycho-Analytic Movement", *Standard Ed.*, 14, 3; 열린책들 15.

(1915d) "Repression", *Standard Ed.*, 14, 143; 열린책들 11.

(1915e) "The Unconscious", *Standard Ed.*, 14, 161; 열린책들 11.

(1915f) "A Case of Paranoia Running Counter to the Psycho-Analytic Theory of the Disease", *Standard Ed.*, 14, 263; 열린책들 10.

(1916-17[1915-17]) *Introductory Lectures on Psycho-Analysis*, New York, 1966; London, 1971; *Standard Ed.*, 15-16; 열린책들 1.

(1917c) "On Transformations of Instinct as Exemplified in Anal Erotism", *Standard Ed.*, 17, 127; 열린책들 7.

(1917d[1915]) "A Metapsychological Supplement to the Theory of Dreams", *Standard Ed.*, 14, 219; 열린책들 11.

(1917e[1915]) "Mourning and Melancholia", *Standard Ed.*, 14, 239; 열린책들 11.

(1918b[1914]) "From the History of an Infantile Neurosis", *Standard Ed.*, 17, 3; 열린책들 9.

(1919h) "The 'Uncanny'", *Standard Ed.*, 17, 219; 열린책들 14.

(1920g) *Beyond the Pleasure Principle*, London, 1961; *Standard Ed.*, 18, 7; 열린책들 11.

(1921c) *Group Psychology and the Analysis of the Ego*, London and New York, 1959; *Standard Ed.*, 18, 69; 열린책들 12.

(1922b) "Some Neurotic Mechanisms in Jealousy, Paranoia and Homosexuality", *Standard Ed.*, 18, 223; 열린책들 10.

(1923b) *The Ego and the Id*, London and New York, 1962; *Standard Ed.*, 19, 3; 열린책들 11.

(1923e) "The Infantile Genital Organization", *Standard Ed.*, 19, 141; 열린책들 7.

(1924c) "The Economic Problem of Masochism", *Standard Ed.*, 19, 157; 열린책들 11.

(1924d) "The Dissolution of the Oedipus Complex", *Standard Ed.*, 19, 173; 열린책들 7.

(1925d[1924]) *An Autobiographical Study*, *Standard Ed.*, 20, 3; 열린책들 15.

(1925j) "Some Psychical Consequences of the Anatomical Distinction Between the Sexes", *Standard Ed.*, 19, 243; 열린책들 7.

(1926d[1925]) *Inhibitions, Symptoms and Anxiety*, London, 1960; *Standard Ed.*, 20, 77; 열린책들 10.

(1926e) *The Question of Lay Analysis*, *Standard Ed.*, 20, 179; 열린책들 15

(1927a) "Postscript to The Question of Lay Analysis", *Standard Ed.*, 20, 251; 열린책들 12.

(1927c) *The Future of an Illusion*, London, 1962; *Standard Ed.*, 21, 3; 열린책들 12.

(1927e) "Fetishism", *Standard Ed.*, 21, 149; 열린책들 7.

(1930a) *Civilization and its Discontents*, New York, 1961; London, 1963; *Standard Ed.*, 21, 59; 열린책들 12.

(1933a[1932]) *New Introductory Lectures on Psycho-Analysis*, New York, 1966; London, 1971; *Standard Ed.*, 22, 3; 열린책들 2.

(1935a) postscript(1935) to *An Autobiographical Study*, new edition, London and New York; *Standard Ed.*, 20, 71; 열린책들 15.

(1939a[1934-8]) *Moses and Monotheism*, *Standard Ed.*, 23, 3; 열린책들 12.

(1940a[1938]) *An Outline of Psycho-Analysis*, New York, 1968; London, 1969;

Standard Ed., 23, 141; 열린책들 15.

(1950a [1887-1902]) *The Origins of Psycho-Analysis*, London and New York, 1954.

(1960a) *Letters 1873-1939*(ed. E. L. Freud), New York, 1960; London, 1961.

(1963a[1909-39]) *Psycho-Analysis and Faith. The Letters of Sigmund Freud and Oskar Pfister* (ed. H. Meng and E. L. Freud), London and New York, 1963.

(1965a[1907-26]) *A Psycho-Analytic Dialogue. The Letter of Sigmund Freud and Karl Abraham*(ed. H. C. Abraham and E. L. Freud), London and New York, 1965.

(1966a[1912-36]) *Sigmund Freud and Lou Andreas-Salomé: Letters*(ed. E. Pfeiffer), London and New York, 1972.

(1968a[1927-39]) *The Letters of Sigmund Freud and Arnold Zweig*(ed. E. L. Freud), London and New York, 1970.

(1970a[1919-35]) *Sigmund Freud as a Consultant. Recollections of a Pioneer in Psychoanalysis*(Freud가 Edoardo Weiss에게 보낸 편지, Weiss의 회고와 주석, Martin Grotjahn의 서문과 해설 포함), New York, 1970.

(1974a(19076-23]) *The Freud/Jung Letters* (ed. W. Mcguire), London and Princeton, N.J., 1974.

Hall, G. S. (1914) "A Synthetic Genetic Study of Fear", *Am, J. Psychol.*, 25, 149.

Hildebrandt, F. W. (1875) *Der Traum und seine Verwertung für's Leben*, Leipzig.

Hitschmann, E. (1913) *Freuds Neurosenlehre*, Wien(2nd ed.).

Hug-Hellmuth, H. von (1915) "Ein Traum der sich selbst deutet", *Int. Z. ärztl. Psychoanal*, 3, 33

Janet, Pierre (1913) "Psycho-Analysis, Rapport par M. Le Dr. Pierre Janet", *Int. Congr. Med.*, 17, Section XII(Psychiatry) (I), 13.

Jodl, F. (1896) *Lehrbuch der Psychologie*, Stuttgart.

Jones, E. (1911) "The Psychopathology of Everyday Life", *Am. J. Psychol*, 22, 477.

(1953, 1955, 1957) *Sigmund Freud: Life and Work* (3 vols), London and New York.

Jung, C. G. (1907) *Über die Psychologie der Dementia praecox*, Halle.

(1911-12) *Wandlungen und Symbole der Libido*, Leipzig und Wien, 1912.(421, 462)

Kaplan, L. (1914) *Grundzüge der Psychoanalyse*, Wien.

Leuret, F. (1834) *Fragments psychologiques sur la folie*, Paris.

Levy, L. (1914) "Die Sexualsymbolik der Bible und des Talmuds", *Z. SexWiss*, I.

274, 318.

Lichtenberg, G. C. von (The Elder)(1853) *Witzige und satirische Einfälle*, Vol. 2 of New Enlarged Edition, Göttingen.

Lindner, S. (1879) "Das Saugen an den Fingern, Lippen, etc., bei den Kindern (Ludeln)", *Jb. Kinderheilk, phys. Erzieh.*, N.F., 14, 68.

Maeder, A. (1906) "Contributions à la psychopathologie de la vie quotidienne", *Archs psychol, Genève*, 6, 148.

(1908) "Nouvelles contributions la psychopathologie de la vie quotidienne", *Archs Psychol., Genève*, 7, 283.

(1912) "Über die Funktion des Traumes", *Jb. psychoanalyt. psychopath. Forsch.*, 4, 692.

Maury, L. F. A. (1878) *Le sommeil et les rêves*, Paris. (lst ed., 1861.)

Meijer, A. F. (1915) *De Behandeling van Zenuwzieken door Psycho-Analyse*, Amsterdam.

Meringer, R. (1895) & Mayer, C., *Versprechen und Verlesen, eine psychologisch-linguistiche Studie*, Wien.

Näcke, P.(1899) "Kritisches zum Kapitel der normalen und pathologischen Sexualität", *Arch. Psychiat. NervKrankh.*, 32, 356.

Nordenskjöld, O., et al.(1904) *Antarctic. Zwei Jahre in Schnee und Eis am Südpol* (2 vols), Berlin.

Pfister, O. (1913) *Die psychanalytische Methode*, Leipzig und Berlin. Plato, Republic.

Rank. O. (1909) *Der Mythus von der Geburt des Helden*, Leipzig und Wien.

(1910a) "Ein Beispiel von poetischer Verwertung des Versprechens", *Zentbl. Psychoanal.*, I., 109.

(1910b) "Ein Traum der sich selbst deutet", *Jb. psychoanalyt. psychopath. Forsch*, 2, 465.

(1912a) "Aktuelle Sexualregungen als Traumanlässe", *Zentbl. Psychoanal.*, 2, 596.

(1912b) *Das Inzest-Motiv in Dichtung und Sage*, Leipzig und Wien.

Règis, E., and Hesnard, A. (1914) *La psychoanalyse des névroses et des psychoses*, Paris.

Régik, T. (1915-16) "Die Pubertätsriten der Wilden", *Imago*, 4, 125, 189.

Sachs, H. (1912) "Traumdeutung und Menschenkenntnis", *Jb. psychoanalyt. psychopath. Forsch.*, 3, 568.

Scherner, K. A. (1861) *Das Leben des Traumes*, Berlin.

Schubert, G. H. von (1814) *Die Symbolik des Traumes*, Bamberg.

Silberer, H. (1914) *Probleme der Mystik und ihrer Symbolik*, Wien.

Sperber, H. (1912) "Über den Einfluß sexueller Momente auf Entstehung und Entwicklung der Sprache", *Imago*, I, 405.

Stärcke, J. (1916) "Aus dem Alltagsleben", *Int. Z. ärztl. Psychoanal.*, 4, 21, 98.

Stekel, W. (1911) *Die Sprache des Traumes*, Wiesbaden.

Strümpell, L. (1877) *Die Natur und Entstehung der Träume*, Leipzig.

Toulouse, E. (1896) *Èmile Zola:enquête médico-psychologique*, Paris.

Vold, J. Mourly (1910-2) *Über den Traum* (2 vols) (ed. O. Klemm), Leipzig.

Wundt, W. (1874) *Grundzüge der physiologischen Psychologie*, Leipzig.

찾아보기

디드로Diderot, Denis 480

히치만Hitschmann, E. 5
힐데브란트Hildebrand, F. W. 127

옮긴이 **임홍빈** 고려대학교 철학과를 졸업한 후 독일 프랑크푸르트 대학교에서 철학, 사회학, 교육학 등을 연구하고 동 대학에서 철학 석사와 철학 박사 학위를 받았다. 영남대학교를 거쳐 고려대학교 철학과 교수를 역임했다. 주요 저서로는 *Absoluter Unterschied und Begriff in der Philsophie Hegels* (Frankfurt, 1990), 『기술 문명과 철학』(1995), 『근대적 이성과 헤겔 철학』(1996), 『세계화의 철학적 담론』(2002) 등이 있으며 실천 철학, 기술 철학, 독일 고전 철학 등에 관한 수십 편의 논문을 발표했다. 공역서로 『새로운 정신분석 강의』(프로이트)가 있다.

홍혜경 고려대학교 독어독문학과를 졸업한 후 독일 프랑크푸르트 대학교에서 독문학과 심리학을 수학했으며, 전곡고등학교 및 숙명여자고등학교, 중앙고등학교 교사를 역임했다. 공역서로 『새로운 정신분석 강의』(프로이트)가 있다.

프로이트 전집 1

정신분석 강의

발행일	1997년 10월 30일 초판 1쇄
	2002년 9월 20일 초판 8쇄
	2003년 9월 30일 2판 1쇄
	2020년 4월 15일 2판 26쇄
	2020년 10월 30일 신판 1쇄
	2023년 1월 10일 신판 6쇄

지은이	지크문트 프로이트
옮긴이	임홍빈·홍혜경
발행인	홍예빈·홍유진
발행처	주식회사 열린책들

경기도 파주시 문발로 253 파주출판도시
전화 031-955-4000 팩스 031-955-4004
www.openbooks.co.kr

Copyright (C) 주식회사 열린책들, 1997, 2020, *Printed in Korea.*
ISBN 978-89-329-2049-8 94180
ISBN 978-89-329-2048-1 (세트)

이 도서의 국립중앙도서관 출판예정도서목록(CIP)은 서지정보유통지원시스템 홈페이지(http://seoji.nl.go.kr)와 국가자료공동목록시스템(http://www.nl.go.kr/kolisnet)에서 이용하실 수 있습니다.(CIP제어번호:CIP2020039848)